国家职业资格制度
文件汇编

(专业技术人员职业资格)

人力资源和社会保障部 编

图书在版编目(CIP)数据

国家职业资格制度文件汇编. 专业技术人员职业资格/人力资源和社会保障部编. ——北京：中国人事出版社，2018

ISBN 978-7-5129-1324-0

Ⅰ.①国… Ⅱ.①人… Ⅲ.①专业技术人员-资格考试-考试制度-文件-汇编-中国 Ⅳ.①C964.2

中国版本图书馆 CIP 数据核字(2018)第 064399 号

中国人事出版社出版发行

(北京市惠新东街 1 号　邮政编码：100029)

*

北京宏伟双华印刷有限公司印刷装订　　新华书店经销

787 毫米×1092 毫米　16 开本　47.75 印张　1010 千字

2018 年 4 月第 1 版　2018 年 9 月第 2 次印刷

定价：160.00 元

读者服务部电话：(010)64929211/84209103/84626437

营销部电话：(010)84414641

出版社网址：http://www.class.com.cn

版权专有　　侵权必究

如有印装差错，请与本社联系调换：(010) 50948191

我社将与版权执法机关配合，大力打击盗印、销售和使用盗版图书活动，敬请广大读者协助举报，经查实将给予举报者奖励。

举报电话：(010) 64954652

出版说明

职业资格改革是国务院"简政放权、放管结合、优化服务"改革的重要内容，是推动大众创业、万众创新的重要举措。自2014年起，国务院分七批取消434项职业资格许可和认定事项，占国务院部门设置职业资格总数的70.2%。同时，各地区也按国务院要求取消了本地区自行设置的职业资格。为巩固职业资格改革成效，在"七连清"基础上，2017年9月，经国务院同意，人力资源和社会保障部公布了国家职业资格目录清单（共计140项），其中，专业技术人员职业资格59项，技能人员职业资格81项。国家职业资格实行清单式管理，目录之外一律不得许可和认定职业资格，目录之内除准入类职业资格外一律不得与就业创业挂钩，目录接受社会监督，保持相对稳定，实行动态调整。

为更好地落实国家职业资格目录，提高职业资格管理的科学化、规范化水平，我们组织力量编写了《国家职业资格制度文件汇编》，分为专业技术人员职业资格和技能人员职业资格两册。专业技术人员职业资格分册主要收录了职业资格管理的综合性文件、职业资格制度文件、考试办法、证书管理办法等有关规定。

由于时间关系，内容难免存在疏漏、不妥之处，敬请指正。

本书编写组
2018年3月

目　录

一、总　则

人力资源社会保障部关于公布国家职业资格目录的通知
　　（人社部发〔2017〕68号　2017年9月12日） ……………………（3）
人力资源社会保障部关于减少职业资格许可和认定有关问题的通知
　　（人社部发〔2014〕53号　2014年8月13日） ……………………（28）
人力资源社会保障部关于开展减少职业资格许可和认定工作
　　"回头看"的通知
　　（人社部函〔2016〕300号　2016年12月26日） …………………（30）
人力资源社会保障部关于印发进一步减少和规范职业资格许可和
　　认定事项改革方案的通知
　　（人社部发〔2017〕2号　2017年1月5日） ………………………（32）
专业技术人员资格考试违纪违规行为处理规定
　　（人力资源社会保障部令第31号　2017年2月16日） ……………（34）
人事部关于做好香港、澳门居民参加内地统一举行的专业技术人员
　　资格考试有关问题的通知
　　（国人部发〔2005〕9号　2005年1月14日） ………………………（38）
国务院台湾事务办公室、国家发展和改革委员会关于印发
　　《关于促进两岸经济文化交流合作的若干措施》的通知
　　（国台发〔2018〕1号　2018年2月28日） …………………………（39）

二、专业技术人员职业资格

教师资格条例（国务院令第188号　1995年12月12日） ………………（49）
《教师资格条例》实施办法（教育部令第10号　2000年9月23日）………（52）
教育部关于印发《中小学教师资格考试暂行办法》、《中小学教师资格定期注册
　　暂行办法》的通知（教师〔2013〕9号　2013年8月15日） …………（55）
人力资源社会保障部、公安部关于印发注册消防工程师制度暂行规定和注册
　　消防工程师资格考试实施办法及注册消防工程师资格考核认定办法的通知

（人社部发〔2012〕56 号　2012 年 9 月 27 日）……………（61）
法律职业资格证书管理办法（司法部令第 74 号　2002 年 7 月 8 日）…………（72）
国家统一法律职业资格考试实施办法
　　（司法部令第 140 号　2018 年 4 月 28 日）……………………（74）
注册会计师全国统一考试办法
　　（财政部令第 75 号修正　2014 年 4 月 23 日）…………………（77）
财政部关于印发《香港特别行政区、澳门特别行政区、台湾地区居民及
　　外国人参加注册会计师全国统一考试办法》的通知
　　（财会〔2014〕22 号　2014 年 6 月 11 日）……………………（79）
注册会计师注册办法（财政部令第 90 号修正　2017 年 12 月 4 日）………（81）
民用核安全设备无损检验人员资格管理规定（国家环境保护总局、
　　国防科学技术工业委员会令第 44 号　2007 年 12 月 28 日）……（84）
研究堆安全许可证件的申请和颁发规定
　　（HAF 001/03　2006 年 1 月 28 日）…………………………（89）
核电厂操纵人员培训与执照考核管理办法
　　（国能核电〔2014〕435 号　2014 年 9 月 28 日）………………（96）
人事部、国家环境保护总局关于印发《注册核安全工程师执业资格考试实施办法》
　　和《注册核安全工程师执业资格考核认定办法》的通知
　　（国人部发〔2003〕21 号　2003 年 9 月 1 日）…………………（99）
建设部、人事部关于建立注册建筑师制度及有关工作的通知
　　（建设〔1994〕第 598 号　1994 年 9 月 21 日）…………………（103）
中华人民共和国注册建筑师条例（国务院令第 184 号　1995 年 9 月 23 日）……（103）
建设部关于印发《回国（来华）定居专家注册建筑师资格确认与执业注册
　　的暂行规定》的通知（建设〔1997〕118 号　1997 年 5 月 27 日）……（107）
中华人民共和国注册建筑师条例实施细则
　　（建设部令第 167 号　2008 年 1 月 29 日）……………………（108）
监理工程师资格考试和注册试行办法
　　（建设部令第 18 号　1992 年 6 月 4 日）………………………（116）
建设部、人事部关于全国监理工程师执业资格考试工作的通知
　　（建监〔1996〕462 号　1996 年 8 月 20 日）……………………（119）
建设部、人事部关于印发《房地产估价师执业资格制度暂行规定》和
　　《房地产估价师执业资格考试实施办法》的通知

（建房〔1995〕147号　1995年3月22日）……………………………（120）
住房城乡建设部、交通运输部、水利部、人力资源社会保障部关于
　　印发《造价工程师职业资格制度规定》、《造价工程师职业资格考试
　　实施办法》的通知（建人〔2018〕67号　2018年7月20日）………（125）
人力资源社会保障部、住房城乡建设部关于印发《注册城乡规划师职业资格制度
　　规定》和《注册城乡规划师职业资格考试实施办法》的通知
　　（人社部规〔2017〕6号　2017年5月22日）……………………………（131）
人事部、建设部关于印发《建造师执业资格制度暂行规定》的通知
　　（人发〔2002〕111号　2002年12月5日）………………………………（136）
人事部、建设部关于印发《建造师执业资格考试实施办法》和
　　《建造师执业资格考核认定办法》的通知
　　（国人部发〔2004〕16号　2004年2月19日）……………………………（140）
人事部办公厅、建设部办公厅关于建造师资格考试相关科目专业类别调整有关
　　问题的通知（国人厅发〔2006〕213号　2006年12月12日）…………（150）
人事部、建设部关于发布《勘察设计注册工程师制度总体框架及
　　实施规划》及《全国勘察设计注册工程师管理委员会组成人员名单》
　　的通知（人发〔2001〕5号　2001年1月4日）…………………………（152）
注册建造师管理规定（建设部令第153号　2006年12月28日）……………（156）
建设部、人事部关于印发《注册结构工程师执业资格制度暂行规定》的通知
　　（建办设〔1997〕222号　1997年9月1日）……………………………（162）
建设部、人事部关于一九九七年全国一级注册结构工程师资格考试及
　　有关工作的通知（建设〔1997〕233号　1997年9月15日）……………（166）
人事部、建设部关于印发《注册土木工程师（岩土）执业资格制度暂行规定》、
　　《注册土木工程师（岩土）执业资格考试实施办法》和《注册土木工程师
　　（岩土）执业资格考核认定办法》的通知
　　（人发〔2002〕35号　2002年4月8日）…………………………………（169）
人事部、建设部、交通部关于印发《注册土木工程师（港口与航道工程）执业
　　资格制度暂行规定》、《注册土木工程师（港口与航道工程）执业资格考试实施
　　办法》和《注册土木工程师（港口与航道工程）执业资格考核认定办法》
　　的通知（人发〔2003〕27号　2003年3月31日）………………………（176）
人事部、建设部、水利部关于印发《注册土木工程师（水利水电工程）制度
　　暂行规定》、《注册土木工程师（水利水电工程）资格考试实施办法》和
　　《注册土木工程师（水利水电工程）资格考核认定办法》的通知

（国人部发〔2005〕58号　2005年7月14日）……………………（185）

人事部办公厅、建设部办公厅、水利部办公厅关于印发《对〈注册土木工程师
　　（水利水电工程）制度暂行规定〉、〈注册土木工程师（水利水电工程）
　　资格考试实施办法〉和〈注册土木工程师（水利水电工程）
　　资格考核认定办法〉的补充规定》的通知
　　（国人厅发〔2005〕116号　2005年9月30日）……………………（196）

人事部、建设部、交通部关于印发《勘察设计注册土木工程师（道路工程）制度
　　暂行规定》、《勘察设计注册土木工程师（道路工程）资格考试实施办法》和
　　《勘察设计注册土木工程师（道路工程）资格考核认定办法》的通知
　　（国人部发〔2007〕18号　2007年2月2日）……………………（197）

人事部、建设部关于印发《注册化工工程师执业资格制度暂行规定》、
　　《注册化工工程师执业资格考试实施办法》和《注册化工工程师执业
　　资格考核认定办法》的通知
　　（人发〔2003〕26号　2003年3月27日）……………………（208）

人事部、建设部关于印发《注册电气工程师执业资格制度暂行规定》、
　　《注册电气工程师执业资格考试实施办法》和《注册电气工程师执业资格
　　考核认定办法》的通知（人发〔2003〕25号　2003年3月27日）……………（216）

人事部、建设部关于印发《注册公用设备工程师执业资格制度暂行规定》、
　　《注册公用设备工程师执业资格考试实施办法》和《注册公用设备工程师执业
　　资格考核认定办法》的通知
　　（人发〔2003〕24号　2003年3月27日）……………………（224）

人事部、建设部、国家环境保护总局关于印发《注册环保工程师制度暂行规定》、
　　《注册环保工程师资格考试实施办法》和《注册环保工程师资格考核认定办法》
　　的通知（国人部发〔2005〕56号　2005年7月13日）……………………（232）

人事部、建设部关于印发《勘察设计注册石油天然气工程师制度暂行规定》、
　　《勘察设计注册石油天然气工程师资格考试实施办法》和《勘察设计注册
　　石油天然气工程师资格考核认定办法》的通知
　　（国人部发〔2005〕84号　2005年10月13日）……………………（244）

人事部、建设部关于印发《勘察设计注册冶金工程师制度暂行规定》、
　　《勘察设计注册冶金工程师资格考试实施办法》和《勘察设计注册冶金
　　工程师资格考核认定办法》的通知
　　（国人部发〔2005〕85号　2005年10月13日）……………………（255）

人事部、建设部关于印发《勘察设计注册采矿/矿物工程师制度暂行规定》、
　　《勘察设计注册采矿/矿物工程师资格考试实施办法》和

《勘察设计注册采矿/矿物工程师资格考核认定办法》的通知
（国人部发〔2005〕86号　2005年10月13日） …………………………（265）

人事部、建设部关于印发《勘察设计注册机械工程师制度暂行规定》、
《勘察设计注册机械工程师资格考试实施办法》和
《勘察设计注册机械工程师资格考核认定办法》的通知
（国人部发〔2005〕87号　2005年10月13日） …………………………（276）

人事部、交通部、农业部关于印发《注册验船师制度暂行规定》的通知
（国人部发〔2006〕8号　2006年1月26日） ……………………………（287）

人事部、交通部、农业部关于印发《注册验船师资格考试实施办法》的通知
（国人部发〔2007〕93号　2007年6月22日） …………………………（292）

人力资源和社会保障部、交通运输部关于印发
《注册验船师（船舶和海上设施类）资格考试认定办法》的通知
（人社部发〔2008〕56号　2008年7月2日） ……………………………（295）

中华人民共和国船员条例（国务院令第676号　2017年3月1日） …………（299）

中国海事局关于颁布实施《中华人民共和国海上非自航船舶船员考试、发证
管理办法》的通知（海船员〔2007〕369号　2007年7月9日） ……………（308）

中华人民共和国船员注册管理办法
（交通运输部令2008年第1号　2008年5月4日） ………………………（316）

中华人民共和国引航员管理办法
（交通运输部令2013年第20号修正　2013年12月24日） ……………（320）

中华人民共和国渔业船员管理办法
（农业部令2014年第4号　2014年5月23日） …………………………（327）

中华人民共和国内河船舶船员适任考试和发证规则
（交通运输部令2015年第21号　2015年11月11日） …………………（337）

中华人民共和国海船船员适任考试和发证规则
（交通运输部令2017年第8号修正　2017年3月28日） ………………（344）

执业兽医管理办法（农业部令2013年第5号修正　2013年12月31日） ………（358）

执业兽医资格考试管理办法
（农业部公告第2537号　2017年6月12日） ……………………………（362）

港澳台居民参加全国执业兽医资格考试及执业管理规定
（农业部公告第2539号　2017年6月12日） ……………………………（366）

乡村兽医管理办法（农业部令第17号　2008年11月26日） ………………（367）

人事部、国内贸易部关于印发《拍卖师执业资格制度暂行规定》的通知
（人发〔1996〕130号　1996年12月25日）……………………………………(369)

文化部关于印发《演出经纪人员管理办法》的通知
（文市发〔2012〕48号　2012年12月5日）……………………………………(372)

中华人民共和国执业医师法
（中华人民共和国主席令第5号　1998年6月26日）……………………………(374)

医师资格考试暂行办法（卫生部令第4号　1999年7月16日）……………………(380)

乡村医生从业管理条例（国务院令第386号　2003年8月5日）……………………(385)

卫生部办公厅关于对人体器官移植技术临床应用规划及拟批准开展
　人体器官移植医疗机构和医师开展审定工作的通知
（卫办医发〔2007〕38号　2007年2月27日）……………………………………(390)

护士条例（国务院令第517号　2008年1月31日）……………………………………(392)

护士执业资格考试办法
（卫生部、人力资源社会保障部令第74号　2010年5月10日）…………………(397)

中华人民共和国母婴保健法
（中华人民共和国主席令第81号修正　2017年11月4日）………………………(399)

出入境检疫处理单位和人员管理办法
（国家质量监督检验检疫总局令第181号　2016年3月31日）…………………(403)

质检总局关于做好出入境检疫处理单位和从业人员核准工作的通知
（国质检通函〔2016〕178号　2016年4月28日）………………………………(410)

人事部、国家质量监督检验检疫总局关于印发《注册设备监理师执业资格制度
　暂行规定》、《注册设备监理师执业资格考试实施办法》和《注册设备监理师
　执业资格考核认定办法》的通知
（国人部发〔2003〕40号　2003年10月29日）…………………………………(425)

人事部、国家质量监督检验检疫总局关于印发《注册计量师制度暂行规定》、
　《注册计量师资格考试实施办法》和《注册计量师资格考核认定办法》的通知
（国人部发〔2006〕40号　2006年4月26日）……………………………………(431)

广播电视编辑记者、播音员主持人资格管理暂行规定
（国家广播电影电视总局令第26号　2004年6月18日）………………………(442)

国家广播电影电视总局关于印发《广播电视编辑记者、播音员主持人资格考试办法
（试行）》的通知（广发人字〔2005〕552号　2005年8月3日）………………(445)

新闻记者证管理办法（新闻出版总署令第44号　2009年8月24日）……………(448)

人事部、国家安全生产监督管理局关于印发《注册安全工程师执业资格考试实施
　　办法》的通知（国人部发〔2003〕13号　2003年8月11日）……………(453)

人事部、国家药品监督管理局关于修订印发《执业药师资格制度暂行规定》和
　　《执业药师资格考试实施办法》的通知
　　（人发〔1999〕34号　1999年4月1日）……………………………………(455)

人事部、卫生部、国家药品监督管理局关于印发《执业药师资格（药品使用单位）
　　认定办法》的通知（人发〔2001〕71号　2001年7月13日）……………(460)

人事部办公厅、国家药品监督管理局办公室关于执业药师资格考试补充规定
　　的通知（人办发〔2001〕49号　2001年7月13日）………………………(461)

专利代理条例（国务院令第76号　1991年3月4日）…………………………(462)

专利代理人资格考试实施办法
　　（国家知识产权局令第47号　2008年8月25日）…………………………(465)

导游管理办法（国家旅游局令第44号　2017年11月1日）……………………(467)

国家旅游局办公室关于完善"导游人员从业资格证书核发"行政审批事项有关
　　工作的通知（旅办发〔2015〕202号　2015年8月5日）…………………(474)

人事部、国家测绘局关于印发《注册测绘师制度暂行规定》、《注册测绘师
　　资格考试实施办法》和《注册测绘师资格考核认定办法》的通知
　　（国人部发〔2007〕14号　2007年1月24日）……………………………(481)

中国民用航空总局关于民用航空客舱乘务员资格管理若干问题的通知
　　（民航飞发〔2004〕82号　2004年5月25日）……………………………(490)

驾驶员实践考试标准
　　（AC－61－FS－2015－010R4　2015年10月22日）………………………(491)

民用航空飞行签派员执照管理规则
　　（交通运输部令2016年第11号　2016年3月17日）………………………(494)

民用航空空中交通管制员执照管理规则
　　（交通运输部令2016年第15号　2016年3月17日）………………………(501)

民用航空器维修人员执照管理规则
　　（交通运输部令2016年第32号　2016年4月7日）………………………(509)

民用航空器驾驶员执照理论考试
　　（AC－61－FS－2017－009R5　2017年9月11日）…………………………(517)

民用航空器领航员、飞行机械员、飞行通信员合格审定规则
　　（中国民用航空总局令第52号　1996年8月1日）…………………………(523)

航空安全员合格审定规则
　　（中国民用航空总局令第184号　2007年4月1日）……………（538）
民用航空情报员执照管理规则
　　（交通运输部令2016年第13号　2016年3月17日）……………（543）
民用航空电信人员执照管理规则
　　（交通运输部令2016年第14号　2016年3月17日）……………（549）
民用航空气象人员执照管理规则
　　（交通运输部令2016年第16号　2016年3月17日）……………（556）
锅炉水（介）质处理检测人员考核规则
　　（特种设备安全技术规范 TSG G8001—2011　2011年5月10日）………（562）
特种设备无损检测人员考核规则
　　（特种设备安全技术规范 TSG Z8001—2013　2013年1月16日）………（567）
特种设备检验人员考核规则
　　（特种设备安全技术规范 TSG Z8002—2013　2013年1月16日）………（574）
人力资源社会保障部、国家发展和改革委员会关于印发《工程咨询（投资）
　　专业技术人员职业资格制度暂行规定》和《咨询工程师（投资）职业资格
　　考试实施办法》的通知（人社部发〔2015〕64号　2015年6月30日）……（580）
人事部、信息产业部关于印发《通信专业技术人员职业水平评价暂行规定》、
　　《通信专业技术人员初级、中级职业水平考试实施办法》的通知
　　（国人部发〔2006〕10号　2006年1月27日）……………………（584）
人事部、国务院电子信息系统推广应用办公室关于印发《中国计算机软件专业
　　技术资格和水平考试暂行规定》的通知
　　（人职发〔1991〕6号　1991年4月1日）…………………………（589）
人事部、信息产业部关于印发《计算机技术与软件专业技术资格（水平）考试
　　暂行规定》和《计算机技术与软件专业技术资格（水平）考试实施办法》的通知
　　（国人部发〔2003〕39号　2003年10月18日）……………………（591）
人事部办公厅、信息产业部办公厅关于计算机技术与软件专业技术资格
　　（水平）考试新增专业有关问题的通知
　　（国人厅发〔2007〕139号　2007年9月14日）……………………（595）
人事部、民政部关于印发《社会工作者职业水平评价暂行规定》和
　　《助理社会工作师、社会工作师职业水平考试实施办法》的通知
　　（国人部发〔2006〕71号　2006年7月20日）……………………（597）
人力资源社会保障部、民政部关于印发《高级社会工作师

评价办法》的通知（人社部规〔2018〕2号 2018年3月6日）……………(600)

财政部、人事部关于修订印发《会计专业技术资格考试暂行规定》及其实施办法的通知（财会〔2000〕11号 2000年9月8日）………………………………(604)

财政部办公厅、人事部办公厅关于调整会计专业技术资格考试科目及有关问题的通知（财办令〔2004〕25号 2004年8月2日）………………………………(608)

人力资源社会保障部、财政部关于修订印发《资产评估师职业资格制度暂行规定》和《资产评估师职业资格考试实施办法》的通知
（人社部规〔2017〕7号 2017年5月23日）………………………………(610)

人事部关于印发《经济专业技术资格考试暂行规定》及其《实施办法》的通知
（人职发〔1993〕1号 1993年1月6日）………………………………(614)

人事部办公厅、建设部办公厅关于经济专业技术资格考试增设建筑经济专业的通知
（人办职发〔1995〕1号 1995年1月5日）………………………………(616)

人事部办公厅关于经济专业技术资格考试商业专业中增设商业营销子专业等有关问题的通知（人办发〔1996〕22号 1996年3月8日）………………………(617)

人事部办公厅关于调整经济专业技术资格考试专业设置的通知
（人办发〔2002〕18号 2002年3月1日）………………………………(618)

人力资源社会保障部、国土资源部关于印发《土地登记代理专业人员职业资格制度暂行规定》和《土地登记代理人职业资格考试实施办法》的通知
（人社部发〔2015〕66号 2015年7月6日）………………………………(619)

人事部、国家环境保护总局关于印发《环境影响评价工程师职业资格制度暂行规定》、《环境影响评价工程师职业资格考试实施办法》和《环境影响评价工程师职业资格考核认定办法》的通知
（国人部发〔2004〕13号 2004年2月16日）………………………………(623)

人事部办公厅、国家环保总局办公厅关于调整环境影响评价工程师职业资格考试考务管理工作的通知（国人厅发〔2006〕7号 2006年1月11日）……………(631)

人力资源社会保障部、住房城乡建设部关于印发《房地产经纪专业人员职业资格制度暂行规定》和《房地产经纪专业人员职业资格考试实施办法》的通知
（人社部发〔2015〕47号 2015年6月25日）………………………………(631)

人事部、交通部关于印发《机动车检测维修专业技术人员职业水平评价暂行规定》和《机动车检测维修专业技术人员职业水平考试实施办法》的通知
（国人部发〔2006〕51号 2006年5月19日）………………………………(636)

人事部办公厅、交通部办公厅关于机动车检测维修专业技术人员职业水平考试专业设置有关问题补充规定的通知

续表

序号	职业资格名称		实施部门（单位）	资格类别	设定依据	备注
21	医生资格	医师	国家卫生计生委	准入类	《中华人民共和国执业医师法》	
		乡村医生			《乡村医生从业管理条例》（国务院令第386号）	
		人体器官移植医师			《中华人民共和国执业医师法》《人体器官移植条例》（国务院令第491号）《关于对人体器官移植技术临床应用规划及拟批准开展人体器官移植医疗机构和医师开展审定工作的通知》（卫办医发〔2007〕38号）《国务院关于取消和调整一批行政审批项目等事项的决定》（国发〔2014〕27号）	
22	护士执业资格		国家卫生计生委、人力资源社会保障部	准入类	《护士条例》（国务院令第517号）《护士执业资格考试办法》（卫生部、人力资源社会保障部令2010年第74号）	
23	母婴保健技术服务人员资格		国家卫生计生委	准入类	《中华人民共和国母婴保健法》	
24	出入境检疫处理人员资格		质检总局	准入类	《中华人民共和国进出境动植物检疫法实施条例》（国务院令第206号）	
25	注册设备监理师		质检总局、人力资源社会保障部	准入类	《国务院对确需保留的行政审批项目设定行政许可的决定》（国务院令第412号）《注册设备监理师执业资格制度暂行规定》（国人部发〔2003〕40号）	
26	注册计量师		质检总局、人力资源社会保障部	准入类	《中华人民共和国计量法》《注册计量师制度暂行规定》（国人部发〔2006〕40号）	
27	广播电视播音员、主持人资格		新闻出版广电总局	准入类	《国务院对确需保留的行政审批项目设定行政许可的决定》（国务院令第412号）	
28	新闻记者职业资格		新闻出版广电总局	准入类	《国务院对确需保留的行政审批项目设定行政许可的决定》（国务院令第412号）《新闻记者证管理办法》（新闻出版总署令2009年第44号）	
29	注册安全工程师		安全监管总局、人力资源社会保障部	准入类	《中华人民共和国安全生产法》《注册安全工程师执业资格制度暂行规定》（人发〔2002〕87号）	

（国人厅发〔2008〕10号　2008年1月18日）…………………（641）

人力资源社会保障部、交通运输部关于印发《公路水运工程试验检测专业技术
　　人员职业资格制度规定》和《公路水运工程试验检测专业技术人员职业资格
　　考试实施办法》的通知（人社部发〔2015〕59号　2015年6月23日）……（642）

水利工程质量检测管理规定（水利部令第36号　2008年11月3日）…………（646）

卫生部、人事部关于印发《临床医学专业技术资格考试暂行规定》通知
　　（卫人发〔2000〕462号　2000年12月26日）………………………（653）

卫生部、人事部关于印发《预防医学、全科医学、药学、护理、其他卫生技术等
　　专业技术资格考试暂行规定》及《临床医学、预防医学、全科医学、
　　药学、护理、其他卫生技术等专业技术资格考试实施办法》的通知
　　（卫人发〔2001〕164号　2001年6月13日）…………………………（655）

人事部、审计署关于印发《高级审计师资格评价办法（试行）》的通知
　　（人发〔2002〕58号　2002年6月6日）………………………………（659）

审计署、人事部关于修订印发《审计专业技术初、中级资格考试规定》及其实施
　　办法的通知（审人发〔2003〕4号　2003年1月13日）………………（663）

人力资源社会保障部、国家税务总局关于印发《税务师职业资格制度暂行规定》
　　和《税务师职业资格考试实施办法》的通知
　　（人社部发〔2015〕90号　2015年11月2日）…………………………（667）

中华人民共和国认证认可条例
　　（国务院令第666号修正　2016年2月6日）……………………………（670）

人事部、新闻出版总署关于印发《出版专业技术人员职业资格考试暂行规定》
　　和《出版专业技术人员职业资格考试实施办法》的通知
　　（人发〔2001〕86号　2001年8月7日）…………………………………（679）

国家统计局、人事部关于印发《统计专业技术资格考试暂行规定》及其实施办法
　　的通知（国统字〔1995〕46号　1995年1月24日）……………………（682）

人力资源社会保障部、国家统计局关于印发《高级统计师资格评价办法（试行）》
　　的通知（人社部发〔2011〕90号　2011年8月22日）…………………（685）

人力资源社会保障部、中国银行业监督管理委员会关于印发银行业专业人员职业
　　资格制度暂行规定和银行业专业人员初级职业资格考试实施办法的通知
　　（人社部发〔2013〕101号　2013年12月23日）………………………（690）

证券业从业人员资格管理办法
　　（中国证券监督管理委员会令第14号　2002年12月26日）……………（693）

证券业从业人员资格管理实施细则（试行）（2003年1月26日） ………………（696）

证券业从业人员资格考试办法（试行）（2003年7月24日） ………………（700）

期货从业人员管理办法
　　（中国证券监督管理委员会令第48号　2007年7月4日） ……………（703）

期货从业人员资格管理规则（试行）（2008年4月30日） ……………………（707）

基金从业资格考试管理办法（试行）（2015年7月24日） ……………………（711）

期货从业人员资格考试管理规则（2017年12月4日） ………………………（716）

国家文物局关于印发《文物保护工程勘察设计资质管理办法（试行）》、
　　《文物保护工程施工资质管理办法（试行）》、《文物保护工程
　　监理资质管理办法（试行）》的通知
　　（文物保发〔2014〕13号　2014年4月8日） …………………………（720）

人事部关于印发《翻译专业资格（水平）考试暂行规定》的通知
　　（人发〔2003〕21号　2003年3月21日） ………………………………（737）

人事部办公厅关于印发《二级、三级翻译专业资格（水平）考试实施办法》
　　的通知（国人厅发〔2003〕17号　2003年8月25日） …………………（738）

人力资源社会保障部关于印发《资深翻译和一级翻译专业资格（水平）
　　评价办法（试行）》的通知
　　（人社部发〔2011〕51号　2011年4月25日） …………………………（740）

一、总则

人力资源社会保障部
关于公布国家职业资格目录的通知

（人社部发〔2017〕68号　2017年9月12日）

各省、自治区、直辖市人民政府，国务院各部委、各直属机构：

根据国务院推进简政放权、放管结合、优化服务改革部署，为进一步加强职业资格设置实施的监管和服务，人力资源社会保障部研究制定了《国家职业资格目录》，经国务院同意，现予以公布。

建立国家职业资格目录是转变政府职能、深化行政审批制度和人才发展体制机制改革的重要内容，是推动大众创业、万众创新的重要举措。建立公开、科学、规范的职业资格目录，有利于明确政府管理的职业资格范围，解决职业资格过多过滥问题，降低就业创业门槛；有利于进一步清理违规考试、鉴定、培训、发证等活动，减轻人才负担，对于提高职业资格设置管理的科学化、规范化水平，持续激发市场主体创造活力，推进供给侧结构性改革具有重要意义。

国家按照规定的条件和程序将职业资格纳入国家职业资格目录，实行清单式管理，目录之外一律不得许可和认定职业资格，目录之内除准入类职业资格外一律不得与就业创业挂钩；目录接受社会监督，保持相对稳定，实行动态调整。设置准入类职业资格，其所涉职业（工种）必须关系公共利益或涉及国家安全、公共安全、人身健康、生命财产安全，且必须有法律法规或国务院决定作为依据；设置水平评价类职业资格，其所涉职业（工种）应具有较强的专业性和社会通用性，技术技能要求较高，行业管理和人才队伍建设确实需要。今后职业资格设置、取消及纳入、退出目录，须由人力资源社会保障部会同国务院有关部门组织专家进行评估论证、新设职业资格应当遵守《国务院关于严格控制新设行政许可的通知》（国发〔2013〕39号）规定并广泛听取社会意见后，按程序报经国务院批准。人力资源社会保障部门要加强监督管理，各地区、各部门未经批准不得在目录之外自行设置国家职业资格，严禁在目录之外开展职业资格许可和认定工作，坚决防止已取消的职业资格"死灰复燃"，对违法违规设置实施的职业资格事项，发现一起、严肃查处一起。行业协会、学会等社会组织和企事业单位依据市场需要自行开展能力水平评价活动，不得变相开展资格资质许可和认定，证书不得使用"中华人民共和国"、"中国"、"中华"、"国家"、"全国"、"职业资格"或"人员资格"等字样和国徽标志。对资格资质持有人因不具备应有职业水平导致重大过失的，负责许可认定的单位也要承担相应责任。

推行国家职业资格目录管理是一项既重要又复杂的系统性工作，各地区、各部门务必高度重视，周密部署，精心组织，搞好衔接，确保职业资格目录顺利实施，相关工作平稳过渡。要不断巩固和拓展职业资格改革成效，为各类人才和用人单位提供优质服务，为促进经济社会持续健康发展作出更大贡献。

附件：国家职业资格目录（共计140项）

附件

国家职业资格目录

（共计140项）

一、专业技术人员职业资格

（共计59项。其中准入类36项，水平评价类23项）

序号	职业资格名称	实施部门（单位）	资格类别	设定依据	备注
1	教师资格	教育部	准入类	《中华人民共和国教师法》《教师资格条例》（国务院令第188号）《〈教师资格条例〉实施办法》（教育部令2000年第10号）	
2	注册消防工程师	公安部、人力资源社会保障部	准入类	《中华人民共和国消防法》《注册消防工程师制度暂行规定》（人社部发〔2012〕56号）	
3	法律职业资格	司法部	准入类	《中华人民共和国律师法》《中华人民共和国法官法》《中华人民共和国检察官法》《中华人民共和国公证法》	
4	中国委托公证人资格（香港、澳门）	司法部	准入类	《国务院对确需保留的行政审批项目设定行政许可的决定》（国务院令第412号）	
5	注册会计师	财政部	准入类	《中华人民共和国注册会计师法》	
6	民用核安全设备无损检验人员资格	环境保护部	准入类	《民用核安全设备监督管理条例》（国务院令第500号）	
7	民用核设施操纵人员资格	环境保护部、国家能源局	准入类	《中华人民共和国民用核设施安全监督管理条例》	

续表

序号	职业资格名称	实施部门（单位）	资格类别	设定依据	备注
8	注册核安全工程师	环境保护部、人力资源社会保障部	准入类	《中华人民共和国放射性污染防治法》《注册核安全工程师执业资格制度暂行规定》（人发〔2002〕106号）	
9	注册建筑师	全国注册建筑师管理委员会及省级注册建筑师管理委员会	准入类	《中华人民共和国建筑法》《中华人民共和国注册建筑师条例》（国务院令第184号）《关于建立注册建筑师制度及有关工作的通知》（建设〔1994〕第598号）《国务院关于修改〈建设工程勘察设计管理条例〉的决定》（国务院令第662号）	
10	监理工程师	住房城乡建设部、交通运输部、水利部、人力资源社会保障部	准入类	《中华人民共和国建筑法》《建设工程质量管理条例》（国务院令第279号）《注册监理工程师管理规定》（建设部令2006年第147号）《公路水运工程监理企业资质管理规定》（交通运输部令2015年第4号）	
11	房地产估价师	住房城乡建设部、国土资源部、人力资源社会保障部	准入类	《中华人民共和国城市房地产管理法》《房地产估价师执业资格制度暂行规定》（建房〔1995〕147号）	
12	造价工程师	住房城乡建设部、交通运输部、水利部、人力资源社会保障部	准入类	《中华人民共和国建筑法》《造价工程师执业资格制度暂行规定》（人发〔1996〕77号）	
13	注册城乡规划师	住房城乡建设部、人力资源社会保障部、中国城市规划协会	准入类	《中华人民共和国城乡规划法》《注册城乡规划师职业资格制度规定》（人社部规〔2017〕6号）	

续表

序号	职业资格名称		实施部门（单位）	资格类别	设定依据	备注
14	建造师		住房城乡建设部、人力资源社会保障部	准入类	《中华人民共和国建筑法》 《注册建造师管理规定》（建设部令2006年第153号） 《建造师执业资格制度暂行规定》（人发〔2002〕111号）	
15	勘察设计注册工程师	注册结构工程师	住房城乡建设部、人力资源社会保障部	准入类	《中华人民共和国建筑法》 《国务院关于修改〈建设工程勘察设计管理条例〉的决定》（国务院令第662号） 《勘察设计注册工程师管理规定》（建设部令2005年第137号） 《注册结构工程师执业资格制度暂行规定》（建设〔1997〕222号）	
		注册土木工程师	住房城乡建设部、交通运输部、水利部、人力资源社会保障部		《中华人民共和国建筑法》 《国务院关于修改〈建设工程勘察设计管理条例〉的决定》（国务院令第662号） 《勘察设计注册工程师管理规定》（建设部令2005年第137号） 《注册土木工程师（岩土）执业资格制度暂行规定》（人发〔2002〕35号） 《注册土木工程师（水利水电工程）制度暂行规定》（国人部发〔2005〕58号） 《注册土木工程师（港口与航道工程）执业资格制度暂行规定》（人发〔2003〕27号） 《勘察设计注册土木工程师（道路工程）制度暂行规定》（国人部发〔2007〕18号）	
		注册化工工程师	住房城乡建设部、人力资源社会保障部		《中华人民共和国建筑法》 《国务院关于修改〈建设工程勘察设计管理条例〉的决定》（国务院令第662号） 《勘察设计注册工程师管理规定》（建设部令2005年第137号） 《注册化工工程师执业资格制度暂行规定》（人发〔2003〕26号）	
		注册电气工程师			《中华人民共和国建筑法》 《国务院关于修改〈建设工程勘察设计管理条例〉的决定》（国务院令第662号） 《勘察设计注册工程师管理规定》（建设部令2005年第137号） 《注册电气工程师执业资格制度暂行规定》（人发〔2003〕25号）	

一、总 则

续表

序号	职业资格名称		实施部门（单位）	资格类别	设定依据	备注
15	勘察设计注册工程师	注册公用设备工程师	住房城乡建设部、人力资源社会保障部	准入类	《中华人民共和国建筑法》 《国务院关于修改〈建设工程勘察设计管理条例〉的决定》（国务院令第662号） 《勘察设计注册工程师管理规定》（建设部令2005年第137号） 《注册公用设备工程师执业资格制度暂行规定》（人发〔2003〕24号）	
		注册环保工程师	住房城乡建设部、环境保护部、人力资源社会保障部		《中华人民共和国建筑法》 《国务院关于修改〈建设工程勘察设计管理条例〉的决定》（国务院令第662号） 《勘察设计注册工程师管理规定》（建设部令2005年第137号） 《注册环保工程师制度暂行规定》（国人部发〔2005〕56号）	
		注册石油天然气工程师			《中华人民共和国建筑法》 《国务院关于修改〈建设工程勘察设计管理条例〉的决定》（国务院令第662号） 《勘察设计注册工程师管理规定》（建设部令2005年第137号） 《勘察设计注册石油天然气工程师制度暂行规定》（国人部发〔2005〕84号）	
		注册冶金工程师	住房城乡建设部、人力资源社会保障部		《中华人民共和国建筑法》 《国务院关于修改〈建设工程勘察设计管理条例〉的决定》（国务院令第662号） 《勘察设计注册工程师管理规定》（建设部令2005年第137号） 《勘察设计注册冶金工程师制度暂行规定》（国人部发〔2005〕85号）	
		注册采矿矿物工程师			《中华人民共和国建筑法》 《国务院关于修改〈建设工程勘察设计管理条例〉的决定》（国务院令第662号） 《勘察设计注册工程师管理规定》（建设部令2005年第137号） 《勘察设计注册采矿/矿物工程师制度暂行规定》（国人部发〔2005〕86号）	

续表

序号	职业资格名称		实施部门（单位）	资格类别	设定依据	备注
15	勘察设计注册工程师	注册机械工程师	住房城乡建设部、人力资源社会保障部	准入类	《中华人民共和国建筑法》 《国务院关于修改〈建设工程勘察设计管理条例〉的决定》（国务院令第662号） 《勘察设计注册工程师管理规定》（建设部令2005年第137号） 《勘察设计注册机械工程师制度暂行规定》（国人部发〔2005〕87号）	
16	注册验船师		交通运输部、农业部、人力资源社会保障部	准入类	《中华人民共和国船舶和海上设施检验条例》（国务院令第109号） 《中华人民共和国渔业船舶检验条例》（国务院令第383号） 《注册验船师制度暂行规定》（国人部发〔2006〕8号）	
17	船员资格（含船员、渔业船员）		交通运输部、农业部	准入类	《中华人民共和国海上交通安全法》 《中华人民共和国船员条例》（国务院令第494号） 《中华人民共和国内河交通安全管理条例》（国务院令第355号） 《中华人民共和国渔港水域交通安全管理条例》（国务院令第38号）	
18	兽医资格	执业兽医	农业部	准入类	《中华人民共和国动物防疫法》	
		乡村兽医			《中华人民共和国动物防疫法》 《乡村兽医管理办法》（农业部令2008年第17号）	
19	拍卖师		中国拍卖行业协会	准入类	《中华人民共和国拍卖法》	
20	演出经纪人员资格		文化部	准入类	《国务院关于修改〈营业性演出管理条例〉的决定》（国务院令第528号） 《营业性演出管理条例实施细则》（文化部令2009年第47号）	

续表

序号	职业资格名称		实施部门（单位）	资格类别	设定依据	备注
30	执业药师		食品药品监管总局、人力资源社会保障部	准入类	《中华人民共和国药品管理法》 《中华人民共和国药品管理法实施条例》（国务院令第360号） 《药品经营质量管理规范》（国家食品药品监督管理总局令2016年第28号） 《执业药师资格制度暂行规定》（人发〔1999〕34号）	
31	专利代理人		国家知识产权局	准入类	《专利代理条例》（国务院令第76号）	
32	导游资格		国家旅游局	准入类	《中华人民共和国旅游法》 《导游人员管理条例》（国务院令第263号）	
33	注册测绘师		国家测绘地信局、人力资源社会保障部	准入类	《中华人民共和国测绘法》 《注册测绘师制度暂行规定》（国人部发〔2007〕14号）	
34	航空人员资格	空勤人员、地面人员	中国民航局	准入类	《中华人民共和国民用航空法》	
		民用航空器外国驾驶员、领航员、飞行机械员、飞行通信员			《国务院对确需保留的行政审批项目设定行政许可的决定》（国务院令第412号）	
		航空安全员			《国务院对确需保留的行政审批项目设定行政许可的决定》（国务院令第412号）	
		民用航空电信人员、航行情报人员、气象人员			《国务院对确需保留的行政审批项目设定行政许可的决定》（国务院令第412号）	
35	会计从业资格		财政部	准入类	《中华人民共和国会计法》 《会计从业资格管理办法》（财政部令2012年第73号）	现已进入修法程序，视相关法律修订情况依法作出调整

一、总　　则

续表

序号	职业资格名称	实施部门（单位）	资格类别	设定依据	备注
36	特种设备检验、检测人员资格认定	质检总局	准入类	《中华人民共和国特种设备安全法》	
37	工程咨询（投资）专业技术人员职业资格	国家发展改革委、人力资源社会保障部、中国工程咨询协会	水平评价类	《工程咨询（投资）专业技术人员职业资格制度暂行规定》（人社部发〔2015〕64号）	
38	通信专业技术人员职业资格	工业和信息化部、人力资源社会保障部	水平评价类	《中华人民共和国电信条例》（国务院令第291号）《通信专业技术人员职业水平评价暂行规定》（国人部发〔2006〕10号）	
39	计算机技术与软件专业技术资格	工业和信息化部、人力资源社会保障部	水平评价类	《计算机技术与软件专业技术资格（水平）考试暂行规定》（国人部发〔2003〕39号）	
40	社会工作者职业资格	民政部、人力资源社会保障部	水平评价类	《国家中长期人才发展规划纲要（2010—2020年）》（中发〔2010〕6号）《关于加强社会工作专业人才队伍建设的意见》（中组发〔2011〕25号）《社会工作者职业水平评价暂行规定》（国人部发〔2006〕71号）	
41	会计专业技术资格	财政部、人力资源社会保障部	水平评价类	《中华人民共和国会计法》《会计专业职务试行条例》（职改字〔1986〕第55号）《会计专业技术资格考试暂行规定》（财会〔2000〕11号）	
42	资产评估师	财政部、人力资源社会保障部、中国资产评估协会	水平评价类	《中华人民共和国资产评估法》《资产评估师职业资格制度暂行规定》（人社部规〔2017〕7号）	
43	经济专业技术资格	人力资源社会保障部	水平评价类	《经济专业人员职务试行条例》（职改字〔1986〕第74号）《经济专业技术资格考试暂行规定》（人职发〔1993〕1号）	

续表

序号	职业资格名称	实施部门（单位）	资格类别	设定依据	备注
44	土地登记代理专业人员职业资格	国土资源部、人力资源社会保障部、中国土地估价师与土地登记代理人协会	水平评价类	《不动产登记暂行条例》（国务院令第656号）《土地登记代理专业人员职业资格制度暂行规定》（人社部发〔2015〕66号）	
45	环境影响评价工程师	环境保护部、人力资源社会保障部	水平评价类	《建设项目环境保护管理条例》（国务院令第253号）《环境影响评价工程师职业资格制度暂行规定》（国人部发〔2004〕13号）	
46	房地产经纪专业人员职业资格	住房城乡建设部、人力资源社会保障部、中国房地产估价师与房地产经纪人学会	水平评价类	《中华人民共和国城市房地产管理法》《房地产经纪专业人员职业资格制度暂行规定》（人社部发〔2015〕47号）	
47	机动车检测维修专业技术人员职业资格	交通运输部、人力资源社会保障部	水平评价类	《中华人民共和国道路运输条例》（国务院令第406号）《机动车检测维修专业技术人员职业水平评价暂行规定》（国人部发〔2006〕51号）	
48	公路水运工程试验检测专业技术人员职业资格	交通运输部、人力资源社会保障部	水平评价类	《建设工程质量管理条例》（国务院令第279号）《公路水运工程试验检测专业技术人员职业资格制度规定》（人社部发〔2015〕59号）	
49	水利工程质量检测员资格	水利部、中国水利工程协会	水平评价类	《建设工程质量管理条例》（国务院令第279号）《水利工程质量检测管理规定》（水利部令2008年第36号）	
50	卫生专业技术资格	国家卫生计生委、人力资源社会保障部	水平评价类	《卫生技术人员职务试行条例》（职改字〔1986〕第20号）《关于加强卫生专业技术职务评聘工作的通知》（人发〔2000〕114号）《临床医学专业技术资格考试暂行规定》（卫人发〔2000〕462号）《预防医学、全科医学、药学、护理、其他卫生技术等专业技术资格考试暂行规定》（卫人发〔2001〕164号）	

续表

序号	职业资格名称	实施部门（单位）	资格类别	设定依据	备注
51	审计专业技术资格	审计署、人力资源社会保障部	水平评价类	《中华人民共和国审计法》 《中华人民共和国审计法实施条例》（国务院令第571号） 《审计专业技术初、中级资格考试规定》（审人发〔2003〕4号） 《高级审计师评价办法（试行）》（人发〔2002〕58号）	
52	税务师	税务总局、人力资源社会保障部、中国注册税务师协会	水平评价类	《中华人民共和国税收征收管理法》 《税务师职业资格制度暂行规定》（人社部发〔2015〕90号）	
53	认证人员职业资格	质检总局	水平评价类	《中华人民共和国认证认可条例》（国务院令第390号）	
54	出版专业技术人员职业资格	新闻出版广电总局、人力资源社会保障部	水平评价类	《国务院关于修改〈出版管理条例〉的决定》（国务院令第594号） 《国务院关于修改〈音像制品管理条例〉的决定》（国务院令第595号） 《出版专业人员职务试行条例》（职改字〔1986〕第41号） 《出版专业技术人员职业资格考试暂行规定》（人发〔2001〕86号）	
55	统计专业技术资格	国家统计局、人力资源社会保障部	水平评价类	《统计专业职务试行条例》（职改字〔1986〕第57号） 《统计专业技术资格考试暂行规定》（国统字〔1995〕46号） 《关于印发高级统计师资格评价办法（试行）的通知》（人社部发〔2011〕90号）	
56	银行业专业人员职业资格	银监会、人力资源社会保障部、中国银行业协会	水平评价类	《银行业专业人员职业资格制度暂行规定》（人社部发〔2013〕101号）	
57	证券期货业从业人员资格	证监会	水平评价类	《中华人民共和国证券法》 《期货交易管理条例》（国务院令第489号）	

续表

序号	职业资格名称	实施部门（单位）	资格类别	设定依据	备注
58	文物保护工程从业资格	国家文物局	水平评价类	《中华人民共和国文物保护法实施条例》（国务院令第377号）《文物保护工程管理办法》（文化部令2003年第26号）《文物保护工程勘察设计资质管理办法（试行）》、《文物保护工程施工资质管理办法（试行）》、《文物保护工程监理资质管理办法（试行）》（文物保发〔2014〕13号）	
59	翻译专业资格	中国外文局、人力资源社会保障部	水平评价类	《翻译专业职务试行条例》（职改字〔1986〕第54号）《翻译专业资格（水平）考试暂行规定》（人发〔2003〕21号）	

二、技能人员职业资格

（共计81项。其中准入类5项，水平评价类76项）

序号	职业资格名称		实施部门（单位）	资格类别	设定依据	备注
1	消防设施操作员		消防行业技能鉴定机构	准入类	《中华人民共和国消防法》	
2	焊工		人社部门技能鉴定机构	准入类	《中华人民共和国消防法》	
			环境保护部（民用核安全设备焊工、焊接操作工）	准入类	《民用核安全设备监督管理条例》（国务院令第500号）《国务院对确需保留的行政审批项目设定行政许可的决定》（国务院令第412号）《国务院关于修改部分行政法规的决定》（国务院令第666号）	
3	家畜繁殖员		农业行业技能鉴定机构	准入类	《中华人民共和国畜牧法》	
4	健身和娱乐场所服务人员	游泳救生员	体育行业技能鉴定机构	准入类	《全民健身条例》（国务院令第560号公布，国务院令第638号、第666号修订）	除游泳、滑雪、潜水、攀岩等高危险性体育项目外的社会体育指导员，为水平评价类
		社会体育指导员（游泳、滑雪、潜水、攀岩）			《全民健身条例》（国务院令第560号公布，国务院令第638号、第666号修订）《第一批高危险性体育项目目录公告》（国家体育总局公告第16号）	

续表

序号	职业资格名称		实施部门（单位）	资格类别	设定依据	备注
5	轨道交通运输服务人员	轨道列车司机	交通运输行业技能鉴定机构	准入类	《铁路安全管理条例》（国务院令第639号）《关于印发客车检车员等10个国家职业标准的通知》（劳社厅发〔2005〕11号）	
			国家铁路局（铁路机车车辆驾驶人员）		《关于印发第十九批矿山救护工等22个国家职业标准的通知》（劳社厅发〔2008〕6号）	
6	机械设备修理人员	设备点检员	冶金行业技能鉴定机构	水平评价类	《关于印发船舶管系工等42个国家职业技能标准的通知》（人社厅发〔2009〕66号）	
		电工	安全生产监督管理部门相关机构、人社部门技能鉴定机构		《关于印发船舶管系工等42个国家职业技能标准的通知》（人社厅发〔2009〕66号）	
		锅炉设备检修工	电力行业技能鉴定机构		《关于印发第十五批模具设计师等65个国家职业标准的通知》（劳社厅发〔2006〕33号）	
		变电设备检修工			《关于印发防腐蚀工等22个国家职业标准的通知》（劳社厅发〔2001〕3号）	
		工程机械维修工	机械行业技能鉴定机构		《关于印发平版制版工等23个国家职业技能标准的通知》（人社厅发〔2010〕39号）	
7	通用工程机械操作人员	起重装卸机械操作工	交通运输行业技能鉴定机构、人社部门技能鉴定机构	水平评价类	《关于印发列车值班员等65个国家职业（工种）标准的通知》（劳社厅发〔2007〕14号）	
8	建筑安装施工人员	电梯安装维修工	人社部门技能鉴定机构会同有关行业协会	水平评价类	《关于印发防腐蚀工等22个国家职业标准的通知》（劳社厅发〔2001〕3号）	
		制冷空调系统安装维修工			《关于印发第八批林木种苗工等65个国家职业标准的通知》（劳社厅发〔2004〕1号）	

续表

序号	职业资格名称		实施部门（单位）	资格类别	设定依据	备注
9	土木工程建筑施工人员	筑路工	交通运输行业技能鉴定机构、住房城乡建设部门相关机构	水平评价类	《关于印发汽车运输调度员等8个国家职业标准的通知》（劳社厅发〔2007〕27号）	
		桥隧工			《关于印发客车检车员等10个国家职业标准的通知》（劳社厅发〔2005〕11号）	
		防水工	住房城乡建设部门相关机构、人社部门技能鉴定机构		《关于印发手工木工等8个国家职业技能标准的通知》（人社厅发〔2011〕129号）	
		电力电缆安装运维工	电力行业技能鉴定机构		《关于印发第十五批模具设计师等65个国家职业标准的通知》（劳社厅发〔2006〕33号）	
10	房屋建筑施工人员	砌筑工、混凝土工、钢筋工、架子工	住房城乡建设部门相关机构、人社部门技能鉴定机构	水平评价类	《关于印发手工木工等8个国家职业技能标准的通知》（人社厅发〔2011〕129号）	
11	水生产、输排和水处理人员	水生产处理工	化工、电力行业技能鉴定机构、住房城乡建设部门相关机构	水平评价类	《关于印发养老护理员等四个国家职业技能标准的通知》（人社厅发〔2011〕104号）	
		工业废水处理工	化工行业技能鉴定机构		《关于印发紧急救助员等6个国家职业技能标准的通知》（人社厅发〔2012〕54号）	
12	气体生产、处理和输送人员	工业气体生产工	化工行业技能鉴定机构	水平评价类	《关于印发第十批玩具设计师等68个国家职业标准的通知》（劳社厅发〔2005〕1号）	
		工业废气治理工	化工、电力行业技能鉴定机构		《关于印发紧急救助员等6个国家职业技能标准的通知》（人社厅发〔2012〕54号）	
		压缩机操作工	化工、煤炭行业技能鉴定机构		《关于印发第十批玩具设计师等68个国家职业标准的通知》（劳社厅发〔2005〕1号）	

续表

序号	职业资格名称		实施部门（单位）	资格类别	设定依据	备注
13	电力、热力生产和供应人员	锅炉运行值班员、发电集控值班员、变配电运行值班员、继电保护员	电力行业技能鉴定机构	水平评价类	《关于印发第十五批模具设计师等65个国家职业标准的通知》（劳社厅发〔2006〕33号）	
		燃气轮机值班员			《关于印发船舶管系工等42个国家职业技能标准的通知》（人社厅发〔2009〕66号）	
		锅炉操作工	人社部门技能鉴定机构会同有关行业协会		《关于印发组合机床操作工等28个国家职业标准的通知》（劳社厅发〔2000〕14号）	
14	仪器仪表装配人员	钟表及计时仪器制造工	轻工行业技能鉴定机构	水平评价类	《关于印发第十批玩具设计师等68个国家职业标准的通知》（劳社厅发〔2005〕1号）	
15	电子设备装配调试人员	广电和通信设备电子装接工、广电和通信设备调试工	电子通信行业技能鉴定机构	水平评价类	《关于印发液晶显示器件制造工等10个国家职业标准的通知》（劳社厅发〔2005〕2号）	
16	计算机制造人员	计算机及外部设备装配调试员	电子通信行业技能鉴定机构	水平评价类	《关于印发液晶显示器件制造工等10个国家职业标准的通知》（劳社厅发〔2005〕2号）	
17	电子器件制造人员	液晶显示器件制造工	电子通信行业技能鉴定机构	水平评价类	《关于印发通信设备检验员和液晶显示器件制造工国家职业技能标准的通知》（人社厅发〔2011〕35号）	
		半导体芯片制造工、半导体分立器件和集成电路装调工			《关于印发半导体芯片制造工等13个国家职业标准的通知》（劳社厅发〔2003〕2号）	
18	电子元件制造人员	电子产品制版工、印制电路制作工	电子通信行业技能鉴定机构	水平评价类	《关于印发半导体芯片制造工等13个国家职业标准的通知》（劳社厅发〔2003〕2号）	

续表

序号	职业资格名称		实施部门（单位）	资格类别	设定依据	备注
19	电线电缆、光纤光缆及电工器材制造人员	电线电缆制造工	机械行业技能鉴定机构	水平评价类	《关于印发防腐蚀工等22个国家职业标准的通知》（劳社厅发〔2001〕3号）	
20	输配电及控制设备制造人员	变压器互感器制造工	机械行业技能鉴定机构	水平评价类	《关于印发第九批国家职业标准的通知》（劳社厅发〔2004〕7号）	
		高低压电器及成套设备装配工			《关于印发第三批国家职业标准的通知》（劳社厅发〔2002〕1号）	
21	汽车整车制造人员	汽车装调工	机械行业技能鉴定机构	水平评价类	《关于印发第十批玩具设计师等68个国家职业标准的通知》（劳社厅发〔2005〕1号）	
22	医疗器械制品和康复辅具生产人员	矫形器装配工、假肢装配工	民政行业技能鉴定机构	水平评价类	《关于印发假肢师等8个国家职业标准的通知》（劳社厅发〔2006〕8号）	
23	金属加工机械制造人员	机床装调维修工	人社部门技能鉴定机构会同有关行业协会	水平评价类	《关于印发第十五批模具设计师等65个国家职业标准的通知》（劳社厅发〔2006〕33号）	
24	工装工具制造加工人员	模具工	人社部门技能鉴定机构会同有关行业协会	水平评价类	《关于印发锁具修理工等5个国家职业技能标准的通知》（人社厅发〔2012〕114号）	
25	机械热加工人员	铸造工、锻造工、金属热处理工	人社部门技能鉴定机构会同有关行业协会	水平评价类	《关于印发船舶管系工等42个国家职业技能标准的通知》（人社厅发〔2009〕66号）	

一、总　　则

续表

序号	职业资格名称		实施部门（单位）	资格类别	设定依据	备注
26	机械冷加工人员	车工、铣工	人社部门技能鉴定机构会同有关行业协会	水平评价类	《关于印发第十批玩具设计师等68个国家职业标准的通知》（劳社厅发〔2005〕1号）	
					《关于印发船舶管系工等42个国家职业技能标准的通知》（人社厅发〔2009〕66号）	
		钳工、磨工、冲压工			《关于印发船舶管系工等42个国家职业技能标准的通知》（人社厅发〔2009〕66号）	
		电切削工	机械行业技能鉴定机构、人社部门技能鉴定机构		《关于印发第十二批房地产策划师等54个国家职业标准的通知》（劳社厅发〔2006〕1号）	
27	硬质合金生产人员	硬质合金成型工、硬质合金烧结工、硬质合金精加工工	有色金属行业技能鉴定机构	水平评价类	《关于印发第八批林木种苗工等65个国家职业标准的通知》（劳社厅发〔2004〕1号）	
28	金属轧制人员	轧制原料工、金属轧制工、金属材热处理工、金属材精整工	冶金、有色金属行业技能鉴定机构	水平评价类	《关于印发高炉原料工等27个工种国家职业标准的通知》（人社厅发〔2008〕71号）	
		金属挤压工、铸轧工	有色金属行业技能鉴定机构		《关于印发第十五批模具设计师等65个国家职业标准的通知》（劳社厅发〔2006〕33号）	
29	轻有色金属冶炼人员	氧化铝制取工、铝电解工	有色金属行业技能鉴定机构	水平评价类	《关于印发第八批林木种苗工等65个国家职业标准的通知》（劳社厅发〔2004〕1号）	
30	重有色金属冶炼人员	重冶火法冶炼工、电解精炼工	有色金属行业技能鉴定机构	水平评价类	《关于印发第八批林木种苗工等65个国家职业标准的通知》（劳社厅发〔2004〕1号）	
		重冶湿法冶炼工			《关于印发第九批国家职业标准的通知》（劳社厅发〔2004〕7号）	

续表

序号	职业资格名称		实施部门（单位）	资格类别	设定依据	备注
31	炼钢人员	炼钢原料工、炼钢工	冶金行业技能鉴定机构	水平评价类	《关于印发高炉原料工等27个工种国家职业标准的通知》（人社厅发〔2008〕71号）	
32	炼铁人员	高炉原料工、高炉炼铁工、高炉运转工	冶金行业技能鉴定机构	水平评价类	《关于印发高炉原料工等27个工种国家职业标准的通知》（人社厅发〔2008〕71号）	
33	矿物采选人员	井下支护工	有色金属、煤炭、冶金行业技能鉴定机构	水平评价类	《关于印发第十六批汽车加气站操作工等10个国家职业标准的通知》（劳社厅发〔2007〕3号）	
		矿山救护工			《关于印发第十九批矿山救护工等22个国家职业标准的通知》（劳社厅发〔2008〕6号）	
34	陶瓷制品制造人员	陶瓷原料准备工、陶瓷烧成工、陶瓷装饰工	轻工、建材行业技能鉴定机构	水平评价类	《关于印发第八批林木种苗工等65个国家职业标准的通知》（劳社厅发〔2004〕1号）	
35	玻璃纤维及玻璃纤维增强塑料制品制造人员	玻璃纤维及制品工	建材行业技能鉴定机构	水平评价类	《关于印发防腐蚀工等17个国家职业技能标准的通知》（人社厅发〔2009〕90号）	
		玻璃钢制品工			《关于印发第十批玩具设计师等68个国家职业标准的通知》（劳社厅发〔2005〕1号）	
36	水泥、石灰、石膏及其制品制造人员	水泥生产工、石膏制品生产工	建材行业技能鉴定机构	水平评价类	《关于印发第八批林木种苗工等65个国家职业标准的通知》（劳社厅发〔2004〕1号）	
		水泥混凝土制品工			《关于印发第十批玩具设计师等68个国家职业标准的通知》（劳社厅发〔2005〕1号）	
37	药物制剂人员	药物制剂工	中医药行业技能鉴定机构	水平评价类	《关于印发中药调剂员等5个国家职业技能标准的通知》（人社厅发〔2009〕94号）	
38	中药饮片加工人员	中药炮制工	中医药行业技能鉴定机构	水平评价类	《关于印发中药炮制与配制工国家职业技能标准的通知》（人社厅发〔2011〕94号）	
39	涂料、油墨、颜料及类似产品制造人员	涂料生产工、染料生产工	化工行业技能鉴定机构	水平评价类	《关于印发第十二批房地产策划师等54个国家职业标准的通知》（劳社厅发〔2006〕1号）	

续表

序号	职业资格名称		实施部门（单位）	资格类别	设定依据	备注
40	农药生产人员	农药生产工	化工行业技能鉴定机构	水平评价类	《关于印发第十五批模具设计师等65个国家职业标准的通知》（劳社厅发〔2006〕33号）	
41	化学肥料生产人员	合成氨生产工、尿素生产工	化工行业技能鉴定机构	水平评价类	《关于印发第六批国家职业标准的通知》（劳社厅发〔2003〕14号）	
42	基础化学原料制造人员	硫酸生产工、硝酸生产工、纯碱生产工	化工行业技能鉴定机构	水平评价类	《关于印发第十批玩具设计师等68个国家职业标准的通知》（劳社厅发〔2005〕1号）	
		烧碱生产工、无机化学反应生产工			《关于印发第十二批房地产策划师等54个国家职业标准的通知》（劳社厅发〔2006〕1号）	
		有机合成工			《关于印发第十五批模具设计师等65个国家职业标准的通知》（劳社厅发〔2006〕33号）	
43	化工产品生产通用工艺人员	化工总控工	化工行业技能鉴定机构	水平评价类	《关于印发第十批玩具设计师等68个国家职业标准的通知》（劳社厅发〔2005〕1号）	
		防腐蚀工			《关于印发防腐蚀工等17个国家职业技能标准的通知》（人社厅发〔2009〕90号）	
		制冷工	人社部门技能鉴定机构会同有关行业协会		《关于印发船舶管系工等42个国家职业技能标准的通知》（人社厅发〔2009〕66号）	
44	炼焦人员	炼焦煤制备工	煤炭、冶金行业技能鉴定机构	水平评价类	《关于印发高炉原料工等27个工种国家职业标准的通知》（人社厅发〔2008〕71号）	
					《关于印发防腐蚀工等17个国家职业技能标准的通知》（人社厅发〔2009〕90号）	
		炼焦工			《关于印发高炉原料工等27个工种国家职业标准的通知》（人社厅发〔2008〕71号）	
45	工艺美术品制作人员	景泰蓝制作工	轻工行业技能鉴定机构	水平评价类	《关于印发第八批林木种苗工等65个国家职业标准的通知》（劳社厅发〔2004〕1号）	

续表

序号	职业资格名称		实施部门（单位）	资格类别	设定依据	备注
46	木制品制造人员	手工木工	住房城乡建设部门相关机构、人社部门技能鉴定机构	水平评价类	《关于印发手工木工等8个国家职业技能标准的通知》（人社厅发〔2011〕129号）	
47	纺织品和服装剪裁缝纫人员	服装制版师	纺织行业技能鉴定机构	水平评价类	《关于印发第五批国家职业标准的通知》（劳社厅发〔2003〕1号）	
48	印染人员	印染前处理工、印花工、印染后整理工、印染染化料配制工	纺织行业技能鉴定机构	水平评价类	《关于印发第十二批房地产策划师等54个国家职业标准的通知》（劳社厅发〔2006〕1号）	
		纺织染色工			《关于印发第十批玩具设计师等68个国家职业标准的通知》（劳社厅发〔2005〕1号）	
49	织造人员	整经工、织布工	纺织行业技能鉴定机构	水平评价类	《关于印发第十批玩具设计师等68个国家职业标准的通知》（劳社厅发〔2005〕1号）	
50	纺纱人员	纺纱工	纺织行业技能鉴定机构	水平评价类	《关于印发第十批玩具设计师等68个国家职业标准的通知》（劳社厅发〔2005〕1号）	
		缂丝工			《关于印发第十二批房地产策划师等54个国家职业标准的通知》（劳社厅发〔2006〕1号）	
51	纤维预处理人员	纺织纤维梳理工、并条工	纺织行业技能鉴定机构	水平评价类	《关于印发第十批玩具设计师等68个国家职业标准的通知》（劳社厅发〔2005〕1号）	
52	酒、饮料及精制茶制造人员	酿酒师、品酒师	轻工行业技能鉴定机构	水平评价类	《关于印发第十八批平版印刷工等20个国家职业标准的通知》（劳社厅发〔2008〕5号）	
		酒精酿造工、白酒酿造工、啤酒酿造工、黄酒酿造工、果露酒酿造工	供销行业技能鉴定机构、人社部门技能鉴定机构		《关于印发第五批国家职业标准的通知》（劳社厅发〔2003〕1号）	
		评茶员			《关于印发防腐蚀工等22个国家职业标准的通知》（劳社厅发〔2001〕3号）	

续表

序号	职业资格名称	实施部门（单位）	资格类别	设定依据	备注
53	乳制品加工人员	乳品评鉴师	轻工行业技能鉴定机构	水平评价类	《关于印发防腐蚀工等17个国家职业技能标准的通知》（人社厅发〔2009〕90号）	
54	粮油加工人员	制米工、制粉工、制油工	粮食行业技能鉴定机构	水平评价类	《关于印发粮油竞价交易员等7个国家职业标准的通知》（劳社厅发〔2005〕10号）	
55	动植物疫病防治人员	农作物植保员	农业行业技能鉴定机构	水平评价类	《关于印发农作物种子繁育员等17个国家职业标准的通知》（劳社厅发〔2003〕3号）	
		动物疫病防治员、动物检疫检验员			《关于印发果树园艺工等4个国家职业技能标准的通知》（人社厅发〔2009〕99号）	
		水生物病害防治员			《关于印发农业实验工等7个国家职业技能标准的通知》（人社厅发〔2010〕89号）	
		林业有害生物防治员	林业行业技能鉴定机构		《关于印发森林抚育工等11个国家职业技能标准的通知》（人社厅发〔2015〕12号）	
56	农业生产服务人员	农机修理工	农业行业技能鉴定机构	水平评价类	《关于印发农情测报员等4个国家职业技能标准的通知》（人社厅发〔2011〕88号）	
		沼气工			《关于印发农业实验工等7个国家职业技能标准的通知》（人社厅发〔2010〕89号）	
		农业技术员			《关于印发农业技术指导员等5个国家职业标准的通知》（劳社厅发〔2007〕4号）	
57	康复矫正服务人员	助听器验配师	卫生计生行业技能鉴定机构	水平评价类	《关于印发第十七批铝制品制作工等26个国家职业标准的通知》（劳社厅发〔2008〕1号）	
		口腔修复体制作工			《关于印发反射疗法师等3个国家职业标准的通知》（劳社厅发〔2007〕11号）	
		眼镜验光员、眼镜定配工	人社部门技能鉴定机构会同有关行业协会		《关于印发第十五批模具设计师等65个国家职业标准的通知》（劳社厅发〔2006〕33号）	
58	健康咨询服务人员	健康管理师	卫生计生行业技能鉴定机构	水平评价类	《关于印发反射疗法师等3个国家职业标准的通知》（劳社厅发〔2007〕11号）	
		生殖健康咨询师			《关于印发第十七批铝制品制作工等26个国家职业标准的通知》（劳社厅发〔2008〕1号）	

续表

序号	职业资格名称		实施部门（单位）	资格类别	设定依据	备注
59	计算机和办公设备维修人员	信息通信网络终端维修员	电子通信行业技能鉴定机构	水平评价类	《关于印发线务员等4个国家职业技能标准的通知》（人社厅发〔2009〕78号）	
60	汽车摩托车修理技术服务人员	汽车维修工	交通运输行业技能鉴定机构、人社部门技能鉴定机构	水平评价类	《关于印发中式烹调师等4个国家职业技能标准的通知》（人社厅发〔2014〕62号）	
61	保健服务人员	保健调理师	中医药行业技能鉴定机构	水平评价类	《关于印发第七批速录师等14个国家职业标准的通知》（劳社厅发〔2003〕19号）《关于印发中药调剂员等5个国家职业技能标准的通知》（人社厅发〔2009〕94号）	
62	美容美发服务人员	美容师	人社部门技能鉴定机构会同有关行业协会	水平评价类	《关于印发第九批国家职业标准的通知》（劳社厅发〔2004〕7号）	
		美发师			《关于印发船舶管系工等42个国家职业技能标准的通知》（人社厅发〔2009〕66号）	
63	生活照料服务人员	孤残儿童护理员	民政行业技能鉴定机构	水平评价类	《关于印发孤残儿童护理员和灾害信息员国家职业标准的通知》（劳社厅发〔2007〕26号）	
		育婴员	人社部门技能鉴定机构会同有关行业协会		《关于印发平版制版工等23个国家职业技能标准的通知》（人社厅发〔2010〕39号）	
		保育员			《关于印发船舶管系工等42个国家职业技能标准的通知》（人社厅发〔2009〕66号）	
64	有害生物防制人员	有害生物防制员	卫生计生行业技能鉴定机构、人社部门技能鉴定机构	水平评价类	《关于印发第十批玩具设计师等68个国家职业标准的通知》（劳社厅发〔2005〕1号）	
65	环境治理服务人员	工业固体废物处理处置工	化工行业技能鉴定机构	水平评价类	《关于印发紧急救助员等6个国家职业技能标准的通知》（人社厅发〔2012〕54号）	
66	水文服务人员	水文勘测工	水利行业技能鉴定机构	水平评价类	《关于印发河道修防工等6个职业（工种）国家职业技能标准的通知》（人社厅发〔2009〕69号）	

续表

序号	职业资格名称	实施部门（单位）	资格类别	设定依据	备注
67	水利设施管养人员	河道修防工、水工闸门运行工	水利行业技能鉴定机构	水平评价类	《关于印发河道修防工等6个职业（工种）国家职业技能标准的通知》（人社厅发〔2009〕69号）	
		水工监测工			《关于印发水工监测工等3个国家职业技能标准的通知》（人社厅发〔2010〕108号）	
68	地质勘查人员	地勘钻探工	国土资源行业技能鉴定机构	水平评价类	《关于印发地质测量工等6个国家职业标准的通知》（劳社厅发〔2008〕7号）	
		地质调查员			《关于印发海洋环境监测工等6个国家职业标准的通知》（劳社厅发〔2008〕4号）	
					《关于印发地质测量工等6个国家职业标准的通知》（劳社厅发〔2008〕7号）	
		地勘掘进工、地质实验员、物探工			《关于印发掘进工等7个国家职业技能标准的通知》（人社厅发〔2010〕61号）	
69	检验、检测和计量服务人员	农产品食品检验员	农业、粮食行业技能鉴定机构	水平评价类	《关于印发第三批国家职业标准的通知》（劳社厅发〔2002〕1号）	
					《关于印发农作物种子繁育员等17个国家职业标准的通知》（劳社厅发〔2003〕3号）	
					《关于印发粮油竞价交易员等7个国家职业标准的通知》（劳社厅发〔2005〕10号）	
					《关于印发啤酒花生产工等9个国家职业技能标准的通知》（人社厅发〔2015〕5号）	
		纤维检验员	供销行业技能鉴定机构		《关于印发第三批国家职业标准的通知》（劳社厅发〔2002〕1号）	
		贵金属首饰与宝玉石检测员	轻工、珠宝首饰行业技能鉴定机构		《关于印发第三批国家职业标准的通知》（劳社厅发〔2002〕1号）	
		机动车检测工	机械、交通运输行业技能鉴定机构		《关于印发第十批玩具设计师等68个国家职业标准的通知》（劳社厅发〔2005〕1号）	
					《关于印发汽车客运服务员等5个国家职业技能标准的通知》（人社厅发〔2009〕76号）	

续表

序号	职业资格名称		实施部门（单位）	资格类别	设定依据	备注
70	测绘服务人员	大地测量员、摄影测量员、地图绘制员	测绘地理信息行业技能鉴定机构	水平评价类	《关于印发大地测量员等5个国家职业标准的通知》（劳社厅发〔2006〕23号）	
		不动产测绘员			《关于印发第五批国家职业标准的通知》（劳社厅发〔2003〕1号）	
					《关于印发大地测量员等5个国家职业标准的通知》（劳社厅发〔2006〕23号）	
		工程测量员	测绘地理信息、国土资源、交通运输行业技能鉴定机构		《关于印发大地测量员等5个国家职业标准的通知》（劳社厅发〔2006〕23号）	
71	安全保护服务人员	保安员	公安部门相关机构、人社部门技能鉴定机构	水平评价类	《关于印发保安员国家职业技能标准的通知》（人社厅发〔2014〕88号）	
		安检员	民航行业技能鉴定机构、人社部门技能鉴定机构		《关于印发民航安全检查员国家职业标准的通知》（劳社厅发〔2005〕6号）	
		智能楼宇管理员	住房城乡建设部门相关机构、人社部门技能鉴定机构		《关于印发第十二批房地产策划师等54个国家职业标准的通知》（劳社厅发〔2006〕1号）	
		安全评价师	人社部门技能鉴定机构会同有关行业协会		《关于印发第十八批平版印刷工等20个国家职业标准的通知》（劳社厅发〔2008〕5号）	
72	人力资源服务人员	劳动关系协调员	人社部门技能鉴定机构会同有关行业协会	水平评价类	《关于印发第十八批平版印刷工等20个国家职业标准的通知》（劳社厅发〔2008〕5号）	
		企业人力资源管理师			《关于印发第十六批汽车加气站操作工等10个国家职业标准的通知》（劳社厅发〔2007〕3号）	
73	物业管理服务人员	中央空调系统运行操作员	住房城乡建设部门相关机构、人社部门技能鉴定机构	水平评价类	《关于印发第五批国家职业标准的通知》（劳社厅发〔2003〕1号）	

续表

序号	职业资格名称	实施部门（单位）	资格类别	设定依据	备注
74	信息通信网络运行管理人员	信息通信网络运行管理员	电子通信行业技能鉴定机构	水平评价类	《关于印发第十八批平版印刷工等20个国家职业标准的通知》（劳社厅发〔2008〕5号） 《关于印发电信业务营业员等四个国家职业技能标准的通知》（人社厅发〔2011〕114号）	
75	广播电视传输服务人员	广播电视天线工	广电行业技能鉴定机构	水平评价类	《关于印发广播电视天线工和电影放映员国家职业技能标准的通知》（人社厅发〔2011〕15号）	
		有线广播电视机线员			《关于印发有线广播电视线员国家职业标准的通知》（劳社厅发〔2006〕3号）	
76	信息通信网络维护人员	信息通信网络机务员	电子通信行业技能鉴定机构	水平评价类	《关于印发电信业务营业员等四个国家职业技能标准的通知》（人社厅发〔2011〕114号）	
		信息通信网络线务员			《关于印发线务员等4个国家职业技能标准的通知》（人社厅发〔2009〕78号）	
77	餐饮服务人员	中式烹调师	人社部门技能鉴定机构会同有关行业协会	水平评价类	《关于印发中式烹调师等4个国家职业技能标准的通知》（人社厅发〔2014〕62号）	
		中式面点师、西式烹调师、西式面点师			《关于印发平版制版工等23个国家职业技能标准的通知》（人社厅发〔2010〕39号）	
		茶艺师			《关于印发第四批国家职业标准的通知》（劳社厅发〔2002〕10号）	
78	仓储人员	（粮油）仓储管理员	粮食行业技能鉴定机构	水平评价类	《关于印发粮油竞价交易员等7个国家职业标准的通知》（劳社厅发〔2005〕10号）	
79	航空运输服务人员	民航乘务员	民航行业技能鉴定机构	水平评价类	《关于印发民航乘务员等2个国家职业标准的通知》（劳社厅发〔2006〕27号）	
		机场运行指挥员			《关于印发第十九批矿山救护工等22个国家职业标准的通知》（劳社厅发〔2008〕6号）	

序号	职业资格名称		实施部门（单位）	资格类别	设定依据	备注
80	道路运输服务人员	机动车驾驶教练员	交通运输行业技能鉴定机构	水平评价类	《关于印发机动车驾驶教练员国家职业技能标准的通知》（人社厅发〔2011〕26号）	
81	消防和应急救援人员	消防员	消防行业技能鉴定机构	水平评价类	《关于印发灭火救援员国家职业技能标准的通知》（人社厅发〔2011〕18号）	
		森林消防员	林业行业技能鉴定机构		《关于印发第十二批房地产策划师等54个国家职业标准的通知》（劳社厅发〔2006〕1号）	
		应急救援员	紧急救援行业技能鉴定机构		《关于印发紧急救助员等6个国家职业技能标准的通知》（人社厅发〔2012〕54号）	

人力资源社会保障部
关于减少职业资格许可和认定有关问题的通知

（人社部发〔2014〕53号　2014年8月13日）

各省、自治区、直辖市人民政府，国务院各部委、各直属机构：

为贯彻落实《国务院机构改革和职能转变方案》的有关要求，切实做好减少职业资格许可和认定工作，经国务院同意，现就有关问题通知如下：

一、减少职业资格许可和认定的原则要求

减少职业资格许可和认定，严格按照行政许可法和《国务院办公厅关于清理规范各类职业资格相关活动的通知》（国办发〔2007〕73号）规定，取消国务院部门设置的没有法律、法规或国务院决定作为依据的准入类职业资格，行业管理确有需要且涉及人数较多的职业，可报国务院人力资源社会保障部门批准后设置为水平评价类职业资格；国务院部门设置实施的有法律法规依据的准入类职业资格，与国家安全、公共安全、公民人身财产安全关系并不密切或不宜采取职业资格方式进行管理的，按程序提请修订有关法律法规后予以取消；取消国务院部门和全国性行业协会、学会自行设置的水平评价类职业资格，确有必要保留的，经国务院人力资源社会保障部门批准后纳入国家统一规划管理；取消地方各级人民政府及有关部门自行设置的职业资格，确有必要的，经国务院人力资源社会保障部门批准后作为职业资格试点，逐步纳入国家统一的职业资格管理。

二、进一步加大职业资格清理力度

按照《国务院机构改革和职能转变方案》及任务分工安排，进一步减少职业资格许可和认定，在第一批取消职业资格的基础上，2014年年内再集中取消一批职业资格，重点清理国务院部门、行业协会、学会以及其他中央单位面向社会自行设立的各类职业资格，特别是那些计划经济色彩浓厚、矛盾比较集中、行业基础薄弱的职业资格。到2015年，进一步完善工作措施，健全常态化工作机制，基本完成减少职业资格许可和认定工作，相应加强监督管理。争取到2017年，初步形成科学设置、规范运行、依法监管的职业资格管理体系。

三、推进行业协会、学会有序承接水平评价类职业资格具体认定工作

水平评价类职业资格由国务院部门依法制订职业标准或评价规范，按照有序承接、规范管理、平稳过渡的原则，具体认定工作逐步由有关行业协会、学会承担。相关行业协会、学会提出承担具体认定工作申请，国务院人力资源社会保障部门和行业主管部门综合评估认定行业协会、学会是否具有承接能力，优先选择较为成熟的行业协会、学会开展水平评价类职业资格具体认定试点，积累经验。国务院人力资源社会保障部门会同国务院相关行业主管部门，做好行业协会、学会认定水平评价类职业资格的监督指导工作，制定行业协会、学会有序承接水平评价类职业资格具体认定工作的管理办法，修订《职业技能鉴定规定》，明确认定规则，严格认定标准，规范认定程序，定期开展评估检查，加强宏观管理，建立退出机制，确保移交后水平评价类职业资格具体认定工作平稳有序开展。

四、切实加强职业资格设置实施的监督管理

国务院人力资源社会保障部门作为国家职业资格的政府综合管理部门，定期向社会公布国家职业资格目录，加强国家职业资格的统一规划和规范管理；会同国务院相应行业主管部门，进一步完善国家职业分类体系，研究制定职业标准和评价规范，切实加强对国家职业资格制度实施的监督管理。今后，凡新设国家职业资格，须报国务院人力资源社会保障部门纳入国家职业资格统一规划和管理，各地区、各部门不得自行设置国家职业资格。加强职业资格设置管理立法工作，实现职业资格设置的依法规范管理。各地区负责取消本地区自行设置的专业技术人员职业资格和技能人员职业资格。

减少资格许可和认定是推进政府职能转变的一项重要工作，涉及面广，政策性强，情况复杂，各地区、各部门要高度重视，切实做好本地区、本部门取消职业资格有关工作。国务院人力资源社会保障部门要加强督导和检查，指导各地区、各部门做好取消职业资格和后续相关工作，确保平稳有序。

人力资源社会保障部关于开展减少职业资格许可和认定工作"回头看"的通知

(人社部函〔2016〕300号 2016年12月26日)

各省、自治区、直辖市及新疆生产建设兵团人力资源社会保障厅(局)、国务院各部委、各直属机构、有关行业组织和集团公司人事劳动保障工作机构:

减少职业资格许可和认定工作是推进"放管服"改革的重要内容。2014年以来,国务院先后分七批取消了434项职业资格许可和认定事项,国务院部门设置的职业资格削减70%以上。按照国务院要求,各地自行设置的职业资格,已由各地自行取消。职业资格许可和认定的减少工作,持续激发了市场和社会活力,促进了就业创业。为落实国务院要求,进一步巩固职业资格改革成果,我部定于2017年上半年开展减少职业资格许可和认定工作"回头看"。现将有关事项通知如下:

一、总体要求

认真贯彻落实国务院推进"放管服"改革工作部署,进一步转变职能、转变观念、提高认识,加大职业资格许可和认定事项清理力度,加强事中事后监管。在前期职业资格清理整顿专项督查活动基础上,对于已经取消的职业资格许可和认定事项,加强跟踪督查,确保清理到位,防止反弹。

二、督查重点

重点督查国务院已取消职业资格许可和认定事项的落实情况,以及职业资格管理中仍然存在的突出问题和整改情况。主要督查五个方面:

(一)国发〔2014〕27号、国发〔2014〕50号、国发〔2015〕11号、国发〔2015〕41号、国发〔2016〕5号、国发〔2016〕35号、国发〔2016〕68号等文件公布取消的职业资格许可和认定项目,是否均已停止考试鉴定发证活动。

(二)除按照国务院明确的条件调整为水平评价类职业资格项目以及进行收尾考试等后续工作外,是否存在变换花样继续组织考试鉴定发证的情况。

(三)各地区自行设置的职业资格是否已经按照国务院要求全部取消。

(四)是否存在其他违法违规开展的职业资格许可和认定活动;确有存在的,说明原因并提出处理措施和整改期限。

(五)其他社会评价项目是否存在以职业资格名义开展的培训认证活动,是否违法违规设置准入、上岗资格条件,是否存在违规使用"中国"、"中华人民共和国"、"国家"、"职业资格"等字样和国徽标志的行为。

三、督查方式

（一）全面自查

各地区、各有关部门、行业组织和集团公司要围绕国务院"放管服"改革要求，对照督查重点，认真深入开展自查，全面梳理减少职业资格许可和认定工作落实情况，认真查找工作中存在的主要不足和突出问题，有针对性地提出整改措施和工作建议。

（二）重点督查

在自查的基础上，我部将赴有关部门和地区进行重点督查，采取座谈、走访等形式，广泛听取相关负责人和一线从业人员的意见建议，对群众举报、媒体反应、专项督查发现的有关问题线索进行核查。

（三）强化社会监督

在人力资源社会保障部门户网站开通减少职业资格许可和认定工作"回头看"专栏，公开举报受理联系方式，主动接受社会监督，对反映的具体问题和意见建议，转有关部门核查和研究处理。

（四）建立问责机制

对于违法违规设置实施的职业资格事项，发现一起，查处一起。对于督查发现的问题，我部将视情况进行通报，相关督查结果将及时报送国务院推进职能转变协调小组办公室。

（五）加强宣传引导

"回头看"期间，通过有关媒体及时报道督查情况，宣传典型经验做法，对于落实国务院决定不到位、明知职业资格已被取消仍继续组织考试鉴定等突出问题予以曝光。同时，通过我部门户网站及微信公众号向社会公布。

四、进度安排

各地区、各有关部门、行业组织、集团公司收到本通知后要迅速组织开展自查，2017年3月底前向我部报送自查报告。2017年3月至5月，我部将根据社会反映的问题线索赴有关地区和部门进行重点督查。在此基础上，我部将及时总结"回头看"情况，并将督查结果上报国务院。

五、有关要求

（一）组织开展减少职业资格许可和认定工作"回头看"是国务院的明确要求，是确保职业资格改革工作取得成效的重要举措，各地区、各有关部门要高度重视，加强领导，周密部署，精心组织。

（二）坚持问题导向，对督查发现、媒体反映、群众举报的违法违规问题要逐项核查，及时整改，确保职业资格清理落实到位，不留死角。

（三）建立职业资格设置实施监管的长效机制，严格落实职业资格目录清单管理制度，清单之外一律不得许可和认定职业资格，清单之内除准入类职业资格外一律不得与就业创业挂钩。

人力资源社会保障部关于印发进一步减少和规范职业资格许可和认定事项改革方案的通知

(人社部发〔2017〕2号 2017年1月5日)

各省、自治区、直辖市人民政府，国务院各部委、各直属机构：

《进一步减少和规范职业资格许可和认定事项的改革方案》已经国务院同意，现印发给你们，请认真贯彻落实。

进一步减少和规范职业资格许可和认定事项的改革方案

职业资格制度是目前国际通行的科学评价人才的重要制度。我国自1994年开始推行职业资格制度，二十多年来，在促进职业教育培训发展、提高劳动者素质、加强人才队伍建设、提高人力资源配置效率等方面发挥了积极作用。但也出现了设置过多过滥、证出多门、考培不分、鉴培不分、监管不力、法律法规和技术体系滞后等突出问题。

2013年以来，国务院将减少和规范职业资格许可和认定事项作为推进简政放权、放管结合、优化服务（以下简称放管服）改革的重要内容，先后分七批取消了434项国务院部门设置的职业资格许可和认定事项，削减比例达到原总量的70%以上，持续降低就业创业门槛，激发市场活力和社会创造力，促进创业创新。根据国务院2016年放管服改革工作安排，为进一步做好减少和规范职业资格许可和认定事项工作，制定本方案。

一、总体要求

（一）指导思想

以邓小平理论、"三个代表"重要思想、科学发展观为指导，全面贯彻党的十八大和十八届三中、四中、五中、六中全会精神，深入贯彻习近平总书记系列重要讲话精神和治国理政新理念新思想新战略，统筹推进"五位一体"总体布局和协调推进"四个全面"战略布局，牢固树立和贯彻落实创新、协调、绿色、开放、共享的发展理念，按照国务院推进放管服改革的部署和要求，遵循社会主义市场经济规律和人才成长规律，大力推进减少和规范职业资格许可和认定事项工作，深化人才评价制度改革，为促进大众创业、万众创新提供支持服务。

（二）基本原则

继续坚持经国务院同意的减少和规范职业资格许可和认定事项的"四个取消"原则，即取消国务院部门设置的没有法律、法规或国务院决定作为依据的准入类职业资格；国务院部门设置实施的有法律法规依据，但与国家安全、公共安全、公民人身财产安全关系并不密切，或不宜采取职业资格方式进行管理的准入类职业资格，按程序提请修订有关法律法规后予以取消；取消国务院部门和全国性行业协会、学会自行设置的水平评价类职业资格；取消地方各级人民政府及有关部门自行设置的职业资格。在此基础上，进一步加大清理规范治理力度，并遵循以下基本原则：

——加快简政放权。落实放管服改革措施，进一步减少和规范职业资格许可和认定事项，最大限度激发和释放就业创业创新活力；同时，加强顶层设计，规范职业资格设置，形成科学的人才评价管理体制。

——突出市场导向。发挥市场在人力资源配置中的决定性作用，分类推进人才评价制度改革，更多发挥企业、行业和社会组织在人才评价中的重要作用，保障和落实用人单位自主权。

——强化监管服务。加快转变政府职能，明确政府监管权责，加强事中事后监管，提升服务能力，为各类人才和用人单位提供优质服务。

（三）目标任务

2017年年初，基本完成集中清理职业资格许可和认定事项工作，公布实施国家职业资格目录清单。在"十三五"时期，构建起科学设置、规范运行、依法监管的国家职业资格框架和管理服务体系。

二、主要改革任务

（一）进一步加大减少取消职业资格许可和认定事项工作力度

继续加强后续清理工作，对剩余的184项职业资格许可和认定事项，除涉及国家安全、公共安全、公民人身财产安全的外，要进一步研究清理取消。对已经取消的职业资格许可和认定事项，要分类妥善处理后续工作，做好政策衔接，确保社会稳定；要加强跟踪督查，及时组织"回头看"，确保清理到位，防止反弹或变相恢复。建立职业资格许可和认定事项清理规范长效机制，对督查发现、媒体反应、群众举报的违规设置实施的职业资格许可和认定事项，发现一起，查处一起。

（二）实施国家职业资格目录清单管理

对经清理后剩余的职业资格许可和认定事项，按程序报经国务院审定后，以人力资源社会保障部名义向社会公布国家职业资格目录清单。清单之外一律不得许可和认定职业资格，清单之内除准入类职业资格外一律不得与就业创业挂钩。建立调整更新机制，对目录清单进行适时调整、动态更新。

（三）全面清理名目繁多的各种行业准入证、上岗证等

对没有法律法规依据的行业准入证、上岗证等，一律取消；对虽有法律法规依据，但与国家安全、公共安全、公民人身财产安全关系不密切的行业准入证、上岗证等，提请修订法律法规后予以取消或进行优化整合。

（四）强化对职业资格设置实施的监管服务

严格落实"考培分离"、"鉴培分离"，健全职业资格证书管理办法，严格证书发放管理。严肃查处职业资格证书挂靠、寻租等行为，确保职业资格证书的公信力和权威性。建设全国专业技术人员资格考试报名服务平台和全国职业技能鉴定服务监管平台，

加强职业资格信息化管理和服务，畅通社会服务和公众监督渠道。

（五）完善技能人才职业技能等级认定政策，并做好与职业资格的衔接

研究完善技能人才职业技能等级认定政策，制定不同职业技能等级享受相应的职业培训、技能鉴定、就业创业等补贴政策，完善技能人才认定统计办法，促进职业培训和技能人才队伍建设。研究制定职业标准和评价规范，积极推动由企业和行业组织自主开展技能评价。做好职业资格制度与技能人才职业技能等级认定政策的衔接，建立职业资格、职业技能等级与相应的职称、学历比照认定制度，畅通技能人才职业发展通道。

（六）加强国家职业资格法治建设

研究构建与我国经济社会发展和人才队伍建设相适应、统一开放的国家职业资格框架体系。推动职业资格设置管理相关立法工作，明确职业资格法律地位、管理体制、职责分工、设置方式和监管服务等基本制度。研究制定专门管理办法，加强对涉及在我国境内开展的境外各类职业资格相关活动的管理。

三、工作措施

（一）加强组织领导

进一步提高认识，加强领导，明确责任，精心组织，周密部署，深入推进减少和规范职业资格许可和认定事项改革工作。

（二）加强沟通协调

发挥国务院推进职能转变协调小组职业资格改革组的牵头作用，加强部门间的沟通协调，形成工作合力，确保各项改革举措整体推进。

（三）加强督促指导

加强对地方的督促指导，充分发挥地方各级政府推进职能转变协调机制的作用，推动做好减少和规范职业资格许可和认定事项工作。

（四）加强宣传引导

做好改革经验总结推广和宣传引导工作，及时发布权威改革信息，及时回应社会关切，营造良好改革氛围。

专业技术人员资格考试违纪违规行为处理规定

（人力资源社会保障部令第31号　2017年2月16日）

第一章　总　则

第一条　为加强专业技术人员资格考试工作管理，保证考试的公平、公正，规范对违纪违规行为的认定与处理，维护应试人员和考试工作人员合法权益，根据有关法律、行政法规制定本规定。

一、总 则

第二条 专业技术人员资格考试中违纪违规行为的认定和处理，适用本规定。

第三条 本规定所称专业技术人员资格考试，是指由人力资源社会保障部或者由其会同有关行政部门确定，在全国范围内统一举行的准入类职业资格考试、水平评价类职业资格考试以及与职称相关的考试。

本规定所称应试人员，是指根据专业技术人员资格考试有关规定参加考试的人员。

本规定所称考试工作人员，是指参与考试管理和服务工作的人员，包括命（审）题（卷）、监考、主考、巡考、考试系统操作、评卷等人员和考试主管部门及考试机构的有关工作人员。

本规定所称考试主管部门，是指各级人力资源社会保障行政部门、有关行政主管部门以及依据法律、行政法规规定具有考试管理职能的行业协会或者学会等。

本规定所称考试机构，是指经政府及其有关部门批准的各级具有专业技术人员资格考试工作职能的单位。

第四条 认定与处理违纪违规行为，应当事实清楚、证据确凿、程序规范、适用规定准确。

第五条 人力资源社会保障部负责全国专业技术人员资格考试工作的综合管理与监督。

各级考试主管部门、考试机构或者有关部门按照考试管理权限依据本规定对应试人员、考试工作人员的违纪违规行为进行认定与处理。其中，造成重大社会影响的严重违纪违规行为，由省级考试主管部门会同省级考试机构或者由省级考试机构进行认定与处理，并将处理情况报告人力资源社会保障部和相应行业的考试主管部门。

第二章 应试人员违纪违规行为处理

第六条 应试人员在考试过程中有下列违纪违规行为之一的，给予其当次该科目考试成绩无效的处理：

（一）携带通信工具、规定以外的电子用品或者与考试内容相关的资料进入座位，经提醒仍不改正的；

（二）经提醒仍不按规定书写、填涂本人身份和考试信息的；

（三）在试卷、答题纸、答题卡规定以外位置标注本人信息或者其他特殊标记的；

（四）未在规定座位参加考试，或者未经考试工作人员允许擅自离开座位或者考场，经提醒仍不改正的；

（五）未用规定的纸、笔作答，或者试卷前后作答笔迹不一致的；

（六）在考试开始信号发出前答题，或者在考试结束信号发出后继续答题的；

（七）将试卷、答题卡、答题纸带出考场的；

（八）故意损坏试卷、答题纸、答题卡、电子化系统设施的；

（九）未按规定使用考试系统，经提醒仍不改正的；

（十）其他应当给予当次该科目考试成绩无效处理的违纪违规行为。

第七条 应试人员在考试过程中有下列严重违纪违规行为之一的，给予其当次全部科目考试成绩无效的处理，并将其违纪违规行为记入专业技术人员资格考试诚信档案库，记录期限为五年：

（一）抄袭、协助他人抄袭试题答案或者与考试内容相关资料的；
（二）互相传递试卷、答题纸、答题卡、草稿纸等的；
（三）持伪造证件参加考试的；
（四）本人离开考场后，在考试结束前，传播考试试题及答案的；
（五）使用禁止带入考场的通信工具、规定以外的电子用品的；
（六）其他应当给予当次全部科目考试成绩无效处理的严重违纪违规行为。

第八条　应试人员在考试过程中有下列特别严重违纪违规行为之一的，给予其当次全部科目考试成绩无效的处理，并将其违纪违规行为记入专业技术人员资格考试诚信档案库，长期记录：
（一）串通作弊或者参与有组织作弊的；
（二）代替他人或者让他人代替自己参加考试的；
（三）其他情节特别严重、影响恶劣的违纪违规行为。

第九条　应试人员应当自觉维护考试工作场所秩序，服从考试工作人员管理，有下列行为之一的，终止其继续参加考试，并责令离开考场；情节严重的，按照本规定第七条、第八条的规定处理；违反《中华人民共和国治安管理处罚法》等法律法规的，交由公安机关依法处理；构成犯罪的，依法追究刑事责任：
（一）故意扰乱考点、考场等考试工作场所秩序的；
（二）拒绝、妨碍考试工作人员履行管理职责的；
（三）威胁、侮辱、诽谤、诬陷工作人员或者其他应试人员的；
（四）其他扰乱考试管理秩序的行为。

第十条　应试人员有提供虚假证明材料或者以其他不正当手段取得相应资格证书或者成绩证明等严重违纪违规行为的，由证书签发机构宣布证书或者成绩证明无效，并按照本规定第七条处理。

第十一条　在阅卷过程中发现应试人员之间同一科目作答内容雷同，并经阅卷专家组确认的，由考试机构或者考试主管部门给予其当次该科目考试成绩无效的处理。作答内容雷同的具体认定方法和标准，由省级以上考试机构确定。

应试人员之间同一科目作答内容雷同，并有其他相关证据证明其违纪违规行为成立的，视具体情形按照本规定第七条、第八条处理。

第十二条　专业技术人员资格考试诚信档案库由人力资源社会保障部统一建立，管理办法另行制定。

考试诚信档案库纳入全国信用信息共享平台，向用人单位及社会提供查询，相关记录作为专业技术人员职业资格证书核发和注册、职称评定的重要参考。考试机构可以视情况向社会公布考试诚信档案库记录相关信息，并通知当事人所在单位。

第三章　考试工作人员违纪违规行为处理

第十三条　考试工作人员有下列情形之一的，停止其继续参加当年及下一年度考试工作，并由考试机构、考试主管部门或者建议有关部门给予处分：
（一）不严格掌握报名条件的；

（二）擅自提前考试开始时间、推迟考试结束时间及缩短考试时间的；

（三）擅自为应试人员调换考场或者座位的；

（四）提示或者暗示应试人员答卷的；

（五）未准确记录考场情况及违纪违规行为，并造成一定影响的；

（六）未认真履行职责，造成考场秩序混乱或者所负责考场出现雷同试卷的；

（七）未执行回避制度的；

（八）其他一般违纪违规行为。

第十四条 考试工作人员有下列情形之一的，由考试机构、考试主管部门或者建议有关部门将其调离考试工作岗位，不得再从事考试工作，并给予相应处分：

（一）因命（审）题（卷）发生错误，造成严重后果的；

（二）以不正当手段协助他人取得考试资格或者取得相应证书的；

（三）因失职造成应试人员未能如期参加考试，或者使考试工作遭受重大损失的；

（四）擅自将试卷、试题信息、答题纸、答题卡、草稿纸等带出考场或者传给他人的；

（五）故意损坏试卷、试题载体、答题纸、答题卡的；

（六）窃取、擅自更改、编造或者虚报考试数据、信息的；

（七）泄露考务实施工作中应当保密信息的；

（八）在评阅卷工作中，擅自更改评分标准或者不按评分标准进行评卷的；

（九）因评卷工作失职，造成卷面成绩错误，后果严重的；

（十）指使或者纵容他人作弊，或者参与考场内外串通作弊的；

（十一）监管不严，使考场出现大面积作弊现象的；

（十二）擅自拆启未开考试卷、试题载体、答题纸等或者考试后已密封的试卷、试题载体、答题纸、答题卡等的；

（十三）利用考试工作之便，以权谋私或者打击报复应试人员的；

（十四）其他严重违纪违规行为。

第十五条 考试工作人员违反《中华人民共和国保守国家秘密法》及有关规定，造成在保密期限内的考试试题、试卷及相关材料内容泄露、丢失的，由相关部门视情节轻重，分别给予责任人和有关负责人处分；构成犯罪的，依法追究刑事责任。

第四章 处理程序

第十六条 对应试人员违纪违规行为被当场发现的，考试工作人员应当予以制止。对于被认定为违纪违规的，要收集、保存相应证据材料，如实记录违纪违规事实和现场处理情况，当场告知其记录内容，并要求本人签字；对于拒绝签字或者恶意损坏证据材料的，由两名考试工作人员如实记录其拒签或者恶意损坏证据材料的情况。违纪违规记录经考点负责人签字认定后，报送考试机构或者考试主管部门。

第十七条 对应试人员违纪违规行为作出处理决定前，应当告知应试人员拟作出的处理决定及相关事实、理由和依据，并告知应试人员依法享有陈述和申辩的权利。作出处理决定的考试机构或者考试主管部门对应试人员提出的事实、理由和证据，应当进行复核。

对应试人员违纪违规行为作出处理决定的，由考试机构或者考试主管部门制作考试违纪违规行为处理决定书,依法送达被处理的应试人员。

第十八条 被处理的应试人员对处理决定不服的,可以依法申请行政复议或者提起行政诉讼。

第十九条 考试工作人员因违纪违规行为受到处分不服的,可以依法申请复核或者提出申诉。

第五章 附 则

第二十条 本规定自2017年4月1日起施行。人力资源社会保障部2011年3月15日发布的《专业技术人员资格考试违纪违规行为处理规定》(人力资源和社会保障部令第12号)同时废止。

本规定施行前发生的违纪违规行为,在本规定施行后尚未作出处理决定的,按照本规定处理;在本规定施行前发生的行为按本规定属于违纪违规行为,但按原规定不属于违纪违规行为的,不得作为违纪违规行为处理。

人事部关于做好香港、澳门居民参加内地统一举行的专业技术人员资格考试有关问题的通知

(国人部发〔2005〕9号 2005年1月14日)

各省、自治区、直辖市人事厅(局),新疆生产建设兵团人事局,部分副省级市人事局,国务院各部委、各直属机构人事部门:

根据国务院批准的《〈内地与香港关于建立更紧密经贸关系的安排〉补充协议》和《〈内地与澳门关于建立更紧密经贸关系的安排〉补充协议》,经与各有关部门协商,现将香港、澳门居民报名参加内地统一举行的专业技术人员资格考试有关问题通知如下:

一、自2005年度起,凡符合注册建筑师、注册结构工程师、注册土木工程师(岩土)、注册土木工程师(港口与航道)、注册公用设备工程师、注册化工工程师、注册电气工程师、注册城市规划师、注册税务师、注册资产评估师、监理工程师、造价工程师、房地产估价师、房地产经纪人、建造师、执业药师、拍卖师、价格鉴证师、企业法律顾问、假肢与矫形器制作师、棉花质量检验师、矿业权评估师、注册咨询工程师(投资)、注册安全工程师、注册核安全工程师、注册设备监理师、土地登记代理人、国际商务、环境影响评价工程师和质量、翻译、计算机技术与软件、卫生、经济、统计、审计、会计等37项考试相应规定的香港、澳门居民,均可按照规定的程序和要求,报名参加相应专业考试。

二、2000年5月,经国务院港澳办同意,已允许香港居民报名参加内地统一举行的珠宝玉石质量检验师执业资格考试。自2005年度起,符合该专业执业资格考试报名条件的澳门居民也可按规定的程序和要求,报名参加本专业考试。

一、总　　则

三、香港、澳门居民申请参加相应专业考试，在报名时应向当地考试报名机构提交本人身份证明。凡报名条件中有专业学历和从事相关专业工作年限规定的，在报名时，还应提交国务院教育行政部门认可的相应专业学历或学位证书，以及相应专业机构从事相关专业工作年限的证明。

四、各省、自治区、直辖市人事行政部门和有关行政部门，各级考试考务机构应积极做好香港、澳门居民参加专业技术人员资格考试的有关准备工作，确保香港、澳门居民顺利报名并参加相应专业考试。

凡各专业技术人员资格考试规定中有关条款与本通知不符合的，以本通知为准。

国务院台湾事务办公室、国家发展和改革委员会关于印发《关于促进两岸经济文化交流合作的若干措施》的通知

（国台发〔2018〕1号　2018年2月28日）

各省、自治区、直辖市和新疆生产建设兵团台办、发展改革委：

为深入贯彻党的十九大精神和习近平总书记关于深化两岸经济文化交流合作的重要思想，率先同台湾同胞分享大陆发展的机遇，逐步为台湾同胞在大陆学习、创业、就业、生活提供与大陆同胞同等的待遇，经商中央组织部、中央宣传部、中央网信办、教育部、科技部、工业和信息化部、民政部、财政部、人力资源社会保障部、国土资源部、住房城乡建设部、交通运输部、水利部、农业部、商务部、文化部、卫生计生委、人民银行、税务总局、质检总局、新闻出版广电总局、林业局、旅游局、银监会、证监会、保监会、文物局、全国总工会、全国妇联同意，国务院台办、国家发展改革委牵头研究出台《关于促进两岸经济文化交流合作的若干措施》。自公布之日起施行。

附件：关于促进两岸经济文化交流合作的若干措施

附件

关于促进两岸经济文化交流合作的若干措施

为深入贯彻党的十九大精神和习近平总书记关于深化两岸经济文化交流合作的重要思想，率先同台湾同胞分享大陆发展的机遇，逐步为台湾同胞在大陆学习、创业、就业、生活提供与大陆同胞同等的待遇，国务院台办、国家发展改革委经商中央组织部、

中央宣传部、中央网信办、教育部、科技部、工业和信息化部、民政部、财政部、人力资源社会保障部、国土资源部、住房城乡建设部、交通运输部、水利部、农业部、商务部、文化部、卫生计生委、人民银行、税务总局、质检总局、新闻出版广电总局、林业局、旅游局、银监会、证监会、保监会、文物局、全国总工会、全国妇联，出台若干措施如下。

一、积极促进在投资和经济合作领域加快给予台资企业与大陆企业同等待遇

1. 台湾同胞在大陆投资的企业（以下简称台资企业）参与"中国制造2025"行动计划适用与大陆企业同等政策。支持台商来大陆投资设立高端制造、智能制造、绿色制造等企业并设立区域总部和研发设计中心，相应享受税收、投资等相关支持政策。

2. 帮助和支持符合条件的台资企业依法享受高新技术企业减按15%税率征收企业所得税，研发费用加计扣除，设在大陆的研发中心采购大陆设备全额退还增值税等税收优惠政策。

3. 台湾科研机构、高等学校、企业在大陆注册的独立法人，可牵头或参与国家重点研发计划项目申报，享受与大陆科研机构、高等学校、企业同等政策。受聘于在大陆注册的独立法人的台湾地区科研人员，可作为国家重点研发计划项目（课题）负责人申报，享受与大陆科研人员同等政策。对台湾地区知识产权在大陆转化的，可参照执行大陆知识产权激励政策。

4. 台资企业可以特许经营方式参与能源、交通、水利、环保、市政公用工程等基础设施建设。

5. 台资企业可公平参与政府采购。

6. 台资企业可通过合资合作、并购重组等方式参与国有企业混合所有制改革。

7. 台资企业与大陆企业同等适用相关用地政策。对集约用地的鼓励类台商投资工业项目优先供应土地，在确定土地出让底价时，可按不低于所在地土地等别相对应大陆工业用地出让最低价标准的70%执行。

8. 继续在中西部、东北地区设立海峡两岸产业合作区，鼓励台资企业向中西部、东北地区转移并参与"一带一路"建设，拓展内需市场和国际市场。大力推进台商投资区和两岸环保产业合作示范基地建设。

9. 台资农业企业可与大陆农业企业同等享受农机购置补贴、产业化重点龙头企业等农业支持政策和优惠措施。

10. 台湾金融机构、商家可与中国银联及大陆非银行支付机构依法合规开展合作，为台湾同胞提供便捷的小额支付服务。

11. 台湾征信机构可与大陆征信机构开展合作，为两岸同胞和企业提供征信服务。

12. 台资银行可与大陆同业协作，通过银团贷款等方式为实体经济提供金融服务。

二、逐步为台湾同胞在大陆学习、创业、就业、生活提供与大陆同胞同等的待遇

13. 台湾同胞可报名参加53项专业技术人员职业资格考试和81项技能人员职业资格考试（《向台湾居民开放的国家职业资格考试目录》附后，具体执业办法由有关部门另行制定）。

14. 台湾专业人才可申请参与国家"千人计划"。在大陆工作的台湾专业人才，可申请参与国家"万人计划"。

15. 台湾同胞可申报国家自然科学基金、国家社会科学基金、国家杰出青年科学基金、国家艺术基金等各类基金项目。具体办法由相关主管部门制定。

16. 鼓励台湾同胞参与中华经典诵读工程、文化遗产保护工程、非物质文化遗产传承发展工程等中华优秀传统文化传承发展工程。支持台湾文化艺术界团体和人士参与大陆在海外举办的感知中国、中国文化年（节）、欢乐春节等品牌活动，参加"中华文化走出去"计划。符合条件的两岸文化项目可纳入海外中国文化中心项目资源库。

17. 支持中华慈善奖、梅花奖、金鹰奖等经济科技文化社会领域各类评奖项目提名涵盖台湾地区。在大陆工作的台湾同胞可参加当地劳动模范、"五一"劳动奖章、技术能手、"三八"红旗手等荣誉称号评选。

18. 台湾人士参与大陆广播电视节目和电影、电视剧制作可不受数量限制。

19. 大陆电影发行机构、广播电视台、视听网站和有线电视网引进台湾生产的电影、电视剧不做数量限制。

20. 放宽两岸合拍电影、电视剧在主创人员比例、大陆元素、投资比例等方面的限制；取消收取两岸电影合拍立项申报费用；缩短两岸电视剧合拍立项阶段故事梗概的审批时限。

21. 对台湾图书进口业务建立绿色通道，简化进口审批流程。同时段进口的台湾图书可优先办理相关手续。

22. 鼓励台湾同胞加入大陆经济、科技、文化、艺术类专业性社团组织、行业协会，参加相关活动。

23. 支持鼓励两岸教育文化科研机构开展中国文化、历史、民族等领域研究和成果应用。

24. 台湾地区从事两岸民间交流的机构可申请两岸交流基金项目。

25. 鼓励台湾同胞和相关社团参与大陆扶贫、支教、公益、社区建设等基层工作。

26. 在大陆高校就读临床医学专业硕士学位的台湾学生，在参加研究生学习一年后，可按照大陆医师资格考试报名的相关规定申请参加考试。

27. 取得大陆医师资格证书的台湾同胞，可按照相关规定在大陆申请执业注册。

28. 符合条件的台湾医师，可通过认定方式获得大陆医师资格。符合条件的台湾医师，可按照相关规定在大陆申请注册短期行医，期满后可重新办理注册手续。

29. 在台湾已获取相应资格的台湾同胞在大陆申请证券、期货、基金从业资格时，只需通过大陆法律法规考试，无需参加专业知识考试。

30. 鼓励台湾教师来大陆高校任教，其在台湾取得的学术成果可纳入工作评价体系。

31. 为方便台湾同胞在大陆应聘工作，推动各类人事人才网站和企业线上招聘做好系统升级，支持使用台胞证注册登录。

附件：向台湾居民开放的国家职业资格考试目录

附件

向台湾居民开放的国家职业资格考试目录

一、专业技术人员职业资格

1. 教师资格（高等学校）
2. 法律职业资格
3. 注册会计师
4. 民用核安全设备无损检验人员资格
5. 民用核设施操纵人员资格
6. 注册核安全工程师
7. 注册建筑师
8. 监理工程师
9. 房地产估价师
10. 造价工程师
11. 注册城乡规划师
12. 建造师
13. 勘察设计注册工程师［注册结构工程师、注册土木工程师（岩土）］
14. 注册验船师
15. 船员资格
16. 兽医资格
17. 拍卖师
18. 演出经纪人员资格
19. 医生资格
20. 护士执业资格
21. 母婴保健技术服务人员资格
22. 出入境检疫处理人员资格
23. 注册设备监理师
24. 注册计量师
25. 新闻记者职业资格
26. 注册安全工程师
27. 执业药师
28. 专利代理人
29. 导游资格
30. 特种设备检验、检测人员资格认定
31. 工程咨询（投资）专业技术人员职业资格
32. 通信专业技术人员职业资格

33. 计算机技术与软件专业技术资格
34. 社会工作者职业资格
35. 会计专业技术资格
36. 资产评估师
37. 经济专业技术资格
38. 土地登记代理专业人员职业资格
39. 环境影响评价工程师
40. 房地产经纪专业人员职业资格
41. 机动车检测维修专业技术人员职业资格
42. 公路水运工程试验检测专业技术人员职业资格
43. 水利工程质量检测员资格
44. 卫生专业技术资格
45. 审计专业技术资格
46. 税务师
47. 认证人员职业资格
48. 出版专业技术人员职业资格
49. 统计专业技术资格
50. 银行业专业人员职业资格
51. 证券期货业从业人员资格
52. 文物保护工程从业资格
53. 翻译专业资格

二、技能人员职业资格

1. 消防设施操作员
2. 焊工
3. 家畜繁殖员
4. 健身和娱乐场所服务人员
5. 轨道交通运输服务人员
6. 机械设备修理人员
7. 通用工程机械操作人员
8. 建筑安装施工人员
9. 土木工程建筑施工人员
10. 房屋建筑施工人员
11. 水产类、输排和水处理人员
12. 气体生产、处理和输送人员
13. 电力、热力生产和供应人员
14. 仪器仪表装配人员
15. 电子设备装配调试人员

16. 计算机制造人员
17. 电子器件制造人员
18. 电子元件制造人员
19. 电线电缆、光纤光缆及电工器材制造人员
20. 输配电及控制设备制造人员
21. 汽车整车制造人员
22. 医疗器械制品和康复辅具生产人员
23. 金属加工机械制造人员
24. 工装工具制造加工人员
25. 机械热加工人员
26. 机械冷加工人员
27. 硬质合金生产人员
28. 金属轧制人员
29. 轻有色金属冶炼人员
30. 重有色金属冶炼人员
31. 炼钢人员（炼钢原料工、炼钢工）
32. 炼铁人员（高炉原料工、高炉炼铁工、高炉运转工）
33. 矿物采选人员
34. 陶瓷制品制造人员
35. 玻璃纤维及玻璃纤维增强塑料制品制造人员
36. 水泥、石灰、石膏及其制品制造人员
37. 药物制剂人员
38. 中药饮片加工人员
39. 涂料、油墨、颜料及类似产品制造人员
40. 农药生产人员
41. 化学肥料生产人员
42. 基础化学原料制造人员
43. 化工产品生产通用工艺人员
44. 炼焦人员
45. 工艺美术品制作人员
46. 木制品制造人员
47. 纺织品和服装剪裁缝纫人员
48. 印染人员
49. 织造人员
50. 纺纱人员
51. 纤维预处理人员
52. 酒、饮料及精制茶制造人员

53. 乳制品加工人员
54. 粮油加工人员
55. 动植物疫病防治人员
56. 农业生产服务人员
57. 康复矫正服务人员
58. 健康咨询服务人员
59. 计算机和办公设备维修人员
60. 汽车摩托车修理技术服务人员
61. 保健服务人员
62. 美容美发服务人员
63. 生活照料服务人员
64. 有害生物防制人员
65. 环境治理服务人员
66. 水文服务人员
67. 水利设施管养人员
68. 地质勘查人员
69. 检验、检测和计量服务人员
70. 测绘服务人员
71. 安全保护服务人员
72. 人力资源服务人员
73. 物业管理服务人员
74. 信息通信网络运行管理人员
75. 广播电视传输服务人员
76. 信息通信网络维护人员
77. 餐饮服务人员
78. 仓储人员
79. 航空运输服务人员
80. 道路运输服务人员
81. 消防和应急救援人员

二、专业技术人员职业资格

教师资格条例

(国务院令第188号　1995年12月12日)

第一章　总　则

第一条　为了提高教师素质，加强教师队伍建设，依据《中华人民共和国教师法》(以下简称教师法)，制定本条例。

第二条　中国公民在各级各类学校和其他教育机构中专门从事教育教学工作，应当依法取得教师资格。

第三条　国务院教育行政部门主管全国教师资格工作。

第二章　教师资格分类与适用

第四条　教师资格分为：

(一) 幼儿园教师资格；

(二) 小学教师资格；

(三) 初级中学教师和初级职业学校文化课、专业课教师资格(以下统称初级中学教师资格)；

(四) 高级中学教师资格；

(五) 中等专业学校、技工学校、职业高级中学文化课、专业课教师资格(以下统称中等职业学校教师资格)；

(六) 中等专业学校、技工学校、职业高级中学实习指导教师资格(以下统称中等职业学校实习指导教师资格)；

(七) 高等学校教师资格。

成人教育的教师资格，按照成人教育的层次，依照上款规定确定类别。

第五条　取得教师资格的公民，可以在本级及其以下等级的各类学校和其他教育机构担任教师；但是，取得中等职业学校实习指导教师资格的公民只能在中等专业学校、技工学校、职业高级中学或者初级职业学校担任实习指导教师。

高级中学教师资格与中等职业学校教师资格相互通用。

第三章　教师资格条件

第六条　教师资格条件依照教师法第十条第二款的规定执行，其中"有教育教学能力"应当包括符合国家规定的从事教育教学工作的身体条件。

第七条　取得教师资格应当具备相应学历，依照教师法第十一条的规定执行。

取得中等职业学校实习指导教师资格，应当具备国务院教育行政部门规定的学历，并应当具有相当助理工程师以上专业技术职务或者中级以上工人技术等级。

第四章 教师资格考试

第八条 不具备教师法规定的教师资格学历的公民，申请获得教师资格，应当通过国家举办的或者认可的教师资格考试。

第九条 教师资格考试科目、标准和考试大纲由国务院教育行政部门审定。

教师资格考试试卷的编制、考务工作和考试成绩证明的发放，属于幼儿园、小学、初级中学、高级中学、中等职业学校教师资格考试和中等职业学校实习指导教师资格考试的，由县级以上人民政府教育行政部门组织实施；属于高等学校教师资格考试的，由国务院教育行政部门或者省、自治区、直辖市人民政府教育行政部门委托的高等学校组织实施。

第十条 幼儿园、小学、初级中学、高级中学、中等职业学校的教师资格考试和中等职业学校实习指导教师资格考试，每年进行一次。

参加前款所列教师资格考试，考试科目全部及格的，发给教师资格考试合格证明；当年考试不及格的科目，可以在下一年度补考；经补考仍有一门或者一门以上科目不及格的，应当重新参加全部考试科目的考试。

第十一条 高等学校教师资格考试根据需要举行。

申请参加高等学校教师资格考试的，应当学有专长，并有两名相关专业的教授或者副教授推荐。

第五章 教师资格认定

第十二条 具备教师法规定的学历或者经教师资格考试合格的公民，可以依照本条例的规定申请认定其教师资格。

第十三条 幼儿园、小学和初级中学教师资格，由申请人户籍所在地或者申请人任教学校所在地的县级人民政府教育行政部门认定。高级中学教师资格，由申请人户籍所在地或者申请人任教学校所在地的县级人民政府教育行政部门审查后，报上一级教育行政部门认定。中等职业学校教师资格和中等职业学校实习指导教师资格，由申请人户籍所在地或者申请人任教学校所在地的县级人民政府教育行政部门审查后，报上一级教育行政部门认定或者组织有关部门认定。

受国务院教育行政部门或者省、自治区、直辖市人民政府教育行政部门委托的高等学校，负责认定在本校任职的人员和拟聘人员的高等学校教师资格。

在未受国务院教育行政部门或者省、自治区、直辖市人民政府教育行政部门委托的高等学校任职的人员和拟聘人员的高等学校教师资格，按照学校行政隶属关系，由国务院教育行政部门认定或者由学校所在地的省、自治区、直辖市人民政府教育行政部门认定。

第十四条 认定教师资格，应当由本人提出申请。

教育行政部门和受委托的高等学校每年春季、秋季各受理一次教师资格认定申请。具体受理期限由教育行政部门或者受委托的高等学校规定，并以适当形式公布。申请人应当在规定的受理期限内提出申请。

第十五条 申请认定教师资格，应当提交教师资格认定申请表和下列证明或者材料：

（一）身份证明；

（二）学历证书或者教师资格考试合格证明；

（三）教育行政部门或者受委托的高等学校指定的医院出具的体格检查证明；

（四）户籍所在地的街道办事处、乡人民政府或者工作单位、所毕业的学校对其思想品德、有无犯罪记录等方面情况的鉴定及证明材料。

申请人提交的证明或者材料不全的，教育行政部门或者受委托的高等学校应当及时通知申请人于受理期限终止前补齐。

教师资格认定申请表由国务院教育行政部门统一格式。

第十六条 教育行政部门或者受委托的高等学校在接到公民的教师资格认定申请后，应当对申请人的条件进行审查；对符合认定条件的，应当在受理期限终止之日起30日内颁发相应的教师资格证书；对不符合认定条件的，应当在受理期限终止之日起30日内将认定结论通知本人。

非师范院校毕业或者教师资格考试合格的公民申请认定幼儿园、小学或者其他教师资格的，应当进行面试和试讲，考察其教育教学能力；根据实际情况和需要，教育行政部门或者受委托的高等学校可以要求申请人补修教育学、心理学等课程。

教师资格证书在全国范围内适用。教师资格证书由国务院教育行政部门统一印制。

第十七条 已取得教师资格的公民拟取得更高等级学校或者其他教育机构教师资格的，应当通过相应的教师资格考试或者取得教师法规定的相应学历，并依照本章规定，经认定合格后，由教育行政部门或者受委托的高等学校颁发相应的教师资格证书。

第六章 罚 则

第十八条 依照教师法第十四条的规定丧失教师资格的，不能重新取得教师资格，其教师资格证书由县级以上人民政府教育行政部门收缴。

第十九条 有下列情形之一的，由县级以上人民政府教育行政部门撤销其教师资格：

（一）弄虚作假、骗取教师资格的；

（二）品行不良、侮辱学生，影响恶劣的。

被撤销教师资格的，自撤销之日起5年内不得重新申请认定教师资格，其教师资格证书由县级以上人民政府教育行政部门收缴。

第二十条 参加教师资格考试有作弊行为的，其考试成绩作废，3年内不得再次参加教师资格考试。

第二十一条 教师资格考试命题人员和其他有关人员违反保密规定，造成试题、参考答案及评分标准泄露的，依法追究法律责任。

第二十二条 在教师资格认定工作中玩忽职守、徇私舞弊，对教师资格认定工作造成损失的，由教育行政部门依法给予行政处分；构成犯罪的，依法追究刑事责任。

第七章 附 则

第二十三条 本条例自发布之日起施行。

《教师资格条例》实施办法

(教育部令第 10 号　2000 年 9 月 23 日)

第一章　总　则

第一条　为实施教师资格制度，依据《中华人民共和国教师法》(以下简称《教师法》)和《教师资格条例》，制定本办法。

第二条　符合《教师法》规定学历的中国公民申请认定教师资格，适用本办法。

第三条　中国公民在各级各类学校和其他教育机构中专门从事教育教学工作，应当具备教师资格。

第四条　国务院教育行政部门负责全国教师资格制度的组织实施和协调监督工作；县级以上(包括县级，下同)地方人民政府教育行政部门根据《教师资格条例》规定权限负责本地教师资格认定和管理的组织、指导、监督和实施工作。

第五条　依法受理教师资格认定申请的县级以上地方人民政府教育行政部门，为教师资格认定机构。

第二章　资格认定条件

第六条　申请认定教师资格者应当遵守宪法和法律，热爱教育事业，履行《教师法》规定的义务，遵守教师职业道德。

第七条　中国公民依照本办法申请认定教师资格应当具备《教师法》规定的相应学历。

申请认定中等职业学校实习指导教师资格者应当具备中等职业学校毕业及其以上学历，对于确有特殊技艺者，经省级以上人民政府教育行政部门批准，其学历要求可适当放宽。

第八条　申请认定教师资格者的教育教学能力应当符合下列要求：

(一)具备承担教育教学工作所必需的基本素质和能力。具体测试办法和标准由省级教育行政部门制定。

(二)普通话水平应当达到国家语言文字工作委员会颁布的《普通话水平测试等级标准》二级乙等以上标准。

少数方言复杂地区的普通话水平应当达到三级甲等以上标准；使用汉语和当地民族语言教学的少数民族自治地区的普通话水平，由省级人民政府教育行政部门规定标准。

(三)具有良好的身体素质和心理素质，无传染性疾病，无精神病史，适应教育教学工作的需要，在教师资格认定机构指定的县级以上医院体检合格。

第九条　高等学校拟聘任副教授以上教师职务或具有博士学位者申请认定高等学校教师资格，只需具备本办法第六条、第七条、第八条(三)项规定的条件。

第三章　资格认定申请

第十条　教师资格认定机构和依法接受委托的高等学校每年春季、秋季各受理一次教师资格认定申请。具体受理时间由省级人民政府教育行政部门统一规定,并通过新闻媒体等形式予以公布。

第十一条 申请认定教师资格者,应当在受理申请期限内向相应的教师资格认定机构或者依法接受委托的高等学校提出申请,领取有关资料和表格。

第十二条 申请认定教师资格者应当在规定时间向教师资格认定机构或者依法接受委托的高等学校提交下列基本材料:

(一)由本人填写的《教师资格认定申请表》(见附件1)一式两份;
(二)身份证原件和复印件;
(三)学历证书原件和复印件;
(四)由教师资格认定机构指定的县级以上医院出具的体格检查合格证明;
(五)普通话水平测试等级证书原件和复印件;
(六)思想品德情况的鉴定或者证明材料。

第十三条 体检项目由省级人民政府教育行政部门规定,其中必须包含"传染病"、"精神病史"项目。

申请认定幼儿园和小学教师资格的,参照《中等师范学校招生体检标准》的有关规定执行;申请认定初级中学及其以上教师资格的,参照《高等师范学校招生体检标准》的有关规定执行。

第十四条 普通话水平测试由教育行政部门和语言文字工作机构共同组织实施,对合格者颁发由国务院教育行政部门统一印制的《普通话水平测试等级证书》。

第十五条 申请人思想品德情况的鉴定或者证明材料按照《申请人思想品德鉴定表》(见附件2)要求填写。在职申请人,该表由其工作单位填写;非在职申请人,该表由其户籍所在地街道办事处或者乡级人民政府填写。应届毕业生由毕业学校负责提供鉴定。必要时,有关单位可应教师资格认定机构要求提供更为详细的证明材料。

第十六条 各级各类学校师范教育类专业毕业生可以持毕业证书,向任教学校所在地或户籍所在地教师资格认定机构申请直接认定相应的教师资格。

第十七条 申请认定教师资格者应当按照国家规定缴纳费用。但各级各类学校师范教育类专业毕业生不缴纳认定费用。

第四章 资 格 认 定

第十八条 教师资格认定机构或者依法接受委托的高等学校应当及时根据申请人提供的材料进行初步审查。

第十九条 教师资格认定机构或者依法接受委托的高等学校应当组织成立教师资格专家审查委员会。教师资格专家审查委员会根据需要成立若干小组,按照省级教育行政部门制定的测试办法和标准组织面试、试讲,对申请人的教育教学能力进行考察,提出审查意见,报教师资格认定机构或者依法接受委托的高等学校。

第二十条 教师资格认定机构根据教师资格专家审查委员会的审查意见,在受理申请期限终止之日起30个法定工作日内作出是否认定教师资格的结论,并将认定结果通知申请人。符合法定的认定条件者,颁发相应的《教师资格证书》。

第二十一条　县级以上地方人民政府教育行政部门按照《教师资格条例》第十三条规定的权限，认定相应的教师资格。

高等学校教师资格，由申请人户籍所在地或者申请人拟受聘高等学校所在地的省级人民政府教育行政部门认定；省级人民政府教育行政部门可以委托本行政区域内经过国家批准实施本科学历教育的普通高等学校认定本校拟聘人员的高等学校教师资格。

第五章　资格证书管理

第二十二条　各级人民政府教育行政部门应当加强对教师资格证书的管理。教师资格证书作为持证人具备国家认定的教师资格的法定凭证，由国务院教育行政部门统一印制。《教师资格认定申请表》由国务院教育行政部门统一格式。

《教师资格证书》和《教师资格认定申请表》由教师资格认定机构按国家规定统一编号，加盖相应的政府教育行政部门公章、钢印后生效。

第二十三条　取得教师资格的人员，其《教师资格认定申请表》一份存入本人的人事档案，其余材料由教师资格认定机构归档保存。教师资格认定机构建立教师资格管理数据库。

第二十四条　教师资格证书遗失或者损毁影响使用的，由本人向原发证机关报告，申请补发。原发证机关应当在补发的同时收回损毁的教师资格证书。

第二十五条　丧失教师资格者，由其工作单位或者户籍所在地相应的县级以上人民政府教育行政部门按教师资格认定权限会同原发证机关办理注销手续，收缴证书，归档备案。丧失教师资格者不得重新申请认定教师资格。

第二十六条　按照《教师资格条例》应当被撤销教师资格者，由县级以上人民政府教育行政部门按教师资格认定权限会同原发证机关撤销资格，收缴证书，归档备案。被撤销教师资格者自撤销之日起 5 年内不得重新取得教师资格。

第二十七条　对使用假资格证书的，一经查实，按弄虚作假、骗取教师资格处理，5 年内不得申请认定教师资格，由教育行政部门没收假证书。对变造、买卖教师资格证书的，依法追究法律责任。

第六章　附　　则

第二十八条　省级人民政府教育行政部门依据本办法制定实施细则，并报国务院教育行政部门备案。

第二十九条　本办法自颁发之日起施行。

附件：1. 教师资格认定申请表（略）
　　　2. 申请人思想品德鉴定表（略）

教育部关于印发《中小学教师资格考试暂行办法》、《中小学教师资格定期注册暂行办法》的通知

(教师〔2013〕9号 2013年8月15日)

各省、自治区、直辖市教育厅(教委),新疆生产建设兵团教育局:

为确保中小学教师资格考试和定期注册改革扩大试点工作平稳顺利实施,现将《中小学教师资格考试暂行办法》、《中小学教师资格定期注册暂行办法》印发给你们,请结合本地实际情况,认真执行。扩大改革试点实施过程中遇有重要情况,请及时报送我部教师工作司。

中小学教师资格考试暂行办法

第一章 总 则

第一条 为建立国家教师资格考试制度,严格教师职业准入,保障教师队伍质量,依据《教师法》、《教师资格条例》和《国家中长期教育改革和发展规划纲要(2010—2020年)》,制定本办法。

第二条 中小学教师资格考试(以下简称教师资格考试)是评价申请教师资格人员(以下简称申请人)是否具备从事教师职业所必需的教育教学基本素质和能力的考试。

第三条 承担教师资格考试改革试点的省(区、市)组织实施教师资格考试,适用本办法。

第四条 参加教师资格考试合格是教师职业准入的前提条件。申请幼儿园、小学、初级中学、普通高级中学、中等职业学校教师和中等职业学校实习指导教师资格的人员须分别参加相应类别的教师资格考试。

第五条 教师资格考试实行全国统一考试。考试坚持育人导向、能力导向、实践导向和专业化导向,坚持科学、公平、安全、规范的原则。

第二章 报 考 条 件

第六条 符合以下基本条件的人员,可以报名参加教师资格考试:

(一)具有中华人民共和国国籍;
(二)遵守宪法和法律,热爱教育事业,具有良好的思想品德;
(三)符合申请认定教师资格的体检标准;
(四)符合《教师法》规定的学历要求。

普通高等学校在校三年级以上学生,可凭学校出具的在籍学习证明报考。

第七条 申请人应在户籍或人事关系所在地报名参加教师资格考试。普通高等学校

在校生可在就读学校所在地报名参加教师资格考试。

第八条 试点省份试点工作启动前已入学的全日制普通高校师范类专业学生，可以持毕业证书申请直接认定相应的教师资格。试点工作启动后入学的师范类专业学生，申请中小学教师资格应参加教师资格考试。

第九条 被撤销教师资格的，5年内不得报名参加考试；受到剥夺政治权利，或故意犯罪受到有期徒刑以上刑事处罚的，不得报名参加考试。曾参加教师资格考试有作弊行为的，按照《国家教育考试违规处理办法》的相关规定执行。

第三章 考试内容与形式

第十条 教师资格考试包括笔试和面试两部分。

第十一条 笔试主要考查申请人从事教师职业所应具备的教育理念、职业道德、法律法规知识、科学文化素养、阅读理解、语言表达、逻辑推理和信息处理等基本能力；教育教学、学生指导和班级管理的基本知识；拟任教学科领域的基本知识，教学设计实施评价的知识和方法，运用所学知识分析和解决教育教学实际问题的能力。

第十二条 笔试主要采用计算机考试和纸笔考试两种方式进行。采用计算机考试和纸笔考试的范围和规模，根据各省（区、市）实际情况和条件确定。

第十三条 幼儿园教师资格考试笔试科目为《综合素质》、《保教知识与能力》2科；小学教师资格考试笔试科目为《综合素质》、《教育教学知识与能力》2科；初级中学、普通高级中学教师和中等职业学校文化课教师资格考试笔试科目为《综合素质》、《教育知识与能力》、《学科知识与教学能力》3科；中等职业学校专业课教师和实习指导教师资格考试笔试科目为《综合素质》、《教育知识与能力》、《专业知识与教学能力》3科。

中等职业学校教师的《专业知识与教学能力》科目测试，暂由各省（区、市）自行命题和组织实施。

第十四条 面试主要考查申请人的职业认知、心理素质、仪表仪态、言语表达、思维品质等教师基本素养和教学设计、教学实施、教学评价等教学基本技能。

第十五条 面试采取结构化面试、情景模拟等方式，通过抽题、备课（活动设计）、回答规定问题、试讲（演示）、答辩（陈述）、评分等环节进行。

第十六条 国家确定笔试成绩合格线，省级教育行政部门确定面试成绩合格线。

第十七条 考生在笔试和面试成绩公布后，可通过教师资格考试网站查询本人的考试成绩。考生如对本人的考试成绩有异议，可在考试成绩公布后10个工作日内向本省（区、市）教师资格考试机构提出复核申请。

第十八条 笔试单科成绩有效期为2年。笔试和面试均合格者由教育部考试中心（教育部教师资格考试中心）颁发教师资格考试合格证明。教师资格考试合格证明有效期为3年。教师资格考试合格证明是考生申请认定教师资格的必备条件。

第四章 考试实施

第十九条 笔试一般在每年3月和11月各举行一次。面试一般在每年5月和12月各举行一次。

第二十条　省级教师资格考试机构按照《中小学教师资格考试考务工作规定》、《中小学教师资格考试机考考务细则》组织实施笔试考务工作；按照《中小学教师资格考试面试工作规程》，制定面试实施细则，组织实施面试工作。

第二十一条　省级教师资格考试机构使用教师资格考试考务管理信息系统进行笔试和面试的报名受理、考点设置、考场编排等考务管理工作。

第二十二条　笔试和面试考生通过教师资格考试网站进行报名后，需携带省级教师资格考试机构规定的相关材料，到指定考点进行报名审核，并现场确认报考信息。

考生笔试各科成绩合格并在有效期内的，方可报名参加面试。

第二十三条　省级教师资格考试机构组织开展本省（区、市）考务相关人员的安全保密教育和考务流程培训工作。

第二十四条　笔试和面试机考软件系统的使用实行首席技术负责人制度，采取分级培训方式进行。

第二十五条　面试一般按学科分组进行。每个考评组由不少于3名考官组成，设主考官1名。

第二十六条　面试考官由高校专家、中小学和幼儿园优秀教师、教研机构专家等组成。面试考官须具备以下条件：

（一）熟悉教师资格考试相关政策；

（二）具有良好的职业道德，公道正派，身体健康；

（三）具有扎实的专业知识、较强的分析概括能力、判断能力和语言表达能力；

（四）从事相关专业教学或研究工作5年以上，一般应具有副高级以上专业技术职务（职称）；

（五）参加省级或国家级教师资格考试机构组织的培训并获得证书。

第二十七条　各级教育行政部门及教师资格考试机构不得组织教师资格考试培训。

第五章　考试安全与违规处罚

第二十八条　省级教师资格考试机构根据《中小学教师资格考试应急处置预案实施办法（试行）》处置和应对考试期间的突发事件。

第二十九条　对试题命制、考务管理、监考等考试相关人员发生的违规行为按照《保守国家秘密法》、《国家教育考试违规处理办法》进行处罚。情节严重，构成犯罪的，由司法机关依法追究刑事责任。

第三十条　对考生违规行为按照《国家教育考试违规处理办法》认定和处理。

第六章　组　织　管　理

第三十一条　教育部依据教师专业标准和教师教育课程标准，制订教师资格考试标准，组织审定教师资格考试大纲。教育部考试中心（教育部教师资格考试中心），负责教师资格考试的组织实施。主要职责是：

（一）依据考试标准拟定考试大纲；

（二）组织命制笔试和面试试题，建设试题库；

（三）制定考务管理规定，研发和维护考试管理系统；

（四）组织考务工作，培训技术人员；

（五）组织阅卷，负责考试成绩管理与评价；

（六）指导、监督、检查各省、自治区、直辖市考试实施工作。

第三十二条 省级教育行政部门全面负责本行政区域内教师资格考试工作。可成立教师资格考试领导小组，由省级教育行政部门的主要领导兼任领导小组组长。指定专业化教育（教师资格）考试机构，在省级教育行政部门领导下具体负责考务组织工作，主要职责是：

（一）制定本地区考务管理具体措施；

（二）组织本地区考务工作；

（三）组织面试考官及考务工作人员培训；

（四）管理、指导、监督本行政区域各考区工作；

（五）负责本行政区域教师资格考试安全保密工作。

第三十三条 教师资格考试以市（地、州、盟）为单位设立考区。各考区的教师资格考试的组织实施由市（地、州、盟）教育行政部门和教师资格考试机构负责。

第三十四条 教师资格考试费用按照财政部、国家发展改革委《关于同意收取教师资格考试考务费等有关问题的通知》（财综〔2012〕41号）规定收取。

第七章 附 则

第三十五条 省级教育行政部门可以依据本办法制定实施细则，并抄送教育部。

第三十六条 本办法自发布之日起实施。

中小学教师资格定期注册暂行办法

第一章 总 则

第一条 为完善教师资格制度，健全教师管理机制，建设高素质专业化教师队伍，根据《教师法》、《教师资格条例》和《国家中长期教育改革和发展规划纲要（2010—2020年）》，制定本办法。

第二条 教师资格定期注册是对教师入职后从教资格的定期核查。中小学教师资格实行5年一周期的定期注册。定期注册不合格或逾期不注册的人员，不得从事教育教学工作。

第三条 承担中小学教师资格定期注册改革试点的省（区、市）组织实施教师资格定期注册工作，适用本办法。

第四条 中小学教师资格定期注册的对象为公办普通中小学、中等职业学校和幼儿园在编在岗教师（以下简称教师）。

省级教育行政部门可根据本地教师队伍建设的实际需要，将依法举办的民办普通中小学、中等职业学校和幼儿园教师纳入定期注册范围。

第五条 教师资格定期注册应与教师人事管理工作紧密结合，将严格教师考核和促进教师专业发展作为重要的工作目标。定期注册应坚持以人为本、科学规范和公开公平公正原则，客观体现教师职业道德、业务水平和工作业绩情况。

第六条 国务院教育行政部门主管教师资格定期注册工作。县级以上地方教育行政部门负责本地教师资格定期注册的组织、管理、监督和实施。

第二章 注 册 条 件

第七条 申请首次注册的,应当具备下列条件:

(一) 具有与任教岗位相应的教师资格;

(二) 聘用为中小学在编在岗教师;

(三) 省级教育行政部门规定的其他条件。

对于首次任教人员须试用期满且考核合格。

第八条 满足下列条件的,定期注册合格:

(一) 遵守国家法律法规和《中小学教师职业道德规范》,达到省级教育行政部门规定的师德考核评价标准,有良好的师德表现;

(二) 每年年度考核合格以上等次;

(三) 每个注册有效期内完成不少于国家规定的360个培训学时或省级教育行政部门规定的等量学分;

(四) 身心健康,胜任教育教学工作;

(五) 省级教育行政部门规定的其他条件。

第九条 有下列情形之一的,应暂缓注册:

(一) 注册有效期内未完成国家规定的教师培训学时或省级教育行政部门规定的等量学分;

(二) 中止教育教学和教育管理工作一学期以上,但经所在学校或教育行政部门批准的进修、培训、学术交流、病休、产假等情形除外;

(三) 一个注册周期内任何一年年度考核不合格。

暂缓注册者达到定期注册条件后,可重新申请定期注册。具体办法由省级教育行政部门根据实际情况制定。

第十条 有下列情形之一的,注册不合格:

(一) 违反《中小学教师职业道德规范》和师德考核评价标准,影响恶劣;

(二) 一个定期注册周期内连续两年以上(含两年)年度考核不合格;

(三) 依法被撤销或丧失教师资格。

第三章 注 册 程 序

第十一条 取得教师资格,初次聘用为教师的,试用期满考核合格之日起60日内,申请首次注册。经首次注册后,每5年应申请一次定期注册。

第十二条 教师资格定期注册须由本人申请,所在学校集体办理,按照人事隶属关系报县级以上教育行政部门审核注册。

第十三条 教师应当在定期注册有效期满前60日内,申请办理下一次教师资格定期注册。定期注册实行网上申请。

第十四条 申请教师资格定期注册,应当提交下列材料:

(一)《教师资格定期注册申请表》一式2份;

（二）《教师资格证书》；

（三）中小学或主管部门聘用合同；

（四）所在学校出具的师德表现证明；

（五）5年的各年度考核证明；

（六）省级教育行政部门认可的教师培训证明；

（七）省级以上教育行政部门根据当地实际要求提供的其他材料。

申请首次注册的，应当提交上述（一）、（二）、（四）、（七）项材料，同时提交试用期考核合格证明。

第十五条　对于本办法实施之日前已获得教师资格证书的中小学在编在岗教师，首次注册的办法由省级教育行政部门规定。

第十六条　定期注册工作不收取教师和学校任何费用。

第十七条　县级以上教育行政部门在受理注册申请终止之日起90个工作日内，对申请人提交的材料进行审核并给出注册结论。注册结论应提前进行公示。

第十八条　县级教育行政部门负责申报材料的初审，提出注册结论的建议；地市级教育行政部门负责申报工作的复核；省级教育行政部门对注册申请进行终审，并在全国中小学教师资格定期注册管理信息系统中填报注册结论及有关信息。

第十九条　县级以上教育行政部门将申请人的《教师资格注册申请表》一份存入个人人事档案，一份归档保存。同时在申请人《教师资格证书》附页上标明注册结论。

第四章　罚　则

第二十条　申请人隐瞒有关情况或提供虚假材料申请教师资格注册的，视情况暂缓注册或注册不合格，并给予相应处罚；已经注册的，应当撤销注册。

第二十一条　所在学校未按期如实提供申请人定期注册证明材料的，上级教育行政部门应当责令改正，对直接负责的主管人员和其他直接责任人依法给予行政处分。

第二十二条　地方教育行政部门实施定期注册，有下列情形之一的，由其上级教育行政部门或者监察机关责令改正，对直接负责的主管人员或者其他直接责任人员依法给予行政处分：

（一）对不符合教师定期注册条件者准予定期注册的；

（二）对符合教师定期注册条件者不予定期注册的。

第二十三条　注册范围内的教师无故逾期不申请定期注册，按照注册不合格处理。

第五章　附　则

第二十四条　教师资格定期注册申请人对定期注册结果有异议的，可依法提出申诉或者行政复议。

第二十五条　省级教育行政部门可以依据本办法制定实施细则，并抄送教育部。

第二十六条　本办法自发布之日起施行。

人力资源社会保障部、公安部
关于印发注册消防工程师制度暂行规定和
注册消防工程师资格考试实施办法及注册消防工程师
资格考核认定办法的通知

(人社部发〔2012〕56号 2012年9月27日)

各省、自治区、直辖市人力资源社会保障厅（局）、公安厅（局），国务院各部委、各直属机构人事部门，中央管理的企业：

根据《中华人民共和国消防法》有关规定，为提高社会消防安全专业化管理水平，保证消防安全技术服务质量，我们制定了《注册消防工程师制度暂行规定》、《注册消防工程师资格考试实施办法》和《注册消防工程师资格考核认定办法》。现印发给你们，请遵照执行。

附件：1. 消防工程相关专业新旧对照表
2. 一级注册消防工程师资格考核认定工作领导小组成员名单（略）
3. 一级注册消防工程师资格考核认定申报表（略）

注册消防工程师制度暂行规定

第一章 总 则

第一条 为提高消防专业技术人员能力和素质，加强消防专业技术人员队伍建设，保证消防安全技术服务与管理质量，根据《中华人民共和国消防法》和国家职业资格证书制度有关规定，制定本规定。

第二条 本规定适用于依据消防法律、法规有关规定，从事消防设施检测、消防安全监测等消防安全技术工作的专业技术人员。

第三条 国家对依法从事消防安全技术工作的专业技术人员，实行准入类职业资格制度，纳入全国专业技术人员职业资格证书制度统一规划。

第四条 本规定所称注册消防工程师，是指经考试取得相应级别注册消防工程师资格证书，并依法注册后，从事消防设施检测、消防安全监测等消防安全技术工作的专业技术人员。

第五条 注册消防工程师分为高级注册消防工程师、一级注册消防工程师和二级注册消防工程师。高级注册消防工程师评价办法另行制定。

一级注册消防工程师和二级注册消防工程师英文分别译为：

Level 1 Certified Fire Engineer

Level 2 Certified Fire Engineer

第六条 人力资源社会保障部、公安部共同负责注册消防工程师制度的政策制定，并按照职责分工对该制度的实施进行指导、监督和检查。

各省、自治区、直辖市人力资源社会保障行政主管部门和公安机关消防机构，按照职责分工负责本行政区域内注册消防工程师制度的实施与监督管理。

第二章 考 试

第七条 一级注册消防工程师资格实行全国统一大纲、统一命题、统一组织的考试制度。考试原则上每年举行一次。

第八条 公安部组织成立注册消防工程师资格考试专家委员会，负责拟定一级和二级注册消防工程师资格考试科目、考试大纲，组织一级注册消防工程师资格考试的命题工作，研究建立并管理考试试题库，提出一级注册消防工程师资格考试合格标准建议。

第九条 人力资源社会保障部组织专家审定一级和二级注册消防工程师资格考试科目、考试大纲和一级注册消防工程师资格考试试题，会同公安部确定一级注册消防工程师资格考试合格标准，并对考试工作进行指导、监督和检查。

第十条 省、自治区、直辖市人力资源社会保障行政主管部门会同公安机关消防机构，按照全国统一的考试大纲和相关规定组织实施二级注册消防工程师资格考试，并研究确定本地区二级注册消防工程师资格考试的合格标准。

第十一条 凡中华人民共和国公民，遵守国家法律、法规，恪守职业道德，并符合注册消防工程师资格考试报名条件之一的，均可申请参加相应级别注册消防工程师资格考试。

第十二条 一级注册消防工程师资格考试报名条件：

（一）取得消防工程专业大学专科学历，工作满6年，其中从事消防安全技术工作满4年；或者取得消防工程相关专业（见附件1，下同）大学专科学历，工作满7年，其中从事消防安全技术工作满5年。

（二）取得消防工程专业大学本科学历或者学位，工作满4年，其中从事消防安全技术工作满3年；或者取得消防工程相关专业大学本科学历，工作满5年，其中从事消防安全技术工作满4年。

（三）取得含消防工程专业在内的双学士学位或者研究生班毕业，工作满3年，其中从事消防安全技术工作满2年；或者取得消防工程相关专业在内的双学士学位或者研究生班毕业，工作满4年，其中从事消防安全技术工作满3年。

（四）取得消防工程专业硕士学历或者学位，工作满2年，其中从事消防安全技术工作满1年；或者取得消防工程相关专业硕士学历或者学位，工作满3年，其中从事消防安全技术工作满2年。

（五）取得消防工程专业博士学历或者学位，从事消防安全技术工作满1年；或者取得消防工程相关专业博士学历或者学位，从事消防安全技术工作满2年。

（六）取得其他专业相应学历或者学位的人员，其工作年限和从事消防安全技术工作年限均相应增加1年。

第十三条 二级注册消防工程师资格考试报名条件：

（一）取得消防工程专业中专学历，从事消防安全技术工作满3年；或者取得消防工程相关专业中专学历，从事消防安全技术工作满4年。

（二）取得消防工程专业大学专科学历，从事消防安全技术工作满2年；或者取得消防工程相关专业大学专科学历，从事消防安全技术工作满3年。

（三）取得消防工程专业大学本科学历或者学位，从事消防安全技术工作满1年；或者取得消防工程相关专业大学本科学历或者学位，从事消防安全技术工作满2年。

（四）取得其他专业相应学历或者学位的人员，其从事消防安全技术工作年限相应增加1年。

第十四条 一级注册消防工程师资格考试合格，由人力资源社会保障部、公安部委托省、自治区、直辖市人力资源社会保障行政主管部门，颁发人力资源社会保障部统一印制，人力资源社会保障部、公安部共同用印的《中华人民共和国一级注册消防工程师资格证书》。该证书在全国范围有效。

第十五条 二级注册消防工程师资格考试合格，由省、自治区、直辖市人力资源社会保障行政主管部门颁发，省级人力资源社会保障行政主管部门和公安机关消防机构共同用印的《中华人民共和国二级注册消防工程师资格证书》。该证书在所在行政区域内有效。

第十六条 对以不正当手段取得一级、二级注册消防工程师资格证书的，按照《专业技术人员资格考试违纪违规行为处理规定》（人力资源社会保障部令第12号）处理。

第三章 注 册

第十七条 国家对注册消防工程师资格实行注册执业管理制度。取得一级、二级注册消防工程师资格证书的人员，经注册方可以相应级别注册消防工程师名义执业。

第十八条 公安部消防局是一级注册消防工程师资格的注册审批部门。省、自治区、直辖市公安机关消防机构为二级注册消防工程师资格的注册审批部门，并负责一级注册消防工程师资格注册的初步审查工作。

第十九条 取得一级、二级注册消防工程师资格证书并申请注册的人员，应当受聘于一个经批准的消防技术服务机构或者消防安全重点单位，并通过聘用单位向本单位所在地（聘用单位属企业的，通过本企业向工商注册所在地）的公安机关消防机构提交注册申请材料。

第二十条 省、自治区、直辖市公安机关消防机构在收到申请人的注册申请材料后，对申请材料不齐全或者不符合法定形式的，应当当场或者在5个工作日内，一次性告知申请人需要补正的全部内容，逾期不告知的，自收到申请材料之日起即为受理。

对受理或者不予受理的注册申请，均应当出具加盖本级公安机关消防机构专用印章和注明日期的书面凭证。

第二十一条 省、自治区、直辖市公安机关消防机构自受理注册申请之日起20个工作日内，按规定条件和程序完成一级注册消防工程师资格注册申请材料的初步审查工作和二级注册消防工程师资格的注册审批工作，并将一级注册消防工程师资格注册申请材料和初步审查意见报公安部消防局审批。

公安部消防局应当自收到省级公安机关消防机构报送的申请材料和初步审查意见之日起，20个工作日内作出是否批准的决定。

在规定的期限内不能作出批准决定的，应当将延长的期限和理由告知申请人。对作出不予批准决定的，应当书面说明理由，并告知申请人享有依法申请行政复议或者提起行政诉讼的权利。

第二十二条　注册审批部门应当自作出批准决定之日起10个工作日内，颁发、送达相应级别的注册证。

第二十三条　注册证的每一注册有效期为3年。注册证在有效期内是相应级别注册消防工程师的执业凭证，由注册消防工程师本人保管、使用。

第二十四条　申请初始注册的，应当自取得一级、二级注册消防工程师资格证书之日起1年内提出申请。逾期申请初始注册时，须符合本规定继续教育要求。

初始注册、延续注册、变更注册、注销注册和不予注册等注册管理的具体办法，由公安部另行规定。

第二十五条　继续教育是注册消防工程师延续注册、重新注册和逾期初始注册的必备条件。在每个注册有效期内，各级别注册消防工程师应当按照规定完成相应的继续教育。

第二十六条　注册审批部门应当及时向社会公告注册消防工程师注册有关情况，建立注册消防工程师诚信档案，对其执业活动实行信用管理。

第二十七条　各级注册消防工程师资格的注册管理部门，应当严格执行《中华人民共和国行政许可法》有关规定。

第四章　执　业

第二十八条　注册消防工程师应当在一个经批准的消防技术服务机构或者消防安全重点单位，开展与该机构业务范围和本人资格级别相符的消防安全技术执业活动。

第二十九条　注册消防工程师的执业范围：

（一）一级注册消防工程师

1. 消防技术咨询与消防安全评估；
2. 消防安全管理与技术培训；
3. 消防设施检测与维护；
4. 消防安全监测与检查；
5. 火灾事故技术分析；
6. 公安部规定的其他消防安全技术工作。

（二）二级注册消防工程师

1. 除100米（含）以上公共建筑、大型的人员密集场所、大型的危险化学品单位外的火灾高危单位消防安全评估；

2. 除250米（含）以上高层公共建筑、大型的危险化学品单位外的消防安全管理；
3. 单体建筑面积4万平方米及以下建筑的消防设施检测与维护；
4. 消防安全监测与检查；
5. 省级公安机关规定的其他消防安全技术工作。

第三十条 注册消防工程师的能力要求：
（一）一级注册消防工程师
1. 熟悉国家消防法律、法规、规章及相关规定，具有较丰富的消防安全技术工作经验；
2. 了解国际消防相关标准和技术规范，及时掌握消防技术前沿发展动态，能够独立解决重大、复杂、疑难的消防安全技术问题；
3. 熟练运用消防相关技术标准、规范和手段，圆满完成执业范围内各项工作，所签署的消防安全技术咨询和评估、消防设施检测和维护等各类技术文件准确无误，所维护的消防设施完好有效；
4. 具有较强的消防技术课题研究能力，能够应用新技术成果，指导二级注册消防工程师工作。

（二）二级注册消防工程师
1. 熟悉国家消防法律、法规、规章及相关规定，具有一定的消防安全技术工作经验；
2. 熟练运用消防相关技术标准、规范和手段，及时发现和解决一般性消防安全技术问题；
3. 较好完成执业范围内各项工作，所签署的消防安全技术咨询和评估、消防设施检测和维护等各类技术文件真实、完整、准确，所维护的消防设施完好有效。

第三十一条 消防安全技术服务活动中形成的消防安全技术文件，应当由相应级别的注册消防工程师签字，并承担相应法律责任。

第五章 权利与义务

第三十二条 注册消防工程师享有下列权利：
（一）使用注册消防工程师称谓；
（二）在规定范围内从事消防安全技术执业活动；
（三）对违反相关法律、法规和技术标准的行为提出劝告，并向本级别注册审批部门或者上级主管部门报告；
（四）接受继续教育；
（五）获得与执业责任相应的劳动报酬；
（六）对侵犯本人权利的行为进行申诉。

第三十三条 注册消防工程师履行下列义务：
（一）遵守法律、法规和有关管理规定，恪守职业道德；
（二）执行消防法律、法规、规章及有关技术标准；
（三）履行岗位职责，保证消防安全技术执业活动质量，并承担相应责任；

（四）保守知悉的国家秘密和聘用单位的商业、技术秘密；
（五）不得允许他人以本人名义执业；
（六）不断更新知识，提高消防安全技术能力；
（七）完成注册管理部门交办的相关工作。

第六章 附 则

第三十四条 在注册消防工程师制度实施前长期从事消防安全技术工作，符合考核认定条件的人员，可以通过考核认定的办法取得注册消防工程师资格证书。

第三十五条 对通过考试取得相应级别注册消防工程师资格证书，且符合《工程技术人员职务试行条例》中工程师、助理工程师技术职务任职条件的人员，用人单位可根据工作需要择优聘任相应级别专业技术职务。其中，取得一级注册消防工程师资格证书可聘任工程师职务；取得二级注册消防工程师资格证书可聘任助理工程师职务。

第三十六条 通过考试取得的一级注册消防工程师资格，是消防安全监测、消防设施检测领域申请评定消防专业高级工程师职称的必备条件。

第三十七条 二级注册消防工程师资格注册执业的具体管理办法，由省级公安机关消防机构根据本规定和公安部相关要求制定，并报公安部消防局备案。

第三十八条 消防设施检测、消防安全监测等消防技术服务机构及消防安全重点单位，配备相应级别注册消防工程师的数量、注册消防工程师签字的文件种类、继续教育等注册执业的具体要求和管理办法，由公安部另行规定。

第三十九条 本规定自2013年1月1日起施行。

注册消防工程师资格考试实施办法

第一条 人力资源社会保障部、公安部共同委托人力资源社会保障部人事考试中心承担一级注册消防工程师资格考试的具体考务工作。

各省、自治区、直辖市人力资源社会保障行政主管部门和公安机关消防机构共同负责本地区的考试工作，具体职责分工由各地协商确定。

第二条 各省、自治区、直辖市人力资源社会保障行政主管部门和公安机关消防机构按照《注册消防工程师制度暂行规定》（以下简称《暂行规定》）和本办法有关要求组织实施二级注册消防工程师资格考试。

第三条 一级注册消防工程师资格考试设《消防安全技术实务》、《消防安全技术综合能力》和《消防安全案例分析》3个科目。

二级注册消防工程师资格考试设《消防安全技术综合能力》和《消防安全案例分析》2个科目。

第四条 一级注册消防工程师资格考试分3个半天进行。《消防安全技术实务》和《消防安全技术综合能力》科目的考试时间均为2.5小时，《消防安全案例分析》科目的考试时间为3小时。

考试成绩实行3年为一个周期的滚动管理办法，在连续的3个考试年度内参加应试科目的考试并合格，方可取得一级注册消防工程师资格证书。

第五条　二级注册消防工程师资格考试分2个半天进行。《消防安全技术综合能力》科目的考试时间为2.5小时，《消防安全案例分析》科目的考试时间为3小时。

考试成绩实行2年为一个周期的滚动管理办法，在连续的2个考试年度内参加应试科目的考试并合格，方可取得二级注册消防工程师资格证书。

第六条　符合《暂行规定》中一级注册消防工程师资格考试报名条件，并具备下列一项条件的，可免试《消防安全技术实务》科目，只参加《消防安全技术综合能力》和《消防安全案例分析》2个科目的考试。

（一）2011年12月31日前，评聘高级工程师技术职务的；

（二）通过全国统一考试取得一级注册建筑师资格证书，或者勘察设计各专业注册工程师资格证书的。

在连续的2个考试年度内参加上述科目考试并合格，可取得一级注册消防工程师资格证书。

第七条　参加考试由本人提出申请，按规定携带相关证明材料，到当地考试管理机构报名。考试管理机构按规定的程序和报名条件审核合格后，核发准考证。参加考试人员凭准考证和有效证件在指定的日期、时间和地点参加考试。

中央和国务院各部门及所属单位、中央管理企业的人员按属地原则报名参加考试。

第八条　考点原则上设在直辖市和省会城市的大、中专院校或者高考定点学校，如确需在其他城市设置考点，须经人力资源社会保障部和公安部批准。考试日期原则上为每年第四季度。

第九条　坚持考试与培训分开的原则。凡参与考试工作（包括命题、审题与组织管理等）的人员，不得参加考试，也不得参加或者举办与考试内容相关的培训工作，不得强迫应试人员参加与考试相关的培训。

第十条　考试管理部门和考务实施机构，应当严格执行考试工作的各项规章制度，遵守考试工作纪律，切实做好试卷命制、印刷、发送和保管过程中的保密工作，严防泄密。

第十一条　对违反考试工作纪律和有关规定的人员，按照《专业技术人员资格考试违纪违规行为处理规定》（人力资源社会保障部令第12号）处理。

注册消防工程师资格考核认定办法

一、考核认定申报条件

长期从事消防安全技术岗位工作，经验丰富，业绩突出，遵守国家各项法律法规，恪守职业道德，身体健康，2011年12月31日前评聘高级工程师技术职务，年龄在65周岁（含）以下，并符合下列条件（一）、条件（二）和条件（三）中各一项条件的在职（在编）在岗人员，可申请参加一级注册消防工程师资格的考核认定。

（一）学历与工作经历

1. 取得消防工程专业博士学历或者学位，从事消防安全技术工作满 5 年；或者取得消防工程相关专业（见附件1，下同）博士学历或者学位，从事消防安全技术工作满 7 年。

2. 取得消防工程专业硕士学历或者学位，从事消防安全技术工作满 8 年；或者取得消防工程相关专业硕士学历或者学位，从事消防安全技术工作满 10 年。

3. 取得消防工程专业大学本科学历或者学位，从事消防安全技术工作满 10 年；或者取得消防工程相关专业大学本科学历或者学位，从事消防安全技术工作满 12 年。

4. 取得消防工程专业大学专科学历，从事消防安全技术工作满 15 年；或者取得消防工程相关专业大学专科学历，从事消防安全技术工作满 17 年。

5. 取得其他专业大学专科以上学历或者学位，从事消防安全技术工作年限相应再增加 5 年。

（二）技术能力与业绩成果

1. 获得与消防技术相关的省（部）级及以上层级技术发明等奖项的主要技术负责人（排名前 5 名）；

2. 依法获得有关消防技术专利权的发明人或者设计人；

3. 担任项目负责人或者主要技术负责人，完成县级以上区域消防安全或者火灾风险评估项目不少于 2 个。

4. 担任项目负责人或者主要技术负责人，完成面积 10 万平方米及以上建筑的消防安全咨询、评估项目不少于 5 个；

5. 担任项目负责人或者主要技术负责人，完成单体建筑面积 4 万平方米以上建筑的消防设施检测与维护项目不少于 15 个。

（三）学术水平与研究能力

1. 作为主要起草人（排名前 8 位），编写已颁布实施的行业及以上层级消防技术标准 1 项；

2. 在正式出版社出版过统一书号（ISBN）的消防技术相关专业著作（译著），本人独立撰写不少于 2 万字；或者参与编写已投入使用的消防技术相关专业书籍，本人独立撰写不少于 6 万字（对未注明作者撰写章节的不能作为研究成果）；

3. 在有国内统一刊号（CN）的核心类期刊上，或者在有国际统一书号（ISSN）的国外期刊上，发表独立完成的消防技术相关论文不少于 3 篇（每篇不少于 2 000 字，下同）；

4. 在有国内统一刊号（CN）的非核心类期刊上，发表独立完成的消防技术相关论文不少于 5 篇；

5. 在省部级内部刊物上发表独立完成的消防技术咨询与评估报告、课题研究报告不少于 7 篇；或者在地市级消防技术刊物上发表独立完成的消防技术咨询与评估报告、课题研究报告不少于 10 篇。

二、考核认定组织

人力资源社会保障部、公安部共同成立"注册消防工程师资格考核认定工作领导小组"(以下简称领导小组,名单见附件 2),全面负责一级注册消防工程师资格考核认定的组织领导工作。领导小组办公室设在公安部消防局。

三、考核认定申报材料

(一)省、自治区、直辖市人力资源社会保障行政主管部门,或者中央、国务院各部门所属单位及其中央管理的企业(以下简称中央单位)人事部门的推荐意见函。

(二)《一级注册消防工程师资格考核认定申报表》一式两份(样式见附件 3);

(三)学历或者学位证书、高级工程师技术职务聘书、技术(项目)负责人聘书、消防安全管理负责人任命文件、获奖证书、专利权文件、消防技术规范与技术标准、消防技术类专著(内容说明与首页)、消防技术论文、咨询报告与研究成果证明等相关材料的复印件;

(四)获奖者应附奖状、个人证书或者正式公布的获奖人名单等有效证明。对奖项未颁发证书或者未正式公布获奖人员名单的,应提供符合国家规定人数的单位申报奖项的人员名单、获奖主要文件的复印件,经单位负责人签字并加盖公章。

(五)所在单位出具的职业道德证明、获奖单位出具的主要项目(技术)负责人证明、已颁布实施的相应级别消防技术规范或者技术标准主要完成人证明。

四、考核认定程序

(一)符合考核认定条件的消防安全技术工作人员,可向所在单位提出申请,经单位审核同意后,由所在单位向单位所在地(聘用单位属于企业的向本单位工商注册所在地)的省、自治区、直辖市公安机关消防机构推荐。

中央单位的人员,由本部门、本企业人事部门统一向公安部消防局推荐。

(二)省、自治区、直辖市公安机关消防机构、中央单位消防业务管理机构,对本地区、本部门、本企业的申请人员材料进行审查,提出审查意见,并经本地区、本部门、本企业人力资源社会保障(人事)部门复审合格后,提出推荐人员名单送领导小组办公室审核。

(三)领导小组办公室组织有关专家对推荐人员材料进行审核,并将审核结果和拟认定人员材料,报领导小组复核。

(四)领导小组召开会议,对领导小组办公室的审核意见和申请人员材料进行复核。对复核合格的人员,由领导小组办公室进行为期 10 个工作日的公示。经公示无异议,由人力资源社会保障部、公安部批准后,向社会公布获得《中华人民共和国一级注册消防工程师资格证书》人员的名单。

对未通过考核认定的申请人,由领导小组办公室向其说明不通过的理由。

五、考核认定申报日期及要求

(一)各省、自治区、直辖市公安机关消防机构和人力资源社会保障行政主管部门,中央单位的消防业务管理机构及人事部门,应当对推荐人员材料进行认真审查和复审。于 2013 年 5 月 31 日前,完成审查和复审工作,签署审查和复审意见,并在《一级注册消防工程师资格考核认定申报表》相应栏目中加盖印章后,将全部申报人员的材料送领

（二）各省、自治区、直辖市及中央单位，在审查、复审申报人员材料时，须核查各类证书及相关材料的原件。报送的各类证书等相关材料复印件，应当由所在单位人事部门负责人，对其真实性签署意见并加盖单位印章。

（三）各省、自治区、直辖市及中央单位，应当优先推荐符合申报条件、能力业绩突出、业内认可，且仍在消防安全技术一线岗位工作的专业技术人员。

（四）本办法印发前，已通过特许或者考核认定的方式取得其他专业职业（执业）资格证书、现在公务员岗位或者现役军人岗位工作、正在申报其他专业职业（执业）资格的考核认定和已办理离休、退休手续的人员，均不在申报范围。

因在消防安全技术工作中违法违纪或发生重大失误，受到刑事处罚或行政处罚的人员，一律不得申报。

（五）各省、自治区、直辖市及中央单位，要切实加强领导，坚持标准，严格要求，认真按程序做好申报、审查、复查等各环节工作。凡不认真把关或者弄虚作假的，一经发现，停止该地区或者单位的申报权和取消个人申报的资格，并依据相应法律和有关规定，对直接负责的主管人员和其他直接责任人员进行处理。

附件1

消防工程相关专业新旧对照表

专业划分	专业名称（1998版）	旧专业名称（1998年前）
工学类相关专业	电气工程及其自动化 电子信息工程 通信工程 计算机科学与技术	电力系统及其自动化 高电压与绝缘技术 电气技术（部分） 电机电器及其控制 光源与照明 电气工程及其自动化 电子工程 应用电子技术 信息工程 广播电视工程 电子信息工程 无线电技术与信息系统 电子与信息技术 公共安全图像技术 通信工程 计算机通信 计算机及应用 计算机软件 软件工程

续表

专业划分	专业名称（1998版）	旧专业名称（1998年前）
工学类相关专业	建筑学 城市规划 土木工程 建筑环境与设备工程 给水排水工程	建筑学 城市规划 城镇建设（部分） 总图设计与运输工程（部分） 矿井建设 建筑工程 城镇建设（部分） 交通土建工程 工业设备安装工程 涉外建筑工程 土木工程 供热通风与空调工程 城市燃气工程 供热空调与燃气工程 给水排水工程
	安全工程	矿山通风与安全 安全工程
	化学工程与工艺	化学工程 化工工艺 工业分析 化学工程与工艺
管理学类相关专业	管理科学 工业工程 工程管理	管理科学 系统工程（部分） 工业工程 管理工程（部分） 涉外建筑工程营造与管理 国际工程管理

注：表中"专业名称"指中华人民共和国教育部高等教育司 1998 年颁布的《普通高等学校本科专业目录和专业介绍》中规定的专业名称；"旧专业名称"指 1998 年《普通高等学校本科专业目录和专业介绍》颁布前各院校所采用的专业名称。

法律职业资格证书管理办法

（司法部令第 74 号　2002 年 7 月 8 日）

第一条　为规范法律职业资格证书的申领、颁发和管理，制定本办法。

第二条　法律职业资格证书是证书持有人通过国家司法考试，具有申请从事法律职业的资格凭证。

第三条　符合《国家司法考试实施办法（试行）》第十三条规定，经国家司法考试，取得合格成绩的人员，可以向司法行政机关申领法律职业资格证书。

第四条　法律职业资格证书由司法部统一制作、颁发。

省、自治区、直辖市司法厅（局）负责本省（区、市）法律职业资格证书申请材料的复审、报批和证书的发放。

地（市）司法局负责本地区法律职业资格证书申请材料的受理、初审、报送及证书的发放。

地处偏远、交通不便的地区，地（市）司法局可以委托县司法局接收申请材料，转交地（市）司法局进行初审。

第五条　参加当年国家司法考试，取得合格成绩的人员，应当自收到成绩通知书之日起 30 日内向地（市）司法局申请领取法律职业资格证书。

无正当理由逾期提出申请的，地（市）司法局不予受理。

第六条　申领法律职业资格证书，应当如实填写《法律职业资格证书申领表》，并提交以下材料：

（一）本年度国家司法考试成绩通知书；

（二）申请人身份、学历证明原件（由受理机关审验后退回）及复印件。

第七条　地（市）司法局应当对申请人提交的申请材料进行初审。对申请材料完整、符合申领法律职业资格证书条件的，报省（区、市）司法厅（局）复审。对材料不完整的，应当退回申请人，并要求申请人在省（区、市）司法厅（局）规定的期限内补齐材料，逾期未补齐材料的，视为自动放弃申领资格。对材料不真实或不符合资格授予条件的人员，应当作出不予受理的书面决定。不予受理的决定应当说明理由，通知申请人，并报司法厅（局）备案。

第八条　省（区、市）司法厅（局）应当对申请材料进行复审。对申请材料完整、符合申领法律职业资格证书条件的，报司法部审核颁发证书。对不符合资格授予条件的人员，由省（区、市）司法厅（局）作出不予颁发法律职业资格证书的决定，并报司法部备案。

第九条　具有《国家司法考试实施办法（试行）》第十四条规定情形的，不得申领法律职业资格证书；具有前述情形，已经取得法律职业资格证书的，其已经取得的法律职业资格证书无效。

第十条　法律职业资格证书分正本和副本。正本和副本具有同等效力。

第十一条　法律职业资格证书由司法部统一编号。编号办法另行规定。

第十二条　法律职业资格证书应当妥善保管，不得涂改、出借、出租和转让。

第十三条　法律职业资格证书遗失，应当在省（区、市）司法厅（局）指定的报刊上刊登遗失声明，并向地（市）司法局提出补发法律职业资格证书的书面申请。地（市）司法局应当将补发申请报省（区、市）司法厅（局）决定。补发的法律职业资格证书编号与原编号一致。

第十四条　法律职业资格证书因损毁影响使用的，可以向地（市）司法局申请更换新证书。地（市）司法局应当将更换申请报省（区、市）司法厅（局）决定。更换的法律职业资格证书编号与原编号一致。

更换新证书的，原证书应当收回。

第十五条　领取、补发、更换法律职业资格证书应当交纳工本费。

第十六条　司法行政机关建立法律职业资格证书管理系统，供有关部门和社会公众查询。

第十七条　司法行政机关对尚未从事法律职业的证书持有人实行年度备案制度。

尚未从事法律职业的证书持有人应当在每年第一季度内，持法律职业资格证书副本到地（市）司法局办理年度备案。地（市）司法局应当将年度备案情况报省（区、市）司法厅（局）。

第十八条　司法行政机关对已经从事法律职业的证书持有人实行变更备案制度。

证书持有人应当在职业变更后 30 日内，持法律职业资格证书副本到地（市）司法局办理变更备案。地（市）司法局应当将证书持有人职业变更情况报省（区、市）司法厅（局）。

第十九条　申请人对司法行政机关作出的不予受理申请、不予颁发证书或确认证书无效等处理决定有异议的，可以在收到决定之日起 60 日内向上一级司法行政机关申请复议。

第二十条　本办法由司法部负责解释。

第二十一条　本办法自发布之日起施行。

国家统一法律职业资格考试实施办法

（司法部令第140号 2018年4月28日）

第一章 总 则

第一条 为了规范国家统一法律职业资格考试工作，根据《中华人民共和国法官法》、《中华人民共和国检察官法》、《中华人民共和国公务员法》、《中华人民共和国律师法》、《中华人民共和国公证法》、《中华人民共和国仲裁法》、《中华人民共和国行政复议法》、《中华人民共和国行政处罚法》和国家有关规定，制定本办法。

第二条 国家统一法律职业资格考试是国家统一组织的选拔合格法律职业人才的国家考试。

初任法官、初任检察官，申请律师执业、公证员执业和初次担任法律类仲裁员，以及行政机关中初次从事行政处罚决定审核、行政复议、行政裁决、法律顾问的公务员，应当通过国家统一法律职业资格考试，取得法律职业资格。

法律、行政法规另有规定的除外。

第三条 国家统一法律职业资格考试应当依法、公平、公正。

第四条 司法部会同最高人民法院、最高人民检察院等有关部门、单位组成国家统一法律职业资格考试协调委员会，就国家统一法律职业资格考试的重大事项进行协商。

第五条 国家统一法律职业资格考试的实施工作应当接受监察机关、保密机关和社会监督。

第二章 考试组织

第六条 国家统一法律职业资格考试由司法部负责实施。

第七条 省、自治区、直辖市司法行政机关应当明确专门机构，按照有关规定承办国家统一法律职业资格考试的考务等工作。

设区的市级或者直辖市的区（县）司法行政机关，应当在上级司法行政机关的监督指导下，承担本辖区内的国家统一法律职业资格考试的考务等工作。

第八条 负责考试组织实施的司法行政机关及其考试工作人员应当严格遵守国家保密法律法规的规定，加强国家统一法律职业资格考试保密管理。

第三章 报名条件

第九条 符合以下条件的人员，可以报名参加国家统一法律职业资格考试：

（一）具有中华人民共和国国籍；
（二）拥护中华人民共和国宪法，享有选举权和被选举权；
（三）具有良好的政治、业务素质和道德品行；
（四）具有完全民事行为能力；

（五）具备全日制普通高等学校法学类本科学历并获得学士及以上学位；全日制普通高等学校非法学类本科及以上学历，并获得法律硕士、法学硕士及以上学位；全日制普通高等学校非法学类本科及以上学历并获得相应学位且从事法律工作满三年。

第十条 有下列情形之一的人员，不得报名参加国家统一法律职业资格考试：

（一）因故意犯罪受过刑事处罚的；

（二）曾被开除公职或者曾被吊销律师执业证书、公证员执业证书的；

（三）被吊销法律职业资格证书的；

（四）被给予二年内不得报名参加国家统一法律职业资格考试（国家司法考试）处理期限未满或者被给予终身不得报名参加国家统一法律职业资格考试（国家司法考试）处理的；

（五）因严重失信行为被国家有关单位确定为失信联合惩戒对象并纳入国家信用信息共享平台的；

（六）因其他情形被给予终身禁止从事法律职业处理的。

有前款规定情形之一的人员，已经办理报名手续的，报名无效；已经参加考试的，考试成绩无效。

第四章 考试内容和方式

第十一条 国家统一法律职业资格考试的具体考试时间和相关安排在举行考试三个月前向社会公布。

第十二条 国家统一法律职业资格考试实行全国统一命题。

国家统一法律职业资格考试的内容和命题范围以司法部当年公布的《国家统一法律职业资格考试大纲》为准。

第十三条 国家统一法律职业资格考试每年举行一次，分为客观题考试和主观题考试两部分，综合考查应试人员从事法律职业应当具有的政治素养、业务能力和职业伦理。

应试人员客观题考试成绩合格的方可参加主观题考试，客观题考试合格成绩在本年度和下一个考试年度内有效。

第十四条 国家统一法律职业资格考试实行纸笔考试或者计算机化考试。

第十五条 国家统一法律职业资格考试实行全国统一评卷，统一确定合格分数线，考试成绩及合格分数线由司法部公布。

第五章 违纪处理

第十六条 应试人员有违反考试纪律行为的，由司法行政机关按照有关规定，视其情节、后果，分别给予口头警告、责令离开考场并取消本场考试成绩、确认当年考试成绩无效、二年内不得报名参加国家统一法律职业资格考试的处理；构成故意犯罪的，给予终身不得报名参加国家统一法律职业资格考试的处理。

应试人员及其他相关人员有违反治安管理行为的，由公安机关进行处理；构成犯罪的，由司法机关依法追究刑事责任。

第十七条 考试工作人员有违反工作纪律行为的，应当按照有关规定，视其情节、后果给予相应的处分；构成犯罪的，由司法机关依法追究刑事责任。

第六章 资格授予和管理

第十八条 参加国家统一法律职业资格考试成绩合格，且不具有本办法第十条第一款规定情形的人员，可以按照规定程序申请授予法律职业资格，由司法部颁发法律职业资格证书。

第十九条 以欺骗、贿赂等不正当手段取得法律职业资格证书的，由司法部撤销原授予法律职业资格的决定，注销其法律职业资格证书。

第二十条 取得法律职业资格人员有违反宪法和法律、妨害司法公正、违背职业伦理道德等行为的，由司法行政机关根据司法部有关规定，视其情节、后果，对其给予相应处理。

第二十一条 司法行政机关应当将取得法律职业资格人员的有关信息，以及依据本办法第十九条、第二十条作出相应处理人员的有关信息，录入国家法律职业资格管理系统，在司法部官方网站上公布。

第七章 附 则

第二十二条 本办法实施前已取得学籍（考籍）或者已取得相应学历的高等学校法学类专业本科及以上学历毕业生，或者高等学校非法学类专业本科及以上学历毕业生并具有法律专业知识的，可以报名参加国家统一法律职业资格考试。

第二十三条 国家统一法律职业资格考试的实施，可以在一定时期内，对艰苦边远和少数民族地区的应试人员，在报名学历条件、考试合格标准等方面适当放宽，对其取得的法律职业资格实行分别管理，具体办法由国家统一法律职业资格考试协调委员会确定。

在民族自治地方组织国家统一法律职业资格考试，应试人员可以使用民族语言文字进行考试。

第二十四条 香港特别行政区、澳门特别行政区永久性居民中的中国公民和台湾地区居民参加国家统一法律职业资格考试，适用本办法规定。

第二十五条 现役军人参加国家统一法律职业资格考试的具体规则，由司法部会同中央军委政法委员会另行规定。

第二十六条 国家统一法律职业资格考试的其他政策规定，经国家统一法律职业资格考试协调委员会确定后，在年度国家统一法律职业资格考试公告中公布。

第二十七条 本办法由司法部负责解释。

第二十八条 本办法自公布之日起施行。

注册会计师全国统一考试办法

(2009年3月23日财政部令第55号公布施行。根据2014年4月23日财政部令第75号《财政部关于修改〈注册会计师全国统一考试办法〉的决定》修正)

第一条 为规范注册会计师全国统一考试工作,根据《中华人民共和国注册会计师法》,制定本办法。

第二条 财政部成立注册会计师考试委员会(以下简称财政部考委会),组织领导注册会计师全国统一考试工作。财政部考委会设立注册会计师考试委员会办公室(以下简称财政部考办),组织实施注册会计师全国统一考试工作。财政部考办设在中国注册会计师协会。

各省、自治区、直辖市财政厅(局)成立地方注册会计师考试委员会(以下简称地方考委会),组织领导本地区注册会计师全国统一考试工作。地方考委会设立地方注册会计师考试委员会办公室(以下简称地方考办),组织实施本地区注册会计师全国统一考试工作。地方考办设在各省、自治区、直辖市注册会计师协会。

第三条 财政部考委会确定考试组织工作原则,制定考试工作方针、政策,审定考试大纲,确定考试命题原则,处理考试组织工作的重大问题,指导地方考委会工作。

地方考委会贯彻、实施财政部考委会的决定,处理本地区考试组织工作的重大问题。

第四条 符合下列条件的中国公民,可以报名参加注册会计师全国统一考试:

(一)具有完全民事行为能力;

(二)具有高等专科以上学校毕业学历,或者具有会计或者相关专业中级以上技术职称。

第五条 有下列情形之一的人员,不得报名参加注册会计师全国统一考试:

(一)被吊销注册会计师证书自处罚决定之日起至报名截止日止不满5年者;

(二)参加注册会计师全国统一考试违规受到停考处理,期限未满者。

第六条 考试划分为专业阶段考试和综合阶段考试。考生在通过专业阶段考试的全部科目后,才能参加综合阶段考试。

专业阶段考试设会计、审计、财务成本管理、公司战略与风险管理、经济法、税法6个科目;综合阶段考试设职业能力综合测试1个科目。

每科目考试的具体时间,在各年度财政部考委会发布的报名简章中明确。

考试范围在各年度财政部考委会发布的考试大纲中确定。

第七条 考试为闭卷,采用计算机化考试方式或者纸笔考试方式。

第八条 报名参加考试的人员报名时需要交纳考试报名费。报名费标准按各省、自治区、直辖市价格主管部门、财政部门制定的相关规定执行。

第九条 报名的具体时间在各年度财政部考委会发布的报名简章中规定，地方考委会应当据此确定本地区具体报名日期，并向社会公告。

第十条 报名人员可以在一次考试中同时报考专业阶段考试6个科目，也可以选择报考部分科目。

第十一条 具有会计或者相关专业高级技术职称的人员，可以申请免予专业阶段考试1个专长科目的考试。

第十二条 应考人员答卷由财政部考办集中组织评阅，考试成绩由财政部考委会负责认定，由财政部考办发布。

每科考试均实行百分制，60分为成绩合格分数线。

考生对考试成绩有异议的，可向报名地的地方考办提出成绩复核申请，由财政部考办统一组织成绩复核。

第十三条 专业阶段考试的单科考试合格成绩5年内有效。对在连续5个年度考试中取得专业阶段考试全部科目考试合格成绩的考生，财政部考委会颁发注册会计师全国统一考试专业阶段考试合格证书。

对取得综合阶段考试科目考试合格成绩的考生，财政部考委会颁发注册会计师全国统一考试全科考试合格证书。

注册会计师全国统一考试专业阶段考试合格证书由考生向参加专业阶段考试最后一科考试所在地的地方考办领取。注册会计师全国统一考试全科考试合格证书由考生向参加职业能力综合测试科目考试所在地的地方考办领取。

第十四条 参加注册会计师全国统一考试的人员及组织考试相关人员，必须遵守注册会计师全国统一考试的相关规则、守则等，违者按照《注册会计师全国统一考试违规行为处理办法》予以处理。

第十五条 注册会计师全国统一考试的试题、参考答案和评分标准按照国家秘密管理。

每科目考试的试题、参考答案和评分标准的保密期限，从该科目当年命题开始至该科目考试结束前允许考生离开考场的时间止。

命题人和评卷人信息，以及经评阅的考生答卷，属于工作过程中的内部管理信息，按照工作秘密管理，不对外公开。

第十六条 香港特别行政区、澳门特别行政区、台湾地区居民及外国人参加注册会计师全国统一考试办法，由财政部另行规定。

第十七条 本办法自公布之日起施行。2001年8月1日财政部发布的《注册会计师全国统一考试办法》(财会〔2001〕1053号) 同时废止。

本办法公布前，已经参加注册会计师全国统一考试并取得2005年度至2008年度任一考试科目合格成绩的考生，以及已经获准免试或者豁免注册会计师全国统一考试部分考试科目的考生，参加2009年注册会计师全国统一考试的办法，由财政部另行规定。

财政部关于印发《香港特别行政区、澳门特别行政区、台湾地区居民及外国人参加注册会计师全国统一考试办法》的通知

（财会〔2014〕22号 2014年6月11日）

各省、自治区、直辖市财政厅（局）：

根据《财政部关于修改〈注册会计师全国统一考试办法〉的决定》（中华人民共和国财政部令第75号），我部对《香港特别行政区、澳门特别行政区、台湾地区居民及外国人参加注册会计师全国统一考试办法》（财会〔2009〕4号）进行了修订。现将修订后的《香港特别行政区、澳门特别行政区、台湾地区居民及外人参加注册会计师全国统一考试办法》印发给你们，请遵照执行。

香港特别行政区、澳门特别行政区、台湾地区居民及外国人参加注册会计师全国统一考试办法

第一条 根据《中华人民共和国注册会计师法》和《注册会计师全国统一考试办法》的规定，制定本办法。

第二条 香港特别行政区、澳门特别行政区、台湾地区（以下简称港澳台地区）居民及按照互惠原则确认的外国人（以下简称外国人）参加注册会计师全国统一考试适用本办法。

第三条 港澳台地区居民及外国人，具有完全民事行为能力，且符合下列条件之一的，可以申请参加注册会计师全国统一考试：

（一）具有中华人民共和国教育行政主管部门认可的高等专科以上学校毕业的学历；

（二）已取得港澳台地区或外国法律认可的注册会计师资格（或其他相应资格）。

第四条 有下列情形之一的人员，不得报名参加注册会计师全国统一考试：

（一）被吊销注册会计师证书自处罚决定之日起至报名截止日止不满5年者；

（二）参加注册会计师全国统一考试违规受到停考处理，期限未满者。

第五条 考试划分为专业阶段考试和综合阶段考试。考生在通过专业阶段考试的全部科目后，才能参加综合阶段考试。

专业阶段考试设会计、审计、财务成本管理、公司战略与风险管理、经济法、税法6个科目；综合阶段考试设职业能力综合测试1个科目。

每科目考试的具体时间，在各年度财政部注册会计师考试委员会（以下简称财政部

考委会）发布的报名简章中明确。

考试范围在各年度财政部考委会发布的考试大纲中确定。

第六条 报名的具体时间在各年度财政部考委会发布的报名简章中规定。

第七条 考试为闭卷，采用计算机化考试方式或纸笔考试方式。

第八条 报名人员报名时需交纳考试报名费。

第九条 报名人员可以在一次考试中同时报考专业阶段考试6个科目，也可以选择报考部分科目。

第十条 报名人员应当在财政部注册会计师考试委员会办公室（以下简称财政部考办）指定的地点参加考试。

第十一条 应考人员答卷由财政部考办集中组织评阅，考试成绩由财政部考委会负责认定，由财政部考办发布。

每科考试均实行百分制，60分为成绩合格分数线。

考生对考试成绩有异议的，可提出成绩复核申请，由财政部考办统一组织成绩复核。

第十二条 专业阶段考试的单科考试合格成绩5年内有效。对在连续5个年度考试中取得专业阶段考试全部科目考试合格成绩的考生，财政部考委会颁发注册会计师全国统一考试专业阶段考试合格证书。

对取得综合阶段考试科目考试合格成绩的考生，财政部考委会颁发注册会计师全国统一考试全科考试合格证书。

取得注册会计师全国统一考试全科考试合格证书者，可以申请成为中国注册会计师协会会员。

第十三条 报名人员可以按互惠原则签订的互免协议免予部分考试科目。

第十四条 参加注册会计师全国统一考试的人员及组织考试相关人员，必须遵守注册会计师全国统一考试的相关规则、守则等，违者按照《注册会计师全国统一考试违规行为处理办法》予以处理。

第十五条 注册会计师全国统一考试的试题、参考答案和评分标准按照国家秘密管理。

每科目考试的试题、参考答案和评分标准的保密期限，从该科目当年命题开始至该科目考试结束前允许考生离开考场的时间止。

命题人和评卷人信息，以及经评阅的考生答卷，属于工作过程中的内部管理信息，按照工作秘密管理，不对外公开。

第十六条 本办法自公布之日起施行。2009年4月7日财政部发布的《香港特别行政区、澳门特别行政区、台湾地区居民及外国人参加注册会计师全国统一考试办法》（财会〔2009〕4号）同时废止。

注册会计师注册办法

(2005年1月22日财政部令第25号公布。根据2017年12月4日财政部令第90号《财政部关于修改〈注册会计师注册办法〉等6部规章的决定》修正)

第一条 为了规范注册会计师注册工作，根据《中华人民共和国注册会计师法》及相关法律，制定本办法。

第二条 申请注册成为注册会计师适用本办法。

第三条 省、自治区、直辖市注册会计师协会（以下简称省级注册会计师协会）负责本地区注册会计师的注册及相关管理工作。中国注册会计师协会对省级注册会计师协会的注册管理工作进行指导。

注册会计师依法执行业务，应当取得财政部统一制定的中华人民共和国注册会计师证书（以下简称注册会计师证书）。

第四条 具备下列条件之一，并在中国境内从事审计业务工作2年以上者，可以向省级注册会计师协会申请注册：

（一）参加注册会计师全国统一考试成绩合格；

（二）经依法认定或者考核具有注册会计师资格。

第五条 注册申请人有下列情形之一的，不予注册：

（一）不具有完全民事行为能力的；

（二）因受刑事处罚，自刑罚执行完毕之日起至申请注册之日止不满5年的；

（三）因在财务、会计、审计、企业管理或者其他经济管理工作中犯有严重错误受行政处罚、撤职以上处分，自处罚、处分决定生效之日起至申请注册之日止不满2年的；

（四）受吊销注册会计师证书的处罚，自处罚决定生效之日起至申请注册之日止不满5年的；

（五）因以欺骗、贿赂等不正当手段取得注册会计师证书而被撤销注册，自撤销注册决定生效之日起至申请注册之日止不满3年的；

（六）不在会计师事务所专职执业的；

（七）年龄超过70周岁的。

第六条 注册申请人申请注册，应当通过所在的会计师事务所向会计师事务所所在地的省级注册会计师协会提交下列材料：

（一）注册会计师注册申请表（附表1）；

（二）注册会计师全国统一考试全科合格证书复印件；

（三）2名注册会计师出具的注册申请人从事审计业务2年以上证明表（附表2）；

（四）与所在会计师事务所签定的聘用合同复印件；

（五）有效身份证件或者身份证明复印件（外国人应当提交护照和签证复印件，香港、澳门特别行政区及台湾地区居民应当提交在香港、澳门特别行政区及台湾地区的身份证件复印件和中国出入境行政管理部门发放的通行证复印件替代此项材料）；

（六）有效人事档案证明或者退休证明复印件（外国人和香港、澳门特别行政区及台湾地区居民应当提交由中国劳动行政管理部门发放的就业证复印件替代此项材料）。

经依法认定或者考核具有注册会计师资格的，应当提交相关文件和符合认定或者考核条件的相关证明，替代前款第（二）项材料。

第七条 注册申请人和所在的会计师事务所应当对申请材料内容的真实性负责，证明人应当对证明材料内容的真实性负责。

第八条 省级注册会计师协会应当在受理注册申请的办公场所将申请注册应当提交的材料目录及要求、准予注册的程序及期限，以及不予注册的情形予以公示。

第九条 省级注册会计师协会收到注册申请人提交的申请材料后，应当对注册申请人提交的申请材料进行形式审查，并核对有关复印件与原件是否相符。对申请材料不齐全或者不符合法定形式的注册申请人，应当当场或者在 5 个工作日内一次告知其需要补正的全部材料及内容。

对申请材料齐全、符合法定形式，或者按照要求提交全部补正申请材料的注册申请人，应当受理其注册申请。

第十条 省级注册会计师协会受理或者不予受理注册申请，应当向注册申请人出具加盖本单位专用印章和注明日期的书面凭证。

第十一条 省级注册会计师协会应当对申请材料的内容进行审查，并自受理注册申请之日起 20 个工作日内作出准予或者不予注册的决定。20 个工作日内不能作出决定的，经省级注册会计师协会负责人批准，可以延长 10 个工作日，并应当将延长期限的理由告知注册申请人。

第十二条 省级注册会计师协会作出准予注册决定的，应当自作出决定之日起 10 个工作日内向注册申请人颁发注册会计师证书。

省级注册会计师协会应当自作出准予注册决定之日起 20 个工作日内，将准予注册的决定和注册会计师注册备案表（附表3）报送财政部、中国注册会计师协会备案，抄报所在地的省、自治区、直辖市人民政府财政部门（以下简称省级财政部门）并将准予注册人员的名单在全国性报刊或者相关网站上予以公告。

第十三条 省级注册会计师协会作出不予注册决定的，应当自作出决定之日起 15 个工作日内书面通知注册申请人。书面通知中应当说明不予注册的理由，并告知注册申请人享有依法申请行政复议或者提起行政诉讼的权利。

第十四条 财政部依法对省级注册会计师协会的注册工作进行检查，发现注册不符合本办法规定的，应当通知省级注册会计师协会撤销注册。

第十五条 中国注册会计师协会和省级注册会计师协会应当对注册会计师的任职资格和执业情况进行监督检查，必要时可以进行实地检查。

第十六条 注册会计师有下列情形之一的，由所在地的省级注册会计师协会撤销注册，收回注册会计师证书：

（一）完全丧失民事行为能力的；

（二）受刑事处罚的；

（三）自行停止执行注册会计师业务满1年的；

（四）以欺骗、贿赂等不正当手段取得注册会计师证书的。

第十七条 省级注册会计师协会工作人员滥用职权、玩忽职守准予注册的，或者对不具备申请资格或不符合法定条件的申请人准予注册的，由省级注册会计师协会撤销注册，收回注册会计师证书。

第十八条 被撤销注册的人员可以重新申请注册，但必须符合本办法第四条规定条件，并且没有本办法第五条规定所列情形。

第十九条 注册会计师有下列情形之一的，由所在地的省级注册会计师协会注销注册：

（一）依法被撤销注册，或者吊销注册会计师证书的；

（二）不在会计师事务所专职执业的。

第二十条 省级注册会计师协会应当将注销注册的决定抄报财政部和所在地的省级财政部门、中国注册会计师协会，并自作出决定之日起10个工作日内将注销注册人员的名单在全国性报刊或者相关网站上予以公告。

第二十一条 注册会计师违反《中华人民共和国注册会计师法》第二十条、第二十一条规定，由财政部或者所在地的省级财政部门给予警告；情节严重的，可以由财政部或者所在地的省级财政部门暂停其执行业务或者吊销注册会计师证书。

财政部和省级财政部门应当按照《中华人民共和国行政处罚法》及有关规定实施行政处罚，并将行政处罚决定抄送中国注册会计师协会和注册会计师所在地的省级注册会计师协会。

第二十二条 受到行政处罚，或者被撤销注册或注销注册的当事人有异议的，可以依法申请行政复议或者提起行政诉讼。

第二十三条 各省级注册会计师协会及其工作人员在开展注册会计师注册工作中，存在违反本办法规定的行为，以及其他滥用职权、玩忽职守、徇私舞弊等违法违纪行为的，依照《中华人民共和国注册会计师法》、《中华人民共和国行政许可法》、《中华人民共和国行政监察法》、《财政违法行为处罚处分条例》等国家有关规定追究相关责任；涉嫌犯罪的，依法移送司法机关处理。

第二十四条 香港、澳门特别行政区和台湾地区居民以及按照互惠原则确认的外国人申请注册，依照本办法办理。

第二十五条 本办法自2005年3月1日起施行。

自本办法施行之日起，《注册会计师注册审批暂行办法》〔（93）财会协字第122号〕、《外籍中国注册会计师注册审批暂行办法》（财协字〔1998〕9号）、《〈外籍中国注册会计师注册审批暂行办法〉的补充规定》（财会〔2003〕34号）同时废止。

附表：注册会计师申请注册材料（略）

民用核安全设备无损检验人员资格管理规定

（国家环境保护总局、国防科学技术工业委员会令第 44 号　2007 年 12 月 28 日）

第一章　总　则

第一条　为了加强对民用核安全设备无损检验人员的管理，保证民用核安全设备质量，根据《民用核安全设备监督管理条例》，制定本规定。

第二条　本规定适用于民用核安全设备无损检验人员的考核和管理工作。

民用核安全设备无损检验方法包括超声、射线、磁粉、渗透、涡流、目视、泄漏检验等。

第三条　从事民用核安全设备无损检验活动的人员，依据本规定参加考核并取得资格证书后，方可从事相应方法和级别的民用核安全设备无损检验活动。

第四条　民用核安全设备无损检验人员由国务院核行业主管部门按照国务院核安全监管部门的规定统一组织考核，经国务院核安全监管部门核准，由国务院核行业主管部门颁发资格证书。

第二章　机构及职责

第五条　国务院核安全监管部门负责核准民用核安全设备无损检验人员的资格，核准在国内从事无损检验活动的境外人员的资格，并组织对民用核安全设备无损检验人员及相关考核活动的监督检查。

第六条　国务院核安全监管部门设立民用核安全设备无损检验人员资格核准委员会，其主要职责是：

（一）制定相关管理办法；

（二）对民用核安全设备无损检验人员资格鉴定委员会成员实施备案；

（三）审查民用核安全设备无损检验人员的资格。

第七条　民用核安全设备无损检验人员资格核准委员会由国务院核安全监管部门及其派出机构、技术后援单位的代表以及特聘专家组成。

核准委员会委员应当具有 5 年以上相关管理工作经验或者高级专业技术职称，能准确理解并严格执行国家有关法律、法规和标准。

第八条　国务院核行业主管部门负责设立民用核安全设备无损检验人员资格鉴定委员会，其主要职责是：

（一）组织制定考试大纲；

（二）编制有关无损检验方法的考试题库；

（三）审查报考人员的资格和考核结果；

（四）管理有关档案；

（五）具体负责发放民用核安全设备无损检验人员的证书。

第九条 民用核安全设备无损检验人员资格鉴定委员会由国务院核行业主管部门、各相关行业协会、核安全设备无损检验相关单位、技术后援单位的代表以及特聘专家组成。

资格鉴定委员会二分之一以上成员应当为已取得Ⅲ级证书的无损检验方面的专家。资格鉴定委员会的成员名单送国务院核安全监管部门备案。

第十条 承担民用核安全设备无损检验人员资格考核工作的单位应当具备下列主要条件：

（一）具有与拟从事的考核活动相适应的考核场所、档案室、检验设备和仪器；

（二）具有相应的专业技术人员和管理人员；

（三）具有健全的考核管理制度。

第十一条 民用核安全设备无损检验考核单位的职责主要包括：

（一）制定考核工作程序；

（二）具体组织资格考核；

（三）管理检验设备、仪器、试块或者试件；

（四）管理报考人员的档案资料。

第三章 等级划分和资格考核

第十二条 民用核安全设备无损检验人员的资格等级分为Ⅰ级（初级）、Ⅱ级（中级）和Ⅲ级（高级）。资格考核按照不同的等级、方法分别进行。

第十三条 Ⅰ级无损检验人员可以承担下列工作：

（一）调整和使用仪器设备；

（二）在Ⅱ级或者Ⅲ级人员监督指导下，根据操作规程进行无损检验活动，并记录检验结果；

（三）依据标准对检验结果进行初步评定，但不得出具无损检验结果报告。

第十四条 Ⅱ级无损检验人员可以承担下列工作：

（一）根据确定的工艺，编制技术操作规程；

（二）安装和校准仪器设备，具体实施无损检验活动；

（三）依据法规、标准和规范评价检验结果；

（四）编写和签署无损检验结果报告；

（五）培训和指导相应无损检验方法的Ⅰ级无损检验人员。

第十五条 Ⅲ级无损检验人员可以承担下列工作：

（一）确定无损检验技术和工艺，监督和管理无损检验活动；

（二）依据法规、标准和规范评定检验结果；

（三）编制特殊的无损检验工艺；

（四）没有验收准则可供引用时，协助有关部门制定验收准则；

（五）培训相应无损检验方法的Ⅰ级和Ⅱ级人员。

第十六条 报考人员应当具备下列条件：

（一）学力和实践经历要求：

考核的检验方法	技术等级	无损检验专业大专以上	理工科大专以上	高中、中专或者相当学力	初中
射线检验（RT）超声检验（UT）涡流检验（ET）泄漏检验（LT）	Ⅰ	三个月	六个月	一年	三年
	Ⅱ	六个月	一年	二年	八年
	Ⅲ	四年	五年	八年	/
渗透检验（PT）磁粉检验（MT）目视检验（VT）	Ⅰ	一个月	三个月	六个月	三年
	Ⅱ	三个月	六个月	一年	八年
	Ⅲ	四年	五年	八年	/

其中，申请报考Ⅱ级的人员应当具备相应检验方法的Ⅰ级人员有效技术资格证书；不具备相应检验方法的Ⅰ级人员有效技术资格证书的，其实践经历时间应当加倍。

报考Ⅲ级人员的实践经历时间为获得相应方法Ⅱ级资格证书后的时间。上述经历应当至少有一半时间是从事民用核安全设备无损检验活动的。报考Ⅲ级的人员应当持有2个以上有效Ⅱ级资格证书，且应当含有所申请报考方法的核Ⅱ级资格证书；申请UT、RT和ET的Ⅲ级人员还应当具有PT或者MT的Ⅱ级资格证书，申请PT、MT、LT和VT的Ⅲ级人员还应当具有UT、RT或者ET的Ⅱ级资格证书。

已经取得其他机构相应方法资格证书的人员，在满足了相应级别的学力和实践经历要求的情况下，可以报考同等级别的民用核安全设备无损检验人员资格考核。

（二）报考人员应当具备一定的视力条件：

1. 裸视或者经过矫正的视力要求达到5.0以上；
2. 报考人员的辨色视力应当达到能区分与无损检验方法有关的颜色对比度。

（三）近3年未被吊销资格证书。

第十七条 申请报考的人员应当向民用核安全设备无损检验人员资格鉴定委员会提交下列主要证明文件：

（一）学力证明；

（二）聘用单位出具的培训经历和实践经历证明；

（三）医院出具的视力证明；

（四）已持有的资格证书。

第十八条 民用核安全设备无损检验人员资格鉴定委员会应当对报考人员进行资格审核，并自收到相关证明文件之日起10个工作日内告知报考人员是否可以参加资格考核。

第十九条 民用核安全设备无损检验人员Ⅰ、Ⅱ级资格考核包括笔试和操作考试，Ⅲ级考核包括笔试、操作考试和综合答辩。笔试采用闭卷模式，笔试成绩有效期为1年。

民用核安全设备无损检验人员资格考试试题内容与范围按照相应方法的各级考试大纲的规定执行。

第二十条 笔试内容包括"通用考试"和"核安全设备专业考试"两部分。

通用考试主要考查报考人员的无损检验基础知识，检查报考人员对考试大纲中规定的基础知识的理解和掌握程度。

民用核安全设备专业考试是考查报考人员将有关无损检验技术应用于民用核安全设

备的能力，包括民用核安全设备的有关知识和相关法规、标准和规范。专业考试至少包括下列内容：

（一）Ⅰ级和Ⅱ级人员考试内容应当包括：核安全方面以及民用核安全设备系统的有关知识；民用核安全设备质量保证方面的有关知识；民用核安全设备用特殊的无损检验技术以及在核辐射环境中工作时的辐射防护知识；无损检验操作技能；相应的民用核安全设备用无损检验的标准知识，尤其是国际公认的核设备用无损检验标准知识。

（二）Ⅲ级人员的考试内容，除前述对Ⅰ级和Ⅱ级人员所进行的考试内容以外，还应当包括：主要民用核安全设备的选材原则、材料型号、性能，以及这些材料在制造过程中和运行环境下可能产生缺陷的机理和性质；各主要系统所执行的核安全功能，以及这些系统中各主要设备的核安全级别；民用核安全设备相关的无损检验新技术和新工艺。

第二十一条　操作考试主要是考查报考人员正确应用无损检验仪器进行操作，出具检验结果并对结果进行评价的能力。

第二十二条　综合答辩主要是考查报考人员对民用核安全设备无损检验理论、方法和实践操作等方面的综合应用能力。

第二十三条　民用核安全设备无损检验人员考核单位应当在考试结束后的10个工作日内，将民用核安全设备无损检验报考人员的资格考核申请、相关资料以及考试结果报民用核安全设备无损检验人员资格鉴定委员会。资格鉴定委员会对考试结果进行审查，并将审查结果报国务院核行业主管部门。

第二十四条　民用核安全设备无损检验报考人员有舞弊行为的，由民用核安全设备无损检验人员考核单位取消其考试资格，并停考1年。

第四章　资格核准、证书颁发与管理

第二十五条　国务院核行业主管部门应当将审查通过的报考人员的下列主要材料送国务院核安全监管部门核准：

（一）民用核安全设备无损检验报考人员的资格考核申请；
（二）学力证明；
（三）由符合第十条规定的考核单位出具的考核成绩；
（四）民用核安全设备无损检验人员资格鉴定委员会审查意见；
（五）已持有的资格证书复印件。

国务院核安全监管部门应当自收到前款规定的材料之日起20个工作日内完成核准工作，并将核准结果送国务院核行业主管部门；核准通过的，由国务院核行业主管部门自收到核准结果之日起15个工作日内颁发相应的资格证书。

第二十六条　民用核安全设备无损检验人员资格证书包括下列主要内容：

（一）人员姓名及聘用单位；
（二）考试合格项目及资格等级；
（三）有效期限；
（四）证书编号。

第二十七条　民用核安全设备无损检验人员考试合格项目的有效期限为5年。无损检验人员连续脱离无损检验专业工作 1 年以上，该项目自动废止。

第二十八条 资格证书有效期届满后拟继续从事民用核安全设备无损检验活动的人员，应当在证书有效期届满 6 个月前向民用核安全设备无损检验人员资格鉴定委员会提出更新申请，并提交下列主要材料：

（一）聘用单位推荐信；

（二）医院出具的视力证明；

（三）连续脱离无损检验专业工作未超过 1 年的证明；

（四）聘用单位出具的未发生过责任事故、重大技术失误的证明。

资格鉴定委员会对前款规定的材料进行审查核实后，申请人方可参加更新证书考核。

Ⅰ、Ⅱ级更新证书考核为操作考试，Ⅲ级更新证书考核包括操作考试和综合答辩。

第二十九条 考核合格并经民用核安全设备无损检验人员资格鉴定委员会审查通过后，由国务院核行业主管部门将更新证书考核结果连同更新证明材料送国务院核安全监管部门核准。

经核准的民用核安全设备无损检验人员资格证书有效期可以延长一次，延长有效期为 5 年。

第三十条 民用核安全设备无损检验人员的聘用单位，应当加强对本单位无损检验人员的管理，保证其在资格证书限定的范围内进行有效的无损检验活动。

第三十一条 民用核安全设备无损检验人员不得同时在两个以上单位中执业。

无损检验人员变更聘用单位的，应当向民用核安全设备无损检验人员资格鉴定委员会提出无损检验人员资格证书变更申请，由发证机关更换新的资格证书，并告知国务院核安全监管部门。更新后的证书有效期适用原证书的有效期。

第三十二条 已取得国外相关无损检验资格证书的境外单位的无损检验人员，需经国务院核安全监管部门核准后，方可在中华人民共和国境内从事民用核安全设备无损检验活动。

第五章 监督检查

第三十三条 国务院核安全监管部门负责对民用核安全设备无损检验人员的考核活动进行监督检查。

第三十四条 国务院核行业主管部门负责对民用核安全设备无损检验人员考核单位的考核工作进行检查。

检查内容包括考核单位的质量保证体系运行情况、组织机构、场地和设施、人员师资力量、考试大纲及实施细则、考试管理制度、考试计划及实施、文件和记录管理等方面的内容。

第三十五条 民用核安全设备无损检验人员考核单位有义务配合国务院核安全监管部门和国务院核行业主管部门的监督检查工作，并如实反映情况，提供必要的资料，不得拒绝和阻碍。

第三十六条 无损检验结果报告的编制和审核应当由具备相应资格的无损检验人员担任，并经其聘用单位批准后方为有效。

第六章 法 律 责 任

第三十七条 民用核安全设备无损检验人员有下列行为之一的，由国务院核安全监管部门责令其停止民用核安全设备无损检验活动，并由国务院核行业主管部门吊销其资格证书：

（一）违反操作规程导致无损检验结果报告严重错误的；

（二）伪造检验数据，出具虚假检验结果或者结论的；

（三）同时在两个以上单位执业的；

（四）有其他违反国家核安全法规行为的。

第三十八条 民用核安全设备无损检验人员超出资格证书限定范围从事无损检验活动的，由国务院核安全监管部门责令其停止无损检验活动，依据《民用核安全设备监督管理条例》第四十九条的规定对聘用单位予以处罚。

第三十九条 伪造、变造民用核安全设备无损检验人员资格证书的，依据《中华人民共和国治安管理处罚法》第五十二条的规定，处10日以上15日以下拘留，可以并处1 000元以下罚款；情节较轻的，处5日以上10日以下拘留，可以并处500元以下罚款。

第四十条 民用核安全设备无损检验人员考核单位有下列行为之一的，由国务院核行业主管部门或者国务院核安全监管部门责令限期整改；情节严重的，停止其资格考核工作：

（一）考核单位条件变化，不满足规定的要求；

（二）不按照本规定的要求进行考试；

（三）资格考核工作质量低劣；

（四）严重违规，弄虚作假。

第四十一条 民用核安全设备无损检验考核单位有关工作人员有下列行为之一的，由考核单位停止其资格考核工作，并依据有关法律法规予以处罚：

（一）泄露考试内容的；

（二）考试过程中有徇私舞弊行为的；

（三）玩忽职守，导致考场纪律混乱，考试结果失实的；

（四）其他严重影响资格考核公正性的。

第七章 附 则

第四十二条 本规定自2008年1月1日起施行。1995年6月6日国家核安全局批准发布的《民用核承压设备无损检验人员培训、考核和取证管理办法（HAF 602）》同时废止。

研究堆安全许可证件的申请和颁发规定

（HAF 001/03 国家核安全局2006年1月28日发布）

第一章 总 则

第一条 根据《中华人民共和国放射性污染防治法》第十九条、《中华人民共和国民用核设施安全监督管理条例》（以下简称《条例》）第二十五条的规定，制定本实施细则。

第二条 本实施细则适用于研究堆（包括实验堆、临界装置等）安全许可证件的申请、申请的审查和评定以及许可证件的批准、颁发。

第二章 研究堆安全许可证件的许可事项

第三条 根据《条例》第三条和第八条的规定，为实施对各类研究堆厂址选择、建造、调试、运行和退役五个主要阶段的安全监督管理，国家颁发相应的安全许可证件，并规定相应的许可活动及其必须遵守的条件。

第四条 研究堆的厂址选择：在国家有关部门批准研究堆可行性报告之前，必须取得国家核安全局《研究堆厂址选择审查意见书》。

第五条 研究堆的建造：根据《条例》第九条的规定，国家核安全局颁发《研究堆建造许可证》后，许可营运单位才能开始反应堆建造（如反应堆厂房基础混凝土浇灌或主要设备安装等）。

第六条 研究堆的首次装料调试：根据《条例》第十条的规定，国家核安全局颁发《研究堆首次装料批准书》后，许可营运单位才能首次向堆芯装载核燃料、继续进行调试和试运行。

第七条 研究堆的运行：根据《条例》第十条的规定，国家核安全局颁发《研究堆运行许可证》后，许可营运单位才能在遵守《研究堆运行许可证》规定的条件下运行（包括进行批准的实验或应用活动）。

《研究堆运行许可证》的有效期为十年。国家核安全局根据需要可对营运单位有效执行《研究堆运行许可证》规定条件的状况实施年度评估。

第八条 超过设计寿期的研究堆如申请继续运行，必须对研究堆的各项性能重新进行安全评价并经国家核安全局审查批准，重新颁发《研究堆运行许可证》。国家核安全局根据堆的特点，批准该种许可证的有效期一般不得超过五年。

第九条 研究堆的退役：根据《条例》第三条规定，国家核安全局颁发《研究堆开始退役批准书》后，许可营运单位才能开始退役活动；颁发《研究堆最终退役批准书》后，批准研究堆最终退役。

第十条 研究堆营运单位要求进行许可证条件以外的与核安全有关的变更（包括需要进行不同于运行许可证批准的实验或应用）或要求修改安全许可证条件时，必须报国家核安全局审批后方可实施。

第十一条 研究堆建造或营运单位申请领取安全许可证，应具备下列条件：

（一）设有专门的核安全与辐射环境保护管理机构；

（二）有不少于五名核反应堆工程、核物理和辐射防护等相关专业的技术人员，其中具有高级职称的不少于一名；

从事核反应堆管理、运行的工作人员还必须通过核安全和辐射防护专业知识及相关法律法规的培训和考核。

第三章 研究堆安全许可证件的申请

第十二条 研究堆建造申请者必须在研究堆厂址选定前向国家核安全局提交《研究堆可行性研究报告》中有关厂址安全内容的文件。具体提交时限为：

Ⅰ类研究堆提前三个月，Ⅱ、Ⅲ类研究堆提前六个月。

第十三条 《研究堆建造许可证》的申请者必须在反应堆厂房基础混凝土浇灌或主要设备安装前向国家核安全局提交《研究堆建造许可证申请书》（格式见附件1），并同时提交有关文件。具体提交时限为：

Ⅰ类研究堆提前六个月，Ⅱ、Ⅲ类研究堆提前十二个月。

第十四条 《研究堆首次装料批准书》的申请者必须在研究堆首次向堆芯装入核燃料前向国家核安全局提交《研究堆首次装料申请书》（格式见附件2），并同时提交有关文件。具体提交时限为：

Ⅰ类研究堆提前六个月，Ⅱ、Ⅲ类研究堆提前十二个月。

第十五条 《研究堆运行许可证》的申请者必须在完成研究堆调试大纲要求之后十二月内向国家核安全局提交《研究堆运行许可证申请书》（格式见附件3），并同时提交有关文件。

第十六条 《研究堆运行许可证换证申请书》（格式见附件4）必须在原运行许可证有效期满前十二个月提交并同时提交有关文件；当运行许可证有效期满后只有获得新的《研究堆运行许可证》后，该研究堆方可继续运行。

第十七条 《研究堆开始退役批准书》的申请者必须在研究堆开始退役活动前六个月（Ⅰ类研究堆）或十二个月（Ⅱ、Ⅲ类研究堆）向国家核安全局提交《研究堆开始退役申请书》（格式见附件5-1），并同时提交有关文件。在最终退役前，必须向国家核安全局提交《研究堆最终退役申请书》（格式见附件5-2），并同时提交有关文件。

第十八条 超过设计寿期的研究堆如申请继续运行，申请者必须在研究堆到达设计寿期前至少十二个月向国家核安全局提交《研究堆运行许可证申请书》（超过设计寿期）（格式见附件6），并同时提交有关文件。只有取得新的《研究堆运行许可证》后方可继续运行。

第十九条 研究堆需要进行不同于《研究堆运行许可证》规定的实验或应用时，营运单位必须提前两个月向国家核安全局提交《研究堆新增实验或应用申请书》（格式见附件7），并同时提交与该实验或应用有关的文件。

第四章 颁发研究堆安全许可证件的审评工作

第二十条 研究堆安全许可证件申请的审评目的是：

（一）研究堆厂址选择审查意见书：从安全方面确定所选厂址与研究堆的适宜性；

（二）研究堆建造许可证：审评研究堆的设计原则，以便确定研究堆建成后是否能实现其设计目的并安全运行；

（三）研究堆首次装料批准书：确定研究堆是否按认可的设计建成，是否符合核安全法规要求，是否已达到要求的质量并有完整合格的质量保证记录；

（四）研究堆运行许可证：确定试运行或运行的结果是否与设计或设计变更一致，并审定修订过的运行限值和条件；超过设计寿期的研究堆如申请继续运行，确定研究堆到达设计寿期时其安全状况及运行结果与设计或设计变更基本一致，可以继续运行，并审定修订过的运行限值和条件；

（五）研究堆退役批准书：确定研究堆的退役步骤和退役各阶段的状况是否符合安全要求。

第二十一条 审评工作中有关组织的责任如下：

（一）国家核安全局负责组织研究堆的审评工作。国家核安全局收到符合规定要求的研究堆安全许可证件申请书及附送的文件资料后，应当受理该项申请。受理申请后，审评工作即告开始；

（二）国家核安全局委托核安全技术单位实施技术审查，该单位负责提出评价报告；

（三）在审评过程中，研究堆安全许可证件的申请者必须对国家核安全局提出的问题及时作出回答、解释或对资料作相应的补充或修改；

（四）审评中涉及卫生保健、劳动保护、公安、交通运输等方面的问题时，国家核安全局可邀请有关部门或地方政府的代表或专家参加有关审评会议；

（五）国家核安全局可视需要将"评价报告"送交核安全专家委员会审议，该委员会负责向国家核安全局提出咨询意见；

（六）研究堆安全许可证件的申请者代表所有供货商或承包商与国家核安全局联系。研究堆安全许可证件的申请和颁发程序见附件8。

第二十二条 审评的依据是：

（一）《中华人民共和国放射性污染防治法》和国家的其他与原子能、辐射防护、环境保护、公安、卫生等有关的法律和法规。

（二）国家核安全法规（包括但不限于）：

（1）《中华人民共和国民用核设施安全监督管理条例》；

（2）《中华人民共和国核材料管制条例》；

（3）《核电厂核事故应急管理条例》；

（4）《研究堆设计安全规定》；

（5）《研究堆运行安全规定》；

（6）《核电厂质量保证安全规定》；

（7）《放射性废物安全监督管理规定》；

（8）《民用核承压设备安全监督管理规定》。

（三）国家核安全局已颁发的有关文件、核安全导则和已核准备案的标准。

第五章 申请研究堆安全许可证件需要提交的文件资料

第二十三条 申请《研究堆建造许可证》需要提交以下文件资料：

（一）《研究堆可行性研究报告》的批准书；

（二）《研究堆环境影响报告批准书》；

（三）《研究堆初步安全分析报告》；

（四）《研究堆质量保证大纲》（设计和建造阶段）；

（五）国家核安全局要求的其他相关文件。

第二十四条 申请《研究堆首次装料批准书》需要提交以下文件资料：

（一）《研究堆最终安全分析报告》；

（二）《研究堆环境影响报告批准书》（首次装料前一个月）；

（三）《研究堆调试大纲》；

（四）《研究堆操纵人员合格证明》（首次装料前一个月）；

（五）《研究堆营运单位应急计划》（首次装料前六个月）；

（六）《研究堆建造进展报告》（首次装料前一个月）；

（七）《研究堆在役检查大纲》；

（八）役前检查结果（首次装料前一个月）；

（九）研究堆营运单位拥有核材料许可证的证明（首次装料前一个月）；

（十）《研究堆装料前调试报告》（首次装料前一个月）；

（十一）研究堆运行、实验和应用规程清单（首次装料前一个月）；

（十二）《研究堆维修大纲》（首次装料前一个月）；

（十三）《研究堆质量保证大纲》（调试阶段）；

（十四）国家核安全局要求的其他相关文件。

第二十五条 申请《研究堆运行许可证》需要提交以下文件资料：

（一）《研究堆最终安全分析报告》（修订版）；

（二）《研究堆环境影响报告批准书》及环境保护验收相关文件；

（三）《研究堆装料后调试报告和试运行报告》；

（四）《研究堆质量保证大纲》（运行阶段）；

（五）国家核安全局要求的其他相关文件。

第二十六条 《研究堆运行许可证》年度评估需要提交《研究堆年度运行总结报告》，该报告包括但不限于以下方面内容：

（一）运行许可证规定条件的执行；

（二）运行限值与条件的遵守；

（三）定期试验和检查结果；

（四）反应堆重要安全功能的验证；

（五）研究堆运行及应用的安全管理；

（六）上年度评估问题及以往遗留安全问题处理情况；

（七）其他与核安全相关问题的说明。

第二十七条 《研究堆运行许可证换证申请书》需要同时提交的文件资料：

（一）《研究堆定期安全审查报告》；

（二）《研究堆最终安全分析报告》修订版；

（三）《研究堆质量保证大纲》（运行阶段）修订版；

（四）国家核安全局要求的其他相关文件。

第二十八条 《研究堆运行许可证申请书》（超过设计寿期）需要同时提交的文件资料：

（一）《研究堆运行安全论证报告》（该报告应覆盖定期安全审查的内容）；

（二）《研究堆最终安全分析报告》修订版；

（三）《研究堆质量保证大纲》（超期运行阶段）；

（四）国家核安全局要求的其他相关文件。

第二十九条 申请研究堆退役需要提交的文件资料：

（一）申请《研究堆开始退役批准书》需要提交：

（1）《研究堆退役安全分析报告》；

（2）《研究堆退役环境影响报告批准书》；

（3）《研究堆退役计划》；

（4）《研究堆质量保证大纲》（退役阶段）。

（二）申请《研究堆最终退役批准书》需要提交：

（1）《研究堆退役最终总结报告》；

（2）《研究堆最终退役环境影响报告批准书》。

第三十条 文件格式及编写要求规定如下：

（一）研究堆营运单位递交的文件内容和格式按国家核安全局的要求确定；

（二）文件应具有总目录和分卷目录；

（三）所有的图纸和图表均应清晰，要求不用放大设备能直接阅读。同时，对所用的符号应给予说明；

（四）编写要符合通用惯例，例外者应在每卷中做出规定；

（五）对需要改动的内容和数据，应在原文件相应处作出标记，并用改动后的新页替代。

第三十一条 研究堆安全许可证件的申请者应按时向国家核安全局提供审评所需要的其他所指定的或要求的一切文件资料。

第三十二条 研究堆安全许可证件的申请者要求保密的文件资料仅限于参加审评、监督的人员工作中使用，未经申请者同意不得泄露给任何第三方。

第六章 操纵员执照

第三十三条 研究堆操纵人员执照分为研究堆《操纵员执照》和《高级操纵员执照》两种。

持中华人民共和国研究堆《操纵员执照》或《高级操纵员执照》的人员方可操纵反应堆控制系统。

持中华人民共和国研究堆《高级操纵员执照》的人员方可指导他人操纵反应堆控制系统。

第三十四条 持中华人民共和国研究堆《操纵员执照》或《高级操纵员执照》的人员方可担任Ⅰ类研究堆正、副值长和运行部主任（或相当的技术职务）；持中华人民共和国研究堆《高级操纵员执照》的人员方可担任Ⅱ、Ⅲ类研究堆正、副值长和运行部主任（或相当的技术职务）。

第三十五条 Ⅰ类研究堆每个运行值班中必须至少有一名持照人员；Ⅱ、Ⅲ类研究堆每个运行值班中必须至少有两名持照人员，其中至少应有一名持有研究堆《高级操纵员执照》。在运行值班中未取得操纵员执照的培训人员，应在持照人员监护下操纵反应堆控制系统。持照人员必须对被监护人员的一切操纵负全部责任。

二、专业技术人员职业资格

第三十六条 研究堆《操纵员执照》和《高级操纵员执照》的申请者由研究堆主管部门或其委托的单位负责考核，由国家核安全局负责监督、核准并定期颁发相应执照。

第三十七条 研究堆操纵人员执照的考核标准由研究堆主管部门或其委托的单位制定，报国家核安全局核准。

第三十八条 研究堆操纵人员执照的有效期为三年，欲延长其有效期者，必须办理换发新执照的手续。离开操纵人员岗位六个月以上者，原有执照自行失效。

第三十九条 研究堆操纵人员执照由国家核安全局统一印制。

第四十条 《条例》第十四条规定的职业禁忌症是指：癫痫、精神病、糖尿病、高血压、心脏疾病、阵发性昏厥、美尼尔氏综合症、听觉或视觉缺陷、色盲、神经官能症以及可能引起判断力减弱或运动肌共济失调的任何其他身体或精神状况。

第七章 附 则

第四十一条 本实施细则中下列用语的定义为：

研究堆安全许可证件

为允许进行有关研究堆厂址选择、建造、调试、运行和退役等特定活动，由国家核安全局等部门颁发的书面批准文件。

许可证件申请者

为了进行研究堆的厂址选择、建造、调试、运行和退役等方面的特定活动而申请正式授予许可证件的单位。

Ⅰ类研究堆

对反应堆厂房无密封要求，即使在厂房倒塌或由于堆水池或其他包容结构的正常密封丧失造成堆芯或乏燃料裸露于空气，以及堆芯燃料重大破裂情况下也不违背《研究堆设计安全规定》（HAF201）第2.1节安全目标要求的研究堆。

Ⅱ类研究堆

对反应堆厂房无密封性要求，只要求在厂房不倒塌、堆芯水池或容器或其他包容结构没有丧失正常的密封性、没有大的碎片掉落到燃料元件或堆芯上的情况下，就不会违背《研究堆设计安全规定》（HAF201）第2.1节安全目标的研究堆。

Ⅲ类研究堆

只有在反应堆厂房或包容体、堆芯或容器或其他包容结构不丧失正常的完整性密封性的情况下，才能保证满足《研究堆设计安全规定》（HAF201）第2.1节安全目标的研究堆。

安全分析报告

许可证件申请者向国家核安全局提交的文件，包含研究堆的总说明、设计、事故分析以及为尽量减少工作人员和公众遭受风险所采取的措施等方面的资料。

第四十二条 本实施细则由国家核安全局解释、补充和修改。

第四十三条 本实施细则自2006年3月1日起施行。

附件：1.《研究堆建造许可证申请书》格式（略）

2. 《研究堆首次装料申请表》格式（略）
3. 《研究堆运行许可证申请表》格式（略）
4. 《研究堆运行许可证换证申请表》格式（略）
5-1. 《研究堆开始退役申请表》格式（略）
5-2. 《研究堆最终退役申请表》格式（略）
6. 《研究堆运行许可证申请表（超过设计寿期）》格式（略）
7. 《研究堆新增实验或应用申请表》格式（略）
8. 研究堆安全许可证件的申请和颁发程序（略）

核电厂操纵人员培训与执照考核管理办法

（国能核电〔2014〕435号　2014年9月28日）

第一章　总　则

第一条　根据《中华人民共和国民用核设施安全监督管理条例》及其实施细则的有关规定，为加强核电行业管理，规范核电厂操纵人员培训与执照考核相关工作，制定本办法。

第二条　本管理办法适用于我国大陆核电厂操纵人员执照考核相关的培训、执照考试和资格审查工作。操纵人员执照考试包括取照考试、换发新执照考试和执照转移考试。

第三条　核电厂操纵人员执照有效期为两年，执照失效前需进行换发新执照。执照转移为持有有效操纵人员执照人员申请转持其他运行机组的同一级别的执照。

第四条　核电厂操纵人员培训与执照考核工作由国家能源局统一管理。

第二章　机构与职责

第五条　国家能源局成立"核电厂操纵人员资格审查委员会"（以下简称为资审委），负责全国核电厂操纵人员的执照考核工作，资审委下设秘书处负责日常工作。

第六条　资审委设主任委员、副主任委员、委员和秘书长，由国家能源局聘任，每届任期三年。资审委委员应具备核电执照考核及核电管理的相关经验。

第七条　资审委主要负责审定各核电厂"操纵人员考评委员会"（以下简称为考委会）委员资格；组织编制和审查核电厂操纵人员取照考试的笔试试题，组织审查取照考试的口试试题；组织审查新建核电厂首批操纵人员取照模拟机考试和现场考试试题；监督核电厂操纵人员取照考试的实施；审查核电厂执照人员的资格；审定核电厂《操纵人员培训和再培训大纲》，并监督、检查大纲执行情况；组织审查新建核电厂首次考试用模拟机的适用性；为核电厂操纵人员培训和执照考核工作的改进提供咨询和建议。

第八条　资审委秘书处负责资审委的日常工作，并根据资审委要求组建核电厂操纵人员执照考核专家库、委托技术支持单位落实资审委相关职责。

第九条　核电厂营运单位成立考委会，负责所在核电厂培训与操纵人员执照考核的实施。

第十条 考委会设主任委员、副主任委员和委员，主任委员由核电厂主管运行的厂级领导担任，副主任委员、委员由核电厂和技术支持单位的专家组成。考委会名单应报资审委审定。

第十一条 考委会主要负责组织编制取照考试模拟机考试、口试和现场考试试题；组织编制换发新执照考试、执照转移考试的试题；组织审查除新建核电厂首批取照考试以外的取照考试模拟机考试试题、现场考试试题和换发新执照考试试题、执照转移考试试题；负责执照考试成绩的评定。

第三章 培 训

第十二条 培训规划

（一）集团公司应制定操纵人员培养长期发展专项规划，从集团层面对人员调配、资源整合等进行统筹考虑。

（二）核电厂营运单位应根据公司中长期发展规划、新建核电厂建设进度、在役核电厂生产要求等情况，研究确定公司操纵人员需求。

（三）核电厂营运单位应根据公司人力资源状况、培训资源、组织管理结构等情况，研究制定公司的操纵人员培训规划，规划应包括操纵人员选拔、培训、执照申请计划，以及培训资源的保障方案等。

第十三条 核电厂营运单位应采用系统化培训方法，对核电厂培训体系进行需求分析、培训内容设计、培训资源开发、培训实施、培训效果评价并持续改进，不断完善培训体系。

第十四条 培训大纲

（一）核电厂营运单位应编制《操纵人员培训和再培训大纲》，大纲的主要结构和内容应满足相关规范要求，培训大纲在生效前应报资审委审定，生效后如内容有较大变动需重新报资审委审定。

（二）培训大纲应体现安全第一的方针，内容兼顾理论知识与实际操作，注重安全文化素养和行为规范的培育。

（三）核电厂营运单位应通过对学员考试、人员绩效、电厂业绩、经验反馈等方面的分析，对培训大纲实施的有效性进行定期评价和反馈，以持续提高培训质量。

第十五条 核电厂应为每一位操纵人员制定并实施《个人培训计划》，包括培训课程和实施计划。

第十六条 培训资源

（一）核电厂营运单位培训资源包括全范围模拟机在内的各类设施、教材和教员等，培训资源应与本单位核电规模和发展规划相匹配。

（二）核电厂营运单位应制定并实施管理程序，对培训设施的使用、维护和更新进行有效的管理，确保模拟机等培训设施尽可能地与核电厂的实际状况保持一致。

（三）核电厂营运单位应制定并实施培训教员的选拔、培养、考核和聘用管理程序，通过培训、实践及考核等方式来保持和提高教员的知识水平、培训技能和教学质量。

（四）应鼓励具有丰富运行经验的操纵人员担任模拟机培训教员。

第十七条 培训过程控制

（一）核电厂应制定并实施管理程序，对培训准备、培训实施、考试、培训评价与反馈等环节进行过程控制。

（二）核电厂操纵人员培训和考核过程进行书面记录，并对记录进行有效管理。

第四章 执 照 考 试

第十八条 考试申请

（一）核电厂营运单位应于每年八月底前，向资审委秘书处提交本单位下一年度核电厂操纵人员执照申请考试计划。

（二）核电厂营运单位应在其预定的考试日期前六个月向资审委秘书处提交核电厂操纵人员取照考试申请报告。

（三）换发新执照和执照转移考试的计划由核电厂营运单位自行确定，但应在考试前两周告知资审委秘书处。

第十九条 考试方式

（一）取照考试包括笔试或差异性笔试、模拟机考试、口试和现场考试。

（二）换发新执照考试包括模拟机考试和口试。

（三）执照转移考试包括差异性笔试、模拟机考试、口试和现场考试。

第二十条 考试试题的编制和审查

（一）资审委委托试题编制单位按照《核电厂操纵人员执照考核》标准编制笔试（含差异性笔试）试题和标准答案。

（二）核电厂考委会负责组织取照考试中模拟机考试、口试、现场考试试题，换发新执照考试、执照转移考试试题的编制。

（三）资审委秘书处组织专家库专家对笔试（含差异性笔试）试题、口试试题和新建核电厂首批模拟机考试和现场考试试题进行审查。

（四）核电厂考委会对取照考试模拟机考试、现场考试试题，换发新执照考试、执照转移考试试题进行审查。

（五）试题编制单位及参与审查专家必须严格遵守保密规定，不得以任何形式泄漏试题内容。

第二十一条 核电厂考委会严格按照有关规章程序，实施所在核电厂操纵人员执照考试；资审委组织考核小组进行现场监督，确保考试合法公正。

第五章 资 格 审 查

第二十二条 执照申请人员的资格审查

（一）核电厂营运单位应向资审委提交《核电厂操纵人员资格审查申请报告》及证明材料。

（二）资审委依据相关法规和《核电厂操纵人员执照考核》标准对执照申请人员的资格进行审查。

第二十三条 换发新执照申请人员的资格审查

（一）核电厂营运单位应在持照人员执照失效前三个月向资审委提交《核电厂持照人员换发新执照资格审查申请报告》及证明材料。

（二）资审委秘书处依据相关法规和《核电厂操纵人员执照考核》标准对申请换发新执照人员的资格进行审查。

第二十四条 执照转移申请人员的资格审查

核电厂执照转移申请人员的资格审查同第二十三条。

第六章 附 则

第二十五条 本办法由国家能源局负责解释。

第二十六条 本办法自发布之日起实施。

第二十七条 1999年9月6日起施行的《核电厂操纵人员执照考核管理办法（试行）》自本办法实施之日废止。

人事部、国家环境保护总局关于印发《注册核安全工程师执业资格考试实施办法》和《注册核安全工程师执业资格考核认定办法》的通知

（国人部发〔2003〕21号 2003年9月1日）

各省、自治区、直辖市人事厅（局）、环保局，国务院各部委、各直属机构人事部门，中央管理的企业：

根据人事部、国家环境保护总局发布的《注册核安全工程师执业资格制度暂行规定》（人发〔2002〕106号）有关要求，现将《注册核安全工程师执业资格考试实施办法》和《注册核安全工程师执业资格考核认定办法》印发给你们，请遵照执行。

附件：1. 注册核安全工程师执业资格考核认定工作领导小组成员名单（略）
2. 注册核安全工程师执业资格考核认定申报表（略）

注册核安全工程师执业资格考试实施办法

第一条 注册核安全工程师执业资格考试在人事部、国家环境保护总局（以下简称国家环保总局）的领导下进行。两部门成立"注册核安全工程师执业资格考试办公室"（办公室设在国家环保总局），负责考试的实施和日常管理工作。

国家环保总局成立"注册核安全工程师执业资格考试专家委员会"，负责拟定注册核

安全工程师执业资格考试科目、考试大纲和考试命题，研究建立考试题库等有关工作。

第二条　注册核安全工程师执业资格考试原则上每年举行一次，考试时间为每年的第三季度。

第三条　注册核安全工程师执业资格考试科目为：《核安全相关法律法规》、《核安全综合知识》、《核安全专业实务》和《核安全案例分析》。

考试分4个半天进行，各科目的考试时间均为3小时。

第四条　凡符合《注册核安全工程师执业资格制度暂行规定》（以下简称《暂行规定》）第九条规定的专业技术人员均可申请参加考试。

第五条　截止到2002年12月31日前，在核安全相关岗位上受聘担任高级专业技术职务满3年的专业技术人员，可免试《核安全相关法律法规》和《核安全综合知识》2个科目，只参加《核安全专业实务》和《核安全案例分析》2个科目的考试。

第六条　考试成绩实行两年为一个周期的滚动管理。参加全部4个科目考试的人员必须在连续的两个考试年度内通过应试科目；免试部分科目的人员必须在一个考试年度内通过应试科目。

第七条　参加考试须由本人提出申请，所在单位审核同意，按规定携带有关证明材料到国家环保总局确定的考试管理机构报名。考试管理机构按规定程序和报名条件审查合格后，发给准考证。考生凭准考证及有关证明在指定的时间、地点参加考试。

第八条　由国家环保总局根据情况确定考点设置的区域和数量。经确定的考点原则上设在直辖市和省会城市的大、中专院校或高考定点学校。

考点设置所在地的省、自治区、直辖市人事部门负责对考试考务的实施工作进行指导、检查和监督。

第九条　注册核安全工程师执业资格考试大纲由国家环保总局组织编写、出版和发行。任何单位和个人不得盗用国家环保总局名义编写、出版各种考试用书和复习资料。

第十条　坚持考试与培训分开的原则，凡参与考试工作的人员，不得参加与考试有关的培训工作和参加考试。

应考人员参加培训坚持自愿原则。

第十一条　为保证培训工作健康有序进行，由国家环保总局统筹规划培训工作。承担注册核安全工程师执业资格培训工作的机构，应具备场地、师资、教材等条件，并报国家环保总局备案。

第十二条　注册核安全工程师执业资格考试、培训及有关项目的收费标准，须经价格行政部门核准，并向社会公布，接受群众监督。

第十三条　考务管理工作要严格执行考务工作的有关规章和制度，切实做好试卷的命制、印刷、发送和保管过程中的保密工作，遵守保密制度，严防泄密。

第十四条　加强对考试工作的组织管理，认真执行考试回避制度，严肃考试工作纪律和考场纪律。对弄虚作假等违反考试有关规定者，要依法处理，并追究当事人和有关领导的责任。

注册核安全工程师执业资格考核认定办法

一、申报条件

本办法下发之日前，长期在核安全审评、核安全监督、民用核设施操纵与运行、核质量保证、辐射防护、辐射环境监测及与核安全密切相关的专业技术岗位工作，评聘为工程类高级专业技术职务，遵守中华人民共和国宪法和各项法律、法规，恪守职业道德，身体健康，并符合下列条件（一）或条件（二）的人员：

（一）中国科学院院士或中国工程院院士。

（二）年龄在70周岁（含）以下，并同时具备下列1、2、3项条件中的各一项条件：

1. 学历和业务工作年限：

（1）1989年12月31日前，取得理工类博士学位，累计从事核安全相关工作满9年；

（2）1986年12月31日前，取得理工类硕士学位，累计从事核安全相关工作满12年；

（3）1983年12月31日前，取得理工类大学本科学历，累计从事核安全相关工作满15年；

（4）1981年12月31日前，取得理工类大学专科学历，累计从事核安全相关工作满20年；

（5）1978年12月31日前，取得理工类中专学历，累计从事核安全相关工作满25年。

2. 技术业绩和资历：

（1）担任项目主要技术负责人满3年，且完成核设施、核技术利用、铀矿和伴生放射性矿选址、设计、建造、运行、退役相关项目3项及以上。

（2）获得核安全相关专业部级科技进步（科技成果）一等奖项目的主要技术负责人（前5名）。

（3）获得2项及以上核安全相关专业部级科技进步（科技成果）二等奖项目的主要技术负责人（前3名）。

3. 论文与专著：

（1）在有国内统一刊号（CN）的报纸、期刊上或在有国际统一书号（ISSN）的国外报纸、期刊上，作为第一作者发表核安全相关论文3篇及以上（每篇不少于2 000字）。

（2）在正式出版社出版过有统一书号（ISBN）的核安全相关专业著作，本人独立撰写的章节在5万字以上。

二、考核认定组织

人事部、国家环境保护总局（以下简称国家环保总局）共同成立"注册核安全工程师执业资格考核认定工作领导小组"（以下简称领导小组，名单见附件1），负责全国注册核安全工程师执业资格的考核认定工作。领导小组下设办公室（设在国家环保总局）。

三、考核认定程序

（一）符合上述条件的专业技术人员，可向所在单位提出申请，经单位审核同意后，由所在单位向省、自治区、直辖市环保部门推荐。

国务院有关部门所属单位和中央管理企业的专业技术人员，由本部门、本企业统一向国家环保总局推荐。

（二）各省、自治区、直辖市环保部门和国务院有关部门、中央管理企业的环保部门核安全管理机构，负责对本地区、本部门的申报人员资格进行审核，并经同级人事部门复核后，提出推荐名单送领导小组办公室。

军队系统专业技术人员的申报、推荐、审核工作，由总政干部部按照上述条件和程序进行，并提出推荐名单报领导小组办公室。

（三）领导小组办公室组织有关专家对各地区、各有关部门、军队和中央管理企业推荐人员的材料进行初审，提出拟认定人员的名单，报领导小组审核。

（四）领导小组召开会议，对经初审合格人员的材料进行审核。对领导小组审核合格的人员，经公示无异议后，报人事部、国家环保总局批准，并向社会公布。

四、申报材料

1. 各省、自治区、直辖市和国务院有关部门、中央管理企业的人事行政部门推荐意见函。

2. 填写好的《注册核安全工程师执业资格考核认定申报表》一式两份（见附件2）。

3. 中国科学院院士、中国工程院院士证书复印件。其他人员应提供以下证明材料的复印件：学历或学位证书、高级专业技术职务聘书、获奖证书、项目协议及相应项目主要技术负责人任命文件、核安全相关论文或出版专著内容说明和首页的复印件。

4. 由所在单位出具的职业道德证明和获奖单位出具的获奖项目主要技术负责人证明。

五、申报时间及要求

（一）各省、自治区、直辖市环保部门和人事部门，国务院各有关部门、中央管理企业的业务主管部门和人事部门，应于2003年11月30日前将审核合格人员材料报领导小组办公室。

（二）国家对认定人员数额实行总量控制。各地、各有关部门及中央管理企业应优先推荐具备申报条件且在第一线从事核安全及相关工作的专业技术人员。实施考试后不再进行认定工作。

（三）各地区、各有关部门和中央管理企业在审核申报人员材料时，须审核各类证书的原件；向领导小组办公室报送的各类证书复印件应由所在单位人事部门负责人签署意见并加盖单位印章。

（四）已通过特许或考核认定的方式取得其他专业技术资格证书和在公务员岗位工作的人员，一律不得申报。

（五）各地区、各有关部门和中央管理企业要切实加强领导，坚持标准，严格要求，认真按程序做好申报、审核和复核等各环节工作。凡不认真把关或弄虚作假的，一经发现，停止该地区或部门的申报权和取消个人的申报资格。

建设部、人事部关于建立注册建筑师制度及有关工作的通知

（建设〔1994〕第598号　1994年9月21日）

各省、自治区、直辖市建委（建设厅）、人事（劳动人事）厅（局）、有关计委，国务院各有关部门：

为了适应建立社会主义市场经济体制的需要，提高工程设计质量，强化建筑师的法律责任，保障公众生命和财产安全，维护国家利益并逐步实现与发达国家工程设计管理体制接轨，经建设部、人事部研究决定，我国将实行注册建筑师制度。现将有关工作通知如下：

一、注册建筑师属专业技术人员执业资格制度范畴，根据国务院批准的建设部、人事部"三定"方案，注册建筑师制度由建设部、人事部共同领导组织实施。

二、建设部负责注册和注册管理工作。负责注册建筑师考试大纲、命题及评分标准的拟定工作，负责考前培训，协助实施考务及评分等工作。人事部负责考试工作，负责考试大纲、试题及合格标准的审定并组织实施考务工作。

在实施过程中，两部有关业务主管司要加强协调，密切配合，共同完成此项任务。

三、成立由建设部、人事部、部分省（自治区、直辖市）和国务院有关部委的有关负责同志、专家等组成的全国注册建筑师管理委员会。在两部的领导下，负责有关注册建筑师的具体工作。

四、全国注册建筑师考试定于1995年三季度举行。为保证该项工作的顺利开展，积累必要的经验，经两部研究决定，于1994年10月10日至13日在辽宁省沈阳市进行注册建筑师试点考试。试点工作由辽宁省建设厅、人事厅共同负责实施。

五、在全国注册建筑师考试工作实施之前，为使注册建筑师制度顺利开展，经两部研究决定，对部分已达到注册建筑师标准的建筑设计人员通过特许取得注册建筑师资格。该项工作在今年年底前完成。具体条件和办法将由全国注册建筑师管理委员会制定，报建设部、人事部审核同意后实施。

各地区、各有关部门应加强对此项工作的领导，认真做好各项准备工作。

中华人民共和国注册建筑师条例

（国务院令第184号　1995年9月23日）

第一章　总　则

第一条　为了加强对注册建筑师的管理，提高建筑设计质量与水平，保障公民生命

和财产安全，维护社会公共利益，制定本条例。

第二条 本条例所称注册建筑师，是指依法取得注册建筑师并从事房屋建筑设计及相关业务的人员。

注册建筑师分为一级注册建筑师和二级注册建筑师。

第三条 注册建筑师的考试、注册和执业，适用本条例。

第四条 国务院建设行政主管部门、人事行政主管部门和省、自治区、直辖市人民政府建设行政主管部门、人事行政主管部门依照本条例的规定对注册建筑师的考试、注册和执业实施指导和监督。

第五条 全国注册建筑师管理委员会和省、自治区、直辖市注册建筑师管理委员会，依照本条例的规定负责注册建筑师的考试和注册的具体工作。

全国注册建筑师管理委员会由国务院建设行政主管部门、人事行政主管部门、其他有关行政主管部门的代表和建筑设计专家组成。

省、自治区、直辖市注册建筑师管理委员会由省、自治区、直辖市建设行政主管部门、人事行政主管部门、其他有关行政主管部门的代表和建筑设计专家组成。

第六条 注册建筑师可以组建注册建筑师协会，维护会员的合法权益。

第二章 考试和注册

第七条 国家实行注册建筑师全国统一考试制度，注册建筑师全国统一考试办法由国务院建设行政主管部门会同国务院人事行政主管部门商国务院其他有关行政主管部门共同制定，由全国注册建筑师管理委员会组织实施。

第八条 符合下列条件之一的，可以申请参加一级注册建筑师考试。

（一）取得建筑学硕士以上学位或者相近专业工学博士学位，并从事建筑设计或者相关业务2年以上的；

（二）取得建筑学学士学位或者相近专业工学硕士学位，并从事建筑设计或者相关业务3年以上的；

（三）具有建筑学专业大学本科毕业学历并从事建筑设计或者相关业务5年以上的，或者具有建筑学相近专业大学本科毕业学历并从事建筑设计或者相关业务7年以上的；

（四）取得高级工程师技术职称并从事建筑设计或者相关业务3年以上的，或者取得工程师技术职称并从事建筑设计或者相关业务5年以上的；

（五）不具有前四项规定的条件，但设计成绩突出，经全国注册建筑师管理委员会认定达到前四项规定的专业水平的。

第九条 符合下列条件之一的，可以申请参加二级注册建筑师考试：

（一）具有建筑学或者相近专业大学本科毕业以上学历，从事建筑设计或者相关业务2年以上的；

（二）具有建筑设计技术专业或者相近专业大学毕业以上学历，并从事建筑设计或者相关业务3年以上的；

（三）具有建筑设计技术专业4年制中专毕业学历，并从事建筑设计或者相关业务5年以上的；

（四）具有建筑设计技术相近专业中专毕业学历，并从事建筑设计或者相关业务 7 年以上的；

（五）取得助理工程师以上技术职称，并从事建筑设计或者相关业务 3 年以上的。

第十条 本条例施行前已取得高级、中级技术职称的建筑设计人员，经所在单位推荐，可以按照注册建筑师全国统一考试办法的规定，免予部分科目的考试。

第十一条 注册建筑师考试合格，取得相应的注册建筑师资格的，可以申请注册。

第十二条 一级注册建筑师的注册，由全国注册建筑师管理委员会负责；二级注册建筑师的注册，由省、自治区、直辖市注册建筑师管理委员会负责。

第十三条 有下列情形之一的，不予注册：

（一）不具有完全民事行为能力的；

（二）因受刑事处罚，自刑罚执行完毕之日起至申请注册之日止不满 5 年的；

（三）因在建筑设计或者相关业务中犯有错误受行政处罚或者撤职以上行政处分，自处罚、处分决定之日起至申请注册之日止不满 2 年的；

（四）受吊销注册建筑师证书的行政处罚，自处罚决定之日起至申请注册之日止不满 5 年的；

（五）有国务院规定不予注册的其他情形的。

第十四条 全国注册建筑师管理委员会和省、自治区、直辖市注册建筑师管理委员会依照本条例第十三条的规定，决定不予注册的，应当自决定之日起 15 日内书面通知申请人；申请人有异议的，可以自收到通知之日起 15 日内向国务院建设行政主管部门或省、自治区、直辖市人民政府建设行政主管部门申请复议。

第十五条 全国注册建筑师管理委员会应当将准予注册的一级注册建筑师名单报国务院建设行政主管部门备案；省、自治区、直辖市注册建筑师管理委员会应当将准予注册的二级注册建筑师名单报省、自治区、直辖市人民政府建设行政主管部门备案。

国务院建设行政主管部门或者省、自治区、直辖市人民政府建设行政主管部门发现有关注册建筑师管理委员会的注册不符合本条例规定的，应当通知有关注册建筑师管理委员会撤销注册，收回注册建筑师证书。

第十六条 准予注册的申请人，分别由全国注册建筑师管理委员会和省、自治区、直辖市注册建筑师管理委员会核发由国务院建设行政主管部门统一制作的一级注册建筑师证书或者二级注册建筑师证书。

第十七条 注册建筑师注册的有效期为 2 年。有效期届满需要继续注册的，应当在期满前 30 日内办理注册手续。

第十八条 已取得注册建筑师证书的人员，除本条例第十五条第二款规定的情形外，注册后有下列情形之一的，由准予注册的全国注册建筑师管理委员会或者省、自治区、直辖市注册建筑师管理委员会撤销注册，收回注册建筑师证书：

（一）完全丧失民事行为能力的；

（二）受刑事处罚的；

（三）因在建筑设计或者相关业务中犯有错误，受到行政处罚或者撤职以上行政处

分的;

(四) 自行停止注册建筑师业务满 2 年的。

被撤销注册的当事人对撤销注册、收回注册建筑师证书有异议的,可以自接到撤销注册、收回注册建筑师证书的通知之日起 15 日内向国务院建设行政主管部门或者省、自治区、直辖市人民政府建设行政主管部门申请复议。

第十九条 被撤销注册的人员可以依照本条例的规定重新注册。

第三章 执 业

第二十条 注册建筑师的执业范围:

(一) 建筑设计;

(二) 建筑设计技术咨询;

(三) 建筑物调查与鉴定;

(四) 对本人主持设计的项目进行施工指导和监督;

(五) 国务院建设行政主管部门规定的其他业务。

第二十一条 注册建筑师执行业务,应当加入建筑设计单位。

建筑设计单位的资质等级及其业务范围,由国务院建设行政主管部门规定。

第二十二条 一级注册建筑师的执业范围不受建筑规模和工程复杂程度的限制。二级注册建筑师的执业范围不得超越国家规定的建筑规模和工程复杂程度。

第二十三条 注册建筑师执行业务,由建筑设计单位统一接受委托并统一收费。

第二十四条 因设计质量造成的经济损失,由建筑设计单位承担赔偿责任;建筑设计单位有权向签字的注册建筑师追偿。

第四章 权利和义务

第二十五条 注册建筑师有权以注册建筑师的名义执行注册建筑师业务。

非注册建筑师不得以注册建筑师的名义执行注册建筑师业务。二级注册建筑师不得以一级注册建筑师的名义执行业务,也不得超越国家规定的二级注册建筑师的执业范围执行业务。

第二十六条 国家规定的一定跨度、跨径和高度以上的房屋建筑,应当由注册建筑师进行设计。

第二十七条 任何单位和个人修改注册建筑师的设计图纸,应当征得该注册建筑师的同意;但是,因特殊情况不能征得该注册建筑师同意的除外。

第二十八条 注册建筑师应当履行下列义务:

(一) 遵守法律、法规和职业道德,维护社会公共利益;

(二) 保证建设设计的质量,并在其负责的设计图纸上签字;

(三) 保守在执业中知悉的单位和个人的秘密;

(四) 不得同时受聘于两个以上建筑设计单位执行业务;

(五) 不得准许他人以本人名义执行业务。

第五章 法 律 责 任

第二十九条 以不正当手段取得注册建筑师考试合格资格或者注册建筑师证书的,由全国注册建筑师管理委员会或者省、自治区、直辖市注册建筑师管理委员会取消考试合格资格或者吊销注册建筑师证书；对负有直接责任的主管人员和其他直接责任人员，依法给予行政处分。

第三十条 未经注册擅自以注册建筑师名义从事注册建筑师业务的，由县级以上人民政府建设行政主管部门责令停止违法活动，没收违法所得，并可以处以违法所得5倍以下的罚款；造成损失的，应当承担赔偿责任。

第三十一条 注册建筑师违反本条例规定，有下列行为之一的，由县级以上人民政府建设行政主管部门责令停止违法活动，没收违法所得，并可以处以违法所得5倍以下的罚款；情节严重的，可以责令停止执行业务或者由全国注册建筑师管理委员会或者省、自治区、直辖市注册建筑师管理委员会吊销注册建筑师证书：

（一）以个人名义承接注册建筑师业务、收取费用的；
（二）同时受聘于两个以上建筑设计单位执行业务的；
（三）在建筑设计或者相关业务中侵犯他人合法权益的；
（四）准许他人以本人名义执行业务的；
（五）二级注册建筑师以一级注册建筑师的名义执行业务或者超越国家规定的执业范围执行业务的。

第三十二条 因建筑设计质量不合格发生重大责任事故，造成重大损失的，对该建筑设计负有直接责任的注册建筑师由县级以上人民政府建设行政主管部门责令停止执行业务；情节严重的，由全国注册建筑师管理委员会或者省、自治区、直辖市注册建筑师管理委员会吊销注册建筑师证书。

第三十三条 违反本条例规定，未经注册建筑师同意擅自修改其设计图纸的，由县级以上人民政府建设行政主管部门责令纠正；造成损失的，应当承担赔偿责任。

第三十四条 违反本条例规定，构成犯罪的，依法追究刑事责任。

第六章 附 则

第三十五条 本条例所称建筑设计单位，包括专门从事建筑设计的工程设计单位和其他从事建筑设计的工程设计单位。

第三十六条 外国人申请参加中国注册建筑师全国统一考试和注册以及外国建筑师申请在中国境内执行注册建筑师业务，按照对等原则办理。

第三十七条 本条例自发布之日起施行。

建设部关于印发《回国（来华）定居专家注册建筑师资格确认与执业注册的暂行规定》的通知

（建设〔1997〕118号 1997年5月27日）

各省、自治区、直辖市建委（建设厅），国务院有关部门，总后营房部：

为适应改革开放的需要，推动我国社会主义建设和新学科的发展，吸引更多的海外科技专家和学者来华定居工作,根据国务院有关部门规定精神,特制订《回国(来华)定居专家注册建筑师资格确认与执业注册的暂行规定》,现印发给你们,请各地、各有关部门认真贯彻执行。

回国(来华)定居专家注册建筑师资格确认与执业注册的暂行规定

1997年,我国开始实行注册建筑师执业制度。根据人事部、国家教委、外交部(人专发〔1995〕36号《关于回国(来华)定居专家工作有关问题的通知》)精神,为了充分发挥来华定居专家在我国社会主义建设工作中的积极作用,对长期从事建筑设计工作人员的注册建筑师资格确认和执业注册问题作如下暂行规定:

一、申请者必须具有中华人民共和国人事部专家司出具的回国(来华)定居的专家证明。

二、申请者必须符合《中华人民共和国注册建筑师条例》和《中华人民共和国注册建筑师条例实施细则》以及有关考试认定文件规定的要求。

三、申请者必须在中华人民共和国境内从事建筑设计工作三年以上(含三年),作为项目负责人或专业负责人,完成民用建筑工程分级标准中规定的三级以上(含三级)工程两项。

凡符合上述三项内容的来华定居专家均可申请参加考核认定和执业注册。

四、执业注册前应参加有关中国工程设计法规和规范的学习并考核合格。

五、注册建筑师资格的确认和执业注册,由全国注册建筑师管理委员会(建设部执业资格注册中心)审查,由建设部勘察设计司会同有关部门审核批准后核发执业注册证书和执业专用章。

六、执业注册人员在中国从事建筑工程设计的执业活动,应当遵守国家法令和有关工程勘察设计的管理规定。

七、本规定由建设部负责解释。

八、本规定自公布之日起执行。

中华人民共和国注册建筑师条例实施细则

(建设部令第167号 2008年1月29日)

第一章 总 则

第一条 根据《中华人民共和国行政许可法》和《中华人民共和国注册建筑师条例》(以下简称《条例》),制定本细则。

第二条 中华人民共和国境内注册建筑师的考试、注册、执业、继续教育和监督管理，适用本细则。

第三条 注册建筑师，是指经考试、特许、考核认定取得中华人民共和国注册建筑师执业资格证书（以下简称执业资格证书），或者经资格互认方式取得建筑师互认资格证书（以下简称互认资格证书），并按照本细则注册，取得中华人民共和国注册建筑师注册证书（以下简称注册证书）和中华人民共和国注册建筑师执业印章（以下简称执业印章），从事建筑设计及相关业务活动的专业技术人员。

未取得注册证书和执业印章的人员，不得以注册建筑师的名义从事建筑设计及相关业务活动。

第四条 国务院建设主管部门、人事主管部门按职责分工对全国注册建筑师考试、注册、执业和继续教育实施指导和监督。

省、自治区、直辖市人民政府建设主管部门、人事主管部门按职责分工对本行政区域内注册建筑师考试、注册、执业和继续教育实施指导和监督。

第五条 全国注册建筑师管理委员会负责注册建筑师考试、一级注册建筑师注册、制定颁布注册建筑师有关标准以及相关国际交流等具体工作。

省、自治区、直辖市注册建筑师管理委员会负责本行政区域内注册建筑师考试、注册以及协助全国注册建筑师管理委员会选派专家等具体工作。

第六条 全国注册建筑师管理委员会委员由国务院建设主管部门商人事主管部门聘任。

全国注册建筑师管理委员会由国务院建设主管部门、人事主管部门、其他有关主管部门的代表和建筑设计专家组成，设主任委员一名、副主任委员若干名。全国注册建筑师管理委员会秘书处设在建设部执业资格注册中心。全国注册建筑师管理委员会秘书处承担全国注册建筑师管理委员会的日常工作职责，并承担相应的法律责任。

省、自治区、直辖市注册建筑师管理委员会由省、自治区、直辖市人民政府建设主管部门商同级人事主管部门参照本条第一款、第二款规定成立。

第二章 考 试

第七条 注册建筑师考试分为一级注册建筑师考试和二级注册建筑师考试。注册建筑师考试实行全国统一考试，每年进行一次。遇特殊情况，经国务院建设主管部门和人事主管部门同意，可调整该年度考试次数。

注册建筑师考试由全国注册建筑师管理委员会统一部署，省、自治区、直辖市注册建筑师管理委员会组织实施。

第八条 一级注册建筑师考试内容包括：建筑设计前期工作、场地设计、建筑设计与表达、建筑结构、环境控制、建筑设备、建筑材料与构造、建筑经济、施工与设计业务管理、建筑法规等。上述内容分成若干科目进行考试。科目考试合格有效期为八年。

二级注册建筑师考试内容包括：场地设计、建筑设计与表达、建筑结构与设备、建筑法规、建筑经济与施工等。上述内容分成若干科目进行考试。科目考试合格有效期为四年。

第九条 《条例》第八条第（一）、（二）、（三）项，第九条第（一）项中所称相近专业,是指大学本科及以上建筑学的相近专业,包括城市规划、建筑工程和环境艺术等专业。

《条例》第九条第(二)项所称相近专业,是指大学专科建筑设计的相近专业,包括城乡规划、房屋建筑工程、风景园林、建筑装饰技术和环境艺术等专业。

《条例》第九条第(四)项所称相近专业,是指中等专科学校建筑设计技术的相近专业,包括工业与民用建筑、建筑装饰、城镇规划和村镇建设等专业。

《条例》第八条第(五)项所称设计成绩突出,是指获得国家或省部级优秀工程设计铜质或二等奖(建筑)及以上奖励。

第十条 申请参加注册建筑师考试者,可向省、自治区、直辖市注册建筑师管理委员会报名,经省、自治区、直辖市注册建筑师管理委员会审查,符合《条例》第八条或者第九条规定的,方可参加考试。

第十一条 经一级注册建筑师考试,在有效期内全部科目考试合格的,由全国注册建筑师管理委员会核发国务院建设主管部门和人事主管部门共同用印的一级注册建筑师执业资格证书。

经二级注册建筑师考试,在有效期内全部科目考试合格的,由省、自治区、直辖市注册建筑师管理委员会核发国务院建设主管部门和人事主管部门共同用印的二级注册建筑师执业资格证书。

自考试之日起,九十日内公布考试成绩;自考试成绩公布之日起,三十日内颁发执业资格证书。

第十二条 申请参加注册建筑师考试者,应当按规定向省、自治区、直辖市注册建筑师管理委员会交纳考务费和报名费。

第三章 注 册

第十三条 注册建筑师实行注册执业管理制度。取得执业资格证书或者互认资格证书的人员,必须经过注册方可以注册建筑师的名义执业。

第十四条 取得一级注册建筑师资格证书并受聘于一个相关单位的人员,应当通过聘用单位向单位工商注册所在地的省、自治区、直辖市注册建筑师管理委员会提出申请;省、自治区、直辖市注册建筑师管理委员会受理后提出初审意见,并将初审意见和申请材料报全国注册建筑师管理委员会审批;符合条件的,由全国注册建筑师管理委员会颁发一级注册建筑师注册证书和执业印章。

第十五条 省、自治区、直辖市注册建筑师管理委员会在收到申请人申请一级注册建筑师注册的材料后,应当即时作出是否受理的决定,并向申请人出具书面凭证;申请材料不齐全或者不符合法定形式的,应当在五日内一次性告知申请人需要补正的全部内容。逾期不告知的,自收到申请材料之日起即为受理。

对申请初始注册的,省、自治区、直辖市注册建筑师管理委员会应当自受理申请之日起二十日内审查完毕,并将申请材料和初审意见报全国注册建筑师管理委员会。全国注册建筑师管理委员会应当自收到省、自治区、直辖市注册建筑师管理委员会上报材料之日起,二十日内审批完毕并作出书面决定。

审查结果由全国注册建筑师管理委员会予以公示，公示时间为十日，公示时间不计算在审批时间内。

全国注册建筑师管理委员会自作出审批决定之日起十日内，在公众媒体上公布审批结果。

对申请变更注册、延续注册的，省、自治区、直辖市注册建筑师管理委员会应当自受理申请之日起十日内审查完毕。全国注册建筑师管理委员会应当自收到省、自治区、直辖市注册建筑师管理委员会上报材料之日起，十五日内审批完毕并作出书面决定。

二级注册建筑师的注册办法由省、自治区、直辖市注册建筑师管理委员会依法制定。

第十六条 注册证书和执业印章是注册建筑师的执业凭证，由注册建筑师本人保管、使用。

注册建筑师由于办理延续注册、变更注册等原因，在领取新执业印章时，应当将原执业印章交回。

禁止涂改、倒卖、出租、出借或者以其他形式非法转让执业资格证书、互认资格证书、注册证书和执业印章。

第十七条 申请注册建筑师初始注册，应当具备以下条件：

（一）依法取得执业资格证书或者互认资格证书；

（二）只受聘于中华人民共和国境内的一个建设工程勘察、设计、施工、监理、招标代理、造价咨询、施工图审查、城乡规划编制等单位（以下简称聘用单位）；

（三）近三年内在中华人民共和国境内从事建筑设计及相关业务一年以上；

（四）达到继续教育要求；

（五）没有本细则第二十一条所列的情形。

第十八条 初始注册者可以自执业资格证书签发之日起三年内提出申请。逾期未申请者，须符合继续教育的要求后方可申请初始注册。

初始注册需要提交下列材料：

（一）初始注册申请表；

（二）资格证书复印件；

（三）身份证明复印件；

（四）聘用单位资质证书副本复印件；

（五）与聘用单位签订的聘用劳动合同复印件；

（六）相应的业绩证明；

（七）逾期初始注册的，应当提交达到继续教育要求的证明材料。

第十九条 注册建筑师每一注册有效期为二年。注册建筑师注册有效期满需继续执业的，应在注册有效期届满三十日前，按照本细则第十五条规定的程序申请延续注册。延续注册有效期为二年。

延续注册需要提交下列材料：

（一）延续注册申请表；

（二）与聘用单位签订的聘用劳动合同复印件；

（三）注册期内达到继续教育要求的证明材料。

第二十条 注册建筑师变更执业单位，应当与原聘用单位解除劳动关系，并按照本细则第十五条规定的程序办理变更注册手续。变更注册后，仍延续原注册有效期。

原注册有效期届满在半年以内的，可以同时提出延续注册申请。准予延续的，注册有效期重新计算。

变更注册需要提交下列材料：

（一）变更注册申请表；

（二）新聘用单位资质证书副本的复印件；

（三）与新聘用单位签订的聘用劳动合同复印件；

（四）工作调动证明或者与原聘用单位解除聘用劳动合同的证明文件、劳动仲裁机构出具的解除劳动关系的仲裁文件、退休人员的退休证明复印件；

（五）在办理变更注册时提出延续注册申请的，还应当提交在本注册有效期内达到继续教育要求的证明材料。

第二十一条 申请人有下列情形之一的，不予注册：

（一）不具有完全民事行为能力的；

（二）申请在两个或者两个以上单位注册的；

（三）未达到注册建筑师继续教育要求的；

（四）因受刑事处罚，自刑事处罚执行完毕之日起至申请注册之日止不满五年的；

（五）因在建筑设计或者相关业务中犯有错误受行政处罚或者撤职以上行政处分，自处罚、处分决定之日起至申请之日止不满二年的；

（六）受吊销注册建筑师证书的行政处罚，自处罚决定之日起至申请注册之日止不满五年的；

（七）申请人的聘用单位不符合注册单位要求的；

（八）法律、法规规定不予注册的其他情形。

第二十二条 注册建筑师有下列情形之一的，其注册证书和执业印章失效：

（一）聘用单位破产的；

（二）聘用单位被吊销营业执照的；

（三）聘用单位相应资质证书被吊销或者撤回的；

（四）已与聘用单位解除聘用劳动关系的；

（五）注册有效期满且未延续注册的；

（六）死亡或者丧失民事行为能力的；

（七）其他导致注册失效的情形。

第二十三条 注册建筑师有下列情形之一的，由注册机关办理注销手续，收回注册证书和执业印章或公告注册证书和执业印章作废：

（一）有本细则第二十二条所列情形发生的；

（二）依法被撤销注册的；

（三）依法被吊销注册证书的；

（五）受刑事处罚的；

（六）法律、法规规定应当注销注册的其他情形。

注册建筑师有前款所列情形之一的，注册建筑师本人和聘用单位应当及时向注册机关提出注销注册申请；有关单位和个人有权向注册机关举报；县级以上地方人民政府建设主管部门或者有关部门应当及时告知注册机关。

第二十四条 被注销注册者或者不予注册者，重新具备注册条件的，可以按照本细则第十五条规定的程序重新申请注册。

第二十五条 高等学校（院）从事教学、科研并具有注册建筑师资格的人员，只能受聘于本校（院）所属建筑设计单位从事建筑设计，不得受聘于其他建筑设计单位。在受聘于本校（院）所属建筑设计单位工作期间，允许申请注册。获准注册的人员，在本校（院）所属建筑设计单位连续工作不得少于二年。具体办法由国务院建设主管部门商教育主管部门规定。

第二十六条 注册建筑师因遗失、污损注册证书或者执业印章，需要补办的，应当持在公众媒体上刊登的遗失声明的证明，或者污损的原注册证书和执业印章，向原注册机关申请补办。原注册机关应当在十日内办理完毕。

第四章 执　业

第二十七条 取得资格证书的人员，应当受聘于中华人民共和国境内的一个建设工程勘察、设计、施工、监理、招标代理、造价咨询、施工图审查、城乡规划编制等单位，经注册后方可从事相应的执业活动。

从事建筑工程设计执业活动的，应当受聘并注册于中华人民共和国境内一个具有工程设计资质的单位。

第二十八条 注册建筑师的执业范围具体为：

（一）建筑设计；

（二）建筑设计技术咨询；

（三）建筑物调查与鉴定；

（四）对本人主持设计的项目进行施工指导和监督；

（五）国务院建设主管部门规定的其他业务。

本条第一款所称建筑设计技术咨询包括建筑工程技术咨询，建筑工程招标、采购咨询，建筑工程项目管理，建筑工程设计文件及施工图审查，工程质量评估，以及国务院建设主管部门规定的其他建筑技术咨询业务。

第二十九条 一级注册建筑师的执业范围不受工程项目规模和工程复杂程度的限制。二级注册建筑师的执业范围只限于承担工程设计资质标准中建设项目设计规模划分表中规定的小型规模的项目。

注册建筑师的执业范围不得超越其聘用单位的业务范围。注册建筑师的执业范围与其聘用单位的业务范围不符时，个人执业范围服从聘用单位的业务范围。

第三十条 注册建筑师所在单位承担民用建筑设计项目，应当由注册建筑师任工程项目设计主持人或设计总负责人；工业建筑设计项目，须由注册建筑师任工程项目建筑专业负责人。

第三十一条 凡属工程设计资质标准中建筑工程建设项目设计规模划分表规定的工程项目，在建筑工程设计的主要文件（图纸）中，须由主持该项设计的注册建筑师签字并加盖其执业印章，方为有效。否则设计审查部门不予审查，建设单位不得报建，施工单位不准施工。

第三十二条 修改经注册建筑师签字盖章的设计文件，应当由原注册建筑师进行；因特殊情况，原注册建筑师不能进行修改的，可以由设计单位的法人代表书面委托其他符合条件的注册建筑师修改，并签字、加盖执业印章，对修改部分承担责任。

第三十三条 注册建筑师从事执业活动，由聘用单位接受委托并统一收费。

第五章 继续教育

第三十四条 注册建筑师在每一注册有效期内应当达到全国注册建筑师管理委员会制定的继续教育标准。继续教育作为注册建筑师逾期初始注册、延续注册、重新申请注册的条件之一。

第三十五条 继续教育分为必修课和选修课，在每一注册有效期内各为四十学时。

第六章 监督检查

第三十六条 国务院建设主管部门对注册建筑师注册执业活动实施统一的监督管理。县级以上地方人民政府建设主管部门负责对本行政区域内的注册建筑师注册执业活动实施监督管理。

第三十七条 建设主管部门履行监督检查职责时，有权采取下列措施：

（一）要求被检查的注册建筑师提供资格证书、注册证书、执业印章、设计文件（图纸）；

（二）进入注册建筑师聘用单位进行检查，查阅相关资料；

（三）纠正违反有关法律、法规和本细则及有关规范和标准的行为。

建设主管部门依法对注册建筑师进行监督检查时，应当将监督检查情况和处理结果予以记录，由监督检查人员签字后归档。

第三十八条 建设主管部门在实施监督检查时，应当有两名以上监督检查人员参加，并出示执法证件，不得妨碍注册建筑师正常的执业活动，不得谋取非法利益。

注册建筑师和其聘用单位对依法进行的监督检查应当协助与配合，不得拒绝或者阻挠。

第三十九条 注册建筑师及其聘用单位应当按照要求，向注册机关提供真实、准确、完整的注册建筑师信用档案信息。

注册建筑师信用档案应当包括注册建筑师的基本情况、业绩、良好行为、不良行为等内容。违法违规行为、被投诉举报处理、行政处罚等情况应当作为注册建筑师的不良行为记入其信用档案。

注册建筑师信用档案信息按照有关规定向社会公示。

第七章 法律责任

第四十条 隐瞒有关情况或者提供虚假材料申请注册的，注册机关不予受理，并由建设主管部门给予警告，申请人一年之内不得再次申请注册。

第四十一条 以欺骗、贿赂等不正当手段取得注册证书和执业印章的，由全国注册建筑师管理委员会或省、自治区、直辖市注册建筑师管理委员会撤销注册证书并收回执业印章，三年内不得再次申请注册，并由县级以上人民政府建设主管部门处以罚款。其中没有违法所得的，处以1万元以下罚款；有违法所得的处以违法所得3倍以下且不超过3万元的罚款。

第四十二条 违反本细则，未受聘并注册于中华人民共和国境内一个具有工程设计资质的单位，从事建筑工程设计执业活动的，由县级以上人民政府建设主管部门给予警告，责令停止违法活动，并可处以1万元以上3万元以下的罚款。

第四十三条 违反本细则，未办理变更注册而继续执业的，由县级以上人民政府建设主管部门责令限期改正；逾期未改正的，可处以5 000元以下的罚款。

第四十四条 违反本细则，涂改、倒卖、出租、出借或者以其他形式非法转让执业资格证书、互认资格证书、注册证书和执业印章的，由县级以上人民政府建设主管部门责令改正，其中没有违法所得的，处以1万元以下罚款；有违法所得的处以违法所得3倍以下且不超过3万元的罚款。

第四十五条 违反本细则，注册建筑师或者其聘用单位未按照要求提供注册建筑师信用档案信息的，由县级以上人民政府建设主管部门责令限期改正；逾期未改正的，可处以1 000元以上1万元以下的罚款。

第四十六条 聘用单位为申请人提供虚假注册材料的，由县级以上人民政府建设主管部门给予警告，责令限期改正；逾期未改正的，可处以1万元以上3万元以下的罚款。

第四十七条 有下列情形之一的，全国注册建筑师管理委员会或者省、自治区、直辖市注册建筑师管理委员会可以撤销其注册：

（一）全国注册建筑师管理委员会或者省、自治区、直辖市注册建筑师管理委员会的工作人员滥用职权、玩忽职守颁发注册证书和执业印章的；

（二）超越法定职权颁发注册证书和执业印章的；

（三）违反法定程序颁发注册证书和执业印章的；

（四）对不符合法定条件的申请人颁发注册证书和执业印章的；

（五）依法可以撤销注册的其他情形。

第四十八条 县级以上人民政府建设主管部门、人事主管部门及全国注册建筑师管理委员会或者省、自治区、直辖市注册建筑师管理委员会的工作人员，在注册建筑师管理工作中，有下列情形之一的，依法给予处分；构成犯罪的，依法追究刑事责任：

（一）对不符合法定条件的申请人颁发执业资格证书、注册证书和执业印章的；

（二）对符合法定条件的申请人不予颁发执业资格证书、注册证书和执业印章的；

（三）对符合法定条件的申请不予受理或者未在法定期限内初审完毕的；

（四）利用职务上的便利，收受他人财物或者其他好处的；

（五）不依法履行监督管理职责，或者发现违法行为不予查处的。

第八章 附 则

第四十九条 注册建筑师执业资格证书由国务院人事主管部门统一制作；一级注册建

筑师注册证书、执业印章和互认资格证书由全国注册建筑师管理委员会统一制作；二级注册建筑师注册证书和执业印章由省、自治区、直辖市注册建筑师管理委员会统一制作。

第五十条 香港特别行政区、澳门特别行政区、台湾地区的专业技术人员按照国家有关规定和有关协议，报名参加全国统一考试和申请注册。

外籍专业技术人员参加全国统一考试按照对等原则办理；申请建筑师注册的，其所在国应当已与中华人民共和国签署双方建筑师对等注册协议。

第五十一条 本细则自2008年3月15日起施行。1996年7月1日建设部颁布的《中华人民共和国注册建筑师条例实施细则》（建设部令第52号）同时废止。

监理工程师资格考试和注册试行办法

（建设部令第18号 1992年6月4日）

第一章 总 则

第一条 为加强监理工程师的资格考试和注册管理，保证监理工程师的素质，制定本办法。

第二条 本办法所称监理工程师系岗位职务，是指经全国统一考试合格并经注册取得《监理工程师岗位证书》的工程建设监理人员。

监理工程师按专业设置岗位。

第三条 国务院建设行政主管部门为全国监理工程师注册管理机关。

省、自治区、直辖市人民政府建设行政主管部门为本行政区域内地方工程建设监理单位监理工程师的注册机关。

国务院有关部门为本部门直属工程建设监理单位监理工程师的注册机关。

第二章 监理工程师资格考试

第四条 监理工程师资格考试，在全国监理工程师资格考试委员会的统一组织指导下进行，原则上每两年进行一次。

第五条 全国监理工程师资格考试委员会由国务院建设行政主管部门和国务院有关部门工程建设、人事行政管理的专家十五至十九人组成，设主任委员一人、副主任委员三至五人。

第六条 省、自治区、直辖市及国务院有关部门成立地方或部门监理工程师资格考试委员会，分别负责本行政区域内地方工程建设监理单位或本部门直属工程建设监理单位的监理工程师资格考试工作。

地方或部门监理工程师资格考试委员会的成立，应报全国监理工程师资格考试委员会备案。

第七条 监理工程师资格考试委员会为非常设机构，于每次考试前六个月组成并开始工作。

第八条 全国监理工程师资格考试委员会的主要任务是：

（一）制定统一的监理工程师资格考试大纲和有关要求；

（二）确定考试命题，提出考试合格的标准；

（三）监督、指导地方、部门监理工程师资格考试工作，审查、确认其考试是否有效；

（四）向全国监理工程师注册管理机关书面报告监理工程师资格考试情况。

第九条 地方和部门监理工程师资格考试委员会的主要任务是：

（一）根据监理工程师资格考试大纲和有关要求，发布本地区、本部门监理工程师资格考试公告；

（二）受理考试申请，审查参考者资格；

（三）组织考试、阅卷评分和确认考试合格者；

（四）向本地区或本部门监理工程师注册机关书面报告考试情况；

（五）向全国监理工程师资格考试委员会报告工作。

第十条 参加监理工程师资格考试者，必须具备以下条件：

（一）具有高级专业技术职称或取得中级专业技术职称后具有三年以上工程设计或施工管理实践经验；

（二）在全国监理工程师注册管理机关认定的培训单位经过监理业务培训，并取得培训结业证书。

第十一条 凡参加监理工程师资格考试者，由所在单位向本地区或本部门监理工程师资格考试委员会提出书面申请，经审查批准后，方可参加考试。

第十二条 经监理工程师资格考试合格者，由监理工程师注册机关核发《监理工程师资格证书》。

第十三条 1995年年底以前，对少数具有高级技术职称和三年监理实践经验、年龄在55岁以上、工作能力较强的监理人员，经地区、部门监理工程师注册机关推荐，全国监理工程师资格考试委员会审查，全国监理工程师注册管理机关批准，可免予考试，取得《监理工程师资格证书》。

第十四条 《监理工程师资格证书》的持有者，自领取证书起，五年内未经注册，其证书失效。

《监理工程师资格证书》式样由国务院建设行政主管部门统一制定。

第三章 监理工程师注册

第十五条 申请监理工程师注册者，必须具备下列条件：

（一）热爱中华人民共和国，拥护社会主义制度，遵纪守法，遵守监理工程师职业道德；

（二）身体健康，胜任工程建设的现场监理工作；

（三）已取得《监理工程师资格证书》。

第十六条 申请监理工程师注册，由拟聘用申请者的工程建设监理单位统一向本地区或本部门的监理工程师注册机关提出申请。监理工程师注册机关收到申请后，依照本办法第十五条的规定进行审查。对符合条件的，根据全国监理工程师注册管理机关批准的注册计划择优予以注册，颁发《监理工程师岗位证书》，并报全国监理工程师注册管理机关备案。

《监理工程师岗位证书》式样由国务院建设行政主管部门统一制定。

第十七条　已经取得《监理工程师资格证书》但未经注册的人员，不得以监理工程师的名义从事工程建设监理业务。已经注册的监理工程师，不得以个人名义私自承接工程建设监理业务。

第十八条　监理工程师注册机关每五年对持《监理工程师岗位证书》者复查一次。对不符合条件的，注销注册，并收回《监理工程师岗位证书》。

第十九条　监理工程师退出、调出所在的工程建设监理单位或被解聘，须向原注册机关交回其《监理工程师岗位证书》，核销注册。核销注册不满五年再从事监理业务的，须由拟聘用的工程建设监理单位向本地区或本部门监理工程师注册机关重新申请注册。

第二十条　国家行政机关现职工作人员，不得申请监理工程师注册。

第四章　罚　则

第二十一条　违反本办法，有下列行为之一的，由监理工程师注册机关根据情节，分别给予停止执业、收缴《监理工程师资格证书》、收缴《监理工程师岗位证书》、限期四年不准参加考试或注册的处罚，并可处以罚款：

（一）未经注册，以监理工程师的名义从事监理业务的；

（二）以监理工程师个人名义承接工程监理业务的；

（三）以不正当手段取得《监理工程师资格证书》或《监理工程师岗位证书》的。

第二十二条　因监理工程师的过错造成利害关系人严重经济损失的，除追究其所在单位经济责任外，还应撤销其注册，收缴其《监理工程师岗位证书》；构成犯罪的，由司法机关依法追究其刑事责任。

第二十三条　监理工程师资格考试委员会成员及监理工程师注册机关工作人员泄露监理工程师资格考试内容，在监理工程师资格考试或注册中违反有关规定的，应由其所在单位给予行政处分；对监理工程师资格考试委员会成员应取消其考试委员会成员资格。

第二十四条　当事人对行政处罚决定不服的，可以在收到处罚通知之日起十五日内，向作出处罚决定机关的上一级机关申请复议，对复议决定不服的，可以在收到复议决定之日起十五日内向人民法院起诉；也可以直接向人民法院起诉。逾期不申请复议或者不向人民法院起诉，又不履行处罚决定的，由作出处罚决定的机关申请人民法院强制执行。

第五章　附　则

第二十五条　省、自治区、直辖市人民政府建设行政主管部门和国务院有关部门可以根据本办法制定实施细则，并报国务院建设行政主管部门备案。

第二十六条　国外及港、澳、台地区的工程建设监理人员来我国大陆执业的注册管理办法，另行制定。

第二十七条　本办法由国务院建设行政主管部门负责解释。

第二十八条　本办法自1992年7月1日起施行。

建设部、人事部关于全国监理工程师
执业资格考试工作的通知

(建监〔1996〕462号 1996年8月20日)

各省、自治区、直辖市建委（建设厅）、人事（人事劳动）厅（局），国务院各部门有关司、局，解放军总政科技文职干部局、总后营房部：

为了适应建立社会主义市场经济体制的要求，加强工程建设项目监理，确保工程建设质量，提高工程建设监理人员素质和工程建设监理工作水平，建设部、人事部在监理工程师执业资格考核认定、考试试点工作的基础上，决定自1997年起，在全国举行监理工程师执业资格考试，并将此项工作纳入全国专业技术人员执业资格制度实施规划。现将有关事项通知如下：

一、考试组织管理

（一）建设部和人事部共同负责全国监理工程师执业资格制度的政策制定、组织协调、资格考试和监督管理工作。

（二）建设部负责组织拟定考试科目，编写考试大纲、培训教材和命题工作，统一规划和组织考前培训。

（三）人事部负责审定考试科目、考试大纲和试题，组织实施各项考务工作；会同建设部对考试进行检查、监督、指导和确定考试合格标准。

二、考试报名条件

凡中华人民共和国公民，遵纪守法，具有工程技术或工程经济专业大专以上（含大专）学历，并符合下列条件之一者，可申请参加监理工程师执业资格考试。

（一）具有按照国家有关规定评聘的工程技术或工程经济专业中级专业技术职务，并任职满三年。

（二）具有按照国家有关规定评聘的工程技术或工程经济专业高级专业技术职务。

三、考试时间、科目及考场设置

（一）监理工程师执业资格考试实行全国统一大纲、统一命题、统一组织的办法，每年举行一次。

（二）考试科目：《工程建设监理基本理论和相关法规》、《工程建设合同管理》、《工程建设质量、投资、进度控制》、《工程建设监理案例分析》。

（三）考场原则上设在省会城市，如确需在其他城市设置，须经人事部、建设部批准。

四、部分科目免试条件

对从事工程建设监理工作并同时具备下列四项条件的报考人员，可免试《工程建设合同管理》和《工程建设质量、投资、进度控制》两科。

（一）1970年以前（含1970年）工程技术或工程经济专业大专以上（含大专）毕业；

（二）具有按照国家有关规定评聘的工程技术或工程经济专业高级专业技术职务；

（三）从事工程设计或工程施工管理工作15年以上（含15年）；

（四）从事监理工作一年以上（含一年）。

五、具体事项

（一）参加考试，由本人提出申请，所在单位推荐，持报名表到当地考试管理机构报名。考试管理机构按规定程序和报名条件审查合格后，发给准考证。考生凭准考证在指定的时间和地点参加考试。中央和国务院各部门及其直属单位的报考人员，按属地原则报名参加考试。

（二）坚持考培分开的原则，参与考前培训工作的人员不得参与所有考试工作（包括命题和组织管理）；考生自愿参加考前培训，各地、各部门不得以任何理由强迫考生参加考前培训。

（三）申请参加监理工程师执业资格考试，须提供下列证明文件：

1．监理工程师执业资格考试报名表；

2．学历证明；

3．专业技术职务证书。

（四）各地在具体操作中，要严格执行人事部《关于资格考试工作中有关问题的通知》（人办发〔1996〕52号）各项规定，认真做好资格审查工作。

（五）监理工程师执业资格考试合格者，由各省、自治区、直辖市人事（职改）部门颁发人事部统一印制，人事部和建设部共同用印的《中华人民共和国监理工程师执业资格证书》，该证书在全国范围有效。

注册管理的具体办法由建设部另行制定。人事部和各级人事（职改）部门对注册使用情况负有检查、监督的责任。

六、本通知有关报名条件、考务工作的解释权属人事部；有关考试大纲、参考教材、培训等业务工作的解释权属建设部。

建设部、人事部关于印发《房地产估价师执业资格制度暂行规定》和《房地产估价师执业资格考试实施办法》的通知

（建房〔1995〕147号　1995年3月22日）

各省、自治区建委（建设厅），直辖市房地产管理局；各省、自治区、直辖市人事（人

事劳动）厅（局）、职改办、国务院各部委、各直属机构人事（干部）部门：

为加强对房地产市场管理，提高房地产估价人员的素质，积极审慎地建立房地产估价人员的执业资格制度，现将《房地产估价师执业资格制度暂行规定》和《房地产估价师执业资格考试实施办法》印发给你们，请贯彻执行。

房地产估价师执业资格制度暂行规定

第一章 总 则

第一条 为了加强房地产估价人员的管理，充分发挥房地产估价在房地产交易中的作用，根据《中华人民共和国城市房地产管理法》，制定本规定。

第二条 本规定所称房地产估价师是指经全国统一考试，取得房地产估价师《执业资格证书》，并注册登记后从事房地产估价活动的人员。

第三条 国家实行房地产估价人员执业资格认证和注册登记制度。凡从事房地产评估业务的单位，必须配备有一定数量的房地产估价师。

第四条 建设部和人事部共同负责全国房地产估价师执业资格制度的政策制定、组织协调、考试、注册和监督管理工作。

第二章 考 试

第五条 房地产估价师执业资格实行全国统一考试制度。原则上每两年举行一次。

第六条 人事部负责审定考试科目、考试大纲和试题。会同建设部对考试进行检查、监督、指导和确定合格标准，组织实施各项考务工作。

第七条 建设部负责组织考试大纲的拟定、培训教材的编写和命题工作，统一规划并会同人事部组织或授权组织考前培训等有关工作。

培训工作必须按照与考试分开、自愿参加的原则进行。

第八条 凡中华人民共和国公民，遵纪守法并具备下列条件之一的，可申请参加房地产估价师执业资格考试：

（一）取得房地产估价相关学科（包括房地产经营、房地产经济、土地管理、城市规划等，下同）中等专业学历，具有八年以上相关专业工作经历，其中从事房地产估价实务满五年；

（二）取得房地产估价相关学科大专学历，具有六年以上相关专业工作经历，其中从事房地产估价实务满四年；

（三）取得房地产估价相关学科学士学位，具有四年以上相关专业工作经历，其中从事房地产估价实务满三年；

（四）取得房地产估价相关学科硕士学位或第二学位、研究生班毕业，从事房地产估价实务满二年；

（五）取得房地产估价相关学科博士学位的；

（六）不具备上述规定学历，但通过国家统一组织的经济专业初级资格或审计、会计、统计专业助理级资格考试并取得相应资格，具有十年以上相关专业工作经历，其中从事房地产估价实务满六年，成绩特别突出的。

第九条 申请参加房地产估价师执业资格考试，需提供下列证明文件：

（一）房地产估价师执业资格考试报名申请表；

（二）学历证明；

（三）实践经历证明。

第十条 房地产估价师执业资格考试合格者，由人事部或其授权的部门颁发人事部统一印制，人事部和建设部用印的房地产估价师《执业资格证书》，经注册后全国范围有效。

第三章 注 册

第十一条 建设部或其授权的部门为房地产估价师资格的注册管理机构。未取得《房地产估价师注册证》的人员，不得以房地产估价师的名义从事房地产估价业务。

第十二条 房地产估价师执业资格考试合格人员，必须在取得房地产估价师《执业资格证书》后三个月内办理注册登记手续。

第十三条 申请房地产估价师注册需提供下列证明文件：

（一）房地产估价师执业资格注册申请；

（二）房地产估价师《执业资格证书》；

（三）业绩证明；

（四）所在单位考核合格证明。

第十四条 房地产估价师执业资格注册，由本人提出申请，经聘用单位送省级房地产管理部门初审后，统一报建设部或其授权的部门注册。准予注册的申请人，由建设部或其授权的部门核发《房地产估价师注册证》。

人事部和各级人事（职改）部门对房地产估价师执业资格注册和使用情况有检查、监督的责任。

第十五条 凡不具备民事行为能力的和不能按第十三条要求提供证明文件的，不予注册。

第十六条 房地产估价师执业资格注册有效期一般为三年，有效期满前三个月，持《房地产估价师注册证》者应当到原注册机关重新办理注册手续。

再次注册，应有受聘单位考核合格和知识更新、参加业务培训的证明。

第十七条 凡脱离房地产估价师工作岗位连续时间二年以上者（含二年），注册管理机构将取消其注册。

第十八条 房地产估价师执业资格注册登记内容变更，须在变更前30日内向原注册机关办理变更登记。

第十九条 房地产估价师执业资格注册后，有下列情形之一的，由原注册机关吊销其《房地产估价师注册证》：

（一）完全丧失民事行为能力；

（二）死亡或失踪；

（三）受刑事处罚的。

第四章 权利与义务

第二十条 房地产估价师在经批准的估价单位执行业务。估价单位的业务范围、工作规程由建设部按国家有关规定制定。

第二十一条 房地产估价师的作业范围包括房地产估价、房地产咨询以及与房地产估价有关的其他业务。

第二十二条 房地产估价师享有下列权利：

（一）有执行房地产估价业务的权利；

（二）有在房地产估价报告上签字的权利；

（三）有使用房地产估价师名称的权利。

第二十三条 房地产估价师必须履行下列义务：

（一）遵守房地产评估法规、技术规范和规程；

（二）保证估价结果的客观公正；

（三）遵守行业管理规定和职业道德规范；

（四）接受职业继续教育，不断提高业务水平；

（五）为委托人保守商业秘密。

第二十四条 房地产估价师承办业务，由其所在单位统一受理并与委托人签订委托合同。

房地产评估收费由所在单位统一收取。

第二十五条 房地产估价师执行业务可以根据需要查阅委托人的有关资料和文件，查看委托人的业务现场和设施，要求委托人提供必要的协助。

第二十六条 由于房地产估价失误给当事人造成经济损失的，由所在单位承担赔偿责任。所在单位可以对房地产估价师追偿。

第二十七条 房地产估价师与委托人有利害关系的，应当回避。委托人有权要求其回避。

第五章 罚 则

第二十八条 违反本规定，有下列行为之一的，由注册单位对当事人处以警告、没收非法所得、暂停执行业务、吊销房地产估价师《执业资格证书》、《房地产估价师注册证》，并可处以罚款，情节严重、构成犯罪的，由司法机关依法追究刑事责任：

（一）涂改、伪造或以虚假和不正当手段获取房地产估价师《执业资格证书》、《房地产估价师注册证》的；

（二）未按规定办理注册、变更登记和未经登记以房地产估价师的名义从事估价业务的；

（三）利用执行业务之便，索贿、受贿，谋取其他不正当的利益；

（四）允许他人以自己的名义从事房地产估价业务和同时在两个或两个以上估价单位执行业务；

（五）与委托人串通或故意做不实的估价报告和因工作失误，造成重大损失的；

（六）以个人名义承接房地产估价业务，收取费用的；

（七）因在房地产估价及管理工作中犯严重错误，受行政处罚或刑事处罚的。

第二十九条　房地产估价师执业资格管理部门的工作人员，在房地产估价师执业资格考试和注册管理中玩忽职守、滥用职权、构成犯罪的，依法追究刑事责任，未构成犯罪的，给予行政处分。

第三十条　当事人对行政处分决定不服的，可以依法申请复议或向上级人民法院起诉。

第六章　附　则

第三十一条　通过全国统一考试取得房地产估价师执业资格的人员，根据工作需要可直接聘任经济师职务。

第三十二条　根据国务院国发〔1993〕20号文件的规定，本规定所称房地产是指从事房屋资产和土地资产经营的行业。

第三十三条　本规定由建设部和人事部分别负责解释。

第三十四条　本规定自发布之日起施行。

房地产估价师执业资格考试实施办法

一、房地产估价师执业资格考试从1995年开始实施，每两年举行一次。考试时间定于当年六月的第一个周六休息日。首次考试时间定于1995年9月5日、6日举行。报名时间为1995年5月2日至5月30日。

二、考试科目为：房地产基本制度与政策、房地产投资经营与管理、房地产估价理论与实务、房地产估价案例与分析。考试分为四个半天进行，每个科目考试时间为两个半小时。

三、在1995—1997年度组织的房地产估价师执业资格考试中，凡符合《房地产估价师执业资格制度暂行规定》（以下简称《暂行规定》）第八条中（不含第五款）的学历和经历要求，其从事房地产估价业务满二年者，可报名参加房地产估价师执业资格考试。

四、自1998年起，申请参加房地产估价师执业资格考试的人员必须符合《暂行规定》第八条的报名条件。

五、参加考试由本人提出申请，所在单位考核推荐，持报名登记表，到当地考试管理机构报名，考试管理机构按规定程序和报名条件审查合格后，发给准考证，考生凭准考证按指定的时间、地点参加考试。中央和国务院各部门及其直属单位的报考人员，按属地原则报名参加考试。

六、考场设在省辖市以上的中心城市和行政专员公署所在的城市。

七、做好考前培训工作。各地培训单位必须具备场地、师资、教材等条件，由省、自治区建设主管部门、直辖市房地产管理部门会同职改部门推荐培训单位，建设部审批。坚持考培分开，参与培训工作的人员，不得参加所有考试工作（包括命题和组织管理），考生参加培训坚持自愿原则。

八、房地产估价师执业资格考试培训费和报名费由个人支付，收费标准须经当地物价部门批准。

九、人事部和建设部成立全国房地产估价师执业资格考试办公室,在两部领导下,负责房地产估价师执业资格考试的组织实施和日常管理工作,考试办公室设在建设部房地产业司。

各地的考务工作由当地职改部门会同房地产管理部门共同成立的考试管理机构组织实施,具体职责分工由各地自行确定。各地考试办公室组成情况应分别报送人事部专业技术人员职称司和建设部房地产业司。

十、严格执行考务工作的有关规章制度,做好试卷印刷、发送和保管过程中的保密工作,严格考场纪律,防止弄虚作假,对违反考试有关规定者应严肃处理并追究有关人员责任。

住房城乡建设部、交通运输部、水利部、人力资源社会保障部关于印发《造价工程师职业资格制度规定》、《造价工程师职业资格考试实施办法》的通知

(建人〔2018〕67号　2018年7月20日)

各省、自治区、直辖市及新疆生产建设兵团住房城乡建设、交通运输、水利(水务)、人力资源社会保障厅(委、局),国务院有关专业部门建设工程造价管理机构,各有关单位:

根据《国家职业资格目录》,为统一和规范造价工程师职业资格设置和管理,提高工程造价专业人员素质,提升建设工程造价管理水平,现将《造价工程师职业资格制度规定》、《造价工程师职业资格考试实施办法》印发给你们,请遵照执行。

造价工程师职业资格制度规定

第一章　总　则

第一条　为提高固定资产投资效益,维护国家、社会和公共利益,充分发挥造价工程师在工程建设经济活动中合理确定和有效控制工程造价的作用,根据《中华人民共和国建筑法》和国家职业资格制度有关规定,制定本规定。

第二条　本规定所称造价工程师,是指通过职业资格考试取得中华人民共和国造价工程师职业资格证书,并经注册后从事建设工程造价工作的专业技术人员。

第三条　国家设置造价工程师准入类职业资格,纳入国家职业资格目录。

工程造价咨询企业应配备造价工程师;工程建设活动中有关工程造价管理岗位按需要配备造价工程师。

第四条　造价工程师分为一级造价工程师和二级造价工程师。一级造价工程师英文译为 Class1 Cost Engineer，二级造价工程师英文译为 Class2 Cost Engineer。

第五条　住房城乡建设部、交通运输部、水利部、人力资源社会保障部共同制定造价工程师职业资格制度，并按照职责分工负责造价工程师职业资格制度的实施与监管。

各省、自治区、直辖市住房城乡建设、交通运输、水利、人力资源社会保障行政主管部门，按照职责分工负责本行政区域内造价工程师职业资格制度的实施与监管。

第二章　考　试

第六条　一级造价工程师职业资格考试全国统一大纲、统一命题、统一组织。

二级造价工程师职业资格考试全国统一大纲，各省、自治区、直辖市自主命题并组织实施。

第七条　一级和二级造价工程师职业资格考试均设置基础科目和专业科目。

第八条　住房城乡建设部组织拟定一级造价工程师和二级造价工程师职业资格考试基础科目的考试大纲，组织一级造价工程师基础科目命审题工作。

住房城乡建设部、交通运输部、水利部按照职责分别负责拟定一级造价工程师和二级造价工程师职业资格考试专业科目的考试大纲，组织一级造价工程师专业科目命审题工作。

第九条　人力资源社会保障部负责审定一级造价工程师和二级造价工程师职业资格考试科目和考试大纲，负责一级造价工程师职业资格考试考务工作，并会同住房城乡建设部、交通运输部、水利部对造价工程师职业资格考试工作进行指导、监督、检查。

第十条　各省、自治区、直辖市住房城乡建设、交通运输、水利行政主管部门会同人力资源社会保障行政主管部门，按照全国统一的考试大纲和相关规定组织实施二级造价工程师职业资格考试。

第十一条　人力资源社会保障部会同住房城乡建设部、交通运输部、水利部确定一级造价工程师职业资格考试合格标准。

各省、自治区、直辖市人力资源社会保障行政主管部门会同住房城乡建设、交通运输、水利行政主管部门确定二级造价工程师职业资格考试合格标准。

第十二条　凡遵守中华人民共和国宪法、法律、法规，具有良好的业务素质和道德品行，具备下列条件之一者，可以申请参加一级造价工程师职业资格考试：

（一）具有工程造价专业大学专科（或高等职业教育）学历，从事工程造价业务工作满5年；

具有土木建筑、水利、装备制造、交通运输、电子信息、财经商贸大类大学专科（或高等职业教育）学历，从事工程造价业务工作满6年。

（二）具有通过工程教育专业评估（认证）的工程管理、工程造价专业大学本科学历或学位，从事工程造价业务工作满4年；

具有工学、管理学、经济学门类大学本科学历或学位，从事工程造价业务工作满5年。

（三）具有工学、管理学、经济学门类硕士学位或者第二学士学位，从事工程造价业务工作满3年。

（四）具有工学、管理学、经济学门类博士学位，从事工程造价业务工作满1年。

（五）具有其他专业相应学历或者学位的人员，从事工程造价业务工作年限相应增加1年。

第十三条 凡遵守中华人民共和国宪法、法律、法规，具有良好的业务素质和道德品行，具备下列条件之一者，可以申请参加二级造价工程师职业资格考试：

（一）具有工程造价专业大学专科（或高等职业教育）学历，从事工程造价业务工作满2年；

具有土木建筑、水利、装备制造、交通运输、电子信息、财经商贸大类大学专科（或高等职业教育）学历，从事工程造价业务工作满3年。

（二）具有工程管理、工程造价专业大学本科及以上学历或学位，从事工程造价业务工作满1年；

具有工学、管理学、经济学门类大学本科及以上学历或学位，从事工程造价业务工作满2年。

（三）具有其他专业相应学历或者学位的人员，从事工程造价业务工作年限相应增加1年。

第十四条 一级造价工程师职业资格考试合格者，由各省、自治区、直辖市人力资源社会保障行政主管部门颁发中华人民共和国一级造价工程师职业资格证书。该证书由人力资源社会保障部统一印制，住房城乡建设部、交通运输部、水利部按专业类别分别与人力资源社会保障部用印，在全国范围内有效。

第十五条 二级造价工程师职业资格考试合格者，由各省、自治区、直辖市人力资源社会保障行政主管部门颁发中华人民共和国二级造价工程师职业资格证书。该证书由各省、自治区、直辖市住房城乡建设、交通运输、水利行政主管部门按专业类别分别与人力资源社会保障行政主管部门用印，原则上在所在行政区域内有效。各地可根据实际情况制定跨区域认可办法。

第十六条 各省、自治区、直辖市人力资源社会保障行政主管部门会同住房城乡建设、交通运输、水利行政主管部门应加强学历、从业经历等造价工程师职业资格考试资格条件的审核。对以不正当手段取得造价工程师职业资格证书的，按照国家专业技术人员资格考试有关规定进行处理。

第三章 注 册

第十七条 国家对造价工程师职业资格实行执业注册管理制度。取得造价工程师职业资格证书且从事工程造价相关工作的人员，经注册方可以造价工程师名义执业。

第十八条 住房城乡建设部、交通运输部、水利部按照职责分工，制定相应注册造价工程师管理办法并监督执行。

住房城乡建设部、交通运输部、水利部分别负责一级造价工程师注册及相关工作。各省、自治区、直辖市住房城乡建设、交通运输、水利行政主管部门按专业类别分别负责二级造价工程师注册及相关工作。

第十九条 经批准注册的申请人，由住房城乡建设部、交通运输部、水利部核发《中华人民共和国一级造价工程师注册证》（或电子证书）；或由各省、自治区、直辖市住房城乡建设、交通运输、水利行政主管部门核发《中华人民共和国二级造价工程师注册证》（或电子证书）。

第二十条 造价工程师执业时应持注册证书和执业印章。注册证书、执业印章样式以及注册证书编号规则由住房城乡建设部会同交通运输部、水利部统一制定。执业印章由注册造价工程师按照统一规定自行制作。

第二十一条 住房城乡建设部、交通运输部、水利部按照职责分工建立造价工程师注册管理信息平台，保持通用数据标准统一。住房城乡建设部负责归集全国造价工程师注册信息，促进造价工程师注册、执业和信用信息互通共享。

第二十二条 住房城乡建设部、交通运输部、水利部负责建立完善造价工程师的注册和退出机制，对以不正当手段取得注册证书等违法违规行为，依照注册管理的有关规定撤销其注册证书。

第四章 执 业

第二十三条 造价工程师在工作中，必须遵纪守法，恪守职业道德和从业规范，诚信执业，主动接受有关主管部门的监督检查，加强行业自律。

第二十四条 住房城乡建设部、交通运输部、水利部共同建立健全造价工程师执业诚信体系，制定相关规章制度或从业标准规范，并指导监督信用评价工作。

第二十五条 造价工程师不得同时受聘于两个或两个以上单位执业，不得允许他人以本人名义执业，严禁"证书挂靠"。出租出借注册证书的，依据相关法律法规进行处罚；构成犯罪的，依法追究刑事责任。

第二十六条 一级造价工程师的执业范围包括建设项目全过程的工程造价管理与咨询等，具体工作内容：

（一）项目建议书、可行性研究投资估算与审核，项目评价造价分析；

（二）建设工程设计概算、施工预算编制和审核；

（三）建设工程招标投标文件工程量和造价的编制与审核；

（四）建设工程合同价款、结算价款、竣工决算价款的编制与管理；

（五）建设工程审计、仲裁、诉讼、保险中的造价鉴定，工程造价纠纷调解；

（六）建设工程计价依据、造价指标的编制与管理；

（七）与工程造价管理有关的其他事项。

第二十七条 二级造价工程师主要协助一级造价工程师开展相关工作，可独立开展以下具体工作：

（一）建设工程工料分析、计划、组织与成本管理，施工图预算、设计概算编制；

（二）建设工程量清单、最高投标限价、投标报价编制；

（三）建设工程合同价款、结算价款和竣工决算价款的编制。

第二十八条 造价工程师应在本人工程造价咨询成果文件上签章，并承担相应责任。工程造价咨询成果文件应由一级造价工程师审核并加盖执业印章。

对出具虚假工程造价咨询成果文件或者有重大工作过失的造价工程师，不再予以注册，造成损失的依法追究其责任。

第二十九条　取得造价工程师注册证书的人员，应当按照国家专业技术人员继续教育的有关规定接受继续教育，更新专业知识，提高业务水平。

第五章　附　则

第三十条　本规定印发之前取得的全国建设工程造价员资格证书、公路水运工程造价人员资格证书以及水利工程造价工程师资格证书，效用不变。

第三十一条　专业技术人员取得一级造价工程师、二级造价工程师职业资格，可认定其具备工程师、助理工程师职称，并可作为申报高一级职称的条件。

第三十二条　本规定自印发之日起施行。原人事部、原建设部发布的《造价工程师执业资格制度暂行规定》（人发〔1996〕77号）同时废止。根据该暂行规定取得的造价工程师执业资格证书与本规定中一级造价工程师职业资格证书效用等同。

造价工程师职业资格考试实施办法

第一条　住房城乡建设部、交通运输部、水利部、人力资源社会保障部共同委托人力资源社会保障部人事考试中心承担一级造价工程师职业资格考试的具体考务工作。住房城乡建设部、交通运输部、水利部可分别委托具备相应能力的单位承担一级造价工程师职业资格考试工作的命题、审题和主观试题阅卷等具体工作。

各省、自治区、直辖市住房城乡建设、交通运输、水利、人力资源社会保障行政主管部门共同负责本地区一级造价工程师职业资格考试组织工作，具体职责分工由各地协商确定。

第二条　各省、自治区、直辖市住房城乡建设、交通运输、水利行政主管部门会同人力资源社会保障行政主管部门组织实施二级造价工程师职业资格考试。

第三条　一级造价工程师职业资格考试设《建设工程造价管理》、《建设工程计价》、《建设工程技术与计量》、《建设工程造价案例分析》4个科目。其中，《建设工程造价管理》和《建设工程计价》为基础科目，《建设工程技术与计量》和《建设工程造价案例分析》为专业科目。

二级造价工程师职业资格考试设《建设工程造价管理基础知识》、《建设工程计量与计价实务》2个科目。其中，《建设工程造价管理基础知识》为基础科目，《建设工程计量与计价实务》为专业科目。

第四条　造价工程师职业资格考试专业科目分为土木建筑工程、交通运输工程、水利工程和安装工程4个专业类别，考生在报名时可根据实际工作需要选择其一。其中，土木建筑工程、安装工程专业由住房城乡建设部负责；交通运输工程专业由交通运输部负责；水利工程专业由水利部负责。

第五条　一级造价工程师职业资格考试分4个半天进行。《建设工程造价管理》、《建设工程技术与计量》、《建设工程计价》科目的考试时间均为2.5小时；《建设工程造价案例分析》科目的考试时间为4小时。

二级造价工程师职业资格考试分2个半天。《建设工程造价管理基础知识》科目的考试时间为 2.5 小时,《建设工程计量与计价实务》为 3 小时。

第六条 一级造价工程师职业资格考试成绩实行 4 年为一个周期的滚动管理办法,在连续的 4 个考试年度内通过全部考试科目,方可取得一级造价工程师职业资格证书。

二级造价工程师职业资格考试成绩实行 2 年为一个周期的滚动管理办法,参加全部 2 个科目考试的人员必须在连续的 2 个考试年度内通过全部科目,方可取得二级造价工程师职业资格证书。

第七条 已取得造价工程师一种专业职业资格证书的人员,报名参加其他专业科目考试的,可免考基础科目。考试合格后,核发人力资源社会保障部门统一印制的相应专业考试合格证明。该证明作为注册时增加执业专业类别的依据。

第八条 具有以下条件之一的,参加一级造价工程师考试可免考基础科目:

(一)已取得公路工程造价人员资格证书(甲级);

(二)已取得水运工程造价工程师资格证书;

(三)已取得水利工程造价工程师资格证书。

申请免考部分科目的人员在报名时应提供相应材料。

第九条 具有以下条件之一的,参加二级造价工程师考试可免考基础科目:

(一)已取得全国建设工程造价员资格证书;

(二)已取得公路工程造价人员资格证书(乙级);

(三)具有经专业教育评估(认证)的工程管理、工程造价专业学士学位的大学本科毕业生。

申请免考部分科目的人员在报名时应提供相应材料。

第十条 符合造价工程师职业资格考试报名条件的报考人员,按规定携带相关证件和材料到指定地点进行报名资格审查。报名时,各地人力资源社会保障部门会同相关行业主管部门对报名人员的资格条件进行审核。审核合格后,核发准考证。参加考试人员凭准考证和有效证件在指定的日期、时间和地点参加考试。

中央和国务院各部门及所属单位、中央管理企业的人员按属地原则报名参加考试。

第十一条 考点原则上设在直辖市、自治区首府和省会城市的大、中专院校或者高考定点学校。

一级造价工程师职业资格考试每年一次。二级造价工程师职业资格考试每年不少于一次,具体考试日期由各地确定。

第十二条 坚持考试与培训分开的原则。凡参与考试工作(包括命题、审题与组织管理等)的人员,不得参加考试,也不得参加或者举办与考试内容相关的培训工作。应考人员参加培训坚持自愿原则。

第十三条 考试实施机构及其工作人员,应当严格执行国家人事考试工作人员纪律规定和考试工作的各项规章制度,遵守考试工作纪律,切实做好从考试试题的命制到使用等各环节的安全保密工作,严防泄密。

第十四条 对违反考试工作纪律和有关规定的人员,按照国家专业技术人员资格考试违纪违规行为处理规定处理。

人力资源社会保障部、住房城乡建设部关于印发《注册城乡规划师职业资格制度规定》和《注册城乡规划师职业资格考试实施办法》的通知

（人社部规〔2017〕6号　2017年5月22日）

各省、自治区、直辖市及新疆生产建设兵团人力资源社会保障厅（局）、住房城乡建设厅（规划委、规划局），国务院各部委、各直属机构人事部门，中央管理的企业：

为了加强城乡规划专业技术人才队伍建设，根据《中华人民共和国城乡规划法》有关规定，在总结原注册城市规划师职业资格制度实施情况的基础上，人力资源社会保障部、住房城乡建设部制定了《注册城乡规划师职业资格制度规定》和《注册城乡规划师职业资格考试实施办法》，现印发给你们，请遵照执行。

自本通知发布之日起，原人事部、原建设部发布的《关于印发〈注册城市规划师执业资格制度暂行规定〉及〈注册城市规划师执业资格认定办法〉的通知》（人发〔1999〕39号）和《关于印发〈注册城市规划师执业资格考试实施办法〉的通知》（人发〔2000〕20号），原人事部办公厅、原建设部办公厅发布的《关于注册城市规划师执业资格认定工作及有关问题的通知》（人办发〔1999〕121号）和《关于注册城市规划师执业资格考试报名补充规定的通知》（人办发〔2001〕38号）同时废止。

注册城乡规划师职业资格制度规定

第一章　总　则

第一条　为加强城乡规划师队伍建设，保障规划工作质量，维护国家、社会和公共利益，根据《中华人民共和国城乡规划法》和国家职业资格证书制度有关规定，制定本规定。

第二条　国家对注册城乡规划师实行准入类职业资格制度，纳入全国专业技术人员职业资格证书制度统一规划。

第三条　本规定所称的注册城乡规划师，是指通过全国统一考试取得注册城乡规划师职业资格证书，并依法注册后，从事城乡规划编制及相关工作的专业人员。

从事城乡规划实施、管理、研究工作的国家工作人员及相关人员，可以通过考试取得注册城乡规划师职业资格证书。

第四条　人力资源社会保障部、住房城乡建设部共同负责注册城乡规划师职业资格

制度的政策制定,并按职责分工对制度的实施进行指导、监督和检查。

各省、自治区、直辖市人力资源社会保障行政主管部门和城乡规划行政主管部门,按照职责分工负责本行政区域内注册城乡规划师职业资格制度实施的监督管理。

第二章 考 试

第五条 注册城乡规划师职业资格实行全国统一大纲、统一命题、统一组织的考试制度。原则上每年举行一次考试。

第六条 住房城乡建设部负责拟定注册城乡规划师职业资格考试科目、考试大纲,组织命审题工作,提出考试合格标准建议。

第七条 人力资源社会保障部组织专家审定考试科目和考试大纲,会同住房城乡建设部确定考试合格标准,并对考试工作进行指导、监督和检查。

第八条 凡中华人民共和国公民,遵守国家法律、法规,恪守职业道德,并符合下列条件之一的,均可申请参加注册城乡规划师职业资格考试:

(一)取得城乡规划专业大学专科学历,从事城乡规划业务工作满 6 年;

(二)取得城乡规划专业大学本科学历或学位,或取得建筑学学士学位(专业学位),从事城乡规划业务工作满 4 年;

(三)取得通过专业评估(认证)的城乡规划专业大学本科学历或学位,从事城乡规划业务工作满 3 年;

(四)取得城乡规划专业硕士学位,或取得建筑学硕士学位(专业学位),从事城乡规划业务工作满 2 年;

(五)取得通过专业评估(认证)的城乡规划专业硕士学位或城市规划硕士学位(专业学位),或取得城乡规划专业博士学位,从事城乡规划业务工作满 1 年。

除上述规定的情形外,取得其他专业的相应学历或者学位的人员,从事城乡规划业务工作年限相应增加 1 年。

第九条 注册城乡规划师职业资格考试合格,由各省、自治区、直辖市人力资源社会保障行政主管部门,颁发人力资源社会保障部统一印制,人力资源社会保障部、住房城乡建设部共同用印的《中华人民共和国注册城乡规划师职业资格证书》(以下简称注册城乡规划师职业资格证书)。该证书在全国范围有效。

第十条 对以不正当手段取得注册城乡规划师职业资格证书的,按照国家专业技术人员资格考试违纪违规行为处理规定进行处理。

第三章 注 册

第十一条 国家对注册城乡规划师职业资格实行注册执业管理制度。取得注册城乡规划师职业资格证书且从事城乡规划编制及相关工作的人员,经注册方可以注册城乡规划师名义执业。

第十二条 中国城市规划协会负责注册城乡规划师注册及相关工作。

第十三条 申请注册的人员必须同时具备以下条件:

(一)遵纪守法,恪守职业道德和从业规范;

(二)取得注册城乡规划师职业资格证书;

（三）受聘于一家城乡规划编制机构；
（四）注册管理机构规定的其他条件。

第十四条 经批准注册的申请人，由中国城市规划协会核发该协会用印的《中华人民共和国注册城乡规划师注册证书》。

第十五条 以不正当手段取得注册证书的，由发证机构撤销其注册证书，3年内不予重新注册；构成犯罪的，依法追究刑事责任。

出租出借注册证书的，由发证机构撤销其注册证书，不再予以重新注册；构成犯罪的，依法追究刑事责任。

第十六条 注册证书的每一注册有效期为3年。注册证书在有效期内是注册城乡规划师的执业凭证，由注册城乡规划师本人保管、使用。

第十七条 申请初始注册的，应当自取得注册城乡规划师职业资格证书之日起3年内提出申请。逾期申请初始注册的，应符合继续教育有关要求。

第十八条 中国城市规划协会应当及时向社会公告注册城乡规划师注册有关情况，并于每年年底将注册人员信息报住房城乡建设部备案。

第十九条 继续教育是注册城乡规划师延续注册、重新注册和逾期初始注册的必备条件。在每个注册有效期内，注册城乡规划师应当按照规定完成相应的继续教育。

第二十条 注册城乡规划师初始注册、延续注册、变更注册、重新注册、注销注册和不予注册等注册管理，以及继续教育的具体办法，由中国城市规划协会另行制定，并报住房城乡建设部备案。

第二十一条 住房城乡建设部及地方各级城乡规划行政主管部门发现注册城乡规划师违法违规行为的，或发现不能履行注册城乡规划师职责情形的，应通知中国城市规划协会，协会须依据有关规定进行处理，并将处理结果报住房城乡建设部备案。

第四章 执 业

第二十二条 住房城乡建设部及地方各级城乡规划行政主管部门依法对注册城乡规划师执业活动实施监管。中国城市规划协会受住房城乡建设部委托，在职责范围内承担相关工作。

第二十三条 住房城乡建设部及地方各级城乡规划行政主管部门在注册城乡规划师执业活动监管工作中，可按权限查询、调取注册城乡规划师注册管理信息系统的相关数据，中国城市规划协会应予支持和配合。

第二十四条 注册城乡规划师的执业范围：
（一）城乡规划编制；
（二）城乡规划技术政策研究与咨询；
（三）城乡规划技术分析；
（四）住房城乡建设部规定的其他工作。

第二十五条 注册城乡规划师的执业能力：
（一）熟悉相关法律、法规及规章；
（二）熟悉我国城乡规划相关技术标准与规范体系，并能熟练运用；

（三）具有良好的与社会公众、相关管理部门沟通协调的能力；

（四）具有较强的科研和技术创新能力；

（五）了解国际相关标准和技术规范，及时掌握技术前沿发展动态。

第二十六条 《中华人民共和国城乡规划法》要求编制的城镇体系规划、城市规划、镇规划、乡规划和村庄规划的成果应有注册城乡规划师签字。

第二十七条 注册城乡规划师在执业活动中，须对所签字的城乡规划编制成果中的图件、文本的图文一致、标准规范的落实等负责，并承担相应责任。

第五章　权利和义务

第二十八条 注册城乡规划师享有下列权利：

（一）使用注册城乡规划师称谓；

（二）对违反相关法律、法规和技术规范的要求及决定提出劝告，并可在拒绝执行的同时向注册管理机构或者上级城乡规划主管部门报告；

（三）接受继续教育；

（四）获得与执业责任相应的劳动报酬；

（五）对侵犯本人权利的行为进行申诉；

（六）其他法定权利。

第二十九条 注册城乡规划师履行下列义务：

（一）遵守法律、法规和有关管理规定，恪守职业道德和从业规范；

（二）执行城乡规划相关法律、法规、规章及技术标准、规范；

（三）履行岗位职责，保证执业活动质量，并承担相应责任；

（四）不得同时受聘于两个或两个以上单位执业，不得允许他人以本人名义执业，严禁"证书挂靠"；

（五）不断更新专业知识，提高技术能力；

（六）保守在工作中知悉的国家秘密和聘用单位的商业、技术秘密；

（七）协助城乡规划主管部门及注册管理机构开展相关工作。

第六章　附　则

第三十条 对通过考试取得注册城乡规划师职业资格证书，且符合《工程技术人员职务试行条例》规定的工程师职务任职条件的人员，用人单位可根据工作需要聘任工程师技术职务。

第三十一条 城乡规划编制单位配备注册城乡规划师的数量、注册城乡规划师签字的文件种类、执业活动等的具体要求和管理办法，由住房城乡建设部另行规定。

第三十二条 本规定施行前，依据《人事部、建设部关于印发〈注册城市规划师执业资格制度暂行规定〉及〈注册城市规划师执业资格认定办法〉的通知》（人发〔1999〕39号）等有关规定，取得的注册城市规划师执业资格证书，与按照本规定要求取得的注册城乡规划师职业资格证书的效用等同。

第三十三条 本规定自发布之日起施行。

注册城乡规划师职业资格考试实施办法

第一条 人力资源社会保障部、住房城乡建设部共同委托人力资源和社会保障部人事考试中心、住房和城乡建设部执业资格注册中心，承担注册城乡规划师职业资格考试考务等具体工作。

各省、自治区、直辖市人力资源社会保障行政主管部门和城乡规划行政主管部门共同负责本地区的考试工作，具体职责分工由各地协商确定。

第二条 受住房城乡建设部委托，住房和城乡建设部执业资格注册中心会同中国城市规划协会成立注册城乡规划师职业资格考试专家委员会，负责注册城乡规划师职业资格考试大纲编写、命题等工作。考试专家委员会章程报住房城乡建设部备案。

第三条 注册城乡规划师职业资格考试设《城乡规划原理》、《城乡规划管理与法规》、《城乡规划相关知识》和《城乡规划实务》4个科目。

第四条 注册城乡规划师职业资格考试分4个半天进行。《城乡规划实务》科目的考试时间为3小时，其他科目的考试时间均为2.5小时。

考试成绩实行4年为一个周期的滚动管理办法，在连续的4个考试年度内参加应试科目的考试并合格，方可取得注册城乡规划师资格证书。

第五条 通过全国统一考试取得一级注册建筑师资格证书并符合《注册城乡规划师职业资格制度规定》（以下简称《规定》）中注册城乡规划师职业资格考试报名条件的，可免试《城乡规划原理》和《城乡规划相关知识》科目，只参加《城乡规划管理与法规》和《城乡规划实务》2个科目的考试。

在连续的2个考试年度内参加上述科目考试并合格，可取得注册城乡规划师职业资格证书。

第六条 符合《规定》第八条第（五）项报名条件的，可免试《城乡规划原理》科目，只参加《城乡规划管理与法规》、《城乡规划相关知识》和《城乡规划实务》3个科目的考试。

在连续的3个考试年度内参加上述科目考试并合格，可取得注册城乡规划师职业资格证书。

第七条 在教育部颁布《普通高等学校本科专业目录（2012年）》之前，高等学校颁发的"城市规划"专业大学本科学历或学位，与《规定》第八条的"城乡规划"专业大学本科学历或学位等同。

在国务院学位委员会、教育部颁布《学位授予和人才培养学科目录（2011年）》之前，高等学校颁发的"城市规划"或"城市规划与设计"专业的硕士、博士层次相应学位，与《规定》第八条的"城乡规划"专业的硕士、博士层次相应学位等同。

第八条 《规定》第八条的"建筑学学士学位（专业学位）"和"建筑学硕士学位（专业学位）"，是指根据国务院学位委员会颁布的《建筑学专业学位设置方案》，由国务院学位委员会授权的高等学校,在授权期内颁发的建筑学专业相应层次的专业学位,包括"建筑学学士"和"建筑学硕士"两个层次,不包括建筑学专业的工学学士学位、工学硕士学位以及"建筑与土木工程领域"的工程硕士学位。

"城市规划硕士学位(专业学位)"是指由国务院学位委员会授权的高等学校,在授权期内颁发的"城市规划硕士"专业学位。

第九条 符合注册城乡规划师职业资格报考条件的报考人员,按照当地人事考试机构规定的程序和要求完成报名,携带相关证件和材料到指定地点进行报名资格审查。审查合格后,核发准考证。参加考试人员凭准考证和有效证件在指定的日期、时间和地点参加考试。

中央和国务院各部门及所属单位、中央管理企业的人员按属地原则报名参加考试。

第十条 考点原则上设在直辖市和省会城市的大、中专院校或者高考定点学校。考试日期原则上为每年第四季度。

第十一条 坚持考试与培训分开的原则。凡参与考试工作(包括命题、审题与组织管理等)的人员,不得参加考试,也不得参加或者举办与考试内容相关的培训工作。应考人员参加培训坚持自愿原则。

第十二条 考试实施机构及其工作人员,应当严格执行国家人事考试工作人员纪律规定和考试工作的各项规章制度,遵守考试工作纪律,切实做好试卷命制、印刷、发送和保管等各环节的安全保密工作,严防泄密。

第十三条 对违反考试工作纪律和有关规定的人员,按照国家专业技术人员资格考试违纪违规行为处理规定处理。

人事部、建设部
关于印发《建造师执业资格制度暂行规定》的通知

(人发〔2002〕111号 2002年12月5日)

各省、自治区、直辖市人事厅(局)、建设厅(委),国务院各部委、各直属机构人事(干部)部门,中央管理的企业:

为了加强建设工程项目总承包与施工管理,保证工程质量和施工安全,根据《中华人民共和国建筑法》和《建设工程质量管理条例》的有关规定,人事部、建设部决定对建设工程项目总承包及施工管理的专业技术人员实行建造师执业资格制度。现将《建造师执业资格制度暂行规定》印发给你们,请遵照执行。

建造师执业资格制度暂行规定

第一章 总 则

第一条 为了加强建设工程项目管理，提高工程项目总承包及施工管理专业技术人员素质，规范施工管理行为，保证工程质量和施工安全，根据《中华人民共和国建筑法》、《建设工程质量管理条例》和国家有关职业资格证书制度的规定，制定本规定。

第二条 本规定适用于从事建设工程项目总承包、施工管理的专业技术人员。

第三条 国家对建设工程项目总承包和施工管理关键岗位的专业技术人员实行执业资格制度，纳入全国专业技术人员执业资格制度统一规划。

第四条 建造师分为一级建造师和二级建造师。英文分别译为：Constructor 和 Associate Constructor。

第五条 人事部、建设部共同负责国家建造师执业资格制度的实施工作。

第二章 考 试

第六条 一级建造师执业资格实行统一大纲、统一命题、统一组织的考试制度，由人事部、建设部共同组织实施，原则上每年举行一次考试。

第七条 建设部负责编制一级建造师执业资格考试大纲和组织命题工作，统一规划建造师执业资格的培训等有关工作。

培训工作按照培训与考试分开、自愿参加的原则进行。

第八条 人事部负责审定一级建造师执业资格考试科目、考试大纲和考试试题，组织实施考务工作；会同建设部对考试考务工作进行检查、监督、指导和确定合格标准。

第九条 一级建造师执业资格考试，分综合知识与能力和专业知识与能力两个部分。其中，专业知识与能力部分的考试，按照建设工程的专业要求进行，具体专业划分由建设部另行规定。

第十条 凡遵守国家法律、法规，具备下列条件之一者，可以申请参加一级建造师执业资格考试：

（一）取得工程类或工程经济类大学专科学历，工作满6年，其中从事建设工程项目施工管理工作满4年。

（二）取得工程类或工程经济类大学本科学历，工作满4年，其中从事建设工程项目施工管理工作满3年。

（三）取得工程类或工程经济类双学士学位或研究生班毕业，工作满3年，其中从事建设工程项目施工管理工作满2年。

（四）取得工程类或工程经济类硕士学位，工作满2年，其中从事建设工程项目施工管理工作满1年。

（五）取得工程类或工程经济类博士学位，从事建设工程项目施工管理工作满

1年。

第十一条 参加一级建造师执业资格考试合格,由各省、自治区、直辖市人事部门颁发人事部统一印制,人事部、建设部用印的《中华人民共和国一级建造师执业资格证书》。该证书在全国范围内有效。

第十二条 二级建造师执业资格实行全国统一大纲,各省、自治区、直辖市命题并组织考试的制度。

第十三条 建设部负责拟定二级建造师执业资格考试大纲,人事部负责审定考试大纲。

各省、自治区、直辖市人事厅(局)、建设厅(委)按照国家确定的考试大纲和有关规定,在本地区组织实施二级建造师执业资格考试。

第十四条 凡遵纪守法并具备工程类或工程经济类中等专科以上学历并从事建设工程项目施工管理工作满2年,可报名参加二级建造师执业资格考试。

第十五条 二级建造师执业资格考试合格者,由省、自治区、直辖市人事部门颁发由人事部、建设部统一格式的《中华人民共和国二级建造师执业资格证书》。该证书在所在行政区域内有效。

第三章 注 册

第十六条 取得建造师执业资格证书的人员,必须经过注册登记,方可以建造师名义执业。

第十七条 建设部或其授权的机构为一级建造师执业资格的注册管理机构。省、自治区、直辖市建设行政主管部门或其授权的机构为二级建造师执业资格的注册管理机构。

第十八条 申请注册的人员必须同时具备以下条件:

(一)取得建造师执业资格证书;

(二)无犯罪记录;

(三)身体健康,能坚持在建造师岗位上工作;

(四)经所在单位考核合格。

第十九条 一级建造师执业资格注册,由本人提出申请,由各省、自治区、直辖市建设行政主管部门或其授权的机构初审合格后,报建设部或其授权的机构注册。准予注册的申请人,由建设部或其授权的注册管理机构发放由建设部统一印制的《中华人民共和国一级建造师注册证》。

二级建造师执业资格的注册办法,由省、自治区、直辖市建设行政主管部门制定,颁发辖区内有效的《中华人民共和国二级建造师注册证》,并报建设部或其授权的注册管理机构备案。

第二十条 人事部和各级地方人事部门对建造师执业资格注册和使用情况有检查、监督的责任。

第二十一条 建造师执业资格注册有效期一般为3年,有效期满前3个月,持证者应到原注册管理机构办理再次注册手续。在注册有效期内,变更执业单位者,应当及时办理变更手续。

再次注册者,除应符合本规定第十八条规定外,还须提供接受继续教育的证明。

第二十二条 经注册的建造师有下列情况之一的,由原注册管理机构注销注册:

(一) 不具有完全民事行为能力的。

(二) 受刑事处罚的。

(三) 因过错发生工程建设重大质量安全事故或有建筑市场违法违规行为的。

(四) 脱离建设工程施工管理及其相关工作岗位连续2年(含2年)以上的。

(五) 同时在2个及以上建筑业企业执业的。

(六) 严重违反职业道德的。

第二十三条 建设部和省、自治区、直辖市建设行政主管部门应当定期公布建造师执业资格的注册和注销情况。

第四章 职 责

第二十四条 建造师经注册后,有权以建造师名义担任建设工程项目施工的项目经理及从事其他施工活动的管理。

第二十五条 建造师在工作中,必须严格遵守法律、法规和行业管理的各项规定,恪守职业道德。

第二十六条 建造师的执业范围:

(一) 担任建设工程项目施工的项目经理。

(二) 从事其他施工活动的管理工作。

(三) 法律、行政法规或国务院建设行政主管部门规定的其他业务。

第二十七条 一级建造师的执业技术能力:

(一) 具有一定的工程技术、工程管理理论和相关经济理论水平,并具有丰富的施工管理专业知识。

(二) 能够熟练掌握和运用与施工管理业务相关的法律、法规、工程建设强制性标准和行业管理的各项规定。

(三) 具有丰富的施工管理实践经验和资历,有较强的施工组织能力,能保证工程质量和安全生产。

(四) 有一定的外语水平。

第二十八条 二级建造师的执业技术能力:

(一) 了解工程建设的法律、法规、工程建设强制性标准及有关行业管理的规定。

(二) 具有一定的施工管理专业知识。

(三) 具有一定的施工管理实践经验和资历,有一定的施工组织能力,能保证工程质量和安全生产。

第二十九条 按照建设部颁布的《建筑业企业资质等级标准》,一级建造师可以担任特级、一级建筑业企业资质的建设工程项目施工的项目经理;二级建造师可以担任二级及以下建筑业企业资质的建设工程项目施工的项目经理。

第三十条 建造师必须接受继续教育，更新知识，不断提高业务水平。

第五章 附 则

第三十一条 国家在实施一级建造师执业资格考试之前，对长期在建设工程项目总承包及施工管理岗位上工作，具有较高理论水平与丰富实践经验，并受聘高级专业技术职务的人员，可通过考核认定办法取得建造师执业资格证书。考核认定办法由人事部、建设部另行制定。

第三十二条 建造师的专业划分、建设工程项目施工管理关键岗位的确定和具体执业要求由建设部另行规定。

第三十三条 二级建造师执业资格的管理，由省、自治区、直辖市人事部门、建设行政主管部门根据国家有关规定，制定具体办法，组织实施，并分别报人事部、建设部备案。

第三十四条 经国务院有关部门同意，获准在中华人民共和国境内从事建设工程项目施工管理的外籍及港、澳、台地区的专业人员，符合本规定要求的，也可报名参加建造师执业资格考试以及申请注册。

第三十五条 本规定由人事部和建设部按职责分工负责解释。

第三十六条 本规定自发布之日 30 日后施行。

人事部、建设部关于印发《建造师执业资格考试实施办法》和《建造师执业资格考核认定办法》的通知

（国人部发〔2004〕16 号 2004 年 2 月 19 日）

各省、自治区、直辖市人事厅（局）、建设厅（建委、规委），国务院各部委、各直属机构人事部门，中央管理的有关企业：

现将《建造师执业资格考试实施办法》和《建造师执业资格考核认定办法》印发给你们，请遵照执行。

附件：1. 专业对照表
2. 建造师执业资格考核认定申报表（略）
3. 一级建造师执业资格考核认定工作领导小组成员名单（略）

建造师执业资格考试实施办法

第一条 根据《建造师执业资格制度暂行规定》（人发〔2002〕111号，以下简称《暂行规定》），为做好建造师执业资格考试工作，制定本办法。

第二条 建设部组织成立建造师执业资格考试专家委员会，负责一级、二级建造师执业资格考试大纲的拟定和一级建造师考试的命题工作。建设部、人事部共同成立建造师执业资格考试办公室（办公室设在建设部），负责研究建造师执业资格考试相关政策。一级建造师执业资格考试的具体考务工作由人事部人事考试中心负责。

各地考试工作由当地人事行政部门会同建设行政部门组织实施，具体职责分工由各地协商确定。

第三条 一级建造师执业资格考试时间定于每年的第三季度。

第四条 一级建造师执业资格考试设《建设工程经济》、《建设工程法规及相关知识》、《建设工程项目管理》和《专业工程管理与实务》4个科目。《专业工程管理与实务》科目分为：房屋建筑、公路、铁路、民航机场、港口与航道、水利水电、电力、矿山、冶炼、石油化工、市政公用、通信与广电、机电安装和装饰装修14个专业类别，考生在报名时可根据实际工作需要选择其一。

第五条 一级建造师执业资格考试分4个半天，以纸笔作答方式进行。《建设工程经济》科目的考试时间为2小时，《建设工程法规及相关知识》和《建设工程项目管理》科目的考试时间均为3小时，《专业工程管理与实务》科目的考试时间为4小时。

第六条 二级建造师执业资格考试设《建设工程施工管理》、《建设工程法规及相关知识》、《专业工程管理与实务》3个科目。

按照《暂行规定》有关要求，各省、自治区、直辖市人事厅（局）、建设厅（委），根据全国统一的二级建造师执业资格考试大纲，负责本地区考试命题和组织实施考试工作，人事部、建设部负责指导和监督。

第七条 符合《暂行规定》有关报名条件，于2003年12月31日前，取得建设部颁发的《建筑业企业一级项目经理资质证书》，并符合下列条件之一的人员，可免试《建设工程经济》和《建设工程项目管理》2个科目，只参加《建设工程法规及相关知识》和《专业工程管理与实务》2个科目的考试：

（一）受聘担任工程或工程经济类高级专业技术职务。

（二）具有工程类或工程经济类大学专科以上学历并从事建设项目施工管理工作满20年。

第八条 已取得一级建造师执业资格证书的人员，也可根据实际工作需要，选择《专业工程管理与实务》科目的相应专业，报名参加考试。考试合格后核发国家统一印制的相应专业合格证明。该证明作为注册时增加执业专业类别的依据。

第九条 考试成绩实行 2 年为一个周期的滚动管理办法，参加全部 4 个科目考试的人员必须在连续的两个考试年度内通过全部科目；免试部分科目的人员必须在一个考试年度内通过应试科目。

第十条 一级建造师执业资格考试的考点设在地级以上城市的大、中专院校或高考定点学校。

第十一条 参加考试由本人提出申请，携带所在单位出具的有关证明及相关材料到当地考试管理机构报名。考试管理机构按规定程序和报名条件审查合格后，发给准考证。考生凭准考证在指定的时间、地点参加考试。

中央管理的企业和国务院各部门及其所属单位的人员按属地原则报名参加考试。

第十二条 建造师执业资格考试大纲由建设部组织编制、出版和发行。任何单位和个人不得盗用建设部或以参与有关建造师工作的专家和人员的名义编写、出版、发行各种考试用书和复习资料。

第十三条 坚持考试与培训分开、应考人员自愿参加培训的原则。凡参与考试工作的人员，不得参加考试和与考试有关的培训工作。

第十四条 一级建造师执业资格考试、培训及有关项目的收费标准，须经当地价格行政部门批准，并公布于众，接受群众监督。

第十五条 考务管理工作要严格执行考试工作的有关规章和制度，遵守保密制度，严防泄密，切实做好试卷的命制、印刷、发送和保管过程中的保密工作。

第十六条 加强对考试工作的组织管理，认真执行考试回避制度，严肃考试工作纪律和考场纪律。对弄虚作假等违反考试工作规定的，要依法处理，并追究当事人和有关领导的责任。

建造师执业资格考核认定办法

根据人事部、建设部《建造师执业资格制度暂行规定》（人发〔2002〕111 号），制定本办法。

一、考核认定申报条件

长期从事建设工程总承包及施工管理工作，业绩突出，无工程质量责任事故，职业道德行为良好，身体健康，并符合下列条件的在职在编人员。

（一）一级建造师：受聘为工程或工程经济类高级专业技术职务，取得全国工程总承包项目经理岗位培训证书或建筑业企业一级项目经理资质证书，现担任工程总承包或施工项目经理，并同时具备下列条件 1 和条件 2 中的各一项条件。

1. 学历和职业年限：

（1）取得本专业（见附件 1，下同）中专学历，累计从事建设工程项目管理或施工管理工作满 25 年；或取得相近专业（见附件 1，下同）中专学历，累计从事建设工程项目管理或施工管理工作满28年。

（2）取得本专业大学专科学历，累计从事建设工程项目管理或施工管理工作满20年；或取得相近专业大学专科学历，累计从事建设工程项目管理或施工管理工作满23年。

（3）取得本专业大学本科学历，累计从事建设工程项目管理或施工管理工作满15年；或取得相近专业大学本科学历，累计从事建设工程项目管理或施工管理工作满18年；或取得其他专业（见附件1）大学本科及以上学历或学位，累计从事建设工程项目管理或施工管理工作满20年。

2. 业绩：

（1）主持完成大型工程总承包1项或大型工程施工总承包2项及以上。

（2）主持完成大型工程施工总承包1项和大型工程施工承包2项及以上。

（3）主持完成大型工程施工承包4项及以上。

（4）已发布实施的国家或行业工程建设标准的主要技术负责人。

（二）二级建造师执业资格有关考核认定工作，由各省、自治区、直辖市人事和建设行政部门制定具体办法并组织实施，考核认定办法和考核认定结果报人事部、建设部备案。

二、一级建造师考核认定申报材料

（一）各省、自治区、直辖市和国务院有关部门、中央管理企业的人事部门推荐意见函。

（二）《建造师执业资格考核认定申报表》一式两份（附件2）。

（三）学历或学位证书、工程或工程经济类高级专业技术职务证书、全国工程总承包岗位培训合格证书或一级项目经理资质证书和已发布实施的国家或行业工程建设标准主要技术负责人证明的复印件。

（四）所在单位出具的职业道德证明、省级建设行政部门认可的建设工程业绩、项目经理证明。

三、考核认定组织

人事部、建设部共同成立"一级建造师执业资格考核认定工作领导小组"（以下简称领导小组，名单见附件3），负责一级建造师执业资格的考核认定工作。领导小组办公室设在建设部。

四、考核认定程序

（一）符合考核认定条件的专业技术人员，向所在单位提出申请，经单位审核同意后，由所在单位向单位工商注册所在地的省、自治区、直辖市建设行政部门推荐。

国务院有关部门管理的企业，由本部门工程业务管理单位推荐；中央管理的企业，由本企业工程业务管理部门推荐；军队所属单位由总后基建营房部推荐。

（二）各省、自治区、直辖市建设行政部门和国务院有关部门，对本地区、本部门的申报人员进行审核，经本地区、本部门人事行政部门复核后，提出推荐名单送领导小组办公室。

中央管理的企业专业技术人员的申报，由中央管理的企业工程业务管理部门审核，经同级人事部门复核后提出推荐名单送领导小组办公室。

总后基建营房部对军队系统申报人员材料进行审核，经总政干部部复核后提出推荐名单送领导小组办公室。

地方所属或中央管理企业在申报中涉及铁路、交通、水利、通信和民航专业的业绩材料，应由省级建设行政部门或建设部会同同级相应专业行政部门，提出审核意见。

（三）领导小组办公室组织有关专家对各地区、各有关部门、中央管理的企业和军队推荐人员的材料进行初审，提出拟认定人员的名单，报领导小组审核。

（四）领导小组召开会议，对经初审合格人员的材料进行审核。对领导小组审核合格的人员，经公示无异议后，报人事部、建设部批准，并向社会公布。

五、申报时间及要求

（一）各省、自治区、直辖市建设行政部门和人事行政部门，国务院有关部门工程业务管理和人事部门，总后基建营房部和总政干部部，中央管理企业工程业务管理和人事部门，应于2004年4月30日前，将推荐人员材料汇总排序后送领导小组办公室。

（二）国家对考核认定人员实行总量控制。各地、各有关部门、军队及中央管理的企业应推荐具备申报条件且在第一线从事总承包和施工管理工作的专业技术人员。实施考试后不再进行认定工作。

（三）各地区、各有关部门、军队和中央管理的企业在审核、复核工作中，须核查各类证书及相关证明材料的原件。向领导小组办公室报送的各类证书、业绩材料及相关证明材料的复印件，应由所在单位业务技术部门和人事部门负责人对其真实性签署意见并加盖单位印章。

（四）已通过特许或考核认定的方式取得其他专业执业资格证书和在公务员岗位工作的人员，一律不得申报。

（五）各地区、各有关部门、军队和中央管理的企业要切实加强领导，坚持标准，严格要求，认真按程序做好申报、审核、复核等各环节工作。凡不认真把关或弄虚作假的，一经发现，停止其申报权和取消个人申报资格，并追究当事人和领导责任。

附件1

专业对照表

分类	1998年至现在专业名称	1993—1998年专业名称	1993年前专业名称
本专业（工程、工程经济）	土木工程	矿井建设	矿井建设
		建筑工程	土建结构工程，工业与民用建筑工程，岩土工程，地下工程与隧道工程
		城镇建设	城镇建设
		交通土建工程	铁道工程，公路与城市道路工程，地下工程与隧道工程，桥梁工程
		工业设备安装工程	工业设备安装工程
		饭店工程	
		涉外建筑工程	
		土木工程	
	建筑学	建筑学	建筑学，风景园林，室内设计
	电子信息科学与技术	无线电物理学	无线电物理学，物理电子学，无线电波传播与天线
		电子学与信息系统	电子学与信息系统，生物医学与信息系统
		信息与电子科学	
	电子科学与技术	电子材料与元器件	电子材料与元器件，磁性物理与器件
		微电子技术	半导体物理与器件
		物理电子技术	物理电子技术，电光源
		光电子技术	光电子技术，红外技术，光电成像技术
		物理电子和光电子技术	
	计算机科学与技术	计算机及应用	计算机及应用
		计算机软件	计算机软件
		计算机科学教育	计算机科学教育
		软件工程	
		计算机器件及设备	
	采矿工程	计算机科学与技术	
	矿物加工工程	采矿工程	采矿工程，露天开采，矿山工程物理
		选矿工程	选矿工程

续表

分类	1998年至现在专业名称	1993—1998年专业名称	1993年前专业名称
本专业（工程、工程经济）	矿物加工工程	矿物加工工程	
	勘察技术与工程	水文地质与工程地质	水文地质与工程地质
		应用地球化学	地球化学与勘察
		应用地球物理	勘查地球物理，矿场地球物理
		勘察工程	探矿工程
	测绘工程	大地测量	大地测量
		测量工程	测量学，工程测量，矿山测量
		摄影测量与遥感	摄影测量与遥感
		地图学	地图制图
	交通工程	交通工程	交通工程，公路、道路及机场工程
		总图设计与运输工程	总图设计与运输
		道路交通事故防治工程	
	港口航道与海岸工程	港口航道及治河工程	港口及航道工程，河流泥沙及治河工程，港口水工建筑工程，水道及港口工程，航道（或整治）工程
		海岸与海洋工程	海洋工程，港口、海岸及近岸工程，港口航道及海岸工程
	船舶与海洋工程	船舶工程	船舶工程，造船工艺及设备
		海岸与海洋工程	海洋工程
	水利水电工程	水利水电建筑工程	水利水电工程施工，水利水电工程建筑
		水利水电工程	河川枢纽及水电站建筑物，水工结构工程
	水文与水资源工程	水文与水资源利用	陆地水文，海洋工程水文，水资源规划及利用
	热能与动力工程	热力发动机	热能动力机械与装置，内燃机，热力涡轮机，军用车辆发动机，水下动力机械工程
		流体机械及流体工程	流体机械，压缩机，水力机械
		热能工程与动力机械	
		热能工程	工程热物理，热能工程，电厂热能动力工程，锅炉
		制冷与低温技术	制冷设备与低温技术
		能源工程	
		工程热物理	
		水利水电动力工程	水利水电动力工程
		冷冻冷藏工程	制冷与冷藏技术
	冶金工程	钢铁冶金	钢铁冶金
		有色金属冶金	有色金属冶金
		冶金物理化学	冶金物理化学
		冶金	

续表

分类	1998年至现在专业名称	1993—1998年专业名称	1993年前专业名称
本专业（工程、工程经济）	环境工程	环境工程	环境工程
		环境监测	环境监测
		环境规划与管理	环境规划与管理
		水文地质与工程地质	水文地质与工程地质
		农业环境保护	农业环境保护
	安全工程	矿山通风与安全	矿山通风与安全
		安全工程	安全工程
	金属材料工程	金属材料与热处理	金属材料与热处理
		金属压力加工	金属压力加工
		粉末冶金	粉末冶金
		复合材料	复合材料
		腐蚀与防护	腐蚀与防护
		铸造	铸造
		塑性成形工艺及设备	锻压工艺及设备
		焊接工艺及设备	焊接工艺及设备
	无机非金属材料工程	无机非金属材料	无机非金属材料，建筑材料与制品
		硅酸盐工程	硅酸盐工程
		复合材料	复合材料
	材料成型及控制工程	金属材料与热处理	金属材料与热处理
		热加工工艺及设备	热加工工艺及设备
		铸造	铸造
		塑性成形工艺及设备	锻压工艺及设备
		焊接工艺及设备	焊接工艺及设备
	石油工程	石油工程	钻井工程，采油工程，油藏工程
	油气储运工程	石油天然气储运工程	石油储运
	化学工程与工艺	化学工程	化学工程，石油加工，工业化学，核化工
		化工工艺	无机化工，有机化工，煤化工
		高分子化工	高分子化工
		精细化工	精细化工，感光材料
		生物化工	生物化工
		工业分析	工业分析
		电化学工程	电化学生产工艺
		工业催化	工业催化
		化学工程与工艺	
		高分子材料及化工	
		生物化学工程	

续表

分类	1998年至现在专业名称	1993—1998年专业名称	1993年前专业名称
本专业（工程、工程经济）	生物工程	生物化工	生物化工
		微生物制药	微生物制药
		生物化学工程	
		发酵工程	发酵工程
	制药工程	化学制药	化学制药
		生物制药	生物制药
		中药制药	中药制药
		制药工程	
	给水排水工程	给水排水工程	给水排水工程
	建筑环境与设备工程	供热通风与空调工程	供热通风与空调工程
		城市燃气工程	城市燃气工程
		供热空调与燃气工程	
	通信工程	通信工程	通信工程，无线通信，计算机通信
		计算机通信	
	电子信息工程	电子工程	无线电技术，广播电视工程，电子视监，电子工程，水声电子工程，船舶通信导航，大气探测技术，微电子电路与系统，水下引导电子技术
		应用电子技术	应用电子技术，电子技术
		信息工程	信息工程，图像传输与处理，信息处理显示与识别
		电磁场与微波技术	电磁场与微波技术
		广播电视工程	
		电子信息工程	
		无线电技术与信息系统	
		电子与信息技术	
		摄影测量与遥感	摄影测量与遥感
		公共安全图像技术	刑事照相
	机械设计制造及其自动化	机械制造工艺与设备	机械制造工艺与设备，机械制造工程，精密机械与仪器制造，精密机械工程
		机械设计及制造	机械设计及制造，矿业机械，冶金机械，起重运输与工程机械，高分子材料加工机械，纺织机械，仪器机械，印刷机械，农业机械
		机车车辆工程	铁道车辆
		汽车与拖拉机	汽车与拖拉机
		流体传动及控制	流体传动及控制，流体控制与操纵系统
		真空技术及设备	真空技术及设备
		机械电子工程	电子精密机械，电子设备结构，机械自动化及机器人，机械制造电子控制与检测，机械电子工程
		设备工程与管理	设备工程与管理
		林业与木工机械	林业机械

续表

分类	1998年至现在专业名称	1993—1998年专业名称	1993年前专业名称
本专业（工程、工程经济）	测控技术与仪器	精密仪器	精密仪器，时间计控技术及仪器，分析仪器，科学仪器工程
		光学技术与光电仪器	应用光学，光学材料，光学工艺与测试，光学仪器
		检测技术及仪器仪表	检测技术及仪器，电磁测量及仪表，工业自动化仪表，仪表及测试系统，无损检测
		电子仪器及测量技术	电子仪器及测量技术
		几何量计量测试	几何量计量测试
		热工计量测试	热工计量测试
		力学计量测试	力学计量测试
		无线电计量测试	无线电计量测试
		检测技术与精密仪器	
		测控技术与仪器	
	过程装备与控制工程	化工设备与机械	化工设备与机械
	电气工程及其自动化	电力系统及其自动化	电力系统及其自动化，继电保护与自动远动技术
		高电压与绝缘技术	高电压技术及设备，电气绝缘与电缆，电气绝缘材料
		电气技术	电气技术，船舶电气管理，铁道电气化
		电机电器及其控制	电机，电器，微特电机及控制电器
		光源与照明	
		电气工程及其自动化	
	工程管理	管理工程	工业管理工程，建筑管理工程，邮电管理工程，物资管理工程，基本建设管理工程
		涉外建筑工程营造与管理	
		国际工程管理	
		房地产经营管理	
	工业工程	工业工程	
相近专业	航海技术	海洋船舶驾驶	海洋船舶驾驶
	轮机工程	轮机管理	轮机管理
	交通运输	交通运输	铁道运输，交通运输管理工程
		载运工具运用工程	汽车运用工程
		道路交通管理工程	
	自动化	流体传动及控制	流体机械，压缩机，水力机械
		工业自动化	工业自动化，工业电气自动化，生产过程自动化，电力牵引与传动控制
		自动化	
		自动控制	自动控制，交通信号与控制，水下自航器自动控制
		飞行器制导与控制	飞行器自动控制，导弹制导，惯性导航与仪表
	生物医学工程	生物医学工程	生物医学工程，生物医学工程与仪器

续表

分类	1998年至现在专业名称	1993—1998年专业名称	1993年前专业名称
相近专业	核工程与核技术	核技术	同位素分离，核材料，核电子学与核技术应用
		核工程	核反应堆工程，核动力装置
	工程力学	工程力学	工程力学
	园林	观赏园艺	观赏园艺
		园林	园林
		风景园林	风景园林
	工商管理	工商行政管理	工商行政管理
		企业管理	企业管理
		国际企业管理	国际企业管理
		房地产经营管理	
		工商管理	
		投资经济	投资经济管理
		技术经济	技术经济
		邮电通信管理	
		林业经济管理	林业经济管理
其他专业		除本专业和相近专业外的工科、管理或经济专业	

注：1. 本表按教育部现行《普通高等学校本科专业目录新旧专业对照表》编制，共涉及"土建类、测绘类、水利类、交通运输类、能源动力类、地矿类、材料类、电气信息类、机械类、管理科学与工程类、生物工程类、化工与制药类、工程力学类"等18类45个专业，其中本专业36个，相近专业9个。

2. 为便于考核认定条件中有关专业学历的确认，对"本专业"、"相近专业"和"其他专业"进行了划分，供申报和审核考核认定条件时参考。其他专业的具体范围由建设部、人事部确认。

人事部办公厅、建设部办公厅关于建造师资格考试相关科目专业类别调整有关问题的通知

（国人厅发〔2006〕213号　2006年12月12日）

各省、自治区、直辖市人事厅（局）、建设厅（建委、规委），国务院有关部委、直属机构人事部门、中央管理的企业：

为适应建筑市场发展需要，有利于建设工程项目与施工管理，经建设部、人事部研

究，对建造师资格考试《专业工程管理与实务》科目的专业类别进行调整。现将有关问题通知如下：

一、一级建造师资格考试专业调整问题

（一）合并的专业类别

1. 将原"房屋建筑、装饰装修"合并为"建筑工程"。
2. 将原"矿山、冶炼（土木部分内容）"合并为"矿业工程"。
3. 将原"电力、石油化工、机电安装、冶炼（机电部分内容）"合并为"机电工程"。

（二）保留的专业类别

此次调整中未变动的专业类别有7个：公路、铁路、民航机场、港口与航道、水利水电、市政公用、通信与广电。

（三）调整后的专业类别

调整后，一级建造师资格考试《专业工程管理与实务》科目设置10个专业类别：建筑工程、公路工程、铁路工程、民航机场工程、港口与航道工程、水利水电工程、市政公用工程、通信与广电工程、矿业工程、机电工程。

二、二级建造师资格考试专业调整问题

二级建造师资格考试《专业工程管理与实务》科目合并的专业类别与一级建造师资格考试该科目专业类别相同，取消了港口与航道、通信与广电2个专业类别。调整后，二级建造师资格考试《专业工程管理与实务》科目设置6个专业类别：建筑工程、公路工程、水利水电工程、市政公用工程、矿业工程和机电工程。

三、一级建造师资格考试专业衔接问题

为保证一级建造师资格考试《专业工程管理与实务》科目各专业类别调整的平稳过渡，在2007年度考试报名时应按照如下要求进行：

（一）已按原《专业工程管理与实务》科目相关专业类别报名参加2006年度考试，且部分科目合格的人员，在2007年度继续按照原各科目考试大纲的要求，参加其他剩余科目考试。

（二）在2007年度首次参加一级建造师资格考试的人员，报名时应根据本人实际工作需要，在调整后的《专业工程管理与实务》科目中选择相应专业类别。

（三）自2008年度起，一级建造师资格考试报名均应按照调整后《专业工程管理与实务》科目的专业类别进行。

四、其他有关事项

（一）各省、自治区、直辖市应根据建造师《专业工程管理与实务》科目专业调整情况，做好考试相关准备工作。

（二）本通知规定的内容与《建造师执业资格考试实施办法》（国人部发〔2004〕16号）和《关于建造师专业划分有关问题的通知》（建市〔2003〕232号）中有关规定不一致之处，以本通知为准。

人事部、建设部关于发布《勘察设计注册工程师制度总体框架及实施规划》及《全国勘察设计注册工程师管理委员会组成人员名单》的通知

(人发〔2001〕5号 2001年1月4日)

各省、自治区、直辖市人事厅（局）、建设厅（委、局），国务院有关部门，新疆生产建设兵团：

现将《勘察设计注册工程师制度总体框架及实施规划》及《全国勘察设计注册工程师管理委员会组成人员名单》予以公布。

附件：1. 勘察设计注册工程师制度总体框架及实施规划
　　　2. 全国勘察设计注册工程师管理委员会组成人员名单（略）

附件1

勘察设计注册工程师制度总体框架及实施规划

结合我国国情并参照国外注册执业制度的通行做法，我国勘察设计行业执业注册资格分为三大类，即：注册工程师、注册建筑师、注册景观设计师。根据分行业分类建立和推行执业注册制度的原则，勘察设计注册工程师制度总体框架及实施规划如下：

一、勘察设计注册工程师专业划分总体框架

专业分类		执业范围	涵盖工程内容
1	土木	岩土工程	各类建设工程的岩土工程
		水利工程	水坝、灌渠、河道整治等
		港口与航道工程	码头、航道、防波堤、船闸等
		公路工程	公路、城市道路、隧道等
		铁路工程	铁路、轻轨工程、隧道等
		民航工程	机场跑道、滑行道、停机坪等
2	结构	房屋结构工程	工业与民用建筑
		塔架工程	各类塔架及构筑物
		桥梁工程	各类桥梁

续表

	专业分类	执业范围	涵盖工程内容
3	公用设备	暖通及空调工程	采暖、通风、空调等
		动力工程	供热、制冷、供气、燃气等
		给排水工程	城市给排水及工业与民用建筑给排水工程
4	电气	发电、传输工程	发电、输变电、供配电、自控
		供配电工程	照明、防雷接地等
5	机械	机械制造工程	制造工艺、专用设备及生产线等
6	化工	化工工程	化工、石化、化纤、医药、轻化
7	电子工程	电子信息工程	（待研究确定）
		广播电影电视工程	
8	航天航空	航天航空工程	
9	农业	农业工程	
10	冶金	冶金工程	
11	矿业/矿物	矿业/矿物工程	
12	核工业	核工业工程	
13	石油/天然	石油/天然气工程	
14	造船	造船工程	
15	军工	军工工程	
16	海洋	海洋工程	
17	环保	环保工程	

二、建立和完善勘察设计注册工程师执业法规、标准和管理办法

（一）逐步制定勘察设计注册工程师制度的法律规章，明确注册工程师的法律地位，作为开展执业注册工作的依据。

（二）制定勘察设计注册工程师教育评估、职业实践、考试、注册、执业、继续教育等标准。

（三）制定管理机构设置及职责分工管理办法。

三、注册工程师名称及执业范围界定

采用专业分类命名执业注册名称，即"中华人民共和国注册××工程师"，如"中华人民共和国注册结构工程师"、"中华人民共和国注册土木工程师"。某些专业如需明确执业范围的可在注册证书上加注执业范围。

四、管理办法

（一）人事部、建设部的职责

1. 筹备成立协调议事机构——全国勘察设计注册工程师管理委员会；

2. 指导全国勘察设计注册工程师管理委员会的工作；

3. 制定各专业实施注册工程师执业资格制度的政策规定；

4. 对注册工程师制度的实施情况进行监督；
5. 协调各部门、各专业之间的关系。

（二）全国勘察设计注册工程师管理委员会职责

1. 受人事部、建设部的委托，实施勘察设计注册工程师总体框架方案，负责审批专业委员会提交的立项报告；
2. 负责组织协调全国统一的勘察设计注册工程师考试工作与教育评估工作；
3. 负责制定勘察设计注册工程师职业实践、考试、注册、执业、继续教育等标准的统一原则；
4. 确定勘察设计注册工程师命题工作规程，审定考试大纲、年度试题、评分标准与合格标准；
5. 统一印制"注册证书"，规范执业印章的统一模式和编号；
6. 指导、协调、监督、检查勘察设计注册工程师专业管理委员会和地方管理委员会的工作；
7. 负责与境外注册工程师机构的联络与交流及资格互认工作；
8. 委员会下设专家组及常设办事机构，负责委员会的日常工作。

（三）国务院有关部门或政府授权的行业协会的职责

1. 协助全国勘察设计注册工程师管理委员会筹备成立勘察设计注册工程师专业管理委员会；
2. 审核专业注册工程师管理规定；
3. 监督专业注册工程师的执业活动。

（四）勘察设计注册工程师专业管理委员会的职责

1. 受有关部委或行业协会的委托，并在全国勘察设计注册工程师管理委员会统一指导下，组织制定本专业注册工程师考试大纲，建立并管理考试试题库、负责组织阅卷评分，提出本专业评分标准和合格标准建议；
2. 负责专业注册工程师的注册、继续教育、培训以及监督管理等工作；
3. 参与本专业的教育评估工作；
4. 颁发统一印制的注册证书，制作和管理执业印章。

（五）地方勘察设计注册工程师管理委员会的职责

在全国勘察设计注册工程师管理委员会和专业管理委员会的指导下，组织实施考试、培训、注册、继续教育等具体工作。

五、实施计划

（一）组建全国勘察设计注册工程师管理委员会；2001 年制定勘察设计注册工程师制度暂行规定及实施细则、专业注册工程师立项程序及管理办法；指导开展建立注册工程师制度的各项工作。

（二）各专业管理委员会，按照专业划分，本着既有利于管理，又不造成专业划分过细过多的原则，专业管理委员会除土木可按执业范围成立专业管理委员会外，其他均按专业划分设置。具体意见如下：

1. 土木专业委员会的职能由全国勘察设计注册工程师管理委员会代行，主要负责指导、协调土木专业的管理事务；
2. 岩土专业管理委员会——由建设部负责组建；
3. 水利专业管理委员会——由水利部负责组建；
4. 港口与航道工程专业管理委员会——由交通部负责组建；
5. 公路专业管理委员会——由交通部负责组建；
6. 铁路专业管理委员会——由铁道部负责组建；
7. 民航专业管理委员会——由国家民航总局负责组建；
8. 结构专业管理委员会——已组建；
9. 公用设备专业管理委员会——由建设部、中国机械工业勘察设计协会负责组建；
10. 电气专业管理委员会——由中国电力规划设计协会等牵头组建；
11. 电子信息专业管理委员会——由信息产业部、国家广播电影电视总局牵头组建；
12. 化工专业管理委员会——由医药、轻化等部门参加，中国化工勘察设计协会牵头负责组建；
13. 机械专业管理委员会——由中国机械工业勘察设计协会负责组建。

上述专业管理委员会准备工作成熟的，制定具体实施计划，经全国勘察设计注册工程师管理委员会审批同意后，即开始实施。其他专业管理委员会根据工作发展需要再行组建。

（三）完善注册结构工程师的考试大纲，2001年增设塔架、桥梁专业的考试内容。

（四）土木、公用设备、电气、化工等专业涉及面广，安全性强，直接关系到国家财产和人民生命安全，将逐步在3～5年内分别实行注册执业制度。岩土工程、港口工程等专业已做了大量的准备工作，条件基本成熟，在近两年内推行注册执业制度。

（五）其他专业的注册工程师的立项工作将根据行业和市场需要由全国勘察设计注册工程师管理委员会制定实施计划。

（六）教育评估工作由建设部、教育部牵头，相关行业部门参加，与考试准备工作同时开展；首批将对土木、结构、公用设备、电气、化工等五个专业的有关重点院校进行教育评估，公布评估结果。

（七）参照国际惯例和国内注册结构工程师的成功做法，由全国勘察设计注册工程师管理委员会制定统一的考试标准。考试分为基础考试和专业考试，各基础、专业考试的题型、题量统一。

（八）总体规划，到2010年全面实行勘察设计注册工程师执业注册制度。

六、其他问题

（一）关于注册建筑师

注册建筑师制度按照《中华人民共和国注册建筑师条例》已于1995年在全国推行，第一批注册建筑师于1997年开始执业，目前工作开展顺利。根据专业发展，拟在注册建筑师中增设注册室内（装饰）设计师，其可行性由人事部、建设部会同有关部门另行论证。

(二) 关于注册景观设计师

注册景观设计师主要从事风景园林设计、城市及小区景观设计和广场设计。注册景观设计师执业制度目前尚处于论证阶段，待条件成熟时，参照注册建筑师的模式和管理办法成立全国注册景观设计师管理委员会，指导开展执业注册工作。

注册建造师管理规定

（建设部令第153号　2006年12月28日）

第一章　总　则

第一条　为了加强对注册建造师的管理，规范注册建造师的执业行为，提高工程项目管理水平，保证工程质量和安全，依据《建筑法》、《行政许可法》、《建设工程质量管理条例》等法律、行政法规，制定本规定。

第二条　中华人民共和国境内注册建造师的注册、执业、继续教育和监督管理，适用本规定。

第三条　本规定所称注册建造师，是指通过考核认定或考试合格取得中华人民共和国建造师资格证书（以下简称资格证书），并按照本规定注册，取得中华人民共和国建造师注册证书（以下简称注册证书）和执业印章，担任施工单位项目负责人及从事相关活动的专业技术人员。

未取得注册证书和执业印章的，不得担任大中型建设工程项目的施工单位项目负责人，不得以注册建造师的名义从事相关活动。

第四条　国务院建设主管部门对全国注册建造师的注册、执业活动实施统一监督管理；国务院铁路、交通、水利、信息产业、民航等有关部门按照国务院规定的职责分工，对全国有关专业工程注册建造师的执业活动实施监督管理。

县级以上地方人民政府建设主管部门对本行政区域内的注册建造师的注册、执业活动实施监督管理；县级以上地方人民政府交通、水利、通信等有关部门在各自职责范围内，对本行政区域内有关专业工程注册建造师的执业活动实施监督管理。

第二章　注　册

第五条　注册建造师实行注册执业管理制度，注册建造师分为一级注册建造师和二级注册建造师。

取得资格证书的人员，经过注册方能以注册建造师的名义执业。

第六条　申请初始注册时应当具备以下条件：

（一）经考核认定或考试合格取得资格证书；

（二）受聘于一个相关单位；

（三）达到继续教育要求；

（四）没有本规定第十五条所列情形。

第七条 取得一级建造师资格证书并受聘于一个建设工程勘察、设计、施工、监理、招标代理、造价咨询等单位的人员，应当通过聘用单位向单位工商注册所在地的省、自治区、直辖市人民政府建设主管部门提出注册申请。

省、自治区、直辖市人民政府建设主管部门受理后提出初审意见，并将初审意见和全部申报材料报国务院建设主管部门审批；涉及铁路、公路、港口与航道、水利水电、通信与广电、民航专业的，国务院建设主管部门应当将全部申报材料送同级有关部门审核。符合条件的，由国务院建设主管部门核发《中华人民共和国一级建造师注册证书》，并核定执业印章编号。

第八条 对申请初始注册的，省、自治区、直辖市人民政府建设主管部门应当自受理申请之日起，20 日内审查完毕，并将申请材料和初审意见报国务院建设主管部门。国务院建设主管部门应当自收到省、自治区、直辖市人民政府建设主管部门上报材料之日起，20 日内审批完毕并作出书面决定。有关部门应当在收到国务院建设主管部门移送的申请材料之日起，10 日内审核完毕，并将审核意见送国务院建设主管部门。

对申请变更注册、延续注册的，省、自治区、直辖市人民政府建设主管部门应当自受理申请之日起 5 日内审查完毕。国务院建设主管部门应当自收到省、自治区、直辖市人民政府建设主管部门上报材料之日起，10 日内审批完毕并作出书面决定。有关部门在收到国务院建设主管部门移送的申请材料后，应当在 5 日内审核完毕，并将审核意见送国务院建设主管部门。

第九条 取得二级建造师资格证书的人员申请注册，由省、自治区、直辖市人民政府建设主管部门负责受理和审批，具体审批程序由省、自治区、直辖市人民政府建设主管部门依法确定。对批准注册的，核发由国务院建设主管部门统一样式的《中华人民共和国二级建造师注册证书》和执业印章，并在核发证书后 30 日内送国务院建设主管部门备案。

第十条 注册证书和执业印章是注册建造师的执业凭证，由注册建造师本人保管、使用。

注册证书与执业印章有效期为 3 年。

一级注册建造师的注册证书由国务院建设主管部门统一印制，执业印章由国务院建设主管部门统一样式，省、自治区、直辖市人民政府建设主管部门组织制作。

第十一条 初始注册者，可自资格证书签发之日起 3 年内提出申请。逾期未申请者，须符合本专业继续教育的要求后方可申请初始注册。

申请初始注册需要提交下列材料：

（一）注册建造师初始注册申请表；

（二）资格证书、学历证书和身份证明复印件；

（三）申请人与聘用单位签订的聘用劳动合同复印件或其他有效证明文件；

（四）逾期申请初始注册的，应当提供达到继续教育要求的证明材料。

第十二条 注册有效期满需继续执业的，应当在注册有效期届满 30 日前，按照第七条、第八条的规定申请延续注册。延续注册的，有效期为 3 年。

申请延续注册的，应当提交下列材料：

（一）注册建造师延续注册申请表；

（二）原注册证书；

（三）申请人与聘用单位签订的聘用劳动合同复印件或其他有效证明文件；

（四）申请人注册有效期内达到继续教育要求的证明材料。

第十三条 在注册有效期内，注册建造师变更执业单位，应当与原聘用单位解除劳动关系，并按照第七条、第八条的规定办理变更注册手续，变更注册后仍延续原注册有效期。

申请变更注册的，应当提交下列材料：

（一）注册建造师变更注册申请表；

（二）注册证书和执业印章；

（三）申请人与新聘用单位签订的聘用合同复印件或有效证明文件；

（四）工作调动证明（与原聘用单位解除聘用合同或聘用合同到期的证明文件、退休人员的退休证明）。

第十四条 注册建造师需要增加执业专业的，应当按照第七条的规定申请专业增项注册，并提供相应的资格证明。

第十五条 申请人有下列情形之一的，不予注册：

（一）不具有完全民事行为能力的；

（二）申请在2个或者2个以上单位注册的；

（三）未达到注册建造师继续教育要求的；

（四）受到刑事处罚，刑事处罚尚未执行完毕的；

（五）因执业活动受到刑事处罚，自刑事处罚执行完毕之日起至申请注册之日止不满5年的；

（六）因前项规定以外的原因受到刑事处罚，自处罚决定之日起至申请注册之日止不满3年的；

（七）被吊销注册证书，自处罚决定之日起至申请注册之日止不满2年的；

（八）在申请注册之日前3年内担任项目经理期间，所负责项目发生过重大质量和安全事故的；

（九）申请人的聘用单位不符合注册单位要求的；

（十）年龄超过65周岁的；

（十一）法律、法规规定不予注册的其他情形。

第十六条 注册建造师有下列情形之一的，其注册证书和执业印章失效：

（一）聘用单位破产的；

（二）聘用单位被吊销营业执照的；

（三）聘用单位被吊销或者撤回资质证书的；

（四）已与聘用单位解除聘用合同关系的；

（五）注册有效期满且未延续注册的；

（六）年龄超过65周岁的；
（七）死亡或不具有完全民事行为能力的；
（八）其他导致注册失效的情形。

第十七条　注册建造师有下列情形之一的，由注册机关办理注销手续，收回注册证书和执业印章或者公告注册证书和执业印章作废：

（一）有本规定第十六条所列情形发生的；
（二）依法被撤销注册的；
（三）依法被吊销注册证书的；
（四）受到刑事处罚的；
（五）法律、法规规定应当注销注册的其他情形。

注册建造师有前款所列情形之一的，注册建造师本人和聘用单位应当及时向注册机关提出注销注册申请；有关单位和个人有权向注册机关举报；县级以上地方人民政府建设主管部门或者有关部门应当及时告知注册机关。

第十八条　被注销注册或者不予注册的，在重新具备注册条件后，可按第七条、第八条规定重新申请注册。

第十九条　注册建造师因遗失、污损注册证书或执业印章，需要补办的，应当持在公众媒体上刊登的遗失声明的证明，向原注册机关申请补办。原注册机关应当在5日内办理完毕。

第三章　执　业

第二十条　取得资格证书的人员应当受聘于一个具有建设工程勘察、设计、施工、监理、招标代理、造价咨询等一项或者多项资质的单位，经注册后方可从事相应的执业活动。

担任施工单位项目负责人的，应当受聘并注册于一个具有施工资质的企业。

第二十一条　注册建造师的具体执业范围按照《注册建造师执业工程规模标准》执行。

注册建造师不得同时在两个及两个以上的建设工程项目上担任施工单位项目负责人。

注册建造师可以从事建设工程项目总承包管理或施工管理，建设工程项目管理服务，建设工程技术经济咨询，以及法律、行政法规和国务院建设主管部门规定的其他业务。

第二十二条　建设工程施工活动中形成的有关工程施工管理文件，应当由注册建造师签字并加盖执业印章。

施工单位签署质量合格的文件上，必须有注册建造师的签字盖章。

第二十三条　注册建造师在每一个注册有效期内应当达到国务院建设主管部门规定的继续教育要求。

继续教育分为必修课和选修课，在每一注册有效期内各为60学时。经继续教育达到合格标准的，颁发继续教育合格证书。

继续教育的具体要求由国务院建设主管部门会同国务院有关部门另行规定。

第二十四条 注册建造师享有下列权利：

（一）使用注册建造师名称；

（二）在规定范围内从事执业活动；

（三）在本人执业活动中形成的文件上签字并加盖执业印章；

（四）保管和使用本人注册证书、执业印章；

（五）对本人执业活动进行解释和辩护；

（六）接受继续教育；

（七）获得相应的劳动报酬；

（八）对侵犯本人权利的行为进行申述。

第二十五条 注册建造师应当履行下列义务：

（一）遵守法律、法规和有关管理规定，恪守职业道德；

（二）执行技术标准、规范和规程；

（三）保证执业成果的质量，并承担相应责任；

（四）接受继续教育，努力提高执业水准；

（五）保守在执业中知悉的国家秘密和他人的商业、技术等秘密；

（六）与当事人有利害关系的，应当主动回避；

（七）协助注册管理机关完成相关工作。

第二十六条 注册建造师不得有下列行为：

（一）不履行注册建造师义务；

（二）在执业过程中，索贿、受贿或者谋取合同约定费用外的其他利益；

（三）在执业过程中实施商业贿赂；

（四）签署有虚假记载等不合格的文件；

（五）允许他人以自己的名义从事执业活动；

（六）同时在两个或者两个以上单位受聘或者执业；

（七）涂改、倒卖、出租、出借或以其他形式非法转让资格证书、注册证书和执业印章；

（八）超出执业范围和聘用单位业务范围内从事执业活动；

（九）法律、法规、规章禁止的其他行为。

第四章 监 督 管 理

第二十七条 县级以上人民政府建设主管部门、其他有关部门应当依照有关法律、法规和本规定，对注册建造师的注册、执业和继续教育实施监督检查。

第二十八条 国务院建设主管部门应当将注册建造师注册信息告知省、自治区、直辖市人民政府建设主管部门。

省、自治区、直辖市人民政府建设主管部门应当将注册建造师注册信息告知本行政区域内市、县、市辖区人民政府建设主管部门。

第二十九条 县级以上人民政府建设主管部门和有关部门履行监督检查职责时，有权采取下列措施：

（一）要求被检查人员出示注册证书；

（二）要求被检查人员所在聘用单位提供有关人员签署的文件及相关业务文档；

（三）就有关问题询问签署文件的人员；

（四）纠正违反有关法律、法规、本规定及工程标准规范的行为。

第三十条 注册建造师违法从事相关活动的，违法行为发生地县级以上地方人民政府建设主管部门或者其他有关部门应当依法查处，并将违法事实、处理结果告知注册机关；依法应当撤销注册的，应当将违法事实、处理建议及有关材料报注册机关。

第三十一条 有下列情形之一的，注册机关依据职权或者根据利害关系人的请求，可以撤销注册建造师的注册：

（一）注册机关工作人员滥用职权、玩忽职守作出准予注册许可的；

（二）超越法定职权作出准予注册许可的；

（三）违反法定程序作出准予注册许可的；

（四）对不符合法定条件的申请人颁发注册证书和执业印章的；

（五）依法可以撤销注册的其他情形。

申请人以欺骗、贿赂等不正当手段获准注册的，应当予以撤销。

第三十二条 注册建造师及其聘用单位应当按照要求，向注册机关提供真实、准确、完整的注册建造师信用档案信息。

注册建造师信用档案应当包括注册建造师的基本情况、业绩、良好行为、不良行为等内容。违法违规行为、被投诉举报处理、行政处罚等情况应当作为注册建造师的不良行为记入其信用档案。

注册建造师信用档案信息按照有关规定向社会公示。

第五章 法 律 责 任

第三十三条 隐瞒有关情况或者提供虚假材料申请注册的，建设主管部门不予受理或者不予注册，并给予警告，申请人1年内不得再次申请注册。

第三十四条 以欺骗、贿赂等不正当手段取得注册证书的，由注册机关撤销其注册，3年内不得再次申请注册，并由县级以上地方人民政府建设主管部门处以罚款。其中没有违法所得的，处以1万元以下的罚款；有违法所得的，处以违法所得3倍以下且不超过3万元的罚款。

第三十五条 违反本规定，未取得注册证书和执业印章，担任大中型建设工程项目施工单位项目负责人，或者以注册建造师的名义从事相关活动的，其所签署的工程文件无效，由县级以上地方人民政府建设主管部门或者其他有关部门给予警告，责令停止违法活动，并可处以1万元以上3万元以下的罚款。

第三十六条 违反本规定，未办理变更注册而继续执业的，由县级以上地方人民政府建设主管部门或者其他有关部门责令限期改正；逾期不改正的，可处以5 000元以下的罚款。

第三十七条 违反本规定，注册建造师在执业活动中有第二十六条所列行为之一的，由县级以上地方人民政府建设主管部门或者其他有关部门给予警告，责令改正，没有违法所得的，处以1万元以下的罚款；有违法所得的，处以违法所得3倍以下且不超过3万元的罚款。

第三十八条 违反本规定，注册建造师或者其聘用单位未按照要求提供注册建造师信用档案信息的，由县级以上地方人民政府建设主管部门或者其他有关部门责令限期改正；逾期未改正的，可处以1 000元以上1万元以下的罚款。

第三十九条 聘用单位为申请人提供虚假注册材料的，由县级以上地方人民政府建设主管部门或者其他有关部门给予警告，责令限期改正；逾期未改正的，可处以1万元以上3万元以下的罚款。

第四十条 县级以上人民政府建设主管部门及其工作人员，在注册建造师管理工作中，有下列情形之一的，由其上级行政机关或者监察机关责令改正，对直接负责的主管人员和其他直接责任人员依法给予处分；构成犯罪的，依法追究刑事责任：

（一）对不符合法定条件的申请人准予注册的；

（二）对符合法定条件的申请人不予注册或者不在法定期限内作出准予注册决定的；

（三）对符合法定条件的申请不予受理或者未在法定期限内初审完毕的；

（四）利用职务上的便利，收受他人财物或者其他好处的；

（五）不依法履行监督管理职责或者监督不力，造成严重后果的。

第六章 附 则

第四十一条 本规定自2007年3月1日起施行。

建设部、人事部关于印发《注册结构工程师执业资格制度暂行规定》的通知

（建办设〔1997〕222号 1997年9月1日）

各省、自治区、直辖市建委（建设厅）、人事（劳动人事）厅（局），国务院各有关部门，总后营房部：

为了适应建立社会主义市场经济体制的需要，提高工程设计质量，强化结构工程师法律责任，保障公众生命和财产安全，维护国家利益，经建设部、人事部研究决定，我国勘察设计行业实行注册结构工程师执业资格制度，现将《注册结构工程师执业资格制度暂行规定》印发给你们，请遵照执行。

注册结构工程师执业资格制度暂行规定

第一章 总 则

第一条 为了加强对结构工程设计人员的管理，提高工程设计质量与水平，保障公众生命和财产安全，维护社会公共利益，根据执业资格制度的有关规定，制定本规定。

第二条 注册结构工程师资格制度纳入专业技术人员执业资格制度，由国家确认批准。

第三条 本规定所称注册结构工程师，是指取得中华人民共和国注册结构工程师执业资格证书和注册证书，从事房屋结构、桥梁结构及塔架结构等工程设计及相关业务的专业技术人员。

注册结构工程师分为一级注册结构工程师和二级注册结构工程师。

第四条 建设部、人事部和省、自治区、直辖市人民政府建设行政主管部门、人事行政主管部门依照本规定对注册结构工程师的考试、注册和执业实施指导、监督和管理。

第五条 全国注册结构工程师管理委员会由建设部、人事部和国务院有关部门的代表及工程设计专家组成。

省、自治区、直辖市可成立相应的注册结构工程师管理委员会。

各级注册结构工程师管理委员会可依照本规定及建设部、人事部有关规定，负责或参与注册结构工程师的考试和注册等具体工作。

第二章 考试与注册

第六条 注册结构工程师考试实行全国统一大纲、统一命题、统一组织的办法，原则上每年举行一次。

第七条 建设部负责组织有关专家拟定考试大纲、组织命题，编写培训教材、组织考前培训等工作；人事部负责组织有关专家审定考试大纲和试题，会同有关部门组织考试并负责考务等工作。

第八条 一级注册结构工程师资格考试由基础考试和专业考试两部分组成。通过基础考试的人员，从事结构工程设计或相关业务满规定年限，方可申请参加专业考试。

一级注册结构工程师考试具体办法由建设部、人事部另行制定。

第九条 注册结构工程师资格考试合格者，由省、自治区、直辖市人事（职改）部门颁发人事部统一印制、加盖建设部和人事部印章的中华人民共和国注册结构工程师执业资格证书。

第十条 取得注册结构工程师执业资格证书者，要从事结构工程设计业务的，须申请注册。

第十一条 有下列情形之一的，不予注册：

（一）不具备完全民事行为能力的。

（二）因受刑事处罚，自处罚完毕之日起至申请注册之日止不满5年的。

（三）因在结构工程设计或相关业务中犯有错误受到行政处罚或者撤职以上行政处分，自处罚、处分决定之日起至申请注册之日不满2年的。

（四）受吊销注册结构工程师注册证书处罚，自处罚决定之日起至申请注册之日止不满5年的。

（五）建设部和国务院有关部门规定不予注册的其他情形的。

第十二条　全国注册结构工程师管理委员会和省、自治区、直辖市注册结构工程师管理委员会依照本规定第十一条，决定不予注册的，应当自决定之日起15日内书面通知申请人。若有异议的，可自收到通知之日起15日内向建设部或各省、自治区、直辖市人民政府建设行政主管部门申请复议。

第十三条　各级注册结构工程师管理委员会按照职责分工应将准予注册的注册结构工程师名单报同级建设行政主管部门备案。

建设部或各省、自治区、直辖市人民政府建设行政主管部门发现有与注册规定不符的，应通知有关注册结构工程师管理委员会撤销注册。

第十四条　准予注册的申请人，分别由全国注册结构工程师管理委员会和省、自治区、直辖市注册结构工程师管理委员会核发由建设部统一制作的注册结构工程师注册证书。

第十五条　注册结构工程师注册有效期为2年，有效期届满需要继续注册的，应当在期满前30日内办理注册手续。

第十六条　注册结构工程师注册后，有下列情形之一的，由全国或省、自治区、直辖市注册结构工程师管理委员会撤销注册，收回注册证书：

（一）完全丧失民事行为能力的。

（二）受刑事处罚的。

（三）因在工程设计或者相关业务中造成工程事故，受到行政处罚或者撤职以上行政处分的。

（四）自行停止注册结构工程师业务满2年的。

被撤销注册的当事人对撤销注册有异议的，可以自接到撤销注册通知之日起15日内向建设部或省、自治区、直辖市人民政府建设行政主管部门申请复议。

第十七条　被撤销注册的人员可依照本规定的要求重新注册。

第三章　执　业

第十八条　注册结构工程师的执业范围：

（一）结构工程设计；

（二）结构工程设计技术咨询；

（三）建筑物、构筑物、工程设施等调查和鉴定；

（四）对本人主持设计的项目进行施工指导和监督；

（五）建设部和国务院有关部门规定的其他业务。

一级注册结构工程师的执业范围不受工程规模及工程复杂程度的限制。

第十九条　注册结构工程师执行业务，应当加入一个勘察设计单位。

第二十条　注册结构工程师执行业务，由勘察设计单位统一接受委托并统一收费。

第二十一条　因结构设计质量造成的经济损失，由勘察设计单位承担赔偿责任；勘察设计单位有权向签字的注册结构工程师追偿。

第二十二条　注册结构工程师执业管理和处罚办法由建设部另行规定。

第四章　权利和义务

第二十三条　注册结构工程师有权以注册结构工程师的名义执行注册结构工程师业务。

非注册结构工程师不得以注册结构工程师的名义执行注册结构工程师业务。

第二十四条　国家规定的一定跨度、高度等以上的结构工程设计，应当由注册结构工程师主持设计。

第二十五条　任何单位和个人修改注册结构工程师的设计图纸，应当征得该注册结构工程师同意；但是因特殊情况不能征得该注册结构工程师同意的除外。

第二十六条　注册结构工程师应当履行下列义务：

（一）遵守法律、法规和职业道德，维护社会公众利益；

（二）保证工程设计的质量，并在其负责的设计图纸上签字盖章；

（三）保守在执业中知悉的单位和个人的秘密；

（四）不得同时受聘于两个以上勘察设计单位执行业务；

（五）不得准许他人以本人名义执行业务。

第二十七条　注册结构工程师按规定接受必要的继续教育，定期进行业务和法规培训，并作为重新注册的依据。

第五章　附　则

第二十八条　在全国实施注册结构工程师考试之前，对已经达到注册结构工程师资格水平的，可经考核认定，获得注册结构工程师资格。

考核认定办法由建设部、人事部另行制定。

第二十九条　外国人申请参加中国注册结构工程师全国统一考试和注册以及外国结构工程师申请在中国境内执行注册结构工程师业务，由国务院主管部门另行规定。

第三十条　二级注册结构工程师依照本规定的原则执行，具体实施办法由建设部、人事部另行制定。

第三十一条　本规定自发布之日起施行。本规定由建设部、人事部在各自的职责内负责解释。

建设部、人事部关于一九九七年全国一级注册结构工程师资格考试及有关工作的通知

(建设〔1997〕233号 1997年9月15日)

各省、自治区、直辖市建委（建设厅）、人事（人事劳动）厅（局），国务院有关部委建设司，总后营房部：

按照建设部、人事部《注册结构工程师执业资格制度暂行规定》的要求，全国一级注册结构工程师资格考试定于1997年12月20日至21日举行，12月20日为基础考试，12月21日为专业考试。考试考务工作委托人事部人事考试中心和建设部执业资格注册中心具体组织。

现将一级注册结构工程师考试大纲、考核认定条件和考试报考条件的规定印发给你们。请你们认真细致地做好今年考试的各项准备工作，保证考试工作的顺利实施。各地、各部门在执行中有何问题，请及时与建设部设计司、人事部职称司联系。

附件：1. 一九九七年全国一级注册结构工程师考试大纲（略）
2. 一级注册结构工程师资格考核认定条件的规定（略）
3. 一级注册结构工程师资格报考条件的规定

附件3

一级注册结构工程师资格报考条件的规定

一、申报考试范围和条件

（一）参加专业考试的人员

1. 1970年（含70年）以前建筑工程专业大学本科、专科毕业，不具备申报考核条件的人员。

2. 1970年（含70年）以前建筑工程或相近专业中专及以上学历毕业，从事结构设计工作累计10年以上的人员。

3. 1971年（含71年）以后，符合表一"专业、学历、职业实践时间（累计时间）、最迟毕业年限"规定的人员。

（二）参加基础考试的人员

1. 1990年（含90年）至1997年毕业，且符合表二"专业、学历、职业实践时间（累计时间）、最迟毕业年限"规定的人员。

2. 1971年（含71年）以后毕业，不具备规定学历的人员，从事建筑工程设计工作累计15年以上，且具备下列条件之一：

（1）作为专业负责人或主要设计人，完成建筑工程分类标准三级以上项目4项（全过程设计），其中二级以上项目不少于1项。

（2）作为专业负责人或主要设计人，完成中型工业建筑工程以上项目4项（全过程设计），其中大型项目不少于1项。

二、申报考试人员，需有所在单位出具申报人无违反职业道德行为的证明，方准申报

三、申报考试程序

（一）本人申请并填写一级注册结构工程师资格考试申请表（另行制定），提供学历证书、进修证明原件、反映设计业绩和职业道德的证明文件。

（二）申报人所在单位按照报考条件，对申报人进行初审，初审合格后报省、自治区、直辖市注册结构工程师管理委员会。

（三）各省、自治区、直辖市注册结构工程师管理委员会负责本地（含中央直属设计单位）所有申报人员的报名资格审定工作，并上报全国注册结构工程师管理委员会备案。

（四）申报费由申报人所在单位在报名时与申报材料一并向省、自治区、直辖市注册结构工程师管理委员会交纳，地方委员会应按规定要求，将申报费上交全国注册结构工程师管理委员会。申报费原则上由个人支付。

四、申报要求

（一）申报人专业、学历、毕业年限等证书、证明必须有效，并与申请表相符。

（二）申报人从事结构工程设计年限、业绩、职业道德证明文件必须准确无误，并与申请表相符。

（三）确认申报人从事结构工程设计职业实践年限时，应扣除工作中脱离结构工程设计工作时间。

表1　　　　　　　　　一级注册结构工程师报考资格条件
（参加专业考试科目考试者）

类别	专业名称	学历或学位	职业实践最少时间（一）	最迟毕业年限（一）	职业实践最少时间（二）	最迟毕业年限（二）
本专业	结构工程	工学硕士或研究生毕业及以上学位	4年	1993年	6年	1991年
	建筑工程（不含岩土工程）	评估通过并在合格有效期内的工学学士学位	4年	*	*	*
		未通过评估的工学学士学位	5年	1992年	8年	1989年
		专科毕业	6年	1991年	9年	1988年

续表

类别	专业名称	学历或学位	职业实践最少时间（一）	最迟毕业年限（一）	职业实践最少时间（二）	最迟毕业年限（二）
相近专业	建筑工程（岩土工程） 交通土建工程 矿井建设 水利水电建筑工程 港口航道及治河工程 海岸与海洋工程 农业建筑与环境工程 建筑学 工程力学	工学硕士或研究生毕业及以上学位	5 年	1992 年	8 年	1989 年
		工学学士或本科毕业	6 年	1991 年	9 年	1988 年
		专科毕业	7 年	1990 年	10 年	1987 年
其他工科专业		工学学士或本科毕业及以上学位	8 年	1989 年	12 年	1985 年

注：1.（一）为基础考试已经通过者，（二）为免基础考试者。
2. *表示1995年我国首次实行的建筑工程专业教育评估毕业生，须等到1999年才能参加专业考试。
3. 专业名称以国家教委1993年和国务院学位委员会1997年颁布的本科、研究生专业目录为准。

表 2　　　　　　　　　　一级注册结构工程师报考资格条件
（参加基础考试科目考试者）

类别	专业名称	学历或学位	职业实践最少时间	最迟毕业年限
本专业	结构工程	工学硕士或研究生毕业及以上学位		1997 年
	建筑工程（不含岩土工程）	评估通过并在合格有效期内的工学学士学位		1997 年
		未通过评估的工学学士学位		1997 年
		专科毕业	1 年	1996 年
相近专业	建筑工程（岩土工程） 交通土建工程 矿井建设 水利水电建筑工程 港口航道及治河工程 海岸与海洋工程 农业建筑与环境工程 建筑学 工程力学	工学硕士或研究生毕业及以上学位		1997 年
		工学学士或本科毕业		1997 年
		专科毕业	1 年	1996 年
其他工科专业		工学学士或本科毕业及以上学位	1 年	1996 年

人事部、建设部关于印发《注册土木工程师（岩土）执业资格制度暂行规定》、《注册土木工程师（岩土）执业资格考试实施办法》和《注册土木工程师（岩土）执业资格考核认定办法》的通知

（人发〔2002〕35号 2002年4月8日）

各省、自治区、直辖市人事厅（局）、建设厅（建委、规委），国务院各有关部委，总政干部部、总后基建营房部，中央管理的有关企业：

根据人事部、建设部《关于发布〈勘察设计注册工程师制度总体框架及实施规划〉及〈全国勘察设计注册工程师管理委员会组成人员名单〉的通知》（人发〔2001〕5号）要求，经建设部、人事部研究决定，现将《注册土木工程师（岩土）执业资格制度暂行规定》、《注册土木工程师（岩土）执业资格考试实施办法》和《注册土木工程师（岩土）执业资格考核认定办法》印发给你们，请遵照执行。

附件：注册土木工程师（岩土）新旧专业对应表

注册土木工程师（岩土）执业资格制度暂行规定

第一章 总 则

第一条 为加强对岩土工程专业技术人员的管理，保证工程质量，维护社会公共利益和人民生命财产安全，依据《中华人民共和国建筑法》、《建设工程勘察设计管理条例》等法律法规和国家有关执业资格制度的规定，制定本规定。

第二条 注册土木工程师（岩土）执业资格制度纳入国家专业技术人员执业资格制度，由人事部、建设部批准建立。

第三条 本规定所称注册土木工程师（岩土），是指取得《中华人民共和国注册土木工程师（岩土）执业资格注册证书》和《中华人民共和国注册土木工程师（岩土）执业资格注册证书》，从事岩土工程工作的专业技术人员。

第四条 建设部、人事部、国务院各有关部门和省、自治区、直辖市人民政府建设行政部门、人事行政部门依照本规定对注册土木工程师（岩土）执业资格的考试、注册和执业进行指导、监督和检查。

第五条 全国勘察设计注册工程师管理委员会下设全国勘察设计注册工程师岩土工程专业管理委员会（以下简称岩土工程专业委员会），由建设部、人事部和国务院各有

关部门及岩土工程专业的专家组成，具体负责注册土木工程师（岩土）执业资格的考试和注册等工作。

各省、自治区、直辖市的勘察设计注册工程师管理委员会，负责本地区注册土木工程师（岩土）执业资格的考试组织、取得资格人员的管理和办理注册手续等具体工作。

第二章 考试与注册

第六条 注册土木工程师（岩土）执业资格考试实行全国统一大纲、统一命题、统一组织的办法，原则上每年举行一次。

第七条 岩土工程专业委员会受建设部委托负责拟定岩土工程专业考试大纲和命题、编写培训教材或指定考试用书等工作，统一规划考前培训工作。全国勘察设计注册工程师管理委员会负责审定考试大纲、年度试题、评分标准与合格标准。

第八条 注册土木工程师（岩土）执业资格考试由基础考试和专业考试组成。

第九条 凡中华人民共和国公民，遵守国家法律、法规，恪守职业道德，并具备相应专业教育和职业实践条件者，均可申请参加注册土木工程师（岩土）执业资格考试。

第十条 注册土木工程师（岩土）执业资格考试合格者，由省、自治区、直辖市人事行政部门颁发人事部统一印制，人事部、建设部用印的《中华人民共和国注册土木工程师（岩土）执业资格证书》。

第十一条 取得《中华人民共和国注册土木工程师（岩土）执业资格证书》者，应向所在省、自治区、直辖市勘察设计注册工程师管理委员会提出申请，由该委员会向岩土工程专业委员会报送办理注册的有关材料。

第十二条 由岩土工程专业委员会向准予注册的申请人核发由全国勘察设计注册工程师管理委员会统一制作的《中华人民共和国注册土木工程师（岩土）执业资格注册证书》和执业印章，经注册后，方可在规定的业务范围内执业。

岩土工程专业委员会应将准予注册的注册土木工程师（岩土）名单报全国勘察设计注册工程师管理委员会备案。

第十三条 注册土木工程师（岩土）执业资格注册有效期为 2 年。有效期满需继续执业的，应在期满前 30 日内办理再次注册手续。

第十四条 有下列情形之一的，不予注册：

（一）不具备完全民事行为能力的；

（二）在从事岩土工程或相关业务中犯有错误，受到行政处罚或者撤职以上行政处分，自处罚、处分决定之日起至申请注册之日不满 2 年的；

（三）因受刑事处罚，自处罚完毕之日起至申请注册之日不满 5 年的；

（四）国务院各有关部门规定的不予注册的其他情形。

第十五条 岩土工程专业委员会依照本规定第十四条决定不予注册的，应自决定之日起 15 个工作日内书面通知申请人。如有异议，申请人可自收到通知之日起 15 个工作日内向全国勘察设计注册工程师管理委员会提出申诉。

第十六条 注册土木工程师（岩土）注册后，有下列情形之一的，由岩土工程专业委员会撤销其注册：

（一）完全丧失民事行为能力的；

（二）受刑事处罚的；

（三）因在岩土工程业务中造成工程事故，受到行政处罚或者撤职以上行政处分的；

（四）经查实有与注册规定不符的；

（五）严重违反职业道德规范的。

第十七条 被撤销注册人员对撤销注册有异议的，可自接到撤销注册通知之日起15个工作日内向全国勘察设计注册工程师管理委员会提出申诉。

第十八条 被撤销注册的人员在处罚期满5年后可依照本规定重新申请注册。

第三章 执　业

第十九条 注册土木工程师（岩土）的执业范围：

（一）岩土工程勘察；

（二）岩土工程设计；

（三）岩土工程咨询与监理；

（四）岩土工程治理、检测与监测；

（五）环境岩土工程和与岩土工程有关的水文地质工程业务；

（六）国务院有关部门规定的其他业务。

第二十条 注册土木工程师（岩土）必须加入一个具有工程勘察或工程设计资质的单位方能执业。

第二十一条 注册土木工程师（岩土）执业，由其所在单位接受委托并统一收费。

第二十二条 因岩土工程技术质量事故造成的经济损失，接受委托单位应承担赔偿责任，并可向签字的注册土木工程师（岩土）追偿。

第二十三条 注册土木工程师（岩土）执业管理和处罚办法由建设部会同有关部门另行规定。

第四章 权利和义务

第二十四条 注册土木工程师（岩土）有权以注册土木工程师（岩土）的名义从事规定的专业活动。

第二十五条 在岩土工程勘察、设计、咨询及相关专业工作中形成的主要技术文件，应当由注册土木工程师（岩土）签字盖章后生效。

第二十六条 任何单位和个人修改注册土木工程师（岩土）签字盖章的技术文件，须征得该注册土木工程师（岩土）同意；因特殊情况不能征得签字盖章的注册土木工程师（岩土）同意的，可由其他注册土木工程师（岩土）签字盖章并承担责任。

第二十七条 注册土木工程师（岩土）应履行下列义务：

（一）遵守法律、法规和职业道德，维护社会公众利益；

（二）保证执业工作的质量，并在其负责的技术文件上签字盖章；

（三）保守在执业中知悉的商业技术秘密；

（四）不得同时受聘于两个及以上单位执业；

（五）不得准许他人以本人名义执业。

第二十八条 注册土木工程师（岩土）应按规定接受继续教育，并作为再次注册的依据。

第五章 附 则

第二十九条 在实施注册土木工程师（岩土）执业资格考试之前，对已经达到注册土木工程师（岩土）执业资格条件的，可经特许或考核认定，获得《中华人民共和国注册土木工程师（岩土）执业资格证书》。

第三十条 经国务院有关部门同意，获准在中华人民共和国境内就业的外籍人员及港、澳、台地区的专业人员，符合本规定要求的，也可按规定的程序申请参加考试、注册和执业。

第三十一条 本规定由建设部和人事部按职责分工负责解释。

第三十二条 本规定自发布之日起30日后施行。

注册土木工程师（岩土）执业资格考试实施办法

第一条 建设部、人事部共同负责注册土木工程师（岩土）执业资格考试工作。

全国勘察设计注册工程师管理委员会负责审定考试大纲、年度试题、评分标准与合格标准。

全国勘察设计注册工程师岩土工程专业管理委员会负责审定考试大纲、年度试题、评分标准与合格标准。

全国勘察设计注册工程师岩土工程专业管理委员会（以下简称岩土工程专业委员会）负责具体组织实施考试工作。

考务工作委托人事部人事考试中心负责。各地的考试工作，由当地人事行政部门会同建设行政部门组织实施，具体职责分工由各地协商确定。

第二条 考试分为基础考试和专业考试。参加基础考试合格并按规定完成职业实践年限者，方能报名参加专业考试。专业考试合格后，方可获得《中华人民共和国注册土木工程师（岩土）执业资格证书》。

第三条 符合《注册土木工程师（岩土）执业资格制度暂行规定》第九条的要求，并具备以下条件之一者，可申请参加基础考试：

（一）取得本专业（指勘查技术与工程、土木工程、水利水电工程、港口航道与海岸工程专业，下同）或相近专业（指地质勘探、环境工程、工程力学专业，下同）大学本科及以上学历或学位。

（二）取得本专业或相近专业大学专科学历，从事岩土工程专业工作满1年。

（三）取得其他工科专业大学本科及以上学历或学位，从事岩土工程专业工作满1年。

第四条 基础考试合格，并具备以下条件之一者，可申请参加专业考试：

（一）取得本专业博士学位，累计从事岩土工程专业工作满2年；或取得相近专业博士学位，累计从事岩土工程专业工作满 3 年。

（二）取得本专业硕士学位，累计从事岩土工程专业工作满 3 年；或取得相近专业硕士学位，累计从事岩土工程专业工作满 4 年。

（三）取得本专业双学士学位或研究生班毕业，累计从事岩土工程专业工作满 4 年；或取得相近专业双学士学位或研究生班毕业，累计从事岩土工程专业工作满 5 年。

（四）取得本专业大学本科学历，累计从事岩土工程专业工作满 5 年；或取得相近专业大学本科学历，累计从事岩土工程专业工作满 6 年。

（五）取得本专业大学专科学历，累计从事岩土工程专业工作满 6 年；或取得相近专业大学专科学历，累计从事岩土工程专业工作满 7 年。

（六）取得其他工科专业大学本科及以上学历或学位，累计从事岩土工程专业工作满 8 年。

第五条 符合下列条件之一者，可免基础考试，只需参加专业考试：

（一）1991 年及以前，取得本专业硕士及以上学位，累计从事岩土工程专业工作满 6 年；或取得相近专业硕士及以上学位，累计从事岩土工程专业工作满 7 年。

（二）1991 年及以前，取得本专业双学士学位或研究生班毕业，累计从事岩土工程专业工作满 7 年；或取得相近专业双学士学位或研究生班毕业，累计从事岩土工程专业工作满 8 年。

（三）1989 年及以前，取得本专业大学本科学历，累计从事岩土工程专业工作满 8 年；或取得相近专业大学本科学历，累计从事岩土工程专业工作满 9 年。

（四）1987 年及以前，取得本专业大学专科学历，累计从事岩土工程专业工作满 9 年；或取得相近专业大学专科学历，累计从事岩土工程专业工作满 10 年。

（五）1985 年及以前，取得其他工科专业大学本科及以上学历或学位，累计从事岩土工程专业工作满 12 年。

（六）1982 年及以前，取得其他工科专业大学专科及以上学历或学位，累计从事岩土工程专业工作满 9 年。

（七）1977 年及以前，取得本专业中专学历或 1972 年及以前取得相近专业中专学历，累计从事岩土工程专业工作满 10 年。

第六条 参加考试由本人提出申请，所在单位审核同意，到当地考试管理机构报名。考试管理机构按规定程序和报名条件审核合格后，发给准考证。应考人员在准考证指定的时间、地点参加考试。

国务院各部门所属单位和中央管理的企业的专业技术人员按属地原则报名参加考试。

第七条 考场原则上设在省会城市，如确需在其他城市设置，须经建设部、人事部批准。

第八条 坚持考试与培训分开的原则，参与命题及考试组织管理的人员不得参加考试培训工作。

第九条 严格执行考试考务工作的有关规章制度，做好试卷命题、印刷、发送过程中的保密工作，严格考场纪律，严禁弄虚作假。对违反规章制度的，按规定严肃处理。

附件

注册土木工程师（岩土）新旧专业对应表

专业划分	新专业名称	旧专业名称
本专业	1. 勘查技术与工程 2. 土木工程 3. 水利水电工程 4. 港口航道与海岸工程	岩土工程 水文物质与工程地质 勘察工程 建筑工程 结构工程 工业与民用建筑 城镇建设 地下工程与隧道工程 桥梁工程 铁道工程 交通工程 公路、城市道路及机场工程 水利水电工程建筑 水利水电工程施工 河川枢纽及水电站建筑物 河流泥沙与治河工程 水工结构工程 港口及航道工程 港口水工建筑 海岸与海洋工程
相近专业	1. 地质勘探 2. 环境工程 3. 工程力学	煤田地质勘查 地质矿产勘察 采矿工程 探矿工程 矿井建设 钻井工程 地球化学与勘查 应用地球物理 勘查地球物理 矿场地球物理 石油地质勘察 环境工程 农业建筑与环境 工程力学
其他专业	除本专业和相近专业外的工科专业	

注：表中"新专业名称"指中华人民共和国教育部高等教育司1998年颁布的《普通高等学校本科专业目录》中规定的专业名称；"旧专业名称"指1998年《普通高等学校本科专业目录》颁布前各院校所采用的专业名称。

注册土木工程师（岩土）执业资格考核认定办法

一、考核认定条件

评聘工程类高级专业技术职务，职业道德行为良好，并具备下列条件（一）或条件（二）的人员。

（一）同时具备下列1、2两项中的各一项条件者。

1. 学历和职业年限：

（1）1970年及以前，取得本专业大学本科学历，累计从事岩土工程技术工作满15年；或取得相近专业大学本科学历，累计从事本专业技术工作满20年。

（2）1970年及以前，取得本专业大学专科学历，累计从事岩土工程技术工作满20年；或取得相近专业大学专科学历，累计从事本专业技术工作满25年。

（3）1970年及以前，取得本专业中专学历，累计从事岩土工程技术工作满25年；或取得相近专业中专学历，累计从事岩土工程技术工作满30年。

2. 技术业绩和资历：

（1）担任项目技术负责人，完成工程勘察资质分级标准中甲级民用建筑工程项目6级及以上或大型工业项目3项及以上的岩土工程。

（2）在具有甲级工程勘察资质的勘察设计单位中，担任有关岩土工程方面的正、副总工程师满5年。

（二）1970年以后，取得本专业大学本科及以上学历或学位，从事岩土工程技术工作满15年，并获得全国优秀工程勘察奖项目或本专业国家级科技进步奖项目的主要技术负责人，或获得2项及以上省部级有关岩土工程的优秀工程勘察、科技进步一、二、三等奖项目的主要技术负责人。

二、考核认定程序

（一）符合考核认定条件的工程技术人员由所在单位向单位工商注册所在地的省、自治区、直辖市建设行政部门推荐，其中铁道部、水利部所属的甲、乙级勘察设计单位分别向铁道部、水利部主管勘察设计的部门推荐，军队系统勘察设计单位向总后基建营房部推荐。

（二）各省、自治区、直辖市建设行政部门和铁道部、水利部主管勘察设计的部门、总后基建营房部对本地区、本部门勘察设计单位的申报人员进行审核，经本地区、本部门人事（职改）部门、总政干部部复核后提出推荐名单，报全国勘察设计注册师工程岩土工程专业管理委员会（以下简称岩土工程专业委员会）初审。

（三）岩土工程专业委员会负责初审通过人员的测试管理工作，各省、自治区、直辖市建设行政部门负责所辖地区初审通过人员的测试工作，并将测试成绩报岩土工程专业委员会。

（四）岩土工程专业委员会将初审结果和测试成绩汇总后上报全国勘察设计注册工程师管理委员会。全国勘察设计注册工程师管理委员会根据初审结果和测试成绩进行终审，报人事部、建设部批准后，由全国勘察设计注册工程师管理委员会统一公布通过考核认定获得《中华人民共和国注册土木工程师（岩土）执业资格证书》人员的名单。

三、申报考核认定应提供下列材料

（一）各省、自治区、直辖市建设行政部门和铁道部、水利部、总后基建营房部等主管勘察设计部门的意见函；

（二）注册土木工程师（岩土）执业资格考核认定申报表；

（三）学历或学位证书、高级专业技术职务证书的复印件，担任正、副总工程师职务的任命文件复印件，获奖证书的复印件；

（四）所在单位出具的职业道德证明。

四、申报时间及要求

（一）各省、自治区、直辖市建设行政部门和铁道部、水利部主管勘察设计和人事行政部门、总政干部部和总后基建营房部，应于2002年7月30日前，将审核和复核合格人员材料报岩土工程专业委员会。

（二）已通过特许或考核认定的方式取得其他工程类专业执业资格的人员，一律不得申报注册土木工程师（岩土）执业资格的考核认定。

（三）各地区和有关部门应严格按照规定的条件和程序，认真做好申报、审核和复核工作。凡不认真把关或弄虚作假的，停止该地区或部门的申报权和个人的申报资格。

（四）各地区和有关部门在审核、复核时，应核查各类证书的原件。向岩土工程专业委员会报送的各类证书复印件应由所在单位人事（干部）部门负责人签署意见并加盖单位印章。

人事部、建设部、交通部关于印发《注册土木工程师（港口与航道工程）执业资格制度暂行规定》、《注册土木工程师（港口与航道工程）执业资格考试实施办法》和《注册土木工程师（港口与航道工程）执业资格考核认定办法》的通知

（人发〔2003〕27号　2003年3月31日）

各省、自治区、直辖市人事厅（局）、建设厅（建委、规委）、交通厅（局、委），国务院各部委、各直属机构人事（干部）部门，总政干部部、总后基建营房部，中央管理的有关企业：

根据《人事部、建设部关于发布〈勘察设计注册工程师制度总体框架及实施规划〉及〈全国勘察设计注册工程师管理委员会组成人员名单〉的通知》（人发〔2001

5号）要求，现将《注册土木工程师（港口与航道工程）执业资格制度暂行规定》、《注册土木工程师（港口与航道工程）执业资格考试实施办法》和《注册土木工程师（港口与航道工程）执业资格考核认定办法》印发给你们，请遵照执行。

附件：1. 注册土木工程师（港口与航道工程）执业资格新旧专业对照表
2. 中华人民共和国注册土木工程师（港口与航道工程）执业资格考核认定申报表（略）

注册土木工程师（港口与航道工程）执业资格制度暂行规定

第一章　总　则

第一条　为加强对港口与航道工程专业设计人员的管理，保证工程质量，维护社会公共利益和人民生命财产安全，依据《中华人民共和国建筑法》、《建设工程勘察设计管理条例》等法律法规和国家有关执业资格制度的规定，制定本规定。

第二条　本规定适用于从事港口与航道工程（包括港口工程、航道工程、通航建筑工程、修造船厂水工工程等）设计及相关业务的专业技术人员。

第三条　国家对从事港口与航道工程设计活动的专业技术人员实行执业资格制度，纳入全国专业技术人员执业资格制度统一规划。

第四条　本规定所称注册土木工程师（港口与航道工程），是指取得《中华人民共和国注册土木工程师（港口与航道工程）执业资格证书》和《中华人民共和国注册土木工程师（港口与航道工程）执业资格注册证书》，从事港口与航道工程设计及相关业务的专业技术人员。

第五条　建设部、人事部、交通部和省、自治区、直辖市人民政府建设行政部门、人事行政部门、交通行政部门等依照本规定对注册土木工程师（港口与航道工程）执业资格工作的考试、注册和执业进行指导、监督和检查。

第六条　全国勘察设计注册工程师管理委员会下设全国勘察设计注册工程师港口与航道工程专业管理委员会（以下简称港口与航道工程专业委员会），由交通部负责组建，人事部、建设部、交通部等国务院有关部门及港口与航道工程专业的专家组成，具体负责注册土木工程师（港口与航道工程）执业资格的考试、注册和管理等工作。

各省、自治区、直辖市的勘察设计注册工程师管理委员会，负责本地区注册土木工程师（港口与航道工程）执业资格的考试组织、取得资格人员的管理和办理注册申报等具体工作。

第二章　考　试

第七条　注册土木工程师（港口与航道工程）执业资格考试实行全国统一大纲、统一命题的考试制度，原则上每年举行一次。

第八条　港口与航道工程专业委员会负责拟定港口与航道工程专业考试大纲和命题、建立并管理考试试题库、组织阅卷评分、提出评分标准和合格标准建议。全国勘察设计注册工程师管理委员会负责审定考试大纲、年度试题、评分标准与合格标准。

第九条 注册土木工程师（港口与航道工程）执业资格考试由基础考试和专业考试组成。

第十条 凡中华人民共和国公民，遵守国家法律、法规，恪守职业道德，并具备相应专业教育和职业实践条件者，均可申请参加注册土木工程师（港口与航道工程）执业资格考试。

第十一条 注册土木工程师（港口与航道工程）执业资格考试合格者，由省、自治区、直辖市人事行政部门颁发人事部统一印制，人事部、建设部、交通部用印的《中华人民共和国注册土木工程师（港口与航道工程）执业资格证书》。

第三章 注 册

第十二条 取得《中华人民共和国注册土木工程师（港口与航道工程）执业资格证书》者，可向所在省、自治区、直辖市勘察设计注册工程师管理委员会提出申请，由该委员会向港口与航道工程专业委员会报送办理注册的有关材料。

第十三条 港口与航道工程专业委员会向准予注册的申请人核发由建设部统一制作，全国勘察设计注册工程师管理委员会和港口与航道工程专业委员会用印的《中华人民共和国注册土木工程师（港口与航道工程）执业资格注册证书》和执业印章。申请人经注册后，方可在规定的业务范围内执业。

港口与航道工程专业委员会应将准予注册的注册土木工程师（港口与航道工程）名单报全国勘察设计注册工程师管理委员会备案。

第十四条 注册土木工程师（港口与航道工程）执业资格注册的有效期为2年。有效期满需继续执业的，应在期满前30天内办理再次注册手续。

第十五条 有下列情形之一的，不予注册：

（一）不具备完全民事行为能力的；

（二）在从事港口与航道工程或相关业务中犯有错误，受到行政处罚或者撤职以上行政处分，自处罚、处分决定之日起至申请注册之日不满2年的；

（三）自受刑事处罚完毕之日起至申请注册之日不满5年的；

（四）国务院有关部门规定的不予注册的其他情形。

第十六条 港口与航道工程专业委员会依照本规定第十五条决定不予注册的，应自决定之日起15个工作日内书面通知申请人。如有异议，申请人可自收到通知之日起15个工作日内向全国勘察设计注册工程师管理委员会提出申诉。

第十七条 注册土木工程师（港口与航道工程）注册后，有下列情形之一的，由港口与航道工程专业委员会撤销其注册：

（一）不具备完全民事行为能力的；

（二）受刑事处罚的；

（三）在港口与航道工程设计和相关业务中造成工程事故，受到行政处罚或者撤职以上行政处分的；

（四）经查实有与注册规定不符的；

（五）严重违反职业道德规范的。

第十八条　被撤销注册人员对撤销注册有异议的，可自接到撤销注册通知之日起15个工作日内向全国勘察设计注册工程师管理委员会提出申诉。

第十九条　被撤销注册的人员在处罚期满5年后可依照本规定重新申请注册。

第四章　执　业

第二十条　注册土木工程师（港口与航道工程）的执业范围：

（一）港口与航道工程设计；

（二）港口与航道工程技术咨询；

（三）港口与航道工程的技术调查和鉴定；

（四）港口与航道工程的项目管理业务；

（五）对本专业设计项目的施工进行指导和监督；

（六）国务院有关部门规定的其他业务。

第二十一条　注册土木工程师（港口与航道工程）只能受聘于一个具有工程设计资质的单位。

第二十二条　注册土木工程师（港口与航道工程）执业由其所在单位接受委托并统一收费。

第二十三条　因港口与航道工程设计质量事故及相关业务造成的经济损失，接受委托单位应承担赔偿责任，并有权根据合约向签字盖章的注册土木工程师（港口与航道工程）追偿。

第二十四条　注册土木工程师（港口与航道工程）执业管理和处罚办法由交通部会同建设部另行制定。

第五章　权利和义务

第二十五条　注册土木工程师（港口与航道工程）有权以注册土木工程师（港口与航道工程）的名义从事规定的专业活动。

第二十六条　在港口与航道工程设计、咨询及相关专业工作中形成的主要技术文件，应当由注册土木工程师（港口与航道工程）签字盖章后生效。

第二十七条　任何单位和个人修改注册土木工程师（港口与航道工程）签字盖章的技术文件，须征得该注册土木工程师（港口与航道工程）同意；因特殊情况不能征得其同意的，可由其他注册土木工程师（港口与航道工程）签字盖章并承担责任。

第二十八条　注册土木工程师（港口与航道工程）应履行下列义务：

（一）遵守法律、法规和职业道德，维护社会公众利益；

（二）保证执业工作的质量，并在其负责的技术文件上签字盖章；

（三）保守在执业中知悉的商业技术秘密；

（四）不得同时受聘于两个及以上单位执业；

（五）不得准许他人以本人名义执业。

第二十九条　注册土木工程师（港口与航道工程）应按规定接受继续教育，并作为再次注册的依据条件之一。

第六章 附 则

第三十条 在实施注册土木工程师（港口与航道工程）执业资格考试之前，已经达到注册土木工程师（港口与航道工程）执业资格条件的，可经考核认定，获得《中华人民共和国注册土木工程师（港口与航道工程）执业资格证书》。

第三十一条 经国务院有关部门同意，获准在中华人民共和国境内就业的外籍人员及港、澳、台地区的专业人员，符合本规定要求的，可按规定的程序申请参加考试、注册和执业。

第三十二条 水运工程设计的单位配备注册土木工程师（港口与航道工程）的具体办法，由建设部商交通部另行规定。

注册土木工程师（港口与航道工程）签字盖章生效的技术文件种类及管理办法由港口与航道工程专业委员会制定。

第三十三条 本规定自 2003 年 5 月 1 日起施行。

注册土木工程师（港口与航道工程）执业资格考试实施办法

第一条 建设部、人事部和交通部共同负责注册土木工程师（港口与航道工程）执业资格考试工作。

第二条 全国勘察设计注册工程师管理委员会负责审定考试大纲、年度试题、评分标准与合格标准。

全国勘察设计注册工程师港口与航道工程专业管理委员会（以下简称港口与航道工程专业委员会）负责具体组织实施考试工作。

考务工作委托人事部人事考试中心负责。各地的考试工作，由当地人事行政部门会同建设行政部门组织实施，具体职责分工由各地协商确定。

第三条 考试分为基础考试和专业考试。参加基础考试合格并按规定完成职业实践年限者，方能报名参加专业考试。专业考试合格后，方可获得《中华人民共和国注册土木工程师（港口与航道工程）执业资格证书》。

第四条 符合《注册土木工程师（港口与航道工程）执业资格制度暂行规定》第十条要求，并具备以下条件之一者，可申请参加基础考试：

（一）取得本专业（指港口航道与海岸工程专业，详见附件1，下同）或相近专业（指船舶与海洋工程、水利水电工程、土木工程专业，详见附件1，下同）大学本科及以上学历或学位。

（二）取得本专业或相近专业大学专科学历后，累计从事港口与航道工程设计工作满1年。

（三）取得其他工科专业大学本科及以上学历或学位后，累计从事港口与航道工程设计工作满1年。

第五条 基础考试合格，并具备以下条件之一者，可申请参加专业考试：

（一）取得本专业博士学位后，累计从事港口与航道工程设计工作满2年；或取得相近专业博士学位后，累计从事港口与航道工程设计工作满 3 年。

（二）取得本专业硕士学位后，累计从事港口与航道工程设计工作满 3 年；或取得相近专业硕士学位后，累计从事港口与航道工程设计工作满 4 年。

（三）取得含本专业在内的双学士学位或本专业研究生班毕业后，累计从事港口与航道工程设计工作满 4 年；或取得相近专业双学士学位或研究生班毕业后，累计从事港口与航道工程设计工作满 5 年。

（四）取得通过本专业教育评估的大学本科学历或学位后，累计从事港口与航道工程设计工作满 4 年；或取得未通过本专业教育评估的大学本科学历或学位后，累计从事港口与航道工程设计工作满 5 年；或取得相近专业大学本科学历或学位后，累计从事港口与航道工程设计工作满 6 年。

（五）取得本专业大学专科学历后，累计从事港口与航道工程设计工作满 6 年；或取得相近专业大学专科学历后，累计从事港口与航道工程设计工作满 7 年。

（六）取得其他工科专业大学本科及以上学历或学位后，累计从事港口与航道工程设计工作满 8 年。

第六条 截止到 2002 年 12 月 31 日前，符合下列条件之一者，可免基础考试，只需参加专业考试：

（一）取得本专业博士学位后，累计从事港口与航道工程设计工作满 5 年；或取得相近专业博士学位后，累计从事港口与航道工程设计工作满 6 年。

（二）取得本专业硕士学位后，累计从事港口与航道工程设计工作满 6 年；或取得相近专业硕士学位后，累计从事港口与航道工程设计工作满 7 年。

（三）取得含本专业在内的双学士学位或本专业研究生班毕业后，累计从事港口与航道工程设计工作满 7 年；或取得相近专业双学士学位或研究生班毕业后，累计从事港口与航道工程设计工作满 8 年。

（四）取得本专业大学本科学历或学位后，累计从事港口与航道工程专业设计工作满 8 年；或取得相近专业大学本科学历或学位后，累计从事港口与航道工程设计工作满 9 年。

（五）取得本专业大学专科学历后，累计从事港口与航道工程设计工作满 9 年；或取得相近专业大学专科学历后，累计从事港口与航道工程设计工作满 10 年。

（六）取得其他工科专业大学本科及以上学历或学位后，累计从事港口与航道工程设计工作满 12 年。

（七）取得其他工科专业大学专科学历后，累计从事港口与航道工程设计工作满 15 年。

（八）取得本专业中专学历后，累计从事港口与航道工程设计工作满 25 年；或取得相近专业中专学历后，累计从事港口与航道工程设计工作满 30 年。

第七条 参加考试由本人提出申请，所在单位审核同意，到当地考试管理机构报名。考试管理机构按规定程序和报名条件审核合格后，发给准考证。参加考试人员在准考证指定的时间、地点参加考试。

国务院各部门所属单位和中央管理的企业的专业技术人员按属地原则报名参加考试。

第八条 考点原则上设在省会城市和直辖市，如确需在其他城市设置，须经人事部、建设部和交通部批准。

第九条 坚持考试与培训分开的原则。考试工作人员要认真执行考试回避制度，参加命题和考试组织管理的人员，不得参与考试有关的培训工作和参加考试。

第十条 严格执行考试考务工作的有关规章制度，做好试卷命题、印刷、发送过程中的保密工作，严格遵守保密制度，严禁泄密。

第十一条 严肃考场纪律，严禁弄虚作假，对违反考试纪律和有关规定者，要严肃处理，并追究当事人和领导责任。

注册土木工程师（港口与航道工程）执业资格考核认定办法

一、考核认定条件

本办法下发之日前，长期从事港口与航道工程设计岗位工作，评聘为工程类高级专业技术职务，职业道德行为良好，身体健康，并符合下列条件之一的人员。

（一）中国科学院院士或中国工程院院士。

（二）全国工程设计大师。

（三）1983年12月31日前，取得大学本科及以上学历或学位，累计从事港口与航道工程设计工作满15年，并获得全国优秀工程设计项目金、银奖或有关港口与航道工程国家级科技进步奖项目的主要技术负责人，年龄在70周岁（含）以下，且具备下列一项条件：

1. 在具有甲级工程设计资质的设计单位中，担任正、副总工程师（负责港口与航道工程技术工作）职务满5年。

2. 受聘担任注册土木工程师（港口与航道工程）执业资格考试大纲编写、考题设计的专家。

（四）具备下列条件1或条件2，并参加专业测试成绩合格的人员。

1. 同时具备下列（1）和（2）项中的各一项条件者。

（1）学历和职业年限：

①1983年12月31日前，取得本专业大学本科学历或学位，累计从事港口与航道工程设计工作满15年；或取得相近专业大学本科学历或学位，累计从事港口与航道工程设计工作满20年。

②1983年12月31日前，取得本专业大学专科学历，累计从事港口与航道工程设计工作满20年；1978年12月31日前，取得相近专业大学专科学历，累计从事港口与航道工程设计工作满25年。

③1978年12月31日前，取得本专业中专学历，累计从事港口与航道工程设计工作满25年；1973年12月31日前，取得相近专业中专学历，累计从事港口与航道工程设计工作满30年。

（2）技术业绩和资历：

①担任港口与航道工程项目总平面专业或水工结构专业技术负责人，完成工程设计

资质分级标准中大型港口与航道工程项目2项及以上,或大型港口与航道工程项目1项和中型项目3项及以上,或中型港口与航道工程项目6项及以上。

②在具有甲级水运工程设计资质的单位中,担任总平面或水工结构的正、副总工程师职务满5年。

③在具有乙级水运工程设计资质的单位中,担任总平面或水工结构的正、副总工程师职务满7年。

2. 1983年以后,取得本专业大学本科及以上学历或学位后,累计从事港口与航道工程设计工作满15年,并获得全国优秀工程设计奖项目(港口与航道工程)或本专业国家级科技进步奖项目的主要技术负责人,或获得2项及以上省部级有关港口与航道工程的优秀工程设计、本专业科技进步一、二、三等奖项目的主要技术负责人。

二、考核认定程序

(一)符合考核认定条件的工程设计人员由所在单位向单位工商注册所在地的省、自治区、直辖市建设行政部门推荐,军队系统勘察设计单位向总后基建营房部推荐。

(二)各省、自治区、直辖市建设行政部门和总后基建营房部对本地区、本部门勘察设计单位的申报人员进行审核,并经本地区、本部门人事(职改)行政部门、总政干部部复审后提出推荐名单,报全国勘察设计注册工程师港口与航道工程专业管理委员会(以下简称港口与航道工程专业委员会)初审。

(三)港口与航道工程专业委员会负责初审通过人员的测试管理工作。各省、自治区、直辖市建设行政部门负责所辖地区初审通过人员的具体测试工作,并将测试成绩报港口与航道工程专业委员会。

(四)港口与航道工程专业委员会将初审结果和测试成绩汇总后上报全国勘察设计注册工程师管理委员会。全国勘察设计注册工程师管理委员会根据初审结果和测试成绩进行终审,报人事部、建设部和交通部批准后,由全国勘察设计注册工程师管理委员会公布通过考核认定获得《中华人民共和国注册土木工程师(港口与航道工程)执业资格证书》人员的名单。

三、考核认定申报材料

(一)各省、自治区、直辖市建设行政部门和总后基建营房部等主管勘察设计部门的意见函。

(二)注册土木工程师(港口与航道工程)执业资格考核认定申报表(附件2)。

(三)中国科学院院士、中国工程院院士或全国设计大师应提供院士或大师证书复印件。其他人员应提供以下证明材料的复印件:学历或学位证书、高级专业技术职务证书,获奖证书,获奖项目的主要设计文件或图纸签署证明,担任正、副总工程师职务的任命文件。

(四)所在单位出具的职业道德证明和获奖单位出具的获奖项目主要技术负责人证明。

四、申报时间及要求

(一)各省、自治区、直辖市建设行政部门和人事部门、总后基建营房部和总政干部部，应于 2003 年 5 月 31 日前，将审核和复核合格人员材料报港口与航道工程专业委员会。

（二）通过特许或考核认定的方式取得其他专业执业资格的人员，一律不得申报注册土木工程师（港口与航道工程）执业资格的考核认定。

（三）各地区和有关部门应严格按照规定的条件和程序，认真做好申报、审核和复核工作。凡不认真把关或弄虚作假的，停止该地区或部门的申报权和个人的申报资格。

（四）各地区和有关部门在审核、复核时，应核查各类证书及相关证明文件的原件。向港口与航道工程专业委员会报送的各类证书及相关证明文件复印件应由所在单位人事（干部）部门负责人签署意见并加盖单位印章。

附件1

注册土木工程师（港口与航道工程）执业资格新旧专业对照表

专业划分	新专业名称	旧专业名称
本专业	港口航道与海岸工程	港口及航道工程 港口水工建筑工程 海岸与海洋工程 水道及港口工程 港口建筑工程 港口航道及海岸工程 港口、海岸及近岸工程 航道（或整治）工程
相近专业	船舶与海洋工程 水利水电工程 土木工程	水利水电工程建筑 水利水电工程施工 河川枢纽及水电站建筑物 河流泥沙与治河工程 水工结构工程 建筑工程 结构工程 工业与民用建筑 城镇建设 地下工程与隧道工程 桥梁工程 铁道工程 交通工程 公路、城市道路及机场工程
其他工科专业	除本专业和相近专业外的工科专业	

注：表中"新专业名称"指中华人民共和国教育部高等教育司1998年颁布的《普通高等学校本科专业目录》中规定的专业名称；"旧专业名称"指1998年《普通高等学校本科专业目录》颁布前各院校所采用的专业名称。

人事部、建设部、水利部关于印发《注册土木工程师（水利水电工程）制度暂行规定》、《注册土木工程师（水利水电工程）资格考试实施办法》和《注册土木工程师（水利水电工程）资格考核认定办法》的通知

(国人部发〔2005〕58号 2005年7月14日)

各省、自治区、直辖市人事厅（局）、建设厅（建委、规委）、水利（水务）厅（局），国务院各部委、各直属机构人事部门，总政干部部，总后基建营房部，新疆生产建设兵团建设局、水利局，中央管理的企业：

根据《中华人民共和国建筑法》和《建设工程勘察设计管理条例》有关规定，我们制定了勘察设计行业《注册土木工程师（水利水电工程）制度暂行规定》、《注册土木工程师（水利水电工程）资格考试实施办法》和《注册土木工程师（水利水电工程）资格考核认定办法》，现印发给你们，请遵照执行。

附件：1. 注册土木工程师（水利水电工程）新旧专业参照表
      2. 中华人民共和国注册土木工程师（水利水电工程）资格考核认定申报表
      （略）

注册土木工程师（水利水电工程）制度暂行规定

第一章 总 则

第一条 为加强对水利水电工程勘察、设计人员的管理，保证工程质量，维护社会公共利益和人民生命财产安全，依据《中华人民共和国建筑法》、《建设工程勘察设计管理条例》等法律法规和国家职业资格证书制度有关规定，制定本规定。

第二条 本规定适用于从事水利水电工程（包括水利枢纽、水电站、抽水蓄能电站、引调水、灌溉排涝、城市防洪工程、围垦工程、河道治理工程、水土保持等）勘察、设计及相关业务的专业技术人员。

第三条 国家对从事水利水电工程勘察、设计活动的专业技术人员，实行职业准入制度，纳入全国专业技术人员职业资格证书制度统一规划。

第四条 本规定所称注册土木工程师（水利水电工程），是指经考试取得《中华人民共和国注册土木工程师（水利水电工程）资格证书》（以下简称资格证书），并依法

注册取得《中华人民共和国注册土木工程师（水利水电工程）注册执业证书》（以下简称注册证书）和执业印章，从事水利水电工程勘察、设计及相关业务的专业技术人员。

注册土木工程师（水利水电工程）英文译为：Registered engineer of Civil engineering (Water resources & Hydropower)。

第五条 建设部、人事部、水利部共同负责注册土木工程师（水利水电工程）制度工作，并按职责分工对该制度的实施进行指导、监督和检查。

县级以上地方人民政府建设行政主管部门、水利行政主管部门按照职责分工对本行政区域内注册土木工程师（水利水电工程）资格的注册、执业活动实施监督管理；县级以上人民政府人事行政部门对本行政区域内的注册土木工程师（水利水电工程）制度进行监督检查。

第二章 考 试

第六条 注册土木工程师（水利水电工程）资格实行全国统一大纲、统一命题的考试制度，原则上每年举行一次。

注册土木工程师（水利水电工程）资格考试由基础考试和专业考试两部分组成。

第七条 建设部、水利部组织成立水利水电工程专业专家委员会，该委员会负责拟定水利水电工程专业的考试大纲和试题，建立并管理考试试题库，组织评阅卷工作，提出评分标准和合格标准建议。

建设部、水利部、人事部组织专家审定考试大纲、试题、评分标准与合格标准。

第八条 凡中华人民共和国公民，遵守国家法律、法规，恪守职业道德，并具备相应专业教育和职业实践条件者，均可申请参加注册土木工程师（水利水电工程）资格考试。

第九条 资格考试合格者，由人事部、建设部、水利部委托省、自治区、直辖市人民政府人事行政部门，颁发人事部统一印制，人事部、建设部和水利部用印的《中华人民共和国注册土木工程师（水利水电工程）资格证书》。

第十条 对以不正当手段取得注册土木工程师（水利水电工程）资格证书的，由省、自治区、直辖市人民政府人事行政部门收回资格证书，3 年内不得再次参加注册土木工程师（水利水电工程）资格考试。

第三章 注 册

第十一条 注册土木工程师（水利水电工程）资格实行注册执业管理制度。取得资格证书的人员，必须经过注册，方可以注册土木工程师（水利水电工程）的名义执业。

第十二条 建设部、水利部为注册土木工程师（水利水电工程）资格注册审批机构。省、自治区、直辖市人民政府建设行政主管部门为注册土木工程师（水利水电工程）资格注册的审查机构。

第十三条 取得资格证书并申请注册的人员，应受聘于一个具有建设工程勘察、设计资质的单位，并通过聘用单位向本单位工商注册所在地的省、自治区、直辖市人民政府建设行政主管部门提出注册申请。

第十四条 省、自治区、直辖市人民政府建设行政主管部门，在收到申请人的申请材料后，对申请材料不齐全或者不符合法定形式的，应当当场或在 5 个工作日内，一次告知申请人需要补正的全部内容，逾期不告知的，自收到申请材料之日起即为受理。

对受理或者不予受理的注册申请，均应出具加盖省、自治区、直辖市人民政府建设行政主管部门专用印章和注明日期的书面凭证。

第十五条　省、自治区、直辖市人民政府建设行政主管部门自受理之日起 20 个工作日内，按规定条件和程序完成申报材料的审查工作，并将申报材料和审查意见送建设部、水利部审批。

建设部、水利部自受理审查申报人员材料之日起 45 个工作日内共同作出批准决定。对作出不予批准决定的，应当书面说明理由，并告知申请人享有依法申请行政复议或提起行政诉讼的权利。在规定的期限内不能作出批准决定的，应将延长期限的理由告知申请人。

建设部、水利部应当自作出批准决定之日起 10 个工作日内，将批准决定送达经批准注册的申请人。核发统一制作和用印的注册证书和执业印章。

第十六条　注册土木工程师（水利水电工程）每一注册有效期为 3 年。注册证书和执业印章在有效期限内是注册土木工程师（水利水电工程）的执业凭证，由注册土木工程师（水利水电工程）本人保管、使用。

第十七条　初始注册者，可自取得资格证书之日起 3 年内提出注册申请。逾期未申请者，在申请初始注册时，须符合本规定继续教育要求。

初始注册需要提交下列材料：

（一）《中华人民共和国注册土木工程师（水利水电工程）注册申请表》；

（二）《中华人民共和国注册土木工程师（水利水电工程）资格证书》；

（三）与聘用单位签订的劳动合同；

（四）逾期申请注册人员的继续教育证明材料。

第十八条　注册有效期届满需继续执业的，应在届满前 30 个工作日，按照本规定第十三条规定的程序申请延续注册。审批机构应当根据申请人的申请，在规定的时限内作出准予延续注册的决定；逾期未作出决定的，视为准予延续。

延续注册需要提交下列材料：

（一）《中华人民共和国注册土木工程师（水利水电工程）延续注册申请表》；

（二）与聘用单位签订的劳动合同；

（三）达到注册期内继续教育要求的证明材料。

第十九条　在注册有效期内，注册土木工程师（水利水电工程）变更执业单位，应与原聘用单位解除劳动关系，并按本规定第十三条规定的程序办理变更注册手续。变更注册后，其注册证书和执业印章在原注册有效期限内继续有效。

变更注册需要提交下列材料：

（一）《中华人民共和国注册土木工程师（水利水电工程）变更注册申请表》；

（二）与新聘用单位签订的劳动合同；

（三）工作调动证明或与原聘用单位解除劳动合同的证明、退休人员的退休证明。

第二十条　注册土木工程师（水利水电工程）有下列情形之一的，其注册证书和执业印章失效：

（一）聘用单位破产的；

（二）聘用单位被吊销营业执照的；

（三）聘用单位被吊销建设工程勘察、设计资质证书的；

（四）与聘用单位解除劳动关系的；

（五）注册有效期满且未延续注册的；

（六）丧失行为能力、死亡或被宣告失踪的；

（七）注册失效的其他情形。

第二十一条 注册土木工程师（水利水电工程）有下列情形之一的，应由注册土木工程师（水利水电工程）本人和聘用单位及时向当地省、自治区、直辖市人民政府建设主管部门提出申请，由建设部会同水利部审核批准后，办理注销手续，收回注册证书和执业印章。

按规定程序办理注销手续：

（一）不具备完全民事行为能力的；

（二）申请注销注册的；

（三）有本规定第二十条所列情形的；

（四）不符合规定条件取得注册的；

（五）被依法撤销注册的；

（六）受到刑事处罚的；

（七）应当注销注册的其他情形。

第二十二条 注册申请人有下列情形之一的，不予注册：

（一）不具有完全民事行为能力的；

（二）刑事处罚尚未执行完毕的；

（三）因从事工程勘察、设计或相关业务受到刑事处罚，自刑事处罚执行完毕之日起至申请注册之日止不满2年的；

（四）法律、法规规定不予注册的其他情形。

第二十三条 对被注销注册或不予注册的人员，在重新具备初始注册条件，并符合本规定继续教育要求的，可按本规定第十三条规定的程序申请注册。

第二十四条 注册审批机构应及时向社会公告注册有关情况。当事人对注销注册或不予注册有异议的，可依法申请行政复议或提起行政诉讼。

第四章 执 业

第二十五条 注册土木工程师（水利水电工程）应在一个具有建设工程勘察设计资质的单位，进行水利水电工程勘察、设计执业活动。

第二十六条 注册土木工程师（水利水电工程）的执业范围：

（一）水利水电工程勘察、设计；

（二）水利水电工程技术咨询；

（三）水利水电工程招标、采购咨询；

（四）水利水电工程的项目管理；
（五）对本专业勘察、设计项目的施工进行指导和监督；
（六）国务院有关部门规定的其他业务。

第二十七条 在水利水电工程勘察、设计活动中形成的勘察、设计文件，必须由注册土木工程师（水利水电工程）签字并加盖执业印章后方可生效。需注册土木工程师（水利水电工程）签字盖章的勘察、设计文件种类和办法由建设部会同水利部另行规定。

第二十八条 修改经注册土木工程师（水利水电工程）签字盖章的设计文件，应由该注册土木工程师（水利水电工程）本人进行；因特殊情况，该注册土木工程师（水利水电工程）不能进行修改的，应由其他注册土木工程师（水利水电工程）修改，并签字、加盖执业印章，同时对修改部分承担责任。

第二十九条 注册土木工程师（水利水电工程）从事执业活动，由其所在单位接受委托并统一收费。

因水利水电工程勘察、设计质量事故及相关业务造成的经济损失，接受委托单位应承担赔偿责任。接受委托的单位依法向承担设计责任的注册土木工程师（水利水电工程）追偿。

第三十条 注册土木工程师（水利水电工程）执业管理办法由建设部、水利部另行制定。

第五章 继续教育

第三十一条 继续教育是注册土木工程师（水利水电工程）延续注册、重新申请注册和逾期初始注册的必备条件。在每个注册期内，注册土木工程师（水利水电工程）应按规定完成本专业的继续教育。

第三十二条 注册土木工程师（水利水电工程）继续教育，分必修课和选修课，必修课和选修课均为60学时。继续教育的内容及要求，由建设部会同水利部确定。

第六章 权利和义务

第三十三条 注册土木工程师（水利水电工程）享有下列权利：
（一）使用注册土木工程师（水利水电工程）称谓；
（二）在规定范围内从事执业活动，并履行相应岗位职责；
（三）保管和使用本人的注册证书和执业印章；
（四）对本人在工程勘察、设计领域的活动进行解释和辩护；
（五）接受继续教育；
（六）获得与执业责任相应的劳动报酬；
（七）对侵犯本人权利的行为进行申诉。

第三十四条 注册土木工程师（水利水电工程）应当履行下列义务：
（一）遵守法律、法规和有关管理规定；
（二）执行技术标准和规范；
（三）保证执业活动成果的质量，并承担相应责任；
（四）接受继续教育，努力提高执业水准；

（五）在本人执业活动中完成的主要设计文件上签字、加盖执业印章；

（六）保守在执业中知悉的国家秘密和他人的商业、技术秘密；

（七）不得准许他人以本人名义执业；

（八）在本专业规定的执业范围和聘用单位业务范围内执业。

（九）协助注册管理机构完成相关工作。

第七章 附 则

第三十五条 在本规定下发之日前，对长期从事水利水电工程勘察、设计工作，并符合考核认定条件的专业技术人员，可通过考核认定，获得《中华人民共和国注册土木工程师（水利水电工程）资格证书》。

第三十六条 符合考试报名条件的香港、澳门居民，可申请参加注册土木工程师（水利水电工程）资格考试。申请人在报名时应提交本人身份证明、国务院教育行政部门认可的相应专业学历或学位证书、从事勘察、设计相关专业实践年限证明。台湾地区专业技术人员参加考试的办法另行规定。

外籍专业技术人员，申请参加注册土木工程师（水利水电工程）资格考试、申请注册和执业等管理办法另行制定。

第三十七条 从事水利水电工程勘察、设计活动的单位配备注册土木工程师（水利水电工程）的具体办法，由建设部会同水利部另行规定。

第三十八条 各级相关行政部门及经批准的注册土木工程师（水利水电工程）资格考试等机构，在实施注册土木工程师（水利水电工程）制度过程中，因工作失误，使专业技术人员合法权益受到损害的，应依据《中华人民共和国国家赔偿法》给予相应赔偿，并可向有关责任人追偿。

第三十九条 各级相关部门及经批准的注册土木工程师（水利水电工程）资格考试等机构工作人员，有不履行工作职责，监督不力，或者谋取其他利益等违纪违规行为，并造成不良影响或严重后果的，由其上级相关行政部门责令改正，对直接负责的主管人员和其他直接责任人员依法给予行政处分；构成犯罪的，依法追究刑事责任。

第四十条 本规定自2005年9月1日起施行。

注册土木工程师（水利水电工程）资格考试实施办法

第一条 建设部、水利部、人事部共同负责注册土木工程师（水利水电工程）资格考试工作，委托人事部人事考试中心承担考务工作。

各省、自治区、直辖市的考试工作，由当地人事行政部门会同建设行政主管部门组织实施，具体职责分工由各地协商确定。

第二条 考试分为基础考试和专业考试。基础考试合格并符合本办法规定的专业考试报名条件的，可报名参加专业考试。专业考试合格后，方可获得《中华人民共和国注册土木工程师（水利水电工程）资格证书》。

第三条 基础考试分2个半天进行，各为4个小时。专业考试分专业知识和专业案例两部分内容，每部分内容均为 2 个半天，每个半天均为 3 个小时。

第四条 符合《注册土木工程师（水利水电工程）制度暂行规定》第八条要求，并具备下列条件之一的，可申请参加基础考试：

（一）取得本专业（指水利水电工程、水文与水资源工程、农业水利工程、水土保持与荒漠化防治专业，详见附件 1，下同），或相近专业（指港口航道与海岸工程、土木工程、勘查技术与工程等专业，详见附件 1，下同）大学本科及以上学历或学位。

（二）取得本专业或相近专业大学专科学历，累计从事水利水电工程勘察、设计工作满 1 年。

（三）取得其他工科专业大学本科及以上学历或学位，累计从事水利水电工程勘察、设计工作满 1 年。

第五条 基础考试合格，并具备下列条件之一的，可申请参加专业考试：

（一）取得本专业博士学位后，累计从事水利水电工程勘察、设计工作满 2 年；或取得相近专业博士学位后，累计从事水利水电工程勘察、设计工作满 3 年。

（二）取得本专业硕士学位后，累计从事水利水电工程勘察、设计工作满 3 年；或取得相近专业硕士学位后，累计从事水利水电工程勘察、设计工作满 4 年。

（三）取得含本专业在内的双学士学位或本专业研究生班毕业后，累计从事水利水电工程勘察、设计工作满 4 年；或取得含相近专业在内的双学士学位或研究生班毕业后，累计从事水利水电工程勘察、设计工作满 5 年。

（四）取得通过本专业教育评估的大学本科学历或学位后，累计从事水利水电工程勘察、设计工作满 4 年；或取得未通过本专业教育评估的大学本科学历或学位后，累计从事水利水电工程勘察、设计工作满 5 年；或取得相近专业大学本科学历或学位后，累计从事水利水电工程勘察、设计工作满 6 年。

（五）取得本专业大学专科学历后，累计从事水利水电工程勘察、设计工作满 6 年；或取得相近专业大学专科学历后，累计从事水利水电工程勘察、设计工作满 7 年。

（六）取得其他工科专业大学本科及以上学历或学位后，累计从事水利水电工程勘察、设计工作满 8 年。

第六条 截止到 2002 年 12 月 31 日前，符合下列条件之一的，可免基础考试，只需参加专业考试：

（一）取得本专业博士学位后，累计从事水利水电工程勘察、设计工作满 5 年；或取得相近专业博士学位后，累计从事水利水电工程勘察、设计工作满 6 年。

（二）取得本专业硕士学位后，累计从事水利水电工程勘察、设计工作满 6 年；或取得相近专业硕士学位后，累计从事水利水电工程勘察、设计工作满 7 年。

（三）取得含本专业在内的双学士学位或本专业研究生班毕业后，累计从事水利水电工程勘察、设计工作满 7 年；或取得含相近专业在内的双学士学位或研究生班毕业后，累计从事水利水电工程勘察、设计工作满 8 年。

（四）取得本专业大学本科学历或学位后，累计从事水利水电工程专业勘察、设计工作满 8 年；或取得相近专业大学本科学历或学位后，累计从事水利水电工程勘察、设计工作满 9 年。

（五）取得本专业大学专科学历后，累计从事水利水电工程勘察、设计工作满 9 年；或取得相近专业大学专科学历后，累计从事水利水电工程勘察、设计工作满 10 年。

（六）取得其他工科专业大学本科及以上学历或学位后，累计从事水利水电工程勘察、设计工作满 12 年。

（七）取得其他工科专业大学专科学历后，累计从事水利水电工程勘察、设计工作满 15 年。

（八）取得本专业中专学历后，累计从事水利水电工程勘察、设计工作满 25 年；或取得相近专业中专学历后，累计从事水利水电工程勘察、设计工作满 30 年。

第七条 参加考试由本人提出申请，所在单位审核同意，到当地考试管理机构报名。考试管理机构按规定程序和报名条件审核合格后，发给准考证。参加考试人员在准考证指定的时间、地点参加考试。

国务院各部门所属单位和中央管理的企业的专业技术人员按属地原则报名参加考试。

第八条 考试日期为每年第三季度。考点原则上设在直辖市和省会城市的大、中专院校或高考定点学校，如确需在其他城市设置，须经人事部、建设部和水利部批准。

第九条 坚持考试与培训分开的原则。凡参与考试工作（包括试题命制与组织管理等）的人员，不得参加考试和举办与考试内容有关的培训工作。应考人员参加相关培训坚持自愿的原则。

第十条 考试考务工作应严格执行考试工作的有关规章制度，切实做好试卷命制、印刷、发送过程中的保密工作，严格遵守保密制度，严防泄密。

第十一条 考试工作人员要严格遵守考试工作纪律，认真执行考试回避制度。对违反考试纪律和有关规定行为的，按照《专业技术人员资格考试违纪违规行为处理规定》（人事部令第 3 号）处理。

注册土木工程师（水利水电工程）资格考核认定办法

一、考核认定条件

本办法下发之日前，在工程勘察、设计单位长期从事水利水电工程勘察、设计工作，评聘为工程类高级专业技术职务，职业道德行为良好，身体健康，并符合下列条件之一的在职、在编人员。

（一）中国科学院院士或中国工程院院士。

（二）全国工程设计大师、全国工程勘察大师。

（三）1983 年 12 月 31 日前，取得大学本科及以上学历或学位，累计从事水利水电工程勘察、设计工作满 15 年，并获得全国优秀工程勘察设计项目金、银奖或有关水利水电工程国家级科技进步奖项目的主要技术负责人，年龄在 70 周岁（含）以下，且具备下列一项条件：

1. 在具有甲级水利行业、电力行业（水力发电）工程设计资质或工程勘察资质的设计单位中，担任正、副总工程师（负责水利水电专业技术工作）职务满5年；

2. 水利水电专业专家委员会成员并受聘担任注册土木工程师（水利水电工程）资格考试大纲编写及命题工作。

（四）具备下列条件1或条件2，并参加本专业测试成绩合格的人员。

1. 同时具备下列（1）和（2）项中的各一项条件。

（1）学历和职业年限：

①1983年12月31日前，取得本专业大学本科及以上学历或学位，累计从事水利水电工程勘察、设计工作满15年；或取得相近专业大学本科及以上学历或学位，累计从事水利水电工程勘察、设计工作满20年。

②1983年12月31日前，取得本专业大学专科学历，累计从事水利水电工程勘察、设计工作满20年；1979年12月31日前，取得相近专业大学专科学历，累计从事水利水电工程勘察、设计工作满25年。

③1978年12月31日前，取得本专业中专学历，累计从事水利水电工程勘察、设计工作满25年；1973年12月31日前，取得相近专业中专学历，累计从事水利水电工程勘察、设计工作满30年。

④1970年12月31日前，取得其他专业中专及以上学历，累计从事水利水电工程勘察、设计工作满30年。

（2）技术业绩和资历：

①担任水利水电工程项目的技术负责人或项目负责人，完成工程设计资质分级标准中的大型工程项目2项及以上，或大型工程项目1项和中型项目3项及以上，或中型工程项目6项及以上的水利水电工程设计；或者累计完成大型水利水电工程项目审查20项以上的专业技术负责人。

②在具有甲级水利行业、电力行业（水力发电）设计资质或工程勘察资质的设计单位中，担任正、副总工程师职务，负责水利水电专业技术工作满5年。

③在具有乙级水利行业、电力行业（水力发电）设计资质或工程勘察资质的设计单位中，担任总工程师职务，负责水利水电专业技术工作满7年。

2. 取得本专业大学本科及以上学历或学位后，累计从事水利水电工程勘察、设计工作满15年，达到本办法（2）"技术业绩和资历"中第①项规定的业绩，并获得全国优秀工程勘察、设计奖项目（水利水电）或本专业国家级科技进步奖项目的主要技术负责人，或获得2项及以上省部级有关水利水电的优秀工程勘察、设计、本专业科技进步一、二、三等奖项目的主要技术负责人；或者累计完成大型水利水电工程项目审查30项以上的专业技术负责人。

二、考核认定程序

（一）符合考核认定条件的工程设计人员应当通过聘用单位向单位工商注册所在地的省、自治区、直辖市人民政府建设行政主管部门或者其委托的管理机构提出考核认定申请，其中水利部所属的甲、乙级勘察设计单位向水利部主管勘察设计的部门申请，军队系统勘察设计单位向总后基建营房部提出申请。

（二）各省、自治区、直辖市建设行政主管部门和水利部主管勘察设计的部门、总后基建营房部对本地区、本部门设计单位的申报人员进行审查，提出审查意见，并经本地区、本部门人事行政部门、总政干部部复审后提出推荐名单，送水利水电工程专业专家委员会审核。

（三）水利水电工程专业专家委员会负责审核通过人员的测试管理工作。各省、自治区、直辖市建设行政主管部门负责所辖地区审核通过人员的具体测试工作，并将测试成绩送水利水电工程专业专家委员会。

（四）水利水电工程专业专家委员会将审核结果和测试成绩汇总后报建设部、水利部和人事部。三部门对审核结果和测试成绩进行复核，并将复核合格人员名单进行公示。经公示无异议后，建设部、水利部和人事部向社会公告获得《中华人民共和国注册土木工程师（水利水电工程）资格证书》人员的名单。

对未通过考核认定的申请人，委托水利水电工程专业专家委员会向其说明不通过的理由。

三、考核认定申报材料

（一）各省、自治区、直辖市建设行政主管部门和水利部主管勘察设计部门、总后基建营房部的意见函。

（二）注册土木工程师（水利水电工程）资格考核认定申报表（附件2）。

（三）中国科学院院士、中国工程院院士或全国设计大师、勘察大师应提供院士或大师证书复印件。其他人员应提供以下证明材料的复印件：学历或学位证书、高级专业技术职务证书，获奖证书，单位工程勘察、设计资质证书，获奖项目的主要勘察、设计文件或图纸签署证明，担任正、副总工程师职务的任命文件，大型水利水电工程项目审查数量及专业技术负责人证明。

（四）获奖者应附有效证明，即奖状、个人证书或正式公布的获奖人名单。对奖项未颁发个人证书或未正式公布获奖人员名单的，应提供符合国家规定人数的单位申报奖项的人员名单、获奖项目主要技术文件或图纸签署证明的复印件，经单位负责人签字并加盖公章。

（五）所在单位出具的职业道德证明和获奖单位出具的获奖项目主要技术负责人证明。

四、申报时间及要求

（一）各省、自治区、直辖市建设行政主管部门和人事行政部门、水利部主管勘察设计和人事部门、总后基建营房部和总政干部部，应于2005年12月31日前完成审查、复审工作，签署审查、复审意见后，将全部申请人员材料送水利水电工程专业专家委员会。

（二）通过特许或考核认定的方式取得其他专业职（执）业资格的人员，一律不得申报注册土木工程师（水利水电工程）资格的考核认定。

（三）各地区和有关部门应严格按照规定的条件和程序，认真做好申报、审查和复审工作。凡不认真把关或弄虚作假的，停止该地区或部门的申报权和个人的申报资格，并依据相应法律法规的有关规定进行处理。

（四）各地区和有关部门在审查、复审时，应核查各类证书及相关证明的原件。报送的各类证书等相关材料复印件应由所在单位人事（干部）部门负责人签署意见并加盖单位印章。

附件1

注册土木工程师（水利水电工程）新旧专业参照表

专业划分	新专业名称	旧专业名称
本专业	水利水电工程	水利水电建筑工程、河川枢纽及水电站建筑、河流泥沙及治河工程、水利水电工程施工、土木水利工程、水工结构工程、水工建筑力学、水利水电、水电站
	水文与水资源工程	水文与水资源利用、水利规划、水能利用、陆地水文、水力学及河流海岸动力学、河流力学及治河工程、水文气象、水库经济、水利水电工程移民
	农业水利工程	农田水利工程、机电排灌工程、农村水电站
	水土保持与荒漠化防治	水土保持、土壤、土壤改良
相近专业	港口航道与海岸工程 船舶与海洋工程 土木工程 工程力学 交通工程 勘查技术与工程、资源勘查工程 机械设计制造及其自动化 给水排水工程 热能与动力工程 电气工程及其自动化	港口航道及治河工程、海岸与海洋工程、工业与民用建筑工程、港口工程、结构工程、交通土建工程、给排水工程、桥梁工程、农业建筑及环境工程 沙漠治理、风景园林、土地与环境、环境监测、生态学与环境生物学、林学、环境科学、农学水利水电工程地质、水利水电地质工程、水文地质与工程地质、勘察工程、岩土工程 工程管理、工程力学、水利经济、技术经济 金属结构、机械制造及工艺设备、起重运输与工程机械、水利水电动力工程、水电站动力设备、水力机械、水利机械、电力系统及其自动化、电气技术、工业自动化、自动控制、水电站自动化
其他专业	除本专业和相近专业外的工科专业	

注：1. 表中"新专业名称"指中华人民共和国教育部高等教育司1998年颁布的《普通高等学校本科专业目录和专业介绍》中规定的专业名称；"旧专业名称"系指1998年《普通高等学校本科专业目录和专业介绍》颁布前各院校所采用的专业名称。

2. 申请参加考试的人员，所学专业在"参照表"中未列出的，但又与本专业或相关专业相近，在申报相关材料时，附在校学习专业基础课和专业课的"课程设置表"（由原毕业院校出具），经所在单位核实并提出符合"本专业"、"相近专业"、"其他专业"的意见，通过单位所在省级建设行政部门或有关部门初审后，报建设部、水利部组织有关专家审查确认。

3. 申请参加考试的人员，所学专业在"参照表"中未列出的，可在报名时提交在校学习专业基础课和专业课的"课程设置表"（由原毕业院校出具），经所在单位核实并提出符合"本专业"、"相近专业"、"其他专业"的意见后，由当地考试管理机构审核确认。

人事部办公厅、建设部办公厅、水利部办公厅关于印发《对〈注册土木工程师（水利水电工程）制度暂行规定〉、〈注册土木工程师（水利水电工程）资格考试实施办法〉和〈注册土木工程师（水利水电工程）资格考核认定办法〉的补充规定》的通知

（国人厅发〔2005〕116号　2005年9月30日）

各省、自治区、直辖市人事厅（局）、建设厅（建委、规委）、水利（水务）厅（局），国务院各部委、各直属机构人事部门，总政干部部，总后基建营房部，新疆生产建设兵团人事局、建设局、水利局，中央管理的企业：

根据水利水电工程勘察、设计专业执业岗位的需要，现对《注册土木工程师（水利水电工程）制度暂行规定》、《注册土木工程师（水利水电工程）资格考试实施办法》和《注册土木工程师（水利水电工程）资格考核认定办法》（国人部发〔2005〕58号）中执业类别有关问题补充规定如下：

一、根据勘察设计注册土木工程师（水利水电工程）执业岗位需要，将执业岗位确定为水利水电工程规划、水工结构、水利水电工程地质、水利水电工程移民、水利水电工程水土保持5个类别。

二、从事水利水电工程勘察设计及相关业务的专业技术人员，申报勘察设计注册土木工程师（水利水电工程）资格考核认定和报名参加资格考试时，应根据本人所从事的专业工作岗位选择其一，并在填写相应表格时注明其执业类别。

三、通过勘察设计注册土木工程师（水利水电工程）资格考核认定或资格考试，取得相应类别《注册土木工程师（水利水电工程）资格证书》的人员，均应按照资格证书注明的执业类别申请注册，并在本执业类别的范围内进行执业。

人事部、建设部、交通部关于印发《勘察设计注册土木工程师（道路工程）制度暂行规定》、《勘察设计注册土木工程师（道路工程）资格考试实施办法》和《勘察设计注册土木工程师（道路工程）资格考核认定办法》的通知

（国人部发〔2007〕18号 2007年2月2日）

各省、自治区、直辖市人事厅（局）、建设厅（建委、规委）、交通厅（局、委），国务院各部委、各直属机构人事部门，总政干部部、总后基建营房部，中央管理的企业：

根据《中华人民共和国建筑法》和《建设工程勘察设计管理条例》有关规定，现将《勘察设计注册土木工程师（道路工程）制度暂行规定》、《勘察设计注册土木工程师（道路工程）资格考试实施办法》和《勘察设计注册土木工程师（道路工程）资格考核认定办法》印发给你们，请遵照执行。

附件：1. 勘察设计注册土木工程师（道路工程）新旧专业参照表
 　　　2. 中华人民共和国勘察设计注册土木工程师（道路工程）资格考核认定申报表（略）

勘察设计注册土木工程师（道路工程）制度暂行规定

第一章 总 则

第一条 为加强对道路工程专业设计人员的管理，保证工程质量，维护社会公共利益和人民生命财产安全，依据《中华人民共和国建筑法》、《中华人民共和国公路法》和《建设工程勘察设计管理条例》等法律法规和国家职业资格证书制度的有关规定，制定本规定。

第二条 本规定适用于从事道路（包括公路、城市道路、林区、厂矿及其他专用道路）工程专业设计及相关业务的专业技术人员。

第三条 国家对从事道路工程专业设计活动的专业技术人员，实行职业准入制度，纳入全国专业技术人员职业资格证书制度统一规划。

第四条 本规定所称勘察设计注册土木工程师（道路工程），是指经考试取得《中华人民共和国勘察设计注册土木工程师（道路工程）资格证书》，并依法注册取得《中华人民共和国勘察设计注册土木工程师（道路工程）注册执业证书》和执业印章，从事

道路工程专业设计及相关业务的专业技术人员。

勘察设计注册土木工程师（道路工程）英文译为：

Registered Engineer of Civil Engineering（Road Engineering）

第五条 建设部、人事部、交通部共同负责勘察设计注册土木工程师（道路工程）制度工作，并按职责分工对该制度的实施进行指导、监督和检查。

各省、自治区、直辖市人民政府人事行政部门、建设行政主管部门、交通行政主管部门，按照职责分工负责本行政区域内勘察设计注册土木工程师（道路工程）制度的实施、检查、监督、管理。

第二章 考 试

第六条 勘察设计注册土木工程师（道路工程）资格实行全国统一大纲、统一命题的考试制度，原则上每年举行一次。

勘察设计注册土木工程师（道路工程）资格考试由基础考试和专业考试两部分组成。

第七条 建设部、交通部组织成立道路工程专业专家委员会。该委员会负责拟定勘察设计注册土木工程师（道路工程）资格考试大纲和试题，建立并管理考试试题库，组织评阅卷工作，提出评分标准和合格标准建议。

人事部、建设部、交通部组织专家审定考试大纲、试题、评分标准与合格标准。

第八条 凡中华人民共和国公民，遵守国家法律、法规，恪守职业道德，并具备相应专业教育和职业实践条件者，均可申请参加勘察设计注册土木工程师（道路工程）资格考试。

第九条 资格考试合格，由人事部、建设部、交通部委托省、自治区、直辖市人民政府人事行政部门，颁发人事部统一印制，人事部、建设部和交通部用印的《中华人民共和国勘察设计注册土木工程师（道路工程）资格证书》（以下简称资格证书）。

第十条 对以不正当手段取得资格证书的，由发证机构取消资格并收回资格证书。自取消资格之日起，当事人3年内不得再次参加勘察设计注册土木工程师（道路工程）资格考试。

第三章 注 册

第十一条 勘察设计注册土木工程师（道路工程）资格实行注册执业管理制度。取得资格证书的人员，必须经过注册，方可以勘察设计注册土木工程师（道路工程）的名义执业。

第十二条 建设部、交通部为勘察设计注册土木工程师（道路工程）资格注册审批机构。省、自治区、直辖市人民政府建设行政主管部门和交通行政主管部门为勘察设计注册土木工程师（道路工程）资格注册的审查机构。

第十三条 取得资格证书并申请注册的人员，应当受聘于一个具有建设工程设计资质的单位，并通过聘用单位向本单位工商注册所在地的省、自治区或直辖市人民政府建设行政主管部门提出注册申请。

第十四条 省、自治区、直辖市人民政府建设行政主管部门收到申请人的申请材料后，对申请材料不齐全或不符合法定形式的，应当当场或在 5 个工作日内，一次告知申请人需要补正的全部内容，逾期不告知的，自收到申请材料之日起即为受理。

对受理或不予受理的注册申请，均应当出具加盖省、自治区或直辖市人民政府建设行政主管部门专用印章和注明日期的书面凭证。

第十五条 省、自治区、直辖市人民政府建设行政主管部门自受理之日起 20 个工作日内，按规定条件和程序完成申报材料的审查工作，并将申报材料和审查意见送建设部、交通部审批。

建设部、交通部自受理申报人员材料之日起 45 个工作日内共同作出是否批准的决定。对作出不予批准决定的，应当书面说明理由，并告知申请人享有依法申请行政复议或提起行政诉讼的权利。在规定的期限内不能作出批准决定的，应当将延长的期限和理由告知申请人。

建设部、交通部应当自作出批准决定之日起 10 个工作日内，将批准决定送达经批准注册的申请人。核发统一制作和用印的《中华人民共和国勘察设计注册土木工程师（道路工程）注册执业证书》（以下简称《注册证书》）和执业印章。

第十六条 《注册证书》和执业印章每一注册有效期为 3 年。《注册证书》和执业印章在有效期限内是勘察设计注册土木工程师（道路工程）的执业凭证，由勘察设计注册土木工程师（道路工程）本人保管、使用。

第十七条 初始注册者，可自取得《资格证书》之日起 3 年内提出注册申请。逾期未申请者，在申请初始注册时，须符合本规定第五章继续教育的有关规定。

初始注册需要提交下列材料：

（一）《中华人民共和国勘察设计注册土木工程师（道路工程）注册申请表》；
（二）《资格证书》；
（三）申请人与聘用单位签订的劳动或聘用合同；
（四）逾期申请注册人员的继续教育证明材料。

第十八条 注册有效期届满需继续执业的，应在届满前 30 个工作日，按照本规定第十三条规定的程序申请延续注册。审批机构应当根据申请人的申请，在规定的时限内作出是否准予延续注册的决定；逾期未作出决定的，视为准予延续。

延续注册需要提交下列材料：

（一）《中华人民共和国勘察设计注册土木工程师（道路工程）延续注册申请表》；
（二）申请人与聘用单位签订的劳动或聘用合同；
（三）达到注册期内继续教育要求的证明材料。

第十九条 在注册有效期内，勘察设计注册土木工程师（道路工程）需变更执业单位的，应与原聘用单位解除劳动或聘用关系，并按本规定第十三条规定的程序办理变更注册手续。变更注册后，其注册证书和执业印章在原注册有效期内继续有效。

变更注册需要提交下列材料：

（一）《中华人民共和国注册土木工程师（道路工程）变更注册申请表》；
（二）申请人与新聘用单位签订的劳动或聘用合同；

（三）工作调动证明或与原聘用单位解除劳动或聘用关系的证明、退休人员的退休证明。

第二十条 注册申请人有下列情形之一的，不予注册：

（一）不具有完全民事行为能力的；

（二）刑事处罚尚未执行完毕的；

（三）因从事建设工程勘察、设计及相关业务受到刑事处罚，自刑事处罚执行完毕之日起至申请注册之日止不满2年的；

（四）法律、法规规定不予注册的其他情形。

第二十一条 勘察设计注册土木工程师（道路工程）有下列情形之一的，应由勘察设计注册土木工程师（道路工程）本人或聘用单位及时向所在地省、自治区或直辖市人民政府建设行政主管部门提出申请，由建设部会同交通部审核批准后，办理注销手续，收回注册证书和执业印章。

（一）不具有完全民事行为能力的；

（二）申请注销注册的；

（三）注册有效期满未办理延续注册的；

（四）被依法撤销注册的；

（五）受到刑事处罚的；

（六）与聘用单位解除劳动或聘用关系的；

（七）聘用单位破产的；

（八）聘用单位被吊销营业执照的；

（九）聘用单位被吊销工程勘察设计资质证书的；

（十）应当注销注册的其他情形。

第二十二条 勘察设计注册土木工程师（道路工程）因丧失行为能力、死亡或被宣告失踪的，其《注册证书》和执业印章失效。

第二十三条 以不正当手段取得注册的，应当予以撤销，由行政机关依法给予行政处罚；当事人在3年内不得再次申请注册；构成犯罪的，依法追究刑事责任。

第二十四条 对被注销注册或不予注册的人员，在重新具备初始注册条件，并符合本规定继续教育要求的，可按本规定第十三条规定的程序申请注册。

第二十五条 注册审批机构应当及时向社会公告注册有关情况。当事人对注销注册或不予注册有异议的，可依法申请行政复议或提起行政诉讼。

第四章 执 业

第二十六条 勘察设计注册土木工程师（道路工程）应在一个具有建设工程勘察设计资质的单位，进行道路工程专业设计执业活动。

第二十七条 勘察设计注册土木工程师（道路工程）的执业范围：

（一）道路工程勘测设计；

（二）道路工程技术咨询；

（三）道路工程招标、采购咨询；

（四）道路工程的技术调查和鉴定；

（五）道路工程的项目管理；

（六）对本专业勘测设计工程项目的施工进行指导和监督；

（七）国务院有关部门规定的其他业务。

第二十八条 在道路工程专业设计活动中形成的设计文件，必须由勘察设计注册土木工程师（道路工程）签字并加盖执业印章后方可生效。需勘察设计注册土木工程师（道路工程）签字盖章的设计文件种类和办法，由交通部、建设部另行规定。

第二十九条 修改勘察设计注册土木工程师（道路工程）签字盖章的设计文件，应由该勘察设计注册土木工程师（道路工程）本人进行；因特殊情况，该勘察设计注册土木工程师（道路工程）不能进行修改的，应由其他勘察设计注册土木工程师（道路工程）修改，并签字、加盖执业印章，同时对修改部分承担责任。

第三十条 勘察设计注册土木工程师（道路工程）从事执业活动，由其所在单位接受委托并统一收费。

因道路工程专业设计质量事故及相关义务造成的经济损失，接受委托单位应承担赔偿责任。接受委托的单位依法向承担设计责任的勘察设计注册土木工程师（道路工程）追偿。

第三十一条 勘察设计注册土木工程师（道路工程）执业管理办法由交通部、建设部另行制定。

第五章　继　续　教　育

第三十二条 继续教育是勘察设计注册土木工程师（道路工程）延续注册、重新申请注册和逾期初始注册的必备条件。在每个注册期内，勘察设计注册土木工程师（道路工程）应按规定完成本专业的继续教育。

第三十三条 勘察设计注册土木工程师（道路工程）继续教育，分必修课和选修课。每注册期的必修课和选修课均为60学时。继续教育内容及要求，由交通部、建设部确定。

第六章　权利和义务

第三十四条 勘察设计注册土木工程师（道路工程）享有下列权利：

（一）使用勘察设计注册土木工程师（道路工程）称谓；

（二）在规定范围内从事执业活动，并履行相应岗位职责；

（三）保管和使用本人的注册证书和执业印章；

（四）对本人在工程设计领域的活动进行解释和辩护；

（五）接受继续教育；

（六）获得与执业责任相应的劳动报酬；

（七）对侵犯本人权利的行为进行申诉。

第三十五条 勘察设计注册土木工程师（道路工程）应当履行下列义务：

（一）遵守法律、法规和有关管理规定；

（二）执行技术标准和规范；

（三）保证执业活动成果和质量，并承担相应责任；
（四）接受继续教育，努力提高执业水准；
（五）在本人执业活动中完成的主要设计文件上签字、加盖执业印章；
（六）保守在执业活动中知悉的国家秘密和他人的商业、技术秘密；
（七）不得准许他人以本人名义执业；
（八）在本专业规定的执业范围和聘用单位业务范围内执业；
（九）协助注册管理机构完成相关工作。

第七章 附 则

第三十六条 在本规定印发之日前，对长期从事道路工程专业设计工作，并符合考核认定条件的专业技术人员，可通过考核认定，获得《中华人民共和国勘察设计注册土木工程师（道路工程）资格证书》。

第三十七条 符合考试报名条件的香港、澳门地区居民，可申请参加勘察设计注册土木工程师（道路工程）资格考试。申请人在报名时应提交本人身份证明、国务院教育行政部门认可的相应专业学历或学位证书、从事道路设计相关专业实践年限证明。台湾地区专业人员参加考试的办法另行规定。

外籍专业技术人员，申请参加勘察设计注册土木工程师（道路工程）资格考试、申请注册和执业等管理办法另行制定。

第三十八条 从事道路工程专业设计活动的单位配备勘察设计注册土木工程师（道路工程）的具体办法，由建设部商交通部另行规定。

第三十九条 各级相关行政部门或勘察设计注册土木工程师（道路工程）资格考试等相关机构，因工作失误，使专业技术人员的合法权益受到损害的，应依据《中华人民共和国国家赔偿法》给予相应赔偿，并可向有关责任人追偿。

第四十条 各级相关行政部门或勘察设计注册土木工程师（道路工程）资格考试等相关机构的工作人员，不履行工作职责，监督不力，借机为自己或他人谋取利益以及有其他违法违规行为的，由其上级相关行政部门责令改正；造成不良影响或严重后果的，对直接负责的主管人员和其他直接责任人员依法给予处分；构成犯罪的，依法追究刑事责任。

第四十一条 本规定自 2007 年 4 月 1 日起施行。

勘察设计注册土木工程师（道路工程）
资格考试实施办法

第一条 建设部、交通部、人事部共同负责勘察设计注册土木工程师（道路工程）资格考试工作，具体考务工作由人事部人事考试中心和建设部执业资格注册中心按职责分工进行。

各省、自治区、直辖市的考试工作，由当地人事行政主管部门会同建设行政主管部门组织实施，并协商确定具体职责分工。

第二条 资格考试分为基础考试和专业考试。基础考试合格并符合本办法规定的专业考试报名条件的，可报名参加专业考试。专业考试合格后，方可获得《中华人民共和国勘察设计注册土木工程师（道路工程）资格证书》。

第三条 基础考试分2个半天进行，各为4个小时。专业考试分专业知识和专业案例两部分内容，每部分内容均为2个半天，每个半天均为3个小时。

第四条 符合《勘察设计注册土木工程师（道路工程）制度暂行规定》第八条要求，并具备以下条件之一的，可申请参加基础考试：

（一）取得本专业（指土木工程，详见附件1，下同）或相近专业（指港口与航道工程、勘查技术与工程等专业，详见附件1，下同）大学本科及以上学历或学位。

（二）取得本专业或相近专业大学专科学历，累计从事道路工程专业设计工作满1年。

（三）取得其他专业大学本科及以上学历或学位，累计从事道路工程专业设计工作满1年。

第五条 基础考试合格，并具备以下条件之一的，可申请参加专业考试：

（一）取得本专业博士学位后，累计从事道路工程专业设计工作满2年；或取得相近专业博士学位后，累计从事道路工程专业设计工作满3年。

（二）取得本专业硕士学位后，累计从事道路工程专业设计工作满3年；或取得相近专业硕士学位后，累计从事道路工程专业设计工作满4年。

（三）取得含本专业在内的双学士学位或本专业研究生班毕业后，累计从事道路工程专业设计工作满4年；或取得含相近专业在内的双学士学位或研究生班毕业后，累计从事道路工程专业设计工作满5年。

（四）取得通过本专业教育评估的大学本科学历或学位后，累计从事道路工程专业设计工作满4年；或取得未通过本专业教育评估的大学本科学历或学位后，累计从事道路工程专业设计工作满5年；或取得相近专业大学本科学历或学位后，累计从事道路工程专业设计工作满6年。

（五）取得本专业大学专科学历后，累计从事道路工程设计工作满6年；或取得相近专业大学专科学历后，累计从事道路工程专业设计工作满7年。

（六）取得其他专业大学本科及以上学历或学位后，累计从事道路工程专业设计工作满8年。

第六条 截止到2002年12月31日前，符合下列条件之一的，可免基础考试，只需参加专业考试：

（一）取得本专业博士学位后，累计从事道路工程专业设计工作满5年；或取得相近专业博士学位后，累计从事道路工程专业设计工作满6年。

（二）取得本专业硕士学位后，累计从事道路工程专业设计工作满6年；或取得相近专业硕士学位后，累计从事道路工程专业设计工作满7年。

（三）取得含本专业在内的双学士学位或本专业研究生班毕业后，累计从事道路工程专业设计工作满7年；或取得含相近专业在内的双学士学位或研究生班毕业后，累计从事道路工程专业设计工作满8年。

（四）取得本专业大学本科学历或学位后，累计从事道路工程专业设计工作满8年；或取得相近专业大学本科学历或学位后，累计从事道路工程专业设计工作满9年。

（五）取得本专业大学专科学历后，累计从事道路工程专业设计工作满9年；或取得相近专业大学专科学历后，累计从事道路工程专业设计工作满10年。

（六）取得其他专业大学本科及以上学历或学位后，累计从事道路工程专业设计工作满12年。

（七）取得其他专业大学专科学历后，累计从事道路工程专业设计工作满15年。

（八）取得本专业中专学历后，累计从事道路工程专业设计工作满25年；或取得相近专业中专学历后，累计从事道路工程专业设计工作满30年。

第七条　参加考试由本人提出申请，所在单位审核同意，到当地考试管理机构报名。考试管理机构按规定程序和报名条件审核合格后，发给准考证。参加考试人员在准考证指定的时间、地点参加考试。

国务院各部门所属单位和中央管理的企业的专业技术人员按属地原则报名参加考试。

第八条　考试日期为每年第三季度。考点原则上设在直辖市和省会城市的大、中专院校或高考定点学校，如确需在其他城市设置，须经人事部、建设部和交通部批准。

第九条　坚持考试与培训分开的原则，凡参与考试工作（包括试题命制与组织管理等）的人员，不得参加考试和参与或举办与考试内容有关的培训工作。应考人员参加相关培训坚持自愿的原则。

第十条　考试考务工作要严格执行考试工作的有关规章制度，切实做好试卷命制、印刷、发送过程中的保密工作，遵守保密制度，严防泄密。

第十一条　考试工作人员要严格遵守考试工作纪律，认真执行考试回避制度。对违反考试纪律和有关规定的，按照《专业技术人员资格考试违纪违规行为处理规定》处理。

勘察设计注册土木工程师（道路工程）资格考核认定办法

一、考核认定条件

本办法印发之日前，在工程设计单位长期从事道路工程专业设计工作，评聘为工程类高级专业技术职务，职业道德行为良好，身体健康，并符合下列条件之一的在职、在编人员。

（一）中国科学院院士或中国工程院院士。

（二）全国工程设计大师。

（三）1983年12月31日前，取得大学本科及以上学历或学位，累计从事道路工程专业设计工作满 15 年，并获得全国优秀工程设计项目金、银奖或有关道路工程专业国家级科技进步奖项目的主要技术负责人，年龄在 70 周岁（含）以下，且具备下列一项条件：

1. 在具有甲级工程设计资质的设计单位中，担任正、副总工程师（负责道路工程专业技术工作）职务满 5 年。

2. 道路工程专业专家委员会成员并受聘担任勘察设计注册土木工程师（道路工程）资格考试大纲编写及命题工作。

（四）具备下列条件 1 或条件 2，年龄在 70 周岁（含）以下，并参加本专业测试成绩合格的人员。

1. 同时具备下列（1）和（2）项中的各一项条件。

（1）学历和职业年限：

①1983 年 12 月 31 日前，取得本专业大学本科及以上学历或学位，累计从事道路工程专业设计工作满 15 年；或取得相近专业大学本科及以上学历或学位，累计从事道路工程专业设计工作满 20 年。

②1983 年 12 月 31 日前，取得本专业大学专科学历，累计从事道路工程专业设计工作满 20 年；1979 年 12 月 31 日前，取得相近专业大学专科学历，累计从事道路工程专业设计工作满 25 年。

③1978 年 12 月 31 日前，取得本专业中专学历，累计从事道路工程专业设计工作满 25 年；1973 年 12 月 31 日前，取得相近专业中专学历，累计从事道路工程专业设计工作满 30 年。

④1970 年 12 月 31 日前，取得其他专业中专及以上学历，累计从事道路工程专业设计工作满 30 年。

（2）技术业绩和资历：

①担任道路工程专业项目的技术负责人或项目负责人，完成工程设计资质分级标准中的大型道路工程项目 2 项及以上，或大型道路工程项目 1 项和中型项目 3 项及以上，或中型道路工程项目 6 项及以上的道路工程设计。

②在具有甲级工程设计资质的单位中，担任正、副总工程师职务，负责道路工程专业技术工作满 5 年。

③在具有乙级工程设计资质的单位中，担任总工程师职务，负责道路工程专业技术工作满 7 年。

2. 取得本专业大学本科及以上学历或学位后，累计从事道路工程专业设计工作满 15 年，达到本办法（2）"技术业绩和资历"中第①项规定的业绩，并获得全国优秀工程设计奖项目（道路工程专业）或本专业国家级科技进步奖项目的主要技术负责人，或获得 2 项及以上省部级道路工程专业优秀工程设计、本专业科技进步一、二、三等奖项目的主要技术负责人。

二、考核认定程序

（一）符合考核认定条件的工程设计人员应当通过聘用单位向单位工商注册所在地

的省、自治区、直辖市人民政府建设行政主管部门或其委托的管理机构提出考核认定申请，军队系统勘察设计单位向总后基建营房部提出申请。

（二）各省、自治区、直辖市建设行政主管部门、交通行政主管部门，总后基建营房部对本地区、本部门勘察设计单位的申报人员进行审查，提出审查意见，并经本地区人事行政部门、总政干部部复审后提出推荐名单，送道路工程专业专家委员会审核。

（三）道路工程专业专家委员会负责审核通过人员的测试管理工作。各省、自治区、直辖市建设行政主管部门负责所辖地区审核通过人员的具体测试工作，并将测试成绩送道路工程专业专家委员会。

（四）道路工程专业专家委员会将审核结果和测试成绩汇总后上报建设部、交通部和人事部。三部门对审核结果和测试成绩进行复核，将复核合格人员名单进行公示。经公示无异议后，建设部、交通部和人事部向社会公告获得《中华人民共和国勘察设计注册土木工程师（道路工程）资格证书》人员的名单。

对未通过考核认定的申请人，委托道路工程专业专家委员会向其说明不通过的理由。

三、考核认定申报材料

（一）各省、自治区、直辖市建设行政主管部门和总后基建营房部的意见函。

（二）中华人民共和国勘察设计注册土木工程师（道路工程）资格考核认定申报表（见附件2）。

（三）中国科学院院士、中国工程院院士或全国设计大师应提供院士或大师证书复印件。其他人员应提供以下证明材料的复印件：学历或学位证书、高级专业技术职务证书，获奖证书，单位工程设计资质证书，获奖项目的主要设计文件或图纸签署证明，担任正、副总工程师职务的任命文件。

（四）获奖者应附有效证明，即奖状、个人证书或正式公布的获奖人名单。对奖项未颁发个人证书或未正式公布获奖人员名单的，应提供符合国家规定人数的单位原始申报奖项的人员名单、获奖项目主要图纸图签的复印件，经单位负责人签字并加盖公章。

（五）所在单位出具的职业道德证明和获奖单位出具的获奖项目主要技术负责人证明。

四、申报时间及要求

（一）各省、自治区、直辖市建设行政主管部门、交通行政主管部门和人事行政部门、总后基建营房部和总政干部部，应于2007年8月31日前完成审查、复审工作，签署审查、复审意见后，将全部申请人员材料送道路工程专业专家委员会。

（二）各地区和有关部门应当推荐符合申报条件、能力业绩突出、业内认可且在道路工程专业设计专业一线工作的人员。实施资格考试后不再进行考核认定工作。

（三）各地区和有关部门在审查、复审时，应核查各类证书及相关证明文件的原件。报送的各类证书等相关材料复印件应由申报人所在单位人事部门负责人签署意见并加盖单位印章。

（四）已通过特许或考核认定的方式取得其他专业职（执）业资格证书、现在公务员岗位工作、正在申报其他专业职业（执业）资格考核认定和已办理离、退休手续且未再受聘本专业设计岗位工作的人员，均不在申报范围。凡因在建设工程勘察设计或相关业务中违法违纪或发生重大失误，受到刑事处罚或行政处分的人员，一律不得申报。

（五）各地区和有关部门应严格按照规定的条件和程序，认真做好申报、审查和复审工作。凡不认真把关或弄虚作假的，停止该地区或部门的申报权和取消个人的申报资格，并依据相应法律和有关规定进行处理。

附件1

勘察设计注册土木工程师（道路工程）新旧专业参照表

专业划分	新专业名称	旧专业名称
本专业	土木工程	交通土建工程 公路与城市道路工程 桥梁工程 铁道工程 地下工程与隧道工程 森林道路与桥梁工程 建筑工程 城镇建设 土木工程
相近专业	1. 港口航道与海岸工程 2. 地质工程 3. 水利水电工程	港口航道及治河工程 港口航道及海岸工程 水文地质与工程地质 海岸与海洋工程 勘察技术与工程 岩土工程 资源勘察工程 水工结构工程 水利水电工程建筑
其他专业	除本专业和相近专业外的工科专业	

注：1. 表中"新专业名称"指中华人民共和国教育部高等教育司1998年颁布的《普通高等学校本科专业目录和专业介绍》中规定的专业名称；"旧专业名称"指1998年《普通高等学校本科专业目录和专业介绍》颁布前各院校所采用的专业名称。

2. 申报考核认定的人员，所学专业在"参照表"中未列出的，但又与本专业或相关专业相近，在申报相关材料时，附在校学习专业基础课和专业课的"课程设置表"（由原毕业院校出具），经所在单位核实并提出符合"本专业"、"相近专业"、"其他专业"的意见，通过单位所在省级建设行政主管部门或有关部门初审后，报建设部组织有关专家审查确认。

3. 申请参加考试的人员，所学专业在"参照表"中未列出的，可在申报材料时，附在校学习专业基础课和专业课的"课程设置表"（由原毕业院校出具），经所在单位核实并提出符合"本专业"、"相近专业"、"其他专业"的意见后，由当地考试管理机构审核确定。

人事部、建设部关于印发《注册化工工程师执业资格制度暂行规定》、《注册化工工程师执业资格考试实施办法》和《注册化工工程师执业资格考核认定办法》的通知

(人发〔2003〕26号 2003年3月27日)

各省、自治区、直辖市人事厅（局）、建设厅（建委、规委），国务院各部委、各直属机构人事（干部）部门、总政干部部、总后基建营房部，中央管理的有关企业：

根据《人事部、建设部关于发布〈勘察设计注册工程师制度总体框架及实施规划〉及〈全国勘察设计注册工程师管理委员会组成人员名单〉的通知》（人发〔2001〕5号）要求，现将《注册化工工程师执业资格制度暂行规定》、《注册化工工程师执业资格考试实施办法》和《注册化工工程师执业资格考核认定办法》印发给你们，请遵照执行。

附件：1. 注册化工工程师新旧专业对照表
2. 中华人民共和国注册化工工程师执业资格考核认定申报表（略）

注册化工工程师执业资格制度暂行规定

第一章 总 则

第一条 为加强对化工工程设计专业技术人员的管理，保证工程质量，维护社会公共利益和人民生命财产安全，依据《中华人民共和国建筑法》、《建设工程勘察设计管理条例》等法律法规和国家有关执业资格制度的规定，制定本规定。

第二条 本规定适用于从事化工工程（包括化工、石化、化纤、医药和轻化）设计及相关业务活动的专业技术人员。

第三条 国家对从事化工工程设计活动的专业技术人员实行执业资格注册管理制度，纳入全国专业技术人员执业资格制度统一规划。

第四条 本规定所称注册化工工程师，是指取得《中华人民共和国注册化工工程师执业资格证书》和《中华人民共和国注册化工工程师执业资格注册证书》，从事化工工程设计及相关业务的专业技术人员。

第五条 建设部、人事部等国务院有关部门和省、自治区、直辖市人民政府建设行政部门、人事行政部门等依照本规定对注册化工工程师执业资格的考试、注册和执业进行指导、监督和检查。

第六条 全国勘察设计注册工程师管理委员会下设全国勘察设计注册工程师化工专业管理委员会（以下简称化工专业委员会），由建设部、人事部和有关行业协会及化工

工程的专家组成,具体负责注册化工工程师执业资格的考试、注册和管理等工作。

各省、自治区、直辖市的勘察设计注册工程师管理委员会,负责本地区注册化工工程师执业资格的考试组织、取得资格人员的管理和办理注册申报等具体工作。

第二章 考 试

第七条 注册化工工程师执业资格考试实行全国统一大纲、统一命题的考试制度,原则上每年举行一次。

第八条 化工专业委员会负责拟定化工专业考试大纲和命题,建立并管理考试试题库,组织阅卷评分,提出评分标准和合格标准建议。全国勘察设计注册工程师管理委员会负责审定考试大纲、年度试题、评分标准与合格标准。

第九条 注册化工工程师执业资格考试由基础考试和专业考试组成。

第十条 凡中华人民共和国公民,遵守国家法律、法规,恪守职业道德,并具备相应专业教育和职业实践条件者,均可申请参加注册化工工程师执业资格考试。

第十一条 注册化工工程师执业资格考试合格者,由省、自治区、直辖市人事行政部门颁发人事部统一印制,人事部、建设部用印的《中华人民共和国注册化工工程师执业资格证书》。

第三章 注 册

第十二条 取得《中华人民共和国注册化工工程师执业资格证书》者,可向所在省、自治区、直辖市勘察设计注册工程师管理委员会提出申请,由该委员会向化工专业委员会报送办理注册的有关材料。

第十三条 化工专业委员会向准予注册的申请人核发由建设部统一制作,全国勘察设计注册工程师管理委员会和化工专业委员会用印的《中华人民共和国注册化工工程师执业资格注册证书》和执业印章。申请人经注册后,方可在规定的业务范围内执业。

化工专业委员会应将准予注册的注册化工工程师名单报全国勘察设计注册工程师管理委员会备案。

第十四条 注册化工工程师执业资格注册有效期为2年。有效期满需继续执业的,应在期满前30日内办理再次注册手续。

第十五条 有下列情形之一的,不予注册:

(一)不具备完全民事行为能力的;

(二)在从事化工工程或相关业务中犯有错误,受到行政处罚或者撤职以上行政处分,自处罚、处分决定之日起至申请注册之日不满2年的;

(三)自受刑事处罚完毕之日起至申请注册之日不满5年的;

(四)国务院有关部门规定的不予注册的其他情形。

第十六条 化工专业委员会依照本规定第十五条决定不予注册的,应自决定之日起15个工作日内书面通知申请人。如有异议,申请人可自收到通知之日起15个工作日内向全国勘察设计注册工程师管理委员会提出申诉。

第十七条 注册化工工程师注册后,有下列情形之一的,由化工专业委员会撤销其注册:

（一）不具备完全民事行为能力的；
（二）受刑事处罚的；
（三）在化工工程设计和相关业务中造成工程事故，受到行政处罚或者撤职以上行政处分的；
（四）经查实有与注册规定不符的；
（五）严重违反职业道德规范的。

第十八条　被撤销注册人员对撤销注册有异议的，可自接到撤销注册通知之日起15个工作日内向全国勘察设计注册工程师管理委员会提出申诉。

第十九条　被撤销注册的人员在处罚期满5年后可依照本规定重新申请注册。

第四章　执　业

第二十条　注册化工工程师的执业范围：
（一）化工工程设计（含本专业环保工程）；
（二）化工工程技术咨询（含本专业环保工程）；
（三）化工工程设备招标、采购咨询；
（四）化工工程的项目管理业务；
（五）对本专业设计项目的施工进行指导和监督；
（六）国务院有关部门规定的其他业务。

第二十一条　注册化工工程师只能受聘于一个具有工程设计资质的单位。

第二十二条　注册化工工程师执业，由其所在单位接受委托并统一收费。

第二十三条　因化工工程设计质量事故及相关业务造成的经济损失，接受委托单位应承担赔偿责任，并有权根据合约向签章的注册化工工程师追偿。

第二十四条　注册化工工程师执业管理和处罚办法由建设部会同有关部门另行制定。

第五章　权利和义务

第二十五条　注册化工工程师有权以注册化工工程师的名义从事规定的专业活动。

第二十六条　在化工工程设计、咨询及相关业务工作中形成的主要技术文件，应当由注册化工工程师签字盖章后生效。

第二十七条　任何单位和个人修改注册化工工程师签字盖章的技术文件，须征得该注册化工工程师同意；因特殊情况不能征得其同意的，可由其他注册化工工程师签字盖章并承担责任。

第二十八条　注册化工工程师应履行下列义务：
（一）遵守法律、法规和职业道德，维护社会公众利益；
（二）保证执业工作的质量，并在其负责的技术文件上签字盖章；
（三）保守在执业中知悉的商业技术秘密；
（四）不得同时受聘于两个及以上单位执业；
（五）不得准许他人以本人名义执业。

第二十九条　注册化工工程师应按规定接受继续教育，并作为再次注册的依据条件之一。

第六章 附 则

第三十条 在实施注册化工工程师执业资格考试之前，已经达到注册化工工程师执业资格条件的，可经考核认定，获得《中华人民共和国注册化工工程师执业资格证书》。

第三十一条 经国务院有关部门同意，获准在中华人民共和国境内就业的外籍人员及港、澳、台地区的专业人员，符合本规定要求的，可按规定的程序申请参加考试、注册和执业。

第三十二条 从事化工工程设计活动的单位配备注册化工工程师的具体办法，由建设部商有关部门另行规定。

注册化工工程师签字盖章生效的技术文件种类及管理办法由化工专业委员会制定。

第三十三条 本规定自2003年5月1日起施行。

注册化工工程师执业资格考试实施办法

第一条 建设部、人事部共同负责注册化工工程师执业资格考试工作。

第二条 全国勘察设计注册工程师管理委员会负责审定考试大纲、年度试题、评分标准与合格标准。

全国勘察设计注册工程师化工专业管理委员会（以下简称化工专业委员会）负责具体组织实施考试工作。

考务工作委托人事部人事考试中心负责。各地的考试工作，由当地人事行政部门会同建设行政部门组织实施，具体职责分工由各地协商确定。

第三条 考试分为基础考试和专业考试。参加基础考试合格并按规定完成职业实践年限者，方能报名参加专业考试。专业考试合格后，方可获得《中华人民共和国注册化工工程师执业资格证书》。

第四条 符合《注册化工工程师执业资格制度暂行规定》第十条要求，并具备以下条件之一者，可申请参加基础考试：

（一）取得本专业（指化学工程与工艺、高分子材料与工程、无机非金属材料工程、制药工程、轻化工程、食品科学与工程、生物工程等，详见附件1，下同）或相近专业（过程装备与控制工程、环境工程、安全工程等，详见附件1，下同）大学本科及以上学历或学位。

（二）取得本专业或相近专业大学专科学历，累计从事化工工程设计工作满1年。

（三）取得其他工科专业大学本科及以上学历或学位，累计从事化工工程设计工作满1年。

第五条 基础考试合格，并具备以下条件之一者，可申请参加专业考试：

（一）取得本专业博士学位后，累计从事化工工程设计工作满2年；或取得相近专业博士学位后，累计从事化工工程设计工作满3年。

（二）取得本专业硕士学位后，累计从事化工工程设计工作满3年；或取得相近专业硕士学位后，累计从事化工工程设计工作满4年。

（三）取得含本专业在内的双学士学位或本专业研究生班毕业后，累计从事化工工程设计工作满4年后；或取得相近专业双学士学位或研究生班毕业后，累计从事化工工程设计工作满5年。

（四）取得通过本专业教育评估的大学本科学历或学位后，累计从事化工工程设计工作满4年；或取得未通过本专业教育评估的大学本科学历或学位后，累计从事化工工程设计工作满5年；或取得相近专业大学本科学历或学位，累计从事化工工程设计工作满6年。

（五）取得本专业大学专科学历后，累计从事化工工程设计工作满6年；或取得相近专业大学专科学历后，累计从事化工工程设计工作满7年。

（六）取得其他工科专业大学本科及以上学历或学位后，累计从事化工工程设计工作满8年。

第六条 截止到2002年12月31日前，符合下列条件之一者，可免基础考试，只需参加专业考试：

（一）取得本专业博士学位后，累计从事化工工程设计工作满5年；或取得相近专业博士学位后，累计从事化工工程设计工作满6年。

（二）取得本专业硕士学位后，累计从事化工工程设计工作满6年；或取得相近专业硕士学位后，累计从事化工工程设计工作满7年。

（三）取得含本专业在内的双学士学位或本专业研究生班毕业后，累计从事化工工程设计工作满7年；或取得相近专业双学士学位或研究生班毕业后，累计从事化工工程设计工作满8年。

（四）取得本专业大学本科学历或学位后，累计从事化工工程设计工作满8年；或取得相近专业大学本科学历或学位后，累计从事化工工程设计工作满9年。

（五）取得本专业大学专科学历后，累计从事化工工程设计工作满9年；或取得相近专业大学专科学历后，累计从事化工工程设计工作满10年。

（六）取得其他工科专业大学本科及以上学历或学位后，累计从事化工工程设计工作满12年。

（七）取得其他工科专业大学专科学历后，累计从事化工工程设计工作满15年。

（八）取得本专业中专学历后，累计从事化工工程设计工作满25年；或取得相近专业中专学历后，累计从事化工工程设计工作满30年。

第七条 参加考试由本人提出申请，所在单位审核同意，到当地考试管理机构报名。考试管理机构按规定程序和报名条件审核合格后，发给准考证。参加考试人员在准考证指定的时间、地点参加考试。

国务院各部门所属单位和中央管理的企业的专业技术人员按属地原则报名参加考试。

第八条 考点原则上设在省会城市和直辖市，如确需在其他城市设置，须经人事部和建设部批准。

第九条 坚持考试与培训分开的原则。考试工作人员要认真执行考试回避制度，参加命题及考试组织管理的人员，不得参与考试有关的培训工作和参加考试。

第十条 严格执行考试考务工作的有关规章制度，做好试卷命题、印刷、发送过程中的保密工作，严格遵守保密制度，严防泄密。

第十一条 严肃考场纪律，严禁弄虚作假，对违反考试纪律和有关规定者，要严肃处理，并追究当事人和领导责任。

注册化工工程师执业资格考核认定办法

一、考核认定条件

本办法下发之日前，长期从事化工工程设计工作，评聘为工程类高级专业技术职务，职业道德行为良好，身体健康，并符合下列条件之一的人员。

（一）中国科学院院士或中国工程院院士。

（二）全国工程设计大师。

（三）1983年12月31日前，取得大学本科及以上学历或学位，累计从事化工工程设计工作满15年，并获得全国优秀工程设计项目金、银奖或有关化工工程国家级科技进步奖项目的主要技术负责人，年龄在70周岁（含）以下，且具备下列一项条件：

1. 在具有甲级化工工程设计资质的设计单位中，担任正、副总工程师职务满5年。
2. 受聘担任注册化工工程师执业资格考试大纲编写、考题设计的专家。

（四）具备下列条件1或条件2，并参加专业测试成绩合格的人员。

1. 同时具备下列（1）和（2）项中的各一项条件者。

（1）学历和职业年限：

①1983年12月31日前，取得本专业大学本科学历或学位，累计从事化工工程设计工作满15年；或取得相近专业大学本科学历或学位，累计从事化工工程设计工作满20年。

②1983年12月31日前，取得本专业大学专科学历，累计从事化工工程设计工作满20年；1978年12月31日前，取得相近专业大学专科学历，累计从事化工工程设计工作满25年。

③1978年12月31日前，取得本专业中专学历，累计从事化工工程设计工作满25年；1973年12月31日前，取得相近专业中专学历，累计从事化工工程设计工作满30年。

（2）技术业绩和资历：

①担任化工项目技术负责人，完成工程设计资质分级标准中化工工程中型项目5项及以上或大型项目3项以上的工程设计。

②在具有甲级工程设计资质的设计单位中，担任化工工程正、副总工程师职务满5年。

③在具有乙级工程设计资质的设计单位中，担任化工工程总工程师职务满7年。

2. 1983年以后，取得本专业大学本科及以上学历或学位之后，累计从事化工工程设计工作满15年，并获得全国优秀工程设计奖项目或本专业国家级科技进步奖项目的主要技术负责人，或获得2项及以上省部级化工优秀工程设计、科技进步一、二、三等奖项目的主要技术负责人。

二、考核认定程序

（一）符合考核认定条件的工程设计人员由所在单位向单位工商注册所在地的省、自治区、直辖市建设行政部门推荐，其中铁道部、水利部所属的甲、乙级勘察设计单位分别向铁道部、水利部主管勘察设计的部门推荐，军队系统勘察设计单位向总后基建营房部推荐。

（二）各省、自治区、直辖市建设行政部门和铁道部、水利部主管勘察设计的部门、总后基建营房部对本地区、本部门设计单位的申报人员进行审核，并经本地区、本部门人事（职改）行政部门、总政干部部复审后提出推荐名单，报全国勘察设计注册工程师化工专业管理委员会（以下简称化工专业委员会）初审。

（三）化工专业委员会负责初审通过人员的测试管理工作。各省、自治区、直辖市建设行政部门负责所辖地区初审通过人员的具体测试工作，并将测试成绩报化工专业委员会。

（四）化工专业委员会将初审结果和测试成绩汇总后上报全国勘察设计注册工程师管理委员会。全国勘察设计注册工程师管理委员会根据初审结果和测试成绩进行终审，报人事部、建设部批准后，由全国勘察设计注册工程师管理委员会公布通过考核认定获得《中华人民共和国注册化工工程师执业资格证书》人员的名单。

三、考核认定申报材料

（一）各省、自治区、直辖市建设行政部门和铁道部、水利部、总后基建营房部等主管勘察设计部门的意见函。

（二）注册化工工程师执业资格考核认定申报表（附件2）。

（三）中国科学院院士、中国工程院院士或全国设计大师应提供院士或大师证书复印件。其他人员应提供以下证明材料的复印件：学历或学位证书，高级专业技术职务证书，获奖证书，获奖项目的主要设计文件或图纸签署证明，担任正、副总工程师职务的任命文件。

（四）所在单位出具的职业道德证明和获奖单位出具的获奖项目主要技术负责人证明。

四、申报时间及要求

（一）各省、自治区、直辖市建设行政部门和人事部门、铁道部、水利部主管勘察设计和人事部门、总后基建营房部和总政干部部，应于2003年5月31日前，将审核和复核合格人员材料报化工专业委员会。

（二）通过特许或考核认定的方式取得其他专业执业资格的人员，一律不得申报注册化工工程师执业资格的考核认定。

（三）各地区和有关部门应严格按照规定的条件和程序，认真做好申报、审核和复核工作。凡不认真把关或弄虚作假的，停止该地区或部门的申报权和个人的申报资格。

（四）各地区和有关部门在审核、复核时，应核查各类证书及相关证明文件的原件。向化工专业委员会报送的各类证书及相关证明文件复印件应由所在单位人事（干部）部门负责人签署意见并加盖单位印章。

附件1

注册化工工程师新旧专业对照表

专业划分	新专业名称	旧专业名称
本专业	化学工程与工艺	化学工程、化工工艺
		高分子化工、精细化工
		化学工程与工艺
		生物化工（部分）
		工业分析
		电化学工程
		工业催化
		石油工程
		高分子材料及化工
	高分子材料与工程	高分子材料与工程
		复合材料（部分）
		高分子材料及化工
	无机非金属材料工程	无机非金属材料
		硅酸盐工程
		复合材料（部分）
	制药工程	化学制药
		制药工程
		生物制药
		中药制药
	轻化工程	皮革工程
		制浆造纸工程
		染整工程
	食品科学与工程	制糖工程、油脂工程
		粮食工程
		食品科学与工程
		烟草工程
	生物工程	生物化工（部分）
		生物化学工程（部分）
		发酵工程
	其他	如林产化工等
相近专业	过程装备与控制工程	化工机构与设备
	环境工程	环境工程、环境监测
	安全工程	安全工程
	其他	
其他工科专业	除本专业和相近专业外的工科专业	

注：表中"新专业名称"指中华人民共和国教育部高等教育司1998年颁布的《普通高等学校本科专业目录》中规定的专业名称；"旧专业名称"指1998年《普通高等学校本科专业目录》颁布前各院校所采用的专业名称。

人事部、建设部关于印发《注册电气工程师执业资格制度暂行规定》、《注册电气工程师执业资格考试实施办法》和《注册电气工程师执业资格考核认定办法》的通知

（人发〔2003〕25号 2003年3月27日）

各省、自治区、直辖市人事厅（局），建设厅（建委、规委），国务院各部委、各直属机构人事（干部）部门，总政干部部、总后基建营房部，中央管理的有关企业：

根据《人事部、建设部关于发布〈勘察设计注册工程师制度总体框架及实施规划〉及〈全国勘察设计注册工程师管理委员会组成人员名单〉的通知》（人发〔2001〕5号）要求，现将《注册电气工程师执业资格制度暂行规定》和《注册电气工程师执业资格考试实施办法》、《注册电气工程师执业资格考核认定办法》，请遵照执行。

附件：1. 注册电气工程师新旧专业对照表
2. 中华人民共和国注册电气工程师执业资格考核认定申报表（略）

注册电气工程师执业资格制度暂行规定

第一章 总 则

第一条 为加强对电气专业工程设计人员的管理，保证工程质量，维护社会公共利益和人民生命财产安全，依据《中华人民共和国建筑法》、《建设工程勘察设计管理条例》等法律法规和国家有关执业资格制度的规定，制定本规定。

第二条 本规定适用于从事发电、输变电、供配电、建筑电气、电气传动、电力系统等工程设计及相关业务的专业技术人员。

第三条 国家对从事电气专业工程设计活动的专业技术人员实行执业资格注册管理制度，纳入全国专业技术人员执业资格制度统一规划。

第四条 本规定所称注册电气工程师，是指取得《中华人民共和国注册电气工程师执业资格证书》和《中华人民共和国注册电气工程师执业资格注册证书》，从事电气专业工程设计及相关业务的专业技术人员。

第五条 建设部、人事部等国务院有关部门和省、自治区、直辖市人民政府建设行政部门、人事行政部门依照本规定对注册电气工程师执业资格的考试、注册和执业进行指导、监督和检查。

第六条 全国勘察设计注册工程师管理委员会下设全国勘察设计注册工程师电气专业管理委员会（以下简称电气专业委员会），由建设部、人事部和国务院有关部门及电气专业工程设计的专家组成，具体负责注册电气工程师执业资格制度的考试和注册等工作。

各省、自治区、直辖市的勘察设计注册工程师管理委员会，负责本地区注册电气工程师执业资格的考试组织、取得资格人员的管理和办理注册申报等具体工作。

第二章 考 试

第七条 注册电气工程师执业资格考试实行全国统一大纲、统一命题的考试制度，原则上每年举行一次。

第八条 电气专业委员会负责拟定电气专业考试大纲和命题、建立并管理考试试题库、组织阅卷评分、提出评分标准和合格标准建议。全国勘察设计注册工程师管理委员会负责审定考试大纲、年度试题、评分标准与合格标准。

第九条 注册电气工程师执业资格考试由基础考试和专业考试组成。

第十条 凡中华人民共和国公民，遵守国家法律、法规，恪守职业道德，并具备相应专业教育和职业实践条件者，均可申请参加注册电气工程师执业资格考试。

第十一条 注册电气工程师执业资格考试合格者，由省、自治区、直辖市人事行政部门颁发人事部统一印制，人事部、建设部用印的《中华人民共和国注册电气工程师执业资格证书》。

第三章 注 册

第十二条 取得《中华人民共和国注册电气工程师执业资格证书》者，可向所在省、自治区、直辖市勘察设计注册工程师管理委员会提出申请，由该委员会向电气专业委员会报送办理注册的有关材料。

第十三条 电气专业委员会向准予注册的申请人核发由建设部统一制作，全国勘察设计注册工程师管理委员会和电气专业委员会用印的《中华人民共和国注册电气工程师执业资格注册证书》和执业印章。申请人经注册后，方可在规定的业务范围内执业。

电气专业委员会应将准予注册的注册电气工程师名单报全国勘察设计注册工程师管理委员会备案。

第十四条 注册电气工程师执业资格注册有效期为2年。有效期满需继续执业的，应在期满前30日内办理再次注册手续。

第十五条 有下列情形之一的，不予注册：

（一）不具备完全民事行为能力的；

（二）在从事电气专业工程设计或相关业务中犯有错误，受到行政处罚或者撤职以上行政处分，自处罚、处分之日起至申请注册之日不满2年的；

（三）自受刑事处罚完毕之日起至申请注册之日不满5年的；

（四）国务院有关部门规定的不予注册的其他情形。

第十六条 电气专业委员会依照本规定第十五条决定不予注册的，应自决定之日起15个工作日内书面通知申请人。如有异议，申请人可自收到通知之日起15个工作日内向全国勘察设计注册工程师管理委员会提出申诉。

第十七条 注册电气工程师注册后，有下列情形之一的，由电气专业委员会撤销其注册：

（一）不具备完全民事行为能力的；

（二）受刑事处罚的；

（三）在电气专业工程设计和相关业务中造成工程事故，受到行政处罚或者撤职以上行政处分的；

（四）经查实有与注册规定不符的；

（五）严重违反职业道德规范的。

第十八条 被撤销注册人员对撤销注册有异议的，可自接到撤销注册通知之日起15个工作日内向全国勘察设计注册工程师管理委员会提出申诉。

第十九条 被撤销注册的人员在处罚期满5年后可依照本规定重新申请注册。

第四章 执 业

第二十条 注册电气工程师的执业范围：

（一）电气专业工程设计；

（二）电气专业工程技术咨询；

（三）电气专业工程设备招标、采购咨询；

（四）电气工程的项目管理；

（五）对本专业设计项目的施工进行指导和监督；

（六）国务院有关部门规定的其他业务。

第二十一条 注册电气工程师只能受聘于一个具有工程设计资质的单位。

第二十二条 注册电气工程师执业，由其所在设计单位接受委托并统一收费。

第二十三条 因电气专业工程设计技术质量事故及相关业务造成的经济损失，接受委托单位应承担赔偿责任，并有权根据合约向签字盖章的注册电气工程师追偿。

第二十四条 注册电气工程师执业管理和处罚办法由建设部会同有关部门另行制定。

第五章 权利和义务

第二十五条 注册电气工程师有权以注册电气工程师的名义从事规定的专业活动。

第二十六条 在电气专业工程设计、咨询及相关业务工作中形成的主要技术文件，应当由注册电气工程师签字盖章后生效。

第二十七条 任何单位和个人修改注册电气工程师签字盖章的技术文件，须征得该注册电气工程师同意；因特殊情况不能征得其同意的，可由其他注册电气工程师签字盖章并承担相应责任。

第二十八条 注册电气工程师应当履行下列义务：

（一）遵守法律、法规和职业道德，维护社会公众利益；

（二）保证执业工作的质量，并在其负责的技术文件上签字盖章；

（三）保守在执业中知悉的商业技术秘密；

（四）不得同时受聘于两个及以上单位执业；

（五）不得准许他人以本人名义执业。

第二十九条 注册电气工程师应按规定接受继续教育，并作为再次注册的依据。

第六章 附 则

第三十条 在实施注册电气工程师执业资格考试之前，对长期从事电气专业工程设计工作，并符合注册电气工程师执业资格条件的，可经考核认定，获得《中华人民共和国注册电气工程师执业资格证书》。

第三十一条 经国务院有关部门同意，获准在中华人民共和国境内就业的外籍人员及港、澳、台地区的专业人员，符合本规定要求的，可按规定的程序申请参加考试、注册和执业。

第三十二条 从事电气专业工程设计活动的单位配备注册电气工程师的具体办法，由建设部商有关部门另行规定。

注册电气工程师签字盖章生效的技术文件种类及管理办法由电气专业委员会制定。

第三十三条 本规定自 2003 年 5 月 1 日起施行。

注册电气工程师执业资格考试实施办法

第一条 建设部、人事部共同负责注册电气工程师执业资格考试工作。

第二条 全国勘察设计注册工程师管理委员会负责审定考试大纲、年度试题、评分标准与合格标准。

全国勘察设计注册工程师电气专业管理委员会（以下简称电气专业委员会）负责具体组织实施考试工作。

考务工作委托人事部人事考试中心负责。各地的考试工作，由当地人事行政部门会同建设行政部门组织实施，具体职责分工由各地协商确定。

第三条 考试分为基础考试和专业考试。参加基础考试合格并按规定完成职业实践年限者，方能报名参加专业考试。专业考试合格后，方可获得《中华人民共和国注册电气工程师执业资格证书》。

第四条 符合《注册电气工程师执业资格制度暂行规定》第十条的要求，并具备以下条件之一者，可申请参加基础考试：

（一）取得本专业（指电气工程、电气工程自动化专业，详见附件1，下同）或相近专业（指自动化、电子信息工程、通信工程、计算机科学与技术专业，详见附件1，下同）大学本科及以上学历或学位。

（二）取得本专业或相近专业大学专科学历，累计从事电气专业工程设计工作满1年。

（三）取得其他工科专业大学本科及以上学历或学位，累计从事电气专业工程设计工作满1年。

第五条 基础考试合格，并具备以下条件之一者，可申请参加专业考试：

（一）取得本专业博士学位后，累计从事电气专业工程设计工作满 2 年；或取得相近专业博士学位后，累计从事电气专业工程设计工作满 3 年。

（二）取得本专业硕士学位后，累计从事电气专业工程设计工作满 3 年；或取得相近专业硕士学位后，累计从事电气专业工程设计工作满 4 年。

（三）取得含本专业在内的双学士学位或本专业研究生班毕业后，累计从事电气专业工程设计工作满 4 年；或取得相近专业双学士学位或研究生班毕业后，累计从事电气专业工程设计工作满 5 年。

（四）取得通过本专业教育评估的大学本科学历或学位后，累计从事电气专业工程设计工作满 4 年；或取得未通过本专业教育评估的大学本科学历或学位后，累计从事电气专业工程设计工作满 5 年；或取得相近专业大学本科学历或学位后，累计从事电气专业工程设计工作满 6 年。

（五）取得本专业大学专科学历后，累计从事电气专业工程设计工作满 6 年；或取得相近专业大学专科学历后，累计从事电气专业工程设计工作满 7 年。

（六）取得其他工科专业大学本科及以上学历或学位后，累计从事电气专业工程设计工作满 8 年。

第六条 截止到 2002 年 12 月 31 日前，符合下列条件之一者，可免基础考试，只需参加专业考试：

（一）取得本专业博士学位后，累计从事电气专业工程设计工作满 5 年；或取得相近专业博士学位后，累计从事电气专业工程设计工作满 6 年。

（二）取得本专业硕士学位后，累计从事电气专业工程设计工作满 6 年；或取得相近专业硕士学位后，累计从事电气专业工程设计工作满 7 年。

（三）取得含本专业在内的双学士学位或本专业研究生班毕业后，累计从事电气专业工程设计工作满 7 年；或取得相近专业双学士学位或研究生班毕业后，累计从事电气专业工程设计工作满 8 年。

（四）取得本专业大学本科学历或学位后，累计从事电气专业工程设计工作满 8 年；或取得相近专业大学本科学历或学位后，累计从事电气专业工程设计工作满 9 年。

（五）取得本专业大学专科学历后，累计从事电气专业工程设计工作满 9 年；或取得相近专业大学专科学历后，累计从事电气专业工程设计工作满 10 年。

（六）取得其他工科专业大学本科及以上学历或学位后，累计从事电气专业工程设计工作满 12 年。

（七）取得其他工科专业大学专科学历后，累计从事电气专业工程设计工作满 15 年。

（八）取得本专业中专学历后，累计从事电气专业工程设计工作满 25 年；或取得相近专业中专学历后，累计从事电气专业工程设计工作满 30 年。

第七条 参加考试由本人提出申请，所在单位审核同意，到当地考试管理机构报名。考试管理机构按规定程序和报名条件审核合格后，发给准考证。参加考试人员在准考证指定的时间、地点参加考试。

国务院各部门所属单位和中央管理的企业的专业技术人员按属地原则报名参加考试。

第八条 考点原则上设在省会城市和直辖市,如确需在其他城市设置,须经建设部和人事部批准。

第九条 坚持考试与培训分开的原则。考试工作人员要认真执行考试回避制度,参加命题和考试组织管理工作的人员,不得参与考试有关的培训和参加考试。

第十条 严格执行考试考务工作的有关规章制度,做好试卷命题、印刷、发送过程中的保密工作,严格遵守保密制度,严防泄密。

第十一条 严肃考场纪律,严禁弄虚作假,对违反考试纪律和有关规定者,要严肃处理,并追究当事人和领导责任。

注册电气工程师执业资格考核认定办法

一、考核认定条件

本办法下发之日前,长期从事电气专业工程设计工作,评聘为工程类高级专业技术职务,职业道德行为良好,身体健康,并符合下列条件之一的人员。

(一) 中国科学院院士或中国工程院院士。

(二) 全国工程设计大师。

(三) 1983年12月31日前,取得大学本科及以上学历或学位,累计从事电气专业工程设计工作满15年,并获得全国优秀工程设计项目金、银奖或有关电气专业国家级科技进步奖项目的主要技术负责人,年龄在70周岁(含)以下,且具备下列一项条件:

1. 在具有甲级工程设计资质的设计单位中,担任正、副总工程师(负责电气专业技术工作)职务满5年。

2. 受聘担任注册电气工程师执业资格考试大纲编写、考题设计的专家。

(四) 具备下列条件1或条件2,并参加专业测试成绩合格的人员。

1. 同时具备下列(1) 和(2) 项中的各一项条件者。

(1) 学历和职业年限:

①1983年12月31日前,取得本专业大学本科学历或学位,累计从事电气专业工程设计工作满15年;或取得相近专业大学本科学历或学位,累计从事电气专业工程设计工作满20年。

②1983年12月31日前,取得本专业大学专科学历,累计从事电气专业工程设计工作满20年;1978年12月31日前,取得相近专业大学专科学历,累计从事电气专业工程设计工作满25年。

③1978年12月31日前,取得本专业中专学历,累计从事电气专业工程设计工作满25年;1973年12月31日前,取得相近专业中专学历,累计从事电气专业工程设计工作满30年。

(2) 技术业绩和资历：

①担任工程设计中电气专业技术负责人，完成工程设计资质分级标准中 6 项及以上的一级和特级建筑工程项目或中型及以上工业项目（其中大型工业项目不少于 2 项）的电气专业工程设计。

②在具有甲级工程设计资质的设计单位中，担任正、副总工程师（负责电气专业技术工作）职务满 5 年。

③在具有乙级工程设计资质的设计单位中，担任总工程师（负责电气专业技术工作）职务满 7 年。

2. 1983 年以后，取得本专业大学本科及以上学历或学位后，累计从事电气专业工程设计工作满 15 年，并获得全国优秀工程设计奖项目或有关电气专业国家级科技进步奖项目的主要技术负责人，或获得 2 项及以上省部级优秀工程设计、电气专业科技进步一、二、三等奖项目的主要技术负责人。

二、考核认定程序

（一）符合考核认定条件的工程设计人员由所在单位向单位工商注册所在地的省、自治区、直辖市建设行政部门推荐，其中铁道部、水利部所属的甲、乙级勘察设计单位分别向铁道部、水利部主管勘察设计的部门推荐，军队系统勘察设计单位向总后基建营房部推荐。

（二）各省、自治区、直辖市建设行政部门和铁道部、水利部主管勘察设计的部门、总后基建营房部对本地区、本部门设计单位的申报人员进行审核，并经本地区、本部门人事（职改）行政部门、总政干部部复审后提出推荐名单，报全国勘察设计注册工程师电气专业管理委员会（以下简称电气专业委员会）初审。

（三）电气专业委员会负责初审通过人员的测试管理工作。各省、自治区、直辖市建设行政部门负责所辖地区初审通过人员的具体测试工作，并将测试成绩报电气专业委员会。

（四）电气专业委员会将初审结果和测试成绩汇总后上报全国勘察设计注册工程师管理委员会。全国勘察设计注册工程师管理委员会根据初审结果和测试成绩进行终审，报人事部、建设部批准后，由全国勘察设计注册工程师管理委员会公布通过考核认定获得《中华人民共和国注册电气工程师执业资格证书》人员的名单。

三、考核认定申报材料

（一）各省、自治区、直辖市建设行政部门和铁道部、水利部、总后基建营房部等主管勘察设计部门的意见函。

（二）注册电气工程师执业资格考核认定申报表（附件 2）。

（三）中国科学院院士、中国工程院院士或全国设计大师应提供院士或大师证书复印件。其他人员应提供以下证明材料的复印件：学历或学位证书、高级专业技术职务证书，获奖证书，获奖项目的主要设计文件或图纸签署证明，担任正、副总工程师职务的任命文件。

（四）所在单位出具的职业道德证明和获奖单位出具的获奖项目主要技术负责人

证明。

四、申报时间及要求

（一）各省、自治区、直辖市建设行政部门和人事部门、铁道部、水利部主管勘察设计和人事部门、总后基建营房部和总政干部部，应于2003年5月31日前，将审核和复核合格人员材料报电气专业委员会。

（二）通过特许或考核认定的方式取得其他专业执业资格的人员，一律不得申报注册电气工程师执业资格的考核认定。

（三）各地区和有关部门应严格按照规定的条件和程序，认真做好申报、审核和复核工作。凡不认真把关或弄虚作假的，停止该地区或部门的申报权和个人的申报资格。

（四）各地区和有关部门在审核、复核时，应核查各类证书及相关证明文件的原件。向电气专业委员会报送的各类证书及相关证明文件复印件应由所在单位人事（干部）部门负责人签署意见并加盖单位印章。

附件1

注册电气工程师新旧专业对照表

专业划分	新专业名称	旧专业名称
本专业	电气工程及其自动化	电力系统及其自动化 高电压与绝缘技术 电气技术（部分） 电机电器及其控制 电气工程及其自动化
相近专业	自动化 电子信息工程 通信工程 计算机科学与技术	工业自动化 自动化 自动控制 流体传动及控制（部分） 飞行器制导与控制（部分） 电子工程 信息工程 应用电子技术 电磁场与微波技术 广播电视工程 无线电技术与信息系统 电子与信息技术 通信工程 计算机通信 计算机及应用
其他工科专业	除本专业和相近专业外的工科专业	

注：表中"新专业名称"指中华人民共和国教育部高等教育司1998年颁布的《普通高等学校本科专业目录》中规定的专业名称；"旧专业名称"指1998年《普通高等学校本科专业目录》颁布前各院校所采用的专业名称。

人事部、建设部关于印发《注册公用设备工程师执业资格制度暂行规定》、《注册公用设备工程师执业资格考试实施办法》和《注册公用设备工程师执业资格考核认定办法》的通知

（人发〔2003〕24号 2003年3月27日）

各省、自治区、直辖市人事厅（局）、建设厅（建委、规委），国务院各部委、各直属机构人事（干部）部门，总政干部部、总后基建营房部，中央管理的有关企业：

根据《人事部、建设部关于发布〈勘察设计注册工程师制度总体框架及实施规划〉及〈全国勘察设计注册工程师管理委员会组成人员名单〉的通知》（人发〔2001〕5号）要求，现将《注册公用设备工程师执业资格制度暂行规定》、《注册公用设备工程师执业资格考试实施办法》和《注册公用设备工程师执业资格考核认定办法》印发给你们，请遵照执行。

附件：1. 注册公用设备工程师新旧专业对照表
2. 中华人民共和国注册公用设备工程师执业资格考核认定申报表（略）

注册公用设备工程师执业资格制度暂行规定

第一章 总 则

第一条 为加强对公用设备专业工程设计人员的管理，保证工程质量，维护社会公共利益和人民生命财产安全，依据《中华人民共和国建筑法》、《建设工程勘察设计管理条例》等法律法规和国家有关执业资格制度的规定，制定本规定。

第二条 本规定适用于从事暖通空调、给水排水、动力等专业工程设计及相关业务活动的专业技术人员。

第三条 国家对从事公用设备专业工程设计活动的专业技术人员实行执业资格注册管理制度，纳入全国专业技术人员执业资格制度统一规划。

第四条 本规定所称注册公用设备工程师，是指取得《中华人民共和国注册公用设备工程师执业资格证书》和《中华人民共和国注册公用设备工程师执业资格注册证书》，从事公用设备专业工程设计及相关业务的专业技术人员。

第五条 建设部、人事部等国务院有关主管部门和省、自治区、直辖市人民政府建设行政部门、人事行政部门等依照本规定对注册公用设备工程师执业资格的考试、注册

和执业进行指导、监督和检查。

第六条 全国勘察设计注册工程师管理委员会下设全国勘察设计注册工程师公用设备专业管理委员会（以下简称公用设备专业委员会），由建设部、人事部和有关行业协会及公用设备专业工程设计的专家组成，具体负责注册公用设备工程师执业资格的考试、注册和管理等工作。

各省、自治区、直辖市的勘察设计注册工程师管理委员会，负责本地区注册公用设备工程师执业资格的考试组织、取得资格人员的管理和办理注册申报等具体工作。

第二章 考 试

第七条 注册公用设备工程师执业资格考试实行全国统一大纲、统一命题的考试制度，原则上每年举行一次。

第八条 公用设备专业委员会负责拟定公用设备专业考试大纲和命题、建立并管理考试试题库、组织阅卷评分、提出评分标准和合格标准建议。全国勘察设计注册工程师管理委员会负责审定考试大纲、年度试题、评分标准与合格标准。

第九条 注册公用设备工程师执业资格考试由基础考试和专业考试组成。

第十条 凡中华人民共和国公民，遵守国家法律、法规，恪守职业道德，并具备相应专业教育和职业实践条件者，均可申请参加注册公用设备工程师执业资格考试。

第十一条 注册公用设备工程师执业资格考试合格者，由省、自治区、直辖市人事行政部门颁发人事部统一印制，人事部、建设部用印的《中华人民共和国注册公用设备工程师执业资格证书》。

第三章 注 册

第十二条 取得《中华人民共和国注册公用设备工程师执业资格证书》者，可向所在省、自治区、直辖市勘察设计注册工程师管理委员会提出申请，由该委员会向公用设备专业委员会报送办理注册的有关材料。

第十三条 公用设备专业委员会向准予注册的申请人核发由建设部统一制作，全国勘察设计注册工程师管理委员会和公用设备专业委员会用印的《中华人民共和国注册公用设备工程师执业资格注册证书》和执业印章。申请人经注册后，方可在规定的业务范围内执业。

公用设备专业委员会应将准予注册的注册公用设备工程师名单报全国勘察设计注册工程师管理委员会备案。

第十四条 注册公用设备工程师执业资格注册有效期为2年。有效期满需继续执业的，应在期满前30日内办理再次注册手续。

第十五条 有下列情形之一的，不予注册：

（一）不具备完全民事行为能力的；

（二）在从事公用设备专业工程设计或相关业务中犯有错误，受到行政处罚或者撤职以上行政处分，自处罚、处分决定之日起至申请注册之日不满2年的；

（三）自受刑事处罚完毕之日起至申请注册之日不满5年的；

（四）国务院各有关部门规定的不予注册的其他情形。

第十六条 公用设备专业委员会依照本规定第十五条决定不予注册的，应自决定之日起 15 个工作日内书面通知申请人。如有异议，申请人可自收到通知之日起 15 个工作日内向全国勘察设计注册工程师管理委员会提出申诉。

第十七条 注册公用设备工程师注册后，有下列情形之一的，由公用设备专业委员会撤销其注册：

（一）不具备完全民事行为能力的；

（二）受刑事处罚的；

（三）在公用设备专业工程设计和相关业务中造成工程事故，受到行政处罚或者撤职以上行政处分的；

（四）经查实有与注册规定不符的；

（五）严重违反职业道德规范的。

第十八条 被撤销注册人员对撤销注册有异议的，可自接到撤销注册通知之日起 15 个工作日内向全国勘察设计注册工程师管理委员会提出申诉。

第十九条 被撤销注册的人员在处罚期满 5 年后可依照本规定重新申请注册。

第四章 执 业

第二十条 注册公用设备工程师的执业范围：

（一）公用设备专业工程设计（含本专业环保工程）；

（二）公用设备专业工程技术咨询（含本专业环保工程）；

（三）公用设备专业工程设备招标、采购咨询；

（四）公用设备工程的项目管理业务；

（五）对本专业设计项目的施工进行指导和监督；

（六）国务院有关部门规定的其他业务。

第二十一条 注册公用设备工程师只能受聘于一个具有工程设计资质的单位。

第二十二条 注册公用设备工程师执业，由其所在单位接受委托并统一收费。

第二十三条 因公用设备专业工程设计质量事故及相关业务造成的经济损失，接受委托单位应承担赔偿责任，并有权根据合约向签章的注册公用设备工程师追偿。

第二十四条 注册公用设备工程师执业管理和处罚办法由建设部会同有关部门另行制定。

第五章 权利和义务

第二十五条 注册公用设备工程师有权以注册公用设备工程师的名义从事规定的专业活动。

第二十六条 在公用设备专业工程设计、咨询及相关业务工作中形成的主要技术文件，应当由注册公用设备工程师签字盖章后生效。

第二十七条 任何单位和个人修改注册公用设备工程师签字盖章的技术文件，须征得该注册公用设备工程师同意；因特殊情况不能征得其同意的，可由其他注册公用设备工程师签字盖章并承担责任。

第二十八条 注册公用设备工程师应履行下列义务：

（一）遵守法律、法规和职业道德，维护社会公众利益；
（二）保证执业工作的质量，并在其负责的技术文件上签字盖章；
（三）保守在执业中知悉的商业技术秘密；
（四）不得同时受聘于两个及以上单位执业；
（五）不得准许他人以本人名义执业。

第二十九条 注册公用设备工程师应按规定接受继续教育，并作为再次注册的依据条件之一。

第六章 附 则

第三十条 在实施注册公用设备工程师执业资格考试之前，已经达到注册公用设备工程师执业资格条件的，可经考核认定，获得《中华人民共和国注册公用设备工程师执业资格证书》。

第三十一条 经国务院有关部门同意，获准在中华人民共和国境内就业的外籍人员及港、澳、台地区的专业人员，符合本规定要求的，可按规定的程序申请参加考试、注册和执业。

第三十二条 从事公用设备专业工程设计活动的单位配备注册公用设备工程师的具体办法由建设部会同有关部门另行规定。

注册公用设备工程师签字盖章生效的技术文件种类及管理办法由公用设备专业委员会制定。

第三十三条 本规定自2003年5月1日起施行。

注册公用设备工程师执业资格考试实施办法

第一条 建设部、人事部共同负责注册公用设备工程师执业资格考试工作。

第二条 全国勘察设计注册工程师管理委员会负责审定考试大纲、年度试题、评分标准与合格标准。

全国勘察设计注册工程师公用设备专业管理委员会（以下简称公用设备专业委员会）负责具体组织实施考试工作。

考务工作委托人事部人事考试中心负责。各地的考试工作，由当地人事行政部门会同建设行政部门组织实施，具体职责分工由各地协商确定。

第三条 考试分为基础考试和专业考试。参加基础考试合格并按规定完成职业实践年限者，方能报名参加专业考试。专业考试合格后，方可获得《中华人民共和国注册公用设备工程师执业资格证书》。

第四条 符合《注册公用设备工程师执业资格制度暂行规定》第十条的要求，并具备以下条件之一者，可申请参加基础考试：

（一）取得本专业（指公用设备专业工程中的暖通空调、动力、给水排水专业，详见附件1，下同）或相近专业（详见附件1，下同）大学本科及以上学历或学位。

（二）取得本专业或相近专业大学专科学历，累计从事公用设备专业工程设计工作满 1 年。

（三）取得其他工科专业大学本科及以上学历或学位，累计从事公用设备专业工程设计工作满 1 年。

第五条 基础考试合格，并具备以下条件之一者，可申请参加专业考试：

（一）取得本专业博士学位后，累计从事公用设备专业工程设计工作满 2 年；或取得相近专业博士学位后，累计从事公用设备专业工程设计工作满 3 年。

（二）取得本专业硕士学位后，累计从事公用设备专业工程设计工作满 3 年；或取得相近专业硕士学位后，累计从事公用设备专业工程设计工作满 4 年。

（三）取得含本专业在内的双学士学位或本专业研究生班毕业后，累计从事公用设备专业工程设计工作满 4 年；或取得相近专业双学士学位或研究生班毕业后，累计从事公用设备专业工程设计工作满 5 年。

（四）取得通过本专业教育评估的大学本科学历或学位后，累计从事公用设备专业工程设计工作满 4 年；或取得未通过本专业教育评估的大学本科学历或学位后，累计从事公用设备专业工程设计工作满 5 年；或取得相近专业大学本科学历或学位后，累计从事公用设备专业工程设计工作满 6 年。

（五）取得本专业大学专科学历后，累计从事公用设备专业工程设计工作满 6 年；或取得相近专业大学专科学历后，累计从事公用设备专业工程设计工作满 7 年。

（六）取得其他工科专业大学本科及以上学历或学位后，累计从事公用设备专业工程设计工作满 8 年。

第六条 截止到 2002 年 12 月 31 日前，符合下列条件之一者，可免基础考试，只需参加专业考试：

（一）取得本专业博士学位后，累计从事公用设备专业工程设计工作满 5 年；或取得相近专业博士学位后，累计从事公用设备专业工程设计工作满 6 年。

（二）取得本专业硕士学位后，累计从事公用设备专业工程设计工作满 6 年；或取得相近专业硕士学位后，累计从事公用设备专业工程设计工作满 7 年。

（三）取得含本专业在内的双学士学位或本专业研究生班毕业后，累计从事公用设备专业工程设计工作满 7 年；或取得相近专业双学士学位或研究生班毕业后，累计从事公用设备专业工程设计工作满 8 年。

（四）取得本专业大学本科学历或学位后，累计从事公用设备专业工程设计工作满 8 年；或取得相近专业大学本科学历或学位后，累计从事公用设备专业工程设计工作满 9 年。

（五）取得本专业大学专科学历后，累计从事公用设备专业工程设计工作满 9 年；或取得相近专业大学专科学历后，累计从事公用设备专业工程设计工作满 10 年。

（六）取得其他工科专业大学本科及以上学历或学位后，累计从事公用设备专业工程设计工作满 12 年。

（七）取得其他工科专业大学专科学历后，累计从事公用设备专业工程设计工作满 15 年。

（八）取得本专业中专学历后，累计从事公用设备专业工程设计工作满 25 年；或取得相近专业中专学历后，累计从事公用设备专业工程设计工作满30年。

第七条 参加考试由本人提出申请，所在单位审核同意，到当地考试管理机构报名。考试管理机构按规定程序和报名条件审核合格后，发给准考证。参加考试人员在准考证指定的时间、地点参加考试。

国务院各部门所属单位和中央管理的企业的专业技术人员按属地原则报名参加考试。

第八条 考点原则上设在省会城市和直辖市，如确需在其他城市设置，须经建设部和人事部批准。

第九条 坚持考试与培训分开的原则。考试工作人员认真执行考试回避制度，参加命题和考试组织管理的人员，不得参与考试有关的培训工作和参加考试。

第十条 严格执行考试考务工作的有关规章制度，做好试卷命题、印刷、发送过程中的保密工作，严格遵守保密制度，严防泄密。

第十一条 严格考场纪律，严禁弄虚作假，对违反考试纪律和有关规定者，要严肃处理，并追究当事人和领导责任。

注册公用设备工程师执业资格考核认定办法

一、考核认定条件

本办法下发之日前，长期从事公用设备专业工程设计工作，评聘为工程类高级专业技术职务，职业道德行为良好，身体健康，并符合下列条件之一的人员。

（一）中国科学院院士或中国工程院院士。

（二）全国工程设计大师。

（三）1983年12月31日前，取得大学本科及以上学历或学位，累计从事公用设备专业工程设计工作满15年，并获得全国优秀工程设计项目金、银奖或有关公用设备专业国家级科技进步奖项目的主要技术负责人，年龄在70周岁（含）以下，且具备下列一项条件：

1. 在具有甲级工程设计资质的设计单位中，担任正、副总工程师（负责公用设备专业技术工作）职务满5年。

2. 受聘担任注册公用设备工程师执业资格考试大纲编写、考题设计的专家。

（四）具备下列条件1或条件2，并参加专业测试成绩合格的人员。

1. 同时具备下列（1）和（2）项中的各一项条件者。

（1）学历和职业年限：

①1983年12月31日前，取得本专业大学本科学历或学位，累计从事公用设备专业工程设计工作满15年；或取得相近专业大学本科学历或学位，累计从事公用设备专业工程设计工作满20年。

②1983年12月31日前，取得本专业大学专科学历，累计从事公用设备专业工程设计工作满20年；1978年12月31日前，取得相近专业大学专科学历，累计从事公用设备专业工程设计工作满25年。

③1978年12月31日前，取得本专业中专学历，累计从事公用设备专业工程设计工作满25年；1973年12月31日前，取得相近专业中专学历，累计从事公用设备专业工程设计工作满30年。

（2）技术业绩和资历：

①担任工程设计中公用设备专业技术负责人，完成工程设计资质分级标准中6项及以上的一级和特级建筑工程项目或中型及以上工业项目（其中大型工业项目不少于2项）的公用设备专业工程设计。

②在具有甲级工程设计资质的设计单位中，担任正、副总工程师（负责公用设备专业技术工作）职务满5年。

③在具有乙级工程设计资质的设计单位中，担任总工程师（负责公用设备专业技术工作）职务满7年。

2. 1983年以后，取得本专业大学本科及以上学历或学位后，累计从事公用设备专业工程设计工作满15年，并获得全国优秀工程设计奖项目或有关公用设备专业国家级科技进步奖项目的主要技术负责人，或获得2项及以上省部级优秀工程设计、公用设备专业科技进步一、二、三等奖项目的主要技术负责人。

二、考核认定程序

（一）符合考核认定条件的工程设计人员由所在单位向单位工商注册所在地的省、自治区、直辖市建设行政部门推荐，其中铁道部、水利部所属的甲、乙级勘察设计单位分别向铁道部、水利部主管勘察设计的部门推荐，军队系统勘察设计单位向总后基建营房部推荐。

（二）各省、自治区、直辖市建设行政部门和铁道部、水利部主管勘察设计的部门、总后基建营房部对本地区、本部门设计单位的申报人员进行审核，并经本地区、本部门人事（职改）行政部门、总政干部部复审后提出推荐名单，报全国勘察设计注册工程师公用设备专业管理委员会（以下简称公用设备专业委员会）初审。

（三）公用设备专业委员会负责初审通过人员的测试管理工作。各省、自治区、直辖市建设行政部门负责所辖地区初审通过人员的具体测试工作，并将测试成绩报公用设备专业委员会。

（四）公用设备专业委员会将初审结果和测试成绩汇总后上报全国勘察设计注册工程师管理委员会。全国勘察设计注册工程师管理委员会根据初审结果和测试成绩进行终审，报人事部、建设部批准后，由全国勘察设计注册工程师管理委员会公布通过考核认定获得《中华人民共和国注册公用设备工程师执业资格证书》人员的名单。

三、考核认定申报材料

（一）各省、自治区、直辖市建设行政部门和铁道部、水利部、总后基建营房部等主管勘察设计部门的意见函。

（二）注册公用设备工程师执业资格考核认定申报表（附件2）。

（三）中国科学院院士、中国工程院院士或全国设计大师应提供院士或大师证书复印件。其他人员应提供以下证明材料的复印件：学历或学位证书，高级专业技术职务证书，获奖证书，获奖项目的主要设计文件或图纸签署证明，担任正、副总工程师职务的任命文件。

（四）所在单位出具的职业道德证明和获奖单位出具的获奖项目主要技术负责人证明。

四、申报时间及要求

（一）各省、自治区、直辖市建设行政部门和人事部门，铁道部、水利部主管勘察设计和人事部门，总后基建营房部和总政干部部，应于2003年5月31日前，将审核和复核合格人员材料报公用设备专业委员会。

（二）通过特许或考核认定的方式取得其他专业执业资格的人员，一律不得申报注册公用设备工程师执业资格的考核认定。

（三）各地区和有关部门应严格按照规定的条件和程序，认真做好申报、审核和复核工作。凡不认真把关或弄虚作假的，停止该地区或部门的申报权和个人的申报资格。

（四）各地区和有关部门在审核、复核时，应核查各类证书及相关证明文件的原件。向公用设备专业委员会报送的各类证书及相关证明文件复印件应由所在单位人事（干部）部门负责人签署意见并加盖单位印章。

附件1

注册公用设备工程师新旧专业对照表

	专业划分	新专业名称	旧专业名称
暖通空调	本专业	建筑环境与设备工程	供热通风与空调工程 供热空调与燃气工程 城市燃气工程
	相近专业	国防工程内部环境与设备 飞行器环境与生命保障工程	飞行器环境控制与安全救生
		环境工程	环境工程
		安全工程	矿山通风与安全　安全工程
		食品科学与工程	冷冻冷藏工程（部分）
		热能与动力工程	制冷与低温技术
	其他工科专业	除本专业和相近专业外的工科专业	
动力	本专业	热能与动力工程	热力发动机 流体机械及流体工程 热能工程与动力机械（含锅炉、涡轮机、压缩机等） 热能工程 制冷与低温技术 能源工程 工程热物理 水利水电动力工程 冷冻冷藏工程（部分）

续表

专业划分		新专业名称	旧专业名称
动力	本专业	建筑环境与设备工程	城市燃气工程 供热空调与燃气工程 供热通风与空调工程
		化学工程与工艺	化学工程 化工工艺 化学工程与工艺 煤化工（或燃料化工）
		食品科学与工程	冷冻冷藏工程（部分）
	相近专业	飞行器设计与工程 飞行器动力工程 过程装备与控制工程 油气贮运工程	空气动力学与飞行力学 飞行器动力工程 化工设备与机械 石油天然气贮运工程
	其他工科专业	除本专业和相近专业外的工科专业	
给水排水	本专业	给水排水工程	给水排水工程
	相近专业	环境工程	环境工程
	其他工科专业	除本专业和相近专业外的工科专业	

注：表中"新专业名称"指中华人民共和国教育部高等教育司1998年颁布的《普通高等学校本科专业目录》中规定的专业名称；"旧专业名称"指1998年《普通高等学校本科专业目录》颁布前各院校所采用的专业名称。

人事部、建设部、国家环境保护总局关于印发《注册环保工程师制度暂行规定》、《注册环保工程师资格考试实施办法》和《注册环保工程师资格考核认定办法》的通知

（国人部发〔2005〕56号　2005年7月13日）

各省、自治区、直辖市人事厅（局）、建设厅（建委、规委）、环保局（厅），国务院各部委、各直属机构人事部门，总政干部部、总后基建营房部门，新疆生产建设兵团建设局，中央管理的企业：

根据《中华人民共和国建筑法》和《建设工程勘察设计管理条例》有关规定，我们制定了勘察设计行业《注册环保工程师制度暂行规定》、《注册环保工程师资格考试实施办法》和《注册环保工程师资格考核认定办法》，现印发给你们，请遵照执行。

附件：1. 注册环保工程师新旧专业参照表
2. 环保专业工程设计项目规模表
3. 中华人民共和国注册环保工程师资格考核认定申报表（略）

注册环保工程师制度暂行规定

第一章 总 则

第一条 为加强对环保专业工程设计人员的管理，保证环保工程质量，维护社会公共利益和人民生命财产安全，依据《中华人民共和国建筑法》、《建设工程勘察设计管理条例》等法律法规和国家有关职业资格证书制度有关规定，制定本规定。

第二条 本规定适用于从事环保专业工程（包括水污染防治、大气污染防治、固体废物处理处置和资源化、物理污染防治、污染现场修复等工程）设计及相关业务的专业技术人员。

第三条 国家对从事环保专业工程设计活动的专业技术人员，实行职业准入制度，纳入全国专业技术人员职业资格证书制度统一规划。

第四条 本规定所称注册环保工程师，是指经考试取得《中华人民共和国注册环保工程师资格证书》（以下简称资格证书），并依法注册取得《中华人民共和国注册环保工程师注册执业证书》（以下简称注册证书）和执业印章，从事环保专业工程设计及相关业务活动的专业技术人员。

注册环保工程师英文译为：Registered Environmental Protection Engineer。

第五条 建设部、人事部、国家环境保护总局（以下简称国家环保总局）共同负责注册环保工程师制度工作，并按职责分工对该制度的实施进行指导、监督和检查。

县级以上地方人民政府建设行政主管部门、环境保护行政主管部门按照职责分工对本行政区域内注册环保工程师资格的注册、执业活动实施监督管理；县级以上地方人民政府人事行政部门对本行政区域内注册环保工程师制度进行监督检查。

第二章 考 试

第六条 注册环保工程师资格实行全国统一大纲、统一命题的考试制度，原则上每年举行一次。

注册环保工程师资格考试由基础考试和专业考试两部分组成。

第七条 建设部、国家环保总局组织成立环保工程专业专家委员会，该委员会负责拟定注册环保工程师资格考试大纲和试题，建立并管理考试试题题库，组织评阅卷工作，提出评分标准和合格标准建议。

建设部、国家环保总局、人事部组织专家审定考试大纲、试题、评分标准与合格标准。

第八条 凡中华人民共和国公民，遵守国家法律、法规，恪守职业道德，并具备相应专业教育和职业实践条件者，均可申请参加注册环保工程师资格考试。

第九条 资格考试合格者，由人事部、建设部和国家环保总局委托省、自治区、直辖市人民政府人事行政部门，颁发人事部统一印制，人事部、建设部和国家环保总局用印的《中华人民共和国注册环保工程师资格证书》。

第十条 对以不正当手段取得注册环保工程师资格证书，由省、自治区、直辖市人民政府人事行政部门收回资格证书，3 年内不得再次参加注册环保工程师资格考试。

第三章 注 册

第十一条 注册环保工程师资格实行注册执业管理制度。取得资格证书的人员，必须经过注册，方可以注册环保工程师的名义执业。

第十二条 建设部、国家环保总局为注册环保工程师资格注册审批机构。省、自治区、直辖市人民政府建设行政主管部门为注册环保工程师资格注册的审查机构。

第十三条 取得资格证书并申请注册的人员，应受聘于一个具有建设工程设计资质的单位，并通过聘用单位向本单位工商注册所在地的省、自治区、直辖市人民政府建设行政主管部门提出注册申请。

第十四条 省、自治区、直辖市人民政府建设行政主管部门在收到申请人的申请材料后，对申请材料不齐全或者不符合法定形式的，应当当场或在 5 个工作日内，一次告知申请人需要补正的全部内容，逾期不告知的，自收到申请材料之日起即为受理。

对受理或者不予受理的注册申请，均应出具加盖省、自治区、直辖市人民政府建设行政主管部门专用印章和注明日期的书面凭证。

第十五条 省、自治区、直辖市人民政府建设行政主管部门自受理之日起 20 个工作日内，按规定条件和程序完成申报材料的审查工作，并将申报材料和审查意见报建设部、国家环保总局审批。

建设部、国家环保总局自受理申报人员材料之日起 45 个工作日内共同作出批准决定。对作出不予批准决定的，应当书面说明理由，并告知申请人享有依法申请行政复议或提起行政诉讼的权利。在规定的期限内不能作出批准决定的，应将延长期限的理由告知申请人。

建设部、国家环保总局应当自作出批准决定之日起 10 个工作日内，将批准决定送达经批准注册的申请人。核发统一制作和用印的注册证书和执业印章。

第十六条 注册环保工程师每一注册有效期为 3 年。注册证书和执业印章在有效期限内是注册环保工程师的执业凭证，由注册环保工程师本人保管、使用。

第十七条 初始注册者，可自取得资格证书之日起 3 年内提出注册申请。逾期未申请者，在申请初始注册时，须符合本规定继续教育要求。

初始注册需要提交下列材料：

（一）初始注册的《中华人民共和国注册环保工程师注册申请表》；
（二）《中华人民共和国注册环保工程师资格证书》；
（三）与聘用单位签订的劳动或聘用合同；
（四）逾期申请注册人员的继续教育证明材料。

第十八条 注册有效期满需继续执业的，应在届满前 30 个工作日，按照本规定第十三条规定的程序申请延续注册。审批机构应当根据申请人的申请，在规定的时限内作出准予延续注册的决定；逾期未作出决定的，视为准予延续。

延续注册需要提交下列材料：

（一）《中华人民共和国注册环保工程师延续注册申请表》；

（二）与聘用单位签订的劳动或聘用合同；

（三）达到注册期内继续教育要求的证明材料。

第十九条 在注册有效期内，注册环保工程师变更执业单位，应与原聘用单位解除劳动或聘用关系，并按本规定第十三条规定的程序办理变更注册手续。变更注册后，其注册证书和执业印章在原注册有效期内继续有效。

变更注册需要提交下列材料：

（一）《中华人民共和国注册环保工程师变更注册申请表》；

（二）与新聘用单位签订的劳动或聘用合同；

（三）工作调动证明或与原聘用单位解除劳动或聘用关系的证明、退休人员的退休证明。

第二十条 注册环保工程师有下列情形之一的，其注册证书和执业印章失效：

（一）聘用单位破产的；

（二）聘用单位被吊销营业执照的；

（三）聘用单位被吊销工程设计资质证书的；

（四）与聘用单位解除劳动或聘用关系的；

（五）注册有效期满且未延续注册的；

（六）丧失行为能力、死亡或被宣告失踪的；

（七）注册失效的其他情形。

第二十一条 注册环保工程师有下列情形之一的，应由注册环保工程师本人和聘用单位及时向当地省、自治区、直辖市建设行政主管部门提出申请，由建设部会同国家环保总局审核批准后，办理注销手续，收回注册证书和执业印章。

（一）不具备完全民事行为能力的；

（二）申请注销注册的；

（三）有本规定第二十条所列情形的；

（四）不符合规定条件取得注册的；

（五）被依法撤销注册的；

（六）受到刑事处罚的；

（七）应当注销注册的其他情形。

第二十二条 注册申请人有下列情形之一的，不予注册：

（一）不具有完全民事行为能力的；

（二）刑事处罚尚未执行完毕的；

（三）因从事工程勘察、设计或相关业务受到刑事处罚，自刑事处罚执行完毕之日起至申请注册之日止不满 2 年的；

（四）法律、法规规定不予注册的其他情形。

第二十三条 对被注销注册或不予注册的人员，在重新具备初始注册条件，并符合本规定继续教育要求的，可按本规定第十三条规定的程序申请注册。

第二十四条 注册审批机构应及时向社会公告注册有关情况。当事人对注销注册或不予注册有异议的，可依法申请行政复议或提起行政诉讼。

第四章 执 业

第二十五条 注册环保工程师应在一个具有建设工程设计资质的单位，进行环保专业工程设计执业活动。

第二十六条 注册环保工程师的执业范围：

（一）环保专业工程设计；

（二）环保专业工程技术咨询；

（三）环保专业工程设备招标、采购咨询；

（四）环保专业工程的项目管理；

（五）对本专业设计项目的施工进行指导和监督；

（六）国务院有关部门规定的其他业务。

第二十七条 在环保专业工程设计活动中形成的设计文件，必须由注册环保工程师签字并加盖执业印章后方可生效。需注册环保工程师签字盖章的设计文件种类和办法，由建设部会同国家环保总局另行规定。

第二十八条 修改注册环保工程师签字盖章的设计文件，应由该注册环保工程师本人进行；因特殊情况，该注册环保工程师不能进行修改的，应由其他注册环保工程师修改，并签字、加盖执业印章，同时对修改部分承担相应责任。

第二十九条 注册环保工程师从事执业活动，由其所在单位接受委托并统一收费。

因环保专业工程设计质量事故及相关业务造成的经济损失，接受委托单位应承担赔偿责任。接受委托的单位依法向承担设计责任的注册环保工程师追偿。

第三十条 注册环保工程师执业管理办法由建设部、国家环保总局另行制定。

第五章 继 续 教 育

第三十一条 继续教育是注册环保工程师延续注册、重新申请注册和逾期初始注册的必要条件。在每个注册期内，注册环保工程师应按规定完成本专业的继续教育。

第三十二条 注册环保工程师继续教育，分必修课和选修课，必修课和选修课均为60学时。继续教育内容及要求，由建设部会同国家环保总局确定。

第六章 权利和义务

第三十三条 注册环保工程师享有下列权利：

（一）使用注册环保工程师称谓；

（二）在规定范围内从事执业活动，并履行相应岗位职责；

（三）保管和使用本人的注册证书和执业印章；

（四）对本人在工程设计领域的活动进行解释和辩护；

（五）接受继续教育；

（六）获得与执业责任相应的劳动报酬；

（七）对侵犯本人权利的行为进行申诉。

第三十四条 注册环保工程师应当履行下列义务：

（一）遵守法律、法规和有关管理规定；
（二）执行技术标准和规范；
（三）保证执业活动成果的质量，并承担相应责任；
（四）接受继续教育，努力提高执业水准；
（五）在本人执业活动中形成的主要设计文件上签字、加盖执业印章；
（六）保守在执业活动中知悉的国家秘密和他人的商业、技术秘密；
（七）不得准许他人以本人名义执业；
（八）在本专业规定的执业范围和聘用单位业务范围内执业；
（九）协助注册管理机构完成相关工作。

第七章 附 则

第三十五条 在本规定下发之日前，对长期从事环保专业工程设计工作，并符合考核认定条件的专业技术人员，可通过考核认定，获得《中华人民共和国注册环保工程师资格证书》。

第三十六条 符合考试报名条件的香港、澳门居民，可申请参加注册环保工程师资格考试。申请人在报名时应提交本人身份证明、国务院教育行政部门认可的相应专业学历或学位证书、从事设计相关专业实践年限证明。台湾地区专业技术人员参加考试的办法另行规定。

外籍专业技术人员，申请参加注册环保工程师资格考试、申请注册和执业等管理办法另行制定。

第三十七条 从事环保专业工程设计活动的单位配备注册环保工程师的具体办法，由建设部会同国家环保总局另行规定。

第三十八条 各级相关行政部门及经批准的注册环保工程师资格考试等机构，在实施注册环保工程师制度过程中，因工作失误，使专业技术人员合法权益受到损害的，应依据《中华人民共和国国家赔偿法》给予相应赔偿，并可向有关责任人追偿。

第三十九条 各级相关行政部门及经批准的注册环保工程师资格考试等机构工作人员，有不履行工作职责，监督不力，或者谋取其他利益等违纪违规行为，并造成不良影响或严重后果的，由其上级相关行政部门责令改正，对直接负责的主管人员和其他直接责任人员依法给予行政处分；构成犯罪的，依法追究刑事责任。

第四十条 本规定自 2005 年 9 月 1 日起施行。

注册环保工程师资格考试实施办法

第一条 建设部、国家环保总局和人事部共同负责注册环保工程师资格考试工作，委托人事部人事考试中心承担考务工作。

各省、自治区、直辖市的考试工作，由当地人事行政部门会同建设行政主管部门组织实施，具体职责分工由各地协商确定。

第二条 考试分为基础考试和专业考试。基础考试合格并符合本办法规定的专业考试报名条件的，可参加专业考试。专业考试合格后，方可获得《中华人民共和国注册环保工程师资格证书》。

第三条 基础考试分2个半天进行，各为4个小时。专业考试分专业知识和专业案例两部分内容，每部分内容均为2个半天，每个半天均为3个小时。

第四条 符合《注册环保工程师执业资格制度暂行规定》第八条要求，并具备以下条件之一的，可申请参加基础考试：

（一）取得本专业（指环境工程、环境科学、农业建筑环境与能源工程、农业资源与环境等专业，详见附件1，下同）或相近专业（建筑环境与设备工程、给水排水工程、热能与动力工程、土木工程等专业，详见附件1，下同）大学本科及以上学历或学位。

（二）取得本专业或相近专业大学专科学历，累计从事环保专业工程设计工作满1年。

（三）取得其他专业大学本科及以上学历或学位，累计从事环保专业工程设计工作满1年。

第五条 基础考试合格，并具备下列条件之一的，可申请参加专业考试：

（一）取得本专业博士学位后，累计从事环保专业工程设计工作满2年；或取得相近专业博士学位后，累计从事环保专业工程设计工作满3年。

（二）取得本专业硕士学位后，累计从事环保专业工程设计工作满3年；或取得相近专业硕士学位后，累计从事环保专业工程设计工作满4年。

（三）取得含本专业在内的双学士学位或本专业研究生班毕业后，累计从事环保专业工程设计工作满4年；或取得含相近专业在内的双学士学位或研究生班毕业后，累计从事环保专业工程设计工作满5年。

（四）取得通过本专业教育评估的大学本科学历或学位后，累计从事环保专业工程设计工作满4年；或取得未通过本专业教育评估的大学本科学历或学位后，累计从事环保专业工程设计工作满5年；或取得相近专业大学本科学历或学位后，累计从事环保专业工程设计工作满6年。

（五）取得本专业大学专科学历后，累计从事环保专业工程设计工作满6年；或取得相近专业大学专科学历后，累计从事环保专业工程设计工作满7年。

（六）取得其他专业大学本科及以上学历或学位后，累计从事环保专业工程设计工作满8年。

第六条 截止到2002年12月31日前，符合下列条件之一的，可免基础考试，只需参加专业考试：

（一）取得本专业博士学位后，累计从事环保专业工程设计工作满5年；或取得相近专业博士学位后，累计从事环保专业工程设计工作满6年。

（二）取得本专业硕士学位后，累计从事环保专业工程设计工作满6年；或取得相近专业硕士学位后，累计从事环保专业工程设计工作满7年。

（三）取得含本专业在内的双学士学位或本专业研究生班毕业后，累计从事环保专业工程设计工作满7年；或取得含相近专业在内的双学士学位或研究生班毕业后，累计从事环保专业工程设计工作满8年。

（四）取得本专业大学本科学历或学位后，累计从事环保专业工程设计工作满8年；或取得相近专业大学本科学历或学位后，累计从事环保专业工程设计工作满9年。

（五）取得本专业大学专科学历后，累计从事环保专业工程设计工作满9年；或取得相近专业大学专科学历后，累计从事环保专业工程设计工作满10年。

（六）取得其他专业大学本科及以上学历或学位后，累计从事环保专业工程设计工作满12年。

（七）取得其他专业大学专科学历后，累计从事环保专业工程设计工作满15年。

（八）取得本专业中专学历后，累计从事环保专业工程设计工作满25年；或取得相近专业中专学历后，累计从事环保专业工程设计工作满30年。

第七条 参加考试由本人提出申请，所在单位审核同意，到当地考试管理机构报名。考试管理机构按规定程序和报名条件审核合格后，发给准考证。参加考试人员在准考证指定的时间、地点参加考试。

国务院各部门所属单位和中央管理的企业的专业技术人员按属地原则报名参加考试。

第八条 考试日期为每年第三季度。考点原则上设在直辖市和省会城市的大、中专院校或高考定点学校，如确需在其他城市设置，须经人事部、建设部和国家环保总局批准。

第九条 坚持考试与培训分开的原则。凡参与考试工作（包括试题命制与组织管理等）的人员，不得参加考试和举办与考试内容有关的培训工作。应考人员参加相关培训坚持自愿的原则。

第十条 考试考务工作应严格执行考试工作的有关规章制度，切实做好试卷命制、印刷、发送过程中的保密工作，严格遵守保密制度，严防泄密。

第十一条 考试工作人员应严格遵守考试工作纪律，认真执行考试回避制度。对违反考试纪律和有关规定行为的，按照《专业技术人员资格考试违纪违规行为处理规定》（人事部令第3号）处理。

注册环保工程师资格考核认定办法

一、考核认定条件

本办法下发之日前，在工程设计单位长期从事环保专业工程设计工作，评聘为工程类高级专业技术职务，职业道德行为良好，身体健康，并符合下列条件之一的在职、在编人员。

（一）中国科学院院士或中国工程院院士。

（二）全国工程设计大师。

（三）1983年12月31日前，取得大学本科及以上学历或学位，累计从事环保专业工程设计工作满15年，并获得全国优秀工程设计项目金、银奖或有关环保专业工程国家级科技进步奖项目的主要技术负责人，年龄在70周岁（含）以下，且具备下列一项条件：

1. 在具有甲级工程设计资质的设计单位中，担任正、副总工程师（负责环保专业技术工作）职务满5年；

2. 环保专业专家委员会成员并受聘担任注册环保工程师资格考试大纲编写及命题工作。

（四）具备下列条件1或条件2，并参加专业测试成绩合格的人员。

1. 同时具备下列（1）和（2）项中的各一项条件。

（1）学历和职业年限：

①1983年12月31日前，取得本专业大学本科及以上学历或学位，累计从事环保专业工程设计工作满15年；或取得相近专业大学本科及以上学历或学位，累计从事环保专业工程设计工作满20年。

②1983年12月31日前，取得本专业大学专科学历，累计从事环保专业工程设计工作满20年；1979年12月31日前，取得相近专业大学专科学历，累计从事环保专业工程设计工作满25年。

③1978年12月31日前，取得本专业中专学历，累计从事环保专业工程设计工作满25年；1973年12月31日前，取得相近专业中专学历，累计从事环保专业工程设计工作满30年。

④1970年12月31日前，取得其他专业中专及以上学历，累计从事环保专业工程工作满30年。

（2）技术业绩和资历：

①担任环保专业工程项目的技术负责人或项目负责人，完成达到"环保专业工程设计项目规模表"（附件2）中的大型工程项目2项及以上，或大型工程项目1项和中型工程项目3项及以上，或中型工程项目6项及以上的环保专业工程设计。

②在具有甲级建设工程设计资质的设计单位中，担任正、副总工程师职务，负责环保专业技术工作满5年。

③在具有乙级建设工程设计资质的单位中，担任总工程师职务，负责环保专业技术工作满7年。

2. 取得本专业大学本科及以上学历或学位后，累计从事环保专业工程设计工作满15年，达到本办法（2）"技术业绩和资历"中第①项规定的业绩，并获得全国优秀工程设计奖项目（环保专业）或本专业国家级科技进步奖项目的主要技术负责人，或获得2项及以上省部级环保专业优秀工程设计、本专业科技进步一、二、三等奖项目的主要技术负责人。

二、考核认定程序

（一）符合考核认定条件的工程设计人员通过聘用单位向单位工商登记注册所在地的省、自治区、直辖市建设行政主管部门或者其委托的管理机构提出考核认定申请，其中国家环保总局所属的甲、乙级建设工程设计资质单位向国家环保总局主管勘察设计的部门申请，军队系统勘察设计单位向总后基建营房部提出申请。

（二）各省、自治区、直辖市建设行政主管部门和国家环保总局主管勘察设计的部门、总后基建营房部对本地区、本部门工程设计单位的申报人员进行审查，提出审查意见，并经本地区、本部门人事行政部门、总政干部部复审后提出推荐名单，送环保工程专业专家委员会审核。

（三）环保工程专业专家委员会负责审核通过人员的测试管理工作。各省、自治区、直辖市建设行政主管部门负责所辖地区审核通过人员的具体测试工作，并将测试成绩送环保工程专业专家委员会。

（四）环保工程专业专家委员会将审核结果和测试成绩汇总后报建设部、国家环保总局和人事部。三部门对审核结果和测试成绩进行复核，将复核合格人员名单进行公示。经公示无异议后，建设部、国家环保总局和人事部向社会公告获得《中华人民共和国注册环保工程师资格证书》人员的名单。

对未通过考核认定的申请人，委托环保工程专业专家委员会向其说明不通过的理由。

三、考核认定申报材料

（一）各省、自治区、直辖市建设行政主管部门和国家环保总局主管勘察设计部门、总后基建营房部的意见函。

（二）注册环保工程师资格考核认定申报表（附件3）。

（三）中国科学院院士、中国工程院院士或全国设计大师应提供院士或大师证书复印件。其他人员应提供以下证明材料的复印件：学历或学位证书、高级专业技术职务证书，获奖证书，单位工程设计资质证书，获奖项目的主要设计文件或图纸签署证明，担任正、副总工程师职务的任命文件。

（四）获奖者应附有效证明，即奖状、个人证书或正式公布的获奖人员名单。对奖项未颁发个人证书或未正式公布获奖人员名单的，应提供符合国家规定人数的单位原始申报奖项的人员名单、获奖项目主要图纸图签的复印件，经单位负责人签字并加盖公章。

（五）所在单位出具的职业道德证明和获奖单位出具的获奖项目主要技术负责人证明。

四、申报时间及要求

（一）各省、自治区、直辖市建设行政主管部门和人事行政部门、总后基建营房部和总政干部部，应于2005年12月31日前完成审查、复审工作，签署审查、复审意见后，将全部申请人员材料送环保工程专业专家委员会。

（二）通过特许或考核认定的方式取得其他专业职（执）业资格的人员，一律不得申报注册环保工程师资格的考核认定。

（三）各地区和有关部门应严格按照规定的条件和程序，认真做好申报、审查和复审工作。凡不认真把关或弄虚作假的，停止该地区或部门的申报权和个人的申报资格。

（四）各地区和有关部门在审查、复审时，应核查各类证书及相关证明文件的原件。报送的各类证书等相关材料复印件应由所在单位人事（干部）部门负责人签署意见并加盖单位印章。

附件1

注册环保工程师新旧专业参照表

专业划分	新专业名称	旧专业名称
本专业	环境工程	环境工程 环境监测 环境规划与管理 水文地质与工程地质 农业环境保护
本专业	环境科学	环境科学 环境学 生态学与环境生物学
本专业	农业建筑环境与能源工程	农业建筑与环境工程 农村能源开发与利用
本专业	农业资源与环境	土壤与农业化学
本专业	资源环境与城乡规划管理	资源环境区划与管理
相近专业	建筑环境与设备工程	供热通风与空调工程 供热空调与燃气工程 城市燃气工程
相近专业	给水排水工程	给水排水工程
相近专业	热能与动力工程	流体机械及流体工程 热能工程与动力机械 热能工程 能源工程 工程热物理
相近专业	土木工程	土木工程 建筑工程
相近专业	水文与水资源工程	水文与水资源利用
相近专业	化学工程与工艺	化学工程与工艺 化学工程 化工工艺
相近专业	过程装备与控制工程	化工设备与机械
相近专业	安全工程	矿山通风与安全 安全工程

二、专业技术人员职业资格

续表

专业划分	新专业名称	旧专业名称
相近专业	机械设计制造及其自动化	机械设计及制造 流体传动及控制 设备工程与管理 机械制造工艺与设备 机械电子工程
其他专业	除本专业和相近专业外的工科专业	

注：1. 表中"新专业名称"指中华人民共和国教育部高等教育司1998年颁布的《普通高等学校本科专业目录》中规定的专业名称；"旧专业名称"指1993年教育部颁布的《普通高等学校本科专业目录》中规定的专业名称。

2. 申报考核认定的人员，所学专业在"参照表"中未列出的，但与本专业或相关专业相近的，请在申报相关材料时，附在校学习专业基础课和专业课的"课程设置表"（由原毕业院校出具），经所在单位核实并提出符合"本专业"、"相近专业"、"其他专业"的意见，通过所在省、自治区、直辖市建设行政部门初审后报环保工程专业专家委员会，由建设部、国家环保总局组织有关专家审查确认。

3. 申请参加考试的人员，所学专业在"参照表"中未列出的，可在申报材料时，附在校学习专业基础课和专业课的"课程设置表"（由原毕业院校出具），经所在单位核实并提出符合"本专业"、"相近专业"、"其他专业"的意见后，由当地考试管理机构审核确定。

附件2

环保专业工程设计项目规模表

环保专业工程类别		计算（量）单位	大型	中型	小型
水污染防治工程	工业废水治理	废水量：吨/日	>5 000	1 000~5 000	<1 000
	城镇污水处理	污水量：万吨/日	≥10	4~10	≤4
	污（废）水回用	污（废）水量：吨/日	≥10 000	2 000~10 000	≤2 000
大气污染防治工程	工业蒸汽锅炉烟气治理	单台装机容量：蒸吨/小时	≥65	35~65	≤35
	发电锅炉烟气治理	单台装机容量：兆瓦	≥125	25~125	≤25
	工业窑炉烟气治理	废气量：万立方米/小时	≥20	6~20	≤6
	其他工业废气治理	废气量：万立方米/小时	>10	3~10	<3
固体废物处理处置与资源化工程	一般工业固体废物处理与利用	投资额：万元	≥2 000	500~2 000	≤500
	危险废物处理处置，其中医疗废物处置	处理量：吨/日	≥30 ≥15	10~30 5~15	<10 <5

续表

环保专业工程类别		计算（量）单位	大 型	中 型	小 型
固体废物处理处置与资源化工程	城镇生活垃圾处理： 焚烧工程 卫生填埋工程 堆肥工程	处理量：吨/日	≥300 ≥800 ≥300	100~300 300~800 100~300	≤100 ≤300 ≤100
物理污染防治工程	噪声与振动治理	投资额：万元	≥150	50~150	≤50
	电磁污染防治	投资额：万元	≥400	100~400	≤100
污染修复工程	污染水体、土壤、矿山修复等工程	投资额：万元	≥3 000	500~3 000	≤500

人事部、建设部关于印发《勘察设计注册石油天然气工程师制度暂行规定》、《勘察设计注册石油天然气工程师资格考试实施办法》和《勘察设计注册石油天然气工程师资格考核认定办法》的通知

（国人部发〔2005〕84号　2005年10月13日）

各省、自治区、直辖市人事厅（局）、建设厅（建委、规委），国务院各部委、各直属机构人事部门，总政干部部、总后基建营房部，新疆生产建设兵团人事局、建设局，中央管理的企业：

根据《中华人民共和国建筑法》和《建设工程勘察设计管理条例》有关规定，现将人事部和建设部共同制定的《勘察设计注册石油天然气工程师制度暂行规定》、《勘察设计注册石油天然气工程师资格考试实施办法》和《勘察设计注册石油天然气工程师资格考核认定办法》印发给你们，请遵照执行。

附件：1. 勘察设计注册石油天然气工程师新旧专业参照表
　　　2. 中华人民共和国勘察设计注册石油天然气工程师资格考核认定申报表（略）

勘察设计注册石油天然气工程师制度暂行规定

第一章 总 则

第一条 为加强对石油天然气专业建设工程设计人员的管理，保证工程质量，维护社会公共利益和人民生命财产安全，依据《中华人民共和国建筑法》、《建设工程勘察设计管理条例》等法律法规和国家职业资格证书制度有关规定，制定本规定。

第二条 本规定适用于从事石油天然气专业建设工程（包括油气集输、油气储运、油气处理加工、注水和采出水处理等）设计及相关业务的专业技术人员。

第三条 国家对从事石油天然气专业建设工程设计活动的专业技术人员，实行职业准入制度，纳入全国专业技术人员职业资格证书制度统一规划。

第四条 本规定所称勘察设计注册石油天然气工程师，是指经考试取得《中华人民共和国勘察设计注册石油天然气工程师资格证书》，并依法注册取得《中华人民共和国勘察设计注册石油天然气工程师注册执业证书》和执业印章，从事石油天然气专业建设工程设计及相关业务的专业技术人员。

勘察设计注册石油天然气工程师英文译为：Registered Petroleum Exploration & Design Engineer。

第五条 建设部、人事部共同负责勘察设计注册石油天然气工程师制度的实施工作，并按职责分工对该制度的实施进行指导、监督和检查。

县级以上地方人民政府建设行政主管部门对本行政区域内勘察设计注册石油天然气工程师资格的注册、执业活动实施监督管理；县级以上地方人民政府人事行政部门对本行政区域内的勘察设计注册石油天然气工程师制度实施情况进行监督检查。

第二章 考 试

第六条 勘察设计注册石油天然气工程师资格实行全国统一大纲、统一命题的考试制度，原则上每年举行一次。

勘察设计注册石油天然气工程师资格考试由基础考试和专业考试两部分组成。

第七条 建设部组织成立石油天然气工程专业专家委员会，该委员会负责拟定勘察设计注册石油天然气工程师资格考试大纲和试题，建立并管理考试试题库，组织评阅卷工作，提出评分标准和合格标准建议。

建设部、人事部共同组织专家审定考试大纲、试题、评分标准与合格标准。

第八条 凡中华人民共和国公民，遵守国家法律、法规，恪守职业道德，并具备相应专业教育和职业实践条件者，均可申请参加勘察设计注册石油天然气工程师资格考试。

第九条 资格考试合格者，由人事部、建设部委托省、自治区、直辖市人民政府人事行政部门，颁发人事部统一印制，人事部和建设部用印的《中华人民共和国勘察设计注册石油天然气工程师资格证书》。

第十条 对以不正当手段取得勘察设计注册石油天然气工程师资格证书的，由省、自治区、直辖市人民政府人事行政部门收回资格证书，3年内不得再次参加勘察设计注册石油天然气工程师资格考试。

第三章 注 册

第十一条 勘察设计注册石油天然气工程师资格实行注册执业管理制度。取得资格证书的人员，必须经过注册，方可以勘察设计注册石油天然气工程师的名义执业。

第十二条 建设部为勘察设计注册石油天然气工程师资格注册审批机构。省、自治区、直辖市人民政府建设行政主管部门为勘察设计注册石油天然气工程师资格注册的审查机构。

第十三条 取得资格证书并申请注册的人员，应受聘于一个具有建设工程设计资质的单位，并通过聘用单位向本单位工商注册所在地的省、自治区、直辖市人民政府建设行政主管部门提出注册申请。

第十四条 省、自治区、直辖市人民政府建设行政主管部门在收到申请人的申请材料后，对申请材料不齐全或者不符合法定形式的，应当当场或在5个工作日内，一次告知申请人需要补正的全部内容，逾期不告知的，自收到申请材料之日起即为受理。

对受理或者不予受理的注册申请，均应出具加盖省、自治区、直辖市人民政府建设行政主管部门专用印章和注明日期的书面凭证。

第十五条 省、自治区、直辖市人民政府建设行政主管部门自受理之日起20个工作日内，按规定条件和程序完成申报材料的审查工作，并将申报材料和审查意见报建设部审批。

建设部自受理申报人员材料之日起20个工作日内作出批准决定。对作出不予批准决定的，应当书面说明理由，并告知申请人享有依法申请行政复议或提起行政诉讼的权利。在规定的期限内不能作出决定的，应将延长期限的理由告知申请人。

建设部应自作出批准决定之日起10个工作日内，将批准决定送达经批准注册的申请人。核发统一制作和用印的注册证书和执业印章。

第十六条 勘察设计注册石油天然气工程师每一注册有效期为3年。注册证书和执业印章在有效期限内是勘察设计注册石油天然气工程师的执业凭证，由勘察设计注册石油天然气工程师本人保管、使用。

第十七条 初始注册者，可自取得资格证书之日起3年内提出注册申请。逾期未申请者，在申请初始注册时，须符合本规定继续教育要求。

初始注册需要提交下列材料：

（一）《中华人民共和国勘察设计注册石油天然气工程师注册申请表》；
（二）《中华人民共和国勘察设计注册石油天然气工程师资格证书》；
（三）与聘用单位签订的劳动或聘用合同；
（四）逾期申请注册人员的继续教育证明材料。

第十八条 注册有效期届满需继续执业的，应在届满前30个工作日内，按照本规定第十三条规定的程序申请延续注册。审批机构应当根据申请人的申请，在规定的时限内作出准予延续注册的决定；逾期未作出决定的，视为准予延续。

延续注册需要提交下列材料：

（一）《中华人民共和国勘察设计注册石油天然气工程师延续注册申请表》；

（二）与聘用单位签订的劳动或聘用合同；

（三）达到注册期内继续教育要求的证明材料。

第十九条 在注册有效期内，勘察设计注册石油天然气工程师变更执业单位，应与原聘用单位解除劳动或聘用关系，并按本规定第十三条规定的程序办理变更注册手续。变更注册后，其注册证书和执业印章在原注册有效期内继续有效。

变更注册需要提交下列材料：

（一）《中华人民共和国勘察设计注册石油天然气工程师变更注册申请表》；

（二）与新聘用单位签订的劳动或聘用合同；

（三）工作调动证明或与原聘用单位解除劳动或聘用关系的证明、退休人员的退休证明。

第二十条 勘察设计注册石油天然气工程师有下列情形之一的，其注册证书和执业印章失效：

（一）聘用单位破产的；

（二）聘用单位被吊销营业执照的；

（三）聘用单位被吊销工程勘察、设计资质证书的；

（四）与聘用单位解除劳动或聘用关系的；

（五）注册有效期满且未延续注册的；

（六）丧失行为能力、死亡或被宣告失踪的；

（七）注册失效的其他情形。

第二十一条 勘察设计注册石油天然气工程师有下列情形之一的，应由勘察设计注册石油天然气工程师本人和聘用单位及时向当地省、自治区、直辖市人民政府建设行政主管部门提出申请，由建设部审核批准后，办理注销手续，收回注册证书和执业印章。

（一）不具有完全民事行为能力的；

（二）申请注销注册的；

（三）有本规定第二十条所列情形的；

（四）不符合规定条件取得注册的；

（五）被依法撤销注册的；

（六）受到刑事处罚的；

（七）应当注销注册的其他情形。

第二十二条 注册申请人有下列情形之一的，不予注册：

（一）不具有完全民事行为能力的；

（二）刑事处罚尚未执行完毕的；

（三）因从事建设工程勘察、设计或相关业务受到刑事处罚，自刑事处罚执行完毕之日起至申请注册之日止不满 2 年的；

（四）法律、法规规定不予注册的其他情形。

第二十三条 对被注销注册或不予注册的人员，在重新具备初始注册条件，并符合本规定继续教育要求的，可按本规定第十三条规定的程序申请注册。

第二十四条 注册审批机构应及时向社会公告注册有关情况。当事人对注销注册或不予注册有异议的，可依法申请行政复议或提起行政诉讼。

第四章 执 业

第二十五条 勘察设计注册石油天然气工程师应在一个具有建设工程勘察设计资质的单位，进行石油天然气专业建设工程设计执业活动。

第二十六条 勘察设计注册石油天然气工程师的执业范围：

（一）石油天然气专业建设工程设计；

（二）石油天然气专业建设工程技术咨询；

（三）石油天然气专业建设工程设备招标、采购咨询；

（四）石油天然气专业建设工程的项目管理；

（五）对本专业建设工程设计项目的施工进行指导和监督；

（六）国务院有关部门规定的其他业务。

第二十七条 在石油天然气专业建设工程设计活动中形成的设计文件，必须由勘察设计注册石油天然气工程师签字并加盖执业印章后方可生效。需勘察设计注册石油天然气工程师签字盖章的设计文件种类和办法由建设部另行规定。

第二十八条 修改勘察设计注册石油天然气工程师签字盖章的设计文件，应由该勘察设计注册石油天然气工程师本人进行；因特殊情况，该勘察设计注册石油天然气工程师不能进行修改的，应由其他勘察设计注册石油天然气工程师修改，并签字、加盖执业印章，同时对修改部分承担责任。

第二十九条 勘察设计注册石油天然气工程师从事执业活动，由其所在单位接受委托并统一收费。

因石油天然气专业建设工程设计质量事故及相关业务造成的经济损失，接受委托单位应承担赔偿责任。接受委托的单位依法向承担设计责任的勘察设计注册石油天然气工程师追偿。

第三十条 勘察设计注册石油天然气工程师执业管理办法由建设部另行制定。

第五章 继 续 教 育

第三十一条 继续教育是勘察设计注册石油天然气工程师延续注册、重新申请注册和逾期初始注册的必备条件。在每个注册期内，勘察设计注册石油天然气工程师应按规定完成本专业的继续教育。

第三十二条 勘察设计注册石油天然气工程师继续教育，分必修课和选修课，必修课和选修课均为60学时。继续教育内容及要求，由建设部确定。

第六章 权利和义务

第三十三条 勘察设计注册石油天然气工程师享有下列权利：

（一）使用勘察设计注册石油天然气工程师称谓；

（二）在规定范围内从事执业活动，并履行相应岗位职责；
（三）保管和使用本人的注册证书和执业印章；
（四）对本人在工程设计领域的活动进行解释和辩护；
（五）接受继续教育；
（六）获得与执业责任相应的劳动报酬；
（七）对侵犯本人权利的行为进行申诉。

第三十四条 勘察设计注册石油天然气工程师应当履行下列义务：
（一）遵守法律、法规和有关管理规定；
（二）执行技术标准和规范；
（三）保证执业活动成果的质量，并承担相应责任；
（四）接受继续教育，努力提高执业水准；
（五）在本人执业活动中完成的主要设计文件上签字、加盖执业印章；
（六）保守在执业中知悉的国家秘密和他人的商业、技术秘密；
（七）不得准许他人以本人名义执业；
（八）在本专业规定的执业范围和聘用单位业务范围内执业；
（九）协助注册管理机构完成相关工作。

第七章 附 则

第三十五条 在本规定下发之日前，对长期从事石油天然气专业建设工程设计工作，并符合考核认定条件的专业技术人员，可通过考核认定，获得《中华人民共和国勘察设计注册石油天然气工程师资格证书》。

第三十六条 符合考试报名条件的香港、澳门居民，可申请参加勘察设计注册石油天然气工程师资格考试。申请人在报名时应提交本人身份证明、国务院教育行政部门认可的相应专业学历或学位证书、从事设计相关专业实践年限证明。台湾地区专业人员参加考试的办法另行规定。

外籍专业技术人员，申请参加勘察设计注册石油天然气工程师资格考试、申请注册和执业等管理办法另行制定。

第三十七条 从事石油天然气专业建设工程设计活动的单位配备勘察设计注册石油天然气工程师的具体办法，由建设部另行规定。

第三十八条 各级相关行政部门及经批准的勘察设计注册石油天然气工程师资格考试等机构，在实施勘察设计注册石油天然气工程师制度过程中，因工作失误，使专业技术人员合法权益受到损害的，应依据《中华人民共和国国家赔偿法》给予相应赔偿，并可向有关责任人追偿。

第三十九条 各级相关行政部门及经批准的勘察设计注册石油天然气工程师资格考试等机构的工作人员，有不履行工作职责，监督不力，为本人或他人谋取私利等违纪违规行为，并造成不良影响或严重后果的，由其上级相关行政部门责令改正，对直接负责的主管人员和其他直接责任人员依法给予处分。构成犯罪的，依法追究刑事责任。

第四十条 本规定自2005年12月1日起施行。

勘察设计注册石油天然气工程师资格考试实施办法

第一条 建设部、人事部共同负责勘察设计注册石油天然气工程师资格考试工作，委托人事部人事考试中心承担考务工作。

各省、自治区、直辖市的考试工作，由当地人事行政部门会同建设行政主管部门组织实施，并协商确定具体职责分工。

第二条 资格考试分为基础考试和专业考试。基础考试合格并符合本办法规定的专业考试报名条件的，可参加专业考试。专业考试合格后方可获得《中华人民共和国勘察设计注册石油天然气工程师资格证书》。

第三条 基础考试分2个半天进行，各为4个小时。专业考试分专业知识和专业案例两部分内容，每部分内容均为2个半天，每个半天均为3个小时。

第四条 符合《勘察设计注册石油天然气工程师制度暂行规定》第八条要求，并具备下列条件之一的，可申请参加基础考试：

（一）取得本专业（指石油工程、化学工程与工艺、油气储运工程专业，详见附件1，下同）或相近专业（指高分子材料与工程、热能与动力工程、建筑环境与设备工程、金属材料工程等专业，详见附件1，下同）大学本科及以上学历或学位。

（二）取得本专业或相近专业大学专科学历，累计从事石油天然气专业建设工程设计工作满1年。

（三）取得其他专业大学本科及以上学历或学位，累计从事石油天然气专业建设工程设计工作满1年。

第五条 基础考试合格，并具备下列条件之一的，可申请参加专业考试：

（一）取得本专业博士学位后，累计从事石油天然气专业建设工程设计工作满2年；或取得相近专业博士学位后，累计从事石油天然气专业建设工程设计工作满3年。

（二）取得本专业硕士学位后，累计从事石油天然气专业建设工程设计工作满3年；或取得相近专业硕士学位后，累计从事石油天然气专业建设工程设计工作满4年。

（三）取得含本专业在内的双学士学位或本专业研究生班毕业后，累计从事石油天然气专业建设工程设计工作满4年；或取得含相近专业在内的双学士学位或研究生班毕业后，累计从事石油天然气专业建设工程设计工作满5年。

（四）取得通过本专业教育评估的大学本科学历或学位后，累计从事石油天然气专业建设工程设计工作满4年；或取得未通过本专业教育评估的大学本科学历或学位后，累计从事石油天然气专业建设工程设计工作满5年；或取得相近专业大学本科学历或学位后，累计从事石油天然气专业建设工程设计工作满6年。

（五）取得本专业大学专科学历后，累计从事石油天然气专业建设工程设计工作满6年；或取得相近专业大学专科学历后，累计从事石油天然气专业建设工程设计工作满7年。

（六）取得其他专业大学本科及以上学历或学位后，累计从事石油天然气专业建设工程设计工作满8年。

第六条 截止到2002年12月31日前，符合下列条件之一的，可免基础考试，只需参加专业考试：

（一）取得本专业博士学位后，累计从事石油天然气专业建设工程设计工作满5年；或取得相近专业博士学位后，累计从事石油天然气专业建设工程设计工作满6年。

（二）取得本专业硕士学位后，累计从事石油天然气专业建设工程设计工作满6年；或取得相近专业硕士学位后，累计从事石油天然气专业建设工程设计工作满7年。

（三）取得含本专业在内的双学士学位或研究生班毕业后，累计从事石油天然气专业建设工程设计工作满7年；或取得含相近专业在内的双学士学位或研究生班毕业后，累计从事石油天然气专业建设工程设计工作满8年。

（四）取得本专业大学本科学历或学位后，累计从事石油天然气专业建设工程设计工作满8年；或取得相近专业大学本科学历或学位后，累计从事石油天然气专业建设工程设计工作满9年。

（五）取得本专业大学专科学历后，累计从事石油天然气专业建设工程设计工作满9年；或取得相近专业大学专科学历后，累计从事石油天然气专业建设工程设计工作满10年。

（六）取得其他专业大学本科及以上学历或学位后，累计从事石油天然气专业建设工程设计工作满12年。

（七）取得其他专业大学专科学历后，累计从事石油天然气专业建设工程设计工作满15年。

（八）取得本专业中专学历后，累计从事石油天然气专业建设工程设计工作满25年；或取得相近专业中专学历后，累计从事石油天然气专业建设工程设计工作满30年。

第七条 参加考试由本人提出申请，所在单位审核同意，到当地考试管理机构报名。考试管理机构按规定程序和报名条件审核合格后，发给准考证。参加考试人员在准考证指定的时间、地点参加考试。

国务院各部门所属单位和中央管理的企业的专业技术人员按属地原则报名参加考试。

第八条 考试日期为每年第三季度。考点原则上设在直辖市和省会城市的大、中专院校或高考定点学校，如确需在其他城市设置，须经人事部和建设部批准。

第九条 坚持考试与培训分开的原则。凡参与考试工作（包括试题命制与组织管理等）的人员，不得参加考试和举办与考试内容有关的培训工作。应考人员参加相关培训坚持自愿的原则。

第十条 考试考务工作应严格执行考试工作的有关规章制度，切实做好试卷命制、印刷、发送过程中的保密工作，严格遵守保密制度，严防泄密。

第十一条 考试工作人员应严格遵守考试工作纪律，认真执行考试回避制度。对违反考试纪律和有关规定行为的，按照《专业技术人员资格考试违纪违规行为处理规定》（人事部令第3号）处理。

勘察设计注册石油天然气工程师资格考核认定办法

一、考核认定条件

本办法下发之日前，在工程设计单位长期从事石油天然气专业建设工程设计工作，评聘为工程类高级专业技术职务，职业道德行为良好，身体健康，并符合下列条件之一的在职、在编人员。

（一）中国科学院院士或中国工程院院士。

（二）全国工程设计大师。

（三）1983年12月31日前，取得大学本科及以上学历或学位，累计从事石油天然气专业建设工程设计工作满15年，并获得全国优秀工程设计项目金、银奖或有关石油天然气专业建设工程国家级科技进步奖项目的主要技术负责人，年龄在70周岁（含）以下，且具备下列一项条件：

1. 在具有甲级工程设计资质的设计单位中，担任正、副总工程师（负责石油天然气专业技术工作）职务满5年。

2. 石油天然气工程专业专家委员会成员并受聘担任勘察设计注册石油天然气工程师资格考试大纲编写及命题工作。

（四）具备下列条件1或条件2，并参加本专业测试成绩合格的人员。

1. 同时具备下列（1）和（2）项中的各一项条件。

（1）学历和职业年限：

①1983年12月31日前，取得本专业大学本科及以上学历或学位，累计从事石油天然气专业建设工程设计工作满15年；或取得相近专业大学本科及以上学历或学位，累计从事石油天然气专业建设工程设计工作满20年。

②1983年12月31日前，取得本专业大学专科学历，累计从事石油天然气专业建设工程设计工作满20年；1979年12月31日前，取得相近专业大学专科学历，累计从事石油天然气专业建设工程设计工作满25年。

③1978年12月31日前，取得本专业中专学历，累计从事石油天然气专业建设工程设计工作满25年；1973年12月31日前，取得相近专业中专学历，累计从事石油天然气专业建设工程设计工作满30年。

④1970年12月31日前，取得其他专业中专及以上学历，累计从事石油天然气专业建设工程设计工作满30年。

（2）技术业绩和资历：

①担任石油天然气专业建设工程项目的技术负责人或项目负责人，完成工程设计资质分级标准中的大型工程项目2项及以上，或大型工程项目1项和中型工程项目3项及以上，或中型工程项目6项及以上的石油天然气专业建设工程设计。

②在具有甲级石油天然气建设工程设计资质的设计单位中，担任正、副总工程师职务，负责石油天然气专业技术工作满5年。

③在具有乙级石油天然气建设工程设计资质的设计单位中，担任总工程师职务，负责石油天然气专业技术工作满7年。

2. 取得本专业大学本科及以上学历或学位后，累计从事石油天然气专业建设工程设计工作满15年，达到本办法（2）"技术业绩和资历"中第①项规定的业绩，并获得全国优秀工程设计奖项目（石油天然气专业）或本专业国家级科技进步奖项目的主要技术负责人，或获得2项及以上省部级石油天然气专业建设工程优秀工程设计、本专业科技进步一、二、三等奖项目的主要技术负责人。

二、考核认定程序

（一）符合考核认定条件的工程设计人员应当通过聘用单位向单位工商注册所在地的省、自治区、直辖市人民政府建设行政主管部门或者其委托的管理机构提出考核认定申请，军队系统勘察设计单位向总后基建营房部提出申请。

（二）各省、自治区、直辖市建设行政主管部门和总后基建营房部对本地区、本部门工程设计单位的申报人员进行审查，提出审查意见，并经本地区人事行政部门、总政干部部复审后提出推荐名单，送石油天然气工程专业专家委员会审核。

（三）石油天然气工程专业专家委员会负责审核通过人员的测试管理工作。各省、自治区、直辖市建设行政主管部门负责所辖地区审核通过人员的具体测试工作，并将测试成绩送石油天然气工程专业专家委员会。

（四）石油天然气工程专业专家委员会将审核结果和测试成绩汇总后报建设部、人事部。两部门对审核结果和测试成绩进行复核，将复核合格人员名单进行公示。经公示无异议后，建设部、人事部向社会公告获得《中华人民共和国勘察设计注册石油天然气工程师资格证书》人员的名单。

对未通过考核认定的申请人，委托石油天然气工程专业专家委员会向其说明不通过的理由。

三、考核认定申报材料

（一）各省、自治区、直辖市建设行政主管部门和总后基建营房部的意见函。

（二）中华人民共和国勘察设计注册石油天然气工程师资格考核认定申报表（附件2）。

（三）中国科学院院士、中国工程院院士或全国设计大师应提供院士或大师证书复印件。其他人员应提供以下证明材料的复印件：学历或学位证书，高级专业技术职务证书，获奖证书，单位工程设计资质证书，获奖项目的主要设计文件或图纸签署证明，担任正、副总工程师职务的任命文件。

（四）获奖者应附有效证明，即奖状、个人证书或正式公布的获奖人名单。对奖项未颁发个人证书或未正式公布获奖人员名单的，应提供符合国家规定人数的单位申报奖项的人员名单、获奖项目主要图纸图签的复印件，经单位负责人签字并加盖公章。

（五）所在单位出具的职业道德证明和获奖单位出具的获奖项目主要技术负责人证明。

四、申报时间及要求

（一）各省、自治区、直辖市建设行政主管部门和人事行政部门、总后基建营房部和总政干部部，应于 2006 年 1 月 31 日前完成审查、复审工作，签署审查、复审意见后，将全部申请人员材料送石油天然气工程专业专家委员会。

（二）通过特许或考核认定的方式取得其他专业职（执）业资格的人员，一律不得申报勘察设计注册石油天然气工程师资格考核认定。

（三）各地区和有关部门应严格按照规定的条件和程序，认真做好申报、审查和复审工作。凡不认真把关或弄虚作假的，停止该地区或部门的申报权和个人的申报资格，并依据相应法律法规的有关规定进行处理。

（四）各地区和有关部门在审查、复审时，应核查各类证书及相关证明的原件。报送的各类证书等相关材料复印件应由所在单位人事（干部）部门负责人签署意见并加盖单位印章。

附件 1

勘察设计注册石油天然气工程师新旧专业参照表

专业划分	新专业名称	旧专业名称
本专业	石油工程	石油工程
	化学工程与工艺	化学工程、化工工艺、高分子化工、精细化工、生物化工、工业分析、电化学工程、工业催化、化学工程与工艺、高分子材料及化工
	油气储运工程	石油天然气储运工程
相近专业	高分子材料与工程	高分子材料及化工、高分子材料与工程、复合材料
	热能与动力工程	热力发动机、流体机械及流体工程、热能工程与动力机械、热能工程、制冷与低温技术、能源工程、工程热物理、冷冻冷藏工程
	建筑环境与设备工程	供热通风与空调工程、城市燃气工程、供热空调与燃气工程
	金属材料工程	腐蚀与防护
	过程装备与控制工程	化工设备与机械
	环境工程	环境工程
	应用化学	应用化学、海洋化学
	交通工程	交通工程、总图设计与运输工程
	安全工程	安全工程
其他专业	除本专业和相近专业外的工科专业	

注：1. 表中"新专业名称"指中华人民共和国教育部高等教育司 1998 年颁布的《普通高等学校本科专业目录和专业介绍》中规定的专业名称；"旧专业名称"系指 1998 年《普通高等学校本科专业目录和专业介绍》颁布前各院校所采用的专业名称。

2. 申报考核认定的人员，所学专业在"参照表"中未列出的，但又与本专业或相关专业相近，在申报相关材料时，附在校学习专业基础课和专业课的"课程设置表"（由原毕业院校出具），经所在单位核实并提出符合"本专业"、"相近专业"、"其他专业"的意见，通过单位所在省级建设行政主管部门或有关部门初审后，由建设部组织有关专家审查确认。

3. 申请参加考试的人员，所学专业在"参照表"中未列出的，可在报名时提交在校学习专业基础课和专业课的"课程设置表"（由原毕业院校出具），经所在单位核实并提出符合"本专业"、"相近专业"、"其他专业"的意见后，由当地考试管理机构审核确认。

人事部、建设部关于印发《勘察设计注册冶金工程师制度暂行规定》、《勘察设计注册冶金工程师资格考试实施办法》和《勘察设计注册冶金工程师资格考核认定办法》的通知

(国人部发〔2005〕85号 2005年10月13日)

各省、自治区、直辖市人事厅(局)、建设厅(建委、规委),国务院各部委、各直属机构人事部门、总政干部部、总后基建营房部,新疆生产建设兵团人事局、建设局,中央管理的企业:

根据《中华人民共和国建筑法》和《建设工程勘察设计管理条例》有关规定,现将人事部和建设部共同制定的《勘察设计注册冶金工程师制度暂行规定》、《勘察设计注册冶金工程师资格考试实施办法》和《勘察设计注册冶金工程师资格考核认定办法》印发给你们,请遵照执行。

附件:1. 勘察设计注册冶金工程师新旧专业参照表
   2. 中华人民共和国勘察设计注册冶金工程师资格考核认定申报表(略)

勘察设计注册冶金工程师制度暂行规定

第一章 总 则

第一条 为加强对冶金专业工程设计人员的管理,保证工程质量,维护社会公共利益和人民生命财产安全,依据《中华人民共和国建筑法》、《建设工程勘察设计管理条例》等法律法规和国家有关职业资格证书制度规定,制定本规定。

第二条 本规定适用于从事冶金专业(包括金属冶炼、金属材料、焦化和耐火材料等)工程设计及相关业务的专业技术人员。

第三条 国家对从事冶金专业工程设计活动的专业技术人员,实行职业准入制度,纳入全国专业技术人员职业资格证书制度统一规划。

第四条 本规定所称勘察设计注册冶金工程师,是指经考试取得《中华人民共和国勘察设计注册冶金工程师资格证书》,并依法注册取得《中华人民共和国勘察设计注册冶金工程师注册执业证书》和执业印章,从事冶金专业工程设计及相关业务的专业技术人员。

勘察设计注册冶金工程师英文名称为:Registered Metallurgical Exploration & Design Engineer。

第五条 建设部、人事部共同负责勘察设计注册冶金工程师制度工作，并按职责分工对该制度的实施进行指导、监督和检查。

县级以上地方人民政府建设行政主管部门对本行政区域内勘察设计注册冶金工程师资格的注册、执业活动实施监督管理；县级以上地方人民政府人事行政部门对本行政区域内的勘察设计注册冶金工程师制度实施情况进行监督检查。

第二章 考 试

第六条 勘察设计注册冶金工程师资格实行全国统一大纲、统一命题的考试制度，原则上每年举行一次。

勘察设计注册冶金工程师资格考试由基础考试和专业考试两部分组成。

第七条 建设部组织成立冶金工程专业专家委员会，该委员会负责拟定勘察设计注册冶金工程师资格考试大纲和试题，建立并管理考试试题库，组织评阅卷工作，提出评分标准和合格标准建议。

建设部、人事部共同组织专家审定考试大纲、试题、评分标准与合格标准。

第八条 凡中华人民共和国公民，遵守国家法律、法规，恪守职业道德，并具备相应专业教育和职业实践条件者，均可申请参加勘察设计注册冶金工程师资格考试。

第九条 资格考试合格者，由人事部、建设部委托省、自治区、直辖市人民政府人事行政部门，颁发人事部统一印制，人事部和建设部用印的《中华人民共和国勘察设计注册冶金工程师资格证书》。

第十条 对以不正当手段取得勘察设计注册冶金工程师资格证书的，由省、自治区、直辖市人民政府人事行政部门收回资格证书，3年内不得再次参加勘察设计注册冶金工程师资格考试。

第三章 注 册

第十一条 勘察设计注册冶金工程师资格实行注册执业管理制度。取得资格证书的人员，必须经过注册，方可以勘察设计注册冶金工程师的名义执业。

第十二条 建设部为勘察设计注册冶金工程师资格注册审批机构。省、自治区、直辖市人民政府建设行政主管部门为勘察设计注册冶金工程师资格注册的审查机构。

第十三条 取得资格证书并申请注册的人员，应受聘于一个具有建设工程设计资质的单位，并通过聘用单位向本单位工商注册所在地的省、自治区、直辖市人民政府建设行政主管部门提出注册申请。

第十四条 省、自治区、直辖市人民政府建设行政主管部门在收到申请人的申请材料后，对申请材料不齐全或者不符合法定形式的，应当当场或在5个工作日内，一次告知申请人需要补正的全部内容，逾期不告知的，自收到申请材料之日起即为受理。

对受理或者不予受理的注册申请，均应出具加盖省、自治区、直辖市人民政府建设行政主管部门专用印章和注明日期的书面凭证。

第十五条 省、自治区、直辖市人民政府建设行政主管部门自受理之日起20个工作日内，按规定条件和程序完成申报材料的审查工作，并将申报材料和审查意见报建设部审批。

建设部自受理申报人员材料之日起 20 个工作日内作出批准决定。对作出不予批准决定的，应当书面说明理由，并告知申请人享有依法申请行政复议或提起行政诉讼的权利。在规定的期限内不能作出决定的，应将延长期限的理由告知申请人。

建设部应当自作出批准决定之日起 10 个工作日内，将批准决定送达经批准注册的申请人。核发统一制作和用印的注册证书和执业印章。

第十六条　勘察设计注册冶金工程师每一注册有效期为 3 年。注册证书和执业印章在有效期限内是勘察设计注册冶金工程师的执业凭证，由勘察设计注册冶金工程师本人保管、使用。

第十七条　初始注册者，可自取得资格证书之日起 3 年内提出申请。逾期未申请者，在申请初始注册时，须符合本规定继续教育要求。

初始注册需要提交下列材料：

（一）《中华人民共和国勘察设计注册冶金工程师注册申请表》；

（二）《中华人民共和国勘察设计注册冶金工程师资格证书》；

（三）与聘用单位签订的劳动或聘用合同；

（四）逾期申请注册人员的继续教育证明材料。

第十八条　注册有效期满需继续执业的，应在届满前 30 个工作日内，按照本规定第十三条规定的程序申请延续注册。审批机构应当根据申请人的申请，在规定的时限内作出准予延续注册的决定；逾期未作出决定的，视为准予延续。

延续注册需要提交下列材料：

（一）《中华人民共和国勘察设计注册冶金工程师延续注册申请表》；

（二）与聘用单位签订的劳动或聘用合同；

（三）达到注册期内继续教育要求的证明材料。

第十九条　在注册有效期内，勘察设计注册冶金工程师变更执业单位，应与原聘用单位解除劳动或聘用关系，并按本规定第十三条规定的程序办理变更注册手续。变更注册后，其注册证书和执业印章在原注册有效期内继续有效。

变更注册需要提交下列材料：

（一）《中华人民共和国勘察设计注册冶金工程师变更注册申请表》；

（二）与新聘用单位签订的劳动或聘用合同；

（三）工作调动证明或与原聘用单位解除劳动或聘用关系的证明、退休人员的退休证明。

第二十条　勘察设计注册冶金工程师有下列情形之一的，其注册证书和执业印章失效：

（一）聘用单位破产的；

（二）聘用单位被吊销营业执照的；

（三）聘用单位被吊销工程勘察、设计资质证书的；

（四）与聘用单位解除劳动或聘用关系的；

（五）注册有效期满且未延续注册的；
（六）丧失行为能力、死亡或被宣告失踪的；
（七）注册失效的其他情形。

第二十一条 勘察设计注册冶金工程师有下列情形之一的，应由勘察设计注册冶金工程师本人和聘用单位及时向当地省、自治区、直辖市人民政府建设行政主管部门提出申请，由建设部审核批准后，办理注销手续，收回注册证书和执业印章。

（一）不具有完全民事行为能力的；
（二）申请注销注册的；
（三）有本规定第二十条所列情形的；
（四）不符合规定条件取得注册的；
（五）被依法撤销注册的；
（六）受到刑事处罚的；
（七）应当注销注册的其他情形。

第二十二条 注册申请人有下列情形之一的，不予注册：

（一）不具有完全民事行为能力的；
（二）刑事处罚尚未执行完毕的；
（三）因从事工程勘察、设计或相关业务受到刑事处罚，自刑事处罚执行完毕之日起至申请注册之日止不满 2 年的；
（四）法律、法规规定不予注册的其他情形。

第二十三条 对被注销注册或不予注册的人员，在重新具备初始注册条件，并符合本规定继续教育要求的，可按本规定第十三条规定的程序申请注册。

第二十四条 注册审批机构应及时向社会公告注册有关情况。当事人对注销注册或不予注册有异议的，可依法申请行政复议或提起行政诉讼。

第四章 执 业

第二十五条 勘察设计注册冶金工程师应在一个具有建设工程勘察、设计资质的单位，进行冶金专业相应工程设计执业活动。

第二十六条 勘察设计注册冶金工程师的执业范围：

（一）冶金专业相应工程设计；
（二）冶金专业相应工程技术咨询；
（三）冶金专业相应工程设备招标、采购咨询；
（四）冶金专业相应工程的项目管理；
（五）对本专业工程设计项目的施工进行指导和监督；
（六）国务院有关部门规定的其他业务。

第二十七条 在冶金专业相应工程设计活动中形成的设计文件，必须由本专业勘察设计注册冶金工程师签字并加盖执业印章后方可生效。需勘察设计注册冶金工程师签字盖章的设计文件种类和办法由建设部另行规定。

第二十八条 修改勘察设计注册冶金工程师签字盖章的设计文件，应由该勘察设计注册冶金工程师本人进行；因特殊情况，该勘察设计注册冶金工程师不能进行修改的，应由本专业其他勘察设计注册冶金工程师修改，并签字、加盖执业印章，同时对修改部分承担相应责任。

第二十九条　勘察设计注册冶金工程师从事执业活动，由其所在单位接受委托并统一收费。

因冶金专业工程设计质量事故及相关业务造成的经济损失，接受委托单位应承担赔偿责任。接受委托的单位依法向承担设计责任的注册冶金工程师追偿。

第三十条　勘察设计注册冶金工程师执业管理办法由建设部另行制定。

第五章　继续教育

第三十一条　继续教育是勘察设计注册冶金工程师延续注册、重新申请注册和逾期初始注册的必备条件。在每个注册期内，勘察设计注册冶金工程师应按规定完成本专业的继续教育。

第三十二条　勘察设计注册冶金工程师继续教育，分必修课和选修课，必修课和选修课均为60学时。继续教育内容及要求，由建设部确定。

第六章　权利和义务

第三十三条　勘察设计注册冶金工程师享有下列权利：

（一）使用勘察设计注册冶金工程师称谓；

（二）在规定范围内从事执业活动，并履行相应岗位职责；

（三）保管和使用本人的注册证书和执业印章；

（四）对本人在工程设计领域的活动进行解释和辩护；

（五）接受继续教育；

（六）获得与执业责任相应的劳动报酬；

（七）对侵犯本人权利的行为进行申诉。

第三十四条　勘察设计注册冶金工程师应当履行下列义务：

（一）遵守法律、法规和有关管理规定；

（二）执行技术标准和规范；

（三）保证执业活动成果的质量，并承担相应责任；

（四）接受继续教育，努力提高执业水准；

（五）在本人执业活动中完成的主要设计文件上签字、加盖执业印章；

（六）保守在执业中知悉的国家秘密和他人的商业、技术秘密；

（七）不得准许他人以本人名义执业；

（八）在本专业规定的执业范围和聘用单位业务范围内执业；

（九）协助注册管理机构完成相关工作。

第七章　附　则

第三十五条　在本规定下发之日前，对长期从事冶金专业工程设计工作，并符合考核认定条件的专业技术人员，可通过考核认定，获得《中华人民共和国勘察设计注册冶金工程师资格证书》。

第三十六条 符合考试报名条件的香港、澳门居民，可申请参加勘察设计注册冶金工程师资格考试。申请人在报名时应提交本人身份证明、国务院教育行政部门认可的相应专业学历或学位证书、从事设计相关专业实践年限证明。台湾地区专业人员参加考试的办法另行规定。

外籍专业技术人员，申请参加勘察设计注册冶金工程师资格考试、申请注册和执业等管理办法另行制定。

第三十七条 从事冶金专业工程设计活动的单位配备勘察设计注册冶金工程师的具体办法，由建设部另行规定。

第三十八条 各级相关行政部门及经批准的勘察设计注册冶金工程师资格考试等机构，在实施勘察设计注册冶金工程师制度过程中，因工作失误，使专业技术人员合法权益受到损害的，应依据《中华人民共和国国家赔偿法》给予相应赔偿，并可向有关责任人追偿。

第三十九条 各级相关行政部门及经批准的勘察设计注册冶金工程师资格考试等机构的工作人员，有不履行工作职责，监督不力，为本人或他人谋取私利等违纪违规行为，并造成不良影响或严重后果的，由其上级相关行政部门责令改正，对直接负责的主管人员和其他直接责任人员依法给予处分。构成犯罪的，依法追究刑事责任。

第四十条 本规定自 2005 年 12 月 1 日起施行。

勘察设计注册冶金工程师资格考试实施办法

第一条 建设部、人事部共同负责勘察设计注册冶金工程师资格考试工作，委托人事部人事考试中心承担考务工作。

各省、自治区、直辖市的考试工作，由当地人事行政部门会同建设行政主管部门组织实施，并协商确定具体职责分工。

第二条 资格考试分为基础考试和专业考试。基础考试合格并符合本办法规定的专业考试报名条件的，可参加专业考试。专业考试合格后，方可获得相应专业《中华人民共和国勘察设计注册冶金工程师资格证书》。

第三条 基础考试分 2 个半天进行，各为 4 个小时。专业考试分专业知识和专业案例两部分内容，每部分内容均为 2 个半天，每个半天均为 3 个小时。

专业考试分：金属冶炼工程、金属材料工程、焦化和耐火材料工程 3 个类别。考生在报名时可根据实际工作需要选择其一。

第四条 符合《勘察设计注册冶金工程师制度暂行规定》第八条要求，并具备下列条件之一的，可申请参加基础考试：

（一）取得本专业（指冶金工程、金属材料工程专业，详见附件1，下同）或相近专业（指过程装备与控制工程、材料成型及控制工程、材料物理、材料化学专业，详见附件1，下同）大学本科及以上学历或学位。

（二）取得本专业或相近专业大学专科学历，累计从事冶金专业工程设计工作满1年。

（三）取得其他专业大学本科及以上学历或学位，累计从事冶金专业工程设计工作满1年。

第五条 基础考试合格，并具备以下条件之一者，可申请参加专业考试：

（一）取得本专业博士学位后，累计从事冶金专业工程设计工作满2年；或取得相近专业博士学位后，累计从事冶金专业工程设计工作满3年。

（二）取得本专业硕士学位后，累计从事冶金专业工程设计工作满3年；或取得相近专业硕士学位后，累计从事冶金专业工程设计工作满4年。

（三）取得含本专业在内的双学士学位或本专业研究生班毕业后，累计从事冶金专业工程设计工作满4年；或取得含相近专业在内的双学士学位或研究生班毕业后，累计从事冶金专业工程设计工作满5年。

（四）取得通过本专业教育评估的大学本科学历或学位后，累计从事冶金专业工程设计工作满4年；或取得未通过本专业教育评估的大学本科学历或学位后，累计从事冶金专业工程设计工作满5年；或取得相近专业大学本科学历或学位后，累计从事冶金专业工程设计工作满6年。

（五）取得本专业大学专科学历后，累计从事冶金专业工程设计工作满6年；或取得相近专业大学专科学历后，累计从事冶金专业工程设计工作满7年。

（六）取得其他专业大学本科及以上学历或学位后，累计从事冶金专业工程设计工作满8年。

第六条 截止到2002年12月31日前，符合下列条件之一者，可免基础考试，只需参加专业考试：

（一）取得本专业博士学位后，累计从事冶金专业工程设计工作满5年；或取得相近专业博士学位后，累计从事冶金专业工程设计工作满6年。

（二）取得本专业硕士学位后，累计从事冶金专业工程设计工作满6年；或取得相近专业硕士学位后，累计从事冶金专业工程设计工作满7年。

（三）取得含本专业在内的双学士学位或本专业研究生班毕业后，累计从事冶金专业工程设计工作满7年；或取得含相近专业在内的双学士学位或研究生班毕业后，累计从事冶金专业工程设计工作满8年。

（四）取得本专业大学本科学历或学位后，累计从事冶金专业工程设计工作满8年；或取得相近专业大学本科学历或学位后，累计从事冶金专业工程设计工作满9年。

（五）取得本专业大学专科学历后，累计从事冶金专业工程设计工作满9年；或取得相近专业大学专科学历后，累计从事冶金专业工程设计工作满10年。

（六）取得其他专业大学本科及以上学历或学位后，累计从事冶金专业工程设计工作满12年。

（七）取得其他专业大学专科及以上学历后，累计从事冶金专业工程设计工作满15年。

（八）取得本专业中专学历后，累计从事冶金专业工程设计工作满 25 年；或取得相近专业中专学历后，累计从事冶金专业工程设计工作满 30 年。

第七条 参加考试由本人提出申请，经所在单位审核同意，到当地考试管理机构报名。考试管理机构按规定程序和报名条件审核合格后，发给准考证。参加考试人员在准考证指定的时间、地点参加考试。

国务院各部门所属单位和中央管理的企业的专业技术人员按属地原则报名参加考试。

第八条 考试日期为每年第三季度。考点原则上设在省会城市和直辖市的大、中专院校或高考定点学校，如确需在其他城市设置，须经人事部和建设部批准。

第九条 坚持考试与培训分开的原则。凡参与考试工作（包括试题命制与组织管理等）的人员，不得参加考试和举办与考试内容有关的培训工作。应考人员参加相关培训坚持自愿的原则。

第十条 考试考务工作应严格执行考试工作的有关规章制度，切实做好试卷命制、印刷、发送过程中的保密工作，严格遵守保密制度，严防泄密。

第十一条 考试工作人员应严格遵守考试工作纪律，认真执行考试回避制度。对违反考试纪律和有关规定行为的，按照《专业技术人员资格考试违纪违规行为处理规定》（人事部令第 3 号）处理。

勘察设计注册冶金工程师资格考核认定办法

一、考核认定条件

本办法下发之日前，在工程设计单位长期从事冶金专业工程设计工作，评聘为工程类高级专业技术职务，职业道德行为良好，身体健康，并符合下列条件之一的在职、在编人员。

（一）中国科学院院士或中国工程院院士。

（二）全国工程设计大师。

（三）1983 年 12 月 31 日前取得大学本科以上学历或学位，累计从事冶金专业工程设计工作满 15 年，并获得全国优秀工程设计项目金、银奖或有关冶金专业工程国家级科技进步奖项目的主要技术负责人，年龄在 70 周岁（含）以下，且具备下列一项条件：

1. 在具有甲级工程设计资质的设计单位中，担任正、副总工程师（负责冶金专业技术工作）职务满 5 年。

2. 冶金工程专业专家委员会成员并受聘担任勘察设计注册冶金工程师资格考试大纲编写及命题工作。

（四）具备下列条件 1 或条件 2，并参加专业测试成绩合格的人员。

1. 同时具备下列（1）和（2）项中的各一项条件。

（1）学历和职业年限：

①1983 年 12 月 31 日前，取得本专业大学本科学历或学位，累计从事冶金专业工程

设计工作满 15 年；或取得相近专业大学本科学历或学位，累计从事冶金专业工程设计工作满 20 年。

②1983 年 12 月 31 日前，取得本专业大学专科学历，累计从事冶金专业工程设计工作满 20 年；1979 年 12 月 31 日前，取得相近专业大学专科学历，累计从事冶金专业工程设计工作满 25 年。

③1978 年 12 月 31 日前，取得本专业中专学历，累计从事冶金专业工程设计工作满 25 年；1973 年 12 月 31 日前，取得相近专业中专学历，累计从事冶金专业工程设计工作满 30 年。

④1970 年 12 月 31 日前，取得其他专业中专及以上学历，累计从事冶金专业工程设计工作满 30 年。

（2）技术业绩和资历：

①担任冶金专业工程项目的技术负责人或项目负责人，完成工程设计资质分级标准中的大型工程项目 2 项及以上，或大型工程项目 1 项和中型项目 3 项及以上，或中型项目 6 项及以上冶金专业工程设计工作。

②在具有甲级建设工程设计资质的设计单位中，担任正、副总工程师职务，负责冶金专业技术工作满 5 年。

③在具有乙级建设工程设计资质的设计单位中，担任总工程师职务，负责冶金专业技术工作满 7 年。

2. 取得本专业大学本科及以上学历或学位后，累计从事冶金专业工程设计工作满 15 年，达到本办法（2）"技术业绩和资历"中第①项规定的业绩，并获得全国优秀工程设计奖项目（冶金专业）或本专业国家级科技进步奖项目的主要技术负责人，或获得 2 项及以上省部级冶金专业优秀工程设计、本专业科技进步一、二、三等奖项目的主要技术负责人。

二、考核认定程序

（一）符合考核认定条件的工程设计人员应当通过聘用单位向单位工商注册所在地的省、自治区、直辖市人民政府建设行政主管部门或者其委托的管理机构提出考核认定申请，军队系统勘察设计单位向总后基建营房部提出申请。

（二）各省、自治区、直辖市建设行政主管部门和总后基建营房部对本地区、本部门工程设计单位的申请人员进行审查，提出审查意见，并经本地区人事行政部门、总政干部部复审后提出推荐名单，送冶金工程专业专家委员会审核。

（三）冶金工程专业专家委员会负责审核通过人员的测试管理工作。各省、自治区、直辖市建设行政主管部门负责所辖地区审核通过人员的具体测试工作，并将测试成绩送冶金工程专业专家委员会。

（四）冶金工程专业专家委员会将审查结果和测试成绩汇总后报建设部、人事部。两部门对审核结果和测试成绩进行复核，将复核合格人员名单进行公示。经公示无异议后，建设部、人事部向社会公告获得《中华人民共和国勘察设计注册冶金工程师资格证书》人员的名单。

对未通过考核认定的申请人，委托冶金工程专业专家委员会向其说明不通过的理由。

三、考核认定申报材料

（一）各省、自治区、直辖市建设行政主管部门和总后基建营房部的意见函。

（二）中华人民共和国勘察设计注册冶金工程师资格考核认定申报表（附件2）。

（三）中国科学院院士、中国工程院院士或全国设计大师应提供院士或大师证书复印件。其他人员应提供以下证明材料的复印件：学历或学位证书，高级专业技术职务证书，获奖证书，单位工程设计资质证书，获奖项目的主要设计文件或图纸签署证明，担任正、副总工程师职务的任命文件。

（四）获奖者应附有效证明，即奖状、个人证书或正式公布的获奖人员名单。对奖项未颁发个人证书或未正式公布获奖人员名单的，应提供符合国家规定人数的单位原始申报奖项的人员名单、获奖项目主要图纸图签的复印件，经单位负责人签字并加盖公章。

（五）所在单位出具的职业道德证明和获奖单位出具的获奖项目主要技术负责人证明。

四、申报时间及要求

（一）各省、自治区、直辖市建设行政主管部门和人事行政部门、总后基建营房部和总政干部部，应于2006年1月31日前完成审查、复审工作，签署审查、复审意见后将全部申请人员材料送冶金工程专业专家委员会。

（二）通过特许或考核认定的方式取得其他专业职（执）业资格的人员，一律不得申报勘察设计注册冶金工程师资格的考核认定。

（三）各地区应严格按照规定的条件和程序，认真做好申报、审查和复审工作。凡不认真把关或弄虚作假的，停止该地区的申报权和个人的申报资格。

（四）各地区在审查、复审时，应核查各类证书及相关证明文件的原件。报送的各类证书等相关材料复印件应由所在单位人事部门负责人签署意见并加盖单位印章。

附件1

勘察设计注册冶金工程师新旧专业参照表

专业划分	新专业名称	旧专业名称
本专业	冶金工程	钢铁冶金、有色金属冶金、冶金物理化学、冶金
	金属材料工程	金属材料与热处理、金属压力加工、粉末冶金、复合材料、腐蚀与防护、铸造、塑性成型工艺及设备、焊接工艺及设备
	无机非金属材料工程	硅酸盐工程

二、专业技术人员职业资格

续表

专业划分	新专业名称	旧专业名称
相近专业	过程装备与控制工程	化工机械与设备
	材料成型及控制工程	热加工工艺及设备
	材料物理	材料物理、矿物岩石材料
	材料化学	材料化学
其他专业	除本专业和相近专业外的工科专业	

注：1. 表中"新专业名称"指中华人民共和国教育部高等教育司1998年颁布的《普通高等学校本科专业目录和专业介绍》中规定的专业名称；"旧专业名称"系指1998年《普通高等学校本科专业目录和专业介绍》颁布前各院校所采用的专业名称。

2. 申报考核认定的人员，所学专业在"参照表"中未列出的，但又与本专业或相关专业相近，在申报相关材料时，附在校学习专业基础课和专业课的"课程设置表"（由原毕业院校出具），经所在单位核实并提出符合"本专业"、"相近专业"、"其他专业"的意见，通过单位所在省、自治区、直辖市建设行政主管部门初审后，由建设部组织有关专家审查确认。

3. 申请参加考试的人员，所学专业在"参照表"中未列出的，可在申报材料时，附在校学习专业基础课和专业课的"课程设置表"（由原毕业院校出具），经所在单位核实并提出符合"本专业"、"相近专业"、"其他专业"的意见后，由当地考试管理机构审核确认。

人事部、建设部关于印发《勘察设计注册采矿/矿物工程师制度暂行规定》、《勘察设计注册采矿/矿物工程师资格考试实施办法》和《勘察设计注册采矿/矿物工程师资格考核认定办法》的通知

（国人部发〔2005〕86号　2005年10月13日）

各省、自治区、直辖市人事厅（局）、建设厅（建委、规委），国务院各部委、各直属机构人事部门，总政干部部、总后基建营房部，新疆生产建设兵团人事局、建设局，中央管理的企业：

根据《中华人民共和国建筑法》和《建设工程勘察设计管理条例》有关规定，现将人事部和建设部共同制定的《勘察设计注册采矿/矿物工程师制度暂行规定》、《勘察设计注册采矿/矿物工程师资格考试实施办法》和《勘察设计注册采矿/矿物工程师资格考核认定办法》印发给你们，请遵照执行。

附件：1. 勘察设计注册采矿/矿物工程师新旧专业参照表
　　　2. 中华人民共和国勘察设计注册采矿/矿物工程师资格考核认定申报表
　　　（略）

勘察设计注册采矿/矿物工程师制度暂行规定

第一章 总 则

第一条 为加强采矿/矿物专业工程设计人员的管理，保证工程质量，维护社会公共利益和人民生命财产安全，依据《中华人民共和国建筑法》、《建设工程勘察设计管理条例》等法律法规和国家职业资格证书制度有关规定，制定本规定。

第二条 本规定适用于从事采矿、矿物加工专业工程设计及相关业务的专业技术人员。

第三条 国家对从事采矿/矿物加工专业工程设计活动的专业技术人员实行职业准入制度，纳入全国专业技术人员职业资格证书制度统一规划。

第四条 本规定所称勘察设计注册采矿/矿物工程师，是指经考试取得《中华人民共和国勘察设计注册采矿/矿物工程师资格证书》，并依法注册取得《中华人民共和国勘察设计注册采矿/矿物工程师注册执业证书》和执业印章，从事采矿/矿物专业工程设计及相关业务的专业技术人员。

勘察设计注册采矿/矿物工程师英文名称：Registered Mining/Mineral Exploration & Design Engineer。

第五条 建设部、人事部共同负责勘察设计注册采矿/矿物工程师制度实施工作，并按职责分工对该制度的实施进行指导、监督和检查。

县级以上地方人民政府建设行政主管部门对本行政区域内的勘察设计注册采矿/矿物工程师资格的注册、执业活动实施监督管理；县级以上地方人民政府人事行政部门对本行政区域内的勘察设计注册采矿/矿物工程师制度实施情况进行监督检查。

第二章 考 试

第六条 勘察设计注册采矿/矿物工程师资格实行全国统一大纲、统一命题的考试制度，原则上每年举行一次。

勘察设计注册采矿/矿物工程师资格考试由基础考试和专业考试组成。

第七条 建设部组织成立采矿/矿物工程专业专家委员会，该委员会负责拟定勘察设计注册采矿/矿物工程师资格考试大纲和试题，建立并管理考试试题库，组织评阅卷，提出评分标准和合格标准建议。

建设部、人事部共同组织专家审定考试大纲、试题、评分标准与合格标准。

第八条 凡中华人民共和国公民，遵守国家法律、法规，恪守职业道德，并具备相应专业教育和职业实践条件者，均可申请参加勘察设计注册采矿/矿物工程师资格考试。

第九条 资格考试合格者，由建设部、人事部委托省、自治区、直辖市人事行政部门颁发人事部统一印制，人事部、建设部用印的《中华人民共和国勘察设计注册采矿/矿物工程师资格证书》。

第十条 对以不正当手段取得《中华人民共和国勘察设计注册采矿/矿物工程师资格证书》的，由省、自治区、直辖市人民政府人事行政部门收回资格证书，3年内不得再次参加勘察设计注册采矿/矿物工程师资格考试。

第三章　注　册

第十一条　勘察设计注册采矿/矿物工程师资格实行注册执业管理制度。取得资格证书的人员，必须经过注册，方可以勘察设计注册采矿/矿物工程师的名义执业。

第十二条　建设部为勘察设计注册采矿/矿物工程师资格注册审批机构。省、自治区、直辖市人民政府建设行政主管部门为勘察设计注册采矿/矿物工程师资格注册的审查机构。

第十三条　取得资格证书并申请注册的人员，应受聘于一个具有建设工程设计资质的单位，并通过聘用单位向本单位工商注册所在地的省、自治区、直辖市人民政府建设行政主管部门提出注册申请。

第十四条　省、自治区、直辖市人民政府建设行政主管部门在收到申请人的申请材料后，对申请材料不齐全或者不符合法定形式的，应当当场或在5个工作日内，一次告知申请人需要补正的全部内容，逾期不告知的，自收到申请材料之日起即为受理。

对受理或者不予受理的注册申请，均应出具加盖省、自治区、直辖市人民政府建设行政主管部门专用印章和注明日期的书面凭证。

第十五条　省、自治区、直辖市人民政府建设行政主管部门自受理之日起20个工作日内，按规定条件和程序完成申报材料的审查工作，并将申报材料和审查意见报建设部审批。

建设部自受理申报人员材料之日起20个工作日内作出批准决定。对作出不予批准决定的，应当书面说明理由，并告知申请人享有依法申请行政复议或提起行政诉讼的权利。在规定的期限内不能作出决定的，应将延长期限的理由告知申请人。

建设部应自作出批准决定之日起10个工作日内，将批准决定送达经批准注册的申请人。核发统一制作和用印的注册证书和执业印章。

第十六条　勘察设计注册采矿/矿物工程师每一注册有效期为3年。注册证书和执业印章在有效期限内是勘察设计注册采矿/矿物工程师的执业凭证，由勘察设计注册采矿/矿物工程师本人保管、使用。

第十七条　初始注册者，可自取得资格证书之日起3年内提出注册申请。逾期未申请者，在申请初始注册时，须符合本规定继续教育要求。

初始注册需要提交下列材料：

（一）《中华人民共和国勘察设计注册采矿/矿物工程师注册申请表》；
（二）《中华人民共和国勘察设计注册采矿/矿物工程师资格证书》；
（三）与聘用单位签订的劳动或聘用合同；
（四）逾期申请注册人员的继续教育证明材料。

第十八条　注册有效期满需继续执业的，应在届满前30个工作日内，按照本规定第十三条规定的程序申请延续注册。审批机构应当根据申请人的申请，在规定的时限内作出准予延续注册的决定；逾期未作出决定的，视为准予延续。

延续注册需要提交下列材料：

（一）《中华人民共和国勘察设计注册采矿/矿物工程师延续注册申请表》；

（二）与聘用单位签订的劳动或聘用合同；

（三）达到注册期内继续教育要求的证明材料。

第十九条 在注册有效期内，勘察设计注册采矿/矿物工程师变更执业单位，应与原聘用单位解除劳动或聘用关系，并按本规定第十三条规定的程序办理变更注册手续。变更注册后，其注册证书和执业印章在原注册有效期内继续有效。

变更注册需要提交下列材料：

（一）《中华人民共和国勘察设计注册采矿/矿物工程师变更注册申请表》；

（二）与新聘用单位签订的劳动或聘用合同；

（三）工作调动证明或与原聘用单位解除劳动或聘用关系的证明、退休人员的退休证明。

第二十条 勘察设计注册采矿/矿物工程师有下列情形之一的，其注册证书和执业印章失效：

（一）聘用单位破产的；

（二）聘用单位被吊销营业执照的；

（三）聘用单位被吊销工程勘察、设计资质证书的；

（四）与聘用单位解除劳动或聘用关系的；

（五）注册期满且未延续注册的；

（六）丧失行为能力、死亡或被宣告失踪的；

（七）注册失效的其他情形。

第二十一条 勘察设计注册采矿/矿物工程师有下列情形之一的，应由勘察设计注册采矿/矿物工程师本人和聘用单位及时向当地省、自治区、直辖市人民政府建设行政主管部门提出申请，由建设部审核批准后，办理注销手续，收回注册证书和执业印章。

（一）不具有完全民事行为能力的；

（二）申请注销注册的；

（三）有本规定第二十条所列情形的；

（四）不符合规定条件取得注册的；

（五）被依法撤销注册的；

（六）受到刑事处罚的；

（七）应当注销注册的其他情形。

第二十二条 注册申请人有下列情形之一的，不予注册：

（一）不具有完全民事行为能力的；

（二）刑事处罚尚未执行完毕的；

（三）因从事勘察、设计或相关业务受到刑事处罚，自刑事处罚执行完毕之日起至申请注册之日止不满 2 年的；

（四）法律、法规规定不予注册的其他情形。

第二十三条 对被注销注册或不予注册的人员，在重新具备初始注册条件，并符合本规定继续教育要求的，可按本规定第十三条规定的程序申请注册。

第二十四条 注册审批机构应及时向社会公告注册有关情况。当事人对注销注册或不予注册有异议的，可依法申请行政复议或提起行政诉讼。

第四章 执 业

第二十五条 勘察设计注册采矿/矿物工程师应在一个具有建设工程勘察、设计资质的单位，进行采矿/矿物专业建设工程设计执业活动。

第二十六条 勘察设计注册采矿/矿物工程师的执业范围：

（一）采矿/矿物专业工程设计；

（二）采矿/矿物专业工程技术咨询；

（三）采矿/矿物专业工程设备招标、采购咨询；

（四）采矿/矿物专业工程的项目管理；

（五）对本专业工程设计项目的施工进行指导和监督；

（六）国务院有关部门规定的其他业务。

第二十七条 在采矿/矿物专业工程设计活动中形成的主要设计文件必须由勘察设计注册采矿/矿物工程师签字盖章后方可生效。需勘察设计注册采矿/矿物工程师签字盖章的设计文件种类和办法，由建设部另行规定。

第二十八条 修改勘察设计注册采矿/矿物工程师签字盖章的设计文件，应由该勘察设计注册采矿/矿物工程师进行；因特殊情况，该勘察设计注册采矿/矿物工程师不能进行修改的，应由其他勘察设计注册采矿/矿物工程师修改，并签字、加盖执业印章，同时承担相应责任。

第二十九条 勘察设计注册采矿/矿物工程师从事执业活动，由其所在单位接受委托并统一收费。

因采矿/矿物专业工程设计质量事故及相关业务造成的经济损失，接受委托单位应承担赔偿责任。接受委托的单位依法向承担设计责任的勘察设计注册采矿/矿物工程师追偿。

第三十条 勘察设计注册采矿/矿物工程师执业管理办法由建设部另行制定。

第五章 继 续 教 育

第三十一条 继续教育是勘察设计注册采矿/矿物工程师延续注册、重新申请注册和逾期初始注册的必备条件。在每个注册期内，勘察设计注册采矿/矿物工程师应按规定完成本专业的继续教育。

第三十二条 勘察设计注册采矿/矿物工程师继续教育，分必修课和选修课，必修课和选修课均为60学时。继续教育内容及要求，由建设部确定。

第六章 权利和义务

第三十三条 勘察设计注册采矿/矿物工程师享有下列权利：

（一）使用勘察设计注册采矿/矿物工程师称谓；
（二）在规定范围内从事执业活动，并履行相应岗位职责；
（三）保管和使用本人的注册证书和执业印章；
（四）对本人在工程勘察、设计领域执业活动进行解释和辩护；
（五）接受继续教育；
（六）获得与执业责任相应的劳动报酬；
（七）对侵犯本人权利的行为进行申诉。

第三十四条　勘察设计注册采矿/矿物工程师应当履行下列义务：
（一）遵守法律、法规和有关管理规定；
（二）执行技术标准和规范；
（三）保证执业活动成果的质量，并承担相应责任；
（四）接受继续教育，努力提高执业水准；
（五）在本人执业活动中完成的主要设计文件上签字、加盖执业印章；
（六）保守在执业中知悉的国家秘密和他人的商业、技术秘密；
（七）不得准许他人以本人名义执业；
（八）在本专业规定的执业范围和聘用单位业务范围内执业；
（九）协助注册管理机构完成相关工作。

第七章　附　则

第三十五条　在本规定下发之日前，对长期从事采矿/矿物专业工程勘察、设计工作，并符合考核认定条件的专业技术人员，可通过考核认定，获得《中华人民共和国勘察设计注册采矿/矿物工程师资格证书》。

第三十六条　符合考试报名条件的香港、澳门居民，可申请参加勘察设计注册采矿/矿物工程师资格考试。申请人在报名时应提交本人身份证明、国务院教育行政部门认可的相应专业学历或学位证书、从事勘察设计相关专业实践年限证明。台湾地区专业人员参加考试的办法另行规定。

外籍专业技术人员，申请参加勘察设计注册采矿/矿物工程师资格考试、申请注册和执业等管理办法另行制定。

第三十七条　从事采矿/矿物专业工程设计活动的单位配备勘察设计注册采矿/矿物工程师的具体办法，由建设部另行规定。

第三十八条　各级相关行政部门及经批准的勘察设计注册采矿/矿物工程师资格考试等机构，在实施勘察设计注册采矿/矿物工程师制度过程中，因工作失误，使专业技术人员合法权益受到损害的，应依据《中华人民共和国国家赔偿法》给予相应赔偿，并可向有关责任人追偿。

第三十九条　各级相关行政部门及经批准的勘察设计注册采矿/矿物工程师资格考试等机构的工作人员，有不履行工作职责，监督不力，为本人或他人谋取私利等违纪违规行为，并造成不良影响或严重后果的，由其上级相关行政部门责令改正，对直接负责的主管人员和其他直接责任人员依法给予处分。构成犯罪的，依法追究刑事责任。

第四十条 本规定自 2005 年 12 月 1 日起施行。

勘察设计注册采矿/矿物工程师资格考试实施办法

第一条 建设部、人事部共同负责勘察设计注册采矿/矿物工程师资格考试工作，委托人事部人事考试中心承担考务工作。

各省、自治区、直辖市的考试工作，由当地人事行政部门会同建设行政主管部门组织实施，并协商确定具体职责分工。

第二条 资格考试分为基础考试和专业考试。基础考试合格并符合本办法规定的专业考试报名条件的，可参加专业考试。专业考试合格后，方可获得《中华人民共和国勘察设计注册采矿/矿物工程师资格证书》。

第三条 基础考试分 2 个半天进行，各为 4 个小时。专业考试分专业知识和专业案例两部分内容，每部分内容均为 2 个半天，每个半天均为 3 个小时。

专业考试分：采矿工程、矿物加工工程 2 个类别。考生在报名时可根据实际工作需要选择其一。

第四条 符合《勘察设计注册采矿/矿物工程师制度暂行规定》第八条要求，并具备以下条件之一的，可申请参加基础考试：

（一）取得本专业（指采矿工程、矿物加工工程专业，详见附件 1，下同）或相近专业（指土木工程、资源勘查工程和勘查技术与工程专业，详见附件 1，下同）大学本科及以上学历或学位。

（二）取得本专业或相近专业大学专科学历，累计从事采矿/矿物专业工程设计工作满 1 年。

（三）取得其他专业大学本科及以上学历或学位，累计从事采矿/矿物专业工程设计工作满 1 年。

第五条 基础考试合格，并具备以下条件之一者，可申请参加专业考试：

（一）取得本专业博士学位后，累计从事采矿/矿物专业工程设计工作满 2 年；或取得相近专业博士学位后，累计从事采矿/矿物专业工程设计工作满 3 年。

（二）取得本专业硕士学位后，累计从事采矿/矿物专业工程设计工作满 3 年；或取得相近专业硕士学位后，累计从事采矿/矿物专业工程设计工作满 4 年。

（三）取得含本专业在内的双学士学位或本专业研究生班毕业后，累计从事采矿/矿物专业工程设计工作满 4 年；或取得含相近专业在内的双学士学位或研究生班毕业后，累计从事采矿/矿物专业工程设计工作满 5 年。

（四）取得通过本专业教育评估的大学本科学历或学位后，累计从事采矿/矿物专业工程设计工作满 4 年；或取得未通过本专业教育评估的大学本科学历或学位后，累计从事采矿/矿物专业工程设计工作满 5 年；或取得相近专业大学本科学历或学位后，累计从事采矿/矿物专业工程设计工作满 6 年。

（五）取得本专业大学专科学历后，累计从事采矿/矿物专业工程设计工作满 6 年；或取得相近专业大学专科学历后，累计从事采矿/矿物专业工程设计工作满 7 年。

（六）取得其他专业大学本科及以上学历或学位后，累计从事采矿/矿物专业工程设计工作满 8 年。

第六条 截止到 2002 年 12 月 31 日前，符合下列条件之一者，可免基础考试，只需参加专业考试：

（一）取得本专业博士学位后，累计从事采矿/矿物专业工程设计工作满 5 年；或取得相近专业博士学位后，累计从事采矿/矿物专业工程设计工作满 6 年。

（二）取得本专业硕士学位后，累计从事采矿/矿物专业工程设计工作满 6 年；或取得相近专业硕士学位后，累计从事采矿/矿物专业工程设计工作满 7 年。

（三）取得含本专业在内的双学士学位或本专业研究生班毕业后，累计从事采矿/矿物专业工程设计工作满 7 年；或取得含相近专业在内的双学士学位或研究生班毕业后，累计从事采矿/矿物专业工程设计工作满 8 年。

（四）取得本专业大学本科学历或学位后，累计从事采矿/矿物专业工程设计工作满 8 年；或取得相近专业大学本科学历或学位后，累计从事采矿/矿物专业工程设计工作满 9 年。

（五）取得本专业大学专科学历后，累计从事采矿/矿物专业工程设计工作满 9 年；或取得相近专业大学专科学历后，累计从事采矿/矿物专业工程设计工作满 10 年。

（六）取得其他专业大学本科及以上学历或学位后，累计从事采矿/矿物专业工程设计工作满 12 年。

（七）取得其他专业大学专科及以上学历后，累计从事采矿/矿物专业工程设计工作满 15 年。

（八）取得本专业中专学历后，累计从事采矿/矿物专业工程设计工作满 25 年；或取得相近专业中专学历后，累计从事采矿/矿物专业工程设计工作满 30 年。

第七条 参加考试由本人提出申请，所在单位审核，到当地考试管理机构报名。考试管理机构按规定程序和报名条件审核合格后，发给准考证。参加考试人员在准考证指定的时间、地点参加考试。

国务院各部门所属单位和中央管理的企业的专业技术人员按属地原则报名参加考试。

第八条 考试日期为每年第三季度。考点原则上设在省会城市和直辖市的大、中专院校或高考定点学校，如确需在其他城市设置，须经建设部和人事部批准。

第九条 坚持考试与培训分开的原则。凡参与考试工作（包括试题命制与组织管理等）的人员，不得参加考试和举办与考试内容有关的培训工作。应考人员参加相关培训坚持自愿的原则。

第十条 考试考务工作应严格执行考试工作的有关规章制度，切实做好试卷命制、印刷、发送过程中的保密工作，严格遵守保密制度，严防泄密。

第十一条 考试工作人员应严格遵守考试工作纪律，认真执行考试回避制度。对违反考试纪律和有关规定行为的，按照《专业技术人员资格考试违纪违规行为处理规定》（人事部令第3号）处理。

勘察设计注册采矿/矿物工程师资格考核认定办法

一、考核认定条件

本办法下发之日前，在工程设计企业长期从事采矿/矿物专业工程设计工作，评聘为工程类高级专业技术职务，职业道德行为良好，身体健康，并符合下列条件之一的在职、在编人员。

（一）中国科学院院士或中国工程院院士。

（二）全国工程设计大师。

（三）1983年12月31日前，取得大学本科及以上学历或学位，累计从事采矿/矿物专业工程设计工作满15年，并获得全国优秀工程设计项目金、银奖或有关采矿/矿物专业国家级科技进步奖项目的主要技术负责人，年龄在70周岁（含）以下，且具备下列一项条件：

1. 在具有甲级工程设计资质的设计单位中，担任正、副总工程师（负责采矿/矿物专业技术工作）职务满5年。

2. 采矿/矿物工程专业专家委员会成员并受聘担任勘察设计注册采矿/矿物工程师资格考试大纲编写及命题工作。

（四）具备下列条件1或条件2，并参加专业测试成绩合格的人员。

1. 同时具备下列（1）和（2）项中的各一项条件者。

（1）学历和职业年限：

①1983年12月31日前，取得本专业大学本科学历或学位，累计从事采矿/矿物专业工程设计工作满15年；或取得相近专业大学本科学历或学位，累计从事采矿/矿物专业工程设计工作满20年。

②1983年12月31日前，取得本专业大学专科学历，累计从事采矿/矿物工程设计工作满20年；1979年12月31日前，取得相近专业大学专科学历，累计从事采矿/矿物专业工程设计工作满25年。

③1978年12月31日前，取得本专业中专学历，累计从事采矿/矿物专业工程设计工作满25年；1973年12月31日前，取得相近专业中专学历，累计从事采矿/矿物专业工程设计工作满30年。

④1970年12月31日前，取得其他专业中专及以上学历，累计从事采矿/矿物专业工程设计工作满30年。

（2）技术业绩和资历：

①担任采矿/矿物专业工程项目的技术负责人或项目负责人，完成工程设计资质分级标准中大型工程项目1项和中型工程项目2项及以上，或中型工程项目4项的采矿/矿物专业工程设计。

②在具有甲级工程设计资质的设计单位中,担任正、副总工程师职务,负责采矿/矿物专业技术工作满5年。

③在具有乙级工程设计资质的设计单位中,担任总工程师职务,负责采矿/矿物专业技术工作满7年。

2. 取得本专业大学本科及以上学历或学位后,累计从事采矿/矿物专业工程设计工作满15年,达到本办法(2)"技术业绩和资历"中第①项规定的业绩,并获得全国优秀工程设计奖项目(采矿/矿物专业)或有关采矿/矿物专业国家级科技进步奖项目的主要技术负责人,或获得2项及以上省部级优秀工程设计、采矿/矿物专业科技进步一、二、三等奖项目的主要技术负责人。

二、考核认定程序

(一)符合考核认定条件的工程设计人员应当通过聘用单位向单位工商注册所在地的省、自治区、直辖市人民政府建设行政主管部门或者其委托的管理机构提出考核认定申请。

(二)各省、自治区、直辖市建设行政主管部门对本地区工程设计单位的申报人员进行审查,提出审查意见,并经本地区人事行政部门复审后提出推荐名单,送采矿/矿物工程专业专家委员会审核。

(三)采矿/矿物工程专业专家委员会负责审核通过人员的测试管理工作。各省、自治区、直辖市建设行政主管部门负责所辖地区审核通过人员的具体测试工作,并将测试成绩送采矿/矿物工程专业专家委员会。

(四)采矿/矿物工程专业专家委员会将审核结果和测试成绩汇总后上报建设部、人事部。两部门对审核结果和测试成绩进行复核,将复核合格人员名单进行公示。经公示无异议后,人事部、建设部向社会公告获得《中华人民共和国勘察设计注册采矿/矿物工程师资格证书》人员的名单。

对未通过考核认定的申请人,委托采矿/矿物工程专业专家委员会向其说明不通过的理由。

三、考核认定申报材料

(一)各省、自治区、直辖市建设行政主管部门意见函。

(二)中华人民共和国勘察设计注册采矿/矿物工程师资格考核认定申报表(附件2)。

(三)中国科学院院士、中国工程院院士或全国设计大师应提供院士或大师证书复印件。其他人员应提供以下证明材料的复印件:学历或学位证书,高级专业技术职务证书,获奖证书,获奖项目的主要设计文件或图纸签署证明,单位工程设计资质证书,担任正、副总工程师职务的任命文件。

(四)获奖者应附有效证明,即奖状、个人证书或正式公布的获奖人员名单。对奖项未颁发个人证书或未正式公布的获奖人员名单者,应提供符合国家规定人数的单位申报奖项的人员名单、获奖项目主要图纸图签的复印件,经单位负责人签字并加盖公章。

（五）所在单位出具的职业道德证明和获奖单位出具的获奖项目主要技术负责人证明。

四、申报时间及要求

（一）各省、自治区、直辖市建设行政主管部门和人事部门，应于 2006 年 1 月 31 日前完成审查、复审工作，签署审查、复审意见后，将全部申请人员材料送采矿/矿物工程专业专家委员会。

（二）通过特许或考核认定的方式取得其他专业职（执）业资格的人员，一律不得申报勘察设计注册采矿/矿物工程师资格的考核认定。

（三）各地区和有关部门应严格按照规定的条件和程序，认真做好申报、审查和复审工作。凡不认真把关或弄虚作假的，停止该地区或部门的申报权和个人的申报资格。

（四）各地区和有关部门在审查、复审时，应核查各类证书及相关证明文件的原件。报送的各类证书及相关证明文件复印件应由所在单位人事（干部）部门负责人签署意见并加盖单位印章。

附件1

勘察设计注册采矿/矿物工程师新旧专业参照表

专业划分	新专业名称	旧专业名称
本专业	采矿工程	采矿工程
	矿物加工工程	选矿工程、矿物加工工程
相近专业	土木工程	矿井建设、建筑工程、交通土建工程、土木工程
	资源勘查工程	地质矿产勘查、石油与天然气勘查、应用地球化学
	勘查技术与工程	水文地质与工程地质、应用地球物理、勘察工程
其他专业	除本专业和相近专业外的工科专业	

注：1. 表中"新专业名称"指中华人民共和国教育部高等教育司 1998 年颁布的《普通高等学校本科专业目录和专业介绍》中规定的专业名称；"旧专业名称"系指 1998 年《普通高等学校本科专业目录和专业介绍》颁布前各院校所采用的专业名称。

2. 申报考核认定的人员，所学专业在"参照表"中未列出的，但又与本专业或相关专业相近，在申报相关材料时，附在校学习专业基础课和专业课的"课程设置表"（由原毕业院校出具），经所在单位核实并提出符合"本专业"、"相近专业"、"其他专业"的意见，通过单位所在省、自治区、直辖市建设行政主管部门初审后，由建设部组织有关专家审查确认。

3. 申请参加考试的人员，所学专业在"参照表"中未列出的，可在报名时提交在校学习专业基础课和专业课的"课程设置表"（由原毕业院校出具），经所在单位核实并提出符合"本专业"、"相近专业"、"其他专业"的意见后，由当地考试管理机构审核确认。

人事部、建设部关于印发《勘察设计注册机械工程师制度暂行规定》、《勘察设计注册机械工程师资格考试实施办法》和《勘察设计注册机械工程师资格考核认定办法》的通知

（国人部发〔2005〕87号 2005年10月13日）

各省、自治区、直辖市人事厅（局）、建设厅（建委、规委），国务院各部委、各直属机构人事部门，总政干部部、总后基建营房部，新疆生产建设兵团人事局、建设局，中央管理的企业：

根据《中华人民共和国建筑法》和《建设工程勘察设计管理条例》有关规定，现将人事部和建设部共同制定的《勘察设计注册机械工程师制度暂行规定》、《勘察设计注册机械工程师资格考试实施办法》和《勘察设计注册机械工程师资格考核认定办法》印发给你们，请遵照执行。

附件：1. 勘察设计注册机械工程师新旧专业参照表
2. 中华人民共和国勘察设计注册机械工程师资格考核认定申报表（略）

勘察设计注册机械工程师制度暂行规定

第一章 总 则

第一条 为加强对机械专业建设工程设计人员的管理，保证工程质量，维护社会公共利益和人民生命财产安全，依据《中华人民共和国建筑法》、《建设工程勘察设计管理条例》等法律法规和国家职业资格证书制度有关规定，制定本规定。

第二条 本规定适用于从事机械专业建设工程设计（包括制造工艺、非标准设备、专用设备、工业窑炉、生产线、连续输送系统及设备）及相关业务的专业技术人员。

第三条 国家对从事机械专业建设工程设计活动的专业技术人员，实行职业准入制度，纳入全国专业技术人员职业资格证书制度统一规划。

第四条 本规定所称勘察设计注册机械工程师，是指经考试取得《中华人民共和国勘察设计注册机械工程师资格证书》，并依法注册取得《中华人民共和国勘察设计注册机械工程师注册执业证书》和执业印章，从事机械专业建设工程设计及相关业务的专业技术人员。

勘察设计注册机械工程师英文译为：Engineering Design Professional Mechanical Engineer。

第五条 建设部、人事部共同负责勘察设计注册机械工程师制度工作，并按职责分工对该制度的实施进行指导、监督和检查。

县级以上地方人民政府建设行政主管部门对本行政区域内勘察设计注册机械工程师资格的注册、执业活动实施监督管理；县级以上地方人民政府人事行政部门对本行政区域内的勘察设计注册机械工程师制度实施情况进行监督检查。

第二章 考 试

第六条 勘察设计注册机械工程师资格实行全国统一大纲、统一命题的考试制度，原则上每年举行一次。

勘察设计注册机械工程师资格考试由基础考试和专业考试两部分组成。

第七条 建设部组织成立机械建设工程专业专家委员会，该委员会负责拟定勘察设计注册机械工程师资格考试大纲和试题，建立并管理考试试题库，组织评阅卷工作，提出评分标准和合格标准建议。

建设部、人事部共同组织专家审定考试大纲、试题、评分标准与合格标准。

第八条 凡中华人民共和国公民，遵守国家法律、法规，恪守职业道德，并具备相应专业教育和职业实践条件者，均可申请参加勘察设计注册机械工程师资格考试。

第九条 资格考试合格者，由人事部、建设部委托省、自治区、直辖市人民政府人事行政部门，颁发人事部统一印制，人事部和建设部用印的勘察设计注册机械工程师资格证书。

第十条 对以不正当手段取得勘察设计注册机械工程师资格证书的，由省、自治区、直辖市人民政府人事行政部门收回资格证书，3年内不得再次参加勘察设计注册机械工程师资格考试。

第三章 注 册

第十一条 勘察设计注册机械工程师资格实行注册执业管理制度。取得资格证书的人员，必须经过注册，方可以注册机械工程师的名义执业。

第十二条 建设部为勘察设计注册机械工程师资格注册审批机构。省、自治区、直辖市人民政府建设行政主管部门为勘察设计注册机械工程师资格注册的审查机构。

第十三条 取得资格证书并申请注册的人员，应受聘于一个具有建设工程设计资质的单位，并通过聘用单位向本单位工商注册所在地的省、自治区、直辖市人民政府建设行政主管部门提出注册申请。

第十四条 省、自治区、直辖市人民政府建设行政主管部门在收到申请人的申请材料后，对申请材料不齐全或者不符合法定形式的，应当当场或在5个工作日内，一次告知申请人需要补正的全部内容，逾期不告知的，自收到申请材料之日起即为受理。

对受理或者不予受理的注册申请，均应出具加盖省、自治区、直辖市人民政府建设行政主管部门专用印章和注明日期的书面凭证。

第十五条 省、自治区、直辖市人民政府建设行政主管部门自受理之日起20个工作日内，按规定条件和程序完成申报材料的审查工作，并将申报材料和审查意见一并报建设部审批。

建设部自受理申报人员材料之日起20个工作日内作出批准决定。对作出不予批准决定的，应当书面说明理由，并告知申请人享有依法申请行政复议或提起行政诉讼的权利。在规定的期限内不能作出决定的，应将延长期限的理由告知申请人。

建设部应自作出批准决定之日起10个工作日内，将批准决定送达经批准注册的申请人。核发统一制作和用印的注册证书和执业印章。

第十六条 勘察设计注册机械工程师每一注册有效期为3年。注册证书和执业印章在有效期限内是勘察设计注册机械工程师的执业凭证，由勘察设计注册机械工程师本人保管、使用。

第十七条 初始注册者，可自取得资格证书之日起3年内提出注册申请。逾期未申请者，在申请初始注册时，须符合本规定继续教育要求。

初始注册需要提交下列材料：

（一）《中华人民共和国勘察设计注册机械工程师注册申请表》；

（二）《中华人民共和国勘察设计注册机械工程师资格证书》；

（三）与聘用单位签订的劳动或聘用合同；

（四）逾期申请注册人员的继续教育证明材料。

第十八条 注册有效期届满需继续执业的，应在届满前30个工作日内，按照本规定第十三条规定的程序申请延续注册。审批机构应当根据申请人的申请，在规定的时限内作出准予延续注册的决定，逾期未作出决定的，视为准予延续。

延续注册需要提交下列材料：

（一）《中华人民共和国勘察设计注册机械工程师延续注册申请表》；

（二）与聘用单位签订的劳动或聘用合同；

（三）达到注册期内继续教育要求的证明材料。

第十九条 在注册有效期内，勘察设计注册机械工程师变更执业单位，应与原聘用单位解除劳动或聘用关系，并按本规定第十三条规定的程序办理变更注册手续。变更注册后，其注册证书和执业印章在原注册有效期内继续有效。

变更注册需要提交下列材料：

（一）《中华人民共和国勘察设计注册机械工程师变更注册申请表》；

（二）与新聘用单位签订的劳动或聘用合同；

（三）工作调动证明或与原聘用单位解除劳动或聘用关系的证明、退休人员的退休证明。

第二十条 勘察设计注册机械工程师有下列情形之一的，其注册证书和执业印章失效：

（一）聘用单位破产的；

（二）聘用单位被吊销营业执照的；

（三）聘用单位被吊销工程勘察设计资质证书的；
（四）与聘用单位解除劳动或聘用关系的；
（五）注册有效期满且未延续注册的；
（六）丧失行为能力、死亡或被宣告失踪的；
（七）注册失效的其他情形。

第二十一条 勘察设计注册机械工程师有下列情形之一的，应由注册机械工程师本人和聘用单位及时向当地省、自治区、直辖市人民政府建设行政主管部门提出申请，由建设部审核批准后，办理注销手续，收回注册证书和执业印章。

（一）不具备完全民事行为能力的；
（二）申请注销注册的；
（三）有本规定第二十条所列情形的；
（四）不符合规定条件取得注册的；
（五）被依法撤销注册的；
（六）受到刑事处罚的；
（七）应当注销注册的其他情形。

第二十二条 注册申请人有下列情形之一的，不予注册：

（一）不具有完全民事行为能力的；
（二）刑事处罚尚未执行完毕的；
（三）因从事建设工程勘察、设计或相关业务受到刑事处罚，自刑事处罚执行完毕之日起至申请注册之日止不满2年的；
（四）法律、法规规定不予注册的其他情形。

第二十三条 对被注销注册或不予注册的人员，在重新具备初始注册条件，并符合本规定继续教育要求的，可按本规定第十三条规定的程序申请注册。

第二十四条 注册审批机构应及时向社会公告注册有关情况。当事人对注销注册或不予注册有异议的，可依法申请行政复议或提起行政诉讼。

第四章 执 业

第二十五条 勘察设计注册机械工程师应在一个具有建设工程设计资质的单位，进行机械专业建设工程设计执业活动。

第二十六条 勘察设计注册机械工程师的执业范围：

（一）机械专业建设工程设计；
（二）机械专业建设工程技术咨询；
（三）机械专业建设工程设备招标、采购咨询；
（四）机械专业建设工程的项目管理；
（五）对本专业设计项目的施工进行指导和监督；
（六）国务院有关部门规定的其他业务。

第二十七条 在机械专业建设工程设计活动中形成的设计文件，必须由勘察设计注册机械工程师签字并加盖执业印章后方可生效。需勘察设计注册机械工程师签字盖章的设计文件种类和办法,由建设部另行规定。

第二十八条 修改经勘察设计注册机械工程师签字盖章的设计文件,应由该勘察设计注册机械工程师本人进行;因特殊情况,该勘察设计注册机械工程师不能进行修改的,应由其他勘察设计注册机械工程师修改,并签字、加盖执业印章,同时对修改部分承担责任。

第二十九条 勘察设计注册机械工程师从事执业活动,由其所在单位接受委托并统一收费。

因机械专业建设工程设计质量事故及相关业务造成的经济损失,接受委托单位应承担赔偿责任。接受委托的单位依法向承担设计责任的勘察设计注册机械工程师追偿。

第三十条 勘察设计注册机械工程师执业管理办法由建设部另行制定。

第五章 继续教育

第三十一条 继续教育是注册机械工程师延续注册、重新申请注册和逾期初始注册的必备条件。在每个注册期内,勘察设计注册机械工程师应按规定完成本专业的继续教育。

第三十二条 勘察设计注册机械工程师继续教育,分必修课和选修课,必修课和选修课均为60学时。继续教育内容及要求,由建设部确定。

第六章 权利和义务

第三十三条 勘察设计注册机械工程师享有下列权利:
(一)使用勘察设计注册机械工程师称谓;
(二)在规定范围内从事执业活动,并履行相应岗位职责;
(三)保管和使用本人的注册证书和执业印章;
(四)对本人在工程设计领域的活动进行解释和辩护;
(五)接受继续教育;
(六)获得与执业责任相应的劳动报酬;
(七)对侵犯本人权利的行为进行申诉。

第三十四条 勘察设计注册机械工程师应当履行下列义务:
(一)遵守法律、法规和有关管理规定;
(二)执行技术标准和规范;
(三)保证执业活动成果和质量,并承担相应责任;
(四)接受继续教育,努力提高执业水准;
(五)在本人执业活动中完成的主要设计文件上签字、加盖执业印章;
(六)保守在执业活动中知悉的国家秘密和他人的商业、技术秘密;
(七)不得准许他人以本人名义执业;
(八)在本专业规定的执业范围和聘用单位业务范围内执业;
(九)协助注册管理机构完成相关工作。

第七章 附 则

第三十五条 在本规定下发之日前，对长期从事机械专业建设工程设计工作，并符合考核认定条件的专业技术人员，可通过考核认定，获得《中华人民共和国勘察设计注册机械工程师资格证书》。

第三十六条 符合考试报名条件的香港、澳门居民，可申请参加勘察设计注册机械工程师资格考试。申请人在报名时应提交本人身份证明、国务院教育行政部门认可的相应专业学历或学位证书、从事机械专业建设工程设计相关专业实践年限证明。台湾地区专业人员参加考试的办法另行规定。

外籍专业人员申请参加勘察设计注册机械工程师资格考试、申请注册和执业等管理办法另行制定。

第三十七条 从事机械专业建设工程设计活动的单位配备勘察设计注册机械工程师的具体办法，由建设部另行规定。

第三十八条 各级相关行政部门及经批准的勘察设计注册机械工程师资格考试等机构，在实施勘察设计注册机械工程师制度过程中，因工作失误，使专业技术人员合法权益受到损害的，应依据《中华人民共和国国家赔偿法》给予相应赔偿，并可向有关责任人追偿。

第三十九条 各级相关行政部门及经批准的勘察设计注册机械工程师资格考试等机构工作人员，有不履行工作职责，监督不力，为本人或他人谋取私利等违纪违规行为，并造成不良影响或严重后果的，由其上级相关行政部门责令改正，对直接负责的主管人员和其他直接责任人员依法给予处分。构成犯罪的，依法追究刑事责任。

第四十条 本规定自 2005 年 12 月 1 日起施行。

勘察设计注册机械工程师资格考试实施办法

第一条 建设部、人事部共同负责勘察设计注册机械工程师资格考试工作，委托人事部人事考试中心承担考试考务工作。

各省、自治区、直辖市的考试工作，由当地人事行政部门会同建设行政主管部门组织实施，并协商确定具体职责分工。

第二条 资格考试分为基础考试和专业考试。基础考试合格并符合本办法规定的专业考试报名条件的，可参加专业考试。专业考试合格后，方可获得《中华人民共和国勘察设计注册机械工程师资格证书》。

第三条 基础考试分 2 个半天进行，各为 4 个小时。专业考试分专业知识和专业案例两部分内容，每部分内容均为 2 个半天，每个半天均为 3 个小时。

第四条 符合《勘察设计注册机械工程师制度暂行规定》第八条要求，并具备下列条件之一的，可申请参加基础考试：

（一）取得本专业（指机械设计制造及其自动化、材料成型及控制工程、过程装备与控制工程专业，详见附件 1，下同）或相近专业（指金属材料工程、包装工程、印刷工程、纺织工程、食品科学与工程等专业，详见附件1，下同）大学本科及以上学历或学位。

（二）取得本专业或相近专业大学专科学历，累计从事机械专业建设工程设计工作满1年。

（三）取得其他专业大学本科及以上学历或学位，累计从事机械专业建设工程设计工作满1年。

第五条 基础考试合格，并具备下列条件之一的，可申请参加专业考试：

（一）取得本专业博士学位后，累计从事机械专业建设工程设计工作满2年；或取得相近专业博士学位后，累计从事机械专业建设工程设计工作满3年。

（二）取得本专业硕士学位后，累计从事机械专业建设工程设计工作满3年；或取得相近专业硕士学位后，累计从事机械专业建设工程设计工作满4年。

（三）取得含本专业在内的双学士学位或本专业研究生班毕业后，累计从事机械专业建设工程设计工作满4年；或取得含相近专业在内的双学士学位或研究生班毕业后，累计从事机械专业建设工程设计工作满5年。

（四）取得通过本专业教育评估的大学本科学历或学位后，累计从事机械专业建设工程设计工作满4年；或取得未通过本专业教育评估的大学本科学历或学位后，累计从事机械专业建设工程设计工作满5年；或取得相近专业大学本科学历或学位后，累计从事机械专业建设工程设计工作满6年。

（五）取得本专业大学专科学历后，累计从事机械专业建设工程设计工作满6年；或取得相近专业大学专科学历后，累计从事机械专业建设工程设计工作满7年。

（六）取得其他专业大学本科及以上学历或学位后，累计从事机械专业建设工程设计工作满8年。

第六条 截止到2002年12月31日前，符合下列条件之一的，可免基础考试，只需参加专业考试：

（一）取得本专业博士学位后，累计从事机械专业建设工程设计工作满5年；或取得相近专业博士学位后，累计从事机械专业建设工程设计工作满6年。

（二）取得本专业硕士学位后，累计从事机械专业建设工程设计工作满6年；或取得相近专业硕士学位后，累计从事机械专业建设工程设计工作满7年。

（三）取得含本专业在内的双学士学位或本专业研究生班毕业后，累计从事机械专业建设工程设计工作满7年；或取得含相近专业在内的双学士学位或研究生班毕业后，累计从事机械专业建设工程设计工作满8年。

（四）取得本专业大学本科学历或学位后，累计从事机械专业建设工程设计工作满8年；或取得相近专业大学本科学历或学位后，累计从事机械专业建设工程设计工作满9年。

（五）取得本专业大学专科学历后，累计从事机械专业建设工程设计工作满9年；或取得相近专业大学专科学历后，累计从事机械专业建设工程设计工作满10年。

（六）取得其他专业大学本科及以上学历或学位后，累计从事机械专业建设工程设计工作满 12 年。

（七）取得其他专业大学专科学历后，累计从事机械专业建设工程设计工作满 15 年。

（八）取得本专业中专学历后，累计从事机械专业建设工程设计工作满 25 年；或取得相近专业中专学历后，累计从事机械专业建设工程设计工作满 30 年。

第七条　参加考试由本人提出申请，所在单位审核同意，到当地考试管理机构报名。考试管理机构按规定程序和报名条件审核合格后，发给准考证。参加考试人员在准考证指定的时间、地点参加考试。

国务院各部门所属单位和中央管理的企业的专业技术人员按属地原则报名参加考试。

第八条　考试日期为每年第三季度。考点原则上设在直辖市和省会城市的大、中专院校或高考定点学校，如确需在其他城市设置，须经人事部和建设部批准。

第九条　坚持考试与培训分开的原则。凡参与考试工作（包括试题命制与组织管理等）的人员，不得参加考试和举办与考试内容有关的培训工作。应考人员参加相关培训坚持自愿的原则。

第十条　考试考务工作应严格执行考试工作的有关规章制度，切实做好试卷命制、印刷、发送过程中的保密工作，严格遵守保密制度，严防泄密。

第十一条　考试工作人员应严格遵守考试工作纪律，认真执行考试回避制度。对违反考试纪律和有关规定行为的，按照《专业技术人员资格考试违纪违规行为处理规定》（人事部令第 3 号）处理。

勘察设计注册机械工程师资格考核认定办法

一、考核认定条件

本办法下发之日前，在工程设计单位长期从事机械专业建设工程设计工作，评聘为工程类高级专业技术职务，职业道德行为良好，身体健康，并符合下列条件之一的在职、在编人员。

（一）中国科学院院士或中国工程院院士。

（二）全国工程设计大师。

（三）1983 年 12 月 31 日前，取得大学本科及以上学历或学位，累计从事机械专业建设工程设计工作满 15 年，并获得全国优秀工程设计项目金、银奖或有关机械专业建设工程国家级科技进步奖项目的主要技术负责人，年龄在 70 周岁（含）以下，且具备下列一项条件：

1. 在具有甲级工程设计资质的设计单位中，担任正、副总工程师职务，负责机械专业技术工作满 5 年。

2. 机械建设工程专业专家委员会成员并受聘担任勘察设计注册机械工程师资格考试大纲编写及命题工作。

（四）具备下列条件1或条件2，并参加本专业测试成绩合格的人员。

1. 同时具备下列（1）和（2）项中的各一项条件。

（1）学历和职业年限：

①1983年12月31日前，取得本专业大学本科及以上学历或学位，累计从事机械专业建设工程设计工作满15年；或取得相近专业大学本科及以上学历或学位，累计从事机械专业建设工程设计工作满20年。

②1983年12月31日前，取得本专业大学专科学历，累计从事机械专业建设工程设计工作满20年；1979年12月31日前，取得相近专业大学专科学历，累计从事机械专业建设工程设计工作满25年。

③1978年12月31日前，取得本专业中专学历，累计从事机械专业建设工程设计工作满25年；1973年12月31日前，取得相近专业中专学历，累计从事机械专业建设工程设计工作满30年。

④1970年12月31日前，取得其他专业中专及以上学历，累计从事机械专业建设工程设计工作满30年。

（2）技术业绩和资历：

①担任机械专业建设工程设计项目的技术负责人或项目负责人，完成工程设计资质分级标准中工程项目，具备下列一项条件的：

a. 大型工程项目或复杂的非标准、专用设备、工业炉窑及生产线3项及以上；

b. 中型工程项目或较复杂的非标准、专用设备、工业炉窑及生产线6项及以上；

c. 大型工程项目或复杂的非标准、专用设备、工业炉窑及生产线2项和中型工程项目或较复杂的非标准、专用设备、工业炉窑及生产线2项及以上；

d. 大型工程项目或复杂的非标准、专用设备、工业炉窑及生产线1项和中型工程项目或较复杂的非标准、专用设备、工业炉窑及生产线4项及以上。

②在具有甲级工程设计资质的设计单位中，担任正、副总工程师职务，负责机械专业技术工作满5年。

③在具有乙级工程设计资质的设计单位中，担任总工程师职务，负责机械专业技术工作满7年。

2. 取得本专业大学本科及以上学历或学位后，累计从事机械专业建设工程设计工作满15年，达到本办法（2）"技术业绩和资历"中第①项规定的业绩，并获得全国优秀工程设计奖项目（机械专业）或本专业国家级科技进步奖项目的主要技术负责人，或获得2项及以上省部级机械专业建设工程优秀工程设计、本专业科技进步一、二、三等奖项目的主要技术负责人。

二、考核认定程序

（一）符合考核认定条件的工程设计人员应当通过聘用单位向单位工商注册所在地的省、自治区、直辖市人民政府建设行政主管部门或者其委托的管理机构提出考核认定申请，军队系统勘察设计单位向总后基建营房部提出申请。

（二）各省、自治区、直辖市建设行政主管部门和总后基建营房部对本地区、本部门工程设计单位的申报人员进行审查，提出审查意见，并经本地区人事行政部门、总政干部部复审后，将全部申报人员名单及本人申报材料，送机械建设工程专业专家委员会审核。

（三）机械建设工程专业专家委员会负责审核通过人员的测试管理工作。各省、自治区、直辖市建设行政主管部门负责所辖地区审核通过人员的具体测试工作，并将测试成绩送机械建设工程专业专家委员会。

（四）机械建设工程专业专家委员会将审核结果和测试成绩汇总后报建设部和人事部。两部门对审核结果和测试成绩进行复核，将复核合格人员名单进行公示。经公示无异议后，人事部、建设部向社会公告获得《中华人民共和国勘察设计注册机械工程师资格证书》人员的名单。

对未通过考核认定的申请人，委托机械建设工程专业专家委员会向其说明不通过的理由。

三、考核认定申报材料

（一）各省、自治区、直辖市建设行政主管部门和总后基建营房部的意见函。

（二）中华人民共和国勘察设计注册机械工程师资格考核认定申报表（附件2）。

（三）中国科学院院士、中国工程院院士或全国设计大师应提供院士或大师证书复印件。其他人员应提供以下证明材料的复印件：学历或学位证书，高级专业技术职务证书，获奖证书，单位工程设计资质证书，获奖项目的主要设计文件或图纸签署证明，担任正、副总工程师职务的任命文件。

（四）获奖者应附有效证明，即奖状、个人证书或正式公布的获奖人名单。对奖项未颁发个人证书或未正式公布获奖人员名单的，应提供符合国家规定人数的单位原始申报奖项的人员名单、获奖项目主要图纸图签的复印件，经单位负责人签字并加盖公章。

（五）所在单位出具的职业道德证明和获奖单位出具的获奖项目主要技术负责人证明。

四、申报时间及要求

（一）各省、自治区、直辖市建设行政主管部门和人事行政部门、总后基建营房部和总政干部部，应于2006年1月31日前完成审查、复审工作，签署审查、复审意见后，将全部申请人员材料送机械建设工程专业专家委员会。

（二）通过特许或考核认定的方式取得其他专业职（执）业资格的人员，一律不得申报勘察设计注册机械工程师资格的考核认定。

（三）各地区和有关部门应严格按照规定的条件和程序，认真做好申报、审查和复审工作。凡不认真把关或弄虚作假的，停止该地区或部门的申报权和个人的申报资格。

（四）各地区和有关部门在审查、复审时，应核查各类证书及相关证明的原件。报送的各类证书等相关材料复印件应由所在单位人事（干部）部门负责人签署意见并加盖单位印章。

附件1

勘察设计注册机械工程师新旧专业参照表

专业划分	新专业名称	旧专业名称
本专业	机械设计制造及其自动化	机械制造工艺与设备、机械设计及制造、汽车与拖拉机、机车车辆工程、流体传动及控制、真空技术及设备、机械电子工程、设备工程与管理、林业与木工机械
	材料成型及控制工程	金属材料与热处理、热加工工艺及设备、铸造、塑性成型工艺及设备、焊接工艺及设备
	工业设计	工业设计
	设计过程装备与控制工程	化工设备与机械
	农业机械化及自动化	机械设计及制造、农业机械化
相近专业	金属材料工程	腐蚀与防护
	无机非金属材料	无机非金属材料（高压电瓷、电磁材料、电碳）
	电气工程及自动化	电机电器及其控制、高电压与绝缘技术
	测控技术与仪表	精密仪器、光学技术与光电仪器、检测技术及仪器仪表、检测技术及精密仪器、测控技术与仪器
	化学工程与工艺	电化学工程
	包装工程	包装工程
	印刷工程	印刷技术
	纺织工程	纺织工程
	食品科学与工程	食品科学与工程、粮食工程
其他专业	除本专业和相近专业外的工科专业	

注：1. 表中"新专业名称"指中华人民共和国教育部高等教育司1998年颁布的《普通高等学校本科专业目录和专业介绍》中规定的专业名称；"旧专业名称"系指1998年《普通高等学校本科专业目录和专业介绍》颁布前各院校所采用的专业名称。

2. 申报考核认定的人员，所学专业在"参照表"中未列出的，但又与本专业或相关专业相近，在申报相关材料时，附在校学习专业基础课和专业课的"课程设置表"（由原毕业院校出具），经所在单位核实并提出符合"本专业"、"相近专业"、"其他专业"的意见，通过单位所在省级建设行政主管部门或有关部门初审后，报建设部组织有关专家审查确认。

3. 申请参加考试的人员，所学专业在"参照表"中未列出的，可在申报材料时，附在校学习专业基础课和专业课的"课程设置表"（由原毕业院校出具），经所在单位核实并提出符合"本专业"、"相近专业"、"其他专业"的意见后，由当地考试管理机构审核确定。

人事部、交通部、农业部关于印发《注册验船师制度暂行规定》的通知

(国人部发〔2006〕8号 2006年1月26日)

各省、自治区、直辖市人事厅（局）、交通厅（局）、农业（渔业主管）厅（局），国务院各部委、各直属机构人事部门，中央管理的企业：

根据《中华人民共和国船舶和海上设施检验条例》和《中华人民共和国渔业船舶检验条例》的有关规定，我们制定了《注册验船师制度暂行规定》。现印发给你们，请遵照执行。

注册验船师制度暂行规定

第一章 总 则

第一条 为了加强船舶检验专业技术人员管理，提高船舶检验专业技术人员素质，保证船舶检验质量，防止水域环境污染，根据《中华人民共和国船舶和海上设施检验条例》、《中华人民共和国渔业船舶检验条例》和国家职业资格证书制度有关规定，制定本规定。

第二条 本规定适用于在经批准设立的船舶检验机构中从事船舶检验工作的专业技术人员。

船舶检验工作包括：船舶和海上设施（含船运货物集装箱）检验、渔业船舶检验，相关设计图纸、技术文件审查。

第三条 国家对从事船舶检验工作的专业技术人员，实行职业准入制度，纳入全国专业技术人员职业资格证书制度统一规划。

第四条 本规定所称注册验船师，是指经考试取得《中华人民共和国注册验船师资格证书》(以下均简称资格证书)，并依法注册后从事船舶检验工作的专业技术人员。

第五条 人事部、交通部、农业部共同负责注册验船师制度实施工作，并按职责分工对该制度的实施进行指导、监督和检查。

省级人民政府人事行政部门对本行政区域内注册验船师资格考试、注册进行监督、检查。

第二章 考 试

第六条 注册验船师资格实行全国统一大纲、统一命题的考试制度，原则上每年举行一次。

第七条 注册验船师资格考试设船舶和海上设施、渔业船舶两个类别，每个类别分 4 个级别。专业技术人员可根据实际工作需要，报名参加相应类别、级别的考试。

级别＼类别	船舶和海上设施	渔业船舶
A	国际航行船舶、海上设施、国际航行的渔业辅助船舶	远洋渔业船舶
B	国内海上船舶	国内海上渔业船舶
C	内河船舶	国内海上小型渔业船舶、内河渔业船舶
D	内河小船	内河小型渔业船舶

第八条 交通部、农业部分别组织成立相应类别考试专家委员会，负责拟定考试科目、编写考试大纲、建立考试试题库，组织考试命题，并对相关类别考试提出合格标准的建议。

第九条 人事部分别会同交通部、农业部审定相应类别考试科目、考试大纲、考试试题，对考试工作进行检查、监督、指导和确定合格标准。

第十条 凡中华人民共和国公民，遵守国家法律、法规，恪守职业道德，身体健康，并符合相应考试报名条件的人员，均可申请参加相应类别、级别的考试。考试实施办法由人事部分别会同交通部、农业部另行制定。

第十一条 考试合格者，颁发人事部统一印制，人事部分别与交通部、农业部用印的相应类别、级别资格证书。该证书在全国范围内有效。

第十二条 凡以不正当手段取得注册验船师资格证书的，由发证机关收回资格证书，3 年内不得再次参加注册验船师资格考试。

第三章 注 册

第十三条 注册验船师资格实行注册管理制度。取得资格证书的人员，必须经过注册，方可从事规定范围的船舶检验工作。

第十四条 交通部、农业部分别为相应类别注册验船师资格的注册审批机构。交通部直属的具有船舶检验管理职能的海事局为注册验船师（船舶和海上设施类）资格的注册审查机构；各省、自治区、直辖市渔业行政主管部门为注册验船师（渔业船舶类）资格的注册审查机构。

第十五条 取得资格证书并申请注册的人员，应受聘于一个具有船舶检验资质的检验机构，并通过聘用单位向相应类别注册审查机构提出注册申请。

第十六条 注册审查机构在收到申请人的申请材料后，对申请材料不齐全或者不符合法定形式的，应当当场或在 5 个工作日内，一次告知申请人需要补正的全部内容，逾期不告知的，自收到申请材料之日起即视为受理。

对受理或者不予受理的注册申请，均应出具加盖注册审查机构专用印章和注明日期的书面凭证。

第十七条 注册审查机构自受理之日起 20 个工作日内，按规定条件和程序完成申报材料的审查工作，并将申报材料和审查意见报相应注册审批机构审批。

注册审批机构自受理申报人员材料之日起 20 个工作日内作出批准决定。对作出不予批准决定的，应当书面说明理由，并告知申请人享有依法申请行政复议或提起行政诉讼的权利。在规定的期限内不能作出批准决定的，应将延长期限的理由告知申请人。

注册审批机构应自作出批准决定之日起 10 个工作日内，将批准决定送达经批准注册的申请人，并核发相应类别、级别《中华人民共和国注册验船师注册证》（以下简称《注册证》）。

第十八条 《注册证》每一注册有效期为 3 年。注册在有效期限内是注册验船师的执业凭证。

第十九条 申请注册人员应同时提交下列材料：

（一）《中华人民共和国注册验船师注册申请表》；

（二）相应类别、级别的《资格证书》；

（三）聘用单位对业务培训、工作经历和检验能力考核合格的证明；

（四）与聘用单位签订的劳动或聘用合同；

（五）注册审批机构规定的其他条件。

第二十条 初始注册者，可自取得资格证书之日起 1 年内提出注册申请。逾期未申请者，在申请初始注册时，须符合本规定继续教育要求。

第二十一条 注册有效期届满需继续执业的，应在届满前 30 个工作日内，按照本规定第十五条规定的程序申请延续注册。注册审批机构应当根据申请人的申请，在规定的时限内作出准予延续注册的决定；逾期未作出决定的，视为准予延续。

延续注册需要提交下列材料：

（一）延续注册的《中华人民共和国注册验船师注册申请表》；

（二）相应类别、级别的资格证书；

（三）与聘用单位签订的劳动或聘用合同；

（四）注册期内聘用单位考核合格和完成继续教育的证明材料。

第二十二条 在注册有效期内，注册验船师变更执业单位，应与原聘用单位解除劳动或聘用关系，并按本规定第十五条规定的程序办理变更注册手续。变更注册后，其注册证书在原注册有效期内继续有效。

变更注册需要提交下列材料：

（一）变更注册的《中华人民共和国注册验船师注册申请表》；

（二）相应类别、级别的《资格证书》；

（三）与新聘用单位签订的劳动或聘用合同；

（四）工作调动证明，或与原聘用单位解除劳动或聘用关系的相应证明，或退休证明。

第二十三条 注册验船师因丧失行为能力、死亡或被宣告失踪的,其注册证书失效。

第二十四条 注册验船师有下列情形之一的,应由注册验船师本人或聘用单位及时向相应注册审查机构提出申请,由相应注册审批机构审核批准后,办理注销手续,收回《注册证》。

(一) 不具有完全民事行为能力的;
(二) 申请注销注册的;
(三) 聘用单位被吊销营业执照的;
(四) 聘用单位被吊销船舶检验资质证书的;
(五) 与聘用单位解除劳动或聘用关系的;
(六) 注册有效期满且未延续注册的;
(七) 同时受聘于2个及以上船舶检验机构的;
(八) 被依法撤销注册的;
(九) 受到刑事处罚的;
(十) 应当注销注册的其他情形。

第二十五条 有下列情形之一的,不予注册:
(一) 不具有完全民事行为能力的;
(二) 刑事处罚尚未执行完毕的;
(三) 因在船舶检验工作中有违法违纪行为受到刑事处罚,自刑事处罚执行完毕之日起至申请注册之日止不满2年的;
(四) 法律、法规规定不予注册的其他情形。

第二十六条 注册申请人以不正当手段取得注册的,应予以撤销,并由注册审批机构依法给予行政处罚,当事人在3年内不得再次申请注册;构成犯罪的,依法追究刑事责任。

第二十七条 对被注销注册或不予注册的人员,在重新具备初始注册条件,并符合本规定继续教育要求的,可按本规定第十五条规定的程序申请注册。

第二十八条 注册审批机构应定期公布注册验船师注册有关情况。当事人对注销注册或不予注册有异议的,可依法申请行政复议或提起行政诉讼。

第二十九条 继续教育是注册验船师延续注册、重新申请注册和逾期初始注册的必备条件。在每个注册期内,注册验船师应按规定完成本专业的继续教育。

注册验船师继续教育,分必修课和选修课,必修课和选修课总学时不少于120学时。

第四章 执 业

第三十条 注册验船师应在一个具有船舶检验资质的单位进行船舶检验执业活动。

第三十一条 注册验船师的执业范围按照国家船舶检验相关法律、法规及规章进行。

第三十二条 在船舶检验工作中形成的检验报告,必须由注册验船师签字盖章后方可生效，并承担相关法律责任。

第三十三条 注册验船师从事相关检验活动，由其所在单位接受检验申请并统一收费。

因注册验船师检验质量事故或相关检验结果不符合国家有关法律、法规和标准造成的经济损失，接受检验申请单位和执行检验任务的注册验船师应依法承担相应责任。

第五章 权利和义务

第三十四条 注册验船师享有下列权利：

（一）使用注册验船师称谓；

（二）依据国家船舶检验相关法律、法规和规章，在规定范围内从事船舶检验活动，履行相应的岗位职责；

（三）接受继续教育；

（四）获得与执业责任相应的劳动报酬；

（五）对不符合规定的检验、发证行为提出异议，并向上级检验机构或注册审批机构报告；

（六）对侵犯本人权利的行为进行申诉。

第三十五条 注册验船师应当履行下列义务：

（一）遵守法律、法规和有关管理规定；

（二）执行检验法律、法规、规章和标准；

（三）保证检验工作质量，并承担相应责任；

（四）在本人检验活动中完成的相应文件上签字；

（五）不得准许他人以本人名义执业；

（六）接受继续教育，提高检验水准；

（七）保守在检验活动中知悉的国家秘密和他人的商业、技术秘密；

（八）完成船舶检验机构交给的其他相关工作。

第六章 附 则

第三十六条 在本规定下发之日前，对长期从事船舶检验工作，已通过交通部、农业部组织的相应考试，取得相应适任证书、船舶专业技术资格证书，并符合考试认定条件的人员，可通过考试认定办法取得相应类别级别注册验船师资格证书。考试认定办法由人事部分别会同交通部、农业部另行制定。

第三十七条 取得相应类别、级别资格证书，并符合《工程技术人员职务试行条例》中工程师、助理工程师、工程技术员专业职务任职条件的人员，用人单位可根据工作需要择优聘任相应专业技术职务。其中，取得A级资格证书可聘任工程师职务；取得B级资格证书可聘任工程师或助理工程师职务；取得C级资格证书可聘任助理工程师职务；取得D级资格证书可聘任助理工程师或工程技术员职务。

第三十八条 符合考试报名条件的香港、澳门居民，可申请参加注册验船师资格考试。申请人在报名时应提交本人身份证明、国务院教育行政部门认可的相应专业学历或学位证书、从事检验经历的证明。台湾地区专业人员参加考试的办法另行规定。

外籍专业人员申请参加注册验船师资格考试、申请注册和执业等管理办法另行制定。

第三十九条 需注册验船师签字盖章的检验文件种类和办法，从事船舶检验工作单位配备注册验船师数量，注册管理和继续教育等具体办法，均由交通部、农业部分别制定。

第四十条 在实施注册验船师制度过程中，相关行政主管部门及其相关机构因工作失误，使专业技术人员合法权益受到损害的，应依据《中华人民共和国国家赔偿法》给予相应赔偿，并可向有关责任人追偿。

第四十一条 相关行政主管部门或相关机构的工作人员，有不履行工作职责，监督不力，或者谋取私利等违纪违规行为，并造成不良影响或严重后果的，分别由其行政主管部门责令改正，对直接负责的主管人员和其他直接责任人员依法给予行政处分；构成犯罪的，依法追究刑事责任。

第四十二条 从事军用舰艇、公安船艇和体育运动船艇检验工作的人员按照国家有关规定执行。

第四十三条 本规定自2006年3月1日起施行。

人事部、交通部、农业部关于印发《注册验船师资格考试实施办法》的通知

（国人部发〔2007〕93号 2007年6月22日）

各省、自治区、直辖市人事厅（局）、交通厅（局、委）、农业（渔业主管）厅（局），国务院各部委、各直属机构人事部门，中央管理的企业：

为贯彻实施《注册验船师制度暂行规定》（国人部发〔2006〕8号），人事部、交通部、农业部研究制定了《注册验船师资格考试实施办法》。现印发给你们，请遵照执行。

注册验船师资格考试实施办法

第一条 根据《注册验船师制度暂行规定》（以下简称《暂行规定》），制定本实施办法。

第二条 人事部与交通部、农业部成立注册验船师资格（船舶和海上设施类、渔业船舶类）考试办公室，分别设在交通部和农业部，负责相应类别注册验船师资格考试政策的研究及管理工作。有关各类别注册验船师资格考试的具体考务工作，分别委托交通

部中国海事服务中心（船员考试中心）和农业部人力资源开发中心负责。

各省、自治区、直辖市的考试工作由当地人事行政部门分别会同交通部直属的具有船舶检验管理职能的海事局和渔业行政主管部门对本行政（或管辖）区域内的考试工作进行监督、检查。

第三条 交通部、农业部分别成立相应类别注册验船师资格考试专家委员会。考试专家委员会负责编写本类别考试大纲、组织命题、研究建立考试题库，提出本类别考试合格标准的建议。

第四条 符合《暂行规定》第十条规定的基本要求，并具备相应级别报名条件的人员，均可参加相应类别注册验船师资格的考试。

（一）A级

1. 取得工学类、理学类专业大学本科学历或学位，从事船舶检验及其相关工作（船舶和海上设施、集装箱或渔业船舶检验，相关设计图纸、技术文件的审查，船舶设计，船舶修造，船用产品生产、检测，海事管理，渔政渔港船检管理，船舶驾驶，轮机管理，电气管理，消防检测，无损探测，测厚，下同）满3年。
2. 取得工学类、理学类专业硕士学位，从事船舶检验及其相关工作满2年。
3. 取得工学类、理学类专业博士学位，从事船舶检验及其相关工作满1年。

（二）B级

1. 取得工学类、理学类专业大学专科学历，从事船舶检验及其相关工作满3年。
2. 取得工学类、理学类专业大学本科学历或学位，从事船舶检验及其相关工作满2年。
3. 取得工学类、理学类专业硕士学位，从事船舶检验及其相关工作满1年。
4. 取得工学类、理学类专业博士学位。

（三）C级

1. 取得工学类、理学类专业中专学历，从事船舶检验及其相关工作满3年。
2. 取得工学类、理学类专业大学专科学历，从事船舶检验及其相关工作满2年。
3. 取得工学类、理学类专业本科学历，从事船舶检验及其相关工作满1年。

（四）D级

取得工学类、理学类专业中专及以上学历，从事船舶检验及其相关工作满1年。

取得其他类专业上述学历或学位，申请参加A级、B级、C级或D级考试的人员，其从事船舶检验及其相关工作相关的年限相应增加2年。

第五条 注册验船师资格各类别、各级别考试均设《船舶检验专业法律法规》、《船舶检验专业实务》、《船舶检验专业综合能力》、《船舶检验专业案例分析》4个科目。在A级《船舶检验专业案例分析》科目考试的试卷中，有用英文作答的内容。

各类别考试均分4个半天进行。《船舶检验专业法律法规》、《船舶检验专业实务》和《船舶检验专业综合能力》3个科目的考试时间均为150分钟；《船舶检验专业案例分析》科目的考试时间为210分钟。

第六条 2006年12月31日前，在经批准设立的船舶检验机构工作，符合本办法第四条规定的相应级别报名条件，具备下列条件（一）、（二）、（三）或（四）中一项条件的专业技术人员，可免试本类别该级别《船舶检验专业实务》和《船舶检验专业综合能力》2 个科目，只参加本类别相应级别《船舶检验专业法律法规》和《船舶检验专业案例分析》2 个科目的考试。

（一）A 级、B 级、C 级或 D 级

取得交通部颁发的相应级别《中华人民共和国验船人员适任证书》后，或取得农业部颁发的相应级别《中华人民共和国验船师资格证书》后，从事本级别船舶检验工作（船舶和海上设施、集装箱或渔业船舶检验，相关设计图纸、技术文件的审查，下同）满 4 年。

（二）A 级

1. 在海事管理机构或渔业船舶检验管理机构中，连续从事船舶检验工作满 10 年。
2. 评聘为工程类或工程研究类高级专业技术职务，累计从事船舶检验工作满 8 年。
3. 被外国驻华船舶检验机构聘为该机构验船师后，从事船舶检验工作满 5 年。

（三）B 级

1. 在海事管理机构或渔业船舶检验管理机构中，连续从事船舶检验工作满 8 年。
2. 评聘为工程类或工程研究类中级专业技术职务，或取得交通部或农业部统一组织的全国船舶专业技术资格考试中级资格证书，累计从事船舶检验工作满 6 年。

（四）C 级

1. 在海事管理机构或渔业船舶检验管理机构中，连续从事船舶检验工作满 6 年。
2. 评聘为工程类或工程研究类初级专业技术职务，或取得交通部或农业部统一组织的全国船舶专业技术资格考试初级资格证书，累计从事船舶检验工作满 4 年。

第七条　考试成绩实行 2 年为一个周期的滚动管理办法，参加全部 4 个科目考试的人员，必须在连续两个考试年度内通过全部科目的考试；免试部分科目的人员，必须在一个考试年度内通过应试科目。

第八条　参加考试由本人提出申请，携带所在单位出具的有关证明材料，到指定的考试管理机构报名。经考试管理机构审查合格后，向申请人核发准考证。申请人凭准考证及有关证明，在指定的时间、地点参加考试。

国务院各部门所属单位和中央管理的企业的专业技术人员按属地原则报名参加考试。

第九条　注册验船师资格考试日期定为每年第三季度。考点原则上设在省会城市和直辖市的大、中专院校或高考定点学校，如确需在其他城市设置考点，须经人事部和交通部、农业部批准。

第十条　注册验船师各类别资格考试有关项目的收费标准须经当地价格行政部门核准，并向社会公布接受公众监督。

第十一条　坚持考试与培训分开的原则。凡参与考试工作（包括试题命制与组织管理等）的人员，不得参加考试，不得参与或举办与考试内容有关的培训工作。应考人员参加相关培训坚持自愿的原则。

第十二条 考试考务工作要严格执行考试工作的有关规章制度，切实做好试卷命制、印刷、发送过程中的保密工作，遵守保密制度，严防泄密。

第十三条 考试工作人员要严格遵守考试工作纪律，认真执行考试回避制度。对违反考试纪律和有关规定的，按照《专业技术人员资格考试违纪违规行为处理规定》（人事部令第3号）处理。

人力资源和社会保障部、交通运输部关于印发《注册验船师（船舶和海上设施类）资格考试认定办法》的通知

（人社部发〔2008〕56号 2008年7月2日）

各省、自治区、直辖市人事厅（局）、劳动保障厅（局）、交通厅（局），国务院各部委、各直属机构人事部门，有关部委劳动保障工作机构，中央管理的企业：

为实施《注册验船师制度暂行规定》（国人部发〔2006〕8号），人力资源和社会保障部、交通运输部研究制定了《注册验船师（船舶和海上设施类）资格考试认定办法》。现印发给你们，请遵照执行。

附件：1. 中华人民共和国注册验船师（船舶和海上设施类）资格考试认定申报表（略）
2. 注册验船师（船舶和海上设施类）资格考试认定人员情况汇总表（略）

注册验船师（船舶和海上设施类）资格考试认定办法

根据原人事部、原交通部、农业部《注册验船师制度暂行规定》（国人部发〔2006〕8号）第三十六条规定，制定本办法。

一、考试认定申报条件

长期从事船舶检验工作，遵守中华人民共和国宪法和各项法律、法规，恪守职业道德，身体健康，符合以下基本条件，并具备相应级别条件的人员，可申请参加本级别注册验船师（船舶和海上设施类）资格考试认定。

（一）基本条件

2006年3月1日前，在经批准设立的船舶检验机构工作的在编、在岗人员。从事船舶检验工作（指船舶和海上设施、集装箱和渔业船舶的检验，相关设计图纸和技术文件的审查，下同）及相关工作（指船舶制造、海事管理、航运），累计满4年。

（二）级别条件

申请参加相应级别注册验船师（船舶和海上设施类）资格考试认定的人员，须同时具备本级别（1）和（2）的条件。

1. A级

（1）取得《中华人民共和国验船人员适任证书》（国际航行船舶、海上设施或国际航行的渔业辅助船舶类）；或取得船舶系列高级专业技术资格证书；或取得符合国际海事组织《被认可组织代表主管机关执行检验和发证的细则》A.789（19）决议规定的相应资格证明。

（2）担任国际航行船舶、海上设施或国际航行的渔业辅助船舶检验项目技术负责人，主持完成公约船舶检验项目或入级船舶检验项目不少于5项；或独立完成不少于规定数量的公约船舶检验项目或入级船舶检验项目（2个审图项目，或2艘新造船舶检验项目，或20艘营运船舶检验项目，或20批船用产品检验项目，或1个海上设施检验项目）；或被原交通部评为优秀验船师；或作为注册验船师（船舶和海上设施类）资格考试专家委员会成员受聘担任考试大纲编写和首次全国统一考试的命题工作。

2. B级

（1）取得《中华人民共和国验船人员适任证书》（国内海上船舶或以上级别）；或取得船舶系列中级及以上级别专业技术资格证书。

（2）担任国内海上船舶检验项目技术负责人，主持完成国内海上船舶检验项目不少于5项；或独立完成不少于规定数量的国内海上船舶检验项目（同A级，无海上设施项目）；或被原交通部评为优秀验船师；或作为注册验船师（船舶和海上设施类）资格考试专家委员会成员受聘担任本级别或下一级别资格考试大纲编写和首次全国统一考试的命题工作。

3. C级

（1）取得《中华人民共和国验船人员适任证书》（内河船舶或以上级别）；或取得船舶系列初级或以上级别专业技术资格证书。

（2）担任内河船舶检验项目技术负责人，主持完成内河船舶检验项目不少于5项；或独立完成不少于规定数量的内河船舶检验项目（5个审图项目，或5艘新造船舶检验项目，或20艘营运船舶检验项目，或20批船用产品检验项目）；或被原交通部评为优秀验船师；或作为注册验船师（船舶和海上设施类）资格考试专家委员会成员受聘担任本级别或下一级别资格考试大纲编写和首次全国统一考试的命题工作。

4. D级

（1）取得《中华人民共和国验船人员适任证书》（内河小船或以上级别）；或取得船舶系列初级或以上级别专业技术资格证书。

（2）担任内河小船检验项目的技术负责人，主持完成内河小船检验项目不少于5项；或独立完成不少于规定数量的内河小船检验项目（同C级）；或被原交通部评为优秀验船师；或作为注册验船师（船舶和海上设施类）资格考试专家委员会成员受聘担任本级别资格考试大纲编写和首次全国统一考试的命题工作。

二、考试认定组织

注册验船师（船舶和海上设施类）资格考试认定工作由人力资源和社会保障部、交通运输部共同负责，成立"全国注册验船师（船舶和海上设施类）考试认定办公室"（以下简称全国考试认定办公室），负责全国考试认定管理工作。

注册验船师（船舶和海上设施类）资格考试认定具体工作由中华人民共和国海事局承担，各区域注册验船师（船舶和海上设施类）资格考试认定管理机构负责具体实施工作。各省、自治区、直辖市人事、交通行政主管部门按职责分工负责本行政区域内的考试认定相关工作。

三、考试认定申报材料

（一）《中华人民共和国注册验船师（船舶和海上设施类）资格考试认定申报表》（附件1）一式两份。

（二）相应类别验船师适任证书、船舶系列相应级别专业技术资格证书、符合国际海事组织规定的相应资格证明、担任项目技术负责人的任命（或证明）文件、获奖证书等申报材料的复印件。

（三）所在单位出具的职业道德和船舶检验经历、业绩及船舶检验能力的证明。

（四）本人近期1寸免冠（彩色）相片3张。

四、考试认定的考试工作

（一）考试实行全国统一组织、分两批进行的办法。申请参加考试的人员，可根据工作安排自行选择时间。

（二）各级别考试的科目均为《船舶检验专业案例分析》，主要考察相应级别船舶检验专业人员分析判断和处理解决船舶检验问题的实际能力。考试采用开卷笔答方式进行。

（三）考点原则上设在各直属海事局船员考试中心或省会城市、直辖市的高等院校。

（四）考试合格标准由全国考试认定办公室研究确定。

五、考试认定程序

（一）各省、自治区、直辖市所属船舶检验人员的申报材料，通过聘用单位向单位所在地的省、自治区、直辖市交通行政管理部门报送；中国船级社和经批准在中国境内设立的外国船舶检验机构或代表处的船舶检验人员的申报材料，由相应机构统一向区域注册验船师（船舶和海上设施类）资格考试认定管理机构报送。

（二）各省、自治区、直辖市交通行政管理部门或中国船级社的船检业务部门对申报人员材料进行审核，提出审核意见；并经交通行政管理部门或中国船级社的人事部门复核合格后，报本区域注册验船师（船舶和海上设施类）资格考试认定管理机构。经区域注册验船师（船舶和海上设施类）资格考试认定管理机构审查合格后，向申请人核发准考证。

经批准在中国境内设立的外国船舶检验机构或代表处对本单位申报人员材料的审核、复核程序，参照本条第一款。

（三）中国船级社和经批准在中国境内设立的外国船舶检验机构或代表处的申报人员，按照属地原则参加考试。

中国船级社驻外机构的船舶检验人员的考试认定工作由中华人民共和国海事局统一安排。

（四）参加考试人员按照有关规定，携带相关证件，在准考证指定的地点和时间参加考试。

（五）考试工作完成后，各区域注册验船师（船舶和海上设施类）资格考试认定管理机构，应将考试认定人员的申报材料、考试电子信息和《注册验船师（船舶和海上设施类）资格考试认定合格人员情况汇总表》（样表见附件2）一并送全国考试认定办公室。

（六）全国考试认定办公室组织有关专家对各地报送的申报人员材料和考试人员成绩进行复审，并将复审合格人员名单进行公示。经公示无异议，由人力资源和社会保障部、交通运输部审批后，向社会公告获得《中华人民共和国注册验船师（船舶和海上设施类）资格证书》人员的名单。

对未通过考试认定的申请人，委托区域注册验船师（船舶和海上设施类）资格考试认定管理机构向其说明不通过的理由。

六、考试认定工作有关要求

（一）各省、自治区、直辖市交通行政主管部门和相关机构，应及时将本通知精神向社会公告。考试认定人员申请材料上报和考试日期等具体工作安排，由中华人民共和国海事局另行通知。

（二）2006年3月1日前，已办理离、退休手续或已调离船舶检验机构的人员，不在注册验船师（船舶和海上设施类）资格考试认定的申报范围。

（三）各级别考试认定条件中有关船舶系列专业技术资格证书要求是指，按照国家统一规定评定的高级专业技术资格，或按照原人事部和原交通部有关规定通过全国统一举行的船舶专业技术资格考试取得的初、中级专业技术资格证书。

（四）公约船舶检验项目是指，按照国际公约规定的船舶必须进行的检验项目；入级船舶检验项目是指，履行国际船级社协会规定的入级船舶必须检验的项目。

（五）各省、自治区、直辖市交通行政主管部门和相关机构，在审核、复核时，应核查各类证书及相关证明文件的原件。报送的各类证书等相关证明文件的复印件应由所在单位人事部门负责人签署意见、加盖单位印章，并承担相关责任。

（六）各省、自治区、直辖市交通行政主管部门和相关机构，应严格按照规定的条件和程序，认真做好考试认定的申报、审核和复核工作。凡不认真把关和弄虚作假的，按照《行政许可法》有关规定处理。

（七）注册验船师（船舶和海上设施类）资格考试认定的考试各环节工作，应遵守《注册验船师资格考试实施办法》有关要求。对违反考试纪律和相关规定行为的，按照《专业技术人员资格考试违纪违规行为处理规定》处理。

中华人民共和国船员条例

（2007 年 4 月 14 日国务院令第 494 号公布施行。根据 2013 年 7 月 18 日国务院令第 638 号《国务院关于废止和修改部分行政法规的决定》第一次修正。根据 2013 年 12 月 7 日国务院令第 645 号《国务院关于修改部分行政法规的决定》第二次修正。根据 2014 年 7 月 29 日国务院令第 653 号《国务院关于修改部分行政法规的决定》第三次修正。根据 2017 年 3 月 1 日国务院令第 676 号《国务院关于修改和废止部分行政法规的决定》第四次修正）

第一章 总 则

第一条 为了加强船员管理，提高船员素质，维护船员的合法权益，保障水上交通安全，保护水域环境，制定本条例。

第二条 中华人民共和国境内的船员注册、任职、培训、职业保障以及提供船员服务等活动，适用本条例。

第三条 国务院交通主管部门主管全国船员管理工作。

国家海事管理机构依照本条例负责统一实施船员管理工作。

负责管理中央管辖水域的海事管理机构和负责管理其他水域的地方海事管理机构（以下统称海事管理机构），依照各自职责具体负责船员管理工作。

第二章 船员注册和任职资格

第四条 本条例所称船员，是指依照本条例的规定经船员注册取得船员服务簿的人员，包括船长、高级船员、普通船员。

本条例所称船长，是指依照本条例的规定取得船长任职资格，负责管理和指挥船舶的人员。

本条例所称高级船员，是指依照本条例的规定取得相应任职资格的大副、二副、三副、轮机长、大管轮、二管轮、三管轮、通信人员以及其他在船舶上任职的高级技术或者管理人员。

本条例所称普通船员，是指除船长、高级船员外的其他船员。

第五条 申请船员注册，应当具备下列条件：

（一）年满 18 周岁（在船实习、见习人员年满 16 周岁）但不超过 60 周岁；

（二）符合船员健康要求；

（三）经过船员基本安全培训，并经海事管理机构考试合格。

申请注册国际航行船舶船员的，还应当通过船员专业外语考试。

第六条 申请船员注册，可以由申请人或者其代理人向任何海事管理机构提出书面申请，并附送申请人符合本条例第五条规定条件的证明材料。

海事管理机构应当自受理船员注册申请之日起10日内做出注册或者不予注册的决定。对符合本条例第五条规定条件的，应当给予注册，发给船员服务簿，但是申请人被依法吊销船员服务簿未满5年的，不予注册。

第七条 船员服务簿是船员的职业身份证件，应当载明船员的姓名、住所、联系人、联系方式以及其他有关事项。

船员服务簿记载的事项发生变更的，船员应当向海事管理机构办理变更手续。

第八条 船员有下列情形之一的，海事管理机构应当注销船员注册，并予以公告：

（一）死亡或者被宣告失踪的；

（二）丧失民事行为能力的；

（三）被依法吊销船员服务簿的；

（四）本人申请注销注册的。

第九条 参加航行和轮机值班的船员，应当依照本条例的规定取得相应的船员适任证书。

申请船员适任证书，应当具备下列条件：

（一）已经取得船员服务簿；

（二）符合船员任职岗位健康要求；

（三）经过相应的船员适任培训、特殊培训；

（四）具备相应的船员任职资历，并且任职表现和安全记录良好。

第十条 申请船员适任证书，应当向海事管理机构提出书面申请，并附送申请人符合本条例第九条规定条件的证明材料。对符合规定条件并通过国家海事管理机构组织的船员任职考试的，海事管理机构应当发给相应的船员适任证书。

第十一条 船员适任证书应当注明船员适任的航区（线）、船舶类别和等级、职务以及有效期限等事项。

船员适任证书的有效期不超过5年。

第十二条 中国籍船舶的船长应当由中国籍船员担任。

第十三条 中国籍船舶在境外遇有不可抗力或者其他特殊情况，无法满足船舶最低安全配员要求，需要由本船下一级船员临时担任上一级职务时，应当向海事管理机构提出申请。海事管理机构根据拟担任上一级船员职务船员的任职资历、任职表现和安全记录，出具相应的证明文件。

第十四条 曾经在军用船舶、渔业船舶上工作的人员，或者持有其他国家、地区船员适任证书的船员，依照本条例的规定申请船员适任证书的，海事管理机构可以免除船员培训和考试的相应内容。具体办法由国务院交通主管部门另行规定。

第十五条 以海员身份出入国境和在国外船舶上从事工作的中国籍船员，应当向国家海事管理机构指定的海事管理机构申请中华人民共和国海员证。

申请中华人民共和国海员证，应当符合下列条件：

（一）是中华人民共和国公民；

（二）持有国际航行船舶船员适任证书或者有确定的船员出境任务；

（三）无法律、行政法规规定禁止出境的情形。

第十六条 海事管理机构应当自受理申请之日起7日内做出批准或者不予批准的决定。予以批准的，发给中华人民共和国海员证；不予批准的，应当书面通知申请人并说明理由。

第十七条 中华人民共和国海员证是中国籍船员在境外执行任务时表明其中华人民共和国公民身份的证件。中华人民共和国海员证遗失、被盗或者损毁的，应当向海事管理机构申请补发。船员在境外的，应当向中华人民共和国驻外使馆、领馆申请补发。

中华人民共和国海员证的有效期不超过5年。

第十八条 持有中华人民共和国海员证的船员，在其他国家、地区享有按照当地法律、有关国际条约以及中华人民共和国与有关国家签订的海运或者航运协定规定的权利和通行便利。

第十九条 在中国籍船舶上工作的外国籍船员，应当依照法律、行政法规和国家其他有关规定取得就业许可，并持有国务院交通主管部门规定的相应证书和其所属国政府签发的相关身份证件。

在中华人民共和国管辖水域航行、停泊、作业的外国籍船舶上任职的外国籍船员，应当持有中华人民共和国缔结或者加入的国际条约规定的相应证书和其所属国政府签发的相关身份证件。

第三章 船 员 职 责

第二十条 船员在船工作期间，应当符合下列要求：

（一）携带本条例规定的有效证件；

（二）掌握船舶的适航状况和航线的通航保障情况，以及有关航区气象、海况等必要的信息；

（三）遵守船舶的管理制度和值班规定，按照水上交通安全和防治船舶污染的操作规则操纵、控制和管理船舶，如实填写有关船舶法定文书，不得隐匿、篡改或者销毁有关船舶法定证书、文书；

（四）参加船舶应急训练、演习，按照船舶应急部署的要求，落实各项应急预防措施；

（五）遵守船舶报告制度，发现或者发生险情、事故、保安事件或者影响航行安全的情况，应当及时报告；

（六）在不严重危及自身安全的情况下，尽力救助遇险人员；

（七）不得利用船舶私载旅客、货物，不得携带违禁物品。

第二十一条 船长在其职权范围内发布的命令，船舶上所有人员必须执行。

高级船员应当组织下属船员执行船长命令，督促下属船员履行职责。

第二十二条 船长管理和指挥船舶时，应当符合下列要求：

（一）保证船舶和船员携带符合法定要求的证书、文书以及有关航行资料；

（二）制订船舶应急计划并保证其有效实施；

（三）保证船舶和船员在开航时处于适航、适任状态，按照规定保障船舶的最低安全配员，保证船舶的正常值班；

（四）执行海事管理机构有关水上交通安全和防治船舶污染的指令，船舶发生水上交通事故或者污染事故的，向海事管理机构提交事故报告；

（五）对本船船员进行日常训练和考核，在本船船员的船员服务簿内如实记载船员的服务资历和任职表现；

（六）船舶进港、出港、靠泊、离泊，通过交通密集区、危险航区等区域，或者遇有恶劣天气和海况，或者发生水上交通事故、船舶污染事故、船舶保安事件以及其他紧急情况时，应当在驾驶台值班，必要时应当直接指挥船舶；

（七）保障船舶上人员和临时上船人员的安全；

（八）船舶发生事故，危及船舶上人员和财产安全时，应当组织船员和船舶上其他人员尽力施救；

（九）弃船时，应当采取一切措施，首先组织旅客安全离船，然后安排船员离船，船长应当最后离船，在离船前，船长应当指挥船员尽力抢救航海日志、机舱日志、油类记录簿、无线电台日志、本航次使用过的航行图和文件，以及贵重物品、邮件和现金。

第二十三条 船长、高级船员在航次中，不得擅自辞职、离职或者中止职务。

第二十四条 船长在保障水上人身与财产安全、船舶保安、防治船舶污染水域方面，具有独立决定权，并负有最终责任。

船长为履行职责，可以行使下列权力：

（一）决定船舶的航次计划，对不具备船舶安全航行条件的，可以拒绝开航或者续航；

（二）对船员用人单位或者船舶所有人下达的违法指令，或者可能危及有关人员、财产和船舶安全或者可能造成水域环境污染的指令，可以拒绝执行；

（三）发现引航员的操纵指令可能对船舶航行安全构成威胁或者可能造成水域环境污染时，应当及时纠正、制止，必要时可以要求更换引航员；

（四）当船舶遇险并严重危及船舶上人员的生命安全时，船长可以决定撤离船舶；

（五）在船舶的沉没、毁灭不可避免的情况下，船长可以决定弃船，但是，除紧急情况外，应当报经船舶所有人同意；

（六）对不称职的船员，可以责令其离岗。

船舶在海上航行时，船长为保障船舶上人员和船舶的安全，可以依照法律的规定对在船舶上进行违法、犯罪活动的人采取禁闭或者其他必要措施。

第四章 船员职业保障

第二十五条 船员用人单位和船员应当按照国家有关规定参加工伤保险、医疗保险、养老保险、失业保险以及其他社会保险，并依法按时足额缴纳各项保险费用。

船员用人单位应当为在驶往或者驶经战区、疫区或者运输有毒、有害物质的船舶上工作的船员，办理专门的人身、健康保险，并提供相应的防护措施。

第二十六条 船舶上船员生活和工作的场所，应当符合国家船舶检验规范中有关船员生活环境、作业安全和防护的要求。

船员用人单位应当为船员提供必要的生活用品、防护用品、医疗用品，建立船员健康档案，并为船员定期进行健康检查，防治职业疾病。

船员在船工作期间患病或者受伤的，船员用人单位应当及时给予救治；船员失踪或者死亡的，船员用人单位应当及时做好相应的善后工作。

第二十七条 船员用人单位应当依照有关劳动合同的法律、法规和中华人民共和国缔结或者加入的有关船员劳动与社会保障国际条约的规定，与船员订立劳动合同。

船员用人单位不得招用未取得本条例规定证件的人员上船工作。

第二十八条 船员工会组织应当加强对船员合法权益的保护，指导、帮助船员与船员用人单位订立劳动合同。

第二十九条 船员用人单位应当根据船员职业的风险性、艰苦性、流动性等因素，向船员支付合理的工资，并按时足额发放给船员。任何单位和个人不得克扣船员的工资。

船员用人单位应当向在劳动合同有效期内的待派船员，支付不低于船员用人单位所在地人民政府公布的最低工资。

第三十条 船员在船工作时间应当符合国务院交通主管部门规定的标准，不得疲劳值班。

船员除享有国家法定节假日的假期外，还享有在船舶上每工作2个月不少于5日的年休假。

船员用人单位应当在船员年休假期间，向其支付不低于该船员在船工作期间平均工资的报酬。

第三十一条 船员在船工作期间，有下列情形之一的，可以要求遣返：

（一）船员的劳动合同终止或者依法解除的；

（二）船员不具备履行船上岗位职责能力的；

（三）船舶灭失的；

（四）未经船员同意，船舶驶往战区、疫区的；

（五）由于破产、变卖船舶、改变船舶登记或者其他原因，船员用人单位、船舶所有人不能继续履行对船员的法定或者约定义务的。

第三十二条 船员可以从下列地点中选择遣返地点：

（一）船员接受招用的地点或者上船任职的地点；

（二）船员的居住地、户籍所在地或者船籍登记国；

（三）船员与船员用人单位或者船舶所有人约定的地点。

第三十三条 船员的遣返费用由船员用人单位支付。遣返费用包括船员乘坐交通工具的费用、旅途中合理的食宿及医疗费用和30公斤行李的运输费用。

第三十四条 船员的遣返权利受到侵害的，船员当时所在地民政部门或者中华人民共和国驻境外领事机构，应当向船员提供援助；必要时，可以直接安排船员遣返。民政部门或者中华人民共和国驻境外领事机构为船员遣返所垫付的费用，船员用人单位应当及时返还。

第五章 船员培训和船员服务

第三十五条 申请在船舶上工作的船员，应当按照国务院交通主管部门的规定，完成相应的船员基本安全培训、船员适任培训。

在危险品船、客船等特殊船舶上工作的船员，还应当完成相应的特殊培训。

第三十六条 依法设立的培训机构从事船员培训，应当符合下列条件：

（一）有符合船员培训要求的场地、设施和设备；

（二）有与船员培训相适应的教学人员、管理人员；

（三）有健全的船员培训管理制度、安全防护制度；

（四）有符合国务院交通主管部门规定的船员培训质量控制体系。

第三十七条 依法设立的培训机构从事船员培训业务，应当向国家海事管理机构提出申请，并附送符合本条例第三十六条规定条件的证明材料。

国家海事管理机构应当自受理申请之日起 30 日内，做出批准或者不予批准的决定。予以批准的，发给船员培训许可证；不予批准的，书面通知申请人并说明理由。

第三十八条 从事船员培训业务的机构，应当按照国务院交通主管部门规定的船员培训大纲和水上交通安全、防治船舶污染、船舶保安等要求，在核定的范围内开展船员培训，确保船员培训质量。

第三十九条 从事代理海洋船舶船员办理申请培训、考试、申领证书（包括外国海洋船舶船员证书）等有关手续，代理海洋船舶船员用人单位管理船员事务，提供海洋船舶配员等海洋船舶船员服务业务的机构，应当符合下列条件：

（一）在中华人民共和国境内依法设立的法人；

（二）有 2 名以上具有高级船员任职资历的管理人员；

（三）有符合国务院交通主管部门规定的船员服务管理制度；

（四）具有与所从事业务相适应的服务能力。

第四十条 从事海洋船舶船员服务业务的机构，应当向海事管理机构提交书面申请，并附送符合本条例第三十九条规定条件的证明材料。

海事管理机构应当自受理申请之日起 30 日内做出批准或者不予批准的决定。予以批准的，发给相应的批准文件；不予批准的，书面通知申请人并说明理由。

第四十一条 从事内河船舶、海洋船舶船员服务业务的机构（以下简称船员服务机构）应当建立船员档案，加强船舶配员管理，掌握船员的培训、任职资历、安全记录、健康状况等情况，并将上述情况定期报海事管理机构备案。

船员用人单位直接招用船员的，应当遵守前款的规定。

第四十二条 船员服务机构应当向社会公布服务项目和收费标准。

第四十三条 船员服务机构为船员提供服务，应当诚实守信，不得提供虚假信息，不得损害船员的合法权益。

第四十四条 船员服务机构为船员用人单位提供船舶配员服务，应当督促船员用人单位与船员依法订立劳动合同。船员用人单位未与船员依法订立劳动合同的，船员服务机构应当终止向船员用人单位提供船员服务。

船员服务机构为船员用人单位提供的船员失踪或者死亡的，船员服务机构应当配合船员用人单位做好善后工作。

第六章 监督检查

第四十五条 海事管理机构应当建立健全船员管理的监督检查制度，重点加强对船员注册、任职资格、履行职责、安全记录，船员培训机构培训质量，船员服务机构诚实守信以及船员用人单位保护船员合法权益等情况的监督检查，督促船员用人单位、船舶所有人以及相关的机构建立健全船员在船舶上的人身安全、卫生、健康和劳动安全保障制度，落实相应的保障措施。

第四十六条 海事管理机构对船员实施监督检查时，应当查验船员必须携带的证件的有效性，检查船员履行职责的情况，必要时可以进行现场考核。

第四十七条 依照本条例的规定，取得船员服务簿、船员适任证书、中华人民共和国海员证的船员以及取得从事船员培训业务许可、海洋船舶船员服务业务许可的机构，不再具备规定条件的，由海事管理机构责令限期改正；拒不改正或者无法改正的，海事管理机构应当撤销相应的行政许可决定，并依法办理有关行政许可的注销手续。

第四十八条 海事管理机构对有违反水上交通安全和防治船舶污染水域法律、行政法规行为的船员，除依法给予行政处罚外，实行累计记分制度。海事管理机构对累计记分达到规定分值的船员，应当扣留船员适任证书，责令其参加水上交通安全、防治船舶污染等有关法律、行政法规的培训并进行相应的考试；考试合格的，发还其船员适任证书。

第四十九条 船舶违反本条例和有关法律、行政法规规定的，海事管理机构应当责令限期改正；在规定期限内未能改正的，海事管理机构可以禁止船舶离港或者限制船舶航行、停泊、作业。

第五十条 海事管理机构实施监督检查时，应当有 2 名以上执法人员参加，并出示有效的执法证件。

海事管理机构实施监督检查，可以询问当事人，向有关单位或者个人了解情况，查阅、复制有关资料，并保守被调查单位或者个人的商业秘密。

接受海事管理机构监督检查的有关单位或者个人，应当如实提供有关资料或者情况。

第五十一条 海事管理机构应当公开管理事项、办事程序、举报电话号码、通信地址、电子邮件信箱等信息，自觉接受社会的监督。

第五十二条 劳动保障行政部门应当加强对船员用人单位遵守劳动和社会保障的法律、法规和国家其他有关规定情况的监督检查。

第七章 法律责任

第五十三条 违反本条例的规定，以欺骗、贿赂等不正当手段取得船员服务簿、船员适任证书、船员培训合格证书、中华人民共和国海员证的，由海事管理机构吊销有关证件，并处 2 000 元以上 2 万元以下罚款。

第五十四条 违反本条例的规定，伪造、变造或者买卖船员服务簿、船员适任证书、船员培训合格证书、中华人民共和国海员证的，由海事管理机构收缴有关证件，处 2 万元以上 10 万元以下罚款，有违法所得的，还应当没收违法所得。

第五十五条　违反本条例的规定，船员服务簿记载的事项发生变更，船员未办理变更手续的，由海事管理机构责令改正，可以处 1 000 元以下罚款。

第五十六条　违反本条例的规定，船员在船工作期间未携带本条例规定的有效证件的，由海事管理机构责令改正，可以处 2 000 元以下罚款。

第五十七条　违反本条例的规定，船员有下列情形之一的，由海事管理机构处 1 000 元以上 1 万元以下罚款；情节严重的，并给予暂扣船员服务簿、船员适任证书 6 个月以上 2 年以下直至吊销船员服务簿、船员适任证书的处罚：

（一）未遵守值班规定擅自离开工作岗位的；

（二）未按照水上交通安全和防治船舶污染操作规则操纵、控制和管理船舶的；

（三）发现或者发生险情、事故、保安事件或者影响航行安全的情况未及时报告的；

（四）未如实填写或者记载有关船舶法定文书的；

（五）隐匿、篡改或者销毁有关船舶法定证书、文书的；

（六）不依法履行救助义务或者肇事逃逸的；

（七）利用船舶私载旅客、货物或者携带违禁物品的。

第五十八条　违反本条例的规定，船长有下列情形之一的，由海事管理机构处 2 000 元以上 2 万元以下罚款；情节严重的，并给予暂扣船员适任证书 6 个月以上 2 年以下直至吊销船员适任证书的处罚：

（一）未保证船舶和船员携带符合法定要求的证书、文书以及有关航行资料的；

（二）未保证船舶和船员在开航时处于适航、适任状态，或者未按照规定保障船舶的最低安全配员，或者未保证船舶的正常值班的；

（三）未在船员服务簿内如实记载船员的服务资历和任职表现的；

（四）船舶进港、出港、靠泊、离泊，通过交通密集区、危险航区等区域，或者遇有恶劣天气和海况，或者发生水上交通事故、船舶污染事故、船舶保安事件以及其他紧急情况时，未在驾驶台值班的；

（五）在弃船或者撤离船舶时未最后离船的。

第五十九条　船员适任证书被吊销的，自被吊销之日起 2 年内，不得申请船员适任证书。

第六十条　违反本条例的规定，船员用人单位、船舶所有人有下列行为之一的，由海事管理机构责令改正，处 3 万元以上 15 万元以下罚款：

（一）招用未依照本条例规定取得相应有效证件的人员上船工作的；

（二）中国籍船舶擅自招用外国籍船员担任船长的；

（三）船员在船舶上生活和工作的场所不符合国家船舶检验规范中有关船员生活环境、作业安全和防护要求的；

（四）不履行遣返义务的；

（五）船员在船工作期间患病或者受伤，未及时给予救治的。

第六十一条　违反本条例的规定，未取得船员培训许可证擅自从事船员培训的，由海事管理机构责令改正，处 5 万元以上 25 万元以下罚款，有违法所得的，还应当没收违法所得。

第六十二条 违反本条例的规定，船员培训机构不按照国务院交通主管部门规定的培训大纲和水上交通安全、防治船舶污染等要求，进行培训的，由海事管理机构责令改正，可以处 2 万元以上 10 万元以下罚款；情节严重的，给予暂扣船员培训许可证 6 个月以上 2 年以下直至吊销船员培训许可证的处罚。

第六十三条 违反本条例的规定，未经批准擅自从事海洋船舶船员服务的，由海事管理机构责令改正，处 5 万元以上 25 万元以下罚款，有违法所得的，还应当没收违法所得。

第六十四条 违反本条例的规定，船员服务机构和船员用人单位未将其招用或者管理的船员的有关情况定期报海事管理机构备案的，由海事管理机构责令改正，处 5 000 元以上 2 万元以下罚款。

第六十五条 违反本条例的规定，船员服务机构在提供船员服务时，提供虚假信息，欺诈船员的，由海事管理机构责令改正，处 3 万元以上 15 万元以下罚款；情节严重的，并给予暂停船员服务 6 个月以上 2 年以下直至吊销船员服务许可的处罚。

第六十六条 违反本条例的规定，船员服务机构在船员用人单位未与船员订立劳动合同的情况下，向船员用人单位提供船员的，由海事管理机构责令改正，处 5 万元以上 25 万元以下罚款；情节严重的，给予暂停船员服务 6 个月以上 2 年以下直至吊销船员服务许可的处罚。

第六十七条 海事管理机构工作人员有下列情形之一的，依法给予处分：

（一）违反规定签发船员服务簿、船员适任证书、中华人民共和国海员证，或者违反规定批准船员培训机构、海洋船舶船员服务机构从事相关活动的；

（二）不依法履行监督检查职责的；

（三）不依法实施行政强制或者行政处罚的；

（四）滥用职权、玩忽职守的其他行为。

第六十八条 违反本条例的规定，情节严重，构成犯罪的，依法追究刑事责任。

第八章 附 则

第六十九条 申请参加取得船员服务簿、船员适任证书考试，应当按照国家有关规定交纳考试费用。

第七十条 引航员的培训依照本条例有关船员培训的规定执行。引船员管理的具体办法由国务院交通主管部门制订。

第七十一条 军用船舶船员的管理，按照国家和军队有关规定执行。

渔业船员的管理由国务院渔业行政主管部门负责，具体管理办法由国务院渔业行政主管部门参照本条例另行规定。

第七十二条 除本条例对船员用人单位及船员的劳动和社会保障有特别规定外，船员用人单位及船员应当执行有关劳动和社会保障的法律、行政法规以及国家有关规定。

船员专业技术职称的取得和专业技术职务的聘任工作，按照国家有关规定实施。

第七十三条 本条例自 2007 年 9 月 1 日起施行。

中国海事局关于颁布实施《中华人民共和国海上非自航船舶船员考试、发证管理办法》的通知

(海船员〔2007〕369号 2007年7月9日)

各直属海事局：

为提高非自航船舶船员技术素质，加强船舶安全、施工管理，更好地发挥效能，保障水上施工人员和装备安全，保护水域环境，我局对原发证办法作了修改，制定了《中华人民共和国海上非自航船舶船员考试、发证管理办法》（以下简称本办法），现予颁布，请遵照执行，并将有关事项通知如下：

一、持有原发证机关签发的各类海上非自航工程船舶船员适任证书者，可申请换发相同职务的适任证书。在最近五年内具有不少于12个月证书所载职务的任职资历者，可申请换发较高一级职务的适任证书，但换发证书最高为大副、大管轮职务。换证日期截止到2008年12月31日。

二、参加2003、2004年海上非自航船舶船员适任考试且本办法规定的考试科目已通过者，可在满足其他发证条件后申请发证。未通过全部考试科目者，原成绩继续有效，可参加相应科目的统考补考。

三、关于持有海事管理机构签发的驾长、副驾长适任证书者换发非自航船舶船员适任证书事宜。

（一）持有驾长适任证书者，在相应海上非自航工程船舶（驳船除外）任驾长职务不少于18个月，可申请参加船长资格考试和公司组织的专业技能考试，考试通过后可申请换发相应等级的船长适任证书；任驾长职务不足18个月者可直接申请换发相应等级的大副适任证书。

（二）持有副驾长适任证书者，在相应海上非自航工程船舶（驳船除外）任副驾长职务不少于24个月，可申请换发相应等级的大副适任证书；任职资历少于24个月但不少于12个月者，可直接申请换发相应等级的二副适任证书；任职资历不足12个月者，可直接申请换发相应等级的三副适任证书。

（三）持驾长、副驾长适任证书在驳船上任职的船员，可直接申请换发驾长适任证书。

四、海上非自航船舶船员资格考试和发证的收费标准，按照现行船员考试和发证的标准执行。

五、经主管机关许可的开展船员培训的机构拟开展海上非自航船舶船员考前适任培训的，应报主管机关批准。

六、中央管理的企业统一组织所属海上非自航船舶船员的专业技能培训、考试和

《专业技能考试合格证明》的发放工作。

七、持有《中华人民共和国海上非自航船舶船员适任证书》的船员，可以在内河非自航船舶上担任相应的职务。

八、为保持相关工作的连续性，方便海上非自航船舶船员，本办法设立过渡期，过渡期自颁布之日起至 2008 年 12 月 31 日止。过渡期间相关海上非自航船舶船员考试和发证工作规定如下：

（一）申请适任证书者应当符合下列条件：

1. 年龄已满 18 周岁，且男性未满 65 周岁，女性未满 60 周岁；
2. 符合主管机关要求的船员体检标准；
3. 持有有效的《船员服务簿》；
4. 持有《熟悉和基本安全专业培训合格证》。

过渡期间申请海上非自航船舶船员考试、发证者，可不受本办法规定的学历限制；未取得《熟悉和基本安全专业培训合格证》和《船员服务簿》的船员可先行考试，在过渡期内完成熟悉和基本安全专业培训并取得《船员服务簿》后再行申请适任证书。

（二）海上非自航船舶船员申请《船员服务簿》的条件：

1. 年龄已满 18 周岁，且男性未满 65 周岁，女性未满 60 周岁；
2. 符合主管机关要求的船员体检标准；
3. 持有《熟悉和基本安全专业培训合格证》。

（三）船员所在公司向辖区海事管理机构提交任职资历证明并经审核确认后，可将近 5 年的服务资历在《船员服务簿》的签注页中记载。

（四）原发证机关认可的海上非自航船舶船员培训机构可继续承担考前培训任务。过渡期结束后，上述培训机构应满足主管机关关于师资、设备和场地的要求并报主管机关批准。

（五）已在海上非自航船舶担任船长、驾驶员、轮机长、轮机员，但未持有职务适任证书者，通过公司组织的专业技能考试并提供公司出具的任职文件，在过渡期间经培训可申考相应职务的适任证书。考试科目按照本办法附件 1 执行。

申请船长、轮机长资格考试的船员其船长、轮机长的任职资历应不少于 36 个月，申请大副、大管轮资格考试的船员其大副、大管轮的任职资历应不少于 24 个月，申请二副、二管轮资格考试的船员其二副、二管轮的任职资历应不少于 12 个月，申请三副、三管轮资格考试的船员其三副、三管轮的任职资历应不少于 12 个月。

附件：中华人民共和国海上非自航船舶船员考试、发证管理办法

附件

中华人民共和国海上非自航船舶船员考试、发证管理办法

第一章 总 则

第一条 为提高海上非自航船舶船员技术素质，加强船舶安全、施工管理，更好地发挥船舶效能，保障水上施工人员和装备安全，保护水域环境，根据《中华人民共和国海上交通安全法》制定本办法。

第二条 本办法适用于为取得《中华人民共和国海上非自航船舶船员适任证书》（以下简称《适任证书》）而进行的考试及证书的签发与管理。

第三条 中华人民共和国海事局是海上非自航船舶船员考试、发证的主管机关。中华人民共和国海事局所属各级海事管理机构在主管机关确定的职责范围内，具体负责海上非自航船舶船员资格考试和适任证书的签发与管理工作。

第四条 在海上非自航船舶任职的船长、驾驶员、轮机长、轮机员、驳船驾长应持有与其所服务的船舶种类、等级担任的船上职务相符的有效《适任证书》，其他船员应持有《熟悉和基本安全培训合格证》以及《船员服务簿》。

第五条 申请《适任证书》，应当具备下列条件：

（一）年满18周岁但不超过65周岁；
（二）具有初中以上学历；
（三）符合海船船员体检要求；
（四）持有有效的《船员服务簿》；
（五）持有船员《熟悉和基本安全培训合格证》；
（六）完成本办法规定的考前培训；
（七）通过本办法规定的资格考试，拟在海上非自航工程船舶上任职的船员还应完成公司组织的与其船舶种类、等级相对应的专业技能考试；
（八）具有本办法规定的水上服务资历，或完成规定的船上培训或见习，安全记录良好。

第二章 适 任 证 书

第六条 海上非自航船舶船员应按所持《适任证书》上标明的职务或较低职务任职。

第七条 《适任证书》的基本内容包括：

（一）证书编号；
（二）持证人姓名、出生日期、出生地点；
（三）职务；
（四）签发机关名称和签发官员署名；
（五）签发日期；
（六）适用船舶种类、等级的签注；

（七）再有效签注。

第八条 《适任证书》由主管机关统一印制。《适任证书》的有效期不超过 5 年。证书有效期截止日期，对女性持证人，不得超过 60 周岁生日；对男性持证人，不得超过 65 周岁生日。

第九条 《适任证书》适用于海上非自航船舶。

海上非自航船舶船长为最高职务。甲板部船员职务由高到低设置主大副、二副、三副；轮机部船员职务由高到低设置为轮机长、大管轮、二管轮、三管轮；驳船设驾长职务。大副、二副、三副统称驾驶员，大管轮、二管轮、三管轮统称轮机员。

第三章　申请资格考试的条件
第一节　船长、驾驶员和驾长

第十条 申请三副和驳船驾长资格考试者应完成不少于 120 课时的考前培训。

第十一条 申请船长、驾驶员或驾长资格考试应具以下水上服务资历：

（一）申请三副资格考试者，在海上非自航船舶实际工作应不少于 24 个月；如完成中专及以上学历教育，在海上非自航船舶实际工作应不少于 12 个月；完成港工类大专及以上学历教育者，可直接申请考试；完成两年及以上航海职业教育者，免于资格考试。

（二）申请船长资格考试者，应持有相应航区、种类、等级的大副适任证书，并实际担任其职务满 18 个月。

（三）申请驳船驾长资格考试者，应在海上非自航船舶实际工作不少于 24 个月。

第二节　轮机长和轮机员

第十二条 申请三管轮资格考试者应完成不少于 150 课时的考前培训。

第十三条 申请轮机长、轮机员资格考试应具有以下水上服务资历：

（一）申请三管轮资格考试者，在海上非自航船舶实际工作应不少于 24 个月；如完成中专及以上学历教育，在海上非自航船舶实际工作应不少于 12 个月；完成机电类大专及以上学历教育者，可直接申请考试；完成两年及以上航海职业教育者，免于资格考试。

（二）申请轮机长资格考试者，应持有相应航区、种类、等级的大管轮适任证书，并实际担任其职务满 18 个月。

第四章　资　格　考　试

第十四条 海上非自航船舶船员资格考试实行全国统一考试。

第十五条 申请《适任证书》的资格考试科目按附件 1 执行。

第十六条 申请考试应提交以下材料：

（一）《适任证书》申请表；

（二）近期直边正面 2 寸免冠白底彩色照片 2 张；

（三）毕业证或学历证明；

（四）熟悉和基本安全培训合格证；

（五）有效的船员体格检查表；

（六）船员服务簿。

第十七条 申请资格考试，由船员所在公司在主管机关规定的申请时间内向海事管理机构提出申请。申请材料应当列明拟报考的职务。

受理申请的海事管理机构应当对申请人的材料进行审核，符合本办法条件的，应当于考试开始 15 日前向申请人签发《准考证》，通知其参加考试；不符合条件的，应当自受理申请之日起 5 个工作日内退回申请材料，并说明理由。

第十八条 资格考试部分科目不及格者，可在初次考试《准考证》签发之日起 3 年内申请补考，逾期不能通过全部科目考试者，需重新申请考试。资格考试成绩由海事主管机关统一公布，考试成绩自全部科目通过之日起 5 年内有效。

第十九条 参加资格考试者应遵守主管机关颁布的考场规则。

第二十条 从事海上非自航船舶船员考前培训的机构，应当具备相应的师资、设备和场地条件，并经过海事管理机构的批准。

第五章 证书的签发和再有效签注

第二十一条 通过船长、三副、轮机长或三管轮资格考试和本办法第三十三条规定的专业技能考试者，可申请签发相应职务的《适任证书》。

通过驳船驾长资格考试者，可直接申请签发驳船驾长适任证书。

第二十二条 完成两年及以上航海职业教育者，经本办法第三十三条规定的专业技能考试合格，在海上非自航船舶完成 12 个月船上见习后，可申请签发三副或三管轮适任证书。

第二十三条 持有三副、三管轮适任证书者，实际担任其职务满 12 个月，可直接申请换发二副、二管轮适任证书。

第二十四条 持有二副、二管轮适任证书者，实际担任其职务满 12 个月，经本办法第三十三条规定的技能考试合格后，可直接申请换发大副、大管轮适任证书。

第二十五条 《适任证书》。有效期到满 6 个月内，证书持有人或其所在公司应向海事管理机构申请证书再有效签注。逾期申请证书再有效签注者，应重新申请参加并通过资格考试。

申请《适任证书》再有效签注者，应在最近 5 年内担任《适任证书》所载职务不少于 12 个月，安全记录良好。

海事管理机构审验合格后，在其《适任证书》签注栏内进行有效期签注，证书在下一个有效期内继续有效。

第二十六条 持有海船船员适任证书的船长、驾驶员、轮机长、轮机员，如需调往海上非自航船舶工作，经过不少于 3 个月的船上见习，并经本办法第三十三条规定的专业技能考试合格后，可申请签发相应职务或较低职务的《适任证书》。

第二十七条 《适任证书》适用的船舶种类、等级按照公司专业技能考试对应的船舶种类、等级给予签注。上述签注内容如需发生变更，公司应对所属船员进行相应的专业技能考试并提供合格证明。

驳船驾长适任证书不分等级。

第二十八条 申请适任证书签发，应提交《船员服务簿》、《专业技能考试合格证明》（证明格式见附件2）。

申请换发二副、二管轮适任证书应提交第十六条规定的（一）、（二）、（五）、（六）项资料；申请换发大副、大管轮适任证书除提交第十六条规定的（一）、（二）、（五）、（六）项资料外，还应提交《专业技能考试合格证明》。

申请《适任证书》再有效签注者应提交第十六条规定的（一）、（二）、（五）、（六）项资料。

第二十九条 《适任证书》损坏、遗失，持证人应及时向证书签发机关报告，并可申请补发相应类别、等级和职务的适任证书。

初发的适任证书的有效期截止日期与原适任证书的有效期截止日期相同。

第六章 公司的责任

第三十条 公司应备有完整的船员管理法律、法规、规章和相关的国际公约，并及时对船员进行相应的培训。

公司应建立船员档案，确保对船员的录用、培训、任职、解职、专业技能考试以及证书持有情况等信息进行连续有效的管理，保持并随时可查到在其船舶上服务的所有船员的信息资料。

第三十一条 公司指派船员任职时，应保证被指派的船员：

（一）按本办法持有适当的证书；

（二）熟悉其在船舶的具体职责，以及船舶的布置、装置、设备、工作程序、特性和局限性；

（三）在紧急情况下和执行安全或防污染职能时，能有效行使职责。

第三十二条 公司应向其管理的每艘船舶的船长提供书面指示，规定船长应该遵循的旨在帮助新船员熟悉其职责的有关程序，确保为新到船上工作的每个船员提供一个在履行其职责之前熟悉船上设备、操作程序以及为正确履行其职责所需的其他安排的合理机会。上述有关要求和程序的内容应包括：

（一）给出一段合理的时间，在此期间，每个新船员将有机会了解其即将使用或操作的具体设备，船上具体的值班、安全、环境保护和紧急程序以及需要懂得的正确履行指定职责的有关安排；

（二）指定一名了解情况的船员，负责使每个新船员获得基本信息。

第三十三条 公司应当对所属海上非自航工程船舶的船员进行专业技能培训和考试，并为考试合格者出具《专业技能考试合格证明》。

第七章 监督检查

第三十四条 《适任证书》持有人在船任职期间，应将《适任证书》原件保留在船上，接受海事管理机构的监督检查。

第三十五条 有下列情况之一的，海事管理机构可对负有直接责任的《适任证书》持有人重新进行适任评估：

（一）在工作中造成水上安全事故、机损等责任事故；

(二) 在锚泊或作业时，发生从船上非法排放有毒、有害物质。

评估结果表明船员实际能力与所持适任证书应具有的能力明显不符合时，海事管理机构应要求该证书持有人到指定的地点参加培训直至其实际适任能力符合要求。

第三十六条 被依法吊销《适任证书》的船员，自证书被吊销之日起2年后，可按本办法的程序和要求向海事管理机构申请较原职务低一级的适任证书。

海事管理机构根据适任证书被吊销的原因，可对申请人采取以下一种或几种措施后签发适任证书：

(一) 参加培训；

(二) 通过技能考试；

(三) 通过资格考试。

第三十七条 海事管理机构应为每名持有《适任证书》的船员建立档案，对船员的任职状况实施连续的跟踪管理。

第八章 附 则

第三十八条 违反本办法规定，海事管理机构按照有关行政处罚规定予以处罚。

第三十九条 前文下列用语的含义是：

(一) "海上非自航船舶"：自身不具备航行动力的船舶，包括海上非自航工程船舶和驳船。

(二) "海上非自航工程船舶"：从事水上水下施工作业的海上非自航船舶。

(三) "船舶种类和等级"：海上非自航工程船舶的种类和等级划分详见附件3。

(四) "资格考试"是指由主管机关组织的，旨在确定申请人航海基础理论知识和船舶安全管理水平的考试。

(五) "专业技能考试"是指由公司组织的，旨在确定申请人水上水下施工作业技能和管理能力的考试。

(六) "安全记录良好"，是指最近24个月内未发生负有直接责任的大事故及以上等级的事故。

(七) "考前培训"是指符合本办法要求的培训机构按照主管机关规定的内容组织开展的航海基础理论知识和船舶安全管理知识培训。

第四十条 本办法由中华人民共和国海事局负责解释。

第四十一条 本办法自颁布之日起施行。

附件：1. 海上非自航船舶船员适任证书考试科目表
　　　2. 海上非自航船舶船员专业技能考试合格证明（略）
　　　3. 海上非自航船舶分类等级表

附件1

海上非自航船舶船员适任证书考试科目表（甲板部）

船员职务 考试科目	船长	三副	驳船驾长
船舶管理	√		
驾驶基础知识		√	√
法规及规章制度	√	√	√

海上非自航船舶船员适任证书考试科目表（轮机部）

船员职务 考试科目	轮机长	三管轮
轮机管理	√	
船舶柴油机		√
船舶电气	√	√
船舶辅机		√

附件3

海上非自航船舶分类等级表

船舶类型	一等	二等	三等
链斗挖泥船		生产率≥500 m³/h	生产率<500 m³/h
绞吸挖泥船	生产率≥1 600 m³/h	生产率≥900 m³/h	生产率<900 m³/h
抓斗挖泥船		斗容≥8 m³	斗容<8 m³
铲斗挖泥船		斗容≥8 m³	斗容<8 m³
打桩船	桩架高度≥80 m	桩架高度≥50 m	桩架高度<25 m
扒杆起重船		起重量≥250 t	起重量<250 t
旋转起重船	起重量≥350 t	起重量≥50 t	起重量≥15 t

续表

船舶类型	一等	二等	三等
混凝土搅拌船		生产率≥800 m³/h	生产率≥40 m³/h
浮船坞		举力≥3 000 t	举力<3 000 t
吹泥船			生产率≥500 m³/h
半潜驳		举力≥3 000 t	
铺排船		铺排宽度≥40 m	
整平船		水下整平深度≥10 m	
打设船		打设深度≥18 m	
炸礁船		≥500 GT	
砂桩船		砂桩直径可变	砂桩直径不可变
起重铺管船	起重量≥350 t	起重量<350 t	
打捞施工船	起重量≥350 t	起重量<350 t	

中华人民共和国船员注册管理办法

（交通运输部令2008年第1号　2008年5月4日）

第一章　总　则

第一条　为规范船员注册管理，根据《中华人民共和国船员条例》，制定本办法。

第二条　中华人民共和国境内的船员注册以及相关管理活动，适用本办法。

本办法所称船员注册，是指海事管理机构根据申请人的申请，经依法审查，对符合船员注册条件的予以登记，签发船员服务簿，准许申请人从事船员职业的行为。

第三条　交通运输部主管全国船员注册管理工作。

中华人民共和国海事局负责统一实施全国船员注册管理工作。

负责管理中央管辖水域的海事管理机构和负责管理其他水域的地方海事管理机构（以下统称海事管理机构），依照各自职责具体负责船员注册以及相关管理工作。

第二章　船员注册的申请和受理

第四条　船员注册申请可以向任何海事管理机构提出。

船员注册申请可以由申请人本人提出，也可以由船员服务机构、船员用人单位代为提出。

第五条 申请船员注册,应当具备下列条件:

(一) 年满 18 周岁(在船实习、见习人员年满 16 周岁)但不超过 60 周岁;

(二) 符合船员健康要求;

(三) 经过海船船员、内河船舶船员基本安全培训,并经海事管理机构考试合格。

申请注册国际航行船舶船员的,还应当通过海事管理机构组织的船员专业外语考试。

第六条 申请船员注册,应当提交下列材料:

(一) 船员注册申请;

(二) 居民身份证复印件;

(三) 船员体格检查表;

(四) 近期直边正面 5 厘米免冠白底彩色照片 2 张;

(五) 海船船员、内河船舶船员基本安全培训合格证明复印件。

申请注册国际航线船舶船员的,还应当提交船员专业外语考试合格证明复印件。

申请人在提交居民身份证、海船船员基本安全培训合格证明、内河船舶船员基本安全培训合格证明以及船员专业外语考试合格证明等复印件时,应当同时向海事管理机构出示原件。

第七条 船员注册的申请和受理工作应当按照《交通行政许可实施程序规定》的有关要求办理。

第八条 海事管理机构应当自受理船员注册申请之日起 10 日内作出注册或者不予注册的决定。对符合本办法规定的,应当给予船员注册,并签发船员服务簿。对不符合本办法规定的,应当退回申请材料并书面说明理由。

第九条 海事管理机构应当对船员赋予唯一的注册编号。

业经注册的船员不得重复申请船员注册。

第三章 船员注册的变更和注销

第十条 有下列情形之一的,船员应当在 6 个月内向管理本人注册档案的海事管理机构申请办理船员注册变更手续:

(一) 船员服务簿中记载的事项发生变化;

(二) 相貌发生显著变化。

海事管理机构应当将变更情况在船员服务簿中作相应记载或者换发新船员服务簿。

第十一条 船员有下列情形之一的,海事管理机构应当注销船员注册,并予以公告:

(一) 死亡或者被宣告失踪的;

(二) 丧失民事行为能力的;

(三) 依法被吊销船员服务簿的;

(四) 本人申请注销注册的。

船员在劳动合同期间发生本条第一款第(一)项、第(二)项情形的,船员服务机构或者船员用人单位应当向海事管理机构报告,并提交相关证明材料,由海事管理机构核实后依法予以注销。

海事管理机构吊销船员服务簿的决定,应当向管理该船员注册档案的海事管理机构通报。

第十二条 申请人被依法吊销船员服务簿的，自被吊销之日起 5 年内不予重新注册。

第四章 船员服务簿管理

第十三条 船员服务簿是船员的职业身份证件，任何单位或者个人不得冒用、出租、出借、伪造、变造或者买卖。

船员在船工作期间应当携带船员服务簿。

第十四条 船员服务簿应当载明船员的姓名、性别、国籍、出生日期、住所、联系人、联系方式以及其他有关事项。

海事管理机构应当在船员服务簿中记载船员的安全记录、累计记分情况和违法情况。

第十五条 船员上船任职后和离船解职前，应当主动将船员服务簿提交船长办理船员任职、解职签注。

船长应当为本船船员办理船员任职、解职签注，并在船员服务簿中及时、如实记载其服务资历和任职表现。

船长的任职签注由离任船长负责签注，船长的解职签注由接任船长负责签注。

因船舶新投入运行、报废等特殊情况无离任或者接任船长时，船长的任职、解职，在境内由船舶靠泊地海事管理机构签注；在境外由船长本人签注。

第十六条 船员服务簿记载页满或者损坏的，应当到管理本人注册档案的海事管理机构办理换发事宜，并提交下列材料：

（一）船员服务簿换发申请；

（二）近期直边正面 5 厘米免冠白底彩色照片 2 张；

（三）记载页满或者损坏的船员服务簿。

第十七条 船员服务簿遗失的，应当到管理本人注册档案的海事管理机构办理补发事宜，并提交下列材料：

（一）船员服务簿补发申请；

（二）相应证明文件；

（三）近期直边正面 5 厘米免冠白底彩色照片 2 张。

第五章 监督检查

第十八条 海事管理机构应当建立船员注册数据库和设立船员注册记录簿，记载船员的基本信息。

第十九条 船员用人单位应当建立船员档案，记录船员的个人基本资料、服务资历、培训纪录、安全纪录、健康状况、任解职情况等信息，保持记录内容的真实、连续和完整，并定期向海事管理机构报送船员任职、解职情况。

第二十条 海事管理机构对船员进行监督检查时，应当对下列情况进行核查：

（一）持有并携带船员服务簿；

（二）船员服务簿的真实性和符合性；

（三）船长为在船船员进行签注的情况。

第二十一条　海事管理机构对船员服务机构和船员用人单位进行监督检查时，应当对下列情况进行核查：

（一）船员档案的建立情况；

（二）定期向海事管理机构报送船员任职、解职情况。

第二十二条　海事管理机构实施监督检查，可以询问当事人，向有关单位、船舶或者个人了解情况，查阅、复制有关资料。有关单位、船舶或者个人应当配合。

海事管理机构应当保守被调查单位、船舶或者个人的商业秘密和个人隐私。

第六章　法　律　责　任

第二十三条　违反本办法的规定，以欺骗、贿赂等不正当手段进行注册并取得船员服务簿的，由海事管理机构吊销船员服务簿，并处 2 000 元以上 2 万元以下罚款。

第二十四条　违反本办法的规定，伪造、变造或者买卖船员服务簿的，由海事管理机构收缴船员服务簿，并对违法个人处 2 万元以上 5 万元以下罚款，对违法单位处 5 万元以上 10 万元以下罚款，有违法所得的，还应当没收违法所得。

第二十五条　违反本办法的规定，船员服务簿记载的事项发生变更，船员未办理变更手续的，由海事管理机构责令改正，并可以处 1 000 元以下罚款。

第二十六条　违反本办法的规定，未进行船员注册而上船工作的，由海事管理机构责令其离岗。

第二十七条　违反本办法的规定，船员在船工作期间未携带船员服务簿的，由海事管理机构责令改正，并可以处 2 000 元以下罚款。

第二十八条　违反本办法的规定，船长未在船员服务簿内及时、如实记载船员服务资历和任职表现的，由海事管理机构处 2 000 元以上 2 万元以下罚款；情节严重的，并给予暂扣船员适任证书 6 个月以上 2 年以下直至吊销船员适任证书的处罚。

第二十九条　违反本办法的规定，船员用人单位招用未经注册的人员上船工作的，由海事管理机构责令改正，处 3 万元以上 15 万元以下罚款。

第三十条　海事管理机构工作人员有下列情形之一的，依法给予处分：

（一）违反规定给予船员注册或者签发船员服务簿；

（二）不依法履行监督检查职责；

（三）不依法实施行政强制或者行政处罚；

（四）滥用职权、玩忽职守的其他行为。

第七章　附　则

第三十一条　船员服务簿由中华人民共和国海事局统一印制。

第三十二条　船员体格检查按照交通运输部制定的船员体检标准执行。

第三十三条　本办法自 2008 年 7 月 1 日起施行。

中华人民共和国引航员管理办法

(2008年2月13日交通部令2008年第2号发布。根据2013年12月24日交通运输部令2013年第20号《交通运输部关于修改〈中华人民共和国引航员注册和任职资格管理办法〉的决定》修正)

第一章 总 则

第一条 为加强引航员管理，提高引航员素质，保障水上交通安全，保护水域环境，根据《中华人民共和国船员条例》，制定本办法。

第二条 本办法适用于引航员任职、培训、考试和评估的管理活动。

第三条 交通运输部主管全国引航员管理工作。

中华人民共和国海事局依照本办法负责统一实施全国引航员管理工作。

负责管理中央管辖水域的海事管理机构和负责管理其他水域的地方海事管理机构（以下统称海事管理机构），依照本办法规定具体负责引航员管理工作。

第四条 本办法所称引航员，是指取得引航员任职资格并受聘于引航机构的人员，包括一级引航员、二级引航员、三级引航员。

第二章 引航员任职

第五条 按海港和内河两个系列，引航员任职资格分为一级引航员、二级引航员和三级引航员。

海港引航员的引领范围是沿海港口及附近水域，内河引航员的引领范围是内河港口和航线。

第六条 引航员按下列规定权限引领船舶：

（一）海港、内河一级引航员可以在各自的引领范围内引领任何船舶。

（二）海港二级引航员可以引领总长小于250米的船舶，内河二级引航员可以引领总长小于200米的船舶；但是总长等于或者大于180米的客船除外。

（三）海港三级引航员可以引领总长小于180米的船舶，内河三级引航员可以引领总长小于150米的船舶；但是客船和载运散装一级危险货物的船舶除外。

第七条 交通运输部直属海事管理机构或者省级交通主管部门所属的海事管理机构可以根据本辖区港口、航道、通航环境、特定类型船舶的实际情况以及引航员的任职年限等因素，在本办法第六条规定范围内制定各类别、等级引航员引领的船舶种类和尺度的具体规定。超出本办法第六条规定的引领船舶种类和尺度的，应当报经中华人民共和国海事局批准。

第八条 引航员应当依照本办法的规定取得引航员适任证书后，才可以引领相应种类和长度的船舶。

第九条 申请一、二、三级引航员适任证书，应当符合下列条件：

（一）持有船员服务簿；
（二）符合船舶驾驶员体检要求；
（三）经过相应的适任培训，并通过相应的考试和评估；
（四）具有本办法规定的水上服务资历和良好的安全记录。

第十条 申请引航员适任证书，应当向海事管理机构提出，并提交下列材料：
（一）引航员适任证书申请；
（二）船员服务簿；
（三）最近 12 个月内的船员体格检查表；
（四）近期直边正面 5 厘米免冠白底彩色照片 2 张；
（五）引航员适任考试、评估成绩单。

第十一条 海事管理机构应当自受理申请之日起 20 日内，作出行政许可决定。对于符合本办法第九条规定的，应当签发相应类别、等级和引领范围的引航员适任证书；不符合规定的，不予签发引航员适任证书，退回申请材料并书面说明理由。

第十二条 引航员适任证书应当载明下列内容：
（一）适任证书编号；
（二）持证人的姓名、出生日期、出生地点、持证人签名；
（三）适用范围：类别、等级、引领范围；
（四）签发机关名称和签发官员署名；
（五）签发日期和有效期截止日期。

第十三条 引航员适任证书有效期不超过 5 年，有效期截止日期不超过持证人 65 周岁生日。

第十四条 申请引航员适任证书再有效的，应当在引航员适任证书有效期截止日期之前 6 个月内提出申请，满足下列条件，并提交本办法第十条第（一）至（四）项规定的材料：
（一）完成规定的最低引领船舶艘次或者里程；
（二）具有良好的安全记录。

对于不满足前款第（一）、（二）项规定条件的，通过了发证机关按照本办法附件 1《引航员适任考试科目、评估项目表》规定的抽查科目和项目的考试和评估的，也可以申请引航员适任证书再有效。

第十五条 海事管理机构在收到引航员适任证书再有效申请后，应当在 15 日内完成审核，对符合本办法第十四条规定条件的，换发相应的引航员适任证书。

第十六条 引航员适任证书损坏的，可以到海事管理机构办理换发证书事宜，并提交下列材料：
（一）换发引航员适任证书申请；
（二）近期直边正面 5 厘米免冠白底彩色照片 2 张；
（三）被损坏的引航员适任证书。

第十七条 引航员适任证书遗失的，可以到海事管理机构办理补发证书事宜，并提交下列材料：

(一) 补发引航员适任证书申请；
(二) 在原发证机关指定的媒体上刊登的引航员适任证书遗失公告；
(三) 近期直边正面 5 厘米免冠白底彩色照片 2 张。

第十八条 交通运输部直属海事管理机构或者省级交通主管部门所属的海事管理机构应当根据本辖区港口、航道、通航环境等情况，确定引航员晋升等级、引领范围变更和保持引航员适任证书有效所需的最低引领船舶艘次或者里程，并报中华人民共和国海事局备案。

第三章 引航员培训、考试和评估

第十九条 申请引航员适任证书，应当完成引航员适任培训。

海事管理机构应当不定期对引航员进行知识更新培训。

第二十条 从事引航员培训业务的机构，应当按照《中华人民共和国船员条例》的规定，取得引航员培训许可证件。

第二十一条 引航员培训机构应当按照规定的引航员培训科目、大纲以及水上交通安全管理、防治船舶污染、船舶保安等要求，在核定的范围内开展引航员培训，确保引航员培训质量。

第二十二条 申请引航员考试、评估，应当向海事管理机构提出。

海事管理机构应当提前 3 个月公布引航员考试、评估计划。

第二十三条 申请各类别、等级引航员适任证书的考试科目和评估项目按本办法附件 1 执行。附件 1 规定的考试科目和评估项目按照有关法律、行政法规和我国缔结或者加入的有关国际公约规定的要求进行调整时，由中华人民共和国海事局公布。

引航员适任考试、评估和发证规则由中华人民共和国海事局另行制定并颁布。

第二十四条 海事管理机构收到书面考试申请和相关资料后，对于符合本办法第二十五条至第三十条规定条件的，于考试开始之日 5 日以前向申请人签发准考证。

第二十五条 持有海船甲类一等大副适任证书并且在相应等级船舶上实际任职不少于 12 个月的，同时具有不少于 12 个月的助理引航资历，可以参加海港三级引航员适任考试和评估。

持有海船甲类一等大副适任证书或者内河船舶一等大副适任证书并且在相应等级船舶上实际任职不少于 12 个月的，同时具有不少于 12 个月的助理引航资历，可以参加内河三级引航员适任考试和评估。

引航机构直接招收的船舶驾驶专业大专及以上应届毕业生，取得海船甲类一等或者内河船舶一等二副适任证书，同时具有不少于 18 个月的助理引航资历，可以参加相应类别的三级引航员适任考试和评估。

第二十六条 持有三级引航员适任证书，并且具有不少于 36 个月相应引航资历，达到规定的最低引领船舶艘次或者里程的，可以参加相应类别的二级引航员适任考试和评估。

持有海船甲类一等船长适任证书并且在相应等级船舶上实际任职不少于 12 个月的，同时具有不少于 12 个月的助理引航资历，可以参加海港二级引航员适任考试和评估。

持有海船甲类一等船长适任证书或者内河船舶一等船长适任证书并且在相应等级船舶上实际任职不少于 12 个月的，同时具有不少于 12 个月的助理引航资历，可以参加内河二级引航员适任考试和评估。

第二十七条 持有二级引航员适任证书，并且具有不少于 36 个月相应引航资历，达到规定的最低引领船舶艘次或者里程的，可以参加相应类别的一级引航员适任考试和评估。

持有海船甲类一等船长适任证书并且在相应等级船舶上实际任职不少于 60 个月的，同时具有不少于 12 个月的助理引航资历，可以参加海港一级引航员适任考试和评估。

持有海船甲类一等船长适任证书或者内河船舶一等船长适任证书并且在相应等级船舶上实际任职不少于 60 个月的，同时具有不少于 12 个月的助理引航资历，可以参加内河一级引航员适任考试和评估。

第二十八条 申请同类别适任证书变更引领范围考试和评估的，应当具有不少于 6 个月的申请引领范围的见习引航资历，同时达到规定的最低见习引领船舶艘次或者里程。

第二十九条 海港引航员可以申请相同等级的内河引航员适任证书。

海港引航员参加内河引航员适任考试和评估的，应当具有不少于 6 个月的申请引领范围见习引航资历，同时达到规定的最低见习引领船舶艘次或者里程。

第三十条 内河引航员可以申请海港三级引航员适任证书。

内河引航员参加海港三级引航员适任证书考试和评估的，应当具有不少于 3 个月的申请引领范围见习引航资历，同时达到规定的最低见习引领船舶艘次或者里程。

第三十一条 参加适任考试和评估的，经考试、评估后，有部分科目或者项目不及格的，可以在自初次考试、评估的准考证签发之日起 3 年内申请补考。逾期不能通过全部考试、评估的，所有已考科目和评估项目的成绩失效。

第三十二条 海事管理机构应当公布考试、评估成绩。

第四章 监督管理

第三十三条 引航机构应当建立引航员技术档案，记载引航员的培训、适任证书、引航资历、安全记录以及健康状况等信息，并保持连续有效。

第三十四条 引航机构应当加强引航员任职资格管理，如实记录引航资历和安全记录。

引航机构应当每年将引航员的引领船舶艘次或者里程数及安全记录情况报海事管理机构备案。

第三十五条 引航员在引领船舶期间应当携带引航员适任证书。

第三十六条 引航员中断引领船舶 12 个月及以上，重新引领船舶之前，应当完成不少于 1 个月的见习引航，通过引航机构组织的考核。

引航机构对上述过程应当保持完整的记录。

第三十七条 引航员在任职期间发生承担对等责任或者主要责任的重大及以上水上交通事故，海事管理机构应当对其进行适任评估。评估不合格的，海事管理机构可以根据评估的实际情况要求其重新培训和考试，考试不合格的，不得引领与其适任证书级别相适应的船舶。

发生上述事故后，引航员在发生事故前的本等级引航资历不能作为申请考试、评估的引航资历。引航资历自发生事故后重新开始计算。

第三十八条 被吊销适任证书的引航员，自被吊销证书之日起5年后，可以申请参加比其被吊销的引航员适任证书级别低一等级的引航员适任考试和评估。

第三十九条 除海事管理机构依法实施外，任何机构或者个人不得以任何理由扣留引航员适任证书。

第四十条 海事管理机构应当为每个引航员建立技术档案，反映引航员培训、考试、评估、适任证书、引航资历、安全记录、违法记录等信息，并保持信息的完整、连续和安全。

第五章 法律责任

第四十一条 违反本办法的规定，以欺骗、贿赂等不正当手段取得引航员适任证书、培训合格证的，由海事管理机构吊销有关证件，并处2 000元以上2万元以下罚款。

第四十二条 违反本办法的规定，伪造、变造或者买卖引航员适任证书、培训合格证的，由海事管理机构收缴有关证件，处2万元以上10万元以下罚款，有违法所得的，还应当没收违法所得。

第四十三条 违反本办法的规定，引航员在引领船舶时，未持有相应的引航员适任证书的，由海事管理机构责令改正，可以处2 000元以下罚款。

第四十四条 违反本办法的规定，引航员未按照水上交通安全和防治船舶污染操作规则引领船舶的，由海事管理机构处1 000元以上1万元以下罚款；情节严重的，并给予暂扣引航员适任证书6个月以上2年以下直至吊销引航员适任证书的处罚。

第四十五条 违反本办法的规定，引航机构不如实记载引航员的培训、适任证书、引航资历、安全记录以及健康状况等信息并保持连续有效的，由海事管理机构责令改正，并处2 000元以上2万元以下罚款。

第四十六条 海事管理机构工作人员有下列情形之一的，由所在单位或者其上级主管机关依法给予处分：

（一）违反规定签发引航员适任证书；
（二）不依法履行监督检查职责；
（三）不依法实施行政强制或者行政处罚；
（四）滥用职权、玩忽职守的其他行为。

第六章 附 则

第四十七条 本办法下列用语的含义为：

（一）引航是指持有有效适任证书的引航员，在引航机构的指派下，从事的引领相应船舶航行、靠泊、离泊、移泊、锚泊等活动；
（二）总长是指自船舶最前端至船尾最后端间的水平长度；

（三）一级危险货物是指《水路危险货物运输规则》中根据各类危险货物的危险程度划分为的一级危险货物；

（四）适任证书是指证明持证人具备引领证书所标明的引航范围内的相应类别、等级船舶的能力的资格证书；

（五）引航员适任培训是指引航员适任考试考前培训、雷达观测和模拟器培训，对于海港引航员，还包括自动雷达标绘仪培训；

（六）适任考试是指采用书面或者电子方式对引航员进行理论知识、概念、原理等内容的考察，以考核申请人的专业知识水平和应用能力；

（七）适任评估是指以考察引航员综合运用能力和实际操作能力为主要目标，通过相应设备或者实船操作、听力测验、口试以及水上服务资历和业绩考核等，对申请人进行的技能考核；

（八）引航资历，是指持有不同等级的引航员适任证书期间所引领船舶的艘次或者里程数；

（九）良好的安全记录，是指在截止申请引航员适任证书有效日期前5年内未发生承担对等责任或者主要责任的一般及以上等级的水上交通安全事故。

第四十八条　除本办法另有规定外，引航员任职的申请、受理和作出决定的程序，应当符合《交通行政许可实施程序规定》的规定。

第四十九条　海事管理机构受理引航员任职申请的权限按照本办法附件2的规定执行。中华人民共和国海事局可以根据工作需要对附件2作相应的调整并报交通运输部备案。

第五十条　引航员适任证书由中华人民共和国海事局统一印制。

第五十一条　引航员体格检查按照交通运输部制定的海船船员体检要求的有关规定执行。

第五十二条　本办法自2008年5月1日起施行。

附件1

引航员适任考试科目、评估项目表

申考证书 \ 科目项目	考试科目								考试项目		
	船舶操纵	船舶避碰	港口情况与水文气象	职务与法规	水上交通工程	引航英语	避碰与信号	航道与引航	引航实操	引航英语听力与会话	案例分析
海港三级引航员	☆	☆	☆	☆		☆			☆	☆	
海港二级引航员☆	☆	☆	☆①	☆①		☆			☆	☆	
海港一级引航员	☆	☆				☆	☆		☆	☆	☆

续表

申考证书 \ 科目项目	考试科目 船舶操纵	船舶避碰	港口情况与水文气象	职务与法规	水上交通工程	引航英语	避碰与信号	航道与引航	考试项目 引航实操	引航英语听力与会话	案例分析
海港引航员引领范围变更			☆	☆					☆		
内河引航员转海港引航员		☆	☆	☆		☆			☆	☆	
海港引航员抽考	☆	☆							☆	☆	
内河三级引航员	☆			☆			☆	☆	☆		
内河二级引航员	☆			☆②			☆	☆②	☆		
内河一级引航员	☆				☆		☆		☆		☆
内河引航员引领范围变更				☆				☆	☆		
海港引航员转内河引航员				☆			☆	☆	☆		
内河引航员抽考	☆						☆	☆	☆		

注：1. 表中标"☆①"对应的科目对持海港三级引航员适任证书者免；
　　2. 表中标"☆②"对应的科目对持内河三级引航员适任证书者免。

附件2

引航员任职资格管理分工

序号	单位	管辖范围
1	黑龙江海事局	黑龙江省
2	辽宁海事局	辽宁省、吉林省
3	河北海事局	河北省
4	天津海事局	天津市
5	山东海事局	山东省
6	江苏海事局	江苏省、安徽省、江西省、湖北省、重庆市
7	上海海事局	上海市
8	浙江海事局	浙江省
9	福建海事局	福建省

序号	单位	管辖范围
10	广东海事局	广东省（深圳市除外）
11	深圳海事局	深圳市
12	广西海事局	广西壮族自治区
13	海南海事局	海南省

中华人民共和国渔业船员管理办法

（农业部令2014年第4号　2014年5月23日）

第一章　总　则

第一条　为加强渔业船员管理，维护渔业船员合法权益，保障渔业船舶及船上人员的生命财产安全，根据《中华人民共和国船员条例》，制定本办法。

第二条　本办法适用于在中华人民共和国国籍渔业船舶上工作的渔业船员的管理。

第三条　农业部负责全国渔业船员管理工作。

县级以上地方人民政府渔业行政主管部门及其所属的渔政渔港监督管理机构，依照各自职责负责渔业船员管理工作。

第二章　渔业船员任职和发证

第四条　渔业船员实行持证上岗制度。渔业船员应当按照本办法的规定接受培训，经考试或考核合格、取得相应的渔业船员证书后，方可在渔业船舶上工作。

在远洋渔业船舶上工作的中国籍船员，还应当按照有关规定取得中华人民共和国海员证。

第五条　渔业船员分为职务船员和普通船员。

职务船员是负责船舶管理的人员，包括以下五类：

（一）驾驶人员，职级包括船长、船副、助理船副；

（二）轮机人员，职级包括轮机长、管轮、助理管轮；

（三）机驾长；

（四）电机员；

（五）无线电操作员。

职务船员证书分为海洋渔业职务船员证书和内陆渔业职务船员证书，具体等级职级划分见附件1。

普通船员是职务船员以外的其他船员。普通船员证书分为海洋渔业普通船员证书和内陆渔业普通船员证书。

第六条　渔业船员培训包括基本安全培训、职务船员培训和其他培训。

基本安全培训是指渔业船员都应当接受的任职培训，包括水上求生、船舶消防、急救、应急措施、防止水域污染、渔业安全生产操作规程等内容。

职务船员培训是指职务船员应当接受的任职培训，包括拟任岗位所需的专业技术知识、专业技能和法律法规等内容。

其他培训是指远洋渔业专项培训和其他与渔业船舶安全和渔业生产相关的技术、技能、知识、法律法规等培训。

第七条 申请渔业普通船员证书应当具备以下条件：

（一）年满16周岁；

（二）符合渔业船员健康标准（见附件2）；

（三）经过基本安全培训。

符合以上条件的，由申请者向渔政渔港监督管理机构提出书面申请。渔政渔港监督管理机构应当组织考试或考核，对考试或考核合格的，自考试成绩或考核结果公布之日起10个工作日内发放渔业普通船员证书。

第八条 申请渔业职务船员证书应当具备以下条件：

（一）持有渔业普通船员证书或下一级相应职务船员证书；

（二）年龄不超过60周岁，对船舶长度不足12米或者主机总功率不足50千瓦渔业船舶的职务船员，年龄资格上限可由发证机关根据申请者身体健康状况适当放宽；

（三）符合任职岗位健康条件要求；

（四）具备相应的任职资历条件（见附件3），且任职表现和安全记录良好；

（五）完成相应的职务船员培训，在远洋渔业船舶上工作的驾驶和轮机人员，还应当接受远洋渔业专项培训。

符合以上条件的，由申请者向渔政渔港监督管理机构提出书面申请。渔政渔港监督管理机构应当组织考试或考核，对考试或考核合格的，自考试成绩或考核结果公布之日起10个工作日内发放相应的渔业职务船员证书。

第九条 航海、海洋渔业、轮机管理、机电、船舶通信等专业的院校毕业生申请渔业职务船员证书，具备本办法第八条规定的健康及任职资历条件的，可申请考核。经考核合格，按以下规定分别发放相应的渔业职务船员证书：

（一）高等院校本科毕业生按其所学专业签发一级船副、一级管轮、电机员、无线电操作员证书；

（二）高等院校专科（含高职）毕业生按其所学专业签发二级船副、二级管轮、电机员、无线电操作员证书；

（三）中等专业学校毕业生按其所学专业签发助理船副、助理管轮、电机员、无线电操作员证书。

内陆渔业船舶接收相应专业毕业生任职的，参照前款规定执行。

第十条 曾在军用船舶、交通运输船舶等非渔业船舶上任职的船员申请渔业船员证书，应当参加考核。经考核合格，由渔政渔港监督管理机构换发相应的渔业普通船员证书或渔业职务船员证书。

第十一条 申请海洋渔业船舶一级驾驶人员、一级轮机人员、电机员、无线电操作员证书以及远洋渔业职务船员证书的，由省级以上渔政渔港监督管理机构组织考试、考核、发证；其他渔业船员证书的考试、考核、发证权限由省级渔政渔港监督管理机构制定并公布，报农业部备案。

中央在京直属企业所属远洋渔业船员的考试、考核、发证工作由农业部负责。

第十二条 渔业船员考试包括理论考试和实操评估。海洋渔业船员考试大纲由农业部统一制定并公布。内陆渔业船员考试大纲由省级渔政渔港监督管理机构根据本辖区的具体情况制定并公布。

渔业船员考核可由渔政渔港监督管理机构根据实际需要和考试大纲，选取适当科目和内容进行。

第十三条 渔业船员证书的有效期不超过5年。证书有效期满，持证人需要继续从事相应工作的，应当向有相应管理权限的渔政渔港监督管理机构申请换发证书。渔政渔港监督管理机构可以根据实际需要和职务知识技能更新情况组织考核，对考核合格的，换发相应渔业船员证书。

渔业船员证书期满5年后，持证人需要从事渔业船员工作的，应当重新申请原等级原职级证书。

第十四条 有效期内的渔业船员证书损坏或丢失的，应当凭损坏的证书原件或在原发证机关所在地报纸刊登的遗失声明，向原发证机关申请补发。补发的渔业船员证书有效期应当与原证书有效期一致。

第十五条 渔业船员证书格式由农业部统一制定。远洋渔业职务船员证书由农业部印制；其他渔业船员证书由省级渔政渔港监督管理机构印制。

第十六条 禁止伪造、变造、转让渔业船员证书。

第三章 渔业船员配员和职责

第十七条 海洋渔业船舶应当满足本办法规定的职务船员最低配员标准（附件4）。内陆渔业船舶船员最低配员标准由各省级人民政府渔业行政主管部门根据本地情况制定，报农业部备案。

持有高等级职级船员证书的船员可以担任低等级职级船员职务。

渔业船舶所有人或经营人可以根据作业安全和管理的需要，增加职务船员的配员。

第十八条 渔业船舶在境外遇有不可抗力或其他持证人不能履行职务的特殊情况，导致无法满足本办法规定的职务船员最低配员标准时，具备以下条件的船员，可以由船舶所有人或经营人向船籍港所在地省级渔政渔港监督管理机构申请临时担任上一职级职务：

（一）持有下一职级相应证书；

（二）申请之日前5年内，具有6个月以上不低于其船员证书所记载船舶、水域、职务的任职资历；

（三）任职表现和安全记录良好。

渔政渔港监督管理机构根据拟担任上一级职务船员的任职情况签发特免证明。特免证明有效期不得超过6个月，不得延期，不得连续申请。渔业船舶抵达中国第一个港口后，特免证明自动失效。失效的特免证明应当及时缴回签发机构。

一艘渔业船舶上同时持有特免证明的船员不得超过2人。

第十九条　中国籍渔业船舶的船员应当由中国籍公民担任。确需由外国籍公民担任的，应当持有所属国政府签发的相关身份证件，在我国依法取得就业许可，并按本办法的规定取得渔业船员证书。持有《1995年国际渔业船舶船员培训、发证和值班标准公约》缔约国签发的外国职务船员证书的，应当按照国家有关规定取得承认签证。承认签证的有效期不得超过被承认职务船员证书的有效期，当被承认职务船员证书失效时，相应的承认签证自动失效。

外国籍船员不得担任驾驶人员和无线电操作员，人数不得超过船员总数的30%。

第二十条　渔业船舶所有人或经营人应当为在渔业船舶上工作的渔业船员建立基本信息档案，并报船籍港所在地渔政渔港监督管理机构或渔政渔港监督管理机构委托的服务机构备案。

渔业船员变更的，渔业船舶所有人或经营人应当在出港前10个工作日内报船籍港所在地渔政渔港监督管理机构或渔政渔港监督管理机构委托的服务机构备案，并及时变更渔业船员基本信息档案。

第二十一条　渔业船员在船工作期间，应当履行以下职责：

（一）携带有效的渔业船员证书；

（二）遵守法律法规和安全生产管理规定，遵守渔业生产作业及防治船舶污染操作规程；

（三）执行渔业船舶上的管理制度、值班规定；

（四）服从船长及上级职务船员在其职权范围内发布的命令；

（五）参加渔业船舶应急训练、演习，落实各项应急预防措施；

（六）及时报告发现的险情、事故或者影响航行、作业安全的情况；

（七）在不严重危及自身安全的情况下，尽力救助遇险人员；

（八）不得利用渔业船舶私载、超载人员和货物，不得携带违禁物品；

（九）不得在生产航次中辞职或者擅自离职。

第二十二条　渔业船员在船舶航行、作业、锚泊时应当按照规定值班。值班船员应当履行以下职责：

（一）熟悉并掌握船舶的航行与作业环境、航行与导航设施设备的配备和使用、船舶的操控性能、本船及邻近船舶使用的渔具特性，随时核查船舶的航向、船位、船速及作业状态；

（二）按照有关的船舶避碰规则以及航行、作业环境要求保持值班瞭望，并及时采取预防船舶碰撞和污染的相应措施；

（三）如实填写有关船舶法定文书；

（四）在确保航行与作业安全的前提下交接班。

第二十三条　船长是渔业安全生产的直接责任人，在组织开展渔业生产、保障水上人身与财产安全、防治渔业船舶污染水域和处置突发事件方面，具有独立决定权，并履行以下职责：

（一）确保渔业船舶和船员携带符合法定要求的证书、文书以及有关航行资料；

（二）确保渔业船舶和船员在开航时处于适航、适任状态，保证渔业船舶符合最低配员标准，保证渔业船舶的正常值班；

（三）服从渔政渔港监督管理机构依据职责对渔港水域交通安全和渔业生产秩序的管理，执行有关水上交通安全、渔业资源养护和防治船舶污染等规定；

（四）确保渔业船舶依法进行渔业生产，正确合法使用渔具渔法，在船人员遵守相关资源养护法律法规，按规定填写渔捞日志，并按规定开启和使用安全通导设备；

（五）在渔业船员证书内如实记载渔业船员的服务资历和任职表现；

（六）按规定申请办理渔业船舶进出港签证手续；

（七）发生水上安全交通事故、污染事故、涉外事件、公海登临和港口国检查时，应当立即向渔政渔港监督管理机构报告，并在规定的时间内提交书面报告；

（八）全力保障在船人员安全，发生水上安全事故危及船上人员或财产安全时，应当组织船员尽力施救；

（九）弃船时，船长应当最后离船，并尽力抢救渔捞日志、轮机日志、油类记录簿等文件和物品；

（十）在不严重危及自身船舶和人员安全的情况下，尽力履行水上救助义务。

第二十四条 船长履行职责时，可以行使下列权力：

（一）当渔业船舶不具备安全航行条件时，拒绝开航或者续航；

（二）对渔业船舶所有人或经营人下达的违法指令，或者可能危及船员、财产或船舶安全，以及造成渔业资源破坏和水域环境污染的指令，可以拒绝执行；

（三）当渔业船舶遇险并严重危及船上人员的生命安全时，决定船上人员撤离渔业船舶；

（四）在渔业船舶的沉没、毁灭不可避免的情况下，报经渔业船舶所有人或经营人同意后弃船，紧急情况除外；

（五）责令不称职的船员离岗。

船长在其职权范围内发布的命令，船舶上所有人员必须执行。

第四章 渔业船员培训和服务

第二十五条 渔业船员培训机构开展培训业务，应当具备开展相应培训所需的场地、设施、设备和教学人员条件。

第二十六条 海洋渔业船员培训机构分为以下三级，应当具备的具体条件由农业部另行规定：

一级渔业船员培训机构，可以承担海洋渔业船舶各类各级职务船员培训、远洋渔业专项培训和基本安全培训；

二级渔业船员培训机构，可以承担海洋渔业船舶二级以下驾驶和轮机人员培训、机驾长培训和基本安全培训；

三级渔业船员培训机构，可以承担海洋渔业船舶机驾长培训和基本安全培训。

内陆渔业船员培训机构应当具备的具体条件，由省级人民政府渔业行政主管部门根据渔业船员管理需要制定。

第二十七条 渔业船员培训机构应当在每期培训班开班前，将学员名册、培训内容和教学计划报所在地渔政渔港监督管理机构备案。

第二十八条 渔业船员培训机构应当建立渔业船员培训档案。学员参加培训课时达到规定培训课时80%的，渔业船员培训机构方可出具渔业船员培训证明。

第二十九条 国家鼓励建立渔业船员服务机构。

渔业船员服务机构可以为渔业船员代理申请考试、申领证书等有关手续，代理船舶所有人或经营人管理渔业船员事务，提供渔业船员船舶配员等服务。

渔业船员服务机构为船员提供服务，应当订立书面合同。

第五章 渔业船员职业管理与保障

第三十条 渔业船舶所有人或经营人应当依法与渔业船员订立劳动合同。

渔业船舶所有人或经营人，不得招用未持有相应有效渔业船员证书的人员上船工作。

第三十一条 渔业船舶所有人或经营人应当依法为渔业船员办理保险。

第三十二条 渔业船舶所有人或经营人应当保障渔业船员的生活和工作场所符合《渔业船舶法定检验规则》对船员生活环境、作业安全和防护的要求，并为船员提供必要的船上生活用品、防护用品、医疗用品，建立船员健康档案，为船员定期进行健康检查和心理辅导，防治职业疾病。

第三十三条 渔业船员在船上工作期间受伤或者患病的，渔业船舶所有人或经营人应当及时给予救治；渔业船员失踪或者死亡的，渔业船舶所有人或经营人应当及时做好善后工作。

第三十四条 渔业船舶所有人或经营人是渔业安全生产的第一责任人，应当保证安全生产所需的资金投入，建立健全安全生产责任制，按照规定配备船员和安全设备，确保渔业船舶符合安全适航条件，并保证船员足够的休息时间。

第六章 监 督 管 理

第三十五条 渔政渔港监督管理机构应当健全渔业船员管理及监督检查制度，建立渔业船员档案，督促渔业船舶所有人或经营人完善船员安全保障制度，落实相应的保障措施。

第三十六条 渔政渔港监督管理机构应当依法对渔业船员持证情况、任职资格和资历、履职情况、安全记录，船员培训机构培训质量，船员服务机构诚实守信情况等进行监督检查，必要时可对船员进行现场考核。

渔政渔港监督管理机构依法实施监督检查时，船员、渔业船舶所有人和经营人、船员培训机构和服务机构应当予以配合，如实提供证书、材料及相关情况。

第三十七条 渔业船员违反有关法律、法规、规章的，除依法给予行政处罚外，各省级人民政府渔业行政主管部门可根据本地实际情况实行累计记分制度。

第三十八条 渔政渔港监督管理机构应当对渔业船员培训机构的条件、培训情况、培训质量等进行监督检查，检查内容包括教学计划的执行情况、承担本期培训教学任务的师资情况和教学情况、培训设施设备和教材的使用及补充情况、培训规模与师资配备要求的符合情况、学员的出勤情况、培训档案等。

第三十九条 渔政渔港监督管理机构应当公开有关渔业船员管理的事项、办事程序、举报电话号码、通信地址、电子邮件信箱等信息，自觉接受社会的监督。

第七章 罚 则

第四十条 违反本办法规定，以欺骗、贿赂等不正当手段取得渔业船员证书的，由渔政渔港监督管理机构撤销有关证书，可并处 2 000 元以上 1 万元以下罚款，三年内不再受理申请人渔业船员证书申请。

第四十一条 伪造、变造、转让渔业船员证书的，由渔政渔港监督管理机构收缴有关证书，并处 2 000 元以上 5 万元以下罚款；有违法所得的，没收违法所得；构成犯罪的，依法追究刑事责任。

第四十二条 渔业船员违反本办法第二十一条第一项至第五项的规定的，由渔政渔港监督管理机构予以警告；情节严重的，处 200 元以上 2 000 元以下罚款。

第四十三条 渔业船员违反本办法第二十一条第六项至第九项和第二十二条规定的，由渔政渔港监督管理机构处 1 000 元以上 2 万元以下罚款；情节严重的，并可暂扣渔业船员证书 6 个月以上 2 年以下；情节特别严重的，并可吊销渔业船员证书。

第四十四条 渔业船舶的船长违反本办法第二十三条规定的，由渔政渔港监督管理机构处 2 000 元以上 2 万元以下罚款；情节严重的，并可暂扣渔业船舶船长职务船员证书 6 个月以上 2 年以下；情节特别严重的，并可吊销渔业船舶船长职务船员证书。

第四十五条 渔业船员因违规造成责任事故的，暂扣渔业船员证书 6 个月以上 2 年以下；情节严重的，吊销渔业船员证书；构成犯罪的，依法追究刑事责任。

第四十六条 渔业船员证书被吊销的，自被吊销之日起 5 年内，不得申请渔业船员证书。

第四十七条 渔业船舶所有人或经营人有下列行为之一的，由渔政渔港监督管理机构责令改正；拒不改正的，处 5 000 元以上 5 万元以下罚款：

（一）未按规定配齐渔业职务船员，或招用未取得本办法规定证件的人员在渔业船舶上工作的；

（二）渔业船员在渔业船舶上生活和工作的场所不符合相关要求的；

（三）渔业船员在船工作期间患病或者受伤，未及时给予救助的。

第四十八条 渔业船员培训机构有下列情形之一的，由渔政渔港监督管理机构给予警告，责令改正；拒不改正或者再次出现同类违法行为的，可处 2 万元以上 5 万元以下罚款：

（一）不具备规定条件开展渔业船员培训的；

（二）未按规定的渔业船员考试大纲内容要求进行培训的；

（三）未按规定出具培训证明的；

（四）出具虚假培训证明的。

第四十九条 渔业行政主管部门或渔政渔港监督管理机构工作人员有下列情形之一的，依法给予处分：

（一）违反规定发放渔业船员证书的；

（二）不依法履行监督检查职责的；

（三）滥用职权、玩忽职守的其他行为。

第八章　附　则

第五十条 本办法中下列用语的含义是：

渔业船员，是指服务于渔业船舶，具有固定工作岗位的人员。

船舶长度，是指公约船长，即《渔业船舶国籍证书》所登记的"船长"。

主机总功率，是指所有用于推进的发动机持续功率总和，即《渔业船舶国籍证书》所登记"主机总功率"。

第五十一条 非机动渔业船舶的船员管理办法，由各省级人民政府渔业行政主管部门根据本地实际情况制定。

第五十二条 渔业船员培训、考试、发证，应当按国家有关规定缴纳相关费用。

第五十三条 本办法自 2015 年 1 月 1 日起施行。农业部 1994 年 8 月 18 日公布的《内河渔业船舶船员考试发证规则》、1998 年 3 月 2 日公布的《中华人民共和国渔业船舶普通船员专业基础训练考核发证办法》、2006 年 3 月 27 日公布的《中华人民共和国海洋渔业船员发证规定》同时废止。

附件：1. 渔业职务船员证书等级划分
  2. 渔业船员健康标准
  3. 渔业职务船员证书申请资历条件
  4. 海洋渔业船舶职务船员最低配员标准

附件 1

渔业职务船员证书等级划分

一、海洋渔业职务船员证书等级

（一）驾驶人员证书

1. 一级证书：适用于船舶长度 45 米以上的渔业船舶，包括一级船长证书、一级船副证书；
2. 二级证书：适用于船舶长度 24 米以上不足 45 米的渔业船舶，包括二级船长证书、二级船副证书；
3. 三级证书：适用于船舶长度 12 米以上不足 24 米的渔业船舶，包括三级船长证书；
4. 助理船副证书：适用于所有渔业船舶。

（二）轮机人员证书

1. 一级证书：适用于主机总功率 750 千瓦以上的渔业船舶，包括一级轮机长证书、一级管轮证书；
2. 二级证书：适用于主机总功率 250 千瓦以上不足 750 千瓦的渔业船舶，包括二级轮机长证书、二级管轮证书；
3. 三级证书：适用于主机总功率 50 千瓦以上不足 250 千瓦的渔业船舶，包括三级轮机长证书；
4. 助理管轮证书：适用于所有渔业船舶。

（三）机驾长证书

适用于船舶长度不足 12 米或者主机总功率不足 50 千瓦的渔业船舶上，驾驶与轮机岗位合一的船员。

（四）电机员证书

适用于发电机总功率 800 千瓦以上的渔业船舶。

（五）无线电操作员证书

适用于远洋渔业船舶。

二、内陆渔业职务船员证书等级

（一）驾驶人员证书

一级证书：适用于船舶长度 24 米以上设独立机舱的渔业船舶；

二级证书：适用于船舶长度不足 24 米设独立机舱的渔业船舶。

（二）轮机人员证书

一级证书：适用于主机总功率 250 千瓦以上设独立机舱的渔业船舶；

二级证书：适用于主机总功率不足 250 千瓦设独立机舱的渔业船舶。

（三）机驾长证书

适用于无独立机舱的渔业船舶上，驾驶与轮机岗位合一的船员。

内陆渔业船舶职务船员职级由各省级人民政府渔业行政主管部门参照海洋渔业职务船员职级，根据本地情况自行确定，报农业部备案。

附件 2

渔业船员健康标准

一、视力（采用国际视力表及标准检查距离）

1. 驾驶人员：两眼裸视力均 0.8 以上，或裸视力 0.6 以上且矫正视力 1.0 以上；
2. 轮机人员：两眼裸视力均 0.6 以上，或裸视力 0.4 以上且矫正视力 0.8 以上。

二、辨色力

1. 驾驶人员：辨色力完全正常；
2. 其他渔业船员：无红绿色盲。

三、听力

双耳均能听清 50 厘米距离的秒表声音。

四、其他

1. 患有精神疾病、影响肢体活动的神经系统疾病、严重损害健康的传染病和可能影响船上正常工作的慢性病的，不得申请渔业船员证书；
2. 肢体运动功能正常；
3. 无线电人员应当口齿清楚。

附件 3

渔业职务船员证书申请资历条件

一、渔业职务船员按照以下顺序依次晋升

（一）驾驶人员：助理船副→三级船长或二级船副→二级船长或一级船副→一级船长。

（二）轮机人员：助理管轮→三级轮机长或二级管轮→二级轮机长或一级管轮→一级轮机长。

二、申请海洋渔业职务船员证书考试资历条件

（一）初次申请：申请助理船副、助理管轮、机驾长、电机员、无线电操作员职务船员证书的，应当担任渔捞员、水手、机舱加油工或电工实际工作满 24 个月。

（二）申请证书等级职级提高：持有下一级相应职务船员证书，并实际担任该职务满 24 个月。

三、申请海洋渔业船员证书考核资历条件

（一）专业院校学生：在渔业船舶上见习期满 12 个月。

（二）曾在军用船舶、交通运输船舶任职的船员：在最近 24 个月内在相应船舶上工作满 6 个月。

四、申请内陆渔业职务船员证书资历条件

（一）初次申请：在相应渔业船舶担任普通船员实际工作满 24 个月。

（二）申请证书等级职级提高：持有下一级相应职务船员证书，并实际担任该职务满 24 个月。

附件 4

海洋渔业船舶职务船员最低配员标准

配员 船舶类型	职务船员最低配员标准		
长度≥45 米远洋渔业船舶	一级船长	一级船副	助理船副 2 名
长度≥45 米非远洋渔业船舶	一级船长	一级船副	助理船副
36 米≤长度＜45 米	二级船长	二级船副	助理船副
24 米≤长度＜36 米	二级船长	二级船副	
12 米≤长度＜24 米	三级船长	助理船副	
主机总功率≥3 000 千瓦	一级轮机长	一级管轮	助理管轮 2 名

续表

船舶类型 \ 配员	职务船员最低配员标准		
750 千瓦≤主机总功率<3 000 千瓦	一级轮机长	一级管轮	助理管轮
450 千瓦≤主机总功率<750 千瓦	二级轮机长	二级管轮	助理管轮
250 千瓦≤主机总功率<450 千瓦	二级轮机长	二级管轮	
50 千瓦≤主机总功率<250 千瓦	三级轮机长		
船舶长度不足 12 米或者主机总功率不足 50 千瓦	机驾长		
发电机总功率 800 千瓦以上	电机员，可由持有电机员证书的轮机人员兼任		
远洋渔业船舶	无线电操作员，可由持有全球海上遇险和安全系统（GMDSS）无线电操作员证书的驾驶人员兼任		

注：省级人民政府渔业行政主管部门可参照以上标准，根据本地情况，对船长不足 24 米渔业船舶的驾驶人员和主机总功率不足 250 千瓦渔业船舶的轮机人员配备标准进行适当调整，报农业部备案。

中华人民共和国内河船舶船员适任考试和发证规则

（交通运输部令 2015 年第 21 号　2015 年 11 月 11 日）

第一章　总　则

第一条　为规范内河船舶船员适任考试和发证管理，提高内河船舶船员素质，保障内河交通安全，根据《中华人民共和国船员条例》和《中华人民共和国内河交通安全管理条例》，制定本规则。

第二条　本规则适用于内河船舶船员的适任考试和《内河船舶船员适任证书》（以下简称《适任证书》）的签发。

第三条　国务院交通运输主管部门主管全国内河船舶船员适任考试和发证工作。

国家海事管理机构统一管理全国内河船舶船员适任考试和发证工作。

各级海事管理机构按照职责负责具体实施内河船舶船员适任考试和发证工作。

第四条　国家海事管理机构应当及时向社会公布各级海事管理机构的考试及发证权限。

第五条　内河船舶船员适任考试和发证应当遵循公平、公正、公开、便民的原则。

考试机构和发证机构应当建立健全适任考试和发证的各项制度，并及时向社会发布相关信息，为船员参加适任考试和办理《适任证书》提供便利。

第二章　《适任证书》申请、签发

第六条　参加航行和轮机值班的船长和高级船员应当取得与任职船舶吨位、主机功率、航区（线）和职务要求相对应的《适任证书》。

持证人任职不得高于《适任证书》所记载的类别和职务资格，也不得超出《适任证书》所记载的航区（线）。

第七条 《适任证书》包含以下基本内容：

（一）持证人姓名、性别、出生日期；

（二）证书类别、编号；

（三）持证人职务资格、适任的航区（线）；

（四）证书签发日期和有效期截止日期；

（五）发证机构；

（六）其他需要规定的内容。

《适任证书》由国家海事管理机构统一印制。

第八条 在内河船舶担任船长和驾驶部职务船员的《适任证书》类别按照船舶总吨位确定，其中在拖轮担任船长和驾驶部职务船员的《适任证书》类别按照拖轮的主推进动力装置总功率确定，分为以下类别：

（一）一类《适任证书》：1 000 总吨及以上的内河船舶以及 500 千瓦及以上的内河拖轮；

（二）二类《适任证书》：300 总吨及以上至 1 000 总吨的内河船舶以及 150 千瓦及以上至 500 千瓦的内河拖轮；

（三）三类《适任证书》：300 总吨以下的内河船舶以及 150 千瓦以下的内河拖轮。

第九条 担任轮机部职务船员的《适任证书》按照船舶主推进动力装置总功率确定，分为以下类别：

（一）一类《适任证书》：适用于 500 千瓦及以上的内河船舶；

（二）二类《适任证书》：适用于 150 千瓦及以上至 500 千瓦的内河船舶；

（三）三类《适任证书》：适用于 150 千瓦以下的内河船舶。

第十条 《适任证书》按照船员职务资格分为以下类别：

（一）一类《适任证书》：船长、大副、二副、三副；轮机长、大管轮、二管轮、三管轮；

（二）二类和三类《适任证书》：船长、驾驶员；轮机长、轮机员。

第十一条 取得《适任证书》，应当具备下列条件：

（一）已经取得船员服务簿；

（二）符合国家海事管理机构规定的内河船舶船员适任岗位健康标准；

（三）经过与所申请《适任证书》类别、职务资格相对应的内河船舶船员适任培训；

（四）通过国家海事管理机构规定科目的内河船舶船员适任考试；

（五）具备本规则附件规定的内河船舶船员有效水上服务资历，并且任职表现和安全记录良好。

第十二条 曾经在海船、军事船舶或者渔业船舶上任职的人员具备下列条件的，可以申请相应的《适任证书》：

（一）符合国家海事管理机构规定的内河船舶船员适任岗位健康标准；

（二）在海船、军事船舶或者渔业船舶上的水上服务资历能够与本规则规定的水上服务资历相对应，且任职表现和安全记录良好；

（三）通过国家海事管理机构规定科目的内河船舶船员适任考试。

第十三条 在内河危险品船、客船等特殊船舶上任职的船员，除应当具备第十一条或者第十二条规定的条件外，还应当完成相应的特殊培训并取得培训合格证明。

第十四条 在1 000总吨及以上至3 000总吨内河船舶任职的船长、驾驶部职务船员，满足以下条件后，才能在3 000总吨及以上内河船舶上任职：

（一）在1 000总吨及以上至3 000总吨内河船舶实际担任相应职务不少于12个月；

（二）通过相应的实际操作考试。

第十五条 已经取得《适任证书》，申请延伸航区（线）的，应当通过所申请航区（线）的适任考试。

第十六条 《适任证书》的有效期不超过5年。

持证人在《适任证书》有效期届满前1年内向具有原《适任证书》发证权限的发证机构申请《适任证书》重新签发的，除应当符合内河船舶船员适任岗位健康标准且任职表现和安全记录良好外，在《适任证书》有效期内的水上服务资历还应当符合下列情形之一：

（一）任职与其《适任证书》所载类别、职务资格相对应，累计不少于12个月；

（二）任职与其《适任证书》所载类别、职务资格相对应，自申请之日起向前计算6个月内累计不少于3个月；

（三）《适任证书》持证人的任职与其《适任证书》所载类别相对应，但职务低一级，或者与其《适任证书》所载职务资格相对应，但类别低一级，累计不少于12个月。

第十七条 有下列情形之一，持证人向具有原《适任证书》发证权限的发证机构申请《适任证书》重新签发的，除应当符合内河船舶船员适任岗位健康标准外，还应当通过国家海事管理机构规定的同类别同职务资格的内河船舶船员实际操作考试：

（一）持证人在《适任证书》有效期届满后5年内申请重新签发；

（二）持证人在《适任证书》有效期届满前1年内申请重新签发，但不具有规定的水上服务资历。

持证人在《适任证书》有效期届满5年后向具有原《适任证书》发证权限的发证机构申请《适任证书》重新签发，除应当符合内河船舶船员适任岗位健康标准外，还应当通过国家海事管理机构规定的同类别同职务资格的内河船舶船员适任考试。

第十八条 《适任证书》损坏、遗失需补发的，持证人应当向原发证机构申请。

《适任证书》被依法扣留期间，持证人不得申请补发《适任证书》。

第十九条 初次申请《适任证书》或者申请改变《适任证书》所载类别、职务资格的，可以向具有相应发证权限的发证机构提出申请，并提交下列材料：

（一）内河船舶船员适任证书申请表；

（二）申请人身份证明；

（三）船员服务簿；

（四）最近2年内的符合内河船舶船员适任岗位健康标准的体检证明；
（五）符合要求规格和数量的照片；
（六）内河船舶船员适任培训证明；
（七）内河船舶船员适任考试成绩证明。

按照第十二条规定申请《适任证书》的，可以向任何有相应类别《适任证书》发证权限的发证机构提交本条第一款第（一）、（二）、（三）、（四）、（五）、（七）项规定的材料，以及其在海船、军事船舶或者渔业船舶上的服务资历、任职表现和安全记录证明。

申请适任航区（线）扩大或者延伸的，应当向负责相应航区（线）发证工作的发证机构提交本条第一款第（一）、（二）、（七）项规定的材料。

第二十条 申请《适任证书》重新签发的，应当提交第十九条第一款第（一）、（二）、（三）、（四）、（五）项规定的材料；需要通过内河船舶船员适任考试的，还应当提交相应的考试成绩证明。

第二十一条 申请《适任证书》补发的，应当向原发证机构提交下列材料：
（一）内河船舶船员适任证书申请表；
（二）申请人身份证明；
（三）《适任证书》遗失申请补发的，应提交《适任证书》遗失情况说明；
（四）《适任证书》损坏申请补发的，应提交《适任证书》原件。

第二十二条 隐瞒有关情况或者提供虚假材料申请《适任证书》的，发证机构不予受理或者不予签发《适任证书》，并给予警告，申请人在1年内不得再次申请与前次申请类别、职务资格相同的《适任证书》。

第二十三条 被海事管理机构依法吊销《适任证书》的，自被吊销之日起2年内，不得申请《适任证书》。

第二十四条 考试机构、发证机构有下列情形之一的，由国家海事管理机构责令改正；情节严重的，限制或者取消其开展适任考试、发证工作的权限：
（一）违反规定程序开展适任考试、发证工作的；
（二）超越权限开展适任考试或者签发《适任证书》的；
（三）对不具备条件的申请人签发《适任证书》的。

第三章 适 任 考 试

第二十五条 内河船舶船员的适任考试分为理论考试和实际操作考试。

理论考试应当以理论知识为主要考试内容，重点对内河船舶船员专业知识的掌握和理解程度进行测试。

实际操作考试应当通过对相应船舶、模拟器或者其他设备的操作等方式，对内河船舶船员专业知识综合运用、操作及应急等能力进行技能测评。

第二十六条 适任考试大纲、考试科目和考场规则由国家海事管理机构组织制定并公布。

第二十七条 申请参加适任考试的人员应当向具有相应考试权限的考试机构提交下列材料：

（一）适任考试报名表：主要包括考生基本情况、报考《适任证书》类别、职务资格、航区（线）、任职资历等内容；

（二）申请人身份证明；

（三）船员服务簿；

（四）符合要求规格和数量的照片。

第二十八条 考试机构应当于适任考试开始 5 日前向报名参加适任考试的人员发放考试通知书，告知考试的时间、地点以及查询考试成绩的途径等事项。

第二十九条 适任考试任一科目不合格的，可以自初次适任考试通知书签发之日起 3 年内申请补考；逾期不能通过全部科目理论考试和实际操作考试的，所有科目理论考试和实际操作考试成绩失效。

第三十条 考试机构应当在理论考试或者实际操作考试结束后 30 日内公布考试成绩。合格的适任考试成绩自初次适任考试通知书签发之日起 5 年内有效。

第四章 附 则

第三十一条 本规则下列用语的含义：

（一）"内河船舶"，是指符合内河船舶建造规范，仅在内河通航水域航行的各类船舶，但不包括军事船舶、渔业船舶和体育运动船舶；

（二）"考试机构"，是具体负责内河船舶船员适任考试的各级海事管理机构；

（三）"发证机构"，是具体负责内河船舶船员适任证书签发的各级海事管理机构；

（四）"驾驶员"，是指《中华人民共和国船员条例》第四条第三款规定的驾驶部高级船员；

（五）"轮机员"，是指《中华人民共和国船员条例》第四条第三款规定的轮机部高级船员；

（六）"任职表现和安全记录良好"，是指自申请之日起向前计算 5 年内未发生负有主要责任的较大及以上等级事故。

第三十二条 具有船员培训资质，且教学内容满足内河船舶船员适任考试大纲要求的全日制中等职业及以上的教育机构，其船舶驾驶类和轮机类专业毕业考试可以替代相应的内河船舶船员理论考试。

本条第一款规定的教育机构的船舶驾驶类和轮机类毕业生符合船员适任岗位健康标准，且具备本规则附件所规定相应的船舶水上服务资历，持有船员服务簿，并通过实际操作考试的，可以直接申请一类三副《适任证书》或者二、三类驾驶员《适任证书》以及一类三管轮《适任证书》或者二、三类轮机员《适任证书》。

第三十三条 本规则自 2016 年 5 月 1 日起施行。2010 年 6 月 29 日以交通运输部令 2010 年第 1 号公布的《中华人民共和国内河船舶船员适任考试和发证规则》同时废止。

附件

内河船舶船员水上服务资历要求

船长和驾驶部职务

类别＼职务	船长	大副	二副	三副	驾驶员	驾驶类毕业生申请初级职务证书
一类	持有一类大副或者二类船长《适任证书》并实际担任其职务不少于24个月	持有一类二副《适任证书》，并实际担任其职务不少于12个月，或者持有二类驾驶员《适任证书》，并实际担任其职务不小少36个月	持有一类三副《适任证书》并实际担任其职务不少于12个月，或者持有二类驾驶员《适任证书》并实际担任其职务不少于24个月	在1 000总吨及以上内河船舶或500千瓦及以上内河拖轮上的水上服务资历不少于24个月，或者持有二类驾驶员《适任证书》并实际担任其职务不少于12个月	—	在1 000总吨及以上内河船舶或500千瓦及以上内河拖轮上的水上服务资历不少于6个月
二类	持有二类驾驶员《适任证书》并实际担任其职务不少于36个月，或者持有三类船长《适任证书》并实际担任其职务不少于48个月	—	—	—	在300总吨及以上内河船舶或150千瓦及以上内河拖轮上的水上服务资历不少于12个月，或者持有三类驾驶员《适任证书》并实际担任其职务不少于6个月	在300总吨及以上内河船舶或150千瓦及以上内河拖轮上的水上服务资历不少于6个月
三类	持有三类驾驶员《适任证书》并实际担任其职务不少于12个月	—	—	—	在任意内河船舶上的水上服务资历不少于6个月	在任意内河船舶上的水上服务资历不少于6个月

轮机部职务

类别＼职务	轮机长	大管轮	二管轮	三管轮	轮机长	轮机类毕业生申请初级职务证书
一类	持有一类大管或者二类轮机长《适任证书》并实际担任其职务不少于24个月	持有一类二管轮《适任证书》并实际担任其职务不少于12个月，或者持有二类轮机员《适任证书》并实际担任其职务不少于36个月	持有一类三管轮《适任证书》并实际担任其职务不少于12个月，或者持有二类轮机员《适任证书》并实际担任其职务不少于24个月	在500千瓦及以上内河船舶上的水上服务资历不少于24个月，或者持有二类轮机员《适任证书》并实际担任其职务不少于12个月	—	在500千瓦及以上内河船舶上的水上服务资历不少于6个月
二类	持有二类轮机员《适任证书》并实际担任其职务不少于36个月，或者持有三类轮机长《适任证书》并实际担任其职务不少于48个月	—	—	—	在150千瓦及以上内河船舶上的水上服务资历不少于12个月，或者持有三类轮机员《适任证书》并实际担任其职务不少于6个月	在150千瓦及以上内河船舶上的水上服务资历不少于6个月
三类	持有三类轮机员《适任证书》并实际担任其职务不少于12个月	—	—	—	在任意内河船舶上的水上服务资历不少于6个月	在任意内河船舶上的水上服务资历不少于6个月

备注：
1. 内河船舶船员水上服务资历，包括内河船舶船员在内河船舶上实际任职时间和参加适任培训、特殊培训的时间，但参加适任培训和特殊培训的时间计算最多不超过3个月。
2. 内河船舶船员水上服务资历应在申请相应职务的实际操作考试前取得。
3. 内河船舶船员安全记录不良者，其水上服务资历从其负有主要责任的较大及以上等级事故发生之日起算。

中华人民共和国海船船员适任考试和发证规则

（2011年12月27日交通运输部令2011年第12号发布。根据2013年12月24日交通运输部令2013年第18号《交通运输部关于修改〈中华人民共和国海船船员适任考试和发证规则〉的决定》第一次修正。根据2017年3月28日交通运输部令2017年第8号《交通运输部关于修改〈中华人民共和国海船船员适任考试和发证规则〉的决定》第二次修正）

第一章 总 则

第一条 为了提高海船船员素质，保障海上人命和财产安全，保护海洋环境，根据《中华人民共和国海上交通安全法》、《中华人民共和国船员条例》以及我国缔结或者加入的有关国际公约，制定本规则。

第二条 本规则适用于为取得中华人民共和国海船船员适任证书（以下简称适任证书）而进行的考试以及适任证书、适任证书特免证明和外国适任证书承认签证的签发与管理。

第三条 国务院交通运输主管部门主管全国海船船员适任考试和发证工作。

国家海事管理机构在国务院交通运输主管部门的领导下，对海船船员适任考试和发证工作进行统一管理。

国家海事管理机构所属的各级海事管理机构按照国家海事管理机构确定的职责范围具体负责海船船员适任考试和发证工作。

第四条 海船船员适任考试和发证应当遵循公平、公正、公开、便民的原则。

第二章 适 任 证 书

第一节 适任证书基本信息

第五条 适任证书包含以下基本内容：

（一）持证人姓名、性别、出生日期、国籍、持证人签名及照片；
（二）证书等级、编号；
（三）有关国际公约的适用条款；
（四）持证人适任的航区、职务、职能；
（五）持证人适任的船舶种类、主推进动力装置、特殊设备操作等项目；
（六）发证日期和有效期截止日期；
（七）签发机关名称和签发官员署名；
（八）规定需要载明的其他内容。

第六条 持证人适任的航区分为无限航区和沿海航区，但无线电操作人员适任的航区分为 A1、A2、A3 和 A4 海区。

第七条 适任证书等级分为：

（一）船长、驾驶员、轮机长和轮机员适任证书等级分为：

1. 无限航区适任证书分为二个等级：

（1）一等适任证书：适用于 3 000 总吨及以上或者主推进动力装置 3 000 千瓦及以上的船舶。

（2）二等适任证书：适用于 500 总吨及以上至 3 000 总吨或者主推进动力装置 750 千瓦及以上至 3 000 千瓦的船舶。

2. 沿海航区适任证书分为三个等级：

（1）一等适任证书：适用于 3 000 总吨及以上或者主推进动力装置 3 000 千瓦及以上的船舶。

（2）二等适任证书：适用于 500 总吨及以上至 3 000 总吨或者主推进动力装置 750 千瓦及以上至 3 000 千瓦的船舶。

（3）三等适任证书：适用于未满 500 总吨或者主推进动力装置未满 750 千瓦的船舶。

（二）高级值班水手、高级值班机工适任证书适用于 500 总吨及以上或者主推进动力装置 750 千瓦及以上的船舶。

（三）值班水手、值班机工适任证书等级分为：

1. 无限航区适任证书适用于 500 总吨及以上或者主推进动力装置 750 千瓦及以上的船舶。

2. 沿海航区适任证书分为二个等级：

（1）一等适任证书：适用于 500 总吨及以上或者主推进动力装置 750 千瓦及以上的船舶。

（2）二等适任证书：适用于未满 500 总吨或者主推进动力装置未满 750 千瓦的船舶。

（四）电子电气员和电子技工适任证书适用于主推进动力装置 750 千瓦及以上的船舶。

在拖轮上任职的船长和甲板部船员所持适任证书等级与该拖轮的主推进动力装置功率的等级相对应。

第八条 船员职务根据服务部门分为：

（一）船长。

（二）甲板部船员：大副、二副、三副、高级值班水手、值班水手，其中大副、二副、三副统称为驾驶员。

（三）轮机部船员：轮机长、大管轮、二管轮、三管轮、电子电气员、高级值班机工、值班机工、电子技工，其中大管轮、二管轮、三管轮统称为轮机员。

（四）无线电操作人员：一级无线电电子员、二级无线电电子员、通用操作员、限用操作员。

第九条 船员职能根据分工分为：

（一）航行；

（二）货物操作和积载；

（三）船舶作业和人员管理；

（四）轮机工程；

（五）电气、电子和控制工程；

（六）维护和修理；

（七）无线电通信。

船员职能根据技术要求分为：

（一）管理级；

（二）操作级；

（三）支持级。

第十条 适任证书持有人应当在适任证书适用范围内担任职务或者担任低于适任证书适用范围的职务。但担任值班水手职务的船员必须持有值班水手或者高级值班水手适任证书，担任值班机工职务的船员必须持有值班机工或者高级值班机工适任证书。

第二节 适任证书的签发

第十一条 取得适任证书，应当具备下列条件：

（一）持有有效的船员服务簿；

（二）符合国家海事管理机构规定的海船船员任职岗位健康标准；

（三）完成本规则附件规定的适任培训；

（四）具备本规则附件规定的海上任职资历，并且任职表现和安全记录良好；

（五）通过相应的适任考试。

拟在油船、化学品船、液化气船、客船、高速船等特殊类型船舶上任职的船员，还应当具备本章第三节规定的培训、资历等特殊要求。

第十二条 申请海船船员适任证书的，应当提交下列材料：

（一）海船船员适任证书申请表；

（二）船员服务簿；

（三）海船船员健康证书；

（四）身份证件；

（五）符合海事管理机构要求的照片；

（六）岗位适任培训证明或者航海教育毕业证书；

（七）船上见习记录簿；

（八）现持有的适任证书；

（九）专业技能适任培训合格证；

（十）适任考试的合格证明。

持有三副、三管轮适任证书申请二副、二管轮适任证书者，免于向海事管理机构提交本条第一款第（六）、（七）、（九）、（十）项规定的材料。

按照本规则规定免于船上见习者，免于向海事管理机构提交本条第一款第（七）项规定的材料。

初次申请海船船员适任证书者，免于向海事管理机构提交本条第一款第（八）项规定的材料。

按照第二十条规定拟在特殊类型船舶上任职的，还应当提供相应的特殊培训合格证。

申请适任证书再有效的，还应当提交经过相应知识更新的材料，但按照第十五条规定申请适任证书再有效的，免于提交本条第一款（六）、（七）、（九）、（十）项规定的材料，按照第十六条规定申请适任证书再有效的，免于提交本条第一款（六）、（九）项规定的材料。

第十三条 海事管理机构对于发证申请，经审核符合本规则规定条件的，应当按照《行政许可法》、《交通行政许可实施程序规定》的要求签发相应的适任证书。

第十四条 适任证书有效期不超过5年，有效期截止日期不超过持证人65周岁生日。

第十五条 持有船长和高级船员适任证书者在证书有效期内，满足下列条件之一，并经过与其职务相适应的知识更新培训，可以在适任证书有效期届满前12个月内向有相应管理权限的海事管理机构申请适任证书再有效：

（一）从申请之日起向前计算5年内具有与其适任证书所记载范围相应的不少于12个月的海上服务资历，且任职表现和安全记录良好；

（二）从申请之日起向前计算6个月内具有与其适任证书所记载范围相应的累计不少于3个月的海上服务资历，且任职表现和安全记录良好。

第十六条 未满足本规则第十五条规定的船长和高级船员，申请适任证书再有效的，应当符合下列规定：

（一）未满足第十五条（一）、（二）项规定，或者适任证书过期5年以内的，应当参加模拟器培训和知识更新培训，并通过相应的抽查项目的评估；

（二）适任证书过期5年及以上10年以下的，应当参加模拟器培训和知识更新培训，并通过相应的抽查科目的理论考试和项目的评估；

（三）适任证书过期10年及以上的，应当参加模拟器培训和知识更新培训，通过相应的抽查科目的理论考试和项目的评估，并在适任证书记载的相应航区、等级范围内按照《船上见习记录簿》规定完成不少于3个月的船上见习。

第十七条 适任证书损坏或者遗失时，持证人除应当向原证书签发的海事管理机构提交补发申请及本规则第十二条第（一）、（四）、（五）项要求的材料外，还应当满足下列要求：

（一）适任证书损坏的，应当缴回被损坏的证书原件。

（二）适任证书遗失的，应当在发行范围覆盖全国的报纸上登载适任证书遗失公告，或者提交原证书签发海事管理机构所在地公证机关出具的公证书；登载适任证书遗失公告的，自公告之日起满30日后方可申请。

补发的适任证书的有效期截止日期与原适任证书的有效期截止日期相同。

第十八条 因违反海事行政管理规定被吊销适任证书者，自证书被吊销之日起 2 年后，通过低一职务的适任考试，可以按照本规则第十二条的规定提交相应材料，向原签发适任证书的海事管理机构申请低一职务的适任证书。

海事管理机构对通过适任考试，且安全记录良好的，应当签发其相应的适任证书。

第十九条 曾在内河船舶、海洋渔业船舶或者军事船舶上任职的人员，具备下列条件的，可以按照国家海事管理机构的规定申请相应的适任证书：

（一）拟申请证书的等级和职务不高于其在内河船舶、海洋渔业船舶或者军事船舶上相应的证书等级和职务，其中可以申请的职务最高为大副或者大管轮；

（二）在内河船舶、海洋渔业船舶或者军事船舶上的水上服务资历能够与本规则规定的海上服务资历相适应，且任职表现和安全记录良好；

（三）参加相应的岗位适任培训，并通过与申请职务相应的理论考试和评估。

第三节 特殊类型船舶船员的特殊要求

第二十条 拟在油船、化学品船、液化气船、客船、高速船等特殊类型船舶上任职的，还应当完成相应的特殊培训，并取得培训合格证。

第二十一条 在两港间航程 50 海里及以上的客船上服务的船长和高级船员应当持有适用于相应航区 3 000 总吨及以上或者 3 000 千瓦及以上船舶的适任证书。

第二十二条 申请适用于两港间航程 50 海里及以上客船驾驶员、船长适任证书的，应当具备下列条件：

（一）申请适用于客船三副适任证书者，应当在其他种类的 3 000 总吨及以上海船上担任三副满 12 个月，任职表现和安全记录良好，并至少在客船上任见习三副 3 个月；或者通过三副适任考试，在客船上完成 18 个月的船上见习，任职表现和安全记录良好；

（二）申请适用于客船二副适任证书者，应当在其他种类的 3 000 总吨及以上海船上担任二副满 12 个月，任职表现和安全记录良好，并至少在客船上任见习二副 3 个月；或者持有客船三副适任证书并在相应航区、船舶等级的海船上担任三副不少于 18 个月，任职表现和安全记录良好，其中曾经担任客船三副至少 6 个月；

（三）申请适用于客船大副适任证书者，应当在其他种类的 3 000 总吨及以上海船上担任大副满 24 个月，任职表现和安全记录良好，并至少在客船上任见习大副 3 个月；或者持有客船二副适任证书并在相应航区、船舶等级的海船上担任二副不少于 12 个月，其中曾经担任客船二副至少 6 个月，通过大副考试，至少在客船上任见习大副 3 个月，任职表现和安全记录良好；

（四）申请适用于客船船长适任证书者，应当在其他种类的 3 000 总吨及以上海船上担任船长满 24 个月，任职表现和安全记录良好，并至少在客船上任见习船长 3 个月；或者持有客船大副适任证书并在相应航区、船舶等级的海船上担任大副不少于 18 个月，任职表现和安全记录良好，其中曾经担任客船大副至少 6 个月，通过船长考试，且至少在客船上任见习船长 3 个月。

第二十三条 初次申请适用于两港间航程 50 海里及以上客船轮机长、轮机员适任证书者，应当在其他种类的 3 000 千瓦及以上海船上担任相应职务满 12 个月，任职表现和安全记录良好，并在客船上任相应见习职务 3 个月。

通过三管轮适任考试者，在客船上完成规定的 18 个月船上见习，任职表现和安全记录良好，可以申请适用于客船的三管轮适任证书。

第三章 适 任 考 试

第二十四条 海船船员的适任考试包括理论考试和评估。

理论考试以理论知识为主要考试内容，重点对海船船员专业知识的掌握和理解程度进行测试。

评估通过对相应船舶、模拟器或者其他设备的操作、国际通用语言听力测验与口试等方式，重点对海船船员专业知识综合运用、操作及应急等能力进行技能测评。

第二十五条 适任考试科目、大纲由国家海事管理机构统一制定并公布。相关海事管理机构应当在职责范围内制定并公布适任考试具体计划，明确适任考试的时间、地点、申请程序等相关信息。

第二十六条 申请参加适任考试的，应当按照公布的申请程序向有相应权限的海事管理机构提供下列信息：

（一）身份证件；

（二）所申请考试的适任证书航区、等级、职务；

（三）符合海事管理机构要求的照片。

第二十七条 海事管理机构应当于适任考试开始 5 日前向申请人发放准考证，并告知申请人查询适任考试成绩的途径等事项。

第二十八条 适任考试有科目或者项目不及格的，可以在初次适任考试准考证签发之日起 3 年内申请 5 次补考。逾期不能通过全部适任考试的，所有适任考试成绩失效。

第二十九条 海事管理机构应当在考试结束后 30 日内公布成绩。适任考试成绩自全部理论考试和评估成绩均合格之日起 5 年内有效。

第四章 特 免 证 明

第三十条 中国籍船舶在境外遇有不可抗力或者其他导致持证船员不能履行职务的特殊情况，无法满足船舶最低安全配员要求，需要由本船下一级船员临时担任上一级职务时，应当向签发该船员适任证书的海事管理机构申请出具特免证明。

第三十一条 申请船长、驾驶员、轮机长、轮机员特免证明的，应当符合下列条件：

（一）申请船长、轮机长特免证明的，应当持有大副或者大管轮适任证书，并在自申请之日起前 5 年内，具有不少于 12 个月的不低于其适任证书所记载船舶、航区、职务的任职资历，任职表现和安全记录良好，且船长、轮机长不能履行职务的情况是因不可抗力原因造成；

（二）申请大副、大管轮特免证明的，应当持有二副、二管轮适任证书，并在自申请之日起前 5 年内，具有不少于 12 个月的不低于其适任证书所记载船舶、航区、职务的任职资历，且任职表现和安全记录良好；

（三）申请二副、二管轮特免证明的，应当持有三副、三管轮适任证书，并在自申请之日起前 5 年内，具有不少于 12 个月的不低于其适任证书所记载船舶、航区、职务的任职资历，且任职表现和安全记录良好；

（四）申请三副、三管轮特免证明的，应当持有高级值班水手、值班水手或者高级值班机工、值班机工适任证书，并在自申请之日起前 5 年内，具有不少于 12 个月的不低于其适任证书所记载船舶、航区、职务的任职资历，任职表现和安全记录良好。

本条第一款规定的船员以外的其他船员，不予出具特免证明。

第三十二条　申请特免证明的，应当向海事管理机构提交包含下列内容的申请报告：

（一）申请理由；

（二）船舶名称、航行区域、停泊港口；

（三）拟申请签发对象的资历情况；

（四）相关证明材料。

第三十三条　收到申请的海事管理机构应当核实有关情况，对符合第三十一条规定条件的，应当在 3 日内出具有效期不超过 6 个月的特免证明，但船长或者轮机长特免证明的有效期不超过 3 个月。不符合条件的，应当在 3 日内告知申请人不予出具特免证明的理由。

第三十四条　一艘船舶上同时持特免证明的船长和高级船员总共不得超过 3 名。

第三十五条　当事船舶抵达中国第一个港口后，特免证明自动失效。失效的特免证明应当及时缴回原出具的海事管理机构。航运公司应当及时为当事船舶安排持相应适任证书的人员补充空缺职位。

第五章　承　认　签　证

第三十六条　持有经修正的《1978 年海员培训、发证和值班标准国际公约》（以下简称 STCW 公约）缔约国签发的外国适任证书的船员在中国籍船舶上任职的，应当取得由国家海事管理机构签发的外国适任证书的承认签证。

第三十七条　申请承认签证的，应当向国家海事管理机构提交下列材料：

（一）所属缔约国签发的适任证书原件；

（二）表明申请人符合 STCW 公约和所属缔约国有关船员管理规定的证明文件；

（三）申请人的海船船员身份证件。

第三十八条　国家海事管理机构应当按照 STCW 公约和本规则规定的标准、条件等内容，对申请承认签证船员所属缔约国的有关船员管理制度从下列方面进行评价：

（一）有关船员适任培训、考试及发证制度是否符合 STCW 公约要求；

（二）是否按照 STCW 公约要求建立了有效的船员质量标准控制体系；

（三）船员适任条件等相关要求是否低于本规则规定的相关标准。

按照本条第一款进行评价的结果应当作为签发承认签证的依据，对于评价结果表明该缔约国的有关船员管理制度不低于 STCW 公约及本规则相关要求，且申请人按照第三十七条提供的材料真实、全面的，国家海事管理机构应当签发相应的承认签证。其中，签发船长、大副、轮机长、大管轮适任证书承认签证前，申请人还应当参加与申请职务相应的海上交通安全、环境保护等方面的培训，并经海事管理机构考核合格。

第三十九条　承认签证的有效期不得超过被承认适任证书的有效期，且最长不得超过5年。当被承认适任证书失效时，相应的承认签证自动失效。

第六章　航运公司及相关机构的责任

第四十条　航运公司及相关机构应当保证被指派任职的船员满足下列要求：

（一）持有适当、有效的适任证书，熟悉自身岗位职责；

（二）熟悉船舶的布置、装置、设备、工作程序、特性和局限性等相关情况；

（三）具有良好工作语言运用及沟通能力，确保在紧急情况下和执行安全、防污染和保安职能时，能够有效履行职责。

第四十一条　航运公司及相关机构应当建立并完善船员培训制度，按照以下要求加强对本公司、机构船员的培训：

（一）按照国家海事管理机构的规定制定并执行有关培训、见习等方面的培训计划，并在培训、见习记录簿内如实填写或者记载；

（二）采取有效措施，确保应当由本公司、机构负责的其他各类船员培训有效实施。

第四十二条　航运公司及相关机构应当备有完整、最新的船员管理法规和相关国际公约。

航运公司及相关机构应当建立船员档案，对船员录用、培训、资历、健康状况以及有关船员考试、证书持有情况等信息进行连续有效的记录和管理，并确保可以供随时查询。

第七章　监　督　管　理

第四十三条　海事管理机构应当对船员履行职责、安全记录等情况进行监督检查，加强对船员适任能力的监管。

第四十四条　有下列情形之一的，海事管理机构可以组织对船员适任能力进行考核：

（一）船舶发生碰撞、搁浅或者触礁的；

（二）在航行、锚泊或者靠泊时，从船上非法排放物质的；

（三）违反航行规则的；

（四）以其他危及海上人命、财产安全和海洋环境的方式操作船舶的。

按照本条第一款对船员进行适任能力考核的，应当根据本规则规定的船员适任要求通过抽考、现场考核等方式进行。对于考核结果表明船员不再符合适任条件的，海事管理机构应当注销其适任证书或者承认签证。

第四十五条　按照第四十四条被注销适任证书的船员，可以按照海事管理机构的要求参加低等级、职务或者航区的评估，海事管理机构签发与其考核结果相适应的适任证书。

第四十六条　负责船员适任考试和发证的海事管理机构应当配备满足适任考试、发证要求的人员、设备、场地和资料，建立相关的质量管理体系并通过国家海事管理机构的审核。

第四十七条　海事管理机构应当加强对从事船员适任考试、发证工作人员岗位培训和考核。不符合上岗条件的，不得从事船员适任考试、发证工作。

第四十八条　海事管理机构应当建立船员信息数据库、船员证书电子登记系统等船员档案,并按照国家海事管理机构的规定具备相应信息的查询功能。

第四十九条 海事管理机构应当公开海船船员适任考试和发证管理的事项、办事程序、举报电话等信息,自觉接受社会的监督。

第五十条 除海事管理机构依法实施外,任何机构和个人不得以任何理由扣留或者吊销船员适任证书。

第八章 法律责任

第五十一条 隐瞒有关情况或者提供虚假材料申请适任证书、特免证明、承认签证的,海事管理机构不予受理或者不予签发适任证书、特免证明、承认签证,并给予警告;申请人在1年内不得再次申请与前次申请等级、职务资格、航区相同的适任证书、特免证明、承认签证。

第五十二条 以欺骗、贿赂等不正当手段取得适任证书、特免证明、承认签证的,由签发证书的海事管理机构或者其上级海事管理机构吊销有关证书,并处2 000元以上2万元以下罚款。

第五十三条 伪造、变造或者买卖适任证书、特免证明、承认签证的,由海事管理机构收缴有关证书,处2万元以上10万元以下罚款,有违法所得的,还应当没收违法所得。

第五十四条 船员未在培训、见习记录簿内作出如实填写或者记载的,由海事管理机构处1 000元以上1万元以下罚款;情节严重的,并给予暂扣船员服务簿、船员适任证书6个月以上2年以下直至吊销船员服务簿、船员适任证书的处罚。

第五十五条 船长未在船员服务簿内如实记载船员的服务资历和任职表现,由海事管理机构处2 000元以上2万元以下罚款;情节严重的,并给予暂扣适任证书6个月以上2年以下直至吊销适任证书的处罚。

第五十六条 因违反本规则或者其他水上交通安全法规的规定,被海事管理机构吊销适任证书的,自被吊销之日起2年内,不得申请适任证书。

第五十七条 海事管理机构有下列情形之一的,由国家海事管理机构责令改正;情节严重的,限制或者取消其开展适任考试和发证的权限:

(一)违反行政许可法规规定的程序开展适任考试和发证工作的;

(二)超越权限开展适任考试或者签发适任证书的;

(三)对不具备条件的申请人签发适任证书的。

第九章 附则

第五十八条 适任证书、特免证明、承认签证由国家海事管理机构统一印制。

船上培训、见习记录簿的具体格式和内容由国家海事管理机构统一规定。

第五十九条 本规则下列用语的含义:

(一)海船,是指航行于海上以及江海直达的各类船舶,但不包括军事船舶、渔业船舶、体育运动船舶和非营业性游艇;

(二)无限航区,是指海上任何通航水域,包括世界各国的开放港口和国际通航运河及河流;

(三)沿海航区,是指我国沿海的港口、内水和领海以及国家管辖的一切其他通航海域；

（四）A1 海区，是指至少由一个具有连续数字选择呼叫（即 DSC）报警能力的甚高频（VHF）岸台的无线电话所覆盖的区域；

（五）A2 海区，是指除 A1 海区以外，至少由一个具有连续 DSC 报警能力的中频（MF）岸台的无线电话所覆盖的区域；

（六）A3 海区，是指除 A1 和 A2 海区以外，由具有连续报警能力的国际海事卫星组织（INMARSAT）静止卫星所覆盖的区域；

（七）A4 海区，是指除 A1、A2 和 A3 海区以外的海区；

（八）非运输船，是指工程船舶、拖轮等不从事货物（或者旅客）运输的机动船舶；

（九）安全记录良好，是指自申请之日起向前计算 5 年内未发生负有主要责任的大事故及以上等级事故；

（十）实践教学，是指航海类院校或者培训机构组织实施的实验教学、工厂实习教学和船上实习；

（十一）航运公司，是指船舶所有人、经营人、管理人或者光船承租人；

（十二）相关机构，是指海船船员服务机构和海员外派机构。

第六十条 下列船舶船员的适任考试和发证不适用本规则，按照国家海事管理机构的相关规定执行：

（一）在两港间航程不足 50 海里的客船或者滚装客船上任职的船长和高级船员；

（二）在未满 100 总吨船舶上任职的船长和甲板部船员；

（三）在主推进动力装置未满 220 千瓦船舶上任职的轮机部船员；

（四）仅在船籍港和船籍港附近水域航行和作业的船舶上任职的船员；

（五）在公务船、水上飞机、地效翼船、非营业性游艇、摩托艇、非自航船上任职的船员。

第六十一条 海船在内河行驶，其船长、驾驶员应当按照国家海事管理机构规定取得相应航线的《海船船员内河航线行驶资格证明》证书，但申请引航的除外。

持有有效适任证书的内河船舶船员，经过相应的培训、考试，并经航线签注，可以在特定航线江海直达船舶上担任相应职务，具体办法由交通运输部海事局制定。

第六十二条 我国缔结或者加入的国际公约对普通船员适任证书有效期有特别规定的，按照其规定执行。

第六十三条 本规则施行前已经取得海船船员适任证书和正在接受海船船员教育、培训的人员的考试和发证工作，由国家海事管理机构在相关国际公约规定的时间内，采取相应的过渡措施，逐步进行规范。

第六十四条 本规则自 2012 年 3 月 1 日起施行。2004 年 8 月 1 日由原交通部颁布的《中华人民共和国海船船员适任考试、评估和发证规则》（交通部令 2004 年第 6 号）同时废止。

附件

申请海船船员适任证书的培训、海上任职资历和适任考试要求

申请职务	培训		海上任职资历		适任考试	特别规定
	基本安全和专业技能适任培训	岗位适任培训	海上服务资历	船上见习		
值班水手、值班机工	完成基本安全培训、保安意识培训和负有指定保安职责船员的培训	完成相应的值班水手、值班机工岗位适任培训		具有相应等级的船舶的不少于6个月的海上服务资历，其中至少应有3个月是在船上合格的高级船员或者合格的支持级船员的直接监督之下履行了值班职责，或者按照见习计划和见习记录簿的要求，完成3个月的船上见习	通过相应的值班水手、值班机工适任考试	
高级值班水手、高级值班机工	完成基本安全培训、精通救生艇筏和救助艇培训、保安意识培训和负有指定保安职责船员的培训		担任值班水手、值班机工满18个月		通过相应的高级值班水手、高级值班机工适任考试	
			担任值班水手、值班机工满12个月，其中后6个月中按照见习计划和见习记录簿的要求，完成不少于3个月的船上见习			

续表

申请职务	培训		海上任职资历		适任考试	特别规定
	基本安全和专业技能适任培训	岗位适任培训	海上服务资历	船上见习		
三副、三管轮	完成基本安全培训、精通救生艇筏和救助艇培训、高级消防培训、精通急救培训、保安意识培训和负有指定保安职责船员的培训	完成相应的三副、三管轮岗位适任培训	担任值班水手、值班机工或者高级值班水手、高级值班机工合计不少于18个月	申请未满500总吨或者750千瓦适任证书者在相应等级船舶上；其他适任证书申请者在500总吨或者750千瓦及以上的船舶上，在船长或者合格的高级船员的指导下履行了不少于6个月的驾驶台或者机舱值班职责	通过三副、三管轮适任考试	未满500总吨或者750千瓦的船舶（特殊类型船舶除外），免除精通救生艇筏和救助艇培训、高级消防培训、精通急救培训
二副、二管轮	完成基本安全培训、精通救生艇筏和救助艇培训、高级消防培训、精通急救培训、保安意识培训和负有指定保安职责船员的培训	免除	担任三副、三管轮满18个月	免除	免除	未满500总吨或者750千瓦的船舶（特殊类型船舶除外），免除精通救生艇筏和救助艇培训、高级消防培训、精通急救培训
大副、大管轮	完成基本安全培训、精通救生艇筏和救助艇培训、高级消防培训、精通急救培训、船上医护培训（仅限500总吨及以上大副）、保安意识培训和负有指定保安职责船员的培训	完成相应的大副、大管轮岗位适任培训	担任二副、二管轮满12个月	在相应航区相应等级的船舶上完成不少于3个月的船上见习	通过大副、大管轮适任考试	未满500总吨或者750千瓦的船舶（特殊类型船舶除外），免除精通救生艇筏和救助艇培训、高级消防培训、精通急救培训

续表

申请职务	培训		海上任职资历		适任考试	特别规定
	基本安全和专业技能适任培训	岗位适任培训	海上服务资历	船上见习		
船长、轮机长	完成基本安全培训、精通救生艇筏和救助艇培训、高级消防培训、精通急救培训、船上医护培训（仅限500总吨及以上船长）、保安意识培训和负有指定保安职责船员的培训	完成相应的船长、轮机长岗位适任培训	担任大副、大管轮满18个月	在相应航区相应等级的船舶上完成不少于3个月的船上见习	通过船长、轮机长适任考试	未满500总吨或者750千瓦的船舶（特殊类型船舶除外），免除精通救生艇筏和救助艇培训、高级消防培训、精通急救培训
电子技工	完成基本安全培训、精通救生艇筏和救助艇培训、保安意识培训和负有指定保安职责船员的培训	完成相应的电子技工岗位适任培训		具有不少于6个月的海上服务资历，其中至少应有3个月是在船上合格的高级船员或者合格的支持级船员的直接监督之下履行了职责	通过电子技工适任考试	
电子电气员	完成基本安全培训、精通救生艇筏和救助艇培训、高级消防培训、精通急救培训、保安意识培训和负有指定保安职责船员的培训	完成相应的电子电气员岗位适任培训	担任电子技工满18个月	在相应等级的船舶上完成不少于6个月的船上见习	通过电子电气员适任考试	
GMDSS限用操作员	完成基本安全培训、保安意识培训和负有指定保安职责船员的培训	完成GMDSS限用操作员岗位适任培训			通过GMDSS限用操作员适任考试	特殊类型船舶上任职，还须完成精通救生艇筏和救助艇培训、精通急救培训
GMDSS通用操作员	完成基本安全培训、精通救生艇筏和救助艇培训、精通急救培训、保安意识培训和负有指定保安职责船员的培训	完成GMDSS通用操作员岗位适任培训			通过GMDSS通用操作员适任考试	

续表

申请职务	培训		海上任职资历		适任考试	特别规定
	基本安全和专业技能适任培训	岗位适任培训	海上服务资历	船上见习		
GMDSS二级无线电电子员	同上	完成GMDSS二级无线电电子员岗位适任培训	担任GMDSS通用操作员满12个月		通过GMDSS二级无线电电子员适任考试	
GMDSS一级无线电电子员	同上	完成GMDSS一级无线电电子员岗位适任培训	担任GMDSS二级无线电电子员满18个月		通过GMDSS一级无线电电子员适任考试	

表注：1. 表中"海上服务资历"一列中规定的海上服务资历须在参加岗位适任培训前取得，其中申请无限航区适任证书职务晋升所要求的海上服务资历至少有6个月是在无限航区的船舶上任职，其余时间可以在沿海航区的船舶上任职；船长和高级船员船上见习需在适任考试所有科目和项目全部通过后进行，并在船上见习记录簿中记载；申请适任证书的航区扩大、吨位或者功率提高的，可以免予船上见习。但申请吨位或者功率提高至3 000总吨或者功率3 000千瓦及以上适任证书的船长和管理级高级船员在适任考试所有科目和项目全部通过后，应当在相应航区的3 000总吨或者功率3 000千瓦及以上见习相应的船长或者管理级高级船员职务3个月，并在船上见习记录簿中记载。

2. 已持有适用于货物运输船舶适任证书的船员在各类非运输船舶上的海上服务资历可以视为在货物运输船舶的海上服务资历；在两港间航程50海里及以上的客船上服务的船长和高级船员的海上服务资历按照所持适任证书适用的航区、船舶等级确定。

3. 申请适任证书航区扩大者，应当持有有效的沿海航区相同船舶等级和职务的适任证书，并实际担任其职务不少于12个月，并完成相应的岗位适任培训；申请适任证书吨位或者功率提高者，应当持有有效的与所申请的吨位或者功率较低一级但航区和职务相同的适任证书，并实际担任其职务满12个月，并完成相应的岗位适任培训。

4. 接受航海类教育和岗位适任培训的学员，可以按照以下情形参加适任考试：

（1）接受不少于2年的全日制航海类中职/中专及以上教育的学生或者接受不少于2年三副、三管轮、电子电气员岗位适任培训的学员，完成全部理论和实践教学内容后，可以相应地申请沿海航区三副、三管轮、电子电气员的适任考试；或者具有不少于12个月的海上服务资历后，可以相应地申请无限航区三副、三管轮、电子电气员适任考试。

（2）接受全日制航海类高职/高专及以上教育的学生，或者完成全日制非航海类大专及以上教育并接受不少于18个月三副、三管轮、电子电气员岗位适任培训的学员，完成全部理论和实践教学内容后，可以相应地申请无限航区三副、三管轮、电子电气员的适任考试。

（3）经国家海事管理机构认可，教育培训质量良好的航海院校的全日制航海类本科教育学生，完成全部理论和实践教学内容后，可以相应地申请无限航区二副、二管轮的适任考试。

（4）正在接受航海类教育的学生和三副、三管轮、电子电气员岗位适任培训的学员，可以在毕业或者结业前6个月内相应地申请参加值班水手、值班机工、电子技工适任考试，免于参加相应的值班水手、值班机工、电子技工岗位适任培训。

接受航海类教育或者岗位适任培训的学员通过三副、二副、三管轮、二管轮适任考试后，应当在500总吨或者750千瓦及以上的船舶上完成不少于12个月的船上见习，其中至少应当有6个月是在船长或者高级船员的指导下履行了驾驶台或者机舱值班职责；接受电子电气员航海类教育和适任培训的学员通过适任考试后，应当在相应航区750千瓦及以上的船舶上完成不少于12个月的船上见习。

（5）经国家海事管理机构确认课程、培训质量体系运行及培训质量和社会声誉良好的培训机构，学员培训期间在船培训、见习的资历可以计入支持级和操作级职务的见习资历。

5. 国家海事管理机构可以认可教育质量管理体系运行良好的航海类教育机构按照本规则开展的海船船员适任考试。

执业兽医管理办法

（2008年11月26日农业部令第18号公布。根据2013年9月28日农业部令2013年第3号《农业部关于修订〈执业兽医管理办法〉的决定》第一次修正。根据2013年12月31日农业部令2013年第5号《农业部关于修订部分规章的决定》修正）

第一章 总 则

第一条 为了规范执业兽医执业行为，提高执业兽医业务素质和职业道德水平，保障执业兽医合法权益，保护动物健康和公共卫生安全，根据《中华人民共和国动物防疫法》，制定本办法。

第二条 在中华人民共和国境内从事动物诊疗和动物保健活动的兽医人员适用本办法。

第三条 本办法所称执业兽医，包括执业兽医师和执业助理兽医师。

第四条 农业部主管全国执业兽医管理工作。

县级以上地方人民政府兽医主管部门主管本行政区域内的执业兽医管理工作。

县级以上地方人民政府设立的动物卫生监督机构负责执业兽医的监督执法工作。

第五条 县级以上人民政府兽医主管部门应当对在预防、控制和扑灭动物疫病工作中做出突出贡献的执业兽医，按照国家有关规定给予表彰和奖励。

第六条 执业兽医应当具备良好的职业道德，按照有关动物防疫、动物诊疗和兽药管理等法律、行政法规和技术规范的要求，依法执业。

执业兽医应当定期参加兽医专业知识和相关政策法规教育培训，不断提高业务素质。

第七条 执业兽医依法履行职责，其权益受法律保护。

鼓励成立兽医行业协会，实行行业自律，规范从业行为，提高服务水平。

第二章 资 格 考 试

第八条 国家实行执业兽医资格考试制度。执业兽医资格考试由农业部组织，全国统一大纲、统一命题、统一考试。

第九条 具有兽医、畜牧兽医、中兽医（民族兽医）或者水产养殖专业大学专科以上学历的人员，可以参加执业兽医资格考试。

第十条 执业兽医资格考试内容包括兽医综合知识和临床技能两部分。

第十一条 农业部组织成立全国执业兽医资格考试委员会。考试委员会负责审定考试科目、考试大纲、考试试题，对考试工作进行监督、指导和确定合格标准。

第十二条 农业部执业兽医管理办公室承担考试委员会的日常工作，负责拟订考试科目、编写考试大纲、建立考试题库、组织考试命题，并提出考试合格标准建议等。

第十三条 执业兽医资格考试成绩符合执业兽医师标准的，取得执业兽医师资格证书；符合执业助理兽医师资格标准的，取得执业助理兽医师资格证书。

执业兽医师资格证书和执业助理兽医师资格证书由省、自治区、直辖市人民政府兽医主管部门颁发。

第三章 执业注册和备案

第十四条 取得执业兽医师资格证书，从事动物诊疗活动的，应当向注册机关申请兽医执业注册；取得执业助理兽医师资格证书，从事动物诊疗辅助活动的，应当向注册机关备案。

第十五条 申请兽医执业注册或者备案的，应当向注册机关提交下列材料：

（一）注册申请表或者备案表；

（二）执业兽医资格证书及其复印件；

（三）医疗机构出具的6个月内的健康体检证明；

（四）身份证明原件及其复印件；

（五）动物诊疗机构聘用证明及其复印件；申请人是动物诊疗机构法定代表人（负责人）的，提供动物诊疗许可证复印件。

第十六条 注册机关收到执业兽医师注册申请后，应当在20个工作日内完成对申请材料的审核。经审核合格的，发给兽医师执业证书；不合格的，书面通知申请人，并说明理由。

注册机关收到执业助理兽医师备案材料后，应当及时对备案材料进行审查，材料齐全、真实的，应当发给助理兽医师执业证书。

第十七条 兽医师执业证书和助理兽医师执业证书应当载明姓名、执业范围、受聘动物诊疗机构名称等事项。

兽医师执业证书和助理兽医师执业证书的格式由农业部规定，由省、自治区、直辖市人民政府兽医主管部门统一印制。

第十八条 有下列情形之一的，不予发放兽医师执业证书或者助理兽医师执业证书：

（一）不具有完全民事行为能力的；

（二）被吊销兽医师执业证书或者助理兽医师执业证书不满2年的；

（三）患有国家规定不得从事动物诊疗活动的人畜共患传染病的。

第十九条 执业兽医变更受聘的动物诊疗机构的，应当按照本办法的规定重新办理注册或者备案手续。

第二十条 县级以上地方人民政府兽医主管部门应当将注册和备案的执业兽医名单逐级汇总报农业部。

第四章 执业活动管理

第二十一条 执业兽医不得同时在两个或者两个以上动物诊疗机构执业，但动物诊疗机构间的会诊、支援、应邀出诊、急救除外。

第二十二条　执业兽医师可以从事动物疾病的预防、诊断、治疗和开具处方、填写诊断书、出具有关证明文件等活动。

第二十三条　执业助理兽医师在执业兽医师指导下协助开展兽医执业活动，但不得开具处方、填写诊断书、出具有关证明文件。

第二十四条　兽医、畜牧兽医、中兽医（民族兽医）、水产养殖专业的学生可以在执业兽医师指导下进行专业实习。

第二十五条　经注册和备案专门从事水生动物疫病诊疗的执业兽医师和执业助理兽医师，不得从事其他动物疫病诊疗。

第二十六条　执业兽医在执业活动中应当履行下列义务：

（一）遵守法律、法规、规章和有关管理规定；

（二）按照技术操作规范从事动物诊疗和动物诊疗辅助活动；

（三）遵守职业道德，履行兽医职责；

（四）爱护动物，宣传动物保健知识和动物福利。

第二十七条　执业兽医师应当使用规范的处方笺、病历册，并在处方笺、病历册上签名。未经亲自诊断、治疗，不得开具处方药、填写诊断书、出具有关证明文件。

执业兽医师不得伪造诊断结果，出具虚假证明文件。

第二十八条　执业兽医在动物诊疗活动中发现动物染疫或者疑似染疫的，应当按照国家规定立即向当地兽医主管部门、动物卫生监督机构或者动物疫病预防控制机构报告，并采取隔离等控制措施，防止动物疫情扩散。

执业兽医在动物诊疗活动中发现动物患有或者疑似患有国家规定应当扑杀的疫病时，不得擅自进行治疗。

第二十九条　执业兽医应当按照国家有关规定合理用药，不得使用假劣兽药和农业部规定禁止使用的药品及其他化合物。

执业兽医师发现可能与兽药使用有关的严重不良反应的，应当立即向所在地人民政府兽医主管部门报告。

第三十条　执业兽医应当按照当地人民政府或者兽医主管部门的要求，参加预防、控制和扑灭动物疫病活动，其所在单位不得阻碍、拒绝。

第三十一条　执业兽医应当于每年3月底前将上年度兽医执业活动情况向注册机关报告。

第五章　罚　则

第三十二条　违反本办法规定，执业兽医有下列情形之一的，由动物卫生监督机构按照《中华人民共和国动物防疫法》第八十二条第一款的规定予以处罚；情节严重的，并报原注册机关收回、注销兽医执业证书或者助理兽医师执业证书：

（一）超出注册机关核定的执业范围从事动物诊疗活动的；

（二）变更受聘的动物诊疗机构未重新办理注册或者备案的。

第三十三条 使用伪造、变造、受让、租用、借用的兽医师执业证书或者助理兽医师执业证书的,动物卫生监督机构应当依法收缴,并按照《中华人民共和国动物防疫法》第八十二条第一款的规定予以处罚。

第三十四条 执业兽医有下列情形之一的,原注册机关应当收回、注销兽医师执业证书或者助理兽医师执业证书:

(一) 死亡或者被宣告失踪的;
(二) 中止兽医执业活动满2年的;
(三) 被吊销兽医师执业证书或者助理兽医师执业证书的;
(四) 连续2年没有将兽医执业活动情况向注册机关报告,且拒不改正的;
(五) 出让、出租、出借兽医师执业证书或者助理兽医师执业证书的。

第三十五条 执业兽医师在动物诊疗活动中有下列情形之一的,由动物卫生监督机构给予警告,责令限期改正;拒不改正或者再次出现同类违法行为的,处1 000元以下罚款:

(一) 不使用病历,或者应当开具处方未开具处方的;
(二) 使用不规范的处方笺、病历册,或者未在处方笺、病历册上签名的;
(三) 未经亲自诊断、治疗,开具处方药、填写诊断书、出具有关证明文件的;
(四) 伪造诊断结果,出具虚假证明文件的。

第三十六条 执业兽医在动物诊疗活动中,违法使用兽药的,依照有关法律、行政法规的规定予以处罚。

第三十七条 注册机关及动物卫生监督机构不依法履行审查和监督管理职责,玩忽职守、滥用职权或者徇私舞弊的,对直接负责的主管人员和其他直接责任人员,依照有关规定给予处分;构成犯罪的,依法追究刑事责任。

第六章 附 则

第三十八条 本办法施行前,不具有大学专科以上学历,但已取得兽医师以上专业技术职称,经县级以上地方人民政府兽医主管部门考核合格的,可以参加执业兽医资格考试。

第三十九条 本办法施行前,具有兽医、水产养殖本科以上学历,从事兽医临床教学或者动物诊疗活动,并取得高级兽医师、水产养殖高级工程师以上专业技术职称或者具有同等专业技术职称,经省、自治区、直辖市人民政府兽医主管部门考核合格,报农业部审核批准后颁发执业兽医师资格证书。

第四十条 动物饲养场(养殖小区)、实验动物饲育单位、兽药生产企业、动物园等单位聘用的取得执业兽医师资格证书和执业助理兽医师资格证书的兽医人员,可以凭聘用合同申请兽医执业注册或者备案,但不得对外开展兽医执业活动。

第四十一条 省级人民政府兽医主管部门根据本地区实际,可以决定取得执业助理兽医师资格证书的兽医人员,依照本办法第三章规定的程序注册后,在一定期限内可以开具兽医处方笺。

前款期限由省级人民政府兽医主管部门确定,但不得超过2017年12月31日。

经注册的执业助理兽医师,注册机关应当在其执业证书上载明"依法注册"字样和期限，并按执业兽医师进行执业活动管理。

第四十二条 乡村兽医的具体管理办法由农业部另行规定。

第四十三条 外国人和香港、澳门、台湾居民申请执业兽医资格考试、注册和备案的具体办法另行制定。

第四十四条 本办法所称注册机关，是指县（市辖区）级人民政府兽医主管部门；市辖区未设立兽医主管部门的，注册机关为上一级兽医主管部门。

第四十五条 本办法自 2009 年 1 月 1 日起施行。

执业兽医资格考试管理办法

（农业部公告第 2537 号　2017 年 6 月 12 日）

第一章　总　则

第一条 为规范执业兽医资格考试管理，根据《中华人民共和国动物防疫法》和《执业兽医管理办法》，制定本办法。

第二条 本办法所称执业兽医资格考试，是指评价申请执业兽医资格人员是否具备执业所必需的知识和技能的考试。

执业兽医资格考试由农业部组织，全国统一大纲、统一命题、统一考试。

第三条 执业兽医资格考试类别分为兽医全科类和水生动物类，内容包括兽医综合知识和临床技能两部分。

执业兽医资格考试的具体内容和实施方案由全国执业兽医资格考试委员会确定。

第二章　组　织　管　理

第四条 农业部设立的全国执业兽医资格考试委员会负责审定考试科目、考试大纲，确定考试试卷、考试合格标准。

农业部执业兽医管理办公室承担考试委员会的日常工作，负责拟定考试政策，监督、指导和协调各项考试管理工作，提出考试合格标准建议等。

第五条 中国动物疫病预防控制中心在全国执业兽医资格考试委员会领导下，具体负责执业兽医资格考试技术性工作。具体职责是：

（一）拟订考试大纲、试卷蓝图，开展命题、组卷相关工作；

（二）建设、管理执业兽医资格考试信息管理系统和考试题库；

（三）承担制卷、发送试卷、回收答题卡、阅卷评分等考务工作；

（四）统计分析考试试题、成绩等相关信息；

（五）指导考区和考点的考务工作；

（六）遴选和培训命题专家，培训临床技能现场考试主考官；

（七）向全国执业兽医资格考试委员会报告考试工作；

（八）承办全国执业兽医资格考试委员会交办的其他工作。

第六条 以每个省、自治区、直辖市行政区划为单位作为考区，省级兽医主管部门成立考区执业兽医资格考试领导小组，负责本行政区域内执业兽医资格考试管理工作。领导小组组长由省级兽医主管部门负责人担任。

考区领导小组具体职责是：

（一）指导、监督和检查本考区执业兽医资格考试工作；

（二）制定本考区执业兽医资格考试考务管理规定；

（三）确定考点，并报全国执业兽医资格考试委员会备案；

（四）协调公安、保密、信息等相关部门做好考试保障工作；

（五）向全国执业兽医资格考试委员会报告考试工作。

考区领导小组下设办公室，具体负责组织考试报名、提出考点设置建议、考试资料收发、考试信息管理系统操作、考试组织实施、考生违纪行为报告、考试工作人员的选聘和培训等技术性工作。

第七条 考点应当设在设区的市级人民政府所在地。设区的市级兽医主管部门成立考点执业兽医资格考试领导小组，负责本行政区域内执业兽医资格考试管理工作。领导小组组长由设区的市级兽医主管部门负责人担任。

考点领导小组具体职责是：

（一）指导、监督和检查本考点执业兽医资格考试工作；

（二）制定本考点执业兽医资格考试考务管理细则；

（三）按照考场设置标准确定具体考场；

（四）协调公安、保密、信息等相关部门做好考试的保障工作；

（五）向考区领导小组报告考试工作。

考点领导小组下设办公室，具体负责组织考试报名、提出考场设置建议、考试资料收发、考试信息管理系统操作、考试组织实施、考生违纪行为报告、考试工作人员的选聘和培训等技术性工作。

第八条 考区领导小组可以委托专业考试机构具体承担本考区执业兽医资格考试考务工作。

将考务工作委托专业考试机构承担的，应当签订委托协议，明确双方的权利和义务，并对其进行指导和监督。

第九条 中国动物疫病预防控制中心以及考区、考点领导小组办公室应当有计划地逐级培训考试工作人员。

第十条 全国执业兽医资格考试委员会以及考区、考点领导小组应当在考试期间组织对考区、考点的考务工作进行巡视，并对考场和考生考纪进行监督检查。

第三章 命题组卷

第十一条 执业兽医资格考试命题专家经中国动物疫病预防控制中心遴选，由全国执业兽医资格考试委员会聘任。

每个学科的命题专家不得少于两人，每个考试类别审卷专家不得多于三人。

第十二条 命题专家应当符合以下条件：
（一）具有良好的职业道德和较高的业务素质；
（二）具有本科（含本科）以上学历，在本学科或专业领域工作十年以上，取得高级专业技术职称或者具有同等专业水平；
（三）身体健康，有精力和时间承担命题工作；
（四）全国执业兽医资格考试委员会规定的其他条件。

第十三条 命题应当以全国执业兽医资格考试委员会公布的考试大纲为依据。

第十四条 组卷应当以全国执业兽医资格考试委员会批准的试卷蓝图为依据。

第四章 考试报名

第十五条 执业兽医资格考试原则上每年举行一次，具体考试时间、类别、方式由全国执业兽医资格考试委员会确定，并在考试举行四个月前向社会公布。

第十六条 具有国务院教育行政部门认可的兽医、畜牧兽医、中兽医（民族兽医）和水产养殖、水生动物医学专业大学专科以上学历的人员，可以参加执业兽医资格考试。

2009年1月1日前不具有前款规定大学专科以上学历，但已取得兽医师以上专业技术职称，经县级以上地方人民政府兽医主管部门考核合格的，可以参加执业兽医资格考试。

第十七条 全国执业兽医资格考试委员会以及考区、考点领导小组应当及时向社会发布考试信息。

第十八条 执业兽医资格考试采取网络报名的方式。参加执业兽医资格考试的，应当在全国执业兽医资格考试委员会以及考区领导小组公告规定的时间内报名。

因不可抗力因素无法进行网络报名的，应当逐级上报全国执业兽医资格考试委员会同意后，由考区领导小组组织现场报名。

第十九条 考生凭《全国执业兽医资格考试准考证》和有效身份证件参加考试。
报名和参加考试时使用的有效身份证件应当一致。

第五章 兽医综合知识考试

第二十条 兽医综合知识考试包括基础、预防、临床和综合应用四个科目。

第二十一条 兽医综合知识考试试题（含副题）、试题双向细目表、标准答案和评分标准，启用前应当保密，使用后应当按规定销毁。

第二十二条 兽医综合知识考试试卷、答题卡由中国动物疫病预防控制中心组织制作。

第二十三条 考区、考点领导小组办公室应当在考试结束后按照要求回收、送达试卷和答题卡。

第六章 临床技能考试

第二十四条 临床技能考试试题（含副题）、试题双向细目表、标准答案和评分标准，启用前应当保密，使用后应当按规定销毁。

第二十五条　临床技能考试包括计算机辅助考试和现场考试两种形式，每次临床技能考试所采用的形式由全国执业兽医资格考试委员会确定。

第二十六条　临床技能现场考试由临床技能现场考试机构具体实施。临床技能现场考试机构的设立标准由全国执业兽医资格考试委员会确定。

临床技能现场考试机构由考区领导小组遴选和审定，报全国执业兽医资格考试委员会备案。

第二十七条　临床技能现场考试机构应当设立若干临床技能现场考试小组，每个考试小组由三名以上单数考官组成，其中一名为主考官。

第二十八条　考官由考区领导小组聘任。考官应当符合以下条件：

（一）取得执业兽医师资格；

（二）连续从事兽医临床工作五年以上；

（三）考区领导小组规定的其他条件。

第二十九条　临床技能现场考试小组进行测评时由考试小组的全体考官记录测评笔录。测评结束后，由主考官签署考试结果，并经全体考官签名。

第三十条　临床技能现场考试结束后，测评笔录、考试结果及其他资料应当上交至考区领导小组办公室。

第七章　成绩发布

第三十一条　执业兽医资格考试合格标准由全国执业兽医资格考试委员会确定，并向社会公告。

第三十二条　参加执业兽医资格考试的，按照全国执业兽医资格考试委员会公告的时间和方式查询考试成绩。不符合报名条件的，考试成绩无效。

第三十三条　考试成绩合格的，可以申请执业兽医资格。申请和授予的具体办法由各省、自治区、直辖市兽医主管部门规定。

第八章　附　则

第三十四条　考试工作人员，是指参与执业兽医资格考试考务管理、评阅卷和考试服务工作的人员。

第三十五条　执业兽医资格考试保密管理和违纪行为处理办法由农业部另行规定。

第三十六条　本办法由农业部负责解释。

第三十七条　本办法自2017年7月1日起施行。《执业兽医资格考试管理暂行办法》（农业部公告第1145号）同时废止。

港澳台居民参加全国执业兽医资格考试及执业管理规定

（农业部公告第 2539 号　2017 年 6 月 12 日）

第一条　为规范香港、澳门特别行政区居民中的中国公民和台湾居民（以下简称港澳台居民）参加全国执业兽医资格考试及执业管理，根据《〈内地与香港（澳门）关于建立更紧密经贸关系的安排〉服务贸易协议》要求和中央有关精神，以及《中华人民共和国动物防疫法》、《执业兽医管理办法》，制定本规定。

第二条　港澳台居民参加全国执业兽医资格考试，其报名时间、报考程序、考试科目、考试内容、考试方式、考试时间、考试纪律、合格标准，适用《执业兽医管理办法》和有关全国执业兽医资格考试的统一规定。

第三条　具有完全民事行为能力，且符合下列条件的港澳台居民，可以申请参加全国执业兽医资格考试：

（一）具有国务院教育行政部门认可的大学专科以上学历；

（二）所学专业符合《执业兽医管理办法》和农业部公布的报考专业目录规定。

第四条　港澳台居民可在内地（大陆）任一考区报名参加全国执业兽医资格考试，考试缴费标准、缴费方式与报考地的内地（大陆）考生一致。

第五条　港澳台居民提交的有效身份证件，应当符合下列条件之一：

（一）香港、澳门居民提交香港、澳门居民身份证和港澳居民来往内地通行证；

（二）台湾居民提交在台湾地区居住的有效身份证明和台湾居民来往大陆通行证。

第六条　港澳台居民提交的有效学历证书，应当符合下列条件之一：

（一）取得内地（大陆）高等院校学历证书的，可以直接提交；

（二）取得香港、澳门、台湾地区或国外高等院校学历证书的，须同时提交由教育部留学服务中心出具的国（境）外学历学位认证书。

第七条　港澳台居民参加全国执业兽医资格考试成绩合格的，应当按照所在考区省级兽医主管部门考试公告要求，在规定时间内提出执业兽医资格授予申请。经审核合格的，由省级兽医主管部门颁发执业兽医资格证书。

第八条　取得执业兽医资格证书的港澳台居民，可以申请在内地（大陆）执业。

第九条　申请在内地（大陆）执业的港澳台居民，应当按照《执业兽医管理办法》和国家有关规定，向注册机关申请执业注册、备案。

第十条　港澳台居民取得执业兽医资格并经注册、备案后在内地（大陆）执业，应当遵守并履行《中华人民共和国动物防疫法》等国家相关法律法规规定义务。

第十一条　港澳台居民取得执业兽医资格并经注册、备案后在内地（大陆）执业的,按照国家法律法规和《执业兽医管理办法》规定管理。

第十二条 本规定自公布之日起施行,《香港和澳门特别行政区居民参加全国执业兽医资格考试实施细则（试行）》（农业部公告第2257号）同时废止。

乡村兽医管理办法

（农业部令第17号 2008年11月26日）

第一条 为了加强乡村兽医从业管理,提高乡村兽医业务素质和职业道德水平,保障乡村兽医合法权益,保护动物健康和公共卫生安全,根据《中华人民共和国动物防疫法》,制定本办法。

第二条 乡村兽医在乡村从事动物诊疗服务活动的,应当遵守本办法。

第三条 本办法所称乡村兽医,是指尚未取得执业兽医资格,经登记在乡村从事动物诊疗服务活动的人员。

第四条 农业部主管全国乡村兽医管理工作。

县级以上地方人民政府兽医主管部门主管本行政区域内乡村兽医管理工作。

县级以上地方人民政府设立的动物卫生监督机构负责本行政区域内乡村兽医监督执法工作。

第五条 国家鼓励符合条件的乡村兽医参加执业兽医资格考试,鼓励取得执业兽医资格的人员到乡村从事动物诊疗服务活动。

第六条 国家实行乡村兽医登记制度。符合下列条件之一的,可以向县级人民政府兽医主管部门申请乡村兽医登记：

（一）取得中等以上兽医、畜牧（畜牧兽医）、中兽医（民族兽医）或水产养殖专业学历的；

（二）取得中级以上动物疫病防治员、水生动物病害防治员职业技能鉴定证书的；

（三）在乡村从事动物诊疗服务连续5年以上的；

（四）经县级人民政府兽医主管部门培训合格的。

第七条 申请乡村兽医登记的,应当提交下列材料：

（一）乡村兽医登记申请表；

（二）学历证明、职业技能鉴定证书、培训合格证书或者乡镇畜牧兽医站出具的从业年限证明；

（三）申请人身份证明和复印件。

第八条 县级人民政府兽医主管部门应当在收到申请材料之日起20个工作日内完成审核。审核合格的,予以登记,并颁发乡村兽医登记证；不合格的,书面通知申请人,并说明理由。

乡村兽医登记证应当载明乡村兽医姓名、从业区域、有效期等事项。

乡村兽医登记证有效期 5 年，有效期届满需要继续从事动物诊疗服务活动的，应当在有效期届满 3 个月前申请续展。

第九条 乡村兽医登记证格式由农业部规定，各省、自治区、直辖市人民政府兽医主管部门统一印制。

县级人民政府兽医主管部门办理乡村兽医登记，不得收取任何费用。

第十条 县级人民政府兽医主管部门应当将登记的乡村兽医名单逐级汇总报省、自治区、直辖市人民政府兽医主管部门备案。

第十一条 乡村兽医只能在本乡镇从事动物诊疗服务活动，不得在城区从业。

第十二条 乡村兽医在乡村从事动物诊疗服务活动的，应当有固定的从业场所和必要的兽医器械。

第十三条 乡村兽医应当按照《兽药管理条例》和农业部的规定使用兽药，并如实记录用药情况。

第十四条 乡村兽医在动物诊疗服务活动中，应当按照规定处理使用过的兽医器械和医疗废弃物。

第十五条 乡村兽医在动物诊疗服务活动中发现动物染疫或者疑似染疫的，应当按照国家规定立即报告，并采取隔离等控制措施，防止动物疫情扩散。

乡村兽医在动物诊疗服务活动中发现动物患有或者疑似患有国家规定应当扑杀的疫病时，不得擅自进行治疗。

第十六条 发生突发动物疫情时，乡村兽医应当参加当地人民政府或者有关部门组织的预防、控制和扑灭工作，不得拒绝和阻碍。

第十七条 省、自治区、直辖市人民政府兽医主管部门应当制定乡村兽医培训规划，保证乡村兽医至少每两年接受一次培训。县级人民政府兽医主管部门应当根据培训规划制定本地区乡村兽医培训计划。

第十八条 县级人民政府兽医主管部门和乡（镇）人民政府应当按照《中华人民共和国动物防疫法》的规定，优先确定乡村兽医作为村级动物防疫员。

第十九条 乡村兽医有下列行为之一的，由动物卫生监督机构给予警告，责令暂停 6 个月以上 1 年以下动物诊疗服务活动；情节严重的，由原登记机关收回、注销乡村兽医登记证：

（一）不按照规定区域从业的；

（二）不按照当地人民政府或者有关部门的要求参加动物疫病预防、控制和扑灭活动的。

第二十条 乡村兽医有下列情形之一的，原登记机关应当收回、注销乡村兽医登记证：

（一）死亡或者被宣告失踪的；

（二）中止兽医服务活动满 2 年的。

第二十一条 乡村兽医在动物诊疗服务活动中，违法使用兽药的，依照有关法律、行政法规的规定予以处罚。

第二十二条　从事水生动物疫病防治的乡村兽医由县级人民政府渔业行政主管部门依照本办法的规定进行登记和监管。

县级人民政府渔业行政主管部门应当将登记的从事水生动物疫病防治的乡村兽医信息汇总通报同级兽医主管部门。

第二十三条　本办法自 2009 年 1 月 1 日起施行。

人事部、国内贸易部关于印发《拍卖师执业资格制度暂行规定》的通知

（人发〔1996〕130 号　1996 年 12 月 25 日）

各省、自治区、直辖市人事（人事劳动）厅（局）、商委、贸易厅拍卖业主管部门，国务院各部委、各直属机构人事（干部）部门：

为规范拍卖市场，加强拍卖企业管理，提高拍卖专业技术人员素质，确保拍卖活动依法进行，现将《拍卖师执业资格制度暂行规定》印发给你们，请遵照执行。

拍卖师执业资格制度暂行规定

第一章　总　则

第一条　为加强对拍卖专业技术人员的执业准入控制，规范拍卖市场的管理，提高拍卖专业技术人员的素质和执业水平，更好地发挥拍卖专业技术人员在拍卖企业、拍卖活动中的作用，根据《中华人民共和国拍卖法》以及职业资格证书制度的有关内容，制定本规定。

第二条　国家对拍卖专业技术人员实行执业资格制度，纳入全国专业技术人员执业资格制度统一规划的范围。

第三条　拍卖师是指经全国统一考试合格，取得拍卖师执业资格证书，并经注册登记的人员。

第四条　中国拍卖行业协会负责制定拍卖师标准、管理办法，组织编写培训教材，报国内贸易部、人事部审核后，统一组织培训、考试、考核、颁发证书工作。

国内贸易部负责全国拍卖专业技术人员执业资格制度的组织实施工作，人事部负责监督、检查。

第五条　获得拍卖师执业资格证书的专业技术人员，方可主持拍卖活动。

第二章　考　试

第六条　拍卖师执业资格实行全国统一大纲、统一命题、统一组织的考试制度。原则上每年举行一次。

第七条 国内贸易部组织成立"全国拍卖师执业资格考试委员会"（以下简称全国考试委员会）。全国考试委员会负责拟定考试大纲、考试科目、考试试题，送人事部备案。全国考试委员会下设办公室，办公室设在中国拍卖行业协会，负责拍卖师执业资格考试等具体工作。

第八条 培训工作必须按照与考试分开、自愿参加的原则进行。

第九条 凡中华人民共和国公民，遵纪守法并同时具备下列条件者，可申请参加拍卖师执业资格考试：

（一）思想健康，品行端正，具有敬业精神；
（二）身体状况良好；
（三）具有高等院校专科以上学历和拍卖专业知识；
（四）在拍卖企业工作两年以上；
（五）通过由国内贸易部组织的拍卖专业人员培训，并经所在拍卖企业推荐。

第十条 有下列情形之一者，不得申请参加拍卖师执业资格考试：

（一）不具有完全民事行为能力者。
（二）被开除公职未满五年以上者。
（三）因故意犯罪受过刑事处罚者。
（四）受吊销拍卖师执业资格证书处罚，自处罚决定之日起至申请报名之日止未满五年者。

第十一条 申请参加拍卖师执业资格考试的人员，应向中国拍卖行业协会提交下列资料：

（一）拍卖师执业资格考试报名表；
（二）拍卖专业人员培训证书及本人学历证明。

第十二条 拍卖师执业资格考试合格者，经全国考试委员会办公室考核评议通过后，由中国拍卖行业协会颁发国内贸易部、人事部用印的拍卖师执业资格证书，该证书全国范围内有效。

第三章 注 册

第十三条 中国拍卖行业协会为拍卖师执业资格的注册管理机构。国内贸易部、人事部对拍卖师执业资格的注册和使用情况有检查、监督的责任。

第十四条 考试合格取得拍卖师执业资格的人员，须在三个月内到中国拍卖行业协会申请办理注册登记手续。逾期不办者，当年考试成绩作废。

第十五条 拍卖师因正常原因调离原单位，仍继续从事拍卖工作者，须在一个月内到中国拍卖行业协会重新办理注册登记手续，并更换拍卖师执业资格证书。

第十六条 拍卖师因正常原因调离原单位，不再从事拍卖工作者，须在一个月内到中国拍卖行业协会注销拍卖师执业资格，并缴回拍卖师执业资格证书。

第十七条 拍卖师执业资格注册有效期为一年。有效期满前一个月，持证者应按规定主动到注册管理机构重新办理注册登记手续。

第十八条 拍卖师执业资格注册后，有下列情形之一的，由中国拍卖行业协会取消其注册，并收回拍卖师执业资格证书：

（一）完全丧失民事行为能力者。

（二）死亡或失踪者。

（三）受刑事处罚者。

第四章 职 责

第十九条 拍卖师必须严格执行《中华人民共和国拍卖法》等法律法规，遵守职业道德规范和行业管理的各项规定。

第二十条 拍卖师是拍卖活动的主持人。

第二十一条 拍卖师只能在一个拍卖企业专职执业，不得以其拍卖师的身份在其他拍卖企业兼职。

第二十二条 拍卖师职业道德标准：

（一）坚持四项基本原则；

（二）恪守公正、客观的原则，保持廉洁的工作作风。

第二十三条 拍卖师专业技术标准：

（一）具有一定的经济理论水平和丰富的拍卖专业理论知识；

（二）具有与拍卖相关的其他学科及商品知识，对拍卖标的具有相应的鉴定水平和评估能力；

（三）熟悉、掌握、运用《拍卖法》及其相关的各种法律和法规；

（四）具有一定的外语水平；

（五）具有丰富的实践经验，了解和掌握国内外拍卖动态。

第二十四条 拍卖师行为能力标准：

（一）具有自控能力，善于掌握分寸；

（二）具有社交能力，善于协调人际关系；

（三）具有组织能力，善于对工作、语言、文字进行组织和表达；

（四）具有知识转化能力，善于将已具备的专业知识与实际工作相结合。

第五章 罚 则

第二十五条 拍卖师有下列情形之一的，由中国拍卖行业协会视其情节轻重，给予警告、罚款、暂停执业、吊销执业资格的处分：

（一）在执业期间，因违反法律法规规定对国家、委托人或竞买人所造成的经济损失有直接责任者。

（二）利用执行业务之便，索取、收受委托人不正当的酬金或其他财物，或者谋取不正当的利益。

（三）允许他人以本人名义执行业务。

（四）同时在两个或者两个以上的拍卖企业执行业务。

（五）以竞买人的身份参与自己组织的拍卖活动，或者委托他人代为竞买。

（六）拍卖师工作变动，未在规定期限到中国拍卖行业协会办理变更或注销手续。

（七）拍卖师执业资格未按规定注册。

（八）违反法律、法规的其他行为。

第二十六条 拍卖师在主持拍卖活动时，必须展示拍卖师执业资格证书，违者不得主持拍卖活动。

第二十七条 在执业期间，由于拍卖师自身原因造成拍品成交价低于底价的，损失金额应由拍卖师个人负责赔偿。

第二十八条 对涂改、伪造或以虚假和不正当手段获取拍卖师执业资格证书的人员，中国拍卖行业协会将收回拍卖师执业资格证书，取消其执业资格，并视情节轻重给予必要的经济处罚。

第六章 附 则

第二十九条 本暂行规定由国内贸易部负责解释。

第三十条 本暂行规定自1997年1月1日起施行。

文化部关于印发《演出经纪人员管理办法》的通知

（文市发〔2012〕48号 2012年12月5日）

各省、自治区、直辖市文化厅（局），新疆生产建设兵团文化广播电视局，北京市、天津市、上海市、重庆市、西藏自治区文化市场行政执法总队：

为依法规范演出经纪活动，加强演出经纪人员队伍建设和管理，明确演出经纪活动当事人的权利与义务，保障演出市场健康发展，文化部制定了《演出经纪人员管理办法》，现印发给你们，请组织贯彻落实。

特此通知。

演出经纪人员管理办法

第一章 总 则

第一条 为规范演出经纪活动，加强演出经纪人员管理，明确演出经纪活动当事人的权利与义务，保障演出市场健康发展，根据《营业性演出管理条例》（以下简称《条例》）及《营业性演出管理条例实施细则》（以下简称《实施细则》），制定本办法。

第二条 本办法所称演出经纪资格证书是专职演出经纪人员的从业资格证明，全国通用。

第三条 本办法所称演出经纪人员，包括在演出经纪机构中从事演出组织、制作、营销，演出居间、代理、行纪，演员签约、推广、代理等活动的从业人员；在县级文化主管部门备案的个体演出经纪人。

第四条 设立演出经纪机构，应当符合《条例》规定的条件，有3名以上取得演出经纪资格证书的专职演出经纪人员。

个体演出经纪人在县级文化主管部门备案时，应当出具演出经纪资格证书。

第五条 演出经纪人员在演出经纪活动中应当遵守公平、公正、公开、诚信的原则。

第六条 文化部指导监督中国演出行业协会组织实施演出经纪人员资格认定工作。各级文化主管部门负责本辖区内演出经纪人员经纪活动的监督管理。

第二章 演出经纪资格证书

第七条 中国演出行业协会负责演出经纪资格证书的核发与管理。

（一）制定演出经纪资格证书考试大纲。考试内容应当包括演出市场政策法规、演出市场基础知识、演出经纪实务以及从业规范、艺术基础理论。

（二）每年应当组织2次全国性考试。考试时间、考试地点应当提前2个月向社会公布，考试结束后30日内公布合格名单并核发演出经纪资格证书。

（三）统一印制演出经纪资格证书，证书全国统一编号。

第八条 凡年满18周岁以上，中专以上文化程度，具有完全民事行为能力的（含我国香港特别行政区、澳门特别行政区、台湾地区人员），可以通过考试取得演出经纪资格证书。

第九条 演出经纪资格证书有效期为5年。有效期满应当到原发证单位办理换证手续。逾期未办理的，应当注销演出经纪资格证书。

第十条 演出经纪人员从业单位发生变更的，演出经纪人员应当到原发证单位办理变更手续。

第十一条 任何单位和个人不得伪造、变造、出租、出借演出经纪资格证书。

第三章 从业规范

第十二条 演出经纪人员应当遵守以下规定：

（一）根据《条例》、《实施细则》以及相关法规的规定提供演出经纪服务；

（二）演出经纪合同中应当注明负责该项业务演出经纪人员的演出经纪资格证书证号；

（三）保存经纪业务记录；

（四）对所经纪的演出项目进行内容自审，保证演出内容健康合法；

（五）按规定参加演出经纪相关继续教育，提高业务素质和职业道德水平；

（六）法律法规规定的其他行为规则。

第十三条 演出经纪人员不得有下列行为：

（一）在演出经纪机构中从业的人员以个人名义从事演出经纪活动；

（二）在两家以上（含两家）演出经纪机构从业；

（三）隐瞒与经纪业务有关的重要事项，或者对经纪业务作虚假宣传；

（四）为含有《条例》第二十六条禁止内容的演出提供经纪服务；

（五）法律法规禁止的其他行为。

第十四条 演出经纪人员在经纪活动中应当保障演员合法权益，规范演员从业行为，协助演员提高业务素质，督促演员遵守职业道德。

第四章 监督管理

第十五条 文化主管部门颁发、换发演出经纪机构营业性演出许可证时,应当核验并登记演出经纪人员的演出经纪资格证书。

第十六条 文化主管部门审批营业性演出活动,应当核验负责该项业务演出经纪人员的演出经纪资格证书。

第十七条 中国演出行业协会应当加强对演出经纪人员的信用管理,对演出经纪人员违反职业道德和行业规范的行为,应当在行业内按规定处理。演出经纪机构受到行政处罚的,中国演出行业协会应当对负责该项经纪业务的演出经纪人员予以通报批评,情节严重的,中国演出行业协会应当注销其演出经纪资格证书,自注销之日起5年内不得重新申请。

第十八条 中国演出行业协会应当依托全国文化市场技术监管与服务平台,建立演出经纪人员档案,记录演出经纪资格证书取得、变更、撤销等信息,为行政审批、综合执法、公众查询提供服务。

第十九条 中国演出行业协会应当根据演出经纪业务特点,制定演出经纪人员分类、分级管理细则,加强对演出经纪人员的服务,健全继续教育制度,提高演出经纪人员素质与水平。

第二十条 中国演出行业协会组织演出经纪人员资格认定工作收取费用的,应当依法办理相关手续,接受社会监督。

第二十一条 本办法自2013年3月1日起施行。

中华人民共和国执业医师法

(1998年6月26日第九届全国人民代表大会常务委员会第三次会议通过,1998年6月26日中华人民共和国主席令第5号公布,自1999年5月1日起施行)

第一章 总 则

第一条 为了加强医师队伍的建设,提高医师的职业道德和业务素质,保障医师的合法权益,保护人民健康,制定本法。

第二条 依法取得执业医师资格或者执业助理医师资格,经注册在医疗、预防、保健机构中执业的专业医务人员,适用本法。

本法所称医师,包括执业医师和执业助理医师。

第三条 医师应当具备良好的职业道德和医疗执业水平,发扬人道主义精神,履行防病治病、救死扶伤、保护人民健康的神圣职责。

全社会应当尊重医师。医师依法履行职责,受法律保护。

第四条 国务院卫生行政部门主管全国的医师工作。

县级以上地方人民政府卫生行政部门负责管理本行政区域内的医师工作。

第五条 国家对在医疗、预防、保健工作中作出贡献的医师，给予奖励。

第六条 医师的医学专业技术职称和医学专业技术职务的评定、聘任，按照国家有关规定办理。

第七条 医师可以依法组织和参加医师协会。

第二章 考试和注册

第八条 国家实行医师资格考试制度。医师资格考试分为执业医师资格考试和执业助理医师资格考试。

医师资格考试的办法，由国务院卫生行政部门制定。医师资格考试由省级以上人民政府卫生行政部门组织实施。

第九条 具有下列条件之一的，可以参加执业医师资格考试：

（一）具有高等学校医学专业本科以上学历，在执业医师指导下，在医疗、预防、保健机构中试用期满一年的。

（二）取得执业助理医师执业证书后，具有高等学校医学专科学历，在医疗、预防、保健机构中工作满二年的；具有中等专业学校医学专业学历，在医疗、预防、保健机构中工作满五年的。

第十条 具有高等学校医学专科学历或者中等专业学校医学专科学历，在执业医师指导下，在医疗、预防、保健机构中试用期满一年的，可以参加执业助理医师资格考试。

第十一条 以师承方式学习传统医学满三年或者经多年实践医术确有专长的，经县级以上人民政府卫生行政部门确定的传统医学专业组织或者医疗、预防、保健机构考核合格并推荐，可以参加执业医师资格或者执业助理医师资格考试。考试的内容和办法由国务院卫生行政部门另行制定。

第十二条 医师资格考试成绩合格，取得执业医师资格或者执业助理医师资格。

第十三条 国家实行医师执业注册制度。

取得医师资格的，可以向所在地县级以上人民政府卫生行政部门申请注册。

除有本法第十五条规定的情形外，受理申请的卫生行政部门应当自收到申请之日起三十日内准予注册，并发给由国务院卫生行政部门统一印制的医师执业证书。

医疗、预防、保健机构可以为本机构中的医师集体办理注册手续。

第十四条 医师经注册后，可以在医疗、预防、保健机构中按照注册的执业地点、执业类别、执业范围执业，从事相应的医疗、预防、保健业务。

未经医师注册取得执业证书，不得从事医师执业活动。

第十五条 有下列情形之一的，不予注册：

（一）不具有完全民事行为能力的；

（二）因受刑事处罚，自刑罚执行完毕之日起至申请注册之日止不满二年的；

（三）受吊销医师执业证书行政处罚，自处罚决定之日起至申请注册之日止不满二年的；

（四）有国务院卫生行政部门规定不宜从事医疗、预防、保健业务的其他情形的。

受理申请的卫生行政部门对不符合条件不予注册的，应当自收到申请之日起三十日内书面通知申请人，并说明理由。申请人有异议的，可以自收到通知之日起十五日内，依法申请复议或者向人民法院提起诉讼。

第十六条　医师注册后有下列情形之一的，其所在的医疗、预防、保健机构应当在三十日内报告准予注册的卫生行政部门，卫生行政部门应当注销注册，收回医师执业证书：

（一）死亡或者被宣告失踪的；
（二）受刑事处罚的；
（三）受吊销医师执业证书行政处罚的；
（四）依照本法第三十一条规定暂停执业活动期满，再次考核仍不合格的；
（五）中止医师执业活动满二年的；
（六）有国务院卫生行政部门规定不宜从事医疗、预防、保健业务的其他情形的。

被注销注册的当事人有异议的，可以自收到注销注册通知之日起十五日内，依法申请复议或者向人民法院提起诉讼。

第十七条　医师变更执业地点、执业类别、执业范围等注册事项的，应当到准予注册的卫生行政部门依照本法第十三条的规定办理变更注册手续。

第十八条　中止医师执业活动二年以上以及有本法第十五条规定情形消失的，申请重新执业，应当由本法第三十一条规定的机构考核合格，并依照本法第十三条的规定重新注册。

第十九条　申请个体行医的执业医师，须经注册后在医疗、预防、保健机构中执业满五年，并按照国家有关规定办理审批手续；未经批准，不得行医。

县级以上地方人民政府卫生行政部门对个体行医的医师，应当按照国务院卫生行政部门的规定，经常监督检查，凡发现有本法第十六条规定的情形的，应当及时注销注册，收回医师执业证书。

第二十条　县级以上地方人民政府卫生行政部门应当将准予注册和注销注册的人员名单予以公告，并由省级人民政府卫生行政部门汇总，报国务院卫生行政部门备案。

第三章　执　业　规　则

第二十一条　医师在执业活动中享有下列权利：

（一）在注册的执业范围内，进行医学诊查、疾病调查、医学处置、出具相应的医学证明文件，选择合理的医疗、预防、保健方案；
（二）按照国务院卫生行政部门规定的标准，获得与本人执业活动相当的医疗设备基本条件；
（三）从事医学研究、学术交流，参加专业学术团体；
（四）参加专业培训，接受继续医学教育；
（五）在执业活动中，人格尊严、人身安全不受侵犯；
（六）获取工资报酬和津贴，享受国家规定的福利待遇；

（七）对所在机构的医疗、预防、保健工作和卫生行政部门的工作提出意见和建议，依法参与所在机构的民主管理。

第二十二条 医师在执业活动中履行下列义务：

（一）遵守法律、法规，遵守技术操作规范；

（二）树立敬业精神，遵守职业道德，履行医师职责，尽职尽责为患者服务；

（三）关心、爱护、尊重患者，保护患者的隐私；

（四）努力钻研业务，更新知识，提高专业技术水平；

（五）宣传卫生保健知识，对患者进行健康教育。

第二十三条 医师实施医疗、预防、保健措施，签署有关医学证明文件，必须亲自诊查、调查，并按照规定及时填写医学文书，不得隐匿、伪造或者销毁医学文书及有关资料。

医师不得出具与自己执业范围无关或者与执业类别不相符的医学证明文件。

第二十四条 对急危患者，医师应当采取紧急措施及时进行诊治；不得拒绝急救处置。

第二十五条 医师应当使用经国家有关部门批准使用的药品、消毒药剂和医疗器械。

除正当治疗外，不得使用麻醉药品、医疗用毒性药品、精神药品和放射性药品。

第二十六条 医师应当如实向患者或者其家属介绍病情，但应注意避免对患者产生不利后果。

医师进行实验性临床医疗，应当经医院批准并征得患者本人或者其家属同意。

第二十七条 医师不得利用职务之便，索取、非法收受患者财物或者牟取其他不正当利益。

第二十八条 遇有自然灾害、传染病流行、突发重大伤亡事故及其他严重威胁人民生命健康的紧急情况时，医师应当服从县级以上人民政府卫生行政部门的调遣。

第二十九条 医师发生医疗事故或者发现传染病疫情时，应当依照有关规定及时向所在机构或者卫生行政部门报告。

医师发现患者涉嫌伤害事件或者非正常死亡时，应当按照有关规定向有关部门报告。

第三十条 执业助理医师应当在执业医师的指导下，在医疗、预防、保健机构中按照其执业类别执业。

在乡、民族乡、镇的医疗、预防、保健机构中工作的执业助理医师，可以根据医疗诊治的情况和需要，独立从事一般的执业活动。

第四章 考核和培训

第三十一条 受县级以上人民政府卫生行政部门委托的机构或者组织应当按照医师执业标准，对医师的业务水平、工作成绩和职业道德状况进行定期考核。

对医师的考核结果，考核机构应当报告准予注册的卫生行政部门备案。

对考核不合格的医师，县级以上人民政府卫生行政部门可以责令其暂停执业活动三个月至六个月，并接受培训和继续医学教育。暂停执业活动期满，再次进行考核，对考核合格的，允许其继续执业；对考核不合格的，由县级以上人民政府卫生行政部门注销注册，收回医师执业证书。

第三十二条 县级以上人民政府卫生行政部门负责指导、检查和监督医师考核工作。

第三十三条 医师有下列情形之一的，县级以上人民政府卫生行政部门应当给予表彰或者奖励：

（一）在执业活动中，医德高尚，事迹突出的；

（二）对医学专业技术有重大突破，作出显著贡献的；

（三）遇有自然灾害、传染病流行、突发重大伤亡事故及其他严重威胁人民生命健康的紧急情况时，救死扶伤、抢救诊疗表现突出的；

（四）长期在边远贫困地区、少数民族地区条件艰苦的基层单位努力工作的；

（五）国务院卫生行政部门规定应当予以表彰或者奖励的其他情形的。

第三十四条 县级以上人民政府卫生行政部门应当制定医师培训计划，对医师进行多种形式的培训，为医师接受继续医学教育提供条件。

县级以上人民政府卫生行政部门应当采取措施，对在农村和少数民族地区从事医疗、预防、保健业务的医务人员实施培训。

第三十五条 医疗、预防、保健机构应当依照规定和计划保证本机构医师的培训和继续医学教育。

县级以上人民政府卫生行政部门委托的承担医师考核任务的医疗卫生机构，应当为医师的培训和接受继续医学教育提供和创造条件。

第五章 法 律 责 任

第三十六条 以不正当手段取得医师执业证书的，由发给证书的卫生行政部门予以吊销；对负有直接责任的主管人员和其他直接责任人员，依法给予行政处分。

第三十七条 医师在执业活动中，违反本法规定，有下列行为之一的，由县级以上人民政府卫生行政部门给予警告或者责令暂停六个月以上一年以下执业活动；情节严重的，吊销其医师执业证书；构成犯罪的，依法追究刑事责任：

（一）违反卫生行政规章制度或者技术操作规范，造成严重后果的；

（二）由于不负责任延误急危病重患者的抢救和诊治，造成严重后果的；

（三）造成医疗责任事故的；

（四）未经亲自诊查、调查，签署诊断、治疗、流行病学等证明文件或者有关出生、死亡等证明文件的；

（五）隐匿、伪造或者擅自销毁医学文书及有关资料的；

（六）使用未经批准使用的药品、消毒药剂和医疗器械的；

（七）不按照规定使用麻醉药品、医疗用毒性药品、精神药品和放射性药品的；

（八）未经患者或者其家属同意，对患者进行实验性临床医疗的；

（九）泄露患者隐私，造成严重后果的；

（十）利用职务之便，索取、非法收受患者财物或者牟取其他不正当利益的；

（十一）发生自然灾害、传染病流行、突发重大伤亡事故以及其他严重威胁人民生命健康的紧急情况时，不服从卫生行政部门调遣的；

（十二）发生医疗事故或者发现传染病疫情，患者涉嫌伤害事件或者非正常死亡，不按照规定报告的。

第三十八条 医师在医疗、预防、保健工作中造成事故的，依照法律或者国家有关规定处理。

第三十九条 未经批准擅自开办医疗机构行医或者非医师行医的，由县级以上人民政府卫生行政部门予以取缔，没收其违法所得及其药品、器械，并处十万元以下的罚款；对医师吊销其执业证书；给患者造成损害的，依法承担赔偿责任；构成犯罪的，依法追究刑事责任。

第四十条 阻碍医师依法执业，侮辱、诽谤、威胁、殴打医师或者侵犯医师人身自由、干扰医师正常工作、生活的，依照治安管理处罚条例的规定处罚；构成犯罪的，依法追究刑事责任。

第四十一条 医疗、预防、保健机构未依照本法第十六条的规定履行报告职责，导致严重后果的，由县级以上人民政府卫生行政部门给予警告；并对该机构的行政负责人依法给予行政处分。

第四十二条 卫生行政部门工作人员或者医疗、预防、保健机构工作人员违反本法有关规定，弄虚作假、玩忽职守、滥用职权、徇私舞弊，尚不构成犯罪的，依法给予行政处分；构成犯罪的，依法追究刑事责任。

第六章 附 则

第四十三条 本法颁布之日前按照国家有关规定取得医学专业技术职称和医学专业技术职务的人员，由所在机构报请县级以上人民政府卫生行政部门认定，取得相应的医师资格。其中在医疗、预防、保健机构中从事医疗、预防、保健业务的医务人员，依照本法规定的条件，由所在机构集体核报县级以上人民政府卫生行政部门，予以注册并发给医师执业证书。具体办法由国务院卫生行政部门会同国务院人事行政部门制定。

第四十四条 计划生育技术服务机构中的医师，适用本法

第四十五条 在乡村医疗卫生机构中向村民提供预防、保健和一般医疗服务的乡村医生，符合本法有关规定的，可以依法取得执业医师资格或者执业助理医师资格；不具备本法规定的执业医师资格或者执业助理医师资格的乡村医生，由国务院另行制定管理办法。

第四十六条 军队医师执行本法的实施办法，由国务院、中央军事委员会依据本法的原则制定。

第四十七条 境外人员在中国境内申请医师考试、注册、执业或者从事临床示教、临床研究等活动的，按照国家有关规定办理。

第四十八条 本法自1999年5月1日起施行。

医师资格考试暂行办法

(卫生部令第4号 1999年7月16日)

第一章 总 则

第一条 根据《中华人民共和国执业医师法》(以下简称《执业医师法》)第八条的规定,制定本办法。

第二条 医师资格考试是评价申请医师资格者是否具备执业所必需的专业知识与技能的考试。

第三条 医师资格考试分为执业医师资格考试和执业助理医师资格考试。考试类别分为临床、中医(包括中医、民族医、中西医结合)、口腔、公共卫生四类。考试方式分为实践技能考试和医学综合笔试。

医师资格考试方式的具体内容和方案由卫生部医师资格考试委员会制定。

第四条 医师资格考试实行国家统一考试,每年举行一次。考试时间由卫生部医师资格考试委员会确定,提前3个月向社会公告。

第二章 组织管理

第五条 卫生部医师资格考试委员会,负责全国医师资格考试工作。委员会下设办公室和专门委员会。

各省、自治区、直辖市卫生行政部门牵头成立医师资格考试领导小组,负责本辖区的医师资格考试工作。领导小组组长由省级卫生行政部门的主要领导兼任。

第六条 医师资格考试考务管理实行国家医学考试中心、考区、考点三级分别责任制。

第七条 国家医学考试中心在卫生部和卫生部医师资格考试委员会领导下,具体负责医师资格考试的技术性工作,其职责是:

(一)组织拟定考试大纲和命题组卷的有关具体工作;
(二)组织制订考务管理规定;
(三)承担考生报名信息处理、制卷、发送试卷、回收答题卡等考务工作;
(四)组织评定考试成绩,提供考生成绩单;
(五)提交考试结果统计分析报告;
(六)向卫生部和卫生部医师资格考试委员会报告考试工作;
(七)指导考区办公室和考点办公室的业务工作;
(八)承担命题专家的培训工作;
(九)其他。

第八条 各省、自治区、直辖市为考区,考区主任由省级卫生行政部门主管领导兼任。

考区的基本情况和人员组成报卫生部医师资格考试委员会备案。

考区设办公室，其职责是：

（一）制定本地区医师考试考务管理具体措施；

（二）负责本地区的医师资格考试考务管理；

（三）指导各考点办公室的工作；

（四）接收或转发报名息、试卷、答题卡、成绩单等考试资料；向国家医学考试中心寄送报名信息、答题卡等考试资料；

（五）复核考生报名资格；

（六）处理、上报考试期间本考区发生的重大问题；

（七）其他。

第九条 考区根据考生情况设置考点，报卫生部医师资格考试委员会备案。考点应设在地或设区的市。考点设主考一人，由地或设区的市级卫生行政主管领导兼任。

考点设置应符合考点设置标准。

考点设办公室，其职责是：

（一）负责本地区医师资格考试考务工作；

（二）受理考生报名实考生提供的报名材料，审核考生报名资格；

（三）指导考生填写报名信息表，按统一要求处理考生信息；

（四）收取考试费；

（五）核发《准考证》；

（六）安排考场，组织培训监考人员；

（七）负责接收本考点的试卷、答题卡，负责考试前的机要存放；

（八）组织实施考试；

（九）考试结束后清点试卷、答题卡，寄送答题卡并销毁试卷；

（十）分发成绩单并受理成绩查询；

（十一）处理、上报考试期间本考点发生的问题；

（十二）其他。

第十条 各级考试管理部门和机构要有计划地逐级培训考务工作人员。

第三章 报考程序

第十一条 凡符合《执业医师法》第九条所列条件的，可以申请参加执业医师资格考试。

在1998年6月26日前获得医士专业技术职务任职资格，后又取得执业助理医师资格的，医士从业时间和取得执业助理医师执业证书后执业时间累计满五年的，可以申请参加执业医师资格考试。

高等学校医学专业本科以上学历是指国务院教育行政部门认可的各类高等学校医学专业本科以上的学历。

第十二条 凡符合《执业医师法》第十条所列条件的，可以申请参加执业助理医师资格考试。

高等学校医学专科学历是指省级以上教育行政部门认可的各类高等学校医学专业专科学历；中等专业学校医学专业学历是指经省级以上教育行政部门认可的各类中等专业学校医学专业中专学历。

第十三条 申请参加医师资格考试的人员，应当在公告规定期限内，到户籍所在地的考点办公室报名，并提交下列材料：

（一）二寸免冠正面半身照片两张；

（二）本人身份证明；

（三）毕业证书复印件；

（四）试用机构出具的试用期满一年并考核合格的证明；

（五）执业助理医师申报执业医师资格考试的，还应当提交《医师资格证书》复印件、《医师执业证书》复印件、执业时间和考核合格证明；

（六）报考所需的其他材料。

试用机构与户籍所在地跨省分离的，由试用机构推荐，可在试用机构所在地报名参加考试。

第十四条 经审查，符合报考条件，由考点发放《准考证》。

第十五条 考生报名后不参加考试的，取消本次考试资格。

第四章 实践技能考试

第十六条 在卫生部医师资格考试委员会领导下，省级医师资格考试领导小组根据本辖区考生情况及专业特点，依据实践技能考试大纲，负责实施实践技能考试工作。

第十七条 已经取得执业助理医师执业证书，报考执业医师资格的，可以免于实践技能考试。

第十八条 经省级医师资格考试领导小组批准的，符合《医疗机构基本标准》二级以上医院（中医、民族医、中西医结合医院除外）、妇幼保健院，急救中心标准的机构，承担对本机构聘用的申请报考临床类别人员的实践技能考试。

除前款规定的人员外，其他人员应根据考点办公室的统一安排，到省级医师资格考试领导小组指定的地或设区的市级以上医疗、预防、保健机构或组织参加实践技能考试。该机构或组织应当在考生医学综合笔试考点所在地。

第十九条 承担实践技能考试的考官应具备下列条件：

（一）取得主治医师以上专业技术职务任职资格满三年。

（二）具有一年以上培训医师或指导医学专业学生实习的工作经历。

（三）经省级医师资格考试领导小组进行考试相关业务知识的培训，考试成绩合格，并由省级医师资格考试领导小组颁发实践技能考试考官聘任证书。

实践技能考试考官的聘用任期为二年。

第二十条 承担实践技能考试的机构或组织内设若干考试小组。每个考试小组由三人以上单数考官组成。其中一名为主考官。主考官应具有副主任医师以上专业技术职务任职资格，并经承担实践技能考试机构或组织的主要负责人推荐，报考点办公室审核，由考点主考批准。

第二十一条 考官有下列情形之一的，必须自行回避；应试者也有权以口头或者书面方式申请回避：

（一）是应试者的近亲属；

（二）与应试者有利害关系；

（三）与应试者有其他关系，可能影响考试公正的。

前款规定适用于组织考试的工作人员。

第二十二条 实践技能考试机构或组织应对应试者所提交的试用期一年的实践材料进行认真审核。

第二十三条 考试小组进行评议时，如果意见分歧，应当少数服从多数，并由主考官签署考试结果。但是少数人的意见应当写入笔录。评议笔录由考试小组的全体考官签名。

第二十四条 省级医师资格考试领导小组要加强对承担实践技能考试工作的机构或组织的检查、指导、监督和评价。

第二十五条 本办法第十八条第一款规定的机构，应当将考生考试结果及有关资料报考点办公室审核。考点办公室应在医学综合笔试考试日期15日前将考生实践技能考试结果通知考生，并对考试合格的，发给由主考签发的实践技能考试合格证明。

本办法第十八条第二款规定的机构或组织应于考试结束后将考生考试结果及有关资料报考点办公室审核，由考点办公室将考试结果通知考生，对考试合格的，发给由主考签发的实践技能考试合格证明。具体上报和通知考生时间由省级卫生行政部门规定。

实践技能考试合格者方可参加医学综合笔试。

第五章 医学综合笔试

第二十六条 实践技能考试合格的考生应持实践技能考试合格证明参加医学综合笔试。

第二十七条 医师资格考试试卷（包括备用卷）和标准答案，启用前应当严格保密；使用后的试卷应予销毁。

第二十八条 国家医学考试中心向考区提供医学综合笔试试卷和答题卡、各考区成绩册、考生成绩单及考试统计分析结果。考点在考区的领导监督下组织实施考试。

第二十九条 考试中心、考区、考点工作人员及命题人员，如有直系亲属参加当年医师资格考试的，应实行回避。

第三十条 医师资格考试结束后，考区应当立即将考试情况报告卫生部医师资格考试委员会。

第三十一条 医师资格考试的合格线由卫生部医师资格考试委员会确定，并向社会公告。

第三十二条 考生成绩单由考点发给考生。考生成绩在未正式公布前，应当严格保密。

第三十三条 考试成绩合格的，授予执业医师资格或执业助理医师资格，由省级卫生行政部门颁发卫生部统一印制的《医师资格证书》。

《医师资格证书》是执业医师资格或执业助理医师资格的证明文件。

第六章 处 罚

第三十四条 违反本办法，考生有下列情形之一的，县级以上卫生行政部门视情节，给予警告、通报批评、取消单元考试资格、取消当年考试资格的处罚或处分；构成犯罪的，依法追究刑事责任：

（一）违反考场纪律、影响考场秩序；

（二）由他人代考、偷换答卷；

（三）假报姓名、年龄、学历、工龄、民族、身份证明、学籍等；

（四）伪造有关资料，弄虚作假；

（五）其他严重舞弊行为。

第三十五条 考试工作人员违反本办法，有下列情形之一的，由县级以上卫生行政部门给予警告或取消考试工作人员资格，考试工作人员所在单位可以给予记过、记大过、降级、降职、撤职、开除等处分；构成犯罪的，依法追究刑事责任：

（一）监考中不履行职责；

（二）在阅卷评分中错评、漏评、差错较多，经指出仍不改正的；

（三）泄漏阅卷评分工作情况；

（四）利用工作之便，为考生舞弊提供条件或者谋取私利；

（五）其他严重违纪行为。

第三十六条 考点有下列情况之一的，造成较大影响的，取消考点资格，并追究考点负责人的责任：

（一）考点考务工作管理混乱，出现严重差错的；

（二）所属考场秩序混乱、出现大面积舞弊、抄袭现象的；

（三）发生试卷泄密、损毁、丢失的；

（四）其他影响考试的行为。

考场、考点发生考试纪律混乱、有组织的舞弊，相应范围内考试无效。

第三十七条 卫生行政部门工作人员违反本办法有关规定，在考试中弄虚作假、玩忽职守、滥用职权、徇私舞弊，尚不构成犯罪的，依法给予行政处分；构成犯罪的，依法追究刑事责任。

第三十八条 为申请参加实践技能考试的考生出具伪证的，依法追究直接责任者的法律责任。执业医师出具伪证的，注销注册，吊销其《医师执业证书》。对出具伪证的机构主要负责人视情节予以降级、撤职等处分；构成犯罪的，依法追究刑事责任。

省级医师资格考试领导小组对违反有关规定的承担实践技能考试机构或组织责令限期整改；情节严重的，取消承担实践技能考试机构或组织的资格，五年内不得再次申请承担实践技能考试指定机构或组织。

第七章 附 则

第三十九条 省级卫生行政部门可根据本办法制定具体规定，并报卫生部备案。

第四十条 国家和省级中医药主管部门分别在卫生部医师资格考试委员会和省级医

师资格考试领导小组统一安排下，参与组织中医（包括中医、民族医、中西医结合）医师资格考试中的有关技术性工作、考生资格审核、实践技能考试等。

第四十一条　本办法所称医疗机构是指符合《医疗机构管理条例》第二条和《医疗机构管理条例实施细则》第二条和第三条规定的机构；社区卫生服务机构和采供血机构适用《医疗机构管理条例实施细则》第三条第十二项的规定；预防机构是指《传染病防治法实施办法》第七十三条规定的机构。

第四十二条　计划生育技术服务机构中的人员适用本办法的规定。

第四十三条　本办法由卫生部解释。

第四十四条　本办法自颁布之日起施行。

乡村医生从业管理条例

（国务院令第386号　2003年8月5日）

第一章　总　则

第一条　为了提高乡村医生的职业道德和业务素质，加强乡村医生从业管理，保护乡村医生的合法权益，保障村民获得初级卫生保健服务，根据《中华人民共和国执业医师法》（以下称执业医师法）的规定，制定本条例。

第二条　本条例适用于尚未取得执业医师资格或者执业助理医师资格，经注册在村医疗卫生机构从事预防、保健和一般医疗服务的乡村医生。

村医疗卫生机构中的执业医师或者执业助理医师，依照执业医师法的规定管理，不适用本条例。

第三条　国务院卫生行政主管部门负责全国乡村医生的管理工作。

县级以上地方人民政府卫生行政主管部门负责本行政区域内乡村医生的管理工作。

第四条　国家对在农村预防、保健、医疗服务和突发事件应急处理工作中做出突出成绩的乡村医生，给予奖励。

第五条　地方各级人民政府应当加强乡村医生的培训工作，采取多种形式对乡村医生进行培训。

第六条　具有学历教育资格的医学教育机构，应当按照国家有关规定开展适应农村需要的医学学历教育，定向为农村培养适用的卫生人员。

国家鼓励乡村医生学习中医药基本知识，运用中医药技能防治疾病。

第七条　国家鼓励乡村医生通过医学教育取得医学专业学历；鼓励符合条件的乡村医生申请参加国家医师资格考试。

第八条　国家鼓励取得执业医师资格或者执业助理医师资格的人员，开办村医疗卫生机构，或者在村医疗卫生机构向村民提供预防、保健和医疗服务。

第二章 执 业 注 册

第九条 国家实行乡村医生执业注册制度。

县级人民政府卫生行政主管部门负责乡村医生执业注册工作。

第十条 本条例公布前的乡村医生，取得县级以上地方人民政府卫生行政主管部门颁发的乡村医生证书，并符合下列条件之一的，可以向县级人民政府卫生行政主管部门申请乡村医生执业注册，取得乡村医生执业证书后，继续在村医疗卫生机构执业：

（一）已经取得中等以上医学专业学历的；

（二）在村医疗卫生机构连续工作 20 年以上的；

（三）按照省、自治区、直辖市人民政府卫生行政主管部门制定的培训规划，接受培训取得合格证书的。

第十一条 对具有县级以上地方人民政府卫生行政主管部门颁发的乡村医生证书，但不符合本条例第十条规定条件的乡村医生，县级人民政府卫生行政主管部门应当进行有关预防、保健和一般医疗服务基本知识的培训，并根据省、自治区、直辖市人民政府卫生行政主管部门确定的考试内容、考试范围进行考试。

前款所指的乡村医生经培训并考试合格的，可以申请乡村医生执业注册；经培训但考试不合格的，县级人民政府卫生行政主管部门应当组织对其再次培训和考试。不参加再次培训或者再次考试仍不合格的，不得申请乡村医生执业注册。

本条所指的培训、考试，应当在本条例施行后 6 个月内完成。

第十二条 本条例公布之日起进入村医疗卫生机构从事预防、保健和医疗服务的人员，应当具备执业医师资格或者执业助理医师资格。

不具备前款规定条件的地区，根据实际需要，可以允许具有中等医学专业学历的人员，或者经培训达到中等医学专业水平的其他人员申请执业注册，进入村医疗卫生机构执业。具体办法由省、自治区、直辖市人民政府制定。

第十三条 符合本条例规定申请在村医疗卫生机构执业的人员，应当持村医疗卫生机构出具的拟聘用证明和相关学历证明、证书，向村医疗卫生机构所在地的县级人民政府卫生行政主管部门申请执业注册。

县级人民政府卫生行政主管部门应当自受理申请之日起 15 日内完成审核工作，对符合本条例规定条件的，准予执业注册，发给乡村医生执业证书；对不符合本条例规定条件的，不予注册，并书面说明理由。

第十四条 乡村医生有下列情形之一的，不予注册：

（一）不具有完全民事行为能力的；

（二）受刑事处罚，自刑罚执行完毕之日起至申请执业注册之日止不满 2 年的；

（三）受吊销乡村医生执业证书行政处罚，自处罚决定之日起至申请执业注册之日止不满 2 年的。

第十五条 乡村医生经注册取得执业证书后，方可在聘用其执业的村医疗卫生机构从事预防、保健和一般医疗服务。

未经注册取得乡村医生执业证书的，不得执业。

第十六条　乡村医生执业证书有效期为 5 年。

乡村医生执业证书有效期满需要继续执业的，应当在有效期满前 3 个月申请再注册。

县级人民政府卫生行政主管部门应当自受理申请之日起 15 日内进行审核，对符合省、自治区、直辖市人民政府卫生行政主管部门规定条件的，准予再注册，换发乡村医生执业证书；对不符合条件的，不予再注册，由发证部门收回原乡村医生执业证书。

第十七条　乡村医生应当在聘用其执业的村医疗卫生机构执业；变更执业的村医疗卫生机构的，应当依照本条例第十三条规定的程序办理变更注册手续。

第十八条　乡村医生有下列情形之一的，由原注册的卫生行政主管部门注销执业注册，收回乡村医生执业证书：

（一）死亡或者被宣告失踪的；

（二）受刑事处罚的；

（三）中止执业活动满 2 年的；

（四）考核不合格，逾期未提出再次考核申请或者经再次考核仍不合格的。

第十九条　县级人民政府卫生行政主管部门应当将准予执业注册、再注册和注销注册的人员名单向其执业的村医疗卫生机构所在地的村民公告，并由设区的市级人民政府卫生行政主管部门汇总，报省、自治区、直辖市人民政府卫生行政主管部门备案。

第二十条　县级人民政府卫生行政主管部门办理乡村医生执业注册、再注册、注销注册，应当依据法定权限、条件和程序，遵循便民原则，提高办事效率。

第二十一条　村民和乡村医生发现违法办理乡村医生执业注册、再注册、注销注册的，可以向有关人民政府卫生行政主管部门反映；有关人民政府卫生行政主管部门对反映的情况应当及时核实，调查处理，并将调查处理结果予以公布。

第二十二条　上级人民政府卫生行政主管部门应当加强对下级人民政府卫生行政主管部门办理乡村医生执业注册、再注册、注销注册的监督检查，及时纠正违法行为。

第三章　执业规则

第二十三条　乡村医生在执业活动中享有下列权利：

（一）进行一般医学处置，出具相应的医学证明；

（二）参与医学经验交流，参加专业学术团体；

（三）参加业务培训和教育；

（四）在执业活动中，人格尊严、人身安全不受侵犯；

（五）获取报酬；

（六）对当地的预防、保健、医疗工作和卫生行政主管部门的工作提出意见和建议。

第二十四条　乡村医生在执业活动中应当履行下列义务：

（一）遵守法律、法规、规章和诊疗护理技术规范、常规；

（二）树立敬业精神，遵守职业道德，履行乡村医生职责，为村民健康服务；

（三）关心、爱护、尊重患者，保护患者的隐私；

（四）努力钻研业务，更新知识，提高专业技术水平；

（五）向村民宣传卫生保健知识，对患者进行健康教育。

第二十五条　乡村医生应当协助有关部门做好初级卫生保健服务工作；按照规定及时报告传染病疫情和中毒事件，如实填写并上报有关卫生统计报表，妥善保管有关资料。

第二十六条　乡村医生在执业活动中，不得重复使用一次性医疗器械和卫生材料。对使用过的一次性医疗器械和卫生材料，应当按照规定处置。

第二十七条　乡村医生应当如实向患者或者其家属介绍病情，对超出一般医疗服务范围或者限于医疗条件和技术水平不能诊治的病人，应当及时转诊；情况紧急不能转诊的，应当先行抢救并及时向有抢救条件的医疗卫生机构求助。

第二十八条　乡村医生不得出具与执业范围无关或者与执业范围不相符的医学证明，不得进行实验性临床医疗活动。

第二十九条　省、自治区、直辖市人民政府卫生行政主管部门应当按照乡村医生一般医疗服务范围，制定乡村医生基本用药目录。乡村医生应当在乡村医生基本用药目录规定的范围内用药。

第三十条　县级人民政府对乡村医生开展国家规定的预防、保健等公共卫生服务，应当按照有关规定予以补助。

第四章　培训与考核

第三十一条　省、自治区、直辖市人民政府组织制定乡村医生培训规划，保证乡村医生至少每2年接受一次培训。县级人民政府根据培训规划制定本地区乡村医生培训计划。

对承担国家规定的预防、保健等公共卫生服务的乡村医生，其培训所需经费列入县级财政预算。对边远贫困地区，设区的市级以上地方人民政府应当给予适当经费支持。

国家鼓励社会组织和个人支持乡村医生培训工作。

第三十二条　县级人民政府卫生行政主管部门根据乡村医生培训计划，负责组织乡村医生的培训工作。

乡、镇人民政府以及村民委员会应当为乡村医生开展工作和学习提供条件，保证乡村医生接受培训和继续教育。

第三十三条　乡村医生应当按照培训规划的要求至少每2年接受一次培训，更新医学知识，提高业务水平。

第三十四条　县级人民政府卫生行政主管部门负责组织本地区乡村医生的考核工作；对乡村医生的考核，每2年组织一次。

对乡村医生的考核应当客观、公正，充分听取乡村医生执业的村医疗卫生机构、乡村医生本人、所在村村民委员会和村民的意见。

第三十五条　县级人民政府卫生行政主管部门负责检查乡村医生执业情况，收集村民对乡村医生业务水平、工作质量的评价和建议，接受村民对乡村医生的投诉，并进行汇总、分析。汇总、分析结果与乡村医生接受培训的情况作为对乡村医生进行考核的主要内容。

第三十六条　乡村医生经考核合格的，可以继续执业；经考核不合格的，在6个月之内可以申请进行再次考核。逾期未提出再次考核申请或者经再次考核仍不合格的乡村医生，原注册部门应当注销其执业注册，并收回乡村医生执业证书。

第三十七条　有关人民政府卫生行政主管部门对村民和乡村医生提出的意见、建议和投诉，应当及时调查处理，并将调查处理结果告知村民或者乡村医生。

第五章　法　律　责　任

第三十八条　乡村医生在执业活动中，违反本条例规定，有下列行为之一的，由县级人民政府卫生行政主管部门责令限期改正，给予警告；逾期不改正的，责令暂停3个月以上6个月以下执业活动；情节严重的，由原发证部门暂扣乡村医生执业证书：

（一）执业活动超出规定的执业范围，或者未按照规定进行转诊的；

（二）违反规定使用乡村医生基本用药目录以外的处方药品的；

（三）违反规定出具医学证明，或者伪造卫生统计资料的；

（四）发现传染病疫情、中毒事件不按规定报告的。

第三十九条　乡村医生在执业活动中，违反规定进行实验性临床医疗活动，或者重复使用一次性医疗器械和卫生材料的，由县级人民政府卫生行政主管部门责令停止违法行为，给予警告，可以并处1 000元以下的罚款；情节严重的，由原发证部门暂扣或者吊销乡村医生执业证书。

第四十条　乡村医生变更执业的村医疗卫生机构，未办理变更执业注册手续的，由县级人民政府卫生行政主管部门给予警告，责令限期办理变更注册手续。

第四十一条　以不正当手段取得乡村医生执业证书的，由发证部门收缴乡村医生执业证书；造成患者人身损害的，依法承担民事赔偿责任；构成犯罪的，依法追究刑事责任。

第四十二条　未经注册在村医疗卫生机构从事医疗活动的，由县级以上地方人民政府卫生行政主管部门予以取缔，没收其违法所得以及药品、医疗器械，违法所得5 000元以上的，并处违法所得1倍以上3倍以下的罚款；没有违法所得或者违法所得不足5 000元的，并处1 000元以上3 000元以下的罚款；造成患者人身损害的，依法承担民事赔偿责任；构成犯罪的，依法追究刑事责任。

第四十三条　县级人民政府卫生行政主管部门未按照乡村医生培训规划、计划组织乡村医生培训的，由本级人民政府或者上一级人民政府卫生行政主管部门责令改正；情节严重的，对直接负责的主管人员和其他直接责任人员依法给予行政处分。

第四十四条　县级人民政府卫生行政主管部门，对不符合本条例规定条件的人员发给乡村医生执业证书，或者对符合条件的人员不发给乡村医生执业证书的，由本级人民政府或者上一级人民政府卫生行政主管部门责令改正，收回或者补发乡村医生执业证书，并对直接负责的主管人员和其他直接责任人员依法给予行政处分。

第四十五条　县级人民政府卫生行政主管部门对乡村医生执业注册或者再注册申请，未在规定时间内完成审核工作的，或者未按照规定将准予执业注册、再注册和注销注册的人员名单向村民予以公告的，由本级人民政府或者上一级人民政府卫生行政主管部门责令限期改正；逾期不改正的，对直接负责的主管人员和其他直接责任人员依法给予行政处分。

第四十六条　卫生行政主管部门对村民和乡村医生反映的办理乡村医生执业注册、再注册、注销注册的违法活动未及时核实、调查处理或者未公布调查处理结果的，由本级人民政府或者上一级人民政府卫生行政主管部门责令限期改正；逾期不改正的，对直接负责的主管人员和其他直接责任人员依法给予行政处分。

第四十七条 寻衅滋事、阻碍乡村医生依法执业，侮辱、诽谤、威胁、殴打乡村医生，构成违反治安管理行为的，由公安机关依法予以处罚；构成犯罪的，依法追究刑事责任。

第六章 附 则

第四十八条 乡村医生执业证书格式由国务院卫生行政主管部门规定。

第四十九条 本条例自2004年1月1日起施行。

卫生部办公厅关于对人体器官移植技术临床应用规划及拟批准开展人体器官移植医疗机构和医师开展审定工作的通知

（卫办医发〔2007〕38号 2007年2月27日）

各省、自治区、直辖市卫生厅局，新疆生产建设兵团卫生局：

为了贯彻落实十六届六中全会"严格医疗机构、技术准入和人员执业资格审核"及全国人体器官移植技术临床应用管理峰会精神，2006年12月，我部下发了《关于对医疗机构和医师实施人体器官移植执业资格认定有关工作的通知》（以下简称《通知》），要求各省级卫生行政部门制订本辖区人体器官移植技术临床应用规划，对拟开展人体器官移植的医疗机构和医师组织技术能力评价，并于2007年1月15日前报送初审材料。目前，除天津、河北、吉林、海南、西藏外，绝大多数省级卫生行政部门已按《通知》要求基本完成规划制订和初审工作。为了进一步做好人体器官移植执业资格认定工作，规范人体器官移植管理，不断提高医疗质量，保障医疗安全，切实维护人民群众健康权益，我部拟于近期会同国家中医药管理局、总后卫生部，组织有关专家对各省级卫生行政部门上报的规划和拟批准首批开展人体器官移植的医疗机构和医师进行审定。现将有关事项及近期有关工作安排通知如下：

一、组织卫生部人体器官移植技术临床应用委员会审定专家工作组，于2007年3月15—16日对各省、自治区、直辖市符合人体器官移植技术临床应用规划并通过初审的医疗机构和医师进行审核（审核标准和审核程序见附件）。

二、审定专家工作组将通过审核的医疗机构和医师名单及相关材料报卫生部人体器官移植技术临床应用委员会审定，经委员会报我部同意后，由各省级卫生行政部门按照《人体器官移植技术临床应用管理暂行规定》，对准予人体器官移植执业资格认定的医疗机构进行相关诊疗科目登记，并将准予执业资格认定的医疗机构和医师名单向社会公布。

三、未准予人体器官移植执业资格认定的医疗机构和医师不得开展人体器官移植工作，各省级卫生行政部门不得为其发放摘取器官《特许证》。对于未经认定擅自开展人体器官移植的医疗机构，省级卫生行政部门要责令其暂停相关诊疗科目的执业活动，并追究有关主管人员和责任人的责任；对于未经认定擅自开展人体器官移植的医师，吊销其《医师执业证书》。

四、请尚未上报初审材料的卫生厅、局按照《通知》有关要求，于3月5日前将初审材料报我部医政司。逾期未上报材料的省、自治区、直辖市视为自动弃权参加第一轮评审。

附件：医疗机构和医师人体器官移植执业资格认定审核标准和审核程序

附件

医疗机构和医师人体器官移植执业资格认定审核标准和审核程序

一、审核标准

（一）医疗机构

1. 三级甲等医院。
2. 有符合卫生部人体器官移植技术管理规范规定的本院注册执业医师和与开展的人体器官移植相适应的其他专业技术人员。
3. 有符合卫生部人体器官移植技术管理规范规定的、与开展的人体器官移植相适应的设备、设施。
4. 有人体器官移植技术临床应用与伦理委员会。
5. 有完善的技术规范和管理制度。
6. 申请肝脏移植的医疗机构近3年完成肝脏移植手术60例以上；申请肾脏移植的医疗机构近3年完成肾脏移植手术180例以上，或者累计完成肾脏移植手术500例以上；申请心脏移植的医疗机构近3年完成心脏移植手术10例以上；申请肺脏移植的医疗机构近3年完成肺脏移植手术10例以上。
7. 移植后器官1、3、5年存活率符合卫生部人体器官移植技术管理规范要求：

（1）良性终末期肝病移植肝脏1年存活率不低于80%，3年存活率不低于70%，5年存活率不低于60%；肝脏恶性肿瘤移植肝脏1年存活率不低于70%，3年存活率不低于50%。

（2）移植肾脏1年存活率不低于85%，3年存活率不低于70%，5年存活率不低于60%。

（3）移植心脏1年存活率不低于80%，3年存活率不低于70%，5年存活率不低于65%。

（4）移植肺脏1年存活率不低于60%，3年存活率不低于50%，5年存活率不低于40%。

8. 器官来源合法，无器官买卖行为；活体器官移植能够提供亲属关系证明。

9. 无违反医疗卫生管理相关法律、法规、规章及相关规定的行为。

（二）医师

1. 执业类别为临床医师，执业范围为外科，执业地点为三级甲等医院。

2. 从事本专业临床工作15年以上，具有副主任医师以上专业技术职务任职资格。

3. 职业道德高尚，身体健康，能胜任本职工作。

4. 作为人体器官移植手术术者，近3年未发生二级以上与人体器官移植相关的医疗事故。

5. 申请肝脏移植医师执业资格认定的，近3年作为术者完成肝脏移植手术50例以上；申请肾脏移植医师执业资格认定的，累计完成肾脏移植手术50例以上；申请心脏移植医师执业资格认定的，近3年作为术者完成心脏移植手术10例以上；申请肺脏移植医师执业资格认定的，近3年作为术者完成肺脏移植手术10例以上。

6. 无违反医疗卫生管理相关法律、法规、规章及相关规定的行为。

（三）若本省、自治区、直辖市辖区内暂没有医疗机构符合医疗机构审核标准第2、6款规定时，省级卫生行政部门可以根据当地医疗需求、医疗机构综合服务能力、学科建设、教学能力和需要，指定一所三级甲等医院筹备开展人体器官移植工作，并限定其在3年内经过培训后达到规定的条件。

二、审核程序

（一）通报人体器官移植执业资格认定审核标准和审核程序。

（二）卫生部人体器官移植技术临床应用委员会审定专家工作组专家对医疗机构和医师名单及相关材料进行公开、公正、透明的集中审核、讨论；如发现弄虚作假的，对医疗机构、医师实行一票否决。

（三）肾脏移植、肝脏移植和心肺移植3个专业组专家分别对拟开展肾脏移植、肝脏移植、心脏和肺脏移植的医疗机构和医师进行投票表决，并将投票结果在一定范围内公布。

（四）相关专业组专家半数以上同意即为通过审定专家工作组执业资格认定审核。

（五）卫生部人体器官移植技术临床应用委员会审定专家工作组将认定审核的单位与个人报卫生部人体器官移植技术临床应用委员会，召开第三次会议确认后报卫生部医政司。

护 士 条 例

（国务院令第517号 2008年1月31日）

第一章 总 则

第一条 为了维护护士的合法权益，规范护理行为，促进护理事业发展，保障医疗安全和人体健康，制定本条例。

第二条 本条例所称护士，是指经执业注册取得护士执业证书，依照本条例规定从事护理活动，履行保护生命、减轻痛苦、增进健康职责的卫生技术人员。

第三条 护士人格尊严、人身安全不受侵犯。护士依法履行职责，受法律保护。

全社会应当尊重护士。

第四条 国务院有关部门、县级以上地方人民政府及其有关部门以及乡（镇）人民政府应当采取措施，改善护士的工作条件，保障护士待遇，加强护士队伍建设，促进护理事业健康发展。

国务院有关部门和县级以上地方人民政府应当采取措施，鼓励护士到农村、基层医疗卫生机构工作。

第五条 国务院卫生主管部门负责全国的护士监督管理工作。

县级以上地方人民政府卫生主管部门负责本行政区域的护士监督管理工作。

第六条 国务院有关部门对在护理工作中做出杰出贡献的护士，应当授予全国卫生系统先进工作者荣誉称号或者颁发白求恩奖章，受到表彰、奖励的护士享受省部级劳动模范、先进工作者待遇；对长期从事护理工作的护士应当颁发荣誉证书。具体办法由国务院有关部门制定。

县级以上地方人民政府及其有关部门对本行政区域内做出突出贡献的护士，按照省、自治区、直辖市人民政府的有关规定给予表彰、奖励。

第二章 执 业 注 册

第七条 护士执业，应当经执业注册取得护士执业证书。

申请护士执业注册，应当具备下列条件：

（一）具有完全民事行为能力；

（二）在中等职业学校、高等学校完成国务院教育主管部门和国务院卫生主管部门规定的普通全日制3年以上的护理、助产专业课程学习，包括在教学、综合医院完成8个月以上护理临床实习，并取得相应学历证书；

（三）通过国务院卫生主管部门组织的护士执业资格考试；

（四）符合国务院卫生主管部门规定的健康标准。

护士执业注册申请，应当自通过护士执业资格考试之日起3年内提出；逾期提出申请的，除应当具备前款第（一）项、第（二）项和第（四）项规定条件外，还应当在符合国务院卫生主管部门规定条件的医疗卫生机构接受3个月临床护理培训并考核合格。

护士执业资格考试办法由国务院卫生主管部门会同国务院人事部门制定。

第八条 申请护士执业注册的，应当向拟执业地省、自治区、直辖市人民政府卫生主管部门提出申请。收到申请的卫生主管部门应当自收到申请之日起20个工作日内做出决定，对具备本条例规定条件的，准予注册，并发给护士执业证书；对不具备本条例规定条件的，不予注册，并书面说明理由。

护士执业注册有效期为5年。

第九条 护士在其执业注册有效期内变更执业地点的，应当向拟执业地省、自治区、直辖市人民政府卫生主管部门报告。收到报告的卫生主管部门应当自收到报告之日起 7 个工作日内为其办理变更手续。护士跨省、自治区、直辖市变更执业地点的，收到报告的卫生主管部门还应当向其原执业地省、自治区、直辖市人民政府卫生主管部门通报。

第十条　护士执业注册有效期届满需要继续执业的，应当在护士执业注册有效期届满前 30 日向执业地省、自治区、直辖市人民政府卫生主管部门申请延续注册。收到申请的卫生主管部门对具备本条例规定条件的，准予延续，延续执业注册有效期为 5 年；对不具备本条例规定条件的，不予延续，并书面说明理由。

护士有行政许可法规定的应当予以注销执业注册情形的，原注册部门应当依照行政许可法的规定注销其执业注册。

第十一条　县级以上地方人民政府卫生主管部门应当建立本行政区域的护士执业良好记录和不良记录，并将该记录记入护士执业信息系统。

护士执业良好记录包括护士受到的表彰、奖励以及完成政府指令性任务的情况等内容。护士执业不良记录包括护士因违反本条例以及其他卫生管理法律、法规、规章或者诊疗技术规范的规定受到行政处罚、处分的情况等内容。

第三章　权利和义务

第十二条　护士执业，有按照国家有关规定获取工资报酬、享受福利待遇、参加社会保险的权利。任何单位或者个人不得克扣护士工资，降低或者取消护士福利等待遇。

第十三条　护士执业，有获得与其所从事的护理工作相适应的卫生防护、医疗保健服务的权利。从事直接接触有毒有害物质、有感染传染病危险工作的护士，有依照有关法律、行政法规的规定接受职业健康监护的权利；患职业病的，有依照有关法律、行政法规的规定获得赔偿的权利。

第十四条　护士有按照国家有关规定获得与本人业务能力和学术水平相应的专业技术职务、职称的权利；有参加专业培训、从事学术研究和交流、参加行业协会和专业学术团体的权利。

第十五条　护士有获得疾病诊疗、护理相关信息的权利和其他与履行护理职责相关的权利，可以对医疗卫生机构和卫生主管部门的工作提出意见和建议。

第十六条　护士执业，应当遵守法律、法规、规章和诊疗技术规范的规定。

第十七条　护士在执业活动中，发现患者病情危急，应当立即通知医师；在紧急情况下为抢救垂危患者生命，应当先行实施必要的紧急救护。

护士发现医嘱违反法律、法规、规章或者诊疗技术规范规定的，应当及时向开具医嘱的医师提出；必要时，应当向该医师所在科室的负责人或者医疗卫生机构负责医疗服务管理的人员报告。

第十八条　护士应当尊重、关心、爱护患者，保护患者的隐私。

第十九条　护士有义务参与公共卫生和疾病预防控制工作。发生自然灾害、公共卫生事件等严重威胁公众生命健康的突发事件，护士应当服从县级以上人民政府卫生主管部门或者所在医疗卫生机构的安排，参加医疗救护。

第四章 医疗卫生机构的职责

第二十条 医疗卫生机构配备护士的数量不得低于国务院卫生主管部门规定的护士配备标准。

第二十一条 医疗卫生机构不得允许下列人员在本机构从事诊疗技术规范规定的护理活动：

（一）未取得护士执业证书的人员；

（二）未依照本条例第九条的规定办理执业地点变更手续的护士；

（三）护士执业注册有效期届满未延续执业注册的护士。

在教学、综合医院进行护理临床实习的人员应当在护士指导下开展有关工作。

第二十二条 医疗卫生机构应当为护士提供卫生防护用品，并采取有效的卫生防护措施和医疗保健措施。

第二十三条 医疗卫生机构应当执行国家有关工资、福利待遇等规定，按照国家有关规定为在本机构从事护理工作的护士足额缴纳社会保险费用，保障护士的合法权益。

对在艰苦边远地区工作、或者从事直接接触有毒有害物质、有感染传染病危险工作的护士，所在医疗卫生机构应当按照国家有关规定给予津贴。

第二十四条 医疗卫生机构应当制定、实施本机构护士在职培训计划，并保证护士接受培训。

护士培训应当注重新知识、新技术的应用；根据临床专科护理发展和专科护理岗位的需要，开展对护士的专科护理培训。

第二十五条 医疗卫生机构应当按照国务院卫生主管部门的规定，设置专门机构或者配备专（兼）职人员负责护理管理工作。

第二十六条 医疗卫生机构应当建立护士岗位责任制并进行监督检查。

护士因不履行职责或者违反职业道德受到投诉的，其所在医疗卫生机构应当进行调查。经查证属实的，医疗卫生机构应当对护士做出处理，并将调查处理情况告知投诉人。

第五章 法律责任

第二十七条 卫生主管部门的工作人员未依照本条例规定履行职责，在护士监督管理工作中滥用职权、徇私舞弊，或者有其他失职、渎职行为的，依法给予处分；构成犯罪的，依法追究刑事责任。

第二十八条 医疗卫生机构有下列情形之一的，由县级以上地方人民政府卫生主管部门依据职责分工责令限期改正，给予警告；逾期不改正的，根据国务院卫生主管部门规定的护士配备标准和在医疗卫生机构合法执业的护士数量核减其诊疗科目，或者暂停其6个月以上1年以下执业活动；国家举办的医疗卫生机构有下列情形之一、情节严重的，还应当对负有责任的主管人员和其他直接责任人员依法给予处分：

（一）违反本条例规定，护士的配备数量低于国务院卫生主管部门规定的护士配备标准的；

（二）允许未取得护士执业证书的人员或者允许未依照本条例规定办理执业地点变更手续、延续执业注册有效期的护士在本机构从事诊疗技术规范规定的护理活动的。

第二十九条　医疗卫生机构有下列情形之一的，依照有关法律、行政法规的规定给予处罚；国家举办的医疗卫生机构有下列情形之一、情节严重的，还应当对负有责任的主管人员和其他直接责任人员依法给予处分：

（一）未执行国家有关工资、福利待遇等规定的；

（二）对在本机构从事护理工作的护士，未按照国家有关规定足额缴纳社会保险费用的；

（三）未为护士提供卫生防护用品，或者未采取有效的卫生防护措施、医疗保健措施的；

（四）对在艰苦边远地区工作，或者从事直接接触有毒有害物质、有感染传染病危险工作的护士，未按照国家有关规定给予津贴的。

第三十条　医疗卫生机构有下列情形之一的，由县级以上地方人民政府卫生主管部门依据职责分工责令限期改正，给予警告：

（一）未制定、实施本机构护士在职培训计划或者未保证护士接受培训的；

（二）未依照本条例规定履行护士管理职责的。

第三十一条　护士在执业活动中有下列情形之一的，由县级以上地方人民政府卫生主管部门依据职责分工责令改正，给予警告；情节严重的，暂停其6个月以上1年以下执业活动，直至由原发证部门吊销其护士执业证书：

（一）发现患者病情危急未立即通知医师的；

（二）发现医嘱违反法律、法规、规章或者诊疗技术规范的规定，未依照本条例第十七条的规定提出或者报告的；

（三）泄露患者隐私的；

（四）发生自然灾害、公共卫生事件等严重威胁公众生命健康的突发事件，不服从安排参加医疗救护的。

护士在执业活动中造成医疗事故的，依照医疗事故处理的有关规定承担法律责任。

第三十二条　护士被吊销执业证书的，自执业证书被吊销之日起2年内不得申请执业注册。

第三十三条　扰乱医疗秩序，阻碍护士依法开展执业活动，侮辱、威胁、殴打护士，或者有其他侵犯护士合法权益行为的，由公安机关依照治安管理处罚法的规定给予处罚；构成犯罪的，依法追究刑事责任。

第六章　附　则

第三十四条　本条例施行前按照国家有关规定已经取得护士执业证书或者护理专业技术职称、从事护理活动的人员，经执业地省、自治区、直辖市人民政府卫生主管部门审核合格，换领护士执业证书。

本条例施行前，尚未达到护士配备标准的医疗卫生机构，应当按照国务院卫生主管部门规定的实施步骤，自本条例施行之日起3年内达到护士配备标准。

第三十五条　本条例自2008年5月12日起施行。

护士执业资格考试办法

（卫生部、人力资源社会保障部令第74号 2010年5月10日）

第一条 为规范全国护士执业资格考试工作，加强护理专业队伍建设，根据《护士条例》第七条规定，制定本办法。

第二条 卫生部负责组织实施护士执业资格考试。国家护士执业资格考试是评价申请护士执业资格者是否具备执业所必需的护理专业知识与工作能力的考试。

考试成绩合格者，可申请护士执业注册。

具有护理、助产专业中专和大专学历的人员，参加护士执业资格考试并成绩合格，可取得护理初级（士）专业技术资格证书；护理初级（师）专业技术资格按照有关规定通过参加全国卫生专业技术资格考试取得。

具有护理、助产专业本科以上学历的人员，参加护士执业资格考试并成绩合格，可以取得护理初级（士）专业技术资格证书；在达到《卫生技术人员职务试行条例》规定的护师专业技术职务任职资格年限后，可直接聘任护师专业技术职务。

第三条 护士执业资格考试实行国家统一考试制度。统一考试大纲，统一命题，统一合格标准。

护士执业资格考试原则上每年举行一次，具体考试日期在举行考试3个月前向社会公布。

第四条 护士执业资格考试包括专业实务和实践能力两个科目。一次考试通过两个科目为考试成绩合格。

为加强对考生实践能力的考核，原则上采用"人机对话"考试方式进行。

第五条 护士执业资格考试遵循公平、公开、公正的原则。

第六条 卫生部和人力资源社会保障部成立全国护士执业资格考试委员会。主要职责是：

（一）对涉及护士执业资格考试的重大事项进行协调、决策；
（二）审定护士执业资格考试大纲、考试内容和方案；
（三）确定并公布护士执业资格考试成绩合格线；
（四）指导全国护士执业资格考试工作。

全国护士执业资格考试委员会下设办公室，办公室设在卫生部，负责具体工作。

第七条 护士执业资格考试考务管理实行承办考试机构、考区、考点三级责任制。

第八条 承办考试机构具体组织实施护士执业资格考试考务工作。主要职责是：

（一）组织制定护士执业资格考试考务管理规定，负责全国护士执业资格考试考务管理；

（二）组织专家拟定护士执业资格考试大纲和命题审卷的有关规定并承担具体工作；

（三）负责护士执业资格考试考生信息处理；

（四）组织评定考试成绩，提供考生成绩单和护士执业资格考试成绩合格证明；

（五）负责考试结果的统计分析和考试工作总结，并向护士执业资格考试委员会提交工作报告；

（六）负责建立护士执业资格考试命题专家库和考试题库；

（七）指导考区有关考试的业务工作。

第九条 各省、自治区、直辖市及新疆生产建设兵团设立考区。省、自治区、直辖市人民政府卫生行政部门及新疆生产建设兵团卫生局负责本辖区的考试工作。其主要职责是：

（一）负责本考区护士执业资格考试的考务管理；

（二）制定本考区护士执业资格考试考务管理具体措施；

（三）负责审定考生报名资格；

（四）负责指导考区内各考点的业务工作；

（五）负责处理、上报考试期间本考区发生的重大问题。

省、自治区、直辖市人民政府卫生行政部门及新疆生产建设兵团卫生局可根据实际情况，会同人力资源社会保障部门成立护士执业资格考试领导小组。

第十条 考区根据考生情况设置考点，报全国护士执业资格考试委员会备案。考点设在设区的市。考点的主要职责是：

（一）负责本考点护士执业资格考试的考务工作；

（二）执行本考点护士执业资格考试考务管理具体措施；

（三）受理考生报名，核实报名材料，初审考生报名资格；

（四）负责为不能自行上网打印准考证的考生打印准考证；

（五）处理、上报本考点考试期间发生的问题；

（六）发给考生成绩单和护士执业资格考试成绩合格证明。

第十一条 各级考试管理机构要有计划地培训考务工作人员和监考人员，提高考试管理水平。

第十二条 在中等职业学校、高等学校完成国务院教育主管部门和国务院卫生主管部门规定的普通全日制3年以上的护理、助产专业课程学习，包括在教学、综合医院完成8个月以上护理临床实习，并取得相应学历证书的，可以申请参加护士执业资格考试。

第十三条 申请参加护士执业资格考试的人员，应当在公告规定的期限内报名，并提交以下材料：

（一）护士执业资格考试报名申请表；

（二）本人身份证明；

（三）近6个月二寸免冠正面半身照片3张；

（四）本人毕业证书；

（五）报考所需的其他材料。

申请人为在校应届毕业生的，应当持有所在学校出具的应届毕业生毕业证明，到学校所在地的考点报名。学校可以为本校应届毕业生办理集体报名手续。

申请人为非应届毕业生的，可以选择到人事档案所在地报名。

第十四条 申请参加护士执业资格考试者，应当按国家价格主管部门确定的收费标准缴纳考试费。

第十五条 护士执业资格考试成绩于考试结束后45个工作日内公布。考生成绩单由报名考点发给考生。

第十六条 考试成绩合格者，取得考试成绩合格证明，作为申请护士执业注册的有效证明。

第十七条 考试考务管理工作要严格执行有关规章和纪律，切实做好试卷命制、印刷、发送和保管过程中的保密工作，严防泄密。

第十八条 护士执业资格考试实行回避制度。考试工作人员有下列情形之一的，应当回避：

（一）是考生近亲属的；

（二）与考生有其他利害关系，可能影响考试公正的。

第十九条 对违反考试纪律和有关规定的，按照《专业技术人员资格考试违纪违规行为处理规定》处理。

第二十条 军队有关部门负责军队人员参加全国护士执业资格考试的报名、成绩发布等工作。

第二十一条 香港特别行政区、澳门特别行政区和台湾地区居民符合本办法规定和《内地与香港关于建立更紧密经贸关系的安排》、《内地与澳门关于建立更紧密经贸关系的安排》或者内地有关主管部门规定的，可以申请参加护士执业资格考试。

第二十二条 本办法自2010年7月1日起施行。

中华人民共和国母婴保健法

(1994年10月27日第八届全国人民代表大会常务委员会第十次会议通过，1994年10月27日中华人民共和国主席令第33号公布，自1995年6月1日起施行。根据2009年8月27日中华人民共和国主席令第18号《全国人民代表大会常务委员会关于修改部分法律的决定》第一次修正。根据2017年11月4日中华人民共和国主席令第81号《全国人民代表大会常务委员会关于修改〈中华人民共和国会计法〉等十一部法律的决定》第二次修正)

第一章 总 则

第一条 为了保障母亲和婴儿健康，提高出生人口素质，根据宪法，制定本法。

第二条 国家发展母婴保健事业,提供必要条件和物质帮助,使母亲和婴儿获得医疗保健服务。

国家对边远贫困地区的母婴保健事业给予扶持。

第三条 各级人民政府领导母婴保健工作。

母婴保健事业应当纳入国民经济和社会发展计划。

第四条 国务院卫生行政部门主管全国母婴保健工作,根据不同地区情况提出分级分类指导原则,并对全国母婴保健工作实施监督管理。

国务院其他有关部门在各自职责范围内,配合卫生行政部门做好母婴保健工作。

第五条 国家鼓励、支持母婴保健领域的教育和科学研究,推广先进、实用的母婴保健技术,普及母婴保健科学知识。

第六条 对在母婴保健工作中做出显著成绩和在母婴保健科学研究中取得显著成果的组织和个人,应当给予奖励。

第二章 婚前保健

第七条 医疗保健机构应当为公民提供婚前保健服务。

婚前保健服务包括下列内容:

(一) 婚前卫生指导:关于性卫生知识、生育知识和遗传病知识的教育;

(二) 婚前卫生咨询:对有关婚配、生育保健等问题提供医学意见;

(三) 婚前医学检查:对准备结婚的男女双方可能患影响结婚和生育的疾病进行医学检查。

第八条 婚前医学检查包括对下列疾病的检查:

(一) 严重遗传性疾病;

(二) 指定传染病;

(三) 有关精神病。

经婚前医学检查,医疗保健机构应当出具婚前医学检查证明。

第九条 经婚前医学检查,对患指定传染病在传染期内或者有关精神病在发病期内的,医师应当提出医学意见;准备结婚的男女双方应当暂缓结婚。

第十条 经婚前医学检查,对诊断患医学上认为不宜生育的严重遗传性疾病的,医师应当向男女双方说明情况,提出医学意见;经男女双方同意,采取长效避孕措施或者施行结扎手术后不生育的,可以结婚。但《中华人民共和国婚姻法》规定禁止结婚的除外。

第十一条 接受婚前医学检查的人员对检查结果持有异议的,可以申请医学技术鉴定,取得医学鉴定证明。

第十二条 男女双方在结婚登记时,应当持有婚前医学检查证明或者医学鉴定证明。

第十三条 省、自治区、直辖市人民政府根据本地区的实际情况,制定婚前医学检查制度实施办法。

省、自治区、直辖市人民政府对婚前医学检查应当规定合理的收费标准,对边远贫困地区或者交费确有困难的人员应当给予减免。

第三章 孕产期保健

第十四条 医疗保健机构应当为育龄妇女和孕产妇提供孕产期保健服务。

孕产期保健服务包括下列内容：

（一）母婴保健指导：对孕育健康后代以及严重遗传性疾病和碘缺乏病等地方病的发病原因、治疗和预防方法提供医学意见；

（二）孕妇、产妇保健：为孕妇、产妇提供卫生、营养、心理等方面的咨询和指导以及产前定期检查等医疗保健服务；

（三）胎儿保健：为胎儿生长发育进行监护，提供咨询和医学指导；

（四）新生儿保健：为新生儿生长发育、哺乳和护理提供医疗保健服务。

第十五条 对患严重疾病或者接触致畸物质，妊娠可能危及孕妇生命安全或者可能严重影响孕妇健康和胎儿正常发育的，医疗保健机构应当予以医学指导。

第十六条 医师发现或者怀疑患严重遗传性疾病的育龄夫妻，应当提出医学意见。育龄夫妻应当根据医师的医学意见采取相应的措施。

第十七条 经产前检查，医师发现或者怀疑胎儿异常的，应当对孕妇进行产前诊断。

第十八条 经产前诊断，有下列情形之一的，医师应当向夫妻双方说明情况，并提出终止妊娠的医学意见：

（一）胎儿患严重遗传性疾病的；

（二）胎儿有严重缺陷的；

（三）因患严重疾病，继续妊娠可能危及孕妇生命安全或者严重危害孕妇健康的。

第十九条 依照本法规定施行终止妊娠或者结扎手术，应当经本人同意，并签署意见。本人无行为能力的，应当经其监护人同意，并签署意见。

依照本法规定施行终止妊娠或者结扎手术的，接受免费服务。

第二十条 生育过严重缺陷患儿的妇女再次妊娠前，夫妻双方应当到县级以上医疗保健机构接受医学检查。

第二十一条 医师和助产人员应当严格遵守有关操作规程，提高助产技术和服务质量，预防和减少产伤。

第二十二条 不能住院分娩的孕妇应当由经过培训、具备相应接生能力的接生人员实行消毒接生。

第二十三条 医疗保健机构和从事家庭接生的人员按照国务院卫生行政部门的规定，出具统一制发的新生儿出生医学证明；有产妇和婴儿死亡以及新生儿出生缺陷情况的，应当向卫生行政部门报告。

第二十四条 医疗保健机构为产妇提供科学育儿、合理营养和母乳喂养的指导。

医疗保健机构对婴儿进行体格检查和预防接种，逐步开展新生儿疾病筛查、婴儿多发病和常见病防治等医疗保健服务。

第四章 技术鉴定

第二十五条 县级以上地方人民政府可以设立医学技术鉴定组织，负责对婚前医学检查、遗传病诊断和产前诊断结果有异议的进行医学技术鉴定。

第二十六条 从事医学技术鉴定的人员，必须具有临床经验和医学遗传学知识，并具有主治医师以上的专业技术职务。

医学技术鉴定组织的组成人员，由卫生行政部门提名，同级人民政府聘任。

第二十七条 医学技术鉴定实行回避制度。凡与当事人有利害关系，可能影响公正鉴定的人员，应当回避。

第五章 行政管理

第二十八条 各级人民政府应当采取措施，加强母婴保健工作，提高医疗保健服务水平，积极防治由环境因素所致严重危害母亲和婴儿健康的地方性高发性疾病，促进母婴保健事业的发展。

第二十九条 县级以上地方人民政府卫生行政部门管理本行政区域内的母婴保健工作。

第三十条 省、自治区、直辖市人民政府卫生行政部门指定的医疗保健机构负责本行政区域内的母婴保健监测和技术指导。

第三十一条 医疗保健机构按照国务院卫生行政部门的规定，负责其职责范围内的母婴保健工作，建立医疗保健工作规范，提高医学技术水平，采取各种措施方便人民群众，做好母婴保健服务工作。

第三十二条 医疗保健机构依照本法规定开展婚前医学检查、遗传病诊断、产前诊断以及施行结扎手术和终止妊娠手术的，必须符合国务院卫生行政部门规定的条件和技术标准，并经县级以上地方人民政府卫生行政部门许可。

严禁采用技术手段对胎儿进行性别鉴定，但医学上确有需要的除外。

第三十三条 从事本法规定的遗传病诊断、产前诊断的人员，必须经过省、自治区、直辖市人民政府卫生行政部门的考核，并取得相应的合格证书。

从事本法规定的婚前医学检查、施行结扎手术和终止妊娠手术的人员，必须经过县级以上地方人民政府卫生行政部门的考核，并取得相应的合格证书。

第三十四条 从事母婴保健工作的人员应当严格遵守职业道德，为当事人保守秘密。

第六章 法律责任

第三十五条 未取得国家颁发的有关合格证书的，有下列行为之一，县级以上地方人民政府卫生行政部门应当予以制止，并可以根据情节给予警告或者处以罚款：

（一）从事婚前医学检查、遗传病诊断、产前诊断或者医学技术鉴定的；

（二）施行终止妊娠手术的；

（三）出具本法规定的有关医学证明的。

上款第（三）项出具的有关医学证明无效。

第三十六条 未取得国家颁发的有关合格证书，施行终止妊娠手术或者采取其他方法终止妊娠，致人死亡、残疾、丧失或者基本丧失劳动能力的，依照刑法有关规定追究刑事责任。

第三十七条 从事母婴保健工作的人员违反本法规定，出具有关虚假医学证明或者进行胎儿性别鉴定的，由医疗保健机构或者卫生行政部门根据情节给予行政处分；情节严重的，依法取消执业资格。

第七章 附 则

第三十八条 本法下列用语的含义：

指定传染病，是指《中华人民共和国传染病防治法》中规定的艾滋病、淋病、梅毒、麻风病以及医学上认为影响结婚和生育的其他传染病。

严重遗传性疾病，是指由于遗传因素先天形成，患者全部或者部分丧失自主生活能力，后代再现风险高，医学上认为不宜生育的遗传性疾病。

有关精神病，是指精神分裂症、躁狂抑郁型精神病以及其他重型精神病。

产前诊断，是指对胎儿进行先天性缺陷和遗传性疾病的诊断。

第三十九条 本法自1995年6月1日起施行。

附

刑法有关条款

第一百三十四条 故意伤害他人身体的，处三年以下有期徒刑或者拘役。

犯前款罪，致人重伤的，处三年以上七年以下有期徒刑；致人死亡的，处七年以上有期徒刑或者无期徒刑。本法另有规定的，依照规定。

第一百三十五条 过失伤害他人致人重伤的，处二年以下有期徒刑或者拘役；情节特别恶劣的，处二年以上七年以下有期徒刑。本法另有规定的，依照规定。

出入境检疫处理单位和人员管理办法

（国家质量监督检验检疫总局令第181号　2016年3月31日）

第一章 总 则

第一条 为规范出入境检疫处理单位和人员的管理，根据《中华人民共和国进出境动植物检疫法》及其实施条例、《中华人民共和国国境卫生检疫法》及其实施细则等相关法律法规规定，制定本办法。

第二条 本办法适用于对出入境检疫处理单位和人员的核准以及监督管理。

第三条 本办法所称：

"出入境检疫处理"是指利用生物、物理、化学的方法，对出入境货物、交通工具、集装箱及其他检疫对象采取的消除疫情疫病风险或者潜在危害，防止人类传染病传播、动植物病虫害传入传出的措施。

"出入境检疫处理单位"（以下简称检疫处理单位）是指经直属出入境检验检疫局（以下简称直属检验检疫局）核准从事出入境检疫处理工作的单位。

"出入境检疫处理人员"（以下简称检疫处理人员）是指经直属检验检疫局核准，在检疫处理单位从事出入境检疫处理工作的人员。

第四条 国家质检总局主管全国检疫处理单位和人员管理工作。

国家质检总局设在各地的出入境检验检疫部门（以下简称检验检疫部门）负责所辖地区检疫处理单位和人员的日常监督管理。

第五条 出入境检疫处理按照实施方式和技术要求，分为A类、B类、C类、D类、E类、F类和G类。

（一）A类，熏蒸（出入境船舶熏蒸、疫麦及其他大宗货物熏蒸）；

（二）B类，熏蒸（A类熏蒸除外）；

（三）C类，消毒处理（熏蒸方式除外）；

（四）D类，药物及器械除虫灭鼠（熏蒸方式除外）；

（五）E类，热处理；

（六）F类，辐照处理；

（七）G类，除上述类别外，采用冷处理、微波处理、除污处理等方式实施的出入境检疫处理。

检疫处理单位和人员可以申请从事一类或者多类出入境检疫处理工作。

第六条 检疫处理单位和人员应当在核准范围内从事出入境检疫处理工作；未经核准，不得从事或者超范围从事出入境检疫处理工作。

检验检疫部门根据相关法律法规或者输入国家（地区）要求，对需要实施检疫处理的对象，向货主或者其代理人签发检验检疫处理通知书。货主或者其代理人应当委托有资质的检疫处理单位实施检疫处理。

第二章 检疫处理单位申请条件

第七条 申请从事出入境检疫处理工作的单位（以下简称申请单位），应当具备下列基本条件：

（一）具有独立法人资格；

（二）具有满足条件的办公场所；

（三）申请从事的检疫处理类别需要使用危险化学品的，其从业人员及危险化学品的运输、储存、使用应当符合国家有关规定；

（四）使用的出入境检疫处理器械、药剂以及计量器具应当符合国家有关规定；

（五）具有必要的出入境检疫处理安全防护装备、急救药品和设施；

（六）建立有效的质量控制、效果评价、安全保障以及突发事件应急机制等管理制度；

（七）建立完整的出入境检疫处理业务档案、技术培训档案和职工职业健康档案管理制度；

（八）配备经直属检验检疫局核准的检疫处理人员；

（九）配备专职或者兼职安全员，法律法规有规定的，还应当具备相应的资质。

第八条 申请从事A类出入境检疫处理工作的单位，除应当具备本办法第七条所列条件以外，还应当符合下列条件：

（一）具有 B 类出入境检疫处理资质 3 年以上，近 3 年无安全和质量事故；

（二）药品、仪器、设备、材料、专用药品库及操作规范符合法律法规、标准和技术规范的要求；

（三）配备检疫处理熏蒸气体浓度测定仪器、残留毒气检测仪器、大气采样仪器等设备。

第九条　申请从事 B 类出入境检疫处理工作的单位，除应当具备本办法第七条所列条件以外，还应当符合下列条件：

（一）处理场所、药品、仪器、设备、材料、专用药品库及操作规范符合法律法规、标准和技术规范的要求；

（二）配备检疫处理熏蒸气体浓度测定仪器、残留毒气检测仪器、大气采样仪器等设备。

第十条　申请从事 C 类出入境检疫处理工作的单位，除应当具备本办法第七条所列条件以外，还应当符合下列条件：

（一）药品、仪器、设备、材料、专用药品库及操作规范符合法律法规、标准和技术规范的要求；

（二）配备消毒效果评价相关检测设备。

第十一条　申请从事 D 类出入境检疫处理工作的单位，除应当具备本办法第七条所列条件以外，还应当符合下列条件：

（一）药品、仪器、设备、材料、专用药品库及操作规范符合法律法规、标准和技术规范的要求；

（二）配备除虫灭鼠试验室相关检测设备等。

第十二条　申请从事 E 类出入境检疫处理工作的单位，除应当具备本办法第七条所列条件以外，还应当符合下列条件：

（一）处理场所、库房、处理设备及操作规范符合法律法规、标准和技术规范的要求；

（二）使用特种设备的，持有特种设备许可证。

第十三条　申请从事 F 类出入境检疫处理工作的单位，除应当具备本办法第七条所列条件以外，还应当符合下列条件：

（一）处理场所、仪器、设备、放射性物品购置及存放、操作规范符合法律法规、标准和技术规范的要求；

（二）持有放射性设备使用许可证。

第十四条　申请从事 G 类出入境检疫处理工作的单位，除应当具备本办法第七条所列条件以外，还应当符合下列条件：

（一）处理场所、库房、处理设备及操作规范符合法律法规、标准和技术规范的要求；

（二）使用特种设备的，持有特种设备许可证。

第三章 检疫处理单位

第十五条 申请单位应当向所在地直属检验检疫局提出申请并提交下列材料：

（一）《出入境检疫处理单位核准申请表》；

（二）工商营业执照复印件并同时交验原件；

（三）申请单位所在地地方政府对检疫处理单位实施职业卫生安全许可的，提交职业卫生安全许可证复印件并同时交验原件；

（四）申请单位章程、质量管理体系、安全保障体系、突发事件应急机制、检疫处理操作规范等文件材料；

（五）申请单位所属检疫处理人员《检疫处理人员从业资格证》（以下简称《从业证》）的复印件并同时交验原件。

第十六条 直属检验检疫局对申请单位提出的申请，应当根据下列情况分别作出处理：

（一）申请材料存在可以当场更正的错误的，应当允许申请单位当场更正；

（二）申请材料不齐全或者不符合法定形式的，应当当场或者在5日内一次告知申请单位需要补正的全部内容，逾期不告知的，自收到申请材料之日起即为受理；

（三）申请材料齐全、符合法定形式，或者申请单位按照要求提交全部补正申请材料的，应当受理申请。

直属检验检疫局受理或者不予受理申请，应当出具加盖本单位专用印章和注明日期的书面凭证。

第十七条 受理申请后，直属检验检疫局应当自受理申请之日起5日内组成评审专家组，并将评审所需时间书面告知申请单位，评审所需时间不计算在行政许可办理的期限内。

专家组应当按照国家质检总局的规定，对申请单位进行现场考核评审，并提交书面评审报告。

第十八条 直属检验检疫局应当自受理申请之日起20日内作出是否核准的决定。

20日内不能作出决定的，经直属检验检疫局负责人批准，可以延长10日，并将延长期限的理由书面告知申请单位。

第十九条 直属检验检疫局作出核准决定的，应当自作出决定之日起10日内颁发并送达《出入境检疫处理单位核准证书》（以下简称《核准证书》）。

不予核准的，应当书面通知申请单位并说明理由。

直属检验检疫局作出的核准决定，应当予以公开。

第四章 检疫处理人员

第二十条 年满十八周岁，身体健康，具有完全民事行为能力，具备检疫处理基本知识，掌握检疫处理操作技能的人员，可以参加检疫处理人员从业资格考试。

第二十一条 检疫处理人员资格分为两类，即熏蒸处理类（A类、B类）、其他类

(C类、D类、E类、F类、G类)。

第二十二条 国家质检总局负责制定考试大纲，直属检验检疫局负责考试的组织实施工作。

直属检验检疫局每年至少组织一次检疫处理人员从业资格考试，同时可根据本辖区市场和业务需求，适当增加考试频次。

第二十三条 检疫处理人员从业资格考试内容包括出入境检疫处理基础知识和操作技能。

基础知识包括：法律法规、标准、技术规范等。

操作技能包括：药品、仪器、设备的操作运用，出入境检疫处理现场操作、安全防护、应急处理等。

第二十四条 通过检疫处理人员从业资格考试的人员，由直属检验检疫局颁发《从业证》。

第二十五条 《从业证》有效期3年，有效期内全国通用。检疫处理人员需要延续《从业证》有效期的，应当在有效期届满3个月前向颁发《从业证》的直属检验检疫局提出延续申请。直属检验检疫局应当在有效期届满前作出是否准予延续的决定。

第二十六条 检疫处理人员应当严格按照法律法规、标准、技术规范以及检疫处理单位制定的工作方案实施检疫处理，做好安全防护，保证处理效果。

第五章 监督管理

第二十七条 直属检验检疫局应当建立检疫处理单位和人员管理档案，将检疫处理单位纳入企业信用管理，并针对不同信用等级的检疫处理单位制定差异化的监管措施。

检验检疫部门应当定期组织对所辖地区检疫处理单位和人员及其操作进行监督检查，对检疫处理单位的检疫处理效果进行监督和评价，并将监督检查结果向直属检验检疫局报告。

检疫处理单位和人员应当配合检验检疫部门的监督检查工作。

第二十八条 检验检疫部门按照"安全、高效、环保"的原则，定期开展检疫处理药品、器械等口岸适用性评价工作，确定适用于口岸使用的药品、器械名录。检疫处理单位实施口岸检疫处理工作时应选用目录内药品、器械，按照有关要求科学规范用药。

第二十九条 检验检疫部门对未取得相应《核准证书》的单位、未获得相应《从业证》的人员及未按照法律法规、标准和技术规范实施的检疫处理结果不予认可。

第三十条 检疫处理单位应当在《核准证书》核准范围内，根据出入境检验检疫处理通知书要求，严格按照法律法规、标准和技术规范实施检疫处理。

实施处理前，检疫处理单位应当根据不同类型的处理任务制定具体的实施方案并留档备查。处理期间，检疫处理单位应当在现场设置明显的警示标志，对处理过程进行记录。处理完毕后，检疫处理单位应当准确填写检疫处理结果报告单，交检验检疫部门。

第三十一条 检疫处理单位应当开展处理控制和处理效果评价，保证检疫处理效果，保护环境和生态安全，并承担相应的法律责任。

第三十二条 检疫处理单位应当建立检疫处理业务档案，真实完整地记录其检疫处理业务。

第三十三条 检疫处理单位应当于每年1月底前向其所在地直属检验检疫局提交上一年度检疫处理情况工作报告。

第三十四条 有下列情形之一的，检疫处理单位应当自变更之日起30日内向颁发《核准证书》的直属检验检疫局申请办理变更手续：

（一）法定代表人变更；

（二）检疫处理人员变更；

（三）其他重大事项变更。

符合规定要求的，直属检验检疫局应当在收到相关资料后20日内完成变更手续。

第三十五条 检疫处理单位《核准证书》有效期6年。检疫处理单位需要延续《核准证书》有效期的，应当于有效期届满3个月前向颁发《核准证书》的直属检验检疫局申请延续。直属检验检疫局应当在有效期届满前作出是否准予延续的决定，准予延续的，换发《核准证书》。

第三十六条 有下列情形之一的，直属检验检疫局根据利害关系人的请求或者依据职权，可以撤销《核准证书》或者《从业证》：

（一）检验检疫部门人员滥用职权、玩忽职守颁发《核准证书》或者《从业证》的；

（二）超越法定职权颁发《核准证书》或者《从业证》的；

（三）违反法定程序颁发《核准证书》或者《从业证》的；

（四）对不具备申请资格或者不符合法定条件的申请人颁发《核准证书》或者《从业证》的；

（五）检疫处理单位或者检疫处理人员以欺骗、贿赂等不正当手段取得《核准证书》或者《从业证》的；

（六）依法可以撤销《核准证书》或者《从业证》的其他情形。

第三十七条 有下列情形之一的，直属检验检疫局应当依据职权注销《核准证书》或者《从业证》：

（一）检疫处理单位《核准证书》或者检疫处理人员《从业证》有效期届满未申请延续的；

（二）检疫处理单位依法终止的；

（三）检疫处理人员死亡或者丧失行为能力的；

（四）《核准证书》或者《从业证》依法被撤销、撤回或者吊销的；

（五）因不可抗力导致许可事项无法实施的；

（六）法律、法规规定的应当注销的其他情形。

第三十八条 申请从事检疫处理的单位或者人员隐瞒有关情况或者提供虚假申请材料的,直属检验检疫局不予受理或者不予颁发《核准证书》或者《从业证》,申请单位或者人员1年内不得再次申请。

以欺骗、贿赂等不正当手段取得《核准证书》或者《从业证》的,申请单位或者人员3年内不得再次申请。

第六章 法 律 责 任

第三十九条 检疫处理单位有下列情形之一的,检验检疫部门可以给予警告,并可以并处3万元以下罚款:

（一）未按照技术要求和操作规程进行操作的;

（二）出入境检疫处理质量未达到检验检疫技术要求的;

（三）发生安全、质量事故并负有管理责任的;

（四）聘用未取得《从业证》人员或者检疫处理人员超出《从业证》核准范围实施出入境检疫处理工作的;

（五）超出《核准证书》核准范围从事出入境检疫处理工作的;

（六）出入境检疫处理业务档案、安全事故档案或者职工职业健康监护档案不完整、填写不规范,情节严重的;

（七）存在本办法第三十四条所列情形,未办理变更手续的。

第四十条 检疫处理单位有下列情形之一的,由直属检验检疫局吊销其《核准证书》:

（一）有本办法第三十九条第（一）至第（五）项所列情形,情节严重或者造成严重后果的;

（二）伪造、变造、恶意涂改出入境检疫处理业务档案、安全事故档案或者职工职业健康监护档案的;

（三）涂改、倒卖、出租、出借《核准证书》,或者以其他方式非法转让《核准证书》的;

（四）转委托其他单位进行检疫处理的;

（五）检疫处理单位和人员拒绝接受检验检疫部门监管或者整改不力的;

（六）检疫处理单位和人员拒不履行相关义务或者未按照相关规定实施检疫处理,处理效果评价多次不达标的。

第四十一条 检疫处理人员未按照技术要求和操作规程进行操作的,由检验检疫部门给予警告或者处以2 000元以下罚款。有下列行为之一的,由直属检验检疫局吊销其《从业证》:

（一）造成重大安全、质量事故的;

（二）超出核准范围从事出入境检疫处理工作的。

第四十二条 尚未取得或者已被吊销《核准证书》、《从业证》和营业执照,擅自从事出入境检疫处理工作的,由检验检疫部门责令改正,处以3万元以下罚款。

第四十三条 检验检疫人员徇私舞弊、滥用职权、玩忽职守,违反相关法律法规和本办法规定的，依法给予行政处分；情节严重，构成犯罪的，依法追究刑事责任。

第七章 附 则

第四十四条 检疫处理单位应当将检疫处理收费的依据、项目、标准等对外公布，并严格遵守。

第四十五条 检疫处理单位和检疫处理人员核准以及监管等信息应当及时录入有关信息化管理系统。

第四十六条 检疫处理单位信用管理按照国家企业信用信息管理的有关规定执行。

第四十七条 本办法施行前已经获得出入境检疫处理单位资质许可的检疫处理单位，应当依照本办法规定重新获得核准。申请从事A类检疫处理工作的，其此前从事检疫处理资质年限可连续计算。

第四十八条 出境木质包装标识企业对出境木质包装的检疫处理及进出境货物生产企业在生产过程中进行的检疫处理不适用本办法。

第四十九条 《核准证书》、《从业证》、《出入境检疫处理单位核准申请表》由国家质检总局统一监制。

第五十条 本办法由国家质检总局负责解释。

第五十一条 本办法自2016年7月1日起施行。原国家检验检疫局于1998年12月24日发布的《熏蒸消毒监督管理办法（试行）》同时废止。

质检总局关于做好出入境检疫处理单位和从业人员核准工作的通知

（国质检通函〔2016〕178号 2016年4月28日）

各直属检验检疫局：

根据国务院行政许可相关工作要求和《出入境检疫处理单位和人员管理办法》（质检总局令第181号，以下简称《办法》），现就做好出入境检疫处理单位和人员核准有关工作通知如下：

一、充分认识出入境检疫处理单位和人员核准工作的重要意义

（一）是提升检疫处理单位和人员能力及素质的需要

检疫处理是出入境检验检疫工作中的重要环节，是防范外来有害生物、动植物疫病疫情、传染病及其传播媒介等传入传出的必要手段，直接关系到检验检疫执法把关有效性，关系到人民群众身体健康和农牧业生产安全，关系到生态环境安全。检疫处理单位和人员是检疫处理工作的实施主体，对检疫处理工作效果具有决定性作用，开展出入境检疫处理单位和人员核准，对于提升出入境检疫处理单位和人员的能力和素质，保障出

入境检疫处理工作质量,维护国门安全具有重要意义。

(二) 是推进改革理清权责的需要

近年来,总局一直鼓励社会企业从事出入境检疫处理业务,随着改革的不断深入,愿意从事出入境检疫处理业务的企业和人员越来越多,所以进一步规范检疫处理单位和人员审批工作,吸收更多社会企业从事出入境检疫处理业务,是推进改革的必然选择,是理清权责的客观需要。

(三) 是推进简政放权的需要

本届政府大力推进简政放权,释放市场活力,按照办法的规定由直属检验检疫局开展出入境检疫处理单位和人员核准,有利于提高审批效率,方便企业办理审批手续,有利于出入境检疫处理行业和市场的发展。

二、提高出入境检疫处理单位和人员核准工作服务水平

(一) 规范审批工作

为提高出入境检疫处理单位和人员核准工作的规范化、标准化水平,总局组织制定了核准所需的申请表、服务规范、核准证书、现场评审表等一系列材料(见附件1~11),请各局遵照执行。

(二) 提高服务水平

出入境检疫处理单位和人员核准工作直接面对企业和公民。各局要根据服务对象的现实需求,持续优化服务方式和服务行为,促进阳光审批,不断提高出入境检疫处理单位和人员核准工作服务水平。

(三) 强化信息公开

各局要在网站、行政许可服务大厅等对外公开核准工作流程、相关工作材料等,以便企业和公民查阅材料、办理核准手续。对于通过核准的检疫处理单位和人员,各单位要按照行政许可的要求和《办法》的规定,在规定时限前对外公布。

三、保障工作有序衔接

(一) 关于出入境检疫处理单位

从《办法》公布之日起,各局即开始对从事出入境检疫处理业务的单位按照《办法》的具体要求进行审批。检疫处理单位核准证书编号规则为"DW+6位直属局代码+2位年份+3位流水号"。从《办法》生效之日起,未按《办法》规定取得从业资格的检疫处理单位不得从事出入境检疫处理工作。

(二) 关于出入境检疫处理人员

从《办法》公布之日起,各直属局即开始对出入境检疫处理人员组织考试。考试合格的颁发《从业证》,《从业证》编号为"RY+6位直属局代码+2位年份+5位流水号",从业证到期换发新证时,重新编制从业证编号。从《办法》生效之日起,未按《办法》规定取得从业资格的检疫处理人员不得从事出入境检疫处理工作。

(三) 关于相关工作职责

出入境检疫处理工作涉及检验检疫多项业务,包括检疫处理单位及人员的审批管理、卫生处理工作、动植物检疫除害处理工作,其中检疫处理单位及人员的审批管理

由通关司负责，包括审批所需表格的制定、相关资质证书格式的确定、审批数据的统计汇总、审批工作的监督管理；卫生处理工作由卫生司负责，包括卫生处理业务流程的设置及管理、卫生处理对象的确定、卫生处理药品和器械的确定及使用管理、卫生处理方法的确定、卫生处理效果的评价、卫生处理突发事件的处置、对卫生处理工作的监督管理；动植物检疫除害处理工作由动植司负责，包括动植物检疫除害处理业务流程的设置及管理、动植物检疫除害处理对象的确定、动植物检疫除害处理药品和器械的确定及使用管理、动植物检疫除害处理方法的确定、动植物检疫除害处理效果评价、动植物检疫除害处理突发事件的处置、对动植物检疫除害处理工作的监督管理。各直属局要加强与总局相关业务部门的沟通，及时解决工作中遇到的问题。

四、其他要求

（一）加强组织领导

各直属局要加强对此项工作的组织领导，明确责任部门，组织好检疫处理单位和从业人员的核准工作，确保工作有条不紊、整体有序推进。

（二）应用信息化系统

为提高出入境检疫处理单位和人员审批的信息化工作水平，目前已在 e – CIQ 主干系统中开发了功能模块。已启用 e – CIQ 主干系统的直属局，须在 e – CIQ 主干系统中进行审批；尚未启用 e – CIQ 主干系统的直属局，仍按现有工作模式进行审批，但启用 e – CIQ 主干系统后，须在 e – CIQ 主干系统中进行审批，并将启用前的审批单位和人员的相关信息补录到 e – CIQ 主干系统中。

（三）加强监督检查

各局要建立检疫处理单位和人员管理档案，全面掌握检疫处理单位的情况。要加强对出入境检疫处理单位的监督检查，每年度至少对每个检疫处理单位进行一次监督检查，确保其持续符合各项要求。

检疫处理工作关系到国门安全，业务敏感性强，在开展检疫处理单位和人员审批的过程中，要做好相关组织协调等工作，保障检疫处理工作平稳开展和有序衔接。

附件：1. 出入境检疫处理单位核准申请表（略）
   2. 出入境检疫处理单位变更申请表（略）
   3. 出入境检疫处理人员考试报名表（略）
   4. 出入境检疫处理单位核准现场评审记录（略）
   5. 出入境检疫处理单位核准许可受理单（通知书）（略）
   6. 出入境检疫处理单位和人员核准服务指南
   7. 出入境检疫处理单位和人员核准工作细则
   8. 出入境检疫处理单位和人员核准服务规范
   9. 出入境检疫处理单位和人员核准申请人满意度评价表（略）
   10. 出入境检疫处理单位核准证书（模版）（略）
   11. 检疫处理人员从业资格证（模版）（略）

附件6

出入境检疫处理单位和人员核准服务指南

一、适用范围

本指南适用于对出入境检疫处理单位和人员资质的申请和办理。

二、项目信息

名称：从事进出境检疫处理业务的单位及人员认定

审批类别：行政许可

项目编码：26002

三、办理依据

1. 《中华人民共和国进出境动植物检疫法实施条例》第五十五条 从事进出境动植物检疫熏蒸、消毒处理业务的单位和人员，必须经口岸动植物检疫机关考核合格。

口岸动植物检疫机关对熏蒸、消毒工作进行监督、指导，并负责出具熏蒸、消毒证书。

2. 《出入境检疫处理单位和人员管理办法》（质检总局令第181号）。

3. 《进出境集装箱检验检疫管理办法》（质检总局令第17号）第二十一条 从事进出境集装箱清洗、卫生除害处理的单位须经检验检疫机构考核认可，接受检验检疫机构的指导和监督。

四、受理机构

各直属出入境检验检疫局（各直属检验检疫局指定受理窗口）。

五、决定机构

各直属出入境检验检疫局。

六、审批数量

无限制。

七、办事条件

（一）出入境检疫处理从业人员申请条件

年满十八周岁，身体健康，具有完全民事行为能力，具备检疫处理基本知识，掌握检疫处理操作技能的人员，通过检疫处理人员从业资格考试。

（二）出入境检疫处理单位申请基本条件

1. 具有独立法人资格，即取得工商营业执照。

2. 具有满足条件的办公场所。

3. 申请从事的检疫处理类别需要使用危险化学品的，危险化学品的运输、储存、使用应当符合国家有关规定，包括直接获得相关许可证明、取得无需办理许可证明的证明文件等方式，其从业人员需符合相应要求。

4. 使用的出入境检疫处理器械、药品以及计量器具应当符合国家有关规定。

5. 具有必要的出入境检疫处理安全防护装备、急救药品和设施。

6. 具有有效的企业章程、质量控制、效果评价、安全保障以及突发事件应急机制等管理制度，包括申请单位章程、质量管理体系、安全保障体系、突发事件应急预案、检疫处理操作规范等。

7. 建立完整的出入境检疫处理业务档案、技术培训档案和职工职业健康档案管理制度。

8. 配备经直属检验检疫局核准的检疫处理人员，人员数量应能满足业务开展需要。

9. 配备专职或者兼职安全员，法律法规有规定的，还应当具备相应的资质。

（三）申请从事各类检疫处理工作的单位应当符合的条件

1. 申请从事 A 类出入境检疫处理工作的单位，除应当具备申请基本条件以外，还应当符合下列条件：

（1）具有检疫处理 B 类资质 3 年以上，近 3 年无安全和质量事故。

（2）药品、仪器、设备、材料、专用药品库及操作规范符合法律法规、标准和技术规范的要求。

（3）配备检疫处理熏蒸气体浓度测定仪器、残留毒气检测仪器、大气采样仪器等设备。

2. 申请从事 B 类出入境检疫处理工作的单位，除应当具备申请基本条件以外，还应当符合下列条件：

（1）处理场所、药品、仪器、设备、材料、专用药品库及操作规范符合法律法规、标准和技术规范的要求。

（2）配备检疫处理熏蒸气体浓度测定仪器、残留毒气检测仪器、大气采样仪器等设备。

3. 从事 C 类出入境检疫处理工作的单位，除应当具备申请基本条件以外，还应当符合下列条件：

（1）药品、仪器、设备、材料、专用药品库及操作规范符合法律法规、标准和技术规范的要求。

（2）配备消毒效果评价相关检测设备。

4. 申请从事 D 类出入境检疫处理工作的单位，除应当具备申请基本条件以外，还应当符合下列条件：

（1）药品、仪器、设备、材料、专用药品库及操作规范符合法律法规、标准和技术规范的要求。

（2）配备除虫灭鼠试验室相关检测设备等。

5. 申请从事 E 类出入境检疫处理工作的单位，除应当具备基本条件以外，还应当符合下列条件：

（1）处理场所、库房、处理设备及操作规范符合法律法规、标准和技术规范的要求。

（2）使用特种设备的，持有特种设备许可证。

6. 申请从事 F 类出入境检疫处理工作的单位，除应当具备基本条件以外，还应当符合下列条件：

（1）处理场所、库房、设备、放射性物品购置及存放、操作规范符合法律法规、标准和技术规范的要求。

（2）持有放射性设备使用许可证。

7. 申请从事 G 类出入境检疫处理工作的单位，除应当具备基本条件以外，还应当符合下列条件：

（1）处理场所、库房、处理设备及操作规范符合法律法规、标准和技术规范的要求。

（2）使用特种设备的，持有特种设备许可证。

（四）出入境检疫处理单位具备或符合如下条件的，准予批准

1. 符合申请条件。
2. 现场评审通过，包括整改合格后评审通过。

（五）出入境检疫处理单位和人员有如下情况之一的，不予批准

1. 不符合申请条件。
2. 现场评审不通过。
3. 申请材料造假。

（六）变更手续

有下列情形之一的，检疫处理单位应当自变更之日起 30 日内向直属检验检疫局办理变更手续：

1. 法定代表人变更。
2. 检疫处理人员变更。
3. 其他事项变更，如单位名称、地址变更等。

如变更事项为业务范围调整等重大事项，应按照管理办法要求办理。

八、申请材料

（一）申请材料清单

1. 检疫处理从业人员

序号	提交材料名称	材料类型	数量	纸质/电子版	要求	备注
1	出入境检疫处理人员从业资格考试报名表	书面	1 份	纸质		
2	身份证	复印件	1 份	纸质	提交时，复核原件	
3	1 寸彩色近照	书面	3 张	纸质		1 张贴在报名表上

2. 检疫处理单位

序号	提交材料名称	材料类型	数量	纸质/电子版	要求	备注
1	出入境检疫处理单位核准申请表	书面	1份	纸质		
2	工商营业执照	复印件	1份	纸质	提交时，复核原件	
3	职业卫生安全许可证	复印件	1份	纸质	提交时，复核原件	有涉及的提供
4	申请单位章程	书面	1份	纸质		
5	质量管理体系文件	书面	1份	纸质		如有证书则一并提供证书复印件
6	安全保障体系文件	书面	1份	纸质		
7	突发事件应急管理预案	书面	1份	纸质		
8	检疫处理操作规范文件	书面	1份	纸质		
9	检疫处理人员名单、《从业证》复印件	书面、复印件	1份	纸质	提交时，复核原件	

（二）申请材料提交

申请人可通过窗口报送相关材料。

九、申请接收

（一）接收方式

1. 窗口接收

接收部门：各直属出入境检验检疫局指定受理窗口。

接收地址：当地直属出入境检验检疫局所在地的地址。

2. 信函接收

接收部门：各直属出入境检验检疫局指定受理部门。

接收地址：当地直属出入境检验检疫局所在地的地址。

邮政编码：当地直属出入境检验检疫局所在地的邮编。

联系电话：各直属出入境检验检疫局指定的电话和电子邮箱。

（二）办公时间

各直属出入境检验检疫局办公时间。

十、基本办理流程

出入境检疫处理单位和人员核准许可办理流程见附件1。

十一、办理方式

（一）新办

流程见附件1。

（二）依申请变更

提交变更申请，需要现场评审的流程见附件1。

（三）依申请注销

提交注销申请，予以注销并公示。

十二、审批时限

（一）受理时限

直属检验检疫局应当对申请人提交的书面申请和相关材料进行初审，自收到之日起5个工作日内一次告知申请单位需要补正的全部内容，逾期不告知的，自收到申请材料之日起即为受理；

（二）现场评审时限

受理申请后，直属检验检疫局当自受理申请之日起5日内组成专家组，并将评审所需时间书面告知申请单位。由于申请人整改或者其他自身原因导致无法在规定时间内完成的情况除外。

专家组应当按照国家质检总局的规定，对申请单位进行现场考核评审，并提交书面评审报告。

（三）审批时限

直属检验检疫局应当自受理申请之日起20日内作出是否核准的决定，专家评审所需时间不计算在内。20日内不能作出决定的，经直属检验检疫局负责人批准，可以延长10日，并将延长期限的理由书面告知申请单位。

十三、审批收费依据及标准

不收费。

十四、审批结果

直属检验检疫局作出核准决定的，应当自作出决定之日起10日内颁发《出入境检疫处理单位核准证书》。

不予核准的，应当书面通知申请单位并说明理由。

十五、结果送达

通过电话、电子邮件等方式通知服务对象，领取证书。

十六、申请人权利和义务

符合规定条件、标准的，申请人有依法取得行政许可的平等权利，行政机关不得歧视。

公民、法人或者其他组织对行政机关实施行政许可，享有陈述权、申辩权；有权依法申请行政复议或者提起行政诉讼；其合法权益因行政机关违法实施行政许可受到损害的，有权依法要求赔偿。公民、法人或者其他组织依法取得的行政许可受法律保护，行政机关不得擅自改变已经生效的行政许可。

行政许可所依据的法律、法规、规章修改或者废止，或者准予行政许可所依据的客观情况发生重大变化的，为了公共利益的需要，行政机关可以依法变更或者撤回已经生效的行政许可。由此给公民、法人或者其他组织造成财产损失的，行政机关应当依法给予补偿。

十七、咨询途径

（一）窗口咨询

部门名称：各直属出入境检验检疫局认定受理窗口。

地址：当地直属出入境检验检疫局所在地的地址。

联系电话：各直属出入境检验检疫局指定的电话。

（二）电话咨询：各直属出入境检验检疫局指定的电话

（三）网上咨询：各直属出入境检验检疫局指定的网址服务平台—公众留言

（四）电子邮件咨询：由各直属出入境检验检疫局指定

（五）信函咨询

咨询部门：由各直属出入境检验检疫局指定。

通讯地址：各直属出入境检验检疫局所在地。

邮政编码：各直属出入境检验检疫局所在地。

十八、监督和投诉渠道

（一）窗口投诉：由各直属出入境检验检疫局指定

（二）电话投诉：由各直属出入境检验检疫局指定

（三）网上投诉：由各直属出入境检验检疫局指定服务平台—网上投诉

（四）信函投诉：由各直属出入境检验检疫局指定

十九、办公地址和时间

办公地址：各直属出入境检验检疫局所在地。

办公时间：各直属出入境检验检疫局办公时间。

乘车路线：各直属出入境检验检疫局所在地公共交通。

二十、公开查询

自受理之日25个工作日起，可通过电话方式查询审批状态。

附件：1. 检疫处理单位和人员核准许可办理流程图（略）
　　　2. 检疫处理人员从业资格办理流程图（略）

附件 7

出入境检疫处理单位和人员核准工作细则

一、项目信息

名称：从事进出境检疫处理业务的单位及人员认定

审批类别：行政许可

项目编码：26002

二、审查过程

（一）审查流程（见附件）

（二）审查要求

1. 设立依据

1.1 《中华人民共和国进出境动植物检疫法实施条例》第五十五条："从事进出境动植物检疫熏蒸、消毒处理业务的单位和人员，必须经口岸动植物检疫机关考核合格。口岸动植物检疫机关对熏蒸、消毒工作进行监督、指导，并负责出具熏蒸、消毒证书。"

1.2 《出入境检疫处理单位和人员管理办法》（质检总局令第181号）

1.3 《进出境集装箱检验检疫管理办法》（质检总局令第17号）第二十一条 从事进出境集装箱清洗、卫生除害处理的单位须经检验检疫机构考核认可，接受检验检疫机构的指导和监督。

2. 出入境检疫处理人员的核准

2.1 人员申请条件

年满十八周岁，身体健康，具有完全民事行为能力，具备检疫处理基本知识，掌握检疫处理操作技能的人员，可以参加检疫处理人员从业资格考试。

2.2 检疫处理从业人员申请

从业人员向各直属局行政许可窗口递交申请材料，包括：

序号	提交材料名称	材料类型	数量	纸质/电子版	要求	备注
1	出入境检疫处理人员从业资格考试报名表	书面	1份	纸质		
2	身份证	复印件	1份	纸质	提交时，复核原件	
3	1寸彩色近照	书面	3张	纸质		1张贴在报名表上

2.3 申请资质类别

检疫处理人员资格分为两类，即熏蒸处理类（A类、B类）、其他类（C类、D类、E类、F类、G类）。可以申请两类资格，即：熏蒸处理类和其他类。

2.4 考试

国家质检总局负责制定考试大纲，直属检验检疫局负责考试的组织实施工作。直属检验检疫局每年至少组织一次检疫处理人员从业资格考试，同时可根据本辖区市场和业务需求，适当增加考试频次。

2.5 发证

通过检疫处理人员从业资格考试的人员，由直属检验检疫局颁发《检疫处理人员从业资格证》（以下简称《从业证》）。《从业证》有效期三年，有效期内全国通用。

有效期满需要办理延期复核手续，延期复核的内容应当以持续满足检疫处理人员从业资格要求为原则。

对于跨直属局区域的从业人员，期满可持旧证到工作所在地的直属局换发新证。

3. 出入境检疫处理单位核准

3.1 申请条件

3.1.1 申请从事出入境检疫处理工作的单位（以下简称申请单位），应当具备下列基本条件：

（1）具有独立法人资格，即取得工商营业执照；

（2）具有满足条件的办公场所；

（3）申请从事的检疫处理类别需要使用危险化学品的，危险化学品的运输、储存、使用应当符合国家有关规定，包括直接获得相关许可证明、取得无需办理许可证明的证明文件等方式；其从业人员需符合相应要求；

（4）使用的出入境检疫处理器械、药品以及计量器具应当符合国家有关规定；

（5）具有必要的出入境检疫处理安全防护装备、急救药品和设施；

（6）具有有效的企业章程、质量控制、效果评价、安全保障以及突发事件应急机制等管理制度；

（7）建立完整的出入境检疫处理业务档案、技术培训档案和职工职业健康档案管理制度；

（8）配备经直属检验检疫局核准的检疫处理人员，人员数量应能满足业务开展需要；

（9）配备专职或者兼职安全员，法律法规有规定的，还应当具备相应的资质。

3.1.2 申请从事A类出入境检疫处理工作的单位，除应当具备3.1.1所列条件以外，还应当符合下列条件：

（1）具有B类出入境检疫处理资质3年以上，近3年无安全和质量事故；

（2）药品、仪器、设备、材料、专用药品库及操作规范符合法律法规、标准和技术规范的要求；

（3）配备检疫处理熏蒸气体浓度测定仪器、残留毒气检测仪器、大气采样仪器等设备。

3.1.3 申请从事B类出入境检疫处理工作的单位，除应当具备3.1.1所列条件以外，还应当符合下列条件：

（1）处理场所、药品、仪器、设备、材料、专用药品库及操作规范符合法律法规、标准和技术规范的要求；

（2）配备检疫处理熏蒸气体浓度测定仪器、残留毒气检测仪器、大气采样仪器等设备。

3.1.4 从事C类出入境检疫处理工作的单位，除应当具备3.1.1所列条件以外，还应当符合下列条件：

（1）药品、仪器、设备、材料、专用药品库及操作规范符合法律法规、标准和技术规范的要求；

（2）配备消毒效果评价相关检测设备。

3.1.5 申请从事 D 类出入境检疫处理工作的单位，除应当具备 3.1.1 所列条件以外，还应当符合下列条件：

（1）药品、仪器、设备、材料、专用药品库及操作规范符合法律法规、标准和技术规范的要求；

（2）配备除虫灭鼠试验室相关检测设备等。

3.1.6 申请从事 E 类出入境检疫处理工作的单位，除应当具备 3.1.1 所列条件以外，还应当符合下列条件：

（1）处理场所、库房、处理设备及操作规范符合法律法规、标准和技术规范的要求；

（2）使用特种设备的，持有特种设备许可证。

3.1.7 申请从事 F 类出入境检疫处理工作的单位，除应当具备 3.1.1 所列条件以外，还应当符合下列条件：

（1）处理场所、仪器、设备、放射性物品购置及存放、操作规范符合法律法规、标准和技术规范的要求；

（2）持有放射性设备使用许可证。

3.1.8 申请从事 G 类出入境检疫处理工作的单位，除应当具备 3.1.1 所列条件以外，还应当符合下列条件：

（1）处理场所、库房、处理设备及操作规范符合法律法规、标准和技术规范的要求；

（2）使用特种设备的，持有特种设备许可证。

3.2 申请

3.2.1 申请单位向各直属局行政许可窗口递交申请材料，包括：

序号	提交材料名称	材料类型	数量	纸质/电子版	要求	备注
1	出入境检疫处理单位核准申请表	书面	1 份	纸质		
2	工商营业执照	复印件	1 份	纸质	提交时，复核原件	
3	职业卫生安全许可证	复印件	1 份	纸质	提交时，复核原件	有涉及的提供
4	申请单位章程	书面	1 份	纸质		
5	质量管理体系文件	书面	1 份	纸质		如有证书则一并提供证书复印件
6	安全保障体系文件	书面	1 份	纸质		
7	突发事件应急管理预案	书面	1 份	纸质		
8	检疫处理操作规范文件	书面	1 份	纸质		
9	检疫处理人员名单、《从业证》复印件	书面、复印件	1 份	纸质	提交时，复核原件	

审查要点：材料齐全、真实、有效。

3.3 受理

直属检验检疫局对申请单位提出的申请，应当根据下列情况分别作出处理：

（1）申请材料存在可以当场更正的错误的，应当允许申请人当场更正；

（2）申请材料不齐全或者不符合法定形式的，应当当场或者在5日内一次告知申请单位需要补正的全部内容，逾期不告知的，自收到申请材料之日起即为受理；

（3）申请材料齐全、符合法定形式，或者申请人按照要求提交全部补正申请材料的，应当受理申请。

直属检验检疫局受理或者不予受理申请，应当出具加盖本单位专用印章和注明日期的书面凭证。

审查要点：当场或者5日内一次告知申请单位需要补正的全部内容。

3.4 评审

受理申请后，直属检验检疫局应当自受理申请之日起5日内组成专家组，并将评审所需时间书面告知申请单位，现场评审所需时间不计算在行政许可办理的期限内。

专家组应当按照国家质检总局的规定，对申请单位进行现场考核评审，并提交书面评审报告。

直属检验检疫局应当自受理申请之日起20日内作出是否核准的决定。20日内不能作出决定的，经直属检验检疫局负责人批准，可以延长10日，并将延长期限的理由书面告知申请单位。

审查要点：5日内组成专家组开展现场考核，重点考核人员管理、场地环境、药品库和器械库等设施、药品、器材、设备管理、质量管理体系运行情况等项目；自受理申请之日起20日内作出是否核准的决定（专家评审所需时间不计算在内）。

3.5 核准

直属检验检疫局作出核准决定的，应当自作出决定之日起10日内颁发并送达《核准证书》。

不予核准的，应当书面通知申请单位并说明理由。

直属检验检疫局作出的核准决定，应当予以公开。

审查要点：对评审报告进行审查，并逐级报批。

3.6 发证

行政许可窗口通知申请人领取《核准证书》。

3.7 工作时限

自受理之日起20日内作出许可或不予许可的决定，现场核查和评审时间不包括在内。

4. 收费依据（收费项目及标准）

不收费。

5. 监督管理

5.1 直属检验检疫局应当分别建立检疫处理单位和人员管理档案，检疫处理单位管理档案按照申请表、申请资料、考核记录及整改材料、《核准证书》复印件等予以建档；人员管理档案按照从业资格申请表、申请材料、考试成绩、《从业证》复印件等材料予以建档。

将检疫处理单位纳入企业信用管理，并针对不同信用等级的检疫处理单位制定差异化的监管措施。

5.2 检验检疫部门负责检疫处理单位的日常监管，定期组织对所辖地区检疫处理单位进行监督检查，每年应当不少于一次；对检疫处理单位的检疫处理效果进行监督和评价，并将监督检查结果向直属检验检疫局报告。

5.3 检验检疫部门对未取得相应《核准证书》的单位、未获得相应《从业证》的人员及未按照法律法规、标准和技术规范实施的检疫处理结果不予认可。

5.4 检疫处理单位应当在《核准证书》核准范围内，根据出入境检验检疫处理通知书要求，严格按照法律法规、标准和技术规范实施检疫处理。

5.5 检疫处理单位应当建立检疫处理业务档案，真实完整地记录其检疫处理业务。

5.6 检疫处理单位应当于每年1月底前向其所在地直属检验检疫局提交上一年度检疫处理情况工作报告，基本内容包括：检疫处理概述（按业务范围分类描述的业务量、药品使用量、经营收入等）、运营情况（含人员设备管理、药品器械管理、制度变更等）、存在不足、建议及其他需要提供材料。

5.7 有下列情形之一的，检疫处理单位应当自变更之日起30日内向直属检验检疫局办理变更手续：

（1）法定代表人变更；

（2）检疫处理人员变更；

（3）其他事项变更，如单位名称变更，企业地址等。

如变更事项为业务范围调整等重大事项，应按照管理办法要求办理。

符合规定要求的，直属检验检疫局应当在收到相关资料后20日内完成变更手续。

5.8 检疫处理单位《核准证书》有效期6年；有效期届满需要延续的，检疫处理单位应当于有效期届满3个月前向所在地直属检验检疫局申请换发《核准证书》。直属检验检疫局应当在有效期届满前作出是否准予延续的决定。

三、廉政要求

出入境检疫处理单位和人员的核准工作中，相关工作人员不得向申请人提出购买指定商品、接受有偿服务等不正当要求，不得索取或者收受申请人的财物，不得谋取其他利益。

附件：出入境检疫处理单位核准许可办理流程图（略）

附件 8

出入境检疫处理单位和人员核准服务规范

一、基本要求

实现"优质服务,限时办结"。严格落实首问负责、一次性告知等服务制度,根据服务对象现实需求,持续优化服务方式和服务行为,促进阳光审批和服务水平提升。

二、各岗位人员服务规范

(一)咨询、材料接收人员

窗口工作人员着装整齐,对询问要有问必答,对于不清楚的业务及时联系相关工作人员给予明确、准确的答复;不属于本窗口的咨询业务应向服务对象做好解释说明并尽可能提供联系和咨询方式。

严格按照对外公示的时间办理业务,未经批准不得中途或提前停止服务。如服务期间因故离开窗口中断服务,必须摆放暂停服务牌,内容包括离岗原因、去向和联系方式,向服务对象明示并引导服务对象在其他窗口办理业务,以防服务对象在无人窗口前等待。

接收材料快速准确,在规定时限内完成材料的齐全性审查,一次性告知申请人需补充的材料。

完成初审的申请材料应做好登记并在 2 个工作日内转交下一岗位人员进行审查受理工作。

(二)申请材料审查人员

业务熟练,对相关的法规、标准、规定等文件内容清楚,对外答复清晰准确。

严格落实授权制度,做到权责一致,审查办理准确、规范、及时。

逐级审核。各级审核人依职责对服务对象提交材料的真实性、合法性和规范性进行审核,提出是否准予许可建议,并出具审核意见。

对申请受理材料的审查及时在规定时限内办结并流转到下一审查岗位并做好登记。

(三)评审材料审查人员

要求与申请材料审查人员相同。

(四)审批结果的告知和发放人员

相关要求同咨询、材料接收人员岗位要求。

行政审批过程参与人员应遵守法纪保守秘密,不违反国家法律、法规及有关规章制度,保守秘密,维护服务对象权益。工作人员办公时间不得擅自离岗、串岗、聊天、喧哗或从事与工作无关的事务。

直属检验检疫局对出入境检疫处理单位和人员核准工作将进行满意度评价。

人事部、国家质量监督检验检疫总局关于印发《注册设备监理师执业资格制度暂行规定》、《注册设备监理师执业资格考试实施办法》和《注册设备监理师执业资格考核认定办法》的通知

(国人部发〔2003〕40号 2003年10月29日)

各省、自治区、直辖市人事厅（局）、质量技术监督局，国务院各部委、各直属机构人事部门，总政干部部、总后基建营房部、总装综合计划部，中央管理的有关企业：

为了加强对建设项目设备工程质量的监督管理，保证设备工程质量，提高设备工程监理人员素质，规范设备工程监理活动，人事部、国家质量监督检验检疫总局决定在设备工程领域建立注册设备监理师制度。现将《注册设备监理师执业资格制度暂行规定》、《注册设备监理师执业资格考试实施办法》和《注册设备监理师执业资格考核认定办法》印发给你们，请遵照执行。

附件：1. 注册设备监理师执业资格认定工作领导小组成员名单（略）
　　　2. 中华人民共和国注册设备监理师执业资格考核认定申报表（略）

注册设备监理师执业资格制度暂行规定

第一章 总 则

第一条 为了加强建设项目设备工程质量的监督管理，提高设备工程监理专业技术人员素质，保证设备工程监理工作质量，根据《中华人民共和国产品质量法》和国务院颁布的《质量振兴纲要》及国家职业资格证书制度的有关规定，制定本规定。

第二条 本规定适用于在建设项目中对重要设备形成过程中的质量、进度等环节工作进行控制、见证、检验和审核的设备监理中介机构的专业技术人员。

本规定所称重要设备，是指国家大中型基本建设项目、限额以上技术改造项目等所需的用于满足工业生产工艺流程、形成生产能力的成套设备、重要单元设备，以及国家重点信息系统的重要硬件及支持其运行的配套软件。

第三条 本规定所称注册设备监理师是指通过全国统一考试，取得《中华人民共和国注册设备监理师执业资格证书》，并经注册后，根据设备监理合同独立执行设备工程监理业务的专业技术人员。

第四条 国家对设备监理行业实行执业资格制度，纳入全国专业技术人员职业资格

证书制度的统一规划。

第五条 人事部和国家质量监督检验检疫总局（以下简称国家质检总局）共同负责全国注册设备监理师执业资格制度的实施工作。

国家质检总局会同有关部门对注册设备监理师的执业活动进行指导、监督和管理。

第二章 考 试

第六条 注册设备监理师执业资格考试实行国家统一大纲、统一命题、统一组织的考试制度。原则上每年举行一次。

第七条 国家质检总局组织成立"注册设备监理师执业资格考试专家委会员"，负责拟定考试科目、编写考试大纲、组织考试命题，研究建立考试题库；国家质检总局对考试科目、考试大纲、考试试题进行初审，统筹规划培训工作。

培训工作按照与考试分开、考生自愿参加的原则进行。

第八条 人事部组织专家审定考试科目、考试大纲、考试试题。会同国家质检总局对注册设备监理师执业资格考试进行检查、监督、指导和确定合格标准。

第九条 凡中华人民共和国公民，遵守国家法律、法规，按照《工程技术人员职务试行条例》规定评聘为工程师专业技术职务，并具备下列条件之一者，可申请参加注册设备监理执业资格考试：

（一）取得工程技术专业中专学历，累计从事设备工程专业工作满20年。

（二）取得工程技术专业大学专科学历，累计从事设备工程专业工作满15年。

（三）取得工程技术专业大学本科学历，累计从事设备工程专业工作满10年。

（四）取得工程技术专业硕士以上学位，累计从事设备工程专业工作满5年。

第十条 注册设备监理师执业资格考试合格，由各省、自治区、直辖市人事部门颁发人事部统一印制、人事部和国家质检总局用印的《中华人民共和国注册设备监理师执业资格证书》。该证书全国范围有效。

第三章 注 册

第十一条 注册设备监理师执业资格实行注册登记制度。取得《中华人民共和国注册设备监理师执业资格证书》的人员，必须经过注册登记才能以注册设备监理师名义执业。

第十二条 国家质检总局或其授权机构为注册管理机构。各省、自治区、直辖市质量监督部门或其授权机构为注册登记机构。

第十三条 人事部和各级人事行政部门对注册设备监理师执业资格注册和使用情况有检查、监督的责任。

第十四条 取得《中华人民共和国注册设备监理师执业资格证书》，需要办理注册登记的人员，由本人提出申请，经所在单位同意后，报所在地省级注册登记机构办理注册手续。

第十五条 申请注册者，必须同时具备下列条件：

（一）取得《中华人民共和国注册设备监理师执业资格证书》。

（二）遵纪守法，恪守职业道德。

（三）身体健康，能坚持在注册设备监理师岗位工作。

（四）所在单位考核合格。

第十六条 经审核合格准予注册后，由注册登记机构核发国家质检总局统一印制的《中华人民共和国注册设备监理师注册证》，并在《中华人民共和国注册设备监理师执业资格证书》注册情况栏内加盖注册专用章。

第十七条 注册设备监理师注册有效期为3年，有效期满前3个月，持证者应到所在省级注册登记机构办理再次注册手续。在注册有效期限内，变更执业单位者，应按有关规定及时办理变更手续。

再次注册者，除符合本规定第十五条规定外，还须提供接受继续教育的证明。

第十八条 经注册的注册设备监理师有下列情形之一的，由原注册登记机构注销注册：

（一）不具有完全民事行为能力的。
（二）受刑事处罚的。
（三）因过错造成设备工程重大经济损失的。
（四）严重违反职业道德的。
（五）脱离注册设备监理师岗位连续满2年的。
（六）同时在2个以上设备监理机构进行监理活动的。

第十九条 注册登记机构对注册设备监理师所受处分情况，应及时记录在其《中华人民共和国注册设备监理师执业资格证书》备注栏内。

第二十条 各省级注册登记机构应定期将注册登记及管理情况报国家质检总局备案。

国家质检总局应定期公布注册设备监理师执业资格的注册和注销情况。

第四章 职 责

第二十一条 注册设备监理师应根据所在设备监理机构规定的专业范围，依照国家法律、法规和标准，根据监理合同的要求执行相应专业设备工程的监理任务。

第二十二条 注册设备监理师的执业范围：对重要工程设备的设计、加工、制造、储运、材料采购、组装、测试等重要形成过程、关键部件的质量控制，进行见证、检验、审核，对项目进度、投资款项拨付情况进行监督和参与项目实施过程的管理。

第二十三条 注册设备监理师在受聘的设备监理机构中享有以下权利：

（一）代表设备监理机构独立执行本专业设备工程监理任务，参与重要设备形成各阶段管理。
（二）对选择设备工程设计、采购、制造、储运、组装、测试、检验等过程提出合理化建议。
（三）对项目承包合同、技术方案、法规与标准、重要和关键的工艺规程、组装与测试规程等技术文件与资料进行审核并提出修改意见。
（四）对设备形成的重要过程、关键部件等质量控制进行见证、检验和审核。
（五）对项目执行中费用拨付、追加、扣减提出建议，并对项目的进度情况进行监督。
（六）对项目执行中，有违反承包合同或国家有关法律法规要求的行为提出劝告，并向有关方面和部门报告。

第二十四条 注册设备监理师应履行以下义务：

（一）在合同期内公正、客观地履行职责，根据所在设备监理机构赋予的职责，对其负责的监理任务承担相应责任。

（二）为委托方提供合同约定的监理服务，维护委托方的合法权益。

（三）不得参与对设备监理项目有影响的经济技术活动。

（四）严格保守有关方的技术秘密和商业秘密。

（五）只在一个设备监理单位执业。

第二十五条　注册设备监理师应当按照国家有关规定，自觉接受继续教育，不断更新知识，保持较高专业技术水平。

第五章　附　则

第二十六条　取得注册设备监理师资格，是设立设备工程监理机构、担任设备工程监理机构技术负责人或代表设备监理中介机构独立执行监理业务人员的必备条件。

第二十七条　在实施注册设备监理师执业资格考试之前，对长期从事设备工程领域业务工作，具有较高理论水平和丰富实践经验，受聘担任工程技术类高级专业技术职务的人员，可通过考核认定办法，取得注册设备监理师执业资格。考核认定办法由人事部、国家质检总局另行制定。

第二十八条　执行设备工程监理业务的中介机构，其注册设备监理师专业分类和数量配备，由国家质检总局会同各有关专业主管部门确定。

第二十九条　经国务院有关部门批准在中华人民共和国境内就业的外籍人员及港、澳、台地区的专业人员，符合国家有关规定和本规定要求的，也可报名参加注册设备监理师执业资格考试并申请注册。

第三十条　本规定自 2003 年 12 月 1 日后施行。

注册设备监理师执业资格考试实施办法

第一条　注册设备监理师执业资格考试在人事部、国家质量监督检验检疫总局（以下简称国家质检总局）领导下进行，成立注册设备监理师执业资格考试专家委员会，并由两部门共同成立注册设备监理师执业资格考试办公室，办公室设在国家质检总局，负责注册设备监理师执业资格考试的日常管理工作。具体考试考务工作由人事部人事考试中心负责。

各地考试工作由当地人事部门会同质量技术监督部门组织实施，具体职责分工由各地协商确定。

第二条　注册设备监理师执业资格考试原则上每年举行 1 次，考试时间定于每年的第三季度。

第三条　注册设备监理师执业资格考试科目为《设备工程监理基础及相关知识》、《设备监理合同管理》、《质量、投资、进度控制》、《设备监理综合实务与案例分析》4个科目。

第四条　考试分 4 个半天进行。《设备工程监理基础及相关知识》、《设备监理合同管理》和《质量、投资、进度控制》科目的考试时间均为 3 小时，《设备监理综合实务与案例分析》科目的考试时间为4小时。

第五条 符合《暂行规定》第九条规定的人员，均可报名参加注册设备监理师执业资格考试。

第六条 凡符合注册设备监理师执业资格考试报名条件，并于2002年年底前评聘为高级工程师专业技术职务的人员，可免试《设备工程监理基础及相关知识》和《设备监理合同管理》2个科目，只参加《质量、投资、进度控制》和《设备监理综合实务与案例分析》2个科目的考试。

第七条 考试成绩实行2年为一个周期的滚动管理办法，参加全部4个科目考试人员必须在连续的两个考试年度内通过全部科目；免试部分科目人员必须在一个考试年度内通过应试科目。

第八条 参加考试须由本人提出申请，所在单位审核同意，携带有关证明材料到当地考试管理机构报名。考试管理机构按规定程序和报名条件审查合格后，发给准考证。考生凭准考证在指定的时间、地点参加考试。

中央管理的企业和国务院各部门及其直属单位的人员按属地原则报名参加考试。

第九条 注册设备监理师执业资格考试的考点设在省会城市和直辖市的大、中专院校或高考定点学校。

第十条 注册设备监理师执业资格考试大纲由国家质检总局组织编制、出版和发行。任何单位和个人不得盗用国家质检总局的名义编写、出版发行各种考试用书和复习资料。

第十一条 国家质检总局或其授权的机构负责组织注册设备监理师执业资格考试的师资培训工作。各地要有计划、有组织地开展培训和继续教育工作。培训机构要具备场地、师资、教材等条件。

第十二条 坚持考试与培训分开的原则，参与命题及考试组织管理的人员，不得参加与考试有关的培训和参加考试。应考人员参加培训坚持自愿原则。

第十三条 注册设备监理师执业资格考试、培训及有关项目的收费标准，须经当地价格行政部门核准，并向社会公布，接受公众监督。

第十四条 考试考务管理工作要严格执行考试工作纪律，切实做好试卷的命制、印刷、发送和保管过程中的保密工作，严格遵守保密制度，严防泄密。

第十五条 考试工作人员要认真执行考试回避制度，严肃考场纪律，严禁弄虚作假。对违反考试纪律和有关规定者，要严肃处理，并追究当事人和领导责任。

注册设备监理师执业资格考核认定办法

一、考核认定申报条件

长期从事设备工程监理、设备工作设计和制造工作，业绩突出，遵守国家各项法律、法规，恪守职业道德，身体健康，2002年年底前评聘工程技术或工程经济类高级专业技术职务，现在设备工程专业技术岗位工作，同时具备下列条件（一）和（二）中各一项的专业技术人员。

（一）学历和职业年限

1. 取得工程技术专业中专学历，连续从事设备工程相应专业的设计、制造或监理工作满25年。

2. 取得工程技术专业大学专科学历，连续从事设备工程相应专业的设计、制造或监理工作满20年。

3. 取得工程技术专业大学本科学历，连续从事设备工程相应专业的设计、制造或监理工作满10年。

（二）业务经历

1. 担任主要技术负责人，完成1项国家大型基本建设项目重要设备、国家重点技术改造项目重要设备或国家重点科研项目重要设备的设计、制造、安装、检验或监理工作。

2. 担任主要技术负责人，完成2项国家中型基本建设项目重要设备、省部级重点技术改造项目主要设备或省部级重点科研项目中主要设备的设计、制造、安装、检验或监理工作。

3. 获得有关设备工程专业国家科技进步奖项目的主要技术负责人。

4. 获得2项设备工程专业省（部）级科技进步（科技成果）二等及以上奖项的主要技术负责人。

5. 获得3项设备工程专业省（部）级科技进步（科技成果）三等及以上奖项的主要技术负责人。

二、考核认定组织

由人事部、国家质量监督检验检疫总局（以下简称国家质检总局）共同成立"注册设备监理师执业资格认定工作领导小组"（以下简称领导小组，成员名单见附件1），负责全国注册设备监理师执业资格认定工作。领导小组下设办公室，设在国家质检总局。

三、考核认定程序

（一）符合上述申报条件的专业技术人员，可向所在单位提出申请，经单位审核同意后，由所在单位向单位工商注册所在地的省、自治区、直辖市质量技术监督部门推荐。

国务院各部门所属单位的人员由本部门统一向国家质检总局推荐；中央管理的企业可直接向国家质检总局推荐。

（二）各省、自治区、直辖市质量技术监督部门、国务院各有关部门，负责对本地区、本部门的申报人员进行审核，并经同级人事行政部门复核后，提出推荐名单送领导小组办公室。

中央管理的企业专业人员申报，由本企业质量管理机构进行审核，并经同级人事部门复核后，提出推荐名单送领导小组办公室。

（三）领导小组办公室组织有关专家对各地区、各部门推荐人员的材料进行初审，提出拟认定人员名单，报领导小组审核。

（四）领导小组召开会议，对经初审合格人员的材料进行审核。对领导小组审核合格的人员，经公示无异议后，报人事部、国家质检总局批准，并向社会公布。

四、考核认定申报材料

（一）各省、自治区、直辖市和各有关部门、中央管理的企业人事行政部门的推荐意见函。

（二）填写好的《注册设备监理师执业资格考核认定申报表》一式两份（样表见附件2）。

（三）学历或学位证书、高级专业技术职务资格聘书、获奖证书、获奖项目主要文件签署证明的复印件。

（四）所在单位职业道德证明和获奖单位获奖项目主要技术负责人证明。

五、申报时间及要求

（一）国家对认定人员实行总量控制，实施考试后不再进行认定工作。

（二）各省、自治区、直辖市质量技术监督和人事行政部门，各有关部门、各企业质量管理机构和人事部门，应于2002年12月31日前将初审合格人员材料按名次顺序汇总后报领导小组办公室。

（三）各地区、各有关部门和企业在审核申报人员各种证明文件（学历或学位证书、高级专业技术职务聘书、获奖证书等）时，须审核原件；上报领导小组办公室时，可送复印件。

（四）已通过特许或考核认定的方式取得其他专业执业资格证书的人员，一律不得申报。

（五）各地区和有关部门要切实加强领导，坚持标准，严格按照规定条件和程序认真做好申报、审核和复核工作。凡不认真把关或弄虚作假的，一经发现，停止该地区或部门的申报权和取消个人的申报资格。

（六）各地区、各部门应优先推荐具备申报条件，并在设备工程监理机构从事设备工程监理一线工作的专业技术人员。

（七）凡申请认定设备监理工程师执业资格的均须按本办法办理。

人事部、国家质量监督检验检疫总局关于印发《注册计量师制度暂行规定》、《注册计量师资格考试实施办法》和《注册计量师资格考核认定办法》的通知

（国人部发〔2006〕40号　2006年4月26日）

各省、自治区、直辖市人事厅（局）、质量技术监督局，国务院各部委、各直属机构人事部门，中央管理的企业：

根据《中华人民共和国计量法》有关规定，现将《注册计量师制度暂行规定》、《注册计量师资格考试实施办法》和《注册计量师资格考核认定办法》印发给你们，请遵照执行。

附件：1. 一级注册计量师资格考核认定工作领导小组成员名单（略）
2. 中华人民共和国一级注册计量师资格考核认定申报表（略）

注册计量师制度暂行规定

第一章 总 则

第一条 为加强计量专业技术人员管理，提高计量专业技术人员素质，保障国家量值传递的准确可靠，根据《中华人民共和国计量法》和国家职业资格证书制度有关规定，制定本规定。

第二条 本规定适用于依据计量法律、法规有关规定，从事计量检定、校准、检验、测试等计量技术工作（以下简称计量技术工作）的专业技术人员。

第三条 国家对从事计量技术工作的专业技术人员，实行职业准入制度，纳入全国专业技术人员职业资格证书制度统一规划。

第四条 本规定所称注册计量师，是指经考试取得相应级别注册计量师资格证书，并依法注册后，从事规定范围计量技术工作的专业技术人员。

第五条 注册计量师分一级注册计量师和二级注册计量师。
英文分别译为：Level 1 Certified Metrology Engineer。
Level 2 Certified Metrology Engineer。

第六条 人事部、国家质量监督检验检疫总局（以下简称质检总局）共同负责注册计量师制度实施工作，并按职责分工对该制度的实施进行指导、监督和检查。

各省、自治区、直辖市人事行政部门、质量技术监督部门，按照职责分工负责本行政区域内注册计量师制度的实施与监督管理。

第二章 考 试

第七条 注册计量师资格实行全国统一大纲、统一命题的考试制度，原则上每年举行一次。

第八条 质检总局负责拟定注册计量师资格考试科目、考试大纲、考试试题，研究建立考试试题库，提出考试合格标准的建议。

第九条 人事部组织专家审定注册计量师资格考试科目、考试大纲和考试试题，会同质检总局对考试进行检查、监督、指导和确定合格标准。

第十条 凡中华人民共和国公民，遵守国家法律、法规，恪守职业道德，并符合注册计量师资格考试相应报名条件的人员，均可申请参加相应级别注册计量师的考试。

第十一条 一级注册计量师资格考试报名条件：

（一）取得理学类或工学类专业大学专科学历，工作满 6 年，其中从事计量技术工作满 4 年；

（二）取得理学类或工学类专业大学本科学历，工作满 4 年，其中从事计量技术工作满 3 年；

（三）取得理学类或工学类专业双学士学位或研究生班毕业，工作满 3 年，其中从事计量技术工作满 2 年；

（四）取得理学类或工学类专业硕士学位，工作满 2 年，其中从事计量技术工作满 1 年；

（五）取得理学类或工学类专业博士学位，从事计量技术工作满 1 年；

（六）取得其他类专业相应学历、学位的人员，其工作年限和从事计量技术工作年限相应增加 2 年。

第十二条 二级注册计量师资格考试报名条件：

（一）取得工学类中专学历后，从事计量技术工作满 2 年；

（二）取得理学类或工学类专业大学专科及以上学历或学位，从事计量技术工作满 1 年。

第十三条 一级注册计量师资格考试合格，颁发人事部统一印制，人事部、质检总局共同用印的《中华人民共和国一级注册计量师资格证书》，该证书在全国范围内有效。

二级注册计量师资格考试合格，由相应省、自治区、直辖市人事行政部门颁发人事行政部门和质量技术监督部门共同用印的《中华人民共和国二级注册计量师资格证书》。

第十四条 以不正当手段取得注册计量师资格证书的，由发证机关收回。自收回注册计量师资格证书之日起，当事人 3 年内不得再次参加注册计量师资格考试。

第三章 注 册

第十五条 国家对注册计量师资格实行注册执业管理，取得注册计量师资格证书的人员，经过注册后方可以相应级别注册计量师名义执业。

第十六条 质检总局为一级注册计量师资格的注册审批机关。各省、自治区、直辖市质量技术监督部门（以下简称省级质量技术监督部门）为二级注册计量师资格的注册审批机关，并负责一级注册计量师资格的注册审查工作。

第十七条 取得注册计量师资格证书并申请注册的人员，应当受聘于一个经批准或授权的计量技术机构，并通过聘用单位报本单位所在地（聘用单位属企业的通过本单位工商注册所在地）的质量技术监督部门，向省级质量技术监督部门提出注册申请。

第十八条 省级质量技术监督部门收到注册计量师资格注册的申请材料后，对申请材料不齐全或者不符合法定形式的，应当当场或在 5 个工作日内，一次告知申请人需要补正的全部内容。逾期不告知的，自收到申请材料之日起即为受理。

对受理或者不予受理的注册申请，均应当出具加盖省级质量技术监督部门注册专用印章和注明日期的书面凭证。

第十九条　省级质量技术监督部门自受理之日起 20 个工作日内，按规定条件、程序完成一级注册计量师资格申报材料的审查和二级注册计量师资格注册的审批工作。并在规定的时限内，将一级注册计量师资格注册申报材料和审查意见报注册审批机关审批。

各级注册审批机关自受理相应级别申报人员材料之日起 20 个工作日内作出是否批准的决定。对作出不予批准决定的，应当书面说明理由，并告知申请人享有依法申请行政复议或提起行政诉讼的权利。在规定的期限内不能作出批准决定的，应当将延长期限的理由告知申请人。

各级注册审批机关应当自作出相关批准决定之日起 10 个工作日内，将批准决定送达经批准注册的申请人，并核发相应级别《中华人民共和国注册计量师注册证》（以下简称《注册证》）。

第二十条　《注册证》每一注册有效期为 3 年。《注册证》在有效期限内是注册计量师的执业凭证，由注册计量师本人保管和使用。

第二十一条　初始注册者，可自取得注册计量师资格证书之日起 1 年内提出注册申请。逾期未申请者，在申请初始注册时，须符合本规定继续教育要求。

初始注册需要提交下列材料：

（一）相应级别注册计量师注册申请表；

（二）相应级别注册计量师资格证书；

（三）申请人与聘用单位签订的劳动或聘用合同；

（四）逾期申请注册人员的继续教育证明材料；

（五）计量专业项目考核合格证明或《中华人民共和国计量法》规定的《计量检定员证》；

（六）相应注册审批机构规定的其他条件。

第二十二条　注册有效期届满需继续执业的，应当在届满前 30 个工作日内，按照本规定第十七条规定的程序申请延续注册。注册审批机构应当根据申请人的申请，在规定的时限内作出是否准予延续注册的决定；逾期未作出决定的，视为准予延续。

延续注册需要提交下列材料：

（一）相应级别注册计量师延续注册的申请表；

（二）相应级别注册计量师资格证书；

（三）与聘用单位签订的劳动或聘用合同；

（四）按规定完成继续教育的证明和聘用单位考核合格证明；

（五）相应注册审批机构规定的其他条件。

第二十三条　在注册有效期内，注册计量师变更专业类别或执业单位的，应当按本规定第十七条规定的程序办理变更注册手续。变更注册后，其注册证件在原注册有效期内继续有效。

变更注册需要提交下列相应材料：

（一）相应级别注册计量师变更注册的申请表；

（二）与变更后的专业类别一致的计量专业项目考核合格证明；
（三）聘用单位同意变更专业的证明；
（四）与新聘用单位签订的劳动或聘用合同；
（五）工作调动证明、与原聘用单位解除劳动或聘用关系证明。

第二十四条 注册计量师因丧失行为能力、死亡或被宣告失踪的，其《注册证》失效。

第二十五条 注册计量师有下列情形之一的，应当由注册计量师本人或聘用单位及时向当地省级质量技术监督部门提出申请，由相应注册审批机关审核批准后，办理注销手续，收回《注册证》：

（一）不具有完全民事行为能力的；
（二）申请注销注册的；
（三）注册有效期满且未延续注册的；
（四）被依法撤销注册的；
（五）受到刑事处罚的；
（六）与聘用单位解除劳动或聘用关系的；
（七）聘用单位被依法取消计量技术工作资质的；
（八）因本人过失造成利害关系人重大经济损失的；
（九）应当注销注册的其他情形。

第二十六条 有下列情形之一的，不予注册：

（一）不具有完全民事行为能力的；
（二）刑事处罚尚未执行完毕的；
（三）因在计量技术工作中受到刑事处罚，自刑事处罚执行完毕之日起至申请注册之日止不满 2 年的；
（四）法律、法规规定不予注册的其他情形。

第二十七条 注册申请人以不正当手段取得注册的，应当予以撤销，并由注册审批机关依法给予行政处罚；当事人在 3 年内不得再次申请注册；构成犯罪的，依法追究刑事责任。

第二十八条 对被注销注册或不予注册的人员，重新具备初始注册条件，并符合本规定继续教育要求的，可按本规定第十七条规定的程序申请注册。

第二十九条 注册审批机关应当定期向社会公布相应级别注册计量师注册有关情况。当事人对注销注册或不予注册有异议的，可依法申请行政复议或提起行政诉讼。

第三十条 继续教育是注册计量师延续、重新申请注册和逾期初始注册的必备条件。在每个注册期内，注册计量师应当按规定完成本专业的继续教育。

第四章 执 业

第三十一条 注册计量师依据国家计量法律、法规的规定，开展相应专业的执业活动。

第三十二条 各级注册计量师只能在聘用单位计量技术工作资质规定的业务范围和本人注册的专业范围内，履行相应岗位职责。

第三十三条 一级注册计量师执业范围：进行计量基准、计量标准器具的校准，以及其他计量技术工作，出具计量技术报告；指导、检查同一专业项目二级注册计量师开展工作。

二级注册计量师执业范围：除计量基准、计量标准器具校准之外的其他计量技术工作，出具相应计量技术报告。

第三十四条 一级注册计量师应当具备下列执业能力：

（一）熟悉国家计量法律、法规、规章及相关法律规定，有较丰富的计量技术工作经验；

（二）了解国际相关标准或技术规范，掌握计量技术发展前沿情况，具有独立解决本专业复杂、疑难技术问题的能力；

（三）熟练运用本专业计量技术法规，使用相关计量基准、计量标准，完成量值传递等技术工作，正确进行测量不确定度分析与评定，出具的计量技术报告准确无误；

（四）具有较强的本专业计量技术课题研究能力，能够应用新技术成果，指导本专业二级注册计量师工作。

第三十五条 二级注册计量师应当具备下列执业能力：

（一）熟悉国家计量法律、法规、规章及相关法律规定，有一定的计量技术工作经验；

（二）熟练运用本专业计量技术法规和使用相关计量基准、计量标准，较好地完成本专业量值传递（计量基准、计量标准器具校准除外）等技术工作；

（三）能正确出具本专业计量技术报告（计量基准、计量标准器具校准除外）。

第三十六条 在计量技术工作中形成的计量技术报告，应当由相应级别注册计量师签字盖章后方可生效，并承担相关法律责任。

第三十七条 因注册计量师出具的计量技术报告不符合国家有关法律、法规、规章和技术规范造成经济损失的，由聘用单位承担赔偿责任。聘用单位可向承担相应责任的注册计量师追偿。

第五章 权利和义务

第三十八条 注册计量师享有下列权利：

（一）使用本专业相应级别注册计量师称谓；

（二）依据国家计量技术法律、法规和规章，在规定范围内从事计量技术工作，履行相应岗位职责；

（三）接受继续教育；

（四）获得与执业责任相应的劳动报酬；

（五）对不符合规定的计量技术行为提出异议，并向上级部门或注册审批机构报告；

（六）对侵犯本人权利的行为进行申诉。

第三十九条 注册计量师应当履行下列义务：

（一）遵守法律、法规和有关管理规定，恪守职业道德；

（二）执行计量法律、法规、规章及有关技术规范；

（三）保证计量技术工作的真实、可靠，以及原始数据和有关资料的准确、完整，并承担相应责任；

（四）在本人完成的计量技术工作相关文件上签字；

（五）不得准许他人以本人名义执业；

（六）严格保守在计量技术工作中知悉的国家秘密和他人的商业、技术秘密；

（七）接受继续教育，提高计量技术工作水准。

第六章 附 则

第四十条 在本规定施行之日前，对长期在计量技术机构中从事计量技术工作，按国家有关规定评聘工程类或研究类相应级别专业技术职务，并符合考核认定条件的人员，可通过考核认定办法取得注册计量师资格证书。考核认定具体办法由人事部、质检总局另行制定。

第四十一条 符合考试报名条件的香港和澳门居民，可申请参加注册计量师资格考试。申请人在报名时应当提交本人身份证明、国务院教育行政部门认可的相应专业学历或学位证书、从事计量专业技术工作经历证明。台湾地区专业技术人员参加考试办法另行规定。

外籍专业人员申请参加注册计量师资格考试、申请注册和执业等管理办法另行制定。

第四十二条 取得注册计量师资格证书，并符合《工程技术人员职务试行条例》中工程师、助理工程师、工程技术员专业技术职务任职条件的人员，用人单位可根据工作需要择优聘任相应专业技术职务。其中，取得一级注册计量师资格证书，可聘任工程师职务；取得二级注册计量师资格证书，可聘任助理工程师职务或工程技术员职务。

第四十三条 注册计量师执业的具体范围、专业划分、需注册计量师签字盖章的文件种类、继续教育内容、计量技术机构配备各级别注册计量师数量和注册执业等具体办法，由质检总局另行制定。

二级注册计量师资格注册执业，由各省、自治区、直辖市质量技术监督部门根据本规定要求，制定具体办法，组织实施，并将注册管理有关情况报质检总局备案。

第四十四条 在实施注册计量师制度过程中，相关行政部门或相关机构，因工作失误，使专业技术人员合法权益受到损害的，应当依据《中华人民共和国国家赔偿法》给予相应赔偿，并可向有关责任人追偿。

第四十五条 相关行政部门或相关机构的工作人员，有不履行工作职责，监督不力，或者谋取私利等违纪违规行为，并造成不良影响或严重后果的，由其上级相关行政部门责令改正，对直接负责的主管人员和其他直接责任人员依法给予行政处分；构成犯罪的，依法追究刑事责任。

第四十六条 本规定自 2006 年 6 月 1 日起施行。

注册计量师资格考试实施办法

第一条 人事部、国家质量监督检验检疫总局（以下简称质检总局）共同成立注册计量师资格考试办公室（以下简称考试办公室，设在质检总局），负责考试相关政策的研究及管理工作。

一级注册计量师资格考试的具体考务工作委托人事部人事考试中心负责。各省、自治区、直辖市质量技术监督部门和人事行政部门共同负责本地区考试工作，具体职责分工由各地协商确定。

二级注册计量师资格考试由各省、自治区、直辖市质量技术监督部门和人事行政部门，按照《注册计量师制度暂行规定》和本办法有关要求组织实施。质检总局、人事部负责指导、监督和检查。

第二条 质检总局组织成立注册计量师资格考试专家委员会，负责一级、二级注册计量师资格考试大纲编写和命题工作，研究建立考试试题库。

第三条 一级注册计量师资格考试设《计量法律法规及综合知识》、《测量数据处理与计量专业实务》和《计量专业案例分析》3个科目。

考试分3个半天进行。《计量法律法规及综合知识》和《测量数据处理与计量专业实务》科目的考试时间均为2.5小时，《计量专业案例分析》科目的考试时间为3小时。

第四条 报名参加一级注册计量师资格考试的人员，截止到2004年12月31日前，已评聘工程类或研究类高级专业技术职务，可免试《计量法律法规及综合知识》科目，只参加《测量数据处理与计量专业实务》和《计量专业案例分析》2个科目的考试。

第五条 二级注册计量师资格考试设《计量法律法规及综合知识》和《计量专业实务与案例分析》2个科目。各科目考试时间均为2.5个小时，分2个半天进行。

第六条 参加注册计量师资格各科目考试的人员，必须在1个考试年度内通过全部应试科目，方可获得相应级别资格证书。

第七条 参加考试由本人提出申请，携带所在单位出具的有关证明材料到当地考试管理机构报名。考试管理机构按规定程序和报名条件审查合格后，向申请人核发准考证。参加考试人员在准考证指定的时间、地点参加考试。

国务院各部门所属单位和中央管理的企业的专业技术人员按属地原则报名参加考试。

第八条 注册计量师资格考试日期为每年第三季度。考点原则上设在省会城市和直辖市的大、中专院校或高考定点学校，如确需在其他城市设置考点，须经人事部、质检总局批准。

第九条 注册计量师资格考试及有关项目收费标准，须经价格管理部门批准，并向社会公布，接受公众监督。

第十条 坚持考试与培训分开的原则。凡参与考试工作（包括试卷的命题、审题与考试的组织管理等）的人员，不得参加考试和举办与考试内容有关的培训。应考人员参加相关培训坚持自愿的原则。

第十一条 考试考务工作应当严格执行考试工作的有关规章制度，切实做好试卷命制、印刷、发送过程中的保密工作，严格遵守保密制度，严防泄密。

第十二条 考试工作人员要严格遵守考试工作纪律，认真执行考试回避制度。对违反考试纪律和有关规定的，按照《专业技术人员资格考试违纪违规行为处理规定》（人事部令第3号）处理。

注册计量师资格考核认定办法

一、考核认定申报条件

长期在计量技术机构中从事计量技术工作，业绩突出，遵守国家各项法律、法规，恪守职业道德，身体健康，并符合下列条件（一）或条件（二）的在编在岗人员。

（一）一级注册计量师

1. 中国科学院院士或中国工程院院士。

2. 2004年12月31日前，按照国家有关规定评聘为工程类或工程研究类高级专业技术职务，并同时具备下列条件（1）、（2）、（3）项中各一项条件：

（1）学历和业务工作年限：

①取得理学类、工学类专业大学专科学历后，累计从事计量技术工作满15年。

②取得理学类、工学类专业大学本科学历后，累计从事计量技术工作满12年。

③取得理学类、工学类专业硕士学位，累计从事计量技术工作满10年。

④取得理学类、工学类专业博士学位，累计从事计量技术工作满7年。

（2）技术业绩：

①担任主要技术负责人（排名前3名），主持完成1项以上计量基准或计量标准的研制工作，其研究成果已作为国家计量基准、计量标准投入使用。

②获得与计量专业相关的国家科技进步奖项的主要技术负责人（排名前5名）。

③获得与计量专业相关的省（部）级科技进步（科技成果）一等奖项的主要技术负责人（排名前3名）。

④获得2项以上与计量专业相关的省（部）级科技进步（科技成果）二等奖项的主要技术负责人（排名前3名）。

⑤获得3项以上与计量专业相关的省（部）级科技进步（科技成果）三等奖项的主要技术负责人（排名前3名）。

（3）学术水平：

①作为主要负责人（排名前3名），完成1项以上已颁布实施的国家计量技术法规制订工作（见中华人民共和国国家计量技术法规目录）。

②在有国内统一刊号（CN）的期刊或在有国际统一书号（ISSN）的国外期刊上，作为第一作者发表过计量技术相关论文3篇及以上（每篇不少于2 000字）。

③在正式出版社出版过有统一书号（ISBN）的计量技术相关专业著作，本人独立撰写的章节在5万字以上。

（二）二级注册计量师

2004年12月31日前，按照国家有关规定评聘为工程类或工程研究类中级专业技术职务，并同时具备下列条件1和条件2中各一项条件的人员。

1．学历和业务工作年限：

（1）取得中专学历后，累计从事计量技术工作满25年。

（2）取得理学类、工学类专业大学专科学历后，累计从事计量技术工作满20年。

（3）取得理学类、工学类专业大学本科学历后，累计从事计量技术工作满15年。

（4）取得理学类、工学类专业硕士及以上学历或学位，累计从事计量技术工作满10年。

2．技术业绩：

（1）担任主要技术负责人（排名前3名），主持完成1项以上计量标准的研制工作，其研究成果已投入使用。

（2）获得与计量专业相关的省（部）级科技进步（科技成果）奖项的主要技术负责人（排名前3名）。

（3）作为主要负责人（排名前3名），完成1项以上已颁布实施的国家计量技术法规制订工作（见中华人民共和国国家计量技术法规目录）。

（4）在有国内统一刊号（CN）的期刊或在有国际统一书号（ISSN）的国外期刊上，作为第一作者发表过计量技术相关论文2篇及以上（每篇不少于2 000字）。

（5）在正式出版社出版过有统一书号（ISBN）的计量技术相关专业著作，本人独立撰写的章节在3万字以上。

二、考核认定组织

人事部、质检总局共同成立"一级注册计量师资格考核认定工作领导小组"（以下简称领导小组，成员名单见附件1），负责注册计量师资格考核认定工作。领导小组下设办公室，设在质检总局。

二级注册计量师考核认定工作，由各省、自治区、直辖市质量技术监督部门和人事行政部门按照《注册计量师制度暂行规定》和本办法的要求组织实施，并将考核认定结果报质检总局备案。

三、考核认定申报材料

（一）各省、自治区、直辖市或国务院有关部门、中央管理企业人事部门的推荐意见函。

（二）《一级注册计量师资格考核认定申报表》一式两份（样表见附件2）。

（三）中国科学院院士或中国工程院院士证书复印件。其他人员应当提供以下证明材料的复印件：质检总局颁发的《计量检定员证》、学历或学位证书、专业技术职务聘书、技术负责人聘书、获奖证书、国家计量基准或计量标准研究成果证书、主持完成国家计量技术法规、相关论文或专著内容说明和首页。

（四）所在单位出具的职业道德证明、获奖单位出具的获奖项目主要技术负责人证明、已投入使用的国家计量基准或计量标准主要技术负责人证明、已实施的相关计量技术法规主要负责人证明。

四、考核认定程序

（一）符合考核认定条件的计量技术专业人员，可向聘用单位提出申请，经单位审核同意后，由聘用单位向本单位所在地省、自治区、直辖市质量技术监督部门推荐。

国务院有关部门所属单位和中央管理的企业所属单位的计量技术专业人员，由本部门、本企业统一向质检总局推荐。

（二）各省、自治区、直辖市质量技术监督部门、国务院有关部门计量业务管理部门、中央管理企业的计量业务管理部门，对本地区、本部门、本企业的申报人员进行审查，提出审查意见，并经本地区、本部门、本企业人事部门复审后，提出推荐人员名单送领导小组办公室审核。

（三）领导小组办公室组织有关专家对推荐人员的材料进行审核，并将审核结果和拟认定人员的名单，报领导小组复核。

（四）领导小组召开会议，对领导小组办公室的审核结果和申报人员的材料进行复核。对复核合格的人员，由领导小组办公室进行公示。经公示无异议，由人事部、质检总局批准后向社会公布获得《中华人民共和国一级注册计量师资格证书》人员的名单。

对未通过考核认定的申请人，由领导小组办公室向其说明不通过的理由。

五、申报时间及要求

（一）各省、自治区、直辖市质量技术监督部门和人事行政部门，国务院有关部门、中央管理企业负责计量技术工作的机构和人事行政部门，应当对推荐人员材料进行认真审查，于2006年10月31日前完成审查和复审工作，签署审查和复审意见，并在《一级注册计量师资格考核认定申报表》相应栏目中加盖印章后，将全部申报人员材料送领导小组办公室。

（二）国家对考核认定人员数额实行总量控制，在符合申报条件的人员中择优遴选，实施资格考试后不再进行考核认定工作。各地区、各有关部门、中央管理的企业应当优先推荐符合申报条件、能力业绩突出、业内认可且在计量技术工作一线的人员。

（三）各地区、各有关部门、中央管理的企业在审查、复审申报人员材料时，须核查各类证书及相关证明的原件。报送的各类证书等相关材料复印件，应当由所在单位人事部门负责人签署意见并加盖单位印章。

（四）凡因计量技术工作中违法违纪或发生重大失误，受到刑事处罚或行政处罚的人员不得申报。

（五）已通过特许或考核认定的方式取得其他专业职业（执业）资格证书、现在公务员岗位工作、正在申报其他专业职业（执业）资格考核认定或已办理离退休手续的人员，不属于申报范围。

（六）各地、各有关部门、中央管理企业要切实加强领导，坚持标准，严格把关，认真按程序做好申报、审查和复审等各环节工作。凡不认真把关或弄虚作假的，一经发现，停止该地区或部门、单位的申报权和取消个人的申报资格，并依据相应的法律和有关规定进行处理。

广播电视编辑记者、播音员主持人资格管理暂行规定

（国家广播电影电视总局令第26号　2004年6月18日）

第一章　总　则

第一条　为规范广播电视编辑记者、播音员主持人执业资格管理，提高从业人员素质，加强广播电视队伍建设，制定本规定。

第二条　本规定适用于广播电视编辑记者、播音员主持人资格考试、执业注册、证书发放与管理等活动。

第三条　国家对广播电视编辑记者、播音员主持人实行资格认定制度。

在依法设立的广播电视节目制作、广播电视播出机构（以下简称制作、播出机构）连续从事广播电视采访编辑、播音主持工作满1年的人员，应当依照本规定通过考试和注册取得执业资格并持有执业证书。

第四条　国家广播电影电视总局（以下简称广电总局）负责全国广播电视编辑记者、播音员主持人资格认定的管理和监督。

省级广播电视行政部门负责实施本行政区域内广播电视编辑记者、播音员主持人资格考试、执业注册、证书发放与监督管理。

第二章　资格考试

第五条　广播电视编辑记者资格考试与播音员主持人资格考试（以下简称资格考试）分别举行，实行全国统一大纲、统一命题、统一组织、统一标准的制度。

资格考试原则上每年上半年举行一次。报名、考试的时间由广电总局确定，在受理报名前3个月向社会公告。

第六条　广电总局负责确定考试科目、组织编写考试大纲、建立考试试题库、组织命题等工作；负责组织资格考试、确定考试合格标准，监督、检查、指导省级广播电视行政部门实施本行政区域内的考务工作。

第七条　资格考试试卷从资格考试试题库中随机抽取生成。

第八条　符合下列条件的人员，可以报名参加资格考试：

（一）遵守宪法、法律、广播电视相关法规、规章；

（二）坚持四项基本原则，拥护中国共产党的基本理论、基本路线和方针政策；

（三）具有完全民事行为能力；

（四）具有大学专科及以上学历（含应届毕业生）。

第九条 有下列情形之一的，不能报名参加考试，已经办理报名手续的，报名无效：

（一）因故意犯罪受过刑事处罚的；

（二）受过党纪政纪开除处分的。

第十条 报名参加考试的人员，到报名点办理报名手续。经审查合格后，领取准考证。凭准考证、身份证，在指定的时间、地点参加考试。

第十一条 广电总局自考试结束之日起60个工作日内公布考试成绩和合格标准。参加考试的人员可以通过广电总局政府网站或指定的其他方式查询考试成绩。

第十二条 考试合格的，由省级广播电视行政部门颁发《广播电视编辑记者资格考试合格证》或《广播电视播音员主持人资格考试合格证》。

第十三条 考试中有违反考场纪律、扰乱考场秩序等行为的，视情节轻重，给予取消相关科目成绩、本次考试成绩、下一年度考试资格的处理。

第十四条 任何行政机关或行业组织不得组织强制性的资格考试考前培训，不得指定教材或者其他助考材料。

第三章 执 业 注 册

第十五条 从事广播电视采访编辑、播音主持工作，应当取得相关执业资格。

未取得相关执业资格的人员，应当在持有相关执业证书的人员指导下从事实习等辅助性工作。

第十六条 具备下列条件的人员，可以申请相关执业资格注册：

（一）已取得《广播电视编辑记者资格考试合格证》或《广播电视播音员主持人资格考试合格证》；

（二）在制作、播出机构相应岗位实习满一年；

（三）身体状况能胜任所申请执业的工作岗位要求；

（四）无本规定第九条所列情形；

（五）以普通话为基本用语的播音员主持人，取得与岗位要求一致的普通话水平测试等级证书。

第十七条 执业资格注册，按以下程序办理：

（一）由申请人所在的制作、播出机构统一向省级广播电视行政部门（以下称注册机关）提交以下材料：

1. 申请人填写的《注册申请表》、相关资格考试合格证和学历证书复印件；

2. 申请人所在的制作、播出机构同意聘用申请人从事广播电视编辑记者或播音主持工作的书面意见。

（二）符合条件的，由注册机关在法定期限内办理注册手续，发放《中华人民共和国广播电视编辑记者证》或《中华人民共和国播音员主持人证》。

第十八条 《中华人民共和国广播电视编辑记者证》和《中华人民共和国播音员主持人证》由广电总局统一印制，由注册机关统一注册，有效期为二年。注册机关应将注册情况在一个月内报广电总局备案。

《中华人民共和国广播电视编辑记者证》和《中华人民共和国播音员主持人证》是广播电视编辑记者、播音员主持人的执业凭证，在全国范围内有效。

第十九条 注册有效期届满需要延续的，申请人应当在有效期届满三十日前提出延续申请，填写《延续注册申请表》，由所在的制作、播出机构向注册机关办理延续注册手续。

第二十条 注册有效期内，持证人变更工作单位并继续从事广播电视采访编辑、播音主持工作的，应当在变更工作单位后一个月内填写《变更注册申请表》，并提交执业证书，由变更后所在的制作、播出机构向所在地注册机关办理变更注册手续。

因工作变更或退休不再执业的，由原所在的制作、播出机构收回执业证书，并交原注册机关统一销毁。

第二十一条 广电总局和注册机关应当向社会公布注册人员名单等信息。

第二十二条 持证人应妥善保管执业证书，不得出借、出租、转让、涂改和损毁。

第二十三条 有下列情形之一的，注册机关不予办理注册手续；制作、播出机构应将责任人调离广播电视采访编辑或播音主持岗位：

（一）出现本规定第九条所列情形的；
（二）因本人过错造成重大宣传事故的；
（三）违反职业纪律、违背职业道德，造成恶劣影响的；
（四）品行不端、声誉较差的。

出现本条第（一）、（二）、（三）项情形的，申请人在三年内不得再次提出注册申请。

第二十四条 以欺骗、贿赂等不正当手段取得的执业证书无效，注册机关应予以撤销。申请人在三年内不得再次提出注册申请。

第二十五条 当事人对注册机关的有关决定持有异议的，可以自接到决定之日起六十日内向广电总局申请复议。

第四章 权利与义务

第二十六条 广播电视编辑记者、播音员主持人在执业活动中享有以下权利：

（一）以所在的制作、播出机构的名义从事广播电视节目采访编辑或播音主持工作，制作、播出机构应当提供完成工作所必需的物质条件；
（二）人身安全、人格尊严依法不受侵犯；
（三）参加继续教育和业务培训；
（四）指导实习人员从事采访编辑、播音主持工作；
（五）依法享有的其他权利。

第二十七条 广播电视编辑记者、播音员主持人在执业活动中应当履行以下义务：

（一）遵守法律、法规、规章；
（二）尊重公民、法人和其他组织的合法权益；
（三）坚持正确的舆论导向；
（四）恪守职业道德，坚持客观、真实、公正的原则；

（五）严守工作纪律，服从所在机构的管理，认真履行岗位职责；
（六）努力钻研业务，更新知识，不断提高政策理论水平和专业素养；
（七）树立良好的公众形象和健康向上的精神风貌；
（八）依法应当履行的其他义务。

第五章 附 则

第二十八条 本规定实施前，在广播电视播出机构工作并取得编辑记者、播音员主持人从业资格的人员，符合广电总局规定条件的，经本人申请，可以通过审核取得本规定要求的执业资格，获得执业证书。具体办法由广电总局另行规定。

第二十九条 聘请境外人员从事广播电视采访编辑、播音主持工作的，依照国家有关规定执行。

第三十条 本规定自 2004 年 8 月 1 日起施行，广电总局《播音员主持人持证上岗规定》（广电总局令第 10 号）同时废止。

国家广播电影电视总局关于印发《广播电视编辑记者、播音员主持人资格考试办法（试行）》的通知

（广发人字〔2005〕552 号 2005 年 8 月 3 日）

各省、自治区、直辖市广播影视局（厅），新疆生产建设兵团广播电视局：

为贯彻落实《广播电视编辑记者、播音员主持人资格管理暂行规定》（广电总局令第 26 号），做好广播电视编辑记者、播音员主持人资格考试工作，现将《广播电视编辑记者、播音员主持人资格考试办法（试行）》印发给你们，请遵照执行。

广播电视编辑记者、播音员主持人资格考试办法（试行）

第一章 总 则

第一条 为规范全国广播电视编辑记者、播音员主持人资格考试（以下简称资格考试），根据《国务院对确需保留的行政审批项目设定行政许可的决定》（国务院令第 412 号）和国家广播电影电视总局（以下简称广电总局）《广播电视编辑记者、播音员主持人资格管理暂行规定》（广电总局令第 26 号）等规定，制定本办法。

第二条 凡从事广播电视编辑记者、播音员主持人工作的人员必须依法取得广播电视编辑记者、播音员主持人执业资格。通过资格考试取得《广播电视编辑记者资格考试合格证》或《广播电视播音员主持人资格考试合格证》，是申请执业资格的必备条件。

第三条 资格考试由广电总局组织实施，实行全国统一大纲、统一命题、统一组

织、统一标准的制度，原则上每年上半年举行一次。

第四条 资格考试遵循合法规范、公平公正、方便应考的原则。

第二章 组织机构

第五条 广电总局设立资格考试委员会，下设办公室（设在人事教育司），负责全国资格考试工作。省级广播电视行政部门设立相应资格考试办公室（设在人事教育部门），负责本行政区域资格考试考务管理工作。

第六条 广电总局资格考试委员会履行以下职责：

（一）确定资格考试科目，发布考试大纲和公告；

（二）组建资格考试专家委员会并指导其工作；

（三）监督、指导省级广播电视行政部门资格考试办公室工作；

（四）审定年度资格考试试卷，组织阅卷；

（五）公布资格考试成绩；

（六）确定资格考试合格标准；

（七）其他有关工作。

第七条 资格考试专家委员会履行以下职责：

（一）编写考试大纲；

（二）为资格考试题库提供试题；

（三）拟制年度资格考试试卷及其标准答案；

（四）其他有关工作。

第八条 省级广播电视行政部门资格考试办公室履行以下职责：

（一）制定本行政区域资格考试考务管理工作方案；

（二）组织报名，审核考生报名资格，发放准考证；

（三）负责本行政区域资格考试的考点、考场设置等工作；

（四）发放资格考试成绩单和合格证书，接受考生查询；

（五）其他有关工作。

第三章 报名及考试

第九条 凡遵守宪法、法律、广播电视相关法规、规章，坚持四项基本原则，拥护中国共产党的基本理论、基本路线和方针政策，具有完全民事行为能力，具有大学专科及以上学历（含应届毕业生）的人员，均可报名参加资格考试。

因故意犯罪受过刑事处罚，受过党纪、政纪开除处分的人员，不能报名参加考试。已经办理报名手续的，报名无效。

第十条 参加资格考试的人员现场报名时，应提交符合本办法第九条规定条件的身份、学历等证件的原件和复印件，填写报名表、交纳考试费。

参加资格考试的人员应对其提供的证件和材料的真实性、准确性、完整性、合法性负责。

第十一条 资格考试依据国家和省级有关部门规定收取考试费。

第十二条 参加资格考试的人员可以不受地域限制，就近办理报名手续。

第十三条　经审查合格的人员，由省级广播电视行政部门资格考试办公室发给准考证。

第十四条　应考人员凭准考证和有效身份证件，按规定时间，到指定考场参加考试。

第十五条　资格考试由公共科目和专业科目组成。

第十六条　资格考试采取闭卷笔试、计算机考试或口试等方式进行。

第十七条　各科考试成绩合格的，可获得《广播电视编辑记者资格考试合格证》或《广播电视播音员主持人资格考试合格证》。

第十八条　单科考试合格的成绩，可保留至下一考试年度。

第四章　试　卷

第十九条　资格考试命题应遵循专业化、标准化、规范化的原则。

第二十条　资格考试试卷从资格考试试题库中随机抽取生成。

第二十一条　资格考试试卷与试卷答案、评分标准同时确定。

第二十二条　资格考试应严格遵守国家有关保密规定，试卷应在符合国家保密标准的定点单位印制，按照国家保密规定运送、保管。

第二十三条　资格考试试卷、试题、答案及评分标准在启用前均属国家秘密。

第二十四条　参加命题的人员应履行保密义务，签署保密承诺书，不得从事妨碍其履行保密义务的活动。

第五章　考　务

第二十五条　资格考试的考试时间、考试科目、考试方式在受理报名前三个月向社会公告。

第二十六条　资格考试成绩和合格标准在考试结束之日起六十个工作日内公布，应考人员可以通过广电总局网站或指定的其他方式查询。

第二十七条　应考人员对资格考试成绩有异议的，应当在成绩公布之日起十五个工作日内向当地省级广播电视行政部门资格考试办公室提出，省级广播电视行政部门资格考试办公室自受理之日起十五个工作日内予以答复。

第二十八条　因特殊原因取消或延期举行资格考试，应向社会公告。

第六章　纪　律

第二十九条　应考人员应遵守资格考试规定和考场规则，有违反考试规定和考场规则的，视情节轻重，给予取消相关科目成绩、取消本次考试成绩、取消下一年度考试资格等处理。

第三十条　应考人员违反考场规则的，由监考人员当场记录其姓名、准考证号、情节，并告知当事人；监考人员应将违反考场规则的情况及时上报所在地省级广播电视行政部门资格考试办公室。

第三十一条　对违反考试规定和考场规则的应考人员给予取消相关考试科目成绩处理的，由省级广播电视行政部门资格考试办公室依据相关规定做出处理决定。

第三十二条　对违反考试规定和考场规则的应考人员给予取消本次考试成绩、取消下一年度考试资格处理的，由省级广播电视行政部门资格考试办公室提出处理意见，报广电总局资格考试委员会办公室做出处理决定。

第三十三条 应考人员对处理结果有异议的，可在知道或应当知道处理结果之日起十五日内，以书面形式向考场所在地省级广播电视行政部门资格考试办公室提出，省级广播电视行政部门资格考试办公室应自受理之日起十五个工作日内予以答复。

第三十四条 任何行政机关或行业组织不得组织强制性的资格考试考前培训，不得指定教材或者其他助考材料。

第三十五条 在组织实施资格考试中出现严重违纪违规行为，造成恶劣影响的，视情节轻重对直接主管人员和直接责任人员依法给予处分；构成犯罪的，依法追究刑事责任。

第七章 附 则

第三十六条 因工作需要，经广电总局同意，可以使用少数民族语言文字进行考试。

第三十七条 本办法自2005年9月3日起施行。

新闻记者证管理办法

（新闻出版总署令第44号 2009年8月24日）

第一章 总 则

第一条 为规范新闻记者证的管理，保障新闻记者的正常采访活动，维护新闻记者和社会公众的合法权益，根据有关法规和国务院决定，制定本办法。

第二条 本办法适用于新闻记者证的申领、核发、使用和管理。

在中华人民共和国境内从事新闻采编活动，须持有新闻出版总署核发的新闻记者证。

第三条 新闻记者证是新闻记者职务身份的有效证明，是境内新闻记者从事新闻采编活动的唯一合法证件，由新闻出版总署依法统一印制并核发。

境内新闻机构使用统一样式的新闻记者证。

第四条 本办法所称新闻记者，是指新闻机构编制内或者经正式聘用，专职从事新闻采编岗位工作，并持有新闻记者证的采编人员。

本办法所称新闻机构，是指经国家有关行政部门依法批准设立的境内报纸出版单位、新闻性期刊出版单位、通讯社、广播电台、电视台、新闻电影制片厂等具有新闻采编业务的单位。其中，报纸、新闻性期刊出版单位由国务院新闻出版行政部门认定；广播、电影、电视新闻机构的认定，以国务院广播电影电视行政部门的有关批准文件为依据。

第五条 新闻记者持新闻记者证依法从事新闻采访活动受法律保护。各级人民政府及其职能部门、工作人员应为合法的新闻采访活动提供必要的便利和保障。

任何组织或者个人不得干扰、阻挠新闻机构及其新闻记者合法的采访活动。

第六条 新闻记者证由新闻出版总署统一编号，并签印新闻出版总署印章、新闻记者证核发专用章、新闻记者证年度核验标签和本新闻机构（或者主办单位）钢印方为有效。

其他任何单位或者个人不得制作、仿制、发放、销售新闻记者证，不得制作、发放、销售专供采访使用的其他证件。

第二章　申领与核发

第七条　新闻出版总署负责全国新闻记者证的核发工作，省、自治区、直辖市新闻出版行政部门负责审核本行政区域新闻机构的新闻记者证。

第八条　新闻记者证由新闻机构向新闻出版行政部门申请领取。申领新闻记者证须由新闻机构如实填写并提交《领取新闻记者证登记表》、《领取新闻记者证人员情况表》以及每个申领人的身份证、毕业证、从业资格证（培训合格证）、劳动合同复印件等申报材料。

第九条　新闻机构中领取新闻记者证的人员须同时具备下列条件：

（一）遵守国家法律、法规和新闻工作者职业道德；

（二）具备大学专科以上学历并获得国务院有关部门认定的新闻采编从业资格；

（三）在新闻机构编制内从事新闻采编工作的人员，或者经新闻机构正式聘用从事新闻采编岗位工作且具有一年以上新闻采编工作经历的人员。

本条所称"经新闻机构正式聘用"，是指新闻采编人员与其所在新闻机构签有劳动合同。

第十条　下列人员不发新闻记者证：

（一）新闻机构中党务、行政、后勤、经营、广告、工程技术等非采编岗位的工作人员；

（二）新闻机构以外的工作人员，包括为新闻单位提供稿件或者节目的通讯员、特约撰稿人，专职或兼职为新闻机构提供新闻信息的其他人员；

（三）教学辅导类报纸、高等学校校报工作人员以及没有新闻采访业务的期刊编辑人员；

（四）有不良从业记录的人员、被新闻出版行政部门吊销新闻记者证并在处罚期限内的人员或者受过刑事处罚的人员。

第十一条　中央单位所办新闻机构经主管部门审核所属新闻机构采编人员资格条件后，向新闻出版总署申领新闻记者证，由新闻出版总署批准后发放新闻记者证。

第十二条　省和省以下单位所办新闻机构经主管部门审核所属新闻机构采编人员资格条件后，向所在地省、自治区、直辖市新闻出版行政部门申领新闻记者证，由省、自治区、直辖市新闻出版行政部门审核并报新闻出版总署批准后，发放新闻记者证。

其中，地、市、州、盟所属新闻机构申领新闻记者证须经地、市、州、盟新闻出版行政部门审核后，报省、自治区、直辖市新闻出版行政部门。

第十三条　记者站的新闻采编人员资格条件经设立该记者站的新闻机构审核，主管部门同意后，向记者站登记地省、自治区、直辖市新闻出版行政部门申领新闻记者证，由省、自治区、直辖市新闻出版行政部门审核并报新闻出版总署批准后，发放新闻记者证。

在地、市、州、盟设立的记者站，申领新闻记者证应报当地新闻出版行政部门逐级审核后，报省、自治区、直辖市新闻出版行政部门。

新闻机构记者站的新闻记者证应注明新闻机构及记者站名称。

第十四条　解放军总政治部宣传部新闻出版局负责解放军和武警部队（不含边防、消防、警卫部队）新闻机构新闻记者证的审核发放工作，并向新闻出版总署备案。

第十五条　除解放军和武警部队（不含边防、消防、警卫部队）系统外，新闻记者证申领、审核、发放和注销工作统一通过新闻出版总署的"全国新闻记者证管理及核验网络系统"进行。

第三章　使用与更换

第十六条　新闻采编人员从事新闻采访工作必须持有新闻记者证，并应在新闻采访中主动向采访对象出示。

新闻机构中尚未领取新闻记者证的采编人员，必须在本新闻机构持有新闻记者证的记者带领下开展采访工作，不得单独从事新闻采访活动。

第十七条　新闻机构非采编岗位工作人员、非新闻机构以及其他社会组织或者个人不得假借新闻机构或者假冒新闻记者进行新闻采访活动。

第十八条　新闻记者使用新闻记者证从事新闻采访活动，应遵守法律规定和新闻职业道德，确保新闻报道真实、全面、客观、公正，不得编发虚假报道，不得刊播虚假新闻，不得徇私隐匿应报道的新闻事实。

第十九条　新闻采访活动是新闻记者的职务行为，新闻记者证只限本人使用，不得转借或者涂改，不得用于非职务活动。

新闻记者不得从事与记者职务有关的有偿服务、中介活动或者兼职、取酬，不得借新闻采访工作从事广告、发行、赞助等经营活动，不得创办或者参股广告类公司，不得借新闻采访活动牟取不正当利益，不得借舆论监督进行敲诈勒索、打击报复等滥用新闻采访权利的行为。

第二十条　新闻记者与新闻机构解除劳动关系、调离本新闻机构或者采编岗位，应在离岗前主动交回新闻记者证，新闻机构应立即通过"全国新闻记者证管理及核验网络系统"申请注销其新闻记者证，并及时将收回的新闻记者证交由新闻出版行政部门销毁。

第二十一条　新闻记者证因污损、残破等各种原因无法继续使用，由新闻机构持原证到发证机关更换新证，原新闻记者证编号保留使用。

第二十二条　新闻记者证遗失后，持证人须立即向新闻机构报告，新闻机构须立即办理注销手续，并在新闻出版总署或者省、自治区、直辖市新闻出版行政部门指定的媒体上刊登遗失公告。

需要重新补办新闻记者证的，可在刊登公告一周后到发证机关申请补领新证，原新闻记者证编号同时作废。

第二十三条　新闻机构撤销，其原已申领的新闻记者证同时注销。该新闻机构的主管单位负责收回作废的新闻记者证，交由发证机关销毁。

第二十四条　采访国内、国际重大活动，活动主办单位可以制作一次性临时采访证件，临时采访证件的发放范围必须为新闻记者证的合法持有人，并随新闻记者证一同使用。

第二十五条 新闻记者证每五年统一换发一次。新闻记者证换发的具体办法由新闻出版总署另行制定。

第四章 监 督 管 理

第二十六条 新闻出版总署和各省、自治区、直辖市新闻出版行政部门以及解放军总政治部宣传部新闻出版局负责对新闻记者证的发放、使用和年度核验等工作进行监督管理。

各级新闻出版行政部门负责对新闻记者在本行政区域内的新闻采编活动进行监督管理。

新闻出版行政部门根据调查掌握的违法事实，建立不良从业人员档案，并适时公开。

第二十七条 新闻机构的主管单位须履行对所属新闻机构新闻记者证的申领审核和规范使用的管理责任，加强对所属新闻机构及其新闻记者开展新闻采编活动的监督管理。

第二十八条 新闻机构须履行对所属新闻采编人员资格条件审核及新闻记者证申领、发放、使用和管理责任，对新闻记者的采访活动进行监督管理，对有违法行为的新闻记者应及时调查处理。

新闻机构应建立健全新闻记者持证上岗培训和在岗培训制度，建立健全用工制度和社会保障制度，及时为符合条件的采编人员申领新闻记者证。

新闻机构不得聘用存在搞虚假报道、有偿新闻、利用新闻报道谋取不正当利益、违法使用新闻记者证等不良从业记录的人员。

第二十九条 新闻机构每年应定期公示新闻记者证持有人名单和新申领新闻记者证人员名单，在其所属媒体上公布"全国新闻记者证管理及核验网络系统"的网址和举报电话，方便社会公众核验新闻记者证，并接受监督。

第三十条 被采访人以及社会公众有权对新闻记者的新闻采访活动予以监督，可以通过"全国新闻记者证管理及核验网络系统"等途径核验新闻记者证、核实记者身份，并对新闻记者的违法行为予以举报。

第三十一条 新闻记者涉嫌违法被有关部门立案调查的，新闻出版总署可以视其涉嫌违法的情形，通过"全国新闻记者证管理及核验网络系统"中止其新闻记者证使用，并根据不同情形依法处理。

第三十二条 新闻记者证实行年度核验制度，由新闻出版总署和各省、自治区、直辖市新闻出版行政部门以及解放军总政治部宣传部新闻出版局分别负责中央新闻机构、地方新闻机构和解放军及武警部队（不含边防、消防、警卫部队）新闻机构新闻记者证的年度核验工作。

新闻记者证年度核验每年1月开始，3月15日前结束，各省、自治区、直辖市新闻出版行政部门和解放军总政治部宣传部新闻出版局须在3月31日前，将年度核验报告报新闻出版总署。

新闻机构未按规定进行新闻记者证年度核验的，由发证机关注销其全部新闻记者证。

第三十三条 新闻记者证年度核验工作由新闻机构自查，填写《新闻记者证年度核验表》，经主管单位审核后，报新闻出版行政部门依法核验。年度核验的主要内容是：

（一）检查持证人员是否仍具备持有新闻记者证的所有条件；

（二）检查持证人员本年度内是否出现违法行为；

（三）检查持证人员的登记信息是否变更。

通过年度核验的新闻记者证，由新闻出版行政部门核发年度核验标签，并粘贴到新闻记者证年度核验位置，新闻记者证的有效期以年度核验标签的时间为准。未通过年度核验的新闻记者证，由发证机关注销，不得继续使用。

第五章 法律责任

第三十四条 新闻机构及其工作人员违反本办法的，新闻出版行政部门视其情节轻重，可采取下列行政措施：

（一）通报批评；

（二）责令公开检讨；

（三）责令改正；

（四）中止新闻记者证使用；

（五）责成主管单位、主办单位监督整改。

本条所列行政措施可以并用。

第三十五条 新闻机构工作人员有以下行为之一的，由新闻出版总署或者省、自治区、直辖市新闻出版行政部门给予警告，并处3万元以下罚款，情节严重的，吊销其新闻记者证，构成犯罪的，依法追究刑事责任：

（一）违反本办法第十七条，从事有关活动的；

（二）违反本办法第十八条，编发虚假报道的；

（三）违反本办法第十九条，转借、涂改新闻记者证或者利用职务便利从事不当活动的；

（四）违反本办法第二十条，未在离岗前交回新闻记者证的。

第三十六条 新闻机构有以下行为之一的，由新闻出版总署或者省、自治区、直辖市新闻出版行政部门没收违法所得，给予警告，并处3万元以下罚款，可以暂停核发该新闻机构新闻记者证，并建议其主管单位、主办单位对其负责人给予处分：

（一）违反本办法第六条，擅自制作、仿制、发放、销售新闻记者证或者擅自制作、发放、销售采访证件的；

（二）违反本办法第八条，提交虚假申报材料的；

（三）未按照本办法第九条、第十条，严格审核采编人员资格或者擅自扩大发证范围的；

（四）违反本办法第十六条，新闻机构内未持有新闻记者证的人员从事新闻采访活动的；

（五）违反本办法第二十条，未及时注销新闻记者证的；

（六）违反本办法第二十二条，未及时办理注销手续的；

（七）违反本办法第二十八条，未履行监管责任、未及时为符合条件的采编人员申领新闻记者证的或者违规聘用有关人员的；

（八）违反本办法第二十九条，未公示或公布有关信息的；

（九）违反本办法第三十二条，未按时参加年度核验的；

（十）对本新闻机构工作人员出现第三十五条所列行为负有管理责任的。

第三十七条 社会组织或者个人有以下行为之一的，由新闻出版行政部门联合有关部门共同查处，没收违法所得，给予警告，并处3万元以下罚款，构成犯罪的，依法追究刑事责任：

（一）擅自制作、仿制、发放、销售新闻记者证或者擅自制作、发放、销售采访证件的；

（二）假借新闻机构、假冒新闻记者从事新闻采访活动的；

（三）以新闻采访为名开展各类活动或者谋取利益的。

第三十八条 新闻记者因违法活动被吊销新闻记者证的，5年内不得重新申领新闻记者证，被追究刑事责任的，终身不得申领新闻记者证。

第六章 附 则

第三十九条 国外及香港、澳门、台湾新闻机构的人员在境内从事新闻采访活动，不适用本办法。

第四十条 本办法自2009年10月15日起施行。2005年1月10日新闻出版总署颁布的《新闻记者证管理办法》同时废止，本办法生效前颁布的与本办法不一致的其他规定不再执行。

人事部、国家安全生产监督管理局关于印发《注册安全工程师执业资格考试实施办法》的通知

（国人部发〔2003〕13号 2003年8月11日）

各省、自治区、直辖市人事厅（局）、安全生产监督管理部门，国务院各部委、各直属机构人事部门，中央管理的企业：

现将《注册安全工程师执业资格考试实施办法》印发你们，请遵照执行。

注册安全工程师执业资格考试实施办法

第一条 根据人事部、国家安全生产监督管理局《注册安全工程师执业资格制度暂行规定》(以下简称《暂行规定》),制定本办法。

第二条 注册安全工程师执业资格考试由人事部、国家安全生产监督管理局组织实施。国家安全生产监督管理局组织成立注册安全工程师执业资格考试专家委员会。两部门共同成立注册安全工程师执业资格考试办公室(办公室设在国家安全生产监督管理局),负责注册安全工程师执业资格考试的日常管理工作。具体考务工作由人事部人事考试中心负责。

各地考试工作由当地人事部门会同安全生产监督管理部门组织实施,具体职责分工由各地协商确定。

第三条 注册安全工程师执业资格考试原则上每年举行一次,考试时间定于每年的第三季度。

第四条 注册安全工程师执业资格考试科目为《安全生产法及相关法律知识》、《安全生产管理知识》、《安全生产技术》、《安全生产事故案例分析》4个科目。

考试分4个半天进行。每个科目的考试时间均为150分钟。

第五条 符合《暂行规定》第十一条规定的人员,均可报名参加注册安全工程师执业资格考试。

第六条 凡符合注册安全工程师执业资格考试报名条件,且在《暂行规定》下发之日前已评聘高级专业技术职务,并从事安全生产相关业务工作满10年的专业人员,可免试《安全生产管理知识》和《安全生产技术》2个科目,只参加《安全生产法及相关法律知识》和《安全生产事故案例分析》2个科目的考试。

第七条 考试成绩实行2年为一个周期的滚动管理办法,参加全部4个科目考试的人员必须在连续的两个考试年度内通过全部科目;免试部分科目的人员必须在一个考试年度内通过应试科目。

第八条 参加考试须由本人提出申请,经所在单位审核同意,按规定携带有关证明材料到当地考试管理机构报名。报名时,各地人事部门会同安全生产监督管理部门对报名人员的资格条件进行审核。审核合格后,由考试管理机构按规定程序核发准考证。考生凭准考证和有关证明在指定的时间、地点参加考试。

中央管理的单位和国务院各部门及其直属单位的人员按属地原则报名参加考试。

第九条 考点原则上设在直辖市和省会城市的大、中专院校或高考定点学校。

第十条 注册安全工程师执业资格考试大纲由国家安全生产监督管理局组织编写、出版和发行。任何单位和个人不得盗用国家安全生产监督管理局的名义编写、出版各种考试用书和复习资料。

第十一条 各省、自治区、直辖市承担注册安全工程师执业资格培训工作的机构,应当具备场地、师资、教材等条件。

第十二条 坚持考试与培训分开的原则，凡参与考试工作的人员，不得参加与考试有关的培训工作和参加考试。应当严格执行考试回避制度。

应考人员参加培训坚持自愿原则。

第十三条 注册安全工程师执业资格考试、培训及有关项目的收费标准，须经当地价格行政部门核准，并向社会公布，接受群众监督。

第十四条 考务管理工作要严格执行考务工作的有关规章和制度，切实做好试卷的命制、印刷、发送和保管过程中的保密工作，严格遵守保密制度，严防泄密。

第十五条 加强对考试工作的组织管理，严肃考试工作纪律和考场纪律。对弄虚作假等违反考试有关规定者，要依法处理，并追究当事人和有关领导的责任。

人事部、国家药品监督管理局关于修订印发《执业药师资格制度暂行规定》和《执业药师资格考试实施办法》的通知

（人发〔1999〕34号 1999年4月1日）

各省、自治区、直辖市人事（人事劳动）厅（局）、职改办，药品监督管理局或医药管理部门，国务院各部委、各直属机构人事（干部）部门：

为贯彻《中华人民共和国药品管理法》和《中共中央、国务院关于卫生改革与发展的决定》，加强药学技术人员和药品市场管理工作，保障人民用药安全有效，根据国务院赋予的国家药品监督管理局的职能，人事部、国家药品监督管理局在总结执业药师、执业中药师资格制度实施情况的基础上，重新修订了《执业药师资格制度暂行规定》和《执业药师资格考试实施办法》，现印发给你们，请贯彻执行。

自本通知发布之日起，人事部分别与原国家医药管理局、国家中医药管理局颁布的《执业药师资格制度暂行规定》（人职发〔1994〕3号）、《执业药师资格考试实施办法》和《执业药师资格认定办法》（人职发〔1994〕10号）、《关于执业药师考试免试部分科目的通知》（人发〔1996〕94号）、《执业中药师资格制度暂行规定》、《执业中药师资格考试实施办法》和《执业中药师资格认定办法》（人职发〔1995〕69号）、《关于执业中药师资格考试免试部分科目的通知》（人发〔1996〕129号）即行废止。

执业药师资格制度暂行规定

第一章 总则

第一条 为了加强对药学技术人员的职业准入控制，确保药品质量，保障人民用药

的安全有效，根据《中华人民共和国药品管理法》、《中共中央、国务院关于卫生改革与发展的决定》及职业资格制度的有关内容，制定本规定。

第二条 国家实行执业药师资格制度，纳入全国专业技术人员执业资格制度统一规划的范围。

第三条 执业药师是指经全国统一考试合格，取得《执业药师资格证书》并经注册登记，在药品生产、经营、使用单位中执业的药学技术人员。

执业药师英文译为：Licensed Pharmacist。

第四条 凡从事药品生产、经营、使用的单位均应配备相应的执业药师，并以此作为开办药品生产、经营、使用单位的必备条件之一。国家药品监督管理局负责对需由执业药师担任的岗位作出明确规定并进行检查。

第五条 人事部和国家药品监督管理局共同负责全国执业药师资格制度的政策制定、组织协调、资格考试、注册登记和监督管理工作。

第二章 考 试

第六条 执业药师资格实行全国统一大纲、统一命题、统一组织的考试制度。一般每年举行一次。

第七条 国家药品监督管理局负责组织拟定考试科目和考试大纲、编写培训教材、建立试题库及考试命题工作。按照培训与考试分开的原则，统一规划并组织考前培训。

第八条 人事部负责组织审定考试科目、考试大纲和试题，会同国家药品监督管理局对考试工作进行监督、指导并确定合格标准。

第九条 凡中华人民共和国公民和获准在我国境内就业的其他国籍的人员具备以下条件之一者，均可申请参加执业药师资格考试：

（一）取得药学、中药学或相关专业中专学历，从事药学或中药学专业工作满七年。

（二）取得药学、中药学或相关专业大专学历，从事药学或中药学专业工作满五年。

（三）取得药学、中药学或相关专业大学本科学历，从事药学或中药学专业工作满三年。

（四）取得药学、中药学或相关专业第二学士学位、研究生班毕业或取得硕士学位，从事药学或中药学专业工作满一年。

（五）取得药学、中药学或相关专业博士学位。

第十条 执业药师资格考试合格者，由各省、自治区、直辖市人事（职改）部门颁发人事部统一印制的、人事部与国家药品监督管理局用印的中华人民共和国《执业药师资格证书》。该证书在全国范围内有效。

第三章 注 册

第十一条 执业药师资格实行注册制度。国家药品监督管理局为全国执业药师资格注册管理机构，各省、自治区、直辖市药品监督管理局为注册机构。人事部及各省、自治区、直辖市人事（职改）部门对执业药师注册工作有监督、检查的责任。

第十二条 取得《执业药师资格证书》者，须按规定向所在省（区、市）药品监督管理局申请注册。经注册后，方可按照注册的执业类别、执业范围从事相应的执业活动。未经注册者，不得以执业药师身份执业。

第十三条 申请注册者，必须同时具备下列条件：

（一）取得《执业药师资格证书》。

（二）遵纪守法，遵守药师职业道德。

（三）身体健康，能坚持在执业药师岗位工作。

（四）经所在单位考核同意。

第十四条 经批准注册者，由各省、自治区、直辖市药品监督管理局在《执业药师资格证书》中的注册情况栏内加盖注册专用印章，同时发给国家药品监督管理局统一印制的中华人民共和国《执业药师注册证》，并报国家药品监督管理局备案。

第十五条 执业药师只能在一个省、自治区、直辖市注册。执业药师变更执业地区、执业范围应及时办理变更注册手续。

第十六条 执业药师注册有效期为三年，有效期满前三个月，持证者须到注册机构办理再次注册手续。再次注册者，除须符合第十三条的规定外，还须有参加继续教育的证明。

第十七条 执业药师有下列情形之一的，由所在单位向注册机构办理注销注册手续：

（一）死亡或被宣告失踪的。

（二）受刑事处罚的。

（三）受取消执业资格处分的。

（四）因健康或其他原因不能或不宜从事执业药师业务的。

凡注销注册的，由所在省（区、市）的注册机构向国家药品监督管理局备案，并由国家药品监督管理局定期公告。

第四章 职 责

第十八条 执业药师必须遵守职业道德，忠于职守，以对药品质量负责、保证人民用药安全有效为基本准则。

第十九条 执业药师必须严格执行《药品管理法》及国家有关药品研究、生产、经营、使用的各项法规及政策。执业药师对违反《药品管理法》及有关法规的行为或决定，有责任提出劝告、制止、拒绝执行并向上级报告。

第二十条 执业药师在执业范围内负责对药品质量的监督和管理，参与制定、实施药品全面质量管理及对本单位违反规定的处理。

第二十一条 执业药师负责处方的审核及监督调配，提供用药咨询与信息，指导合理用药，开展治疗药物的监测及药品疗效的评价等临床药学工作。

第五章 继续教育

第二十二条 执业药师需努力钻研业务，不断更新知识，掌握最新医药信息，保持较高的专业水平。

第二十三条 执业药师必须接受继续教育。国家药品监督管理局负责制定执业药师继续教育管理办法，组织拟定、审批继续教育内容。各省、自治区、直辖市药品监督管理局负责本地区执业药师继续教育的实施工作。

第二十四条 国家药品监督管理局批准的执业药师培训机构承担执业药师的继续教育工作。

第二十五条 执业药师实行继续教育登记制度。国家药品监督管理局统一印制《执业药师继续教育登记证书》，执业药师接受继续教育经考核合格后，由培训机构在证书上登记盖章，并以此作为再次注册的依据。

第六章 罚 则

第二十六条 对未按规定配备执业药师的单位，应限期配备，逾期将追究单位负责人的责任。

第二十七条 对已在需由执业药师担任的岗位工作，但尚未通过执业药师资格考试的人员，要进行强化培训，限期达到要求。对经过培训仍不能通过执业药师资格考试者，必须调离岗位。

第二十八条 对涂改、伪造或以虚假和不正当手段获取《执业药师资格证书》或《执业药师注册证》的人员，发证机构应收回证书，取消其执业药师资格，注销注册。并对直接责任者根据有关规定给予行政处分，直至送交有关部门追究法律责任。

第二十九条 对执业药师违反本规定有关条款的，所在单位须如实上报，由药品监督管理部门根据情况给予处分。注册机构对执业药师所受处分，应及时记录在其《执业药师资格证书》中的备注《执业情况记录》栏内。

第三十条 执业药师在执业期间违反《药品管理法》及其他法律法规构成犯罪的，由司法机关依法追究其刑事责任。

第七章 附 则

第三十一条 对在关键岗位工作且业绩突出的执业药师，应给予表彰和奖励。

第三十二条 通过全国统一考试取得执业药师资格证书的人员，单位根据工作需要要可聘任主管药师或主管中药师专业技术职务。

第三十三条 人事部和国家药品监督管理局按职责分工，对本规定进行解释。

执业药师资格考试实施办法

第一条 人事部、国家药品监督管理局共同负责执业药师资格考试工作，日常管理工作由国家药品监督管理局负责。具体考务工作委托人事部人事考试中心组织实施。

各地要加强对考务工作的领导，明确职责、互相配合、密切协作。

第二条 执业药师资格考试日期定为每年10月，报名时间定为每年3月。

第三条 考试科目为：药学（中药学）专业知识（一）、药学（中药学）专业知识（二）、药事管理与法规、综合知识与技能四个科目。

考试科目中，药事管理与法规、综合知识与技能两个科目为执业药师资格考试的必考科目；从事药学或中药学专业工作的人员，可根据从事的本专业工作，选择药学专业知识科目（一）、药学专业知识科目（二）或中药学专业知识科目（一）、中药学专业知识科目（二）的考试。

考试分四个半天进行，每个科目考试时间为两个半小时。

第四条 考试以两年为一个周期，参加全部科目考试的人员须在连续两个考试年度内通过全部科目的考试。

参加免试部分科目的人员须在一个考试年度内通过应试科目。

第五条 按照国家有关规定评聘为高级专业技术职务，并具备下列条件之一者，可免试药学（或中药学）专业知识（一）、药学（或中药学）专业知识（二）两个科目，只参加药事管理与法规、综合知识与技能两个科目的考试。

（一）中药学徒、药学或中药学专业中专毕业，连续从事药学或中药学专业工作满20年。

（二）取得药学、中药学专业或相关专业大专以上学历，连续从事药学或中药学专业工作满15年。

第六条 凡符合《执业药师资格制度暂行规定》第九条和本办法第五条的报名条件者均可报名参加考试。

第七条 报名参加考试者，由本人提出申请，所在单位审核同意，并携带有关证明材料到当地考试管理机构办理报名手续。考试管理机构按规定程序和报名条件审查合格后，发给准考证，应考人员凭准考证在指定的时间、地点参加考试。党中央、国务院各部门、部队及其直属单位的人员，按属地原则报名参加考试。

第八条 考场设在省辖市以上的中心城市和行政专员公署所在的城市。

第九条 具体考务工作由各省、自治区、直辖市人事（职改）部门会同药品监督管理部门组织实施，各地可根据实际情况确定具体办法。

第十条 国家药品监督管理局负责执业药师资格考试的培训管理工作。各地培训机构要具备场地、师资、教材等条件，经省、自治区、直辖市药品监督管理部门会同人事部门审核批准，报国家药品监督管理局备案。培训收费标准须经当地物价主管部门核准并公布于众，接受群众监督。

第十一条 坚持考试与培训分开的原则，参与培训的工作人员不得参与考试工作（包括命题及组织管理）。

第十二条 严格执行考试考务工作的有关规章制度，做好试卷命题、印刷、发送过程中的保密工作，严格考场纪律，严禁弄虚作假。对违反规章制度的，按规定进行严肃处理。

人事部、卫生部、国家药品监督管理局关于印发《执业药师资格（药品使用单位）认定办法》的通知

（人发〔2001〕71号 2001年7月13日）

各省、自治区、直辖市人事厅（局）、卫生厅（局）、药品监督管理局，国务院各部委、各直属机构人事（干部）部门：

为加强药品监督管理，确保人民群众用药安全、有效、经济、合理，促进医药事业的健康发展，经人事部、卫生部、国家药品监督管理局研究决定，对药品使用单位人员进行执业药师资格认定工作。现将《执业药师资格（药品使用单位）认定办法》印发给你们，请认真做好有关准备工作。

附件：1. 执业药师资格（药品使用单位）认定工作领导小组成员名单（略）
  2. 执业药师资格（药品使用单位）认定评审表（略）

执业药师资格（药品使用单位）认定办法

为实施执业药师资格制度，做好药品使用单位执业药师资格认定工作，制定本办法。

一、认定范围

在药品使用单位工作，受聘担任药学（中药学）高级专业技术职务的人员。

二、申报条件（必须同时具备下列条件）

（一）遵纪守法，遵守职业道德；
（二）身体健康，能坚持执业药师岗位工作；
（三）1994年3月15日以前受聘担任药学（中药学）高级专业技术职务；
（四）获得省（部）级医药科技成果奖，或在省（部）级刊物上发表过有代表性的医药专业论文两篇，或有医药行业专著；
（五）连续直接从事药品使用岗位工作满5年，累计10年以上；
（六）经各省、自治区、直辖市人事（职改）部门、卫生行政部门和药品监督管理部门共同组织的药事法规考核合格。

三、认定组织

由人事部、卫生部、国家药品监督管理局及有关专家组成"执业药师资格（药品使用单位）认定工作领导小组"（以下简称领导小组），负责全国执业药师资格（药品使

用单位）认定工作。领导小组下设办公室，办公室设在人事部。

四、认定程序

（一）符合上述条件的药学（中药学）专业技术人员，可向所在单位提出申请，属地方管理的单位，由所在单位向省、自治区、直辖市人事厅（局）申报；党中央、国务院各部门所属单位的人员，由所在单位向上级主管部门申报；军队所属单位的人员，由解放军总政治部统一申报。

（二）各省、自治区、直辖市人事（职改）部门会同卫生行政部门、药品监督管理部门对本地区申报人员进行资格审核。经审核同意后提出推荐名单报领导小组办公室，并附《执业药师资格（药品使用单位）认定评审表》一式两份、高级专业技术职务聘书、本专业有代表性的论文出版专著内容说明、获奖证书、药事法规考核证明等材料的复印件。

（三）领导小组办公室对推荐的人员进行资格初审，提出拟认定的人员名单，报领导小组。

（四）领导小组召开会议对符合条件的人员进行审核，办理批准手续。

（五）上报材料时间：请各省、自治区、直辖市人事（职改）部门，于2001年10月30日前，将执业药师资格（药品使用单位）认定申报材料送领导小组办公室。

五、认定要求

各省、自治区、直辖市人事（职改）部门、卫生行政部门、药品监督管理部门要切实加强领导，坚持标准，严格要求，认真做好审核、申报工作。对弄虚作假的单位或个人，一经发现，严肃处理，取消该单位申报权或个人的申报资格。

人事部办公厅、国家药品监督管理局办公室关于执业药师资格考试补充规定的通知

（人办发〔2001〕49号 2001年7月13日）

各省、自治区、直辖市人事厅（局）、药品监督管理局，新疆生产建设兵团及部分副省级市人事局、药品监督管理局：

根据药品监督管理工作的实际需要，并总结近年来执业药师资格考试工作的经验，经人事部和国家药品监督管理局研究，对执业药师资格考试的有关问题补充通知如下：

一、在2002年度全国执业药师资格考试中，对各单位在药学（中药学）岗位上工作并符合下列条件之一的专业技术人员，可免试部分科目，只参加《药学综合知识与技能》或《中药学综合知识与技能》一个科目的考试，考试合格者即可获得执业药师

资格。

（一）1988年年底以前，取得药学（中药学）专业大专学历，连续从事药学（中药学）专业工作满10年，并按国家统一规定评聘为中级专业技术职务。

（二）1990年年底以前，取得药学（中药学）专业大学本科学历，连续从事药学（中药学）专业工作满8年，并按国家统一规定评聘为中级专业技术职务。

（三）1999年4月1日以前，在药学（中药学）专业岗位上工作，按国家统一规定评聘为药学（中药学）高级专业技术职务。

二、《药学综合知识与技能》或《中药学综合知识与技能》科目的考试与2002年执业药师资格考试相应科目的规定时间一同进行。

三、符合报名条件的人员，由本人提出申请，经所在单位审核同意，并携带学历证书、专业技术职务证书等有关证明材料，在2002年度执业药师资格考试规定的报名时间内，到当地考试管理机构办理报名有关手续。

请各地在收到本通知后及时予以公布，并认真做好报名及资格审查工作。

专利代理条例

（国务院令第76号　1991年3月4日）

第一章　总　则

第一条　为了保障专利代理机构以及委托人的合法权益，维护专利代理工作的正常秩序，制定本条例。

第二条　本条例所称专利代理是指专利代理机构以委托人的名义，在代理权限范围内，办理专利申请或者办理其他专利事务。

第二章　专利代理机构

第三条　本条例所称专利代理机构是指接受委托人的委托，在委托权限范围内，办理专利申请或者办理其他专利事务的服务机构。

专利代理机构包括：

（一）办理涉外专利事务的专利代理机构；

（二）办理国内专利事务的专利代理机构；

（三）办理国内专利事务的律师事务所。

第四条　专利代理机构的成立，必须符合下列条件：

（一）有自己的名称、章程、固定办公场所；

（二）有必要的资金和工作设施；

（三）财务独立，能够独立承担民事责任；

（四）有三名以上具有专利代理人资格的专职人员和符合中国专利局规定的比例的

具有专利代理人资格的兼职人员。

律师事务所开办专利代理业务的，必须有前款第四项规定的专职人员。

第五条 向专利管理机关申请成立专利代理机构，应当提交下列文件：

（一）成立专利代理机构的申请书，并写明专利代理机构的名称、办公场所、负责人姓名；

（二）专利代理机构章程；

（三）专利代理人姓名及其资格证书；

（四）专利代理机构资金和设施情况的书面证明。

第六条 申请成立办理国内专利事务的专利代理机构，或者律师事务所申请开办专利代理业务的，应当经过其主管机关同意后，报请省、自治区、直辖市专利管理机关审查；没有主管机关的，可以直接报请省、自治区、直辖市专利管理机关审查。审查同意的，由审查机关报中国专利局审批。

申请成立办理涉外专利事务的专利代理机构，应当依照《中华人民共和国专利法》的有关规定办理。办理涉外专利事务的专利代理机构，经中国专利局批准的，可以办理国内专利事务。

第七条 专利代理机构自批准之日起成立，依法开展专利代理业务，享有民事权利，承担民事责任。

第八条 专利代理机构承办下列事务：

（一）提供专利事务方面的咨询。

（二）代写专利申请文件，办理专利申请；请求实质审查或者复审的有关事务。

（三）提出异议，请求宣告专利权无效的有关事务。

（四）办理专利申请权、专利权的转让以及专利许可的有关事务。

（五）接受聘请，指派专利代理人担任专利顾问。

（六）办理其他有关事务。

第九条 专利代理机构接受委托，承办业务，应当有委托人具名的书面委托书，写明委托事项和委托权限。

专利代理机构可以根据需要，指派委托人指定的专利代理人承办代理业务。

专利代理机构接受委托，承办业务，可以按照国家有关规定收取费用。

第十条 专利代理机构接受委托后，不得就同一内容的专利事务接受有利害关系的其他委托人的委托。

第十一条 专利代理机构应当聘任有《专利代理人资格证书》的人员为专利代理人。对聘任的专利代理人应当办理聘任手续，由专利代理机构发给《专利代理人工作证》，并向中国专利局备案。

初次从事专利代理工作的人员，实习满一年后，专利代理机构方可发给《专利代理人工作证》。

专利代理机构对解除聘任关系的专利代理人，应当及时收回其《专利代理人工作证》，并报中国专利局备案。

第十二条 专利代理机构变更机构名称、地址和负责人的，应当报中国专利局予以变更登记。经批准登记后，变更方可生效。

专利代理机构停业，应当在妥善处理各种尚未办结的事项后，向原审查机关申报，并由该机关报中国专利局办理有关手续。

第十三条 已批准的专利代理机构，因情况变化不再符合本条例第四条规定的条件，并在一年内仍不能具备这些条件的，原审查的专利管理机关应当建议中国专利局撤销该专利代理机构。

第三章 专利代理人

第十四条 本条例所称专利代理人是指获得《专利代理人资格证书》，持有《专利代理人工作证》的人员。

第十五条 拥护中华人民共和国宪法，并具备下列条件的中国公民，可以申请专利代理人资格：

（一）十八周岁以上，具有完全的民事行为能力；

（二）高等院校理工科专业毕业（或者具有同等学力），并掌握一门外语；

（三）熟悉专利法和有关的法律知识；

（四）从事过两年以上的科学技术工作或者法律工作。

第十六条 申请专利代理人资格的人员，经本人申请，专利代理人考核委员会考核合格的，由中国专利局发给《专利代理人资格证书》。

专利代理人考核委员会由中国专利局、国务院有关部门以及专利代理人的组织的有关人员组成。

第十七条 专利代理人必须承办专利代理机构委派的专利代理工作，不得自行接受委托。

第十八条 专利代理人不得同时在两个以上专利代理机构从事专利代理业务。

专利代理人调离专利代理机构前，必须妥善处理尚未办结的专利代理案件。

第十九条 获得《专利代理人资格证书》，五年内未从事专利代理业务或者专利行政管理工作的，其《专利代理人资格证书》自动失效。

第二十条 专利代理人在从事专利代理业务期间和脱离专利代理业务后一年内，不得申请专利。

第二十一条 专利代理人依法从事专利代理业务，受国家法律的保护，不受任何单位和个人的干涉。

第二十二条 国家机关工作人员，不得到专利代理机构兼职，从事专利代理工作。

第二十三条 专利代理人对其在代理业务活动中了解的发明创造的内容，除专利申请已经公布或者公告的以外，负有保守秘密的责任。

第四章 罚 则

第二十四条 专利代理机构有下列情形之一的，其上级主管部门或者省、自治区、直辖市专利管理机关，可以给予警告处罚；情节严重的，由中国专利局给予撤销机构处罚：

（一）申请审批时隐瞒真实情况，弄虚作假的；

（二）擅自改变主要登记事项的；

（三）未经审查批准，或者超越批准专利代理业务范围，擅自接受委托，承办专利代理业务的；

（四）从事其他非法业务活动的。

第二十五条 专利代理人有下列行为之一，情节轻微的，由其所在的专利代理机构给予批评教育。情节严重的，可以由其所在的专利代理机构解除聘任关系，并收回其《专利代理人工作证》；由省、自治区、直辖市专利管理机关给予警告或者由中国专利局给予吊销《专利代理人资格证书》处罚：

（一）不履行职责或者不称职以致损害委托人利益的；

（二）泄露或者剽窃委托人的发明创造内容的；

（三）超越代理权限，损害委托人利益的；

（四）私自接受委托，承办专利代理业务的，收取费用的；

前款行为，给委托人造成经济损失的，专利代理机构承担经济赔偿责任后，可以按一定比例向该专利代理人追偿。

第二十六条 被处罚的专利代理机构对中国专利局撤销其机构，被处罚的专利代理人对吊销其《专利代理人资格证书》的处罚决定不服的，可以向中国专利局申请复议，不服复议决定的，可以在收到复议决定书十五日内，向人民法院起诉。

第五章　附　则

第二十七条 本条例由中国专利局负责解释。

第二十八条 本条例自一九九一年四月一日起施行。一九八五年九月四日国务院批准，同年九月十二日中国专利局发布的《专利代理暂行规定》同时废止。

专利代理人资格考试实施办法

（国家知识产权局令第47号　2008年8月25日）

第一条 为了规范专利代理人资格考试工作，根据《中华人民共和国专利法》和《专利代理条例》，制定本办法。

第二条 专利代理人资格考试实行全国统一考试制度，每年举行一次考试。

第三条 专利代理人资格考试包括以下考试科目：

（一）专利法律知识；

（二）相关法律知识；

（三）专利代理实务。

专利代理人资格考试采取闭卷笔答方式。

第四条 国家知识产权局组织成立专利代理人考核委员会。考核委员会负责审定《专利代理人资格考试大纲》和确定专利代理人资格考试合格分数线，其成员由国家知识产权局、国务院有关部门、中华全国专利代理人协会的有关人员以及专利代理人的代表组成，主任由国家知识产权局局长担任。

专利代理人考核委员会办公室设在国家知识产权局，负责专利代理人资格考试的各项具体工作。

第五条 国家知识产权局每年应当在举行专利代理人资格考试六个月前以公告的形式公布考点城市、考试时间及证书发放等事项。

专利代理人资格考试由国家知识产权局统一命题，命题范围以《专利代理人资格考试大纲》为准。

第六条 各考点城市所在的省、自治区、直辖市知识产权局承办受理报名、审查报名人员资格、设置考场、组织考试、发放考试成绩单等项工作。

第七条 报名参加专利代理人资格考试的人员，应当符合《专利代理条例》第十五条规定的条件。

有下列情形之一的人员，不得参加专利代理人资格考试：

（一）因故意犯罪受过刑事处罚的；

（二）被吊销专利代理人资格的；

（三）属于本办法第十二条规定的被处以三年内不得报名参加专利代理人资格考试，且未满三年的。

第八条 举办专利代理人资格考试培训班的，不得强制要求考试报名人员参加培训，不得强制要求参加培训的人员购买其指定的教材或者其他考试资料。

第九条 参与专利代理人资格考试命题和组织管理工作的人员不得泄露考试试题及其他相关信息，并且不得参加考试。

命题人员不得从事与专利代理人资格考试有关的授课、答疑、辅导等活动。

第十条 国家知识产权局负责专利代理人资格考试的全国统一阅卷工作，并公布考试成绩。

第十一条 应试人员达到专利代理人资格考试合格分数线的，由国家知识产权局颁发《专利代理人资格证书》。

第十二条 应试人员有违纪行为的，视情节、后果给予警告、确认考试成绩无效、三年内不得报名参加专利代理人资格考试的处理；考试工作人员有违纪行为的，视情节、后果给予相应的处理，情节严重构成犯罪的，依法追究法律责任。

对应试人员和考试工作人员违纪行为的具体处理办法由国家知识产权局另行规定。

第十三条 专利代理人资格考试考务规则由国家知识产权局另行规定。

第十四条 本办法自2008年10月1日起施行，国家知识产权局令第三十六号发布的《专利代理人资格考试实施办法》同日废止。

导游管理办法

(国家旅游局令第44号 2017年11月1日)

第一章 总 则

第一条 为规范导游执业行为，提升导游服务质量，保障导游合法权益，促进导游行业健康发展，依据《中华人民共和国旅游法》、《导游人员管理条例》和《旅行社条例》等法律法规，制定本办法。

第二条 导游执业的许可、管理、保障与激励，适用本办法。

第三条 国家对导游执业实行许可制度。从事导游执业活动的人员，应当取得导游人员资格证和导游证。

国家旅游局建立导游等级考核制度、导游服务星级评价制度和全国旅游监管服务信息系统，各级旅游主管部门运用标准化、信息化手段对导游实施动态监管和服务。

第四条 旅游行业组织应当依法维护导游合法权益，促进导游职业发展，加强导游行业自律。

旅行社等用人单位应当加强对导游的管理和培训，保障导游合法权益，提升导游服务质量。

导游应当恪守职业道德，提升服务水平，自觉维护导游行业形象。

第五条 支持和鼓励各类社会机构积极弘扬导游行业先进典型，优化导游执业环境，促进导游行业健康稳定发展。

第二章 导游执业许可

第六条 经导游人员资格考试合格的人员，方可取得导游人员资格证。

国家旅游局负责制定全国导游资格考试政策、标准，组织导游资格统一考试，以及对地方各级旅游主管部门导游资格考试实施工作进行监督管理。

省、自治区、直辖市旅游主管部门负责组织、实施本行政区域内导游资格考试具体工作。

全国导游资格考试管理的具体办法，由国家旅游局另行制定。

第七条 取得导游人员资格证，并与旅行社订立劳动合同或者在旅游行业组织注册的人员，可以通过全国旅游监管服务信息系统向所在地旅游主管部门申请取得导游证。

导游证采用电子证件形式，由国家旅游局制定格式标准，由各级旅游主管部门通过全国旅游监管服务信息系统实施管理。电子导游证以电子数据形式保存于导游个人移动电话等移动终端设备中。

第八条 在旅游行业组织注册并申请取得导游证的人员，应当向所在地旅游行业组织提交下列材料：

（一）身份证；

（二）导游人员资格证；

（三）本人近期照片；

（四）注册申请。

旅游行业组织在接受申请人取得导游证的注册时，不得收取注册费；旅游行业组织收取会员会费的，应当符合《社会团体登记条例》等法律法规的规定，不得以导游证注册费的名义收取会费。

第九条 导游通过与旅行社订立劳动合同取得导游证的，劳动合同的期限应当在1个月以上。

第十条 申请取得导游证，申请人应当通过全国旅游监管服务信息系统填写申请信息，并提交下列申请材料：

（一）身份证的扫描件或者数码照片等电子版；

（二）未患有传染性疾病的承诺；

（三）无过失犯罪以外的犯罪记录的承诺；

（四）与经常执业地区的旅行社订立劳动合同或者在经常执业地区的旅游行业组织注册的确认信息。

前款第（四）项规定的信息，旅行社或者旅游行业组织应当自申请人提交申请之日起5个工作日内确认。

第十一条 所在地旅游主管部门对申请人提出的取得导游证的申请，应当依法出具受理或者不予受理的书面凭证。需补正相关材料的，应当自收到申请材料之日起5个工作日内一次性告知申请人需要补正的全部内容；逾期不告知的，收到材料之日起即为受理。

所在地旅游主管部门应当自受理申请之日起10个工作日内，作出准予核发或者不予核发导游证的决定。不予核发的，应当书面告知申请人理由。

第十二条 具有下列情形的，不予核发导游证：

（一）无民事行为能力或者限制民事行为能力的；

（二）患有甲类、乙类以及其他可能危害旅游者人身健康安全的传染性疾病的；

（三）受过刑事处罚的，过失犯罪的除外；

（四）被吊销导游证之日起未逾3年的。

第十三条 导游证的有效期为3年。导游需要在导游证有效期届满后继续执业的，应当在有效期限届满前3个月内，通过全国旅游监管服务信息系统向所在地旅游主管部门提出申请，并提交本办法第十条第（二）项至第（四）项规定的材料。

旅行社或者旅游行业组织应当自导游提交申请之日起3个工作日内确认信息。所在地旅游主管部门应当自旅行社或者旅游行业组织核实信息之日起5个工作日内予以审核，并对符合条件的导游变更导游证信息。

第十四条 导游与旅行社订立的劳动合同解除、终止或者在旅游行业组织取消注册的，导游及旅行社或者旅游行业组织应当自解除、终止合同或者取消注册之日起 5 个工作日内，通过全国旅游监管服务信息系统将信息变更情况报告旅游主管部门。

第十五条　导游应当自下列情形发生之日起 10 个工作日内，通过全国旅游监管服务信息系统提交相应材料，申请变更导游证信息：

（一）姓名、身份证号、导游等级和语种等信息发生变化的；

（二）与旅行社订立的劳动合同解除、终止或者在旅游行业组织取消注册后，在 3 个月内与其他旅行社订立劳动合同或者在其他旅游行业组织注册的；

（三）经常执业地区发生变化的；

（四）其他导游身份信息发生变化的。

旅行社或者旅游行业组织应当自收到申请之日起 3 个工作日内对信息变更情况进行核实。所在地旅游主管部门应当自旅行社或者旅游行业组织核实信息之日起 5 个工作日内予以审核确认。

第十六条　有下列情形之一的，所在地旅游主管部门应当撤销导游证：

（一）对不具备申请资格或者不符合法定条件的申请人核发导游证的；

（二）申请人以欺骗、贿赂等不正当手段取得导游证的；

（三）依法可以撤销导游证的其他情形。

第十七条　有下列情形之一的，所在地旅游主管部门应当注销导游证：

（一）导游死亡的；

（二）导游证有效期届满未申请换发导游证的；

（三）导游证依法被撤销、吊销的；

（四）导游与旅行社订立的劳动合同解除、终止或者在旅游行业组织取消注册后，超过 3 个月未与其他旅行社订立劳动合同或者未在其他旅游行业组织注册的；

（五）取得导游证后出现本办法第十二条第（一）项至第（三）项情形的；

（六）依法应当注销导游证的其他情形。

导游证被注销后，导游符合法定执业条件需要继续执业的，应当依法重新申请取得导游证。

第十八条　导游的经常执业地区应当与其订立劳动合同的旅行社（含旅行社分社）或者注册的旅游行业组织所在地的省级行政区域一致。

导游证申请人的经常执业地区在旅行社分社所在地的，可以由旅行社分社所在地旅游主管部门负责导游证办理相关工作。

第三章　导游执业管理

第十九条　导游为旅游者提供服务应当接受旅行社委派，但另有规定的除外。

第二十条　导游在执业过程中应当携带电子导游证、佩戴导游身份标识，并开启导游执业相关应用软件。

旅游者有权要求导游展示电子导游证和导游身份标识。

第二十一条　导游身份标识中的导游信息发生变化，导游应当自导游信息发生变化之日起 10 个工作日内，向所在地旅游主管部门申请更换导游身份标识。旅游主管部门应当自收到申请之日起 5 个工作日内予以确认更换。

导游身份标识丢失或者因磨损影响使用的，导游可以向所在地旅游主管部门申请重新领取，旅游主管部门应当自收到申请之日起 10 个工作日内予以发放或者更换。

第二十二条 导游在执业过程中应当履行下列职责：

（一）自觉维护国家利益和民族尊严；

（二）遵守职业道德，维护职业形象，文明诚信服务；

（三）按照旅游合同提供导游服务，讲解自然和人文资源知识、风俗习惯、宗教禁忌、法律法规和有关注意事项；

（四）尊重旅游者的人格尊严、宗教信仰、民族风俗和生活习惯；

（五）向旅游者告知和解释文明行为规范、不文明行为可能产生的后果，引导旅游者健康、文明旅游，劝阻旅游者违反法律法规、社会公德、文明礼仪规范的行为；

（六）对可能危及旅游者人身、财产安全的事项，向旅游者作出真实的说明和明确的警示，并采取防止危害发生的必要措施。

第二十三条 导游在执业过程中不得有下列行为：

（一）安排旅游者参观或者参与涉及色情、赌博、毒品等违反我国法律法规和社会公德的项目或者活动；

（二）擅自变更旅游行程或者拒绝履行旅游合同；

（三）擅自安排购物活动或者另行付费旅游项目；

（四）以隐瞒事实、提供虚假情况等方式，诱骗旅游者违背自己的真实意愿，参加购物活动或者另行付费旅游项目；

（五）以殴打、弃置、限制活动自由、恐吓、侮辱、咒骂等方式，强迫或者变相强迫旅游者参加购物活动、另行付费等消费项目；

（六）获取购物场所、另行付费旅游项目等相关经营者以回扣、佣金、人头费或者奖励费等名义给予的不正当利益；

（七）推荐或者安排不合格的经营场所；

（八）向旅游者兜售物品；

（九）向旅游者索取小费；

（十）未经旅行社同意委托他人代为提供导游服务；

（十一）法律法规规定的其他行为。

第二十四条 旅游突发事件发生后，导游应当立即采取下列必要的处置措施：

（一）向本单位负责人报告，情况紧急或者发生重大、特别重大旅游突发事件时，可以直接向发生地、旅行社所在地县级以上旅游主管部门、安全生产监督管理部门和负有安全生产监督管理职责的其他相关部门报告；

（二）救助或者协助救助受困旅游者；

（三）根据旅行社、旅游主管部门及有关机构的要求，采取调整或者中止行程、停止带团前往风险区域、撤离风险区域等避险措施。

第二十五条 具备领队条件的导游从事领队业务的，应当符合《旅行社条例实施细则》等法律、法规和规章的规定。

旅行社应当按要求将本单位具备领队条件的领队信息及变更情况,通过全国旅游监管服务信息系统报旅游主管部门备案。

第四章 导游执业保障与激励

第二十六条 导游在执业过程中,其人格尊严受到尊重,人身安全不受侵犯,合法权益受到保障。导游有权拒绝旅行社和旅游者的下列要求:

(一)侮辱其人格尊严的要求;

(二)违反其职业道德的要求;

(三)不符合我国民族风俗习惯的要求;

(四)可能危害其人身安全的要求;

(五)其他违反法律、法规和规章规定的要求。

旅行社等用人单位应当维护导游执业安全、提供必要的职业安全卫生条件,并为女性导游提供执业便利、实行特殊劳动保护。

第二十七条 旅行社有下列行为的,导游有权向劳动行政部门投诉举报、申请仲裁或者向人民法院提起诉讼:

(一)不依法与聘用的导游订立劳动合同的;

(二)不依法向聘用的导游支付劳动报酬、导游服务费用或者缴纳社会保险费用的;

(三)要求导游缴纳自身社会保险费用的;

(四)支付导游的报酬低于当地最低工资标准的。

旅行社要求导游接待以不合理低价组织的旅游团队或者承担接待旅游团队的相关费用的,导游有权向旅游主管部门投诉举报。

鼓励景区对持有导游证从事执业活动或者与执业相关活动的导游免除门票。

第二十八条 旅行社应当与通过其取得导游证的导游订立不少于1个月期限的劳动合同,并支付基本工资、带团补贴等劳动报酬,缴纳社会保险费用。

旅行社临时聘用在旅游行业组织注册的导游为旅游者提供服务的,应当依照旅游和劳动相关法律、法规的规定足额支付导游服务费用;旅行社临时聘用的导游与其他单位不具有劳动关系或者人事关系的,旅行社应当与其订立劳动合同。

第二十九条 旅行社应当提供设置"导游专座"的旅游客运车辆,安排的旅游者与导游总人数不得超过旅游客运车辆核定乘员数。

导游应当在旅游车辆"导游专座"就座,避免在高速公路或者危险路段站立讲解。

第三十条 导游服务星级评价是对导游服务水平的综合评价,星级评价指标由技能水平、学习培训经历、从业年限、奖惩情况、执业经历和社会评价等构成。导游服务星级根据星级评价指标通过全国旅游监管服务信息系统自动生成,并根据导游执业情况每年度更新一次。

旅游主管部门、旅游行业组织和旅行社等单位应当通过全国旅游监管服务信息系统,及时、真实地备注各自获取的导游奖惩情况等信息。

第三十一条 各级旅游主管部门应当积极组织开展导游培训,培训内容应当包括政策法规、安全生产、突发事件应对和文明服务等，培训方式可以包括培训班、专题讲座和网络在线培训等，每年累计培训时间不得少于24小时。培训不得向参加人员收取费用。

旅游行业组织和旅行社等应当对导游进行包括安全生产、岗位技能、文明服务和文明引导等内容的岗前培训和执业培训。

导游应当参加旅游主管部门、旅游行业组织和旅行社开展的有关政策法规、安全生产、突发事件应对和文明服务内容的培训；鼓励导游积极参加其他培训，提高服务水平。

第五章 罚 则

第三十二条 导游违反本办法有关规定的，依照下列规定处理：

（一）违反本办法第十九条规定的，依据《旅游法》第一百零二条第二款的规定处罚；

（二）违反本办法第二十条第一款规定的，依据《导游人员管理条例》第二十一条的规定处罚；

（三）违反本办法第二十二条第（一）项规定的，依据《导游人员管理条例》第二十条的规定处罚；

（四）违反本办法第二十三条第（一）项规定的，依据《旅游法》第一百零一条的规定处罚；

（五）违反本办法第二十三条第（二）项规定的，依据《旅游法》第一百条的规定处罚；

（六）违反本办法第二十三条第（三）项至第（六）项规定的，依据《旅游法》第九十八条的规定处罚；

（七）违反本办法第二十三条第（七）项规定的，依据《旅游法》第九十七条第（二）项的规定处罚；

（八）违反本办法第二十三条第（八）项规定的，依据《导游人员管理条例》第二十三条的规定处罚；

（九）违反本办法第二十三条第（九）项规定的，依据《旅游法》第一百零二条第三款的规定处罚。

违反本办法第三条第一款规定，未取得导游证从事导游活动的，依据《旅游法》第一百零二条第一款的规定处罚。

第三十三条 违反本办法规定，导游有下列行为的，由县级以上旅游主管部门责令改正，并可以处1 000元以下罚款；情节严重的，可以处1 000元以上5 000元以下罚款：

（一）未按期报告信息变更情况的；

（二）未申请变更导游证信息的；

（三）未更换导游身份标识的；

（四）不依照本办法第二十四条规定采取相应措施的；

（五）未按规定参加旅游主管部门组织的培训的；

（六）向负责监督检查的旅游主管部门隐瞒有关情况、提供虚假材料或者拒绝提供反映其活动情况的真实材料的；

（七）在导游服务星级评价中提供虚假材料的。

旅行社或者旅游行业组织有前款第（一）项和第（七）项规定行为的，依照前款规定处罚。

第三十四条 导游执业许可申请人隐瞒有关情况或者提供虚假材料申请取得导游人员资格证、导游证的，县级以上旅游主管部门不予受理或者不予许可，并给予警告；申请人在一年内不得再次申请该导游执业许可。

导游以欺骗、贿赂等不正当手段取得导游人员资格证、导游证的，除依法撤销相关证件外，可以由所在地旅游主管部门处1 000元以上5 000元以下罚款；申请人在三年内不得再次申请导游执业许可。

第三十五条 导游涂改、倒卖、出租、出借导游人员资格证、导游证，以其他形式非法转让导游执业许可，或者擅自委托他人代为提供导游服务的，由县级以上旅游主管部门责令改正，并可以处2 000元以上1万元以下罚款。

第三十六条 违反本办法第二十五条第二款规定，旅行社不按要求报备领队信息及变更情况，或者备案的领队不具备领队条件的，由县级以上旅游主管部门责令改正，并可以删除全国旅游监管服务信息系统中不具备领队条件的领队信息；拒不改正的，可以处5 000元以下罚款。

旅游行业组织、旅行社为导游证申请人申请取得导游证隐瞒有关情况或者提供虚假材料的，由县级以上旅游主管部门责令改正，并可以处5 000元以下罚款。

第三十七条 对导游违反本办法规定的行为，县级以上旅游主管部门应当依照旅游经营服务不良信息管理有关规定，纳入旅游经营服务不良信息管理；构成犯罪的，依法移送公安机关追究其刑事责任。

第三十八条 旅游主管部门及其工作人员在履行导游执业许可、管理职责中，滥用职权、玩忽职守、徇私舞弊的，由有关部门责令改正，对直接负责的主管人员和其他直接责任人员依法给予处分。

第六章 附 则

第三十九条 本办法下列用语的含义：

（一）所在地旅游主管部门，是指旅行社（含旅行社分社）、旅游行业组织所在地的省、自治区、直辖市旅游主管部门或者其委托的设区的市级旅游主管部门、县级旅游主管部门；

（二）旅游行业组织，是指依照《社会团体登记管理条例》成立的导游协会，以及在旅游协会、旅行社协会等旅游行业社会团体内设立的导游分会或者导游工作部门，具体由所在地旅游主管部门确定；

（三）经常执业地区，是指导游连续执业或者3个月内累计执业达到30日的省级行政区域；

（四）导游身份标识，是指标识有导游姓名、证件号码等导游基本信息，以便于旅游者和执法人员识别身份的工作标牌，具体标准由国家旅游局制定。

第四十条 本办法自2018年1月1日起施行。

国家旅游局办公室关于完善"导游人员从业资格证书核发"行政审批事项有关工作的通知

（旅办发〔2015〕202号 2015年8月5日）

各省、自治区、直辖市旅游委、局，新疆生产建设兵团旅游局：

为落实《国务院关于规范国务院部门行政审批行为改进行政审批有关工作的通知》（国发〔2015〕6号）的有关要求，进一步完善"导游人员从业资格证书核发"行政审批事项的相关工作机制，现将有关事项通知如下：

一、工作原则

（一）按现行法律法规的规定，实行全国统一的导游人员资格考试制度。国家旅游局负责制定全国导游人员资格考试的政策、标准和对各地考试工作的监督管理。省级旅游主管部门负责组织、实施本行政区域内导游人员资格考试具体工作。

（二）按分级管理、便于操作的原则，对现行的审批工作进行调整。充分发挥各级旅游主管部门的积极性，不断提高工作效率，降低审批管理成本。

二、工作任务

（三）统一考试组织工作

1. 考试时间

自2016年起，全国导游人员资格考试暂定于每年11月举行，每年一次，具体时间由国家旅游局当年确定。

2. 考试科目与内容

考试科目为"政策法规"、"导游业务"、"全国导游基础知识"、"地方导游基础知识"、"导游服务能力"五科。

科目一："政策法规"，考试内容为党和国家的大政方针，旅游业发展方针政策及相关的法律法规，导游人员应该具备的法律、法规知识。

科目二："导游业务"，考试内容为导游人员职业道德规范，导游人员素质要求和行为规范，导游服务程序和内容、相关知识在导游服务中的应用。

科目三："全国导游基础知识"，考试内容为全国旅游行业通识知识。

科目四："地方导游基础知识"，考试内容为地方旅游知识。

科目五："导游服务能力"，考试内容为景点讲解、导游规范、应变能力和综合知识。外语类考生须用所报考语种的语言进行本科目考试并进行口译测试。

3. 考试形式

考试形式分笔试与现场考试两种，科目一、二、三、四为笔试，科目五为现场考试。其中科目一、二合并为1张试卷进行测试，考试时间为90分钟；科目三、四合并为1张试卷进行测试，考试时间为90分钟，其中科目四占比不少于50%。科目五中文类考生考试时间不少于15分钟，外语类考生考试时间不少于25分钟。

笔试科目采用机考，各地使用国家旅游局统一的计算机考试系统进行考试。现场考试由省级旅游主管部门根据现场考试工作标准组织本行政区域内考试。

4. 考试结果

考试结果以笔试成绩、现场考试成绩和总成绩分别划定分数线，笔试成绩、现场考试成绩和总成绩均满足划线要求的为合格。考试成绩当年有效。

省级旅游主管部门应于考试结束之日起5个工作日内拟定划线方案报国家旅游局，待国家旅游局批复后向考生公布结果。

5. 考试大纲与命题

国家旅游局制定并发布全国导游人员资格考试大纲，同时依据大纲组织各科目的命题，并逐步开发完善题库。

6. 考试组织工作

考试工作按照当年印发的全国导游人员资格考试工作实施意见组织。国家旅游局使用统一的网上报名接口，省级旅游主管部门负责进行网上预受理和预审核，组织现场审核，并协助国家旅游局承担考试相关工作。

（四）统一考试规则

国家旅游局制定《全国导游人员资格考试管理办法（试行）》。

（五）规范服务标准

国家旅游局统一编制服务规范、服务指南、受理单样表、审查工作细则、申请人满意度评价表样等行政审批事项备查材料，申请人可自行从国家旅游局官网"办事大厅"栏目下"办事指南"中下载。

（六）规范费用收取

按《国家发展改革委、财政部关于改革全国性职业资格考试收费标准管理方式的通知》（发改价格〔2015〕1217号）和《国家发展改革委、财政部关于重新核定导游人员资格考试和导游人员等级考核收费标准及有关问题的通知》（发改价格〔2010〕915号）的要求，国家旅游局收取考务费，用于补偿考务成本支出。

省级旅游主管部门可向省级发改和财政部门申请向考生收取考试费，用于上缴考务费和补偿省级旅游主管部门考试所产生的成本。已经批准收费的，按规定执行。

（七）规范证书核发

规范导游人员从业资格证书核发工作程序和工作流程，提高证书核发工作效率。国家旅游局统一制证、统一编号规则，并逐步完善数据，建立电子档案。同时实行审批时限承诺制，承诺自考试结果可查询之日起20个工作日内核发证书，最大限度方便考生。

三、工作要求

规范行政审批行为、改进行政审批工作，是简政放权、推进政府职能转变的重要内容，是转变政风、密切联系群众的重要举措。各级旅游主管部门应高度重视、加强管理、精心组织、扎实推进，保证"导游人员从业资格证书核发"行政审批事项规范有序、公开公正、高效便民。

（八）加强审批管理

各级旅游主管部门要加强对行政审批工作的指导，落实专门机构和人员负责行政审批事项。严格遵守行政审批规范，加强对审批事项中报名审核、考试组织、费用收取、结果发布、证件核发等各环节的全过程管理，严格按照审批时限开展审批工作。

（九）提高审批质量

各级旅游主管部门应提高工作质量，积极创造条件为申请人提供高效便捷的服务。省级旅游主管部门应同时完善审批信息发布与统计制度。

（十）加强监督检查

各级旅游主管部门要加强对考试工作的事中事后监管，维护考试的公平、公正和权威性。对在考试实施过程中出现的违纪、违规事件，国家旅游局将严肃查处，按有关规定予以处罚。

（十一）国家旅游局制定了《全国导游人员资格考试管理办法（试行）》，请遵照执行。对在实施和工作调整过程中出现的重大问题和有关情况要及时报告国家旅游局。

（十二）请省级旅游主管部门尽快完善科目四、五的大纲内容，并将有关材料电子版于2015年9月15日前报送我局，并于2016年1月31日前向我局提交科目四、五的题库。

附件 全国导游人员资格考试管理办法（试行）

附件

全国导游人员资格考试管理办法（试行）

第一章 总 则

第一条 为提高导游队伍素质，规范国家统一导游资格考试制度，根据《旅游法》、《导游人员管理条例》和《导游人员管理实施办法》制定本办法。

第二条 国家实行统一的导游人员资格考试制度。经考试合格者，方可取得导游人员资格证书。导游人员取得导游人员资格证书，与旅行社订立劳动合同或者在相关旅游行业组织注册的，可以申请取得《中华人民共和国导游员证》从事导游工作。

第三条 国家旅游局对全国导游人员资格考试实行统一管理。省级旅游主管部门具体负责本辖区内的导游资格考试具体工作。

第二章 报名组织

第四条 全国导游人员资格考试的报名条件和报名事项在国家旅游局官网及有关文件中公布。省级旅游主管部门根据国家旅游局公告和有关文件，确定并公布本地具体报名时间、地点、方式及有关事项。

第五条 考试采取网上报名方式，报名人员在省级旅游主管部门指定的报名地点办理现场确认手续后方可参加考试。

第六条 省级旅游主管部门在办理报名确认手续时，应当按照规定条件和程序对报名材料进行审查。对于报名材料及填报内容不齐全的，省级旅游主管部门应当告知报名人员补齐后另行办理报名手续；对于不符合报名条件的，省级旅游主管部门应当向当事人说明不予办理报名手续的原因和情况；对于报名人员提供虚假材料或以其他手段骗取报名的，省级旅游主管部门可以根据具体情况确认报名无效。

第七条 省级旅游主管部门应当自报名工作结束之日起 10 日内，将本地区报名情况上报国家旅游局。

第三章 考区考点和考场设置

第八条 全国导游人员资格考试考区是指由省级旅游主管部门按照当年参加考试的人员所在区域划分的考试管理责任区。省级旅游主管部门根据本地区当年应考人数及分布情况设置若干考区。考区设置应当相对集中。考区下设置若干考点。

第九条 省级旅游主管部门应当在报名结束后的 30 日内将本地区考区、考点、考场的设置、考场的标准人数、应试人员准考证编号等情况上报国家旅游局。

第十条 考区设置应当具备以下条件：

（一）交通便利，有标准考场和监考人员；

（二）具备计算机设备与网络条件；

（三）具备必要的通讯和自动化办公设备。

第十一条 各考区应当制定考试实施方案和处理突发事件的应急工作预案。

第十二条 一个考区根据需要可以设置一个或一个以上考点。考点设置，应当遵循便于管理、集中少设的原则。

第十三条 考点设立监考办公室及保卫、医务、后勤等小组。考点根据应试人员人数设置考场，并设置备用考场。

第十四条 考场设置，应当方便应试人员答卷，方便监考人员工作，有利于维持考试秩序。

考场设置的具体要求为：

（一）安全、安静、通风，采光、照明条件好；

（二）每个考场机房配备服务器 1 台，服务器与考生计算机组成局域网；

（三）每个考场最多配置 120 台考生计算机，每场考试根据考场配备的计算机安排考生考试，每个考场需配 10% 的备用计算机；

（四）考生之间的座位应保持一定的距离，平行座位至少间隔 1.5 米，前后之间至少间隔 1 米；

（五）每个考场必须设有监控设备。

第四章 试卷管理

第十五条 国家旅游局建设计算机网上考试系统，并负责制题、组卷、试卷加密、试卷上传、试卷评判和试卷销毁等考试管理工作。

第十六条 各级旅游主管部门应当主动与保密部门联系、协调，对考试实施和试卷管理中的保密工作进行监管。

第五章 考试实施

第十七条 省级旅游主管部门应当在考前逐项检查落实如下事项：

（一）妥善安排监考办公室，组成考务、保卫、医疗、后勤等临时小组；

（二）在考点设置明显标志；

（三）在考点的醒目位置张贴考场分布示意图、考试有关规定和考试时间表等材料；

（四）考场周围5米处划有警戒线并安排警戒人员；

（五）每个考场门外张贴有该考场序号和准考证号起止号；

（六）座位号及对应的准考证号统一布置；

（七）各考场内已清理完毕并门上贴有封条；

（八）其他工作。

第十八条 导游资格考试考点设总监考人1名，副总监考人若干名，流动监考员若干名。

总监考人职责为：

（一）负责组织考务管理人员检查考场准备情况；

（二）负责本考点的监考工作；

（三）依照规定权限处理考试过程中发生的情况和违纪行为；

（四）负责考试的保密、安全工作；

（五）向上级导游资格考试机构提交监考工作报告。

副总监考人负责协助总监考人管理本考点的考务工作。

流动监考员的职责为：

（一）负责考场外秩序及联络事宜，配合各考场监考人员处理各种突发情况；

（二）检查、监督考场监考人员的工作；

（三）配合监考人员处理应试人员的违纪行为；

（四）替换场内监考人员；

（五）总监考人交办的其他任务。

第十九条 省级旅游主管部门应当在考试期间派员到考区、考点、考场进行督考。

督考人员职责为：

（一）检查考场布置情况，发现问题及时纠正；

（二）检查考区、考点、考场计算机考试系统情况，检查监考人员职责履行情况；

（三）发现考试中的违纪、舞弊等现象，应当及时纠正，并督促依照有关规定处理；

（四）检查总监考人及其他监考人员履行职责的行为；

（五）提交督考报告。

第二十条 参加全国导游人员资格考试的应试人员应当遵守以下规则：

（一）应试人员应当凭准考证和有效身份证件进入指定的考场。应试人员进入考场后，应当对号入座，并将准考证和身份证件放在桌面左上角。

（二）应试人员不准携包、书籍、资料、笔记本、自备草稿纸、电子工具、手机、计算器、食物、饮料等物品进入考场。已携带入场的应按照要求存放在指定位置。

（三）考试开始15分钟后未能在考试机上登录并确认的，视为缺考。考试开始60分钟后，应试人员可以交卷出场，早于60分钟离场的，视为缺考。

（四）应试人员不得在考场内喧哗、走动或者有其他影响他人的行为；不得在考场内以交头接耳、左顾右盼、互打手势等方式传递信息；不得窥视、抄袭他人试卷、答卷或者同意他人抄袭；不得在规定时间以外答题；不得有其他违反考试纪律的行为。

（五）考生遇到问题应举手示意，得到监考人员允许后方可询问，考生交卷后应立即离开考场，不得在考场附近逗留、喧哗。考生因病不能坚持考试的，应报告监考人员。

（六）参加考试的考生对考试试题内容有保密的义务。考试的试题内容，均属于国家旅游局所有，未经授权，任何人不得以任何方式或理由将试题内容进行抄录、复制、传播。

第二十一条 参加考试人员有以下情形之一，经监考老师提醒后不改正的，该科考试成绩按零分处理，并在一年内不得报名参加资格考试：

（一）在考试期间旁窥、交头接耳或者互打手势的；

（二）在考场或者其他禁止的范围内，喧哗、吸烟或者实施其他影响考场秩序的行为的；

（三）未按规定携带手机、信号接听器等电子通讯、存储、摄录设备的；

（四）将草稿纸等考试用纸带离考场的；

（五）未经考场工作人员同意在考试中擅自离开考场的；

（六）帮助他人作答，纵容他人抄袭的；

（七）抄袭与考试内容相关材料的；

（八）其他一般违纪违规行为。

第二十二条 参加考试人员有以下情形之一的，该科考试成绩按零分处理，并在两年内不得报名参加资格考试，导游从业人员存在以下违纪违规行为的，国家旅游局将相关信息记入导游从业人员信息管理系统；并可注销该从业人员的资格证书，三年内不受理其报名申请。

（一）教唆或组织团伙作弊的；

（二）由他人冒名代替参加考试或者冒名代替他人参加考试的；

（三）使用摄录设备获取考试内容的；

（四）使用手机、手表等电子通讯、储存设备接听、接收、查看考试信息的；

（五）使用或提供伪造、涂改身份证件的；

（六）蓄意报复考试工作人员的；
（七）恶意操作导致考试无法正常运行的；
（八）其他严重违纪违规行为。

第二十三条 考试工作人员有下列行为之一的，旅游主管部门应当停止其继续参加考试工作，同时给予相应处分或者建议其所在单位给予相应处理；涉嫌犯罪的，移交司法机关处理：

（一）对不符合报名条件的人员准予报名、发放准考证的；
（二）纵容、包庇报名人员、应试人员违纪的；
（三）考试期间擅自将试题、答卷（答题卡）带出或者传出考场的；
（四）擅自变动每场考试开始或者结束时间的；
（五）未经批准擅自交换负责监考考场的；
（六）采用明示或者暗示的方式协助应试人员答卷的；
（七）指使、组织考试作弊或者参与有组织作弊的；
（八）在考试开始前泄露试题内容的；
（九）私自变更考生成绩的；
（十）未经批准向社会发布有关考试信息的；
（十一）利用考试工作便利索贿、受贿或者谋取其他不正当利益的；
（十二）有其他严重违纪行为的。

第六章 评卷与成绩管理

第二十四条 全国导游人员资格考试评卷工作由考试系统自动完成。

第二十五条 考试结果经国家旅游局审查后公布。

第二十六条 考试结果公布后应试人员如对结果有异议，可以在规定的期限内向省级旅游主管部门提出核查申请。

第二十七条 省级旅游主管部门应当于考试结果公布之日起 5 个工作日内接受应试人员的结果核查申请，并将核查情况汇总后上报国家旅游局。国家旅游局不直接受理个人的结果核查申请。

核查申请超过规定期限的，不予受理。

第二十八条 核查后结果为最终成绩，不进行再次核查。

第七章 收 费

第二十九条 旅游主管部门按规定向考生收取考试费。

第三十条 省级旅游主管部门应当按规定标准在报名结束后上缴考试费用。

第三十一条 各地收取的考试费用，应由省级旅游主管部门按照规定的支出标准用于全国导游人员资格考试的组织实施工作，不得挪用或截留。

第八章 附 则

第三十二条 在国家旅游局未正式公布试卷和答案前，任何组织和个人不得翻印出版或在新闻媒体上公布全国导游人员资格考试试题、试卷、答案和评分标准。未经上级旅游主管部门同意,任何组织和个人不得擅自向社会发布考试信息中的报名、考区、考点、考场设置、考试成绩、合格人员等信息。

第三十三条 本办法由国家旅游局解释。

第三十四条 本办法自发布之日起施行。

人事部、国家测绘局关于印发《注册测绘师制度暂行规定》、《注册测绘师资格考试实施办法》和《注册测绘师资格考核认定办法》的通知

(国人部发〔2007〕14号 2007年1月24日)

各省、自治区、直辖市人事厅(局)、测绘行政主管部门,国务院各部委、各直属机构人事部门,中央管理的企业:

为了加强测绘行业管理,提高测绘专业人员素质,规范测绘行为,保证测绘成果质量,人事部、国家测绘局依据《中华人民共和国测绘法》要求,决定在测绘行业建立注册测绘师制度。现将《注册测绘师制度暂行规定》、《注册测绘师资格考试实施办法》和《注册测绘师资格考核认定办法》印发给你们,请遵照执行。

附件:1. 注册测绘师资格考核认定工作领导小组成员名单(略)
2. 中华人民共和国注册测绘师资格考核认定申报表(略)

注册测绘师制度暂行规定

第一章 总 则

第一条 为了提高测绘专业技术人员素质,保证测绘成果质量,维护国家和公众利益,依据《中华人民共和国测绘法》和国家职业资格证书制度有关规定,制定本规定。

第二条 本规定适用于在具有测绘资质的机构中,从事测绘活动的专业技术人员。

第三条 国家对从事测绘活动的专业技术人员,实行职业准入制度,纳入全国专业技术人员职业资格证书制度统一规划。

第四条 本规定所称注册测绘师,是指经考试取得《中华人民共和国注册测绘师资格证书》,并依法注册后,从事测绘活动的专业技术人员。

注册测绘师英文译为:Registered Surveyor。

第五条 人事部、国家测绘局共同负责注册测绘师制度工作,并按职责分工对该制

度的实施进行指导、监督和检查。

各省、自治区、直辖市人事行政部门、测绘行政主管部门按职责分工，负责本行政区域内注册测绘师制度的实施与监督管理。

第二章 考 试

第六条 注册测绘师资格实行全国统一大纲、统一命题的考试制度，原则上每年举行一次。

第七条 国家测绘局负责拟定考试科目、考试大纲、考试试题，研究建立并管理考试题库，提出考试合格标准建议。

第八条 人事部组织专家审定考试科目、考试大纲和考试试题，会同国家测绘局确定考试合格标准和对考试工作进行指导、监督、检查。

第九条 凡中华人民共和国公民，遵守国家法律、法规，恪守职业道德，并具备下列条件之一的，可申请参加注册测绘师资格考试：

（一）取得测绘类专业大学专科学历，从事测绘业务工作满6年。

（二）取得测绘类专业大学本科学历，从事测绘业务工作满4年。

（三）取得含测绘类专业在内的双学士学位或者测绘类专业研究生班毕业，从事测绘业务工作满3年。

（四）取得测绘类专业硕士学位，从事测绘业务工作满2年。

（五）取得测绘类专业博士学位，从事测绘业务工作满1年。

（六）取得其他理学类或者工学类专业学历或者学位的人员，其从事测绘业务工作年限相应增加2年。

第十条 注册测绘师资格考试合格，颁发人事部统一印制，人事部、国家测绘局共同用印的《中华人民共和国注册测绘师资格证书》，该证书在全国范围有效。

第十一条 对以不正当手段取得《中华人民共和国注册测绘师资格证书》的，由发证机关收回。自收回该证书之日起，当事人3年内不得再次参加注册测绘师资格考试。

第三章 注 册

第十二条 国家对注册测绘师资格实行注册执业管理，取得《中华人民共和国注册测绘师资格证书》的人员，经过注册后方可以注册测绘师的名义执业。

第十三条 国家测绘局为注册测绘师资格的注册审批机构。各省、自治区、直辖市人民政府测绘行政主管部门负责注册测绘师资格的注册审查工作。

第十四条 申请注册测绘师资格注册的人员，应受聘于一个具有测绘资质的单位，并通过聘用单位所在地（聘用单位属企业的通过本单位工商注册所在地）的测绘行政主管部门，向省、自治区、直辖市人民政府测绘行政主管部门提出注册申请。

第十五条 省、自治区、直辖市人民政府测绘行政主管部门在收到注册测绘师资格注册的申请材料后，对申请材料不齐全或者不符合法定形式的，应当当场或者在5个工作日内，一次告知申请人需要补正的全部内容，逾期不告知的，自收到申请材料之日起即为受理。

对受理或者不予受理的注册申请，均应出具加盖省、自治区、直辖市人民政府测绘行政主管部门专用印章和注明日期的书面凭证。

第十六条 省、自治区、直辖市人民政府测绘行政主管部门自受理注册申请之日起20个工作日内,按规定条件和程序完成申报材料的审查工作,并将申报材料和审查意见报国家测绘局审批。

国家测绘局自受理申报人员材料之日起20个工作日内作出审批决定。在规定的期限内不能作出审批决定的,应将延长的期限和理由告知申请人。

国家测绘局自作出批准决定之日起10个工作日内,将批准决定送达经批准注册的申请人,并核发统一制作的《中华人民共和国注册测绘师注册证》和执业印章。对作出不予批准的决定,应当书面说明理由,并告知申请人享有依法申请行政复议或者提起行政诉讼的权利。

第十七条 《中华人民共和国注册测绘师注册证》每一注册有效期为3年。《中华人民共和国注册测绘师注册证》和执业印章在有效期限内是注册测绘师的执业凭证,由注册测绘师本人保管、使用。

第十八条 初始注册者,可自取得《中华人民共和国注册测绘师资格证书》之日起1年内提出注册申请。逾期未申请者,在申请初始注册时,须符合本规定继续教育要求。

初始注册需要提交下列材料:

(一)《中华人民共和国注册测绘师初始注册申请表》;

(二)《中华人民共和国注册测绘师资格证书》;

(三)与聘用单位签订的劳动或者聘用合同;

(四)逾期申请注册的人员的继续教育证明材料。

第十九条 注册有效期届满需继续执业的,应在届满前30个工作日内,按照本规定第十四条规定的程序申请延续注册。审批机构应当根据申请人的申请,在规定的时限内作出是否准予延续注册的决定;逾期未作出决定的,视为准予延续。

延续注册需要提交下列材料:

(一)《中华人民共和国注册测绘师延续注册申请表》;

(二)与聘用单位签订的劳动或者聘用合同;

(三)达到注册期内继续教育要求的证明材料。

第二十条 在注册有效期内,注册测绘师变更执业单位,应与原聘用单位解除劳动关系,并按本规定第十四条规定的程序办理变更注册手续。变更注册后,其《中华人民共和国注册测绘师注册证》和执业印章在原注册有效期内继续有效。

变更注册需要提交下列材料:

(一)《中华人民共和国注册测绘师变更注册申请表》;

(二)与新聘用单位签订的劳动或者聘用合同;

(三)工作调动证明或者与原聘用单位解除劳动或者聘用合同的证明、退休人员的退休证明。

第二十一条 注册测绘师因丧失行为能力、死亡或者被宣告失踪的,其《中华人民共和国注册测绘师注册证》和执业印章失效。

第二十二条 注册申请人有下列情形之一的,应由注册测绘师本人或者聘用单位及时向当地省、自治区、直辖市人民政府测绘行政主管部门提出申请,由国家测绘局审核批准后,办理注销手续,收回《中华人民共和国注册测绘师注册证》和执业印章:

(一)不具有完全民事行为能力的;
(二)申请注销注册的;
(三)注册有效期满且未延续注册的;
(四)被依法撤销注册的;
(五)受到刑事处罚的;
(六)与聘用单位解除劳动或者聘用关系的;
(七)聘用单位被依法取消测绘资质证书的;
(八)聘用单位被吊销营业执照的;
(九)因本人过失造成利害关系人重大经济损失的;
(十)应当注销注册的其他情形。

第二十三条 注册申请人有下列情形之一的,不予注册:
(一)不具有完全民事行为能力的;
(二)刑事处罚尚未执行完毕的;
(三)因在测绘活动中受到刑事处罚,自刑事处罚执行完毕之日起至申请注册之日止不满3年的;
(四)法律、法规规定不予注册的其他情形。

第二十四条 注册申请人以不正当手段取得注册的,应当予以撤销,并由国家测绘局依法给予行政处罚;当事人在3年内不得再次申请注册;构成犯罪的,依法追究刑事责任。

第二十五条 被注销注册或者不予注册的人员,重新具备初始注册条件,并符合本规定继续教育要求的,可按本规定第十四条规定的程序申请注册。

第二十六条 国家测绘局应及时向社会公告注册测绘师注册有关情况。当事人对注销注册或者不予注册有异议的,可依法申请行政复议或者提起行政诉讼。

第二十七条 继续教育是注册测绘师延续注册、重新申请注册和逾期初始注册的必备条件。在每个注册期内,注册测绘师应按规定完成本专业的继续教育。

注册测绘师继续教育,分必修课和选修课,在一个注册期内必修课和选修课均为60学时。

第四章 执 业

第二十八条 注册测绘师应在一个具有测绘资质的单位,开展与该单位测绘资质等级和业务许可范围相应的测绘执业活动。

第二十九条 注册测绘师的执业范围:
(一)测绘项目技术设计;
(二)测绘项目技术咨询和技术评估;
(三)测绘项目技术管理、指导与监督;

（四）测绘成果质量检验、审查、鉴定；
（五）国务院有关部门规定的其他测绘业务。

第三十条 注册测绘师的执业能力：
（一）熟悉并掌握国家测绘及相关法律、法规和规章；
（二）了解国际、国内测绘技术发展状况，具有较丰富的专业知识和技术工作经验，能够处理较复杂的技术问题；
（三）熟练运用测绘相关标准、规范、技术手段，完成测绘项目技术设计、咨询、评估及测绘成果质量检验管理；
（四）具有组织实施测绘项目的能力。

第三十一条 在测绘活动中形成的技术设计和测绘成果质量文件，必须由注册测绘师签字并加盖执业印章后方可生效。

第三十二条 修改经注册测绘师签字盖章的测绘文件，应由该注册测绘师本人进行；因特殊情况，该注册测绘师不能进行修改的，应由其他注册测绘师修改，并签字、加盖印章，同时对修改部分承担责任。

第三十三条 注册测绘师从事执业活动，由其所在单位接受委托并统一收费。因测绘成果质量问题造成的经济损失，接受委托的单位应承担赔偿责任。接受委托的单位依法向承担测绘业务的注册测绘师追偿。

第五章 权利、义务

第三十四条 注册测绘师享有下列权利：
（一）使用注册测绘师称谓；
（二）保管和使用本人的《中华人民共和国注册测绘师注册证》和执业印章；
（三）在规定的范围内从事测绘执业活动；
（四）接受继续教育；
（五）对违反法律、法规和有关技术规范的行为提出劝告，并向上级测绘行政主管部门报告；
（六）获得与执业责任相应的劳动报酬；
（七）对侵犯本人执业权利的行为进行申诉。

第三十五条 注册测绘师应履行下列义务：
（一）遵守法律、行政法规和有关管理规定，恪守职业道德；
（二）执行测绘技术标准和规范；
（三）履行岗位职责，保证执业活动成果质量，并承担相应责任；
（四）保守知悉的国家秘密和委托单位的商业、技术秘密；
（五）只受聘于一个有测绘资质的单位执业；
（六）不准他人以本人名义执业；
（七）更新专业知识，提高专业技术水平；
（八）完成注册管理机构交办的相关工作。

第六章 附 则

第三十六条 对本规定印发之日前,长期从事测绘专业工作,并符合考核认定条件的专业技术人员,可通过考核认定,获得《中华人民共和国注册测绘师资格证书》。

第三十七条 通过考试取得《中华人民共和国注册测绘师资格证书》,并符合《工程技术人员职务试行条例》工程师专业技术职务任职条件的人员,用人单位可根据工作需要优先聘任工程师专业技术职务。

第三十八条 需注册测绘师签字盖章的文件种类和办法、继续教育的内容、测绘单位配备注册测绘师数量、注册执业管理等工作的具体办法,由国家测绘局另行规定。

第三十九条 符合考试报名条件的香港和澳门居民,可申请参加注册测绘师资格考试。申请人在报名时应提交本人身份证明、国务院教育行政部门认可的相应专业学历或者学位证书、从事测绘相关专业实践年限证明。台湾地区专业技术人员考试办法另行规定。

外籍专业人员申请参加注册测绘师资格考试、申请注册和执业等管理办法另行制定。

第四十条 在实施注册测绘师制度过程中,相关行政部门和相关机构,因工作失误,使专业技术人员合法权益受到损害的,应当依据《中华人民共和国国家赔偿法》给予相应赔偿,并可向有关责任人追偿。

第四十一条 实施注册测绘师制度的相关行政部门和相关机构的工作人员,有不履行工作职责,监督不力,或者谋取其他利益等违纪违规行为,并造成不良影响或者严重后果的,由其上级相关行政部门责令改正,对直接负责的主管人员和其他直接责任人员依法给予行政处分;构成犯罪的,依法追究刑事责任。

第四十二条 本规定自 2007 年 3 月 1 日起施行。

注册测绘师资格考试实施办法

第一条 人事部、国家测绘局共同成立注册测绘师资格考试办公室(以下简称考试办公室,设在国家测绘局),负责考试相关政策研究及考试管理工作。具体考务工作委托人事部人事考试中心负责。

各省、自治区、直辖市人事行政部门和测绘行政主管部门共同负责本地区考试工作,并协商确定具体工作的职责分工。

第二条 国家测绘局成立注册测绘师资格考试专家委员会,负责注册测绘师资格考试大纲的编写和命题工作,研究建立考试试题库。

第三条 注册测绘师资格考试设《测绘综合能力》、《测绘管理与法律法规》、《测绘案例分析》3 个科目。

考试分 3 个半天进行。《测绘综合能力》、《测绘管理与法律法规》2 个科目的考试时间均为 2.5 小时,《测绘案例分析》科目的考试时间为 3 小时。

第四条 参加注册测绘师资格全部（3个）科目考试的人员，必须在一个考试年度内参加全部（3个）科目的考试并合格，方可获得注册测绘师资格证书。

第五条 对符合注册测绘师资格考试报名条件，并于 2005 年 12 月 31 日前评聘为高级工程师专业技术职务的人员，可免试《测绘综合能力》科目，只参加《测绘管理与法律法规》、《测绘案例分析》2 个科目的考试。在一个考试年度内，参加前述 2 个科目考试并合格的人员，方可获得注册测绘师资格证书。

第六条 参加考试由本人提出申请，携带所在单位证明及相关材料，到当地考试管理机构报名。考试管理机构按规定程序和报名条件审核合格后，发给准考证。参加考试人员在准考证指定的时间、地点参加考试。

国务院各部门所属单位和中央管理企业的专业技术人员按属地原则报名参加考试。

第七条 注册测绘师资格考试考点原则上设在直辖市和省会城市的大、中专院校或者高考定点学校，如确需在其他城市设置，须经人事部和国家测绘局批准。考试日期为每年第三季度。

第八条 坚持考试与培训分开的原则。凡参与考试工作（包括试题命制与组织管理等）的人员，不得参加考试和参与或者举办与考试内容有关的培训工作。应考人员参加相关培训按照自愿的原则。

第九条 注册测绘师资格考试及有关项目的收费标准，须经当地价格行政部门核准，并向社会公布，接受公众监督。

第十条 考试考务工作应严格执行考试工作的有关规章制度，切实做好试卷命制、印刷、发送过程中的保密工作，遵守保密制度，严防泄密。

第十一条 考试工作人员要严格遵守考试工作纪律，认真执行考试回避制度。对违反考试纪律和有关规定的，按照《专业技术人员资格考试违纪违规行为处理规定》处理。

注册测绘师资格考核认定办法

一、考核认定申报条件

长期在测绘岗位从事测绘专业工作，业绩突出，遵守中华人民共和国宪法和各项法律、法规，恪守职业道德，身体健康，并符合下列条件（一）或者条件（二）的在职在编人员。

（一）中国科学院院士或者中国工程院院士。

（二）评聘为高级工程师专业技术职务，年龄在 70 周岁（含）以下，并同时具备下列条件 1、2、3 中各一项条件的人员。

1. 学历和职业年限：

（1）1980 年 12 月 31 日前取得测绘类专业中专学历，累计从事测绘业务工作满 20 年。

（2）1985 年 12 月 31 日前取得测绘类专业大学专科学历，累计从事测绘业务工作满

15 年。

（3）1990 年 12 月 31 日前取得测绘类专业大学本科及以上学历或者学位，累计从事测绘专业工作满 10 年。

（4）在上述规定的日期前取得其他理学类或者工学类专业学历或者学位的人员，其从事测绘业务工作年限相应增加 5 年。

2. 专业水平与业绩成果：

（1）在有甲级测绘资质的单位中，担任正、副总工程师职务（负责测绘专业技术工作）满 5 年。

（2）在有测绘资质的单位中，担任测绘项目主要技术负责人，完成 1 项国家级重大项目（测绘业务），或者国家级测绘重点科研项目。

（3）在有测绘资质的单位中，担任测绘项目主要技术负责人，完成 2 项省（部）级重大测绘生产项目，或者省（部）级重点测绘科研项目。

（4）获得与测绘专业相关的国家级科技进步奖（科技成果奖）的主要技术负责人（前 5 名）。

（5）获得测绘专业省（部）级科技进步（科技成果）一等奖项的主要技术负责人（前 5 名）；或者获得部级优秀测绘工程金奖、优秀地图作品奖的主要技术负责人（前 3 名）。

（6）获得 2 项测绘专业省（部）级科技进步（科技成果）二等以上奖项的主要技术负责人（前 3 名）；或者获得 2 项部级优秀测绘工程银奖的主要技术负责人（前 3 名）。

（7）获得 3 项测绘专业省（部）级科技进步（科技成果）三等以上奖项的主要技术负责人（前 3 名）。

3. 学术水平：

（1）在有国内统一刊号（CN）的期刊或者在有国际统一书号（ISSN）的国外期刊上，作为第一作者发表过测绘专业论文不少于 3 篇（每篇不少于 2 000 字）。

（2）在正式出版社出版过统一书号（ISBN）的测绘专业著作，本人独立撰写的章节不少于 3 万字。

（3）受聘担任注册测绘师资格考试专家委员会成员，并参加编写考试大纲或者承担首次考试试题设计任务的专家。

二、考核认定组织

人事部、国家测绘局共同成立"注册测绘师资格考核认定工作领导小组"（以下简称领导小组，名单见附件1），负责全国注册测绘师资格考核认定工作。领导小组办公室设在国家测绘局。

三、考核认定申报材料

（一）各省、自治区、直辖市或者国务院有关部门、中央管理企业、军队人事部门推荐意见函。

（二）《中华人民共和国注册测绘师资格考核认定申报表》一式两份（见附件2）。

（三）中国科学院院士或者中国工程院院士证书复印件。其他人员应提供以下证明材料的复印件：学历或者学位证书、高级工程师专业技术职务聘书、获奖证书、生产项目和研究项目成果证书、单位测绘资质证书、获奖项目的主要文件和签署证明、主要技术负责人的任命文件（或者聘书）。

（四）获奖者应附有效证明，即奖状、个人证书或者正式公布的获奖人名单。对奖项未颁发个人证书或者未正式公布获奖人员名单的，应提供符合国家规定人数的单位申报奖项的人员名单、获奖项目主要文件的复印件，经单位负责人签字并加盖公章。

（五）所在单位出具的职业道德证明、省级测绘行政主管部门认可的测绘业务业绩证明。

四、考核认定程序

（一）符合考核认定条件的测绘专业技术人员，可向所在单位提出申请，经单位审核同意后，由所在单位向单位所在地（聘用单位属企业的向本单位工商注册所在地）的省、自治区、直辖市测绘行政主管部门推荐。

国务院有关部门所属单位和中央管理企业的人员，由本部门、本企业负责测绘业务工作管理机构统一向国家测绘局推荐。

（二）各省、自治区、直辖市测绘行政主管部门，国务院有关部门和中央管理企业负责测绘业务工作的机构，对本地区、本部门、本企业申报人员的材料进行审查，提出审查意见，并经本地区、本部门、本企业人事部门复审后，提出推荐名单送领导小组办公室审核。

军队测绘专业人员的申报，由总政干部部门按照本办法规定的程序和要求，提出推荐名单送领导小组办公室。

（三）领导小组办公室组织有关专家对推荐人员的材料进行审核，并将审核结果和拟认定人员材料，报领导小组复核。

（四）领导小组召开会议，对领导小组办公室的审核结果和申报人员材料进行复核。对复核合格的人员，由领导小组办公室进行公示。经公示无异议，由人事部、国家测绘局批准后，向社会公布获得《中华人民共和国注册测绘师资格证书》人员的名单。

对未通过考核认定的申请人，由领导小组办公室向其说明不通过的理由。

五、申报时间及要求

（一）各省、自治区、直辖市测绘行政主管部门和人事行政部门，国务院有关部门、中央管理企业负责测绘业务的机构和人事部门，应当对推荐人员材料进行认真审查和复审。于2007年8月1日前完成审查和复审工作，签署审查和复审意见，并在《中华人民共和国注册测绘师资格考核认定申报表》相应栏目中加盖印章后，将全部申报人员的材料送领导小组办公室。

（二）国家对考核认定人员数额实行总量控制。考核认定工作须在国家统一考试前完成，实施资格考试后不再进行。

（三）各省、自治区、直辖市和国务院有关部门、中央管理的企业及军队，应推荐具备申报条件、能力业绩突出、业内认可且仍在岗从事测绘业务工作的专业技术人员。

（四）各省、自治区、直辖市和国务院有关部门、中央管理的企业及军队，在审查、复审申报人员材料时，均须核查各类证书、相关证明及有关材料的原件。向领导小组办公室报送的各类证书等相关材料的复印件,应由所在单位测绘业务机构和人事部门负责人,对其真实性签署意见并加盖单位印章。

(五)已通过特许或者考核认定的方式取得其他专业职业(执业)资格证书、现在公务员岗位工作、正在申报其他专业职业(执业)资格考核认定和已办理离、退休手续的人员,均不在申报范围。凡因测绘业务工作中违法违纪或者发生重大失误,受到刑事处罚或者行政处罚的人员,一律不得申报。

(六)各省、自治区、直辖市和国务院有关部门、中央管理的企业及军队,要切实加强领导,坚持标准,严格要求,认真按程序做好申报、审查、复审等各环节工作。凡不认真把关或者弄虚作假的,一经发现,停止该地区或者部门、单位的申报权和取消个人申报的资格,并依据相应法律和有关规定,对直接负责的主管人员和其他直接责任人员进行处理。

中国民用航空总局关于民用航空客舱乘务员资格管理若干问题的通知

(民航飞发〔2004〕82号 2004年5月25日)

各地区管理局、运输航空公司:

目前对于客舱乘务员资格管理,各地区管理局采取颁发执照或上岗证的方法,做法不尽一致。根据《中华人民共和国行政许可法》的规定,参考国际上对客舱乘务员管理的普遍做法,经研究决定,对客舱乘务员的资格管理不再作为行政审批项目。管理方法改变为:由政府按公共航空运输运行规章规定,作为公共航空运输承运人运行合格审定的一部分,批准公共航空运输承运人的客舱乘务员训练大纲,对其客舱乘务员训练的组织实施和训练质量进行监督;公共航空运输承运人按局方批准的训练大纲组织客舱乘务员训练,包括质量检查和考试,对合格的客舱乘务员由其颁发《中国民用航空器客舱乘务员训练合格证》(以下简称训练合格证),并作训练记录。为了规范客舱乘务员的资格管理,保证飞行安全,现将有关问题通知如下:

一、公共航空运输承运人(以下简称承运人)应当设立客舱乘务员资格管理机构,负责制定、修订训练大纲和有关训练管理制度,组织实施训练,检查训练质量,保持训练记录,并负责客舱乘务员训练合格证的颁发、暂停与吊销工作。有关管理机构和管理制度以及颁发、暂停、吊销客舱乘务员训练合格证的人员名单应当报所在地区管理局备案。

二、承运人客舱乘务员训练大纲的制定与实施应当符合CCAR-121部N分部的规定。如果在训练大纲中使用了非所属的训练机构进行全部或部分科目的训练,承运人必须保证该训练机构提供的每一训练科目的所有训练、考试和检查是依据承运人经批准的训练大纲进行的。同时，承运人还需建立一套程序或方法，以尽早发现训练机构针对承运人训练大纲提供的训练所存在的缺陷和及时纠正的方法。

三、承运人主运营基地所在地的地区管理局负责该承运人客舱乘务员训练大纲的批准，对其训练实施和资格管理进行监督。如果该承运人有些运行基地（分、子公司）位于其他地区管理局管辖范围，应当按照联合审定、属地监管的原则进行管理。对训练大纲的批准和实施的监督应当严格按照规章的规定进行，以确保训练符合规章要求。

四、本文件下发后，各航空承运人应当按本文件要求建立、完善管理机构和管理制度，修订训练大纲，并制定客舱乘务员资格管理方法变换的过渡期计划。训练大纲和过渡期计划应当报所在地区管理局批准后实施。对现有符合规章有关训练要求的客舱乘务员，可以按照其现有证照期满日期的顺序，安排更换客舱乘务员训练合格证。过渡期计划中应当包含一份准备更换训练合格证的人员清单，包括人员姓名、训练和复训合格情况、计划更换训练合格证日期等内容。

五、客舱乘务员训练合格证采用统一的格式（附后），由航空承运人自行印制。

六、除按 CCAR-67 部颁发的客舱乘务员体检合格证外，民航总局和地区管理局不再向客舱乘务员颁发任何资格证件和证书。

附录：中国民用航空客舱乘务员训练合格证标准样式（略）

驾驶员实践考试标准

（AC-61-FS-2015-010R4　中国民用航空局飞行标准司
2015年10月22日发布）

1　目的

根据《民用航空器驾驶员和地面教员合格审定规则》（CCAR-61R4）相关要求，为了规范驾驶员执照及等级申请人实践考试标准及实践考试工作单，特下发本咨询通告。

2　适用范围

本咨询通告适用于所有按照 CCAR-61 部颁发航空器驾驶员执照或等级的申请人及实施实践考试的飞行考试员。

3　实践考试标准

3.1　自本通告下发之日起原实践考试标准同时作废。实践考试标准编号和名称如下：

DOCNO. FS – PTS – 001AR1	私用驾驶员执照实践考试标准（飞机）
DOCNO. FS – PTS – 001H	私用驾驶员执照实践考试标准（直升机）
DOCNO. FS – PTS – 002AR1	商用驾驶员执照实践考试标准（飞机）
DOCNO. FS – PTS – 002H	商用驾驶员执照实践考试标准（直升机）
DOCNO. FS – PTS – 003	仪表等级实践考试标准（飞机、直升机）
DOCNO. FS – PTS – 004AR1	航线运输驾驶员执照实践考试标准（飞机）
DOCNO. FS – PTS – 004H	航线运输驾驶员执照实践考试标准（直升机）
DOCNO. FS – PTS – 005A	基础教员等级实践考试标准（飞机）
DOCNO. FS – PTS – 005H	基础教员等级实践考试标准（直升机）
DOCNO. FS – PTS – 006	仪表教员等级实践考试标准（飞机/直升机）
DOCNO. FS – PTS – 007A	型别教员等级实践考试标准（飞机）
DOCNO. FS – PTS – 007H	型别教员等级实践考试标准（直升机）
DOCNO. FS – PTS – 008P	运动驾驶员执照/运动教员等级实践考试标准（初级飞机）
DOCNO. FS – PTS – 008Y	运动驾驶员执照/运动教员等级实践考试标准（自转旋翼机）
DOCNO. FS – PTS – 008G	运动驾驶员执照实践考试标准（滑翔机）
DOCNO. FS – PTS – 008B	运动驾驶员执照/运动教员等级实践考试标准（自由气球）
DOCNO. FS – PTS – 008S	运动驾驶员执照/运动教员等级实践考试标准（小型飞艇）
DOCNO. FS – PTS – 009G	运动教员等级实践考试标准（滑翔机）

3.2 配套的实践考试和熟练检查工作单名称如下：
运动驾驶员执照实践考试工作单（初级飞机）
运动驾驶员执照实践考试工作单（自转旋翼机）
运动驾驶员执照实践考试工作单（滑翔机/动力滑翔机）
运动驾驶员执照实践考试工作单（小型飞艇）
运动驾驶员执照实践考试工作单（自由气球）
私用驾驶员执照实践考试工作单（飞机/单发）
私用驾驶员执照实践考试工作单（飞机/多发）
私用驾驶员执照实践考试工作单（直升机）
商用驾驶员执照实践考试工作单（飞机/单发）
商用驾驶员执照实践考试工作单（飞机/多发）
商用驾驶员执照实践考试工作单（直升机）
航线运输驾驶员执照/型别等级实践考试工作单（飞机）
航线运输驾驶员执照/型别等级（仅限副驾驶）实践考试工作单（飞机）
航线运输驾驶员执照/型别等级实践考试工作单（直升机）

航线运输驾驶员执照/型别等级（仅限副驾驶）实践考试工作单（直升机）
副驾驶资格（仅限91/135部运行需要）检查工作单（飞机）
副驾驶资格（仅限91/135部运行需要）检查工作单（直升机）
仪表等级实践考试工作单
基础教员等级实践考试工作单（飞机/单发）
基础教员等级实践考试工作单（飞机/多发）
基础教员等级实践考试工作单（直升机）
仪表教员等级实践考试工作单
型别教员等级实践考试/更新检查工作单
CCAR121熟练检查工作单
CCAR135熟练检查工作单（飞机/型别等级）
CCAR135熟练检查工作单（飞机/无型别等级/目视飞行规则）
CCAR135熟练检查工作单（直升机）
CCAR135仪表熟练检查工作单（飞机）
CCAR135仪表熟练检查工作单（直升机）
CCAR-91熟练检查工作单
定期检查工作单

3.3 飞艇、倾转旋翼机的实践考试标准和实践考试工作单，将在今后制定，具体内容和编号另行公布。

4 实践考试的实施

飞行考试员应按照《飞行考试员工作手册》（AC-61-11）规定实施实践考试并填写实践考试工作单。

5 文件的获取

飞行标准司在民航局网站上公布本咨询通告中所述的实践考试标准及实践考试工作单，网址是http://pilots.caac.gov.cn。

6 驾驶员实践考试标准修订说明

6.1 根据CCAR-61R4关于执照和等级分类标准，变更部分实践考试标准及实践考试工作编号和名称，新增运动类执照实践考试标准和实践考试工作单。

6.2 根据CCAR-91/135运营人运行特点，新增部分实践考试和熟练检查工作单，提高工作单的适用性。

6.3 多人制机组驾驶员执照实践考试和工作单按照《多人制机组驾驶员执照训练和管理办法》（AC-61-13）相关规定执行。

7 废止和生效

本咨询通告自2015年10月22日起生效，2013年10月23日发布的AC-61-FS-2013-010R3同时废止。

民用航空飞行签派员执照管理规则

(交通运输部令2016年第11号 2016年3月17日)

A章 总 则

第65.1条 目的和依据

为规范中国民用航空飞行签派员执照管理,依据《中华人民共和国民用航空法》和《国务院对确需保留的行政审批项目设定行政许可的决定》制定本规则。

第65.3条 适用范围

本规则适用于民用航空飞行签派员执照和飞行签派员训练机构资格证书的申请、颁发和管理。

本规则所称飞行签派员训练机构是指对飞行签派员执照申请人实施执照课程训练的机构。

第65.9条 管理职责

(a)中国民用航空局(以下简称民航局)对考试合格的飞行签派员执照申请人统一颁发飞行签派员执照。

(b)民航局飞行标准职能部门负责组织、指导飞行签派员执照和飞行签派员训练机构资格的审定工作,制定飞行签派员执照考试标准,发放飞行签派员执照。

(c)民航地区管理局负责受理本地区飞行签派员执照和飞行签派员训练机构资格的申请,审查申请材料,组织飞行签派员执照申请人考试,颁发飞行签派员临时执照,负责本地区飞行签派员执照管理,飞行签派员训练机构的合格审定,颁发飞行签派员训练机构资格证书,监督检查飞行签派员训练机构的训练课程和训练质量。

B章 飞行签派员执照的申请、考试与颁发

第65.11条 取得执照的资格要求

飞行签派员执照申请人应当满足下列要求:

(1)年满21周岁,身体健康;

(2)具有大学专科(含)以上学历;

(3)能够读、说、写并且理解汉语;

(4)通过本规则第65.13条规定的理论考试;

(5)满足本规则第65.15条规定的经历和训练要求;

(6)通过本规则第65.17条规定的实践考试;

(7)根据本规则第65.49条(b)款规定颁发的书面毕业证明的颁发日期距申请之日不超过24个日历月。如若逾期,申请人需重新参加200学时的课程训练。

第65.13条 理论考试要求

（a）参加飞行签派员执照理论考试的申请人应当在获得本规则第 65.49 条（b）款规定的有效书面毕业证明之后完成理论考试。理论考试成绩有效期为 24 个日历月。

（b）理论考试应当包含以下航空知识内容：

（1）与航线运输驾驶员权力、限制和飞行运行相关的中国民用航空规章中适用的规定；

（2）气象，包括风的知识和影响、风的特性、云的形成、结冰和高空资料；

（3）气象和航行通告资料的收集、分析、分发和使用；

（4）气象图表、地图、预报、顺序报告、缩写和符号的理解和使用；

（5）当其在相应的空域系统内运行时，有关的气象服务职能；

（6）风切变和下沉气流的认识、识别和避让；

（7）仪表气象条件下的空中导航；

（8）与航路运行、终端区和雷达环境下有关的运行以及与仪表进离场和进近程序相关的空中交通管制程序和驾驶员的职责；

（9）航空器的载重与平衡、航图、图表、表格、公式和计算的应用，以及对航空器性能的影响；

（10）与正常和非正常飞行状态下的航空器飞行特性和性能有关的空气动力学；

（11）人为因素；

（12）决策与判断；

（13）签派资源管理和机组资源管理，包括机组交流和协调等。

第 65.15 条 经历和训练要求

飞行签派员执照申请人必须在申请执照考试前 12 个月内，在合格的飞行签派员监视下，在签派放行岗位上实习至少 90 天；同时还应当符合下列（a）款或（b）款规定的要求：

（a）申请人在申请理论考试前 3 年中至少 2 年的如下任意经历或任意组合，并圆满完成按照本规则附件 A《飞行签派员执照训练课程》要求设置的至少 200 小时的课程训练。申请时应当提供符合本规则第 65.49 条（b）款规定的有效书面毕业证明：

（1）在国家航空器运行中担任驾驶员。

（2）在 CCAR121 部航空承运人的运行中，担任驾驶员、航空气象分析人员、飞机性能工程师、航行情报人员。

（3）在航空器运行中担任空中交通管制员或民用航空情报员。

（4）在航空器运行中，履行局方认为能够提供同等经历的其他职责。

（b）如果申请人不具备本条（a）款要求的经历，则应当按照本规则附件 A 的要求完成至少 800 小时的课程训练，并提供符合本规则第 65.49 条（b）款规定的有效书面毕业证明。

第 65.17 条 实践考试要求

（a）理论考试合格，并满足本规则第 65.15 条规定的经历和训练要求的，执照申请人可以持理论考试合格成绩单参加实践考试。

（b）飞行签派员执照申请人应当通过针对航空运输中使用的任何一种大型飞机的实

践考试。内容应当基于本规则附件 A 和《飞行签派员实践考试标准》中的规定要求。

第 65.19 条　理论和实践考试的程序

（a）飞行签派员执照申请人申请参加理论或实践考试的，应当向民航地区管理局提交以下材料：

（1）填写本规则附件 B 中规定的《飞行签派员执照申请和审查表》；

（2）提供符合本规则第 65.13 条、第 65.15 条或者第 65.17 条规定的证明材料复印件、身份证复印件和两寸标准白底正面免冠彩色照片两张及其电子版，并按照要求在飞行签派员执照管理系统上填写相关资料；

（b）执照考试申请人按照（a）款要求提交的申请材料齐全、符合本规则要求的，民航地区管理局应当在 20 个工作日之内，安排考试的时间，指定考试地点和考试员，并将前述决定通知申请人，向其发放准考证。

（1）执照考试申请人在接到考试通知后，应当按照指定的时间、地点参加考试。

（2）飞行签派员的执照理论和实践考试合格成绩均为百分制的 80 分。

第 65.21 条　补考

（a）未通过执照考试的申请人，可以在考试结束 30 天后向民航地区管理局提交补考申请。

（b）理论考试成绩合格，实践考试未通过的，在理论考试成绩有效期内只需申请实践考试部分的补考，实践考试补考的重点内容为上次未通过的部分。

（c）理论考试补考连续 2 次未通过的，自最后一次考试之日起 12 个日历月内不得再次申请理论考试。实践考试补考连续 2 次未通过的，理论考试成绩失效。

第 65.23 条　考试作弊行为

在考试中有下列行为者视为作弊：

（1）复制理论考试内容；

（2）从他人处接受或者向他人传递考卷的副本或任何部分；

（3）在考试过程中，抄袭他人答案或者同意、默许、帮助他人抄袭的；

（4）顶替别人或由他人顶替参加考试；

（5）在考试期间使用未经许可的任何资料或者辅助设备；

（6）其他作弊行为。

第 65.25 条　执照申请、受理与颁发

（a）符合本规则第 65.11 条规定资格要求的飞行签派员执照申请人可以向民航地区管理局提交相关证明材料申请颁发飞行签派员执照。

（b）民航地区管理局应当在自接到执照申请人的申请材料之日起 5 个工作日内书面告知申请人是否受理其申请，申请人提供的资料不全或者不符合本规则要求的，应当一并告知申请人补正。

（c）民航地区管理局应当在受理后 20 个工作日内完成审核，并填写本规则附件 B 表格中的考试成绩部分，报民航局审批。民航局应当在 20 个工作日内做出决定，对符合本规则第 65.11 条资格要求的执照申请人，由民航局做出准予许可决定并颁发执照。

不予许可的,应当书面说明理由。

第 65.27 条 申请材料的真实性

执照申请人按照本规则提交的申请材料应当真实有效,出现下列情况,其申请行为无效。

(1) 在申请材料、记录、证明和履历中做虚假描述;

(2) 伪造、篡改证件或者证书。

C 章 飞行签派员执照管理

第 65.29 条 执照要求

飞行签派员执照持有人应当满足下列执照要求,否则不得履行运行控制职责:

(a) 完成 CCAR121 部所规定的训练。

(b) 在前 36 个日历月内至少完成一次执照认证检查。

(c) 在连续 12 个日历月内,在签派放行岗位上至少工作 30 天。

第 65.30 条 受到刑事处罚后的执照处理

执照持有人受到刑事处罚期间不得行使执照赋予的权利。

第 65.31 条 执照检查

飞行签派员在履行运行控制职责时应当携带飞行签派员执照,在民用航空飞行标准监察员或者授权的局方代表提出要求时,应当出示飞行签派员执照,接受检查。

航空承运人不得指定未取得飞行签派员执照的人员履行运行控制职责。

第 65.33 条 执照的有效期

(a) 按照本规则颁发的执照长期有效,除非执照持有人自愿放弃,或者依法被暂扣、吊销。

(b) 执照失效的,执照持有人应当将执照交回民航地区管理局。

第 65.35 条 执照的换发、补办和迁转

(a) 执照持有人因更换姓名需要换发执照的,应当向民航地区管理局提出书面申请,申请材料应当附有申请人当时持有的执照和能够证明其更改姓名合法性的法律文件。民航地区管理局在审查后,应当将前述法律文件退还申请人。

(b) 执照持有人因执照遗失或者损坏而重新申请补办执照的,应当向民航地区管理局提交书面申请,并提供下列材料:

(1) 姓名、性别、出生日期、通信地址、邮政编码、执照号码、颁发日期等信息和材料;

(2) 颁发其执照的民航局文件;

(c) 民航地区管理局受理并审核通过申请的,应当报民航局审查办理执照。申请人在换发、补办执照期间,可向民航地区管理局申请领取有效期不超过 120 天的临时执照,并持该执照履行运行控制职责。

(d) 执照持有人跨民航地区管理局辖区调动工作的,应当按照《飞行签派员执照管理程序》规定的程序填写附件 C《飞行签派员执照迁转表》办理执照迁转手续。

D章 飞行签派员训练机构

第65.37条 飞行签派员训练机构的申请要求

申请飞行签派员训练机构资格的,应当满足以下条件:

(a) 具备本规则第65.13条要求航空知识内容的训练课程大纲;

(b) 具备相应的飞行签派员教学设备、设施;

(c) 具备相应的飞行签派员训练教员;

(d) 民航局认为需要满足的其他条件。

第65.39条 飞行签派员执照课程训练科目和时间要求

(a) 获得批准的飞行签派员执照课程授课内容应当包括本规则附件A中的知识范围及其项目,授课时间按照本规则第65.15条的规定不得少于200小时或者800小时。

(b) 飞行签派员训练机构应当提交描述所有项目和分项目内容的大纲和每个部分的计划课时数。

(c) 飞行签派员训练机构可以在课程中包含涉及飞行签派员执照课程的其他教学项目,对于没有包含在本规则附件A中的项目,申请人应当在本条(a)款所要求的最低200小时或者800小时的基础上增加额外的授课时间。

(d) 如果学员能够提供适当的证明材料,并经飞行签派员训练机构批准,可以用以前的经历和训练代替部分课程的训练。训练机构决定代替的课时数应当以学员已有的经历和训练与批准的课程大纲相一致的部分所占用的计划课时数为依据。允许替代的课时数,包括课时总数和替代理由的说明应当填入本规则第65.49条(a)款要求的学员训练记录。

第65.41条 飞行签派员训练机构资格的申请、受理与颁发

(a) 飞行签派员训练机构资格申请人应当向其所在地的民航地区管理局提交书面申请。书面申请包括按照本规则附件C《飞行签派员训练机构资格证书申请表》填写的表格和下列申请材料:

(1) 本规则第65.39条(b)款要求的课程大纲;

(2) 教学设备、设施清单和说明;

(3) 教员名单及其教学资格证明;

(4) 民航地区管理局认为需要的其他材料。

(b) 民航地区管理局收到申请后,应当参照本规则第65.25条(b)款规定的程序和期限受理申请,并在受理后20个工作日内做出决定。经审查符合条件的,由民航地区管理局作出颁发飞行签派员执照训练机构资格证书的决定;不符合条件的,由民航地区管理局做出不予许可决定,应当书面说明理由。对于需要组成审查组实地检查、检测申请人设施、设备的,检验、检测所需的时间可以不计入规定的期限。

(c) 民航地区管理局做出颁发飞行签派员训练机构资格证书决定的,应当在10个工作日内向飞行签派员训练机构申请人颁发飞行签派员训练机构资格证书并向民航局飞行标准职能部门备案;对于不予发放资格证书的,应当书面告知理由。

第 65.43 条 飞行签派员训练机构的资格证书和一般要求

（a）除非依法被暂扣、吊销，飞行签派员训练机构资格证书的有效期为 24 个日历月。训练机构可以以书面形式向所在地的民航地区管理局提出放弃资格证书，并向该管理局提供要求的训练记录。

（b）符合下列要求的飞行签派员训练机构申请延续其资格证书有效期的，应当在其资格证书的有效期终止前至少 30 个工作日向其所在地的民航地区管理局提出申请：

（1）毕业于该飞行签派员训练机构的学员，在参加按照本规则第 65.17 条要求的实践考试中，第一次测试合格率达到 80%；

（2）飞行签派员训练机构持续符合本规则对其初始批准的要求；

（c）民航地区管理局对延续飞行签派员训练机构资格证书有效期申请的受理和审查按照本规则第 65.41 条（b）款和（c）款规定的程序和期限要求办理。

（d）飞行签派员训练机构申请修订批准的课程大纲、设施和设备清单及说明，应当按照本规则第 65.41 条（a）款（1）和（2）的要求以完整修订页的形式提交备案材料，以便完整地替换所批准的修订页内容。飞行签派员训练机构修订教员名单的，应当满足本规则第 65.47 条要求，以书面形式向所在地的民航地区管理局申请，并取得批准。

（e）当批准的飞行签派员训练机构不能持续满足本规则有关批准的要求或者实施执照训练的要求时，由其所在地的民航地区管理局责令其停止飞行签派员教学活动，限期整改，并向民航局飞行标准职能部门备案。飞行签派员训练机构整改满足条件后，可以向民航地区管理局申请重新开展教学活动。

（f）当飞行签派员训练机构的所有权发生变更时，其资格证书失效。但是，此变更不涉及设备、设施、人员和飞行签派员执照课程的，训练机构可以在所有权变更之日起 10 个工作日内向民航地区管理局提出变更申请。经民航地区管理局批准的，其资格不受影响。批准的附件 A 中的飞行签派员执照训练课程教学仍可继续进行。

（g）当批准的飞行签派员训练机构的名称和地点发生变更时，飞行签派员训练机构自变更之日起 10 个工作日内，将此变更以书面形式通知了其所在地的民航地区管理局的，其资格证书保持有效。

第 65.45 条 飞行签派员训练机构的设施要求

飞行签派员训练机构应当具备足够的用于理论和实践教学并且校验合格的设备、设施和用具，以满足每一个学员在飞行签派员理论学习和实践训练中的使用要求。用于训练的教室应当符合国家的建筑、卫生和健康标准，确保温控、照明和通风，教室位置应当确保教学不会受到外界干扰。

第 65.47 条 飞行签派员训练机构的人员要求

（a）飞行签派员训练机构应当符合下列人员要求：

（1）有足够的教学人员，至少有一名持有飞行签派员执照，并能够协调所有训练课程教学的人员。

（2）学员与教员的比例不得超过 25:1，每个教学班不得超过 45 人。

（b）讲授本规则附件 A 中签派实践应用内容的教员应当持有飞行签派员执照。在

12个日历月内有不少于 5 个工作日的在按 CCAR121 部实施运行航空公司进行教学实践，并保存相关记录以供局方检查。

第 65.49 条 飞行签派员训练记录要求

（a）飞行签派员训练机构应当为每个学员建立执照课程的训练记录，包括：按时间顺序排列的所有教员名单、涵盖的学科课程和考试成绩。该记录在学员毕业后应当至少保存三年。训练机构应当在培训班毕业后 2 个月之内将训练情况报送其所在地的民航地区管理局备案，报告应当包含以下内容：

（1）所有毕业学员的名单和成绩表。

（2）所有未毕业学员和退学学员的名单、成绩表或者退学原因。

（b）飞行签派员训练机构应当为圆满完成附件 A 课程训练的合格学员颁发书面毕业证明。

E 章　法 律 责 任

第 65.51 条 执照申请的不受理

在执照申请或考试中出现本规则第 65.23 条和第 65.27 条行为的，由民航地区管理局取消其执照申请资格，并在 12 个日历月内不再受理其新的申请。

第 65.53 条 执照持有人违法行为的法律责任

执照持有人有下列行为的，由民航地区管理局处以 500 元以上 1 000 元以下的罚款；情节严重的，按照有关法律法规予以处罚：

（1）违反本规则第 65.23 条规定顶替他人参加考试的；

（2）伪造和篡改签派员训练记录的。

第 65.57 条 使用未取得执照的人员

（a）违反本规则规定，未取得飞行签派员执照在国内、国际定期载客运输飞行中履行运行控制责任的个人，在 12 个日历月之内不得申请飞行签派员执照，由民航地区管理局责令其停止飞行签派工作，并可以处以警告或者人民币 500 元以上 1 000 元以下罚款。

（b）航空承运人违反本规则规定，指定未取得飞行签派员执照的人员履行运行控制责任的，由民航地区管理局责令停止违法行为并可以处以警告或者 3 万元以上 10 万元以下的罚款。

第 65.59 条 在检查中未能提供执照

飞行签派员违反本规则第 65.31 条规定，在检查中未能提供飞行签派员执照的，由民航地区管理局责令改正并可以处以警告或人民币 500 元以上 1 000 元以下罚款。

第 65.61 条 未取得资格证书擅自训练飞行签派员

未按照本规则 D 章取得飞行签派员训练机构资格证书，擅自从事飞行签派员执照课程训练的，其颁发的成绩表和毕业证明无效，由民航地区管理局责令其停止飞行签派员教学活动，并可以处以 1 万元以上 3 万元以下的罚款。

第 65.63 条 违反本规则实施教学

飞行签派员训练机构有下列行为之一的，由民航地区管理局责令改正违法行为，并可以处以警告或 1 万元以上 3 万元以下的罚款：

（a）未按照本规则附件 A 的要求设置训练大纲；
（b）教学用的设备、设施和用具未经校验合格；
（c）教学人员未达到本规则第 65.47 条规定的要求；
（d）训练记录未达到本规则第 65.49 条规定的要求；
（e）为培训不合格的学员颁发证明。

第 65.65 条　民航行政机关以及工作人员的法律责任

民航行政机关及其工作人员办理飞行签派员执照和飞行签派员训练机构资格证书违反法律、行政法规或本规则规定的，或者不依法履行本规则规定的监察职责，造成严重后果的，依法给予行政处分。

F 章　附　则

第 65.67 条　施行与废止

本规则自 2016 年 4 月 17 日起施行，2004 年 12 月 16 日公布的《中国民用航空飞行签派员执照管理规则》（民航总局令第 136 号）同时废止。

附件：A. 飞行签派员执照训练课程（略）
　　　B. 飞行签派员执照申请和审查表（略）
　　　C. 飞行签派员执照迁转表（略）
　　　D. 飞行签派员训练机构资格证书申请表（略）
　　　E. 飞行签派员执照样本（略）

民用航空空中交通管制员执照管理规则

（交通运输部令 2016 年第 15 号　2016 年 3 月 17 日）

第一章　总　则

第一条　为了规范民用航空空中交通管制员执照的管理，根据《中华人民共和国民用航空法》、《中华人民共和国行政许可法》和《中华人民共和国飞行基本规则》，制定本规则。

第二条　本规则适用于民用航空空中交通管制员（以下简称管制员）执照的申请、颁发、管理和监督。

第三条　管制员实行执照管理制度，执照经注册方为有效执照。持有有效管制员执照的，方可独立从事其执照载明的空中交通服务工作。

第四条　管制员执照由中国民用航空局（以下简称民航局）统一颁发和管理。

民用航空地区管理局（以下简称地区管理局）负责本辖区管制员执照的具体管理工作。

依照本规则规定承担执照管理相关工作的其他单位和个人应当根据授权范围做好相关工作，并接受民航局和地区管理局监督。

第五条 管制员执照类别（以下简称执照类别）、英语无线电陆空通信资格（以下简称英语资格）、特殊技能水平（以下简称特殊技能）、从事管制工作的地点（以下简称工作地点）等以签注标明。

管制员所从事的工作应当与其执照签注相符合。

第六条 管制员执照类别包括机场管制、进近管制、区域管制、进近雷达管制、精密进近雷达管制、区域雷达管制、飞行服务和运行监控等八类。

第七条 本规则中所用部分术语的定义如下：

（一）管制员执照，是指管制员执照持有人（以下简称持照人）具有符合要求的知识、技能和经历，有资格从事特定空中交通管制工作的证明文件。

（二）空中交通管制检查员（以下简称管制检查员），是由民航局委任，依据规定代表民航局从事有关空中交通管制人员资质管理和空中交通管制单位技术检查等工作的专业技术人员。

（三）体检合格证，是指依据民航局规章，由民用航空卫生管理部门颁发的，表明体检合格证持有人的身体状况符合相应医学标准的证明文件。

（四）管制员执照培训合格证（以下简称培训合格证），是表明合格证持有人在专业培训机构为获取执照或者执照签注而完成专门训练的证明文件。

（五）管制员理论考试合格证（以下简称理论考试合格证），是表明合格证持有人具备从事空中交通管制工作所需专业知识的证明文件。

（六）管制员技能考核合格证（以下简称技能考核合格证），是表明合格证持有人具备从事空中交通管制工作所需专业技能的证明文件。

（七）作用于精神的物品，是指酒精、鸦片、大麻、可卡因及其他兴奋剂，安眠药及其他镇静剂，幻觉剂，但咖啡和烟草除外。

第二章 执照申请与颁发

第八条 管制员执照或者签注申请人在提出申请前应当按照规定参加体检鉴定，完成规定的专业培训，通过理论考试和技能考核，获得必要的申请经历，并取得相应的证明文件。

第九条 管制员执照或者签注申请人应当在管制员专业培训机构完成规定的专业培训，通过培训机构的考核，并取得培训机构颁发的培训合格证。

第十条 管制员专业培训机构应当详细记录申请人培训情况，妥善保存人员培训的技术资料，保存期限不少于10年。

第十一条 申请管制员执照或者签注前应当完成本规则第三十六条所规定的岗位培训，并且获得在持照管制员监督下见习工作的经历。

第十二条 根据规定取得培训合格证，并满足规定的申请经历要求后，管制员执照或者签注申请人方可参加理论考试。

管制员执照或者签注申请人的理论考试由工作单位所在地的地区管理局组织。

第十三条 管制员执照或者签注理论考试内容应当符合本规则对申请人应当具备知识的要求。

第十四条 管制员执照或者签注理论考试可以通过笔试或者计算机辅助考试实现。

理论考试为百分制，成绩在80分（含）以上的申请人方可获得理论考试合格证。

第十五条 管制员执照或者签注理论考试合格者由地区管理局颁发理论考试合格证。理论考试合格证有效期3年。

第十六条 根据规定取得培训合格证，并满足规定的申请经历要求后，管制员执照或者签注申请人方可参加技能考核。

管制员执照或者签注申请人的技能考核由工作单位所在地的地区管理局组织，并安排管制检查员主持考核。

第十七条 管制员执照或者签注技能考核内容应当符合本规则对申请人应当具备技能的要求。

第十八条 管制员执照或者签注技能考核可以通过在实际运行环境中或者模拟环境中了解申请人技术能力的方式进行。

管制员执照或者签注技能考核按优、良、中、差评定。考核评定在良（含）以上者为考核合格。

主持考核的管制检查员应当详细记录考核情况，分析申请人技术水平，并评定技能考核结果。

第十九条 经主持考核的管制检查员评定，管制员执照或者签注技能考核合格者由地区管理局签发技能考核合格证。技能考核合格证有效期1年。

第二十条 管制员执照申请人应当具备下列条件：

（一）具有中华人民共和国国籍；

（二）热爱民航事业，具有良好的品行；

（三）年满21周岁；

（四）具有大学专科（含）以上文化程度；

（五）能正确读、听、说、写汉语，口齿清楚，无影响双向无线电通话的口吃和口音；

（六）通过规定的体检，取得有效的体检合格证；

（七）完成规定的专业培训，取得有效的培训合格证；

（八）通过理论考试，取得有效的理论考试合格证；

（九）通过技能考核，取得有效的技能考核合格证；

（十）符合本规则规定的管制员执照申请人经历要求。

第二十一条 符合本规则第二十条规定条件的管制员执照申请人应当向工作单位所在地的地区管理局提交本规则附件规定的《民用航空空中交通管制员执照申请表》以及申请人身份证明、学历证明、体检合格证、培训合格证、理论考试合格证、技能考核合格证、岗位培训和工作经历证明及近期照片等申请材料。

第二十二条 对于申请材料不齐全或者不符合格式要求的，地区管理局应当在收到申请之后的 5 个工作日内一次性通知申请人需要补正的全部内容。逾期不通知视为在收到申请之日起受理。

第二十三条 地区管理局应当对申请人是否具备条件进行初步审查，并将申请材料及初步审查意见于受理后 20 个工作日内报送民航局。

第二十四条 民航局自收到地区管理局报送的执照申请材料及初步审查意见后 20 个工作日内，对申请材料进行审核并做出决定。符合条件的，应当准予批准，并自批准之日起 10 个工作日内颁发管制员执照；不符合条件的，应当不予批准，并通知地区管理局和申请人，说明不予批准的原因。

第二十五条 管制员执照由民航局局长或者其授权人员签署颁发。

第二十六条 管制员取得英语资格相应等级签注的，方可使用英语进行无线电陆空通信。

申请英语资格签注的，除了符合本规则第二十条规定的条件，还应当通过民航局规定的管制英语等级考核，并获得有效的英语无线电陆空通信考核等级证明文件。申请程序参照执照申请程序办理。

第二十七条 民航局根据空管新技术发展应用情况以及采用的空中交通管制方式和手段，增加管制员执照特殊技能签注，以表明持照人有从事特殊管制岗位工作的能力。

第二十八条 管制员工作地点应当与其执照上的地点签注保持一致。

第二十九条 符合第二十条规定条件的持照人可以申请增加或者变更执照类别、特殊技能或者工作地点签注。申请程序参照执照申请程序办理。

第三十条 管制员执照基本信息（范围见附件第Ⅰ项）变更时，持照人应当向工作单位所在地的地区管理局提出书面申请并提交相关证明材料。对于需要在执照上体现的信息，由地区管理局审核后报民航局换发执照。

第三十一条 管制员执照遗失或者损坏后，持照人应当向工作单位所在地的地区管理局以书面形式申请补发，由地区管理局审核后报民航局补发。

第三章 申请人应当具备的知识、技能和经历

第三十二条 管制员执照申请人应当具备下列与管制员执照及其工作职责相适应的知识：

（一）与空中交通管制员、空中交通管制工作有关的法律、法规、规章、标准和规定；

（二）工作中所用设备的一般原理、使用与限制；

（三）飞行原理，航空器、动力装置与系统的操作原理与功能，与空中交通管制运行相关的航空器性能；

（四）与空中交通管制有关的人的因素；

（五）航空气象学，有关天气现象的起源与特征，测高法；

（六）空中导航的原理，导航系统与目视助航设备的原理、限制及精度；

（七）空中交通管制、通信、无线电通话（正常、非正常及应急）用语程序，相关航空文件的使用，与飞行有关的安全措施；

（八）机场飞行程序设计、最低运行标准制定的基本知识；

（九）飞行动态电报、航行通告的拍发；
（十）有关航行资料、航图；
（十一）飞行组织保障；
（十二）负责区域的空域结构、机场飞行程序、地形和显著地标、天气现象、导航设施和空中交通服务的特点；
（十三）适用的规则、程序和资料；
（十四）应急、搜寻与援救的计划和程序；
（十五）与有关单位之间的协调；
（十六）与航空情报服务、航图有关的法律、法规、规章、标准和规定；
（十七）飞行流量管理；
（十八）飞行计划的受理、处理、审批；
（十九）航空情报服务的组织与实施。

第三十三条 机场管制、进近管制、区域管制、进近雷达管制、区域雷达管制、精密进近雷达管制类别签注的申请人应当具备如下技能：
（一）掌握各类工作程序，正确实施管制，合理调配飞行间隔；
（二）熟练使用各种工作设备；
（三）熟练进行地/地、地/空通信；
（四）正确使用航行通告、航行资料、航图、气象资料、航空电码简字简语；
（五）正确实施紧急处置程序；
（六）提供安全、有序和高效的管制服务所需的技能、判断力与表现，达到与所授予权利与履行岗位职责相适应的能力和水平。

第三十四条 飞行服务类别签注申请人应当具备如下技能：
（一）熟练进行飞行动态电报、航行通告的编发和处理；
（二）熟练处理飞行计划；
（三）熟练提供飞行服务；
（四）熟练处理航空数据；
（五）正确使用航空情报资料和航图；
（六）正确实施紧急处置程序；
（七）能够看懂气象报文、天气图，能够进行天气形势的一般分析，能够择优选择航路航线和有利飞行高度层；
（八）能够对机型的性能、机场、航路航线情况进行分析；
（九）能够独立主持提供飞行前和飞行后航空情报服务；
（十）能够正确使用航行通告代码和简缩字，掌握民用机场使用细则的内容和编写所需的原始资料；
（十一）提供及时、准确和完整的飞行服务所需的其他技能，达到与履行岗位职责相适应的能力和水平。

第三十五条 运行监控类别签注申请人应当具备如下技能：

（一）能够熟练地组织和协调所辖区域内各空管保障单位的空管运行工作；

（二）掌握空中领航计算；

（三）能够看懂气象报文、天气图，能够进行天气形势的一般分析，能够择优选择航路航线和有利飞行高度层；

（四）掌握无线电、电子设备的使用；

（五）掌握各类航空电报的编发；

（六）熟练地进行地/地、地/空通信；

（七）掌握所辖区域内紧急处置程序的实施；

（八）能够对航空器性能、机场、航线情况进行分析；

（九）熟练地制定飞行计划；

（十）掌握各类飞行保障设备的服务程序和组织程序；

（十一）航图的使用，航行通告的应用；

（十二）熟悉飞行组织工作，能够拟定飞行和各保障部门在飞行工作中的协同方案；

（十三）与履行岗位职责相适应的其他能力和水平。

第三十六条 管制员执照和签注申请人应当符合下列申请经历要求：

（一）完成空中交通管制培训管理规则规定的岗位培训并达到相关要求；

（二）机场管制、进近管制、区域管制、飞行服务、运行监控类别签注申请人，在具有相应类别签注持照人的监督下，完成至少3个月的管制见习工作；

（三）进近雷达管制、区域雷达管制、精密进近雷达管制类别签注申请人，在具有相应类别签注持照人的监督下，完成至少4个月的管制见习工作；

（四）精密进近雷达类别签注的申请人，还应当在雷达模拟机上实施不少于200次精密进近，在所在单位使用的设备上实施不少于100次精密进近；

（五）增加或者变更工作地点签注的申请人，应当于新工作地点在持照人监督下，完成至少1个月的管制见习工作，增加或者变更的工作地点为新设立管制单位的情况除外。

申请人的（二）、（三）、（四）项经历要求应当在申请前的6个月内完成，但可以同时进行。

第三十七条 申请人已经持有军方管制员执照或者已经持有另一类别签注的管制员执照的，经地区管理局批准，其申请经历要求可视情降低，但不得低于规定时间和次数要求的二分之一。

民航管理部门和事业单位从事空中交通管制相关工作的人员、院校空中交通管制专业教师申请执照的，经民航局批准其申请经历要求可视情降低，并对其执照权利做出必要的限制。

第三十八条 遇有自然灾害或者紧急情况时，为了保证空中交通管制单位的运行，经地区管理局审查批准后申请地点签注的经历要求可视情降低，并报民航局备案。

第四章 执照管理

第三十九条 已获得执照的管制员应当满足下列近期经历要求：

（一）每6个月内在管制员执照载明工作地点履行工作职责的时间不少于80小时；

（二）熟悉与履行空中交通管制工作职责相关、现行有效的规则、程序和资料；

（三）按照空中交通管制培训管理规则的规定完成有关岗位培训并达到相关要求；

持照人持有两个（含）以上类别签注的，应当结合现岗位工作，满足其中至少一个类别签注的近期经历要求。

第四十条 持照人有下列情形之一的，不得从事空中交通管制工作：

（一）持照人身体状况发生变化，出现不符合所持体检合格证相应医学标准的情况时；

（二）在饮用任何含酒精饮料之后的 8 小时之内或者处在酒精作用之下、血液中酒精浓度含量等于或者大于 0.04%，或者受到任何作用于精神的物品影响损及工作能力时；

（三）持照人被依法暂停行使执照权利期间。

第四十一条 持照人所在单位应当建立管制员技术档案，如实记录持照人岗位培训、理论考试、技能考核、执照检查、岗位工作等技术经历。

第四十二条 持照人从事执照相应的岗位工作时应当携带执照或者将执照保存在岗位所在单位，便于接受执照检查。

第四十三条 持照人应当在其工作单位所在地的地区管理局进行执照注册，注册的有效期为 1 年。颁发执照时，地区管理局应当进行首次注册。

持照人执照未经注册或者注册无效的，不得独立从事其执照载明的工作。

第四十四条 持照人的工作单位跨地区管理局辖区变更时，应当在变更后的工作单位所在地的地区管理局办理重新注册。地区管理局办理相关的执照管理档案转移，并报民航局备案。重新注册后，执照仍适用原注册有效期。

第四十五条 持照人所在工作单位每年应当对其知识和技能进行考试、考核，做出是否掌握工作岗位所需知识和技能的结论，并将考试、考核情况记入管制员技术档案。

第四十六条 持照人符合以下条件的，可以申请注册：

（一）持有有效的体检合格证；

（二）符合本规则的近期经历要求；

（三）通过所在单位组织的知识考试和技能考核，具备管制工作岗位需要掌握的知识和技能。

第四十七条 持照人在执照注册有效期满前 2 个月向工作单位所在地的地区管理局提交执照注册申请，并将持照人体检合格证、所在单位出具的岗位培训和近期经历证明、所在单位知识考试和技能考核情况等注册材料提交地区管理局。

第四十八条 地区管理局对持照人执照注册材料进行审核，对于符合执照注册条件的，地区管理局应在执照注册有效期满前予以注册。

必要时，地区管理局可以进行管制员执照注册检查，核实体检合格证，持照人岗位培训、近期经历的情况，考核持照人的知识和技能。

第四十九条 逾期未注册的持照人申请重新注册时，由地区管理局对其进行管制员执照注册检查，对于符合条件的予以重新注册。

第五十条　管制员执照注册检查中的技能考核由管制检查员具体实施。

第五十一条　经工作单位所在地的地区管理局批准，持照人注册条件要求可视情况降低，但应当对其提供管制服务的范围做出相应的限制。

第五十二条　地区管理局应当将执照注册的情况上报民航局备案。

第五章　法律责任

第五十三条　从事执照管理工作的单位及其工作人员有下列情形之一的，对直接负责的主管人员和其他直接责任人员依法给予行政处分：

（一）对不符合本规则规定条件的申请人准予颁发执照的；

（二）对符合本规则规定条件的申请人不予颁发执照或者不在规定期限内做出准予颁发执照决定的；

（三）在办理执照和实施监督检查过程中，索取他人财物或者谋取其他利益的；

（四）不依法履行监督职责，造成严重后果的。

第五十四条　从事管制员技能考核的检查员违反本规则规定不正确履行职责，情节严重的，由民航局取消其检查员资格。

第五十五条　管制员专业培训机构违反本规则规定颁发或者不颁发培训合格证的，由民航局或者地区管理局处以警告或者1万元以上3万元以下罚款。

第五十六条　执照申请人以欺骗、贿赂等不正当手段取得执照的，由民航局撤销其相应执照，3年内不得再次申请执照。同时，由地区管理局对当事人处以警告或者500元以上1 000元以下罚款。

第五十七条　违反本规则规定，未取得执照而独立从事民用航空空中交通管制工作的，由地区管理局对当事人处以500元以上1 000元以下罚款，情节严重的，2年内不得申请管制员执照。

第五十八条　违反本规则规定，持照人执照未经有效注册或者不具备相应签注而独立从事民用航空空中交通管制工作的，由地区管理局责令限期改正，并对当事人处以警告；情节严重的，处以200元以上1 000元以下罚款或者暂停其执照权利3个月至6个月。

第五十九条　管制单位违反本规则规定，安排未取得执照的人员独立从事民用航空空中交通管制工作的，由地区管理局责令改正，并处以5万元以上10万元以下罚款。

第六十条　管制单位违反本规则规定，安排执照未经有效注册或者不具备相应签注的持照人独立从事民用航空空中交通管制工作的，由地区管理局责令改正，并且对管制单位处以警告；情节严重的，处以5 000元以上3万元以下罚款。

第六十一条　持照人所在单位未按规定管理持照人技术档案的，由地区管理局责令限期改正，情节严重的，处以警告。

第六十二条　持照人违反本规则第四十条规定从事民用航空空中交通管制工作的，由地区管理局对持照人给予警告或者200元以上1 000元以下罚款；情节严重的，由地区管理局暂停其执照权利3个月至6个月。

第六十三条　持照人违反民用航空法律、法规、规章，未按规定履行职责，对事故征候、严重事故征候或者事故负有直接责任的,由民航局或者地区管理局对持照人处以 500 元以上 1 000 元以下罚款或者暂停其执照权利 3 个月至 12 个月;情节严重的,由民航局依照《中华人民共和国飞行基本规则》吊销其执照。

第六十四条 持照人与事故征候、严重事故征候或者事故有直接关系的,调查期间地区管理局可以暂停其执照权利。

第六章 附 则

第六十五条 本规则自 2016 年 4 月 17 日起施行。

1986 年 4 月 14 日发布,2006 年 6 月 21 日中国民航总局令第 168 号修订的《民用航空空中交通管制员执照管理规则》(CCAR – 66TM – R3)同时废止。

第六十六条 在本规则施行前按照《民用航空空中交通管制员执照管理规则》(CCAR – 66TM – R3)获得的执照继续有效,其注册、换证和其他管理事项自本规则施行之日起按照本规则执行。

附件:民用航空空中交通管制员执照申请表(略)

民用航空器维修人员执照管理规则

(交通运输部令 2016 年第 32 号 2016 年 4 月 7 日)

第一章 总 则

第 66.1 条 目的和依据

为了规范民用航空器维修人员执照的管理,保障民用航空器持续适航和飞行安全,根据《中华人民共和国民用航空法》、《中华人民共和国民用航空器适航管理条例》,制定本规则。

第 66.2 条 适用范围

本规则适用于从事在中国注册的民用航空器的维修、部件修理工作的人员的执照的颁发和监督管理。

从事体育运动航空器维修工作的维修人员,由国务院体育主管部门按规定办理体育运动航空器维修人员合格证件。

第 66.3 条 执照类别

本规则所称执照包括下列类别:

(a) 民用航空器维修人员执照;

(b) 民用航空器部件修理人员执照。

第 66.4 条 管理机构

中国民用航空局(以下简称民航局)负责民用航空器维修人员执照、民用航空器部件修理人员执照基础部分的考试、颁发和监督管理工作。

中国民用航空地区管理局（以下简称民航地区管理局）负责民用航空器维修人员执照机型部分、民用航空器部件修理人员执照项目部分的签署和监督管理工作。

第 66.5 条　定义

本规则所用术语含义如下：

（a）涡轮式飞机，是指装有涡轮式发动机的固定翼航空器；

（b）涡轮式直升机，是指装有涡轮式发动机的旋翼航空器；

（c）活塞式飞机，是指装有活塞式发动机的固定翼航空器；

（d）活塞式直升机，是指装有活塞式发动机的旋翼航空器；

（e）民航局批准的培训机构，是指按照《民用航空器维修培训机构合格审定规定》（以下简称 CCAR—147 部）获得了民航局颁发的民用航空器维修培训机构合格证的培训机构；

（f）民航局认可的培训机构，是指未按照 CCAR—147 部获得民航局颁发的民用航空器维修培训机构合格证，但民航局按照规定的程序认可其培训结论的机构。

第 66.6 条　执照的保存

民用航空器维修人员执照、民用航空器部件修理人员执照持有人应当将证件随身携带以便于接受检查。

第 66.7 条　涉及酒精或者药物的违禁行为

民用航空器维修人员执照、民用航空器部件修理人员执照持有人在饮用任何含酒精饮料之后的 8 小时之内，或处在酒精作用之下、血液中酒精含量等于或者大于 0.04%，或受到任何药物影响损及工作能力时，不得从事第 66.15 条、第 66.25 条中所规定的工作。

第二章　民用航空器维修人员执照

第 66.8 条　专业和类别

民用航空器维修人员执照（以下简称维修人员执照）包括基础部分和机型部分。维修人员执照申请人经考试合格获得维修人员执照基础部分。申请维修人员执照机型部分的申请人应当首先取得维修人员执照基础部分。

维修人员执照基础部分包括航空机械和航空电子两个专业。

航空机械专业，其英文代码为 ME；

航空电子专业，其英文代码为 AV。

维修人员执照基础部分航空机械专业划分为以下类别：

（a）涡轮式飞机，其英文代码为 TA；

（b）活塞式飞机，其英文代码为 PA；

（c）涡轮式直升机，其英文代码为 TH；

（d）活塞式直升机，其英文代码为 PH。

第 66.9 条　基础部分的考试

维修人员执照基础部分的考试按照民航局颁发的考试大纲进行。

参加维修人员执照基础部分的考试申请人应当至少具备下列任一经历：

（a）从事所申请专业的航空器维修工作累计在 2 年（含）以上；

(b) 经过民航局批准的培训机构培训并获得其颁发的所申请专业基础培训合格证书。

考试包括笔试、口试和基本技能考试。笔试、口试和基本技能考试成绩 70 分（含）以上为合格。考试科目按照考试大纲划分，考试不合格者可以在 90 天后参加补考，考试成绩有效期为 5 年。持有民航局批准的培训机构颁发的基础培训或基本技能培训合格证书等同于基本技能考试合格。

第 66.10 条 基础部分的申请条件

维修人员执照基础部分申请人，应当具备下列条件：

（a）年满 18 周岁，身体健康。

（b）通过维修人员执照基础部分的考试，成绩合格有效。

（c）最近 3 年内无严重维修差错。

（d）最近 3 年内无严重工作不诚信行为。

（e）至少具备下列任一经历。

（1）从事所申请专业的航空器维修工作累计在 3 年（含）以上，其中在申请之日前 1 年应当持续从事所申请专业的民用航空器维修工作。其维修经历应当包括民用航空器维修实践工作，内容应当涵盖基本技能和具有代表性的维修任务。

（2）经过民航局批准的培训机构培训并获得其颁发的所申请专业基础培训合格证书，且在毕业后至少累计从事 1 年所申请专业的民用航空器维修工作。其维修经历应当包括民用航空器维修实践工作，内容应当涵盖基本技能和具有代表性的维修任务。

（f）能正确读、写申请专业相关技术文件和管理程序使用的文字。

第 66.11 条 基础部分的审查与颁发

维修人员执照基础部分按照下列程序审查与颁发：

（a）具备本规则第 66.10 条规定条件的申请人，应当提交本规则附件 1 规定的《民用航空器维修人员执照初次颁发/续签申请书》（F66－1）以及申请书要求提供的材料。

（b）申请人的资格、申请人提交的申请书以及申请书要求提供的材料应依据本规则第 66.10 条进行审查。对符合规定的申请人，应当在收到申请书之日起 20 个工作日内颁发本规则附件 2 规定的《民用航空器维修人员执照》（F66－2）；申请材料不齐全或者不符合法定形式的应当当场或者在 5 个工作日内一次告知申请人需要补正的全部内容。对不符合规定的申请人在 20 个工作日内作出不予颁发执照基础部分的书面通知，退回其申请材料并说明理由，告知申请人享有的法律权利。

第 66.12 条 机型部分的申请条件及维修经历要求

维修人员执照机型部分的签署划分为 I 类和 II 类，申请人应当分别满足下列要求：

（a）申请机型 I 类签署，应当已经获得维修人员执照基础部分，并取得民航局批准的具有相应机型培训资格的培训机构颁发的 I 类或 II 类机型培训合格证书，或通过民航局认可的培训机构对其进行的相应机型培训。其工作经历应当符合本条的维修经历要求。

（b）申请机型 II 类签署，应当已经获得维修人员执照基础部分，并取得民航局批准的具有相应机型培训资格的培训机构颁发的 II 类机型培训合格证书，或通过民航局认可的培训机构对其进行的相应机型培训。其工作经历应当符合本条的维修经历要求。

维修人员执照机型部分的申请人应当具备下列维修经历：

（a）机型部分Ⅰ类的申请人在民用航空器上累计有至少 4 年的维修经历。

（b）机型部分Ⅱ类的申请人在民用航空器上累计有至少 5 年的维修经历。

（c）机型部分Ⅰ类和Ⅱ类的申请人，在最近 2 年内应当累计至少有 1 年在所申请的航空器机型和专业上工作，且在该 1 年内应当至少有 6 个月是在申请执照机型部分前 1 年内获得的。当不同机型的机身、发动机系统、电子系统的构造和操作在技术上相似时，在此类机型上的维修经历可以视为是在同一机型上的维修经历。

（d）最近 2 年内无严重维修差错。

（e）最近 2 年内无严重工作不诚信行为。

第 66.13 条 机型部分的审查与签署

维修人员执照机型部分按照下列程序审查与签署：

（a）具备本规则第 66.12 条规定条件的申请人，应当提交本规则附件 3 规定的《民用航空器维修人员执照机型部分签署申请书》（F66 - 3）以及申请书要求提供的材料。

（b）申请人的资格、申请人提交的申请书以及申请书要求提供的材料应依据本规则第 66.12 条进行审查。对符合规定的申请人，应当在收到申请书之日起 20 个工作日内予以签署机型部分；申请材料不齐全或者不符合法定形式的应当当场或者在 5 个工作日内一次告知申请人需要补正的全部内容。对不符合规定的申请人在 20 个工作日内作出不予签署机型部分的书面通知，退回其申请材料并说明理由，告知申请人享有的法律权利。

第 66.14 条 执照的有效期、续签及补发

（a）维修人员执照有效期为自颁发维修人员执照基础部分起 5 年，为保证维修人员执照连续有效，执照持有人应当在有效期满前获得民航局对执照有效性的续签。

（b）执照续签应当符合下列条件：

（1）持照人每 2 年内有累计至少 6 个月的航空器维修经历，或者有累计至少 6 个月与航空器维修有关的工作经历；

（2）持照人每 2 年至少完成一次有关工作程序和有关专项工作内容的再培训；

（3）维修人员执照持有人应当在执照失效前 60 天内提交本规则附件 1 规定的《民用航空器维修人员执照初次颁发/续签申请书》（F66 - 1）以及申请书要求提供的材料；

（4）最近 5 年内无严重维修差错；

（5）最近 5 年内无严重工作不诚信行为。

（c）执照丢失或者损坏后影响使用的，应当按照相关要求向民航局申请补办或者换发。

第 66.15 条 执照持有人的权利

获得维修人员执照基础部分及相应机型部分的人员具有下列权利：

（a）具有机型Ⅰ类部分的执照持有人具有以下权利：

（1）按照《民用航空器维修单位合格审定规定》（以下简称 CCAR—145 部）放行按照工作单完成航线维修工作的航空器；

（2）按照《维修和改装一般规则》（以下简称 CCAR—43 部）的规定，对航空器进行维修工作并批准其恢复使用。

(b) 具有机型Ⅱ类部分的执照持有人具有以下权利：除具有机型Ⅰ类部分的权利外，还可以放行按照 CCAR—145 部完成其他维修工作的航空器。

第 66.16 条 执照持有人的义务

维修人员执照持有人应当遵守下列规定：

(a) 在执照持有人的权利范围内实施工作；
(b) 在生理或者心理状况不适合行使放行权时，不得行使放行权；
(c) 保证维修人员执照的完整和有效性；
(d) 接受民航局、民航地区管理局的检查。

第 66.17 条 等效安全

维修人员执照持有人或者申请人不能达到本章规定的条件，但能够满足民航局确定的达到等效安全所必需的其他补充条件的，民航局可以对其豁免本规则中的相关要求。

第三章 民用航空器部件修理人员执照

第 66.18 条 专业和类别

民用航空器部件修理人员执照（以下简称部件修理人员执照）包括基础部分和项目部分。部件修理人员申请人经考试合格获得部件修理人员执照基础部分。申请部件修理人员执照项目部分的申请人应当首先取得部件修理人员执照基础部分。

部件修理人员执照基础部分按下列专业划分：

(a) 航空器结构，其英文代码为 STR；
(b) 航空器动力装置，其英文代码为 PWT；
(c) 航空器起落架，其英文代码为 LGR；
(d) 航空器机械附件，其英文代码为 MEC；
(e) 航空器电子附件，其英文代码为 AVC；
(f) 航空器电气附件，其英文代码为 ELC。

部件修理人员执照项目部分按《航空器部件项目通用代码表》划分。

第 66.19 条 基础部分的考试

部件修理人员执照基础部分的考试按照民航局颁发的考试大纲进行。

参加部件修理人员执照基础部分的考试申请人应当至少具备下列任一经历：

(a) 从事所申请专业的航空器部件修理工作累计在 2 年（含）以上；
(b) 经过民航局批准的培训机构培训并获得其颁发的所申请专业基础培训合格证书。

考试形式为笔试和基本技能考试。成绩 70 分（含）以上为合格。考试科目按考试大纲划分，考试不合格者可以在 90 天后参加补考，考试成绩有效期为 5 年。持有民航局批准的培训机构颁发的基础培训或基本技能培训合格证书等同于基本技能考试合格。

第 66.20 条 基础部分申请条件

部件修理人员执照基础部分申请人，应当具备下列条件：

(a) 年满 18 周岁，身体健康。
(b) 通过部件修理人员执照基础部分的考试，成绩合格有效。

(c) 近 2 年内无严重维修差错。
(d) 近 2 年内无严重工作不诚信行为。
(e) 至少具备下列任一经历：
(1) 从事所申请专业的航空器部件修理工作累计在 2 年（含）以上，其中在申请之日前 1 年应当持续从事所申请专业的民用航空器部件修理工作；
(2) 经过民航局批准的培训机构培训并获得其颁发的所申请专业基础培训合格证书。
(f) 能正确读、写申请专业相关技术文件和管理程序使用的文字。

第 66.21 条　基础部分的审查与颁发

部件修理人员执照基础部分按照下列程序审查与颁发：

(a) 具备本规则第 66.20 条规定条件的申请人，应当提交本规则附件 4 规定的《民用航空器部件修理人员执照初次颁发/续签申请书》（F66-4）以及申请书要求提供的材料。

(b) 申请人的资格、申请人提交的申请书以及申请书要求提供的材料应依据本规则第 66.20 条进行审查。对于符合规定的申请人，应当在收到申请书之日起 20 个工作日内颁发本规则附件 5 规定的《民用航空器部件修理人员执照》（F66-5）；申请材料不齐全或者不符合法定形式的应当当场或者在 5 个工作日内一次告知申请人需要补正的全部内容。对不符合规定的申请人在 20 个工作日内作出不予颁发执照基础部分的书面通知，退回其申请材料并说明理由，告知申请人享有的法律权利。

第 66.22 条　项目部分的申请条件及维修经历要求

部件修理人员执照项目部分的申请人应当满足下列要求：

(a) 已经获得部件修理人员执照基础部分；

(b) 取得民航局批准的具有相应项目培训资格的培训机构颁发的项目培训合格证书，或通过民航局认可的培训机构对其进行的相应项目培训；

(c) 其工作经历应当符合本条的维修经历要求。

部件修理人员执照项目部分的申请人应当具备下列维修经历：

(a) 申请人应当具备在最近 2 年内至少累计有 1 年从事所申请项目的修理工作经历；

(b) 近 2 年内无严重维修差错；

(c) 近 2 年内无严重工作不诚信行为。

第 66.23 条　项目部分的审查与签署

部件修理人员项目部分按照下列程序审查与签署：

(a) 具备本规则第 66.22 条规定条件的申请人，应当提交本规则附件 6 规定的《民用航空器部件修理人员执照项目部分签署申请书》（F66-6）以及申请书要求提供的材料。

(b) 申请人的资格、申请人提交的申请书以及申请书要求提供的材料应依据本规则第 66.22 条进行审查。对符合规定的申请人，应当在收到申请书之日起 20 个工作日内予以签署项目部分；申请材料不齐全或者不符合法定形式的应当当场或者在 5 个工作日内一次告知申请人需要补正的全部内容。对不符合规定的申请人在 20 个工作日内作出不予签署项目部分的书面通知，退回其申请材料并说明理由，告知申请人享有的法律权利。

第 66.24 条 执照的有效期、续签及补发

（a）部件修理人员执照有效期为自颁发部件修理人员执照基础部分起 5 年，为保证部件修理人员执照连续有效，执照持有人应当在有效期满前获得民航局对执照有效性的续签。

（b）部件修理人员执照续签应当符合下列条件：

（1）持照人每 2 年内有累计至少 6 个月的航空器部件修理经历，或者有累计至少 6 个月与航空器部件修理有关的工作经历；

（2）持照人每 2 年至少完成一次有关工作程序和有关专项工作内容的再培训；

（3）部件修理人员执照持有人应当在执照失效前 60 天内提交本规则附件 4 规定的《民用航空器部件修理人员执照初次颁发/续签申请书》（F66-4）以及申请书要求提供的材料；

（4）最近 5 年内无严重维修差错；

（5）最近 5 年内无严重工作不诚信行为。

（c）执照丢失或者损坏后影响使用的，应当按照相关要求向民航局申请补办或者换发。

第 66.25 条 执照持有人的权利

获得部件修理人员执照基础部分及相应项目部分的人员可以对项目部分类别范围内的部件，按照 CCAR—145 部或 CCAR—43 部放行。

第 66.26 条 执照持有人的义务

部件修理人员执照持有人应当遵守下列规定：

（a）在执照持有人的权利范围内实施工作；

（b）在生理或者心理状况不适合行使放行权时，不得行使放行权；

（c）保证部件修理人员执照的完整和有效性；

（d）接受民航局、民航地区管理局的检查。

第 66.27 条 等效安全

部件修理人员执照持有人或者申请人不能达到本章规定的条件，但能够满足民航局确定的达到等效安全所必需的其他补充条件的，民航局可以对其豁免本规则中的相关要求。

第四章 法律责任

第 66.28 条 未随身携带证件的处理

违反本规则第 66.6 条规定，在行使执照相应权利时未随身携带证件的，由民航局或民航地区管理局给予警告。

第 66.29 条 涉及酒精或者药物违禁行为的处理

违反本规则第 66.7 条规定，服用药物或者饮用含酒精饮料后进行维修或者放行工作的，由民航局或民航地区管理局给予 1 千元罚款。

第 66.30 条 考试中的作弊或其他禁止行为的处理

违反本规则第 66.9 条、66.19 条规定，在考试中存在作弊或其他禁止行为的，所有考试成绩作废，申请人在 1 年内不得再次申请考试。

第 66.31 条 伪造、变造申请材料的处理

违反本规则第 66.11 条、66.13 条、66.14 条、66.21 条、66.23 条、66.24 条规定，

有伪造、变造申请材料行为的，民航局或民航地区管理局不受理其申请或者不予颁发执照、签署或续签，申请人在 1 年内不得再次申请；通过欺骗、贿赂等不正当手段取得执照基础部分、机型或项目签署、执照续签的，由民航局或民航地区管理局予以撤销，申请人在 3 年内不得再次申请。

第 66.32 条 违反执照持有人义务行为的处理

违反本规则第 66.16 条、66.26 条规定，按照以下规定进行处理：

（a）未在执照持有人的权利范围内实施工作，或在其生理或者心理状况不适合行使放行权时行使放行权的，由民航局或民航地区管理局给予 1 千元罚款。

（b）涂改、伪造执照的，根据《中华人民共和国民用航空法》第 205 条的规定，由民航局或民航地区管理局责令其立即停止民用航空活动，2 年内不得申领执照。

（c）拒绝接受民航局、民航地区管理局检查的，由民航局或民航地区管理局给予 1 千元罚款；经民航局或民航地区管理局检查不合格的，执照持有人不得继续行使执照的权利，经检查、考核合格后，方可继续行使执照权利。

第 66.33 条 刑事处罚

违反本规则规定，构成犯罪的，依法追究刑事责任。执照持有人受到刑事处罚期间，不得行使所持执照赋予的权利。

第五章 附 则

第 66.34 条 执照的自愿放弃

执照持有人自愿声明放弃执照的，应当在 5 个工作日内上交民航局。

第 66.35 条 执照的认可和转换

参与抢修和临时修理在中国注册的民用航空器的外籍或者地区维修人员可以通过该航空运营人的申请获得民航局的批准。

持有国外民用航空器维修人员执照，需要民航局认可或转换的，按照民航局与该执照颁发国的民用航空当局签订的协议执行；若无协议，通过考核予以认可。

持有香港特别行政区、澳门特别行政区、台湾地区民用航空器维修人员执照，需要民航局认可或转换的，按照民航局与该执照颁发地区的民用航空当局签订的协议执行；若无协议，通过考核予以认可。

第 66.36 条 生效和废止

本规则自 2016 年 5 月 8 日起施行。2005 年 9 月 27 日发布，2005 年 12 月 31 日施行的《民用航空器维修人员执照管理规则》（CCAR—66R1）同时废止。

本规则生效之日起考试成绩在原有 2 年有效期所规定的有效范围内的成绩，按照本规则将成绩有效期延长至 5 年有效。

附件：1. 民用航空器维修人员执照初次颁发/续签申请书（略）
　　　2. 民用航空器维修人员执照（略）
　　　3. 民用航空器维修人员执照机型部分签署申请书（略）
　　　4. 民用航空器部件修理人员执照初次颁发/续签申请书（略）

5. 民用航空器部件修理人员执照（略）
6. 民用航空器部件修理人员执照项目部分签署申请书（略）

民用航空器驾驶员执照理论考试

（AC-61-FS-2017-009R5 中国民用航空局飞行标准司
2017 年 9 月 11 日发布）

1 目的

为保证民用航空器驾驶员执照和等级的理论培训和考试规范有序，特下发本咨询通告。

2 适用范围

本咨询通告适用于所有按照 CCAR-61 部颁发航空器驾驶员执照或等级的申请人和对上述申请人实施理论培训的训练机构。

3 参考文件

《国际民用航空公约》附件 1《人员执照的颁发》
《民用航空器驾驶员执照理论考试点要求》（AC-61-014）
《建立与管理国家人员执照颁发系统的程序手册》（ICAO Doc 9379）

4 名词解释

民用航空器驾驶员电子执照：是基于计算机云的，根据《民用航空器驾驶员合格审定规则》（CCAR-61 部）制作、核发的航空器驾驶员电子信息证明文件，该文件以终端用户下载安装相应应用程序（APP）的方式获得。本咨询通告简称云执照。

5 执照理论考试大纲

理论考试大纲按照下列方式编号：

编号	理论考试大纲名称
DOCNO. FS-ATS-001A	私用驾驶员执照理论考试大纲（飞机）
DOCNO. FS-ATS-001H	私用驾驶员执照理论考试大纲（直升机）
DOCNO. FS-ATS-001S	私用驾驶员执照理论考试大纲（飞艇）
DOCNO. FS-ATS-001L	私用驾驶员执照理论考试大纲（倾转旋翼机）
DOCNO. FS-ATS-002A	商用驾驶员执照理论考试大纲（飞机）
DOCNO. FS-ATS-002H	商用驾驶员执照理论考试大纲（直升机）
DOCNO. FS-ATS-002S	商用驾驶员执照理论考试大纲（飞艇）
DOCNO. FS-A17S-002L	商用驾驶员执照理论考试大纲（倾转旋翼机）

DOCNO. FS – ATS – 003	仪表等级理论考试大纲
DOCNO. FS – ATS – 004A	航线运输驾驶员执照理论考试大纲（飞机）
DOCNO. FS – ATS – 004H	航线运输驾驶员执照理论考试大纲（直升机）
DOCNO. FS – ATS – 004L	航线运输驾驶员执照理论考试大纲（倾转旋翼机）
DOCNO. FS – ATS – 005P	运动驾驶员执照理论考试大纲（初级飞机）
DOCNO. FS – ATS – 005Y	运动驾驶员执照理论考试大纲（自转旋翼机）
DOCNO. FS – ATS – 005G	运动驾驶员执照理论考试大纲（滑翔机）
DOCNO. FS – ATS – 005B	运动驾驶员执照理论考试大纲（自由气球）
DOCNO. FS – ATS – 005S	运动驾驶员执照理论考试大纲（小型飞艇）

6 理论考试的一般程序

6.1 理论考试必须在按照咨询通告《民用航空器驾驶员执照理论考试点要求》（AC – 61 – 014）相关规定建立的考试点进行。

6.2 理论考试应由局方指定的监考员主持，并在指定的时间和地点进行。

6.3 考试计划

考试计划由考试点每月在飞行人员咨询信息网站（http：//pilot.caac.gov.cn）上或通过云执照发布，考试日期由考试点确定。

6.4 报名

6.4.1 考试申请人可通过执照理论考试管理系统（以下简称考试系统）或云执照报名考试。

6.4.2 参加执照理论考试的申请人按照国家有关规定缴纳理论考试费后，方可参加考试。

6.4.3 报名流程

1. 考试系统报名

（1）由考试申请人所在单位联系考试点通过考试系统进行批量报名；

（2）按照考试点要求完成缴费。

2. 云执照报名

（1）在考试前30天至考试前20天的时间段内通过云执照报名；

（2）应按照各考试点的报名须知提示信息完成报名流程；

（3）在云执照内按要求填写报名信息和上传报名所需文件，包括电子照片和缴费凭证。

3. 取消报名

考试申请人通过其所在单位或云执照报名后，无特殊原因不得取消考试。

（1）在报名截止日期后，报名系统将自动取消未缴费考试申请人的当次报名资格；

（2）如果有特殊情况不得不取消考试报名，通过云执照报名的考试申请人可在云执照上操作取消或通过考试点公布的联系方式告知取消；

（3）出现以上情况，所取消的考试结束后28个日历日内禁止报名参加考试。

6.5 考试实施
6.5.1 考试用品
1. 考试申请人进入考场前应携带：准考证、附加照片的个人身份证明文件（身份证、护照或居留证等）和民用航空器驾驶员执照（如适用）；
2. 禁止携带：录音机、照相机、词典、MP3、移动电话机、传呼机、便携式电脑、笔记本、教科书及其他与考试无关的用品。
6.5.2 入场时间与入场证明文件
1. 一般考试点会通知考试申请人当天考试时间段，考试申请人应至少在考试开始前30分钟或依据考试点建议的时间抵达考试点。
2. 考试申请人进入考场时须出示准考证、报名时提供的身份证明文件以及本人已经获得的按CCAR-61部颁发的执照（如适用）。
3. 身份证明文件是指本人的居民身份证、护照或者其他局方认可的合法证件（除经飞行标准司批准，不得使用军官证作为身份证明）。
4. 身份证明文件上的姓名和编号必须与准考证上登记的姓名及编号，以及与其日后申请执照时所持身份证明文件编号相符，否则其成绩不予承认。身份证明文件照片应可被清晰辨识，确保照片与本人面貌一致。
5. 进入考场后，考试申请人须将准考证、身份证明文件和按CCAR-61部颁发的执照（如适用）放在桌面右上方，以备监考人员随时查验。
6. 入考场时无法提供规定证明文件或持任何虚假证明文件的考试申请人，将被拒绝参加考试。
6.5.3 中途离场
考试中途原则上不得离场，如有特殊原因，考试申请人确需中途离场，须经主管监察员或经授权的监考人员同意，在离开考场前应交还准考证，方可离开考场，同时考试申请人的本次考试视为主动结束。
6.5.4 考试申请人应按照指定座位就座，并严格遵守考场相关考试纪律。

6.6 准考证
6.6.1 考试申请人报名通过审核后，可在考试日期前15天内通过其所在单位或云执照确认准考证和考试安排相关信息。
6.6.2 准考证内容包括考试申请人姓名、准考证号、授权码、身份证明文件编号、执照编号（如适用）、考试类型和考试申请人照片。

6.7 缺考及补考
6.7.1 如果考试当天考试申请人因非考试点原因未参加考试，将按照缺考处理。
6.7.2 有缺考记录的考试申请人，再次申请任何考试日期与缺考日期间隔最少为28个日历日。
6.7.3 考试申请人成绩未达到考试通过分数，需要重新申请考试的视为补考，补考日期与上一次同科目考试日期间隔最少为28个日历日；对于无执照且非整体课程注册考试申请人，连续4次成绩未达到考试通过分数（申请私照和运动照考试除外），补考日期与上一次同科目考试日期间隔最少为 112 个日历日；参加补考需重新缴纳理论考试费。

6.7.4 考试通过后的 21 个月内不得再次申请同科目考试。

6.8 违规现场处置

考试过程中，如果任何考试申请人涉嫌存在作弊行为，例如：替考、剽窃、抄袭、考试过程中夹带或偷看相关材料等，主管监察员有权立即终止考试申请人的考试资格，并收集和固定作弊相关证据。

7 申请人条件

7.1 基本要求

7.1.1 对于运动驾驶员执照、私用驾驶员执照、商用驾驶员执照、仪表等级和教学法理论考试，应持有有效的身份证明文件。

7.1.2 对于航线运输驾驶员执照理论考试

1. 持有有效的身份证明文件；
2. 持有私用驾驶员（含）以上执照类别；
3. 且满足以下条件之一：
（1）航线运输驾驶员（飞机）整体课程学员（无停训记录）；
（2）按规定依据国家航空器经历转民航人员；
（3）成绩单过期（航线运输驾驶员执照理论考试复考人员）；
（4）完成按照 AC-61-022 批准的航线运输驾驶员执照理论课程培训；
（5）外国驾驶员执照或香港、澳门特别行政区执照持有人申请按 CCAR-61 部颁发驾驶员执照，应完成航空公司对其进行航线运输驾驶员执照理论知识补充培训。

7.2 培训证明/教员推荐要求

7.2.1 考试申请人在报名时应上传由培训机构/合格证持有人飞行训练管理部门出具的培训证明，或通过云执照获取具有相应等级的飞行教员推荐确认，表明其：

1. 已完成 CCAR-61 部对于所申请执照或者等级要求的地面训练或自学课程。
2. 已针对上次理论考试未通过的航空知识内容（知识缺陷报告）接受了必要的补充训练，具备能力通过理论考试。

7.2.2 下列考试申请人无需上传或确认 7.2.1 所要求的证明或推荐：

1. 航线运输驾驶员执照申请人首次参加理论考试；
2. 具有国家航空器驾驶员经历的申请颁发私用或商用驾驶员执照的申请人首次参加相应理论考试；
3. 持有外国驾驶员执照申请我国驾驶员执照的首次参加相应理论考试；
4. 持有香港、澳门特别行政区驾驶员执照申请按照 CCAR-61 部颁发驾驶员执照的首次参加相应理论考试。

8 理论考试科目和成绩单

8.1 理论考试通过成绩由中国民航局飞行标准司确定。

8.2 飞行人员执照理论考试一览表：

考试全称	考试代码	考试大纲	考试时限（分钟）	题目数量	通过分数
私用驾驶员－飞机	PAE/E	FS－ATS－001A	120	100	80
私用驾驶员－直升机	PRH/E	FS－ATS－001H	120	100	80
私用驾驶员－飞艇	PSE	FS－ATS－001S	120	100	80
私用驾驶员－倾转旋翼机	PLE	FS－ATS－001L	120	100	80
商用驾驶员－飞机	CAF/E	FS－ATS－002A	120	100	80
商用驾驶员－直升机	CRH	FS－ATS－002H	120	100	80
商用驾驶员－飞艇	CSE	FS－ATS－002S	120	100	80
商用驾驶员－倾转旋翼机	CLE	FS－ATS－002L	120	100	80
仪表等级	IRF/E	FS－ATS－003	120	80	80
航线运输驾驶员－飞机	ATA/E	FS－ATS－004A	150	100	70
CCAR－135部航线运输驾驶员－飞机	ATAC	FS－ATS－004A	120	100	70
航线运输驾驶员－直升机	ATH/E	FS－ATS－004H	120	100	70
航线运输驾驶员－倾转旋翼机	ATL	FS－ATS－004L	120	100	70
运动驾驶员－初级飞机	SPE	FS－ATS－005P	100	80	70
运动驾驶员－自转旋翼机	SYE	FS－ATS－005Y	100	80	70
运动驾驶员－滑翔机	SGE	FS－ATS－005G	100	80	70
运动驾驶员－自由气球	SBE	FS－ATS－005B	100	80	70
运动驾驶员－小型飞艇	SSE	FS－ATS－005S	100	80	70
教学法和飞行教员有关法规	FIM		60	45	80

8.3 理论考试成绩单有效期

8.3.1 按照CCAR－61部的要求，执照理论考试成绩单有效期应为24个日历月，实践考试应在有效期内实施。

8.3.2 进入CCAR－121部合格证持有人副驾驶训练的驾驶员应当至少通过航线运输驾驶员执照（ATA/E）地面理论考试，该副驾驶资格实践考试应在航线运输驾驶员执照理论考试成绩单24个日历月有效期内进行。

8.3.3 对于通过了副驾驶资格考试的驾驶员，如一直被CCAR－121部合格证持有人雇佣担任飞行机组成员，则其申请航线运输驾驶员执照实践考试之前不受执照理论考试成绩单有效期限制；如发生间断，则需要再次通过该理论考试。

8.4 理论考试成绩单附知识缺陷报告，考试申请人申请补考前应参考该报告知识缺陷部分指导理论学习，同时该报告将作为实践考试口试部分内容重要依据。

9 理论考试中禁止的行为

9.1 根据 CCAR-61 部第 37 条规定，在理论考试中，申请人不得有下列行为：

9.1.1 以任何形式复制或保存考试试题。

9.1.2 交给其他申请人或从其他申请人那里得到考试试题的任一部分或其复印件或扫描件。

9.1.3 在理论考试过程中，帮助他人或者接受他人的帮助。

9.1.4 代替他人或由他人代替参加部分或者全部理论考试。

9.1.5 在考试过程中，使用未经局方批准的材料或者其他辅助物品。

9.1.6 破坏考场设施。

9.1.7 故意引起、助长或者参与本条禁止的行为。

9.2 根据 CCAR-61 部第 61.245 条规定：

9.2.1 对于违反本规则第 61.37 条规定的执照或等级申请人，局方对申请人予以警告，申请人自该行为被发现之日起一年内不得申请按照本规则颁发的执照或等级以及考试。

9.2.2 对于违反本规则第 61.37 条规定的执照或等级持有人，局方对当事人予以警告，同时撤销相应的执照等级，责令当事人立即停止飞行运行并交回其已取得的相应执照。驾驶员执照等级被撤销之日起三年内，当事人不得申请按照本规则颁发的执照或等级以及考试。

10 文件的获取

飞行标准司在民航局网站上公布本咨询通告中所述的理论考试大纲，网址是 http://pilot.caac.gov.cn。

11 修订说明

11.1 从 2005 年 1 月 1 日起，航线运输驾驶员执照（英文版）调整为 70 分通过。从 2007 年 11 月 1 日起，参加 CCAR-135 部运行的航线运输驾驶员执照的申请人可以申请航线运输驾驶员执照（中文版）理论考试，70 分通过。

11.2 从 2005 年 1 月 1 日开始，启用英文版的飞机类别等级私用驾驶员、商用驾驶员执照和飞机仪表等级理论考试题库；启用英文版的直升机类别等级私用驾驶员执照理论考试题库。

11.3 本咨询通告第 4 次修订，依据 2014 年 9 月 1 日施行的《民用航空器驾驶员和地面教员合格审定规则》（CCAR-61-R4）中关于执照种类与等级设置的变更，重新分类编排执照和等级考试大纲，明确运动类驾驶员执照考试标准，修订私用驾驶员执照理论考试大纲（飞机）和航线运输驾驶员执照理论考试大纲（飞机），调整了部分科目的题目数量，变更了补考申请人补充训练签注要求。

11.4 本咨询通告第 5 次修订，增加云执照报名途径说明，细化各类理论考试报名条件和所需上传文件，明确各类情况下的再次报考时间间隔。

12 废止和生效

本咨询通告自下发之日起生效,2014年12月10日发布的AC-61-FS-2014-09R4和《关于明确飞行人员执照理论考试成绩单有效期的通知》(局发明电〔2009〕1366号)同时废止。

民用航空器领航员、飞行机械员、飞行通信员合格审定规则

(中国民用航空总局令第52号 1996年8月1日)

第一章 总 则

第一条 〔目的和依据〕

为了规范领航员、飞行机械员、飞行通信员的审定工作,根据《中华人民共和国民用航空法》和国务院有关规定,制定本规则。

第二条 〔适用范围〕

本规则规定了中国民用航空总局和地区管理局(以下简称局方)颁发领航员、飞行机械员、飞行通信员执照,教员、学员合格证与等级的要求和所必须具备的条件,及其权利和限制。

第三条 〔机构与职责〕

民航总局飞行标准部门是民航领航员、飞行机械员、飞行通信员审定工作机构,负责全局领航员、飞行机械员、飞行通信员的审定和执照、合格证的管理工作。民航地区管理局飞行标准部门是本地区领航员、飞行机械员、飞行通信员审定机构,负责本地区领航员、飞行机械员、飞行通信员的审定和执照、合格证的管理工作。

第四条 〔必需的执照、合格证和等级〕

(一)执照

1. 担任中国登记的航空器的领航员、飞行机械员、飞行通信员,必须持有按本规则颁发的有效执照。当该航空器在外国运行时,外籍领航员、飞行机械员、飞行通信员可以使用航空器运行所在国颁发的有效执照,但必须持有按本规则为其颁发的认可证书。

2. 担任在中国境内运行在外国登记的航空器的领航员、飞行机械员、飞行通信员,也必须持有局方按本规则为其颁发的有效执照或认可证书。

(二)体格检查合格证

担任航空器的领航员、飞行机械员、飞行通信员,必须持有局方颁发的有效体格检查合格证或体格检查认可证书。

（三）教员合格证

担任飞行教学任务的领航教员、飞行机械教员、飞行通信教员，均需持有局方颁发的教员合格证，并在该合格证上注有合适的等级，才能取得下列教学资格：

1. 提供使受训者获得颁发执照、教员合格证或等级的资格所必需的飞行教学；
2. 签署受训者飞行经历记录本，证明已向其提供过的任何飞行教学。

（四）学员合格证

在中国登记的航空器上接受教学的领航学员、飞行机械学员、飞行通信学员，必须持有按本规则为其颁发的有效学员合格证。

（五）执照和合格证的检验

按本规则要求颁发的执照、合格证的持有人，在局方持证检查人员要求时，均应出示所持的证件。

第五条 〔按本规则颁发的执照、合格证和等级〕

（一）执照（包括技术审定批准书）

1. 领航员执照；
2. 飞行机械员执照；
3. 飞行通信员执照。

（二）合格证

1. 领航学员合格证；
2. 领航教员合格证；
3. 飞行机械学员合格证；
4. 飞行机械教员合格证；
5. 飞行通信学员合格证；
6. 飞行通信教员合格证。

（三）下列等级经批准后填于执照、合格证上

1. 航空器类别等级：
（1）飞机；
（2）旋翼机。
2. 航空器型别等级：局方确定的航空器型别等级。
3. 动力装置级别等级（仅填在飞行机械员执照上）：
（1）活塞发动机动力；
（2）涡轮螺旋桨动力；
（3）涡轮喷气动力。

第六条 〔临时执照〕

（一）对于已经考试合格，在执照上更改姓名、住址或单位和执照遗失或损坏者，在等待局方为其颁发、更改或补发执照时，可颁发有效期不超过120天的临时执照。

（二）按本条（一）颁发的临时执照，在下列日期失效：

1. 临时执照上签注的期满日期结束时；

2. 申请人收到所申请的执照时；

3. 收到所申请执照被拒发的通知时。

第七条 〔执照、合格证的有效期〕

（一）按本规则颁发的执照及等级均无特定的期满日期。但是：

1. 按本规则颁发的执照或等级的持有人，应按本规则第十五条的规定进行定期检查批准，在其技术审定批准书上的法定期限内有效，逾期按本规则第十二条的规定视为放弃。

2. 依据外国执照所颁发的执照或认可证书持有人，仅当该执照或认可证书所依据的外国执照和体检合格证有效时，方可行使该执照或认可证书的权利。

（二）按本规则颁发的合格证，在其颁发的月份之后第 24 个月结束时期满，在其期满前一直有效，如果局方认为教员的教学记录证明他是一个合格的教员，可以申请更换成新的教员合格证。

（三）任何持有过期执照、合格证和等级的人员，不得行使该执照、合格证和等级的权利。

第二章 一 般 规 定

第八条 〔执照、合格证和等级的申请与审批〕

（一）按本规则申请执照、合格证和等级，或申请增加等级，申请人应以局方规定的格式和方式进行，并按规定交纳费用。

（二）符合本规则规定条件的申请人有权获得相应的执照、合格证和等级，其等级签注在执照上。

（三）执照、合格证被吊扣期限内不得行使如下权利：

1. 执照被吊扣者，在吊扣期内不得申请在执照上增加等级。

2. 合格证被吊扣者，在吊扣期内不得申请在合格证上增加任何等级。

（四）执照、合格证被吊销后不得行使如下权利：

1. 执照被吊销者，自吊销之日起一年内不得申请任何执照和等级。

2. 合格证被吊销者，自吊销之日起一年内不得申请任何合格证。

第九条 〔考试程序〕

（一）按本规则规定进行的各项考试，均由局方指定的人员在指定的时间和地点进行。

（二）每项笔试的最低通过成绩是 80 分（百分制）。飞行考试每个项目分别评分，并给予总体评分和评语，最低通过成绩为 4 分（5 分制）。

（三）考试不合格后的补考

1. 当执照的申请人没有通过该执照所要求的笔试或飞行考试时，可以申请补考，但应：

（1）在那次考试不合格之日起 30 日以后申请；

（2）如在上述 30 日到期之前申请，申请人应提交由持合格证教员或局方批准的任何其他有资格人员签署的书面记录，证明他已对申请人进行了相应的飞行和地面补课，并认为申请人有能力通过考试。

2. 为满足本条（三）1.（2）的要求，由持合格证教员签署的书面记录，对于笔试和飞行考试都是可以接受的；由其余有资格人员签署的书面记录，仅限于笔试时可以接受。

3. 飞行考试不合格后的补课必须在航线飞行中实施。

第十条 〔飞行经历记录本〕

（一）用于符合本规则对执照、合格证或等级所要求的条件，必须有飞行经历记录本可靠的记录来证明。飞行经历记录本的格式由局方规定，由个人填写、经教员或经批准的人员签字并由个人保存。

（二）飞行经历记录本的填写应根据每次飞行的科目或项目和本专业的需要选择填写下列内容：

1. 一般项目：

（1）日期；

（2）总飞行时间；

（3）地点或起点和终点；

（4）航空器型别和识别标志。

2. 飞行经历或训练的种类：

（1）领航员、飞行机械员、飞行通信员单飞；

（2）学员；

（3）接受授权教员的飞行教学；

（4）地面训练教学；

（5）其他飞行时间。

3. 飞行条件：

（1）昼间或夜间；

（2）实际仪表；

（3）模拟仪表。

（三）飞行时间的记录

1. 单飞时间：在运行的航空器上作为本专业唯一成员时的飞行时间和持有合格证的教员可将他担任教员期间的全部飞行时间记为单飞时间。

2. 学员时间：在运行的航空器上接受教学的飞行时间记作学员时间。

3. 仪表飞行时间：领航员在实际或模拟仪表飞行条件下，仅按仪表操作航空器及其设备的时间记作仪表飞行时间。

4. 教学时间：接受飞行教学、仪表飞行教学、地面训练器教学或地面教学所有的时间，记作教学时间。必须由给予上述教学的有适当等级和合格证的教员签字证明。

（四）飞行经历记录本检验

1. 在局方授权的持证检查人员要求检验时，被检验者必须出示其飞行经历记录本。

2. 学员在所有飞行中必须随身携带其飞行经历记录本，用作必须教员许可和签字的证明。

第十一条 〔身体缺陷期间的限制〕

任何人当其有已知的身体缺陷或已知的身体缺陷加重而不符合现行体格检查合格证标准时，均不得担任必需的飞行机组成员。

第十二条 〔执照、合格证的自愿放弃〕

按本规则颁发的执照、合格证的持有人，由于本人的原因，可以自愿放弃，但必须提交有本人签字的声明。

第十三条 〔姓名、住址或单位的变更〕

（一）在按本规则颁发的执照、合格证上更改姓名，其申请书必须附有该申请人的现行执照、合格证和身份证或证实这种改变的其他文件。这些文件经审查后复印存档，原件退还申请人。

（二）已变更其住址或单位的执照或合格证的持有人，在其变更那天起30天后，必须持有变更后的有效执照、合格证。否则，不得行使其执照、合格证所赋予的权利。

（三）对在按本规则颁发的执照、合格证上更改姓名、住址或单位的申请人，管理局为其颁发有效期不超过120天的临时执照，作为等待更改执照、合格证的证明。

第十四条 〔执照、合格证遗失或损坏后的补发〕

（一）按本规则颁发的执照、合格证遗失或损坏后，补发证件均应由申请人向管理局申请，该申请必须符合下列要求：

1. 写明曾授予执照、合格证的人员姓名，所在单位，永久通信地址（包括邮政编码）、出生日期和地点，以及有关该执照、合格证颁发的级别、号码、日期和在该证所注明的等级等所有可获得的信息；

2. 申请人按有关规定交纳补发证件所需费用。

（二）对遗失或损坏按本规则颁发执照、合格证的申请人，管理局为其颁发有效期不超过120天临时执照。作为等待补发执照、合格证的证明。

第十五条 〔执照定期检查〕

（一）定期检查由局方监察员或委任代表实施

（二）检查期限

1. 领航员、飞行机械员、飞行通信员执照持有人每12个月检查一次。

2. 局方认为必要时，可对执照持有人进行不受期限和次数限制的飞行检查。

（三）检查内容

1. 应以本规则颁发其执照时对航空知识和技能的要求内容为标准。

2. 飞行程序、机上设备使用和机组配合。

（四）检查方式

1. 航空知识笔试。

2. 实践考试：

（1）模拟机飞行；

（2）实际飞行。

（五）检查情况记录

检查结果，记录在技术审定批准书上。

第十六条〔依据外国执照颁发相应的领航员、飞行机械员、飞行通信员执照或认可证书〕

（一）目的

国际民航公约其他缔约国颁发的现行执照的持有人，可按本条申请领航员、飞行机械员、飞行通信员执照或认可证书，以便取得担任中国登记的民用航空器领航员、飞行机械员、飞行通信员的权利。

（二）颁发的执照或认可证书

颁发给本条申请人的执照或认可证书，上面应注有所依据的外国执照的颁发号码和国别，按原持有执照的等级颁发给相应的执照或认可证书。

（三）对于用作颁发中国执照或认可证书依据的执照的限制

只准使用一本外籍领航员、飞行机械员或飞行通信员执照作为按本条颁发的执照或认可证书的依据。

（四）颁发的航空器等级

对于申请人的外国执照上的航空器等级，以及按本规则条款在考试后颁发的任何等级，均填入申请人的执照、合格证或认可证书。

（五）体格检查标准和合格证

申请人必须提交书面材料，证明其目前符合按本条申请执照或认可证书，所依据的该国执照所要求的体格检查标准或持有中国民航总局颁发的有效的体格检查合格证。

（六）执照或认可证书上的限制

如果申请人不能读、说和听懂汉语，局方将在其执照或认可证书上加注对安全运行所必需的限制。

（七）教员合格证或认可证书

持有国际民航公约其他缔约国颁发的有效教员证件的持有人，经审查合格后为其颁发教员合格证或认可证书。

第十七条〔非中国公民租用的中国登记的航空器的领航员、飞行机械员、飞行通信员执照或认可证书〕

（一）总则

国际民用航空公约其他缔约国颁发的有效外籍领航员、飞行机械员、飞行通信员执照持有人，如符合本条要求，可以取得租用的中国登记的航空器的领航员、飞行机械员、飞行通信员执照或认可证书。该执照或认可证书授权给申请人，在以取酬为目的而载运人员或财物时，可在中国登记的航空器上担任领航员、飞行机械员、飞行通信员职务。

（二）合格条件

1. 申请人所持有的国际民用航空公约缔约国民航当局颁发的有效外籍领航员、飞行机械员、飞行通信员执照，必须与租用的航空器型号、等级相同；

2. 申请人必须为承租人所雇用；

3. 申请人不满60周岁;

4. 申请人必须提交有关书面材料,证明其目前符合按本条申请执照或认可证书所依据的该国领航员、飞行机械员、飞行通信员执照所要求的体格检查标准,或持有中国民航总局颁发的有效体格检查合格证。

(三) 权利

按本条规定颁发的领航员、飞行机械员、飞行通信员执照或认可证书持有人,在遵守本条所规定的限制条件下,在其所持执照或认可证书与租用的航空器型号、等级相同时,可担任相应的职务。

(四) 限制

1. 仅在中国境外飞行或在国外商业航空中飞行;

2. 依据申请人所持有的外国执照上的某些限制,在按本条规定颁发的执照或认可证书上也作相应的限制;

3. 局方认为必要的其他限制。

(五) 终止

按本条颁发的执照或认可证书,有下列情况之一时必须终止:

1. 当航空器的租用协议终止时;

2. 当其所持有的外国执照被吊扣、吊销或不再有效时;

3. 当执照或认可证书持有人已满60周岁时;

4. 自颁发本执照或认可证书期满时。

(六) 更新

按本条规定颁发的执照或认可证书的持有人,申请更新时,可根据本条(二)的要求进行更新。

第十八条 〔对除驾驶员外的外籍飞行机组成员的审定〕

对于非中国公民或非定居侨民,只有在局方认为,为了运行中国登记的民用航空器必须持有执照或训练中国公民身份的学员,必须有教员合格证时,方能按本规则在中国境外向其颁发执照、合格证或认可证书。

第三章　领　航　员

第十九条 〔资格要求〕

(一) 至少年满21周岁,最大不得超过60周岁;

(二) 有良好的道德品质;

(三) 能读、听和说汉语,否则在其执照、合格证上签注适当的限制;

(四) 大专毕业或局方根据申请人一般经历和航空经历、知识与技术认可的等效水平;

(五) 持有民航总局颁发的有效体格检查合格证;

(六) 符合本规则中领航员知识、经历和技能的要求。

第二十条 〔知识要求〕

(一) 领航员执照的申请人必须通过下列内容的笔试:

1. 民航有关规章和领航员职责的规定;

2. 领航的基本原理，包括飞行计划和巡航控制；

3. 实用气象学，包括天气图、天气报告和天气预报的分析，气象系统缩略语、符号和术语；

4. 导航设施的种类和一般使用程序；

5. 导航仪表的校准和使用；

6. 推测领航；

7. 天文领航；

8. 无线电领航；

9. 地标领航和地图识读；

10. 导航设备识别信号的识别。

（二）领航员还应通过有关领航专业的英语笔试。

（三）考试通过的成绩在考试后 24 个月内是申请人符合本条要求的证明。

第二十一条　〔经历要求〕

（一）领航员执照的申请人必须符合下列条件之一：

1. 经局方批准的领航员课程的毕业生；

2. 申请人持有下列证明文件：

（1）夜间用天文观测和白天用天文观测结合其他设备确定飞行中位置至少各 25 次。

（2）包括天文领航、无线电领航和推测领航在内的航线飞行至少 2 小时，其中夜航时间 50 小时。对已经航线飞行 5 小时（其中至少有 1 小时夜间飞行）的驾驶员，可承认其具有不超过 1 小时的空中领航经历。

（二）对已进行过远程领航训练，其重点放在天文领航和推测领航上的飞行时间，被认为是满足本条（一）要求的领航经历。这些经历必须由飞行记录本，由武装部队或持合格证的航空承运人的记录，或由持合格证的领航教员签署的教学记录来证明，这些经历证明材料必须附在申请书后。

第二十二条　〔技能要求〕

（一）领航员执照的申请人必须通过下列方法进行航空器领航的实践考试：

1. 推测领航；

2. 天文方法；

3. 无线电领航。

（二）申请人在参加本条要求的考试前，必须通过本规则中知识要求规定的笔试，否则不得参加飞行考试。

（三）担任通用航空飞行任务的领航员，还应通过有关科目的飞行考试。

（四）对于本条的考试要求在本规则附件 1 中规定。

第二十三条　〔领航员课程〕

要求批准其领航员课程的申请人，必须向局方提交请求批准的文件，同时必须提交三份课程大纲，设施与设备的说明，教员及其资格清单。该课程的最低要求在本规则附件 1 中规定。

第二十四条 〔领航学员合格证〕

（一）持合格证的飞行领航学员可在领航教员监视下进行飞行训练。

（二）领航学员合格证的申请人必须：

1. 具备本规则第十九条（一）至（五）中所规定的条件；

2. 符合本规则第二十条的知识要求，并通过了地面课程的笔试。

第二十五条 〔领航教员合格证〕

持执照飞行至少4小时，通过局方对其知识、技能以及下述教学能力的笔试和实践考试，可申请该型航空器的领航教员合格证：

（一）制定授课计划；

（二）课堂授课计划；

（三）对学员进行飞行前讲解和飞行后讲评；

（四）纠正学员在飞行中常见的偏差并进行示范；

（五）评估学员飞行完成情况；

（六）对学员出具必需的签字和证明。

第四章　飞行机械员

第二十六条 〔资格要求〕

（一）至少年满18周岁，最大不得超过60周岁；

（二）有良好的道德品质；

（三）能读、说和听懂汉语，否则在其执照、合格证上签注适当的限制；

（四）大专毕业或局方根据申请人一般经历和航空经历、知识与技术认可的等效水平；

（五）持有民航总局颁发的有效体格检查合格证；

（六）符合本规则相应执照、合格证或等级的条件。

第二十七条 〔知识要求〕

（一）飞行机械员要取得执照、合格证的申请人必须通过下列内容的笔试：

1. 民航有关规章和适用于飞行机械员职务的规定；

2. 飞行原理和空气动力学；

3. 与发动机工作有关的基础气象学；

4. 重心计算。

（二）初次申请颁发或申请增加飞行机械员级别等级的申请人，必须通过相应等级的下列内容笔试：

1. 飞行前准备；

2. 飞机设备；

3. 飞机各系统；

4. 飞机装载；

5. 与限制有关的飞机程序和发动机使用；

6. 正常操作程序；

7. 应急程序；

8. 有关发动机使用与燃油消耗的数学计算。

（三）在参加本条（一）、（二）所规定的笔试前，飞行机械员执照的申请人必须出示书面材料，证明其符合本规则第二十八条所要求的经历。但是，在取得按本规则第二十八条要求的飞行训练前，可以参加笔试。

（四）飞行机械员执照或等级的申请人，必须在参加飞行的 24 个月前，已通过本条（一）、（二）所规定的笔试。但是，该限制不适用于下列情况之一的飞行机械员执照或等级的申请人：

1. 该申请人：

（1）在其通过笔试后的 24 个月内，曾担任过飞行机组成员或机械员，并且在飞行考试时仍在担任其职务；

（2）已完成初始训练，而且已完成转机型或升级训练；

（3）符合规定的定期复训或符合近期经历要求。

2. 在其通过笔试后的第 24 个月内，申请人参加了中国军用航空器的飞行机械员或维护训练大纲训练。

（五）当局方授权给审定合格的训练部门已有经批准的训练大纲时，可作为训练大纲的一个组成部分提供笔试，以符合本条（二）有关增加等级的考试要求。

（六）飞行机械员执照或等级的申请人，必须具有与其所申请的航空器等级相适应的外语水平，并熟悉所飞机型的语音及显示警告。

第二十八条 〔经历要求〕

（一）除本规则另有特别规定外，用于满足本条。

（二）经历要求的飞行时间必须在下述航空器上获得：

1. 按有关航空器合格审定要求，在飞行机械员为机组必需成员的航空器上。

2. 至少有三台发动机的航空器，每台发动机的额定功率至少 8 匹马力或与之相当的涡轮动力发动机推力。

（三）申请某一级别等级的飞行机械员合格证的申请人，必须具有所申请的级别等级，提交下列经历之一的证明文件：

1. 至少有三年航空器和航空器发动机维护方面的多种实际经历（其中至少一年是维护多发航空器，其单台发动机额定功率至少为 8 匹马力，或者对于涡轮发动机为动力的航空器，具有与之相当的推力），并且在飞行机械员座位上至少接受了 5 小时飞行训练。

2. 毕业于为期至少 2 年的航空器和航空器发动机维护方面的专业航空训练课程（其中至少 6 个月是在维护多发航空器，其单台发动机额定功率至少为 8 匹马力，或者对于涡轮发动机为动力的航空器，具有与之相当的推力），并且在飞行机械员座位上至少接受了 5 小时飞行训练。

3. 取得了学院、大学或工程学校航空、电气或机械工程学位；在维护多发航空器方面至少有 6 个月的实际经历，而该航空器单台发动机的额定功率至少为 8 匹马力；或者对于涡轮发动机为动力的航空器,具有与之相当的推力;并且在飞行机械员座位上至少接受了 5 小时飞行训练。

4. 至少持有商用驾驶员执照和仪表等级,并且在飞行机械员座位上至少接受了 5 小时飞行训练。

5. 在运输类飞机上(或在至少具有两台发动机,并且重量和马力至少相当的军用飞机上)担任机长,或在飞行教员监视下完成机长职能的见习正驾驶飞行时间不少于 2 小时。

6. 作为飞行机械员的飞行时间不少于 1 小时。

7. 在申请前 90 天内,成功地完成了本规则附件 2 规定的经批准的飞行机械员地面和飞行训练课程。

第二十九条 〔技能要求〕

(一)申请具有某一级别等级的飞行机械员执照的申请人,必须在所申请等级相应级别的航空器上,通过飞行机械员职位的飞行考试。该考试只能在第二十八条(一)规定的航空器上进行。

(二)申请人必须:

1. 能令人满意地完成飞行前检查、加注、起动、起飞前和着陆后程序;

2. 能令人满意地在飞行中完成与飞机、发动机、螺旋桨、系统及各附件有关的正常职责和程序;

3. 在飞行中,在模拟机上,或在经批准的飞行机械员训练设备上,能完成应急职责和程序、正确判断飞机、发动机、螺旋桨、各系统和各附件的故障,并采取合适的措施。

第三十条 〔飞行机械员课程〕

要求批准其飞行机械员课程的申请人,必须向局方提交请求批准的文件,同时必须提交每种课程大纲各三份,设施与设备的说明,教员及其资格的清单。飞行机械员课程的最低要求在本规则附件 2 中规定。

第三十一条 〔飞行机械学员合格证〕

(一)持合格证的飞行机械学员可在飞行机械教员监视下进行飞行训练。

(二)飞行机械学员合格证的申请人必须:

1. 具备本规则第二十六条(一)至(五)中所规定的条件;

2. 符合本规则第二十七条的知识要求,并通过了地面课程的笔试。

第三十二条 〔飞行机械教员合格证〕

持执照飞行至少 4 小时的飞行机械员,通过局方对其知识、技能以及下述教学能力进行的笔试和实践考试,可申请该型航空器的飞行机械教员合格证:

(一)对学员进行飞行前讲解和飞行后讲评;

(二)正确分析和纠正学员在飞行中常见的错误并进行示范;

(三)评估学员飞行完成情况;

(四)教员职责和出具证明的程序;

（五）准备和实施授课计划；

（六）课堂授课技能。

第五章 飞行通信员

第三十三条 〔资格要求〕

（一）至少年满18周岁，最大不得超过60周岁；

（二）有良好的道德品质；

（三）大专毕业，或局方根据申请人知识、经历和技术认可的等效水平；

（四）能读、说和听懂汉语普通话，无影响双向无线电对话的口音和口吃；

（五）持有民航总局颁发的有效体格检查合格证；

（六）按批准的训练课程大纲完成了执照上所申请机型的地面训练课程和飞行训练课程；

（七）符合本章知识要求、经历要求和技能要求等条的规定。

第三十四条 〔知识要求〕

（一）飞行通信员执照的申请人必须通过下列内容的笔试：

1．民航有关规章和适用于飞行通信员职务的规定；

2．无线电概论；

3．莫尔斯电码通信，如无此能力，将在其飞行通信员执照上签注相应的限制；

4．飞行中的正常和紧急通信程序和有关简缩语；

5．航路所用的通信导航设备，包括机场各类灯光设备、指挥电台、无线电测向测距设备、监控设备以及无线电指点标等；

6．实用航空气象学及气象报告通常的收集方法和传播体系；

7．航空知识；

8．航图和通信导航资料；

9．国际民航与有关国家和地区的飞行规则、空中交通规则和通信规则，能阅读与飞行有关的英文资料并能用英语进行工作对话和无线电对话，否则在其飞行通信员执照上将签注适当的限制。

（二）申请人还必须通过申请或增加机型的下列相应内容的笔试：

1．机载通信设备的功能、使用程序、可用性检查、故障判断和处置程序；

2．机载导航设备的种类和一般使用程序；

3．飞机和发动机的一般知识和飞行主要数据；

4．应急设备和应急程序；

5．飞行安全措施。

（三）考试情况将通知申请人。考试通过的成绩在考试后24个月内是申请人符合本条要求的证明。

第三十五条 〔经历要求〕

（一）飞行通信员执照的申请人必须是经局方批准的飞行通信员课程的毕业生，否则他必须提交下列证明文件：

1. 能在跨指挥区的航线飞行中按规定程序进行无线电对话、抄收空中交通管制的指示和放行许可、抄收气象通播，以及进行驾驶舱和地面的内话通信；

2. 正确无误地阅读天气报告和预报、航行公告，以及有关资料；

3. 在其所申请的机型上使用机载通信导航设备和应急设备，并对通信设备进行可用性检查、故障判断和处置；

4. 熟悉紧急通信程序和所申请机型的飞行安全措施。

（二）作为飞行通信员已完成航线飞行至少 2 小时，其中至少有 50 小时的夜间飞行，并且至少有 50 小时必须是在申请的同一机型上进行的。对已经历航线飞行 5 小时（其中至少有 1 小时夜间飞行）的驾驶员和领航员，可承认其具有不超过 1 小时本款所要求的经历，但这样认可的经历总共不超过 150 小时。

（三）飞行通信员执照的申请人如执行国际航线任务，必须是在飞行通信教员监视下已在国际航线上完成飞行通信工作至少 1 小时。

（四）上述经历必须由飞行经历记录本、武装部队的记录，或由持合格证的飞行通信教员签署的文件来证明。这些经历证明必须附在申请书后。

第三十六条 〔技能要求〕

（一）飞行通信员执照的申请人必须通过航线飞行实践考试，以证明他能在飞行通信教员监视下，单独完成飞行通信员的职责。

（二）申请人在参加本条所述的考试之前，必须通过本章第三十四条所要求的笔试。

（三）有关本条所述考试的项目和要求在本规则附件 3 中规定。

第三十七条 〔飞行通信员课程〕

要求批准其飞行通信员课程的申请人，必须向局方提交请求批准的文件，同时必须提交三份课程大纲、设施与设备的说明，以及教员及其资格的清单。该课程的最低要求在本规则附件 3 中规定。

第三十八条 〔飞行通信学员合格证〕

（一）持合格证的飞行通信学员才能在飞行通信教员监视下进行训练飞行。

（二）飞行通信学员合格证的申请人必须：

1. 具备本章第三十三条（一）至（五）中所规定的条件；

2. 符合本章第三十四条所规定的条件，在申请机型上完成了经批准的飞行通信员地面训练课程，并通过了局方对该课程进行的笔试。

第三十九条 〔飞行通信教员合格证〕

持有效执照飞行至少 4 小时的飞行通信员，通过局方对其知识、技能以及下述教学能力进行的笔试和飞行考试，可申请该型航空器的飞行通信教员合格证：

（一）制定授课计划；

（二）课堂教学技巧；

（三）对学员飞行前讲解和飞行后讲评；

（四）有效分析和纠正学员在飞行中常见的偏差并进行示范；

（五）评价学员飞行完成情况；
（六）教员职责和出具证明的程序。

第六章 罚 则

第四十条 〔涉及酒精或药物等的违法行为〕

任何人在其饮用任何含酒精饮料之后的8小时之内或处在酒精作用之下，其血液中酒精含量等于或大于0.04%，或受到任何不利于安全的药物影响损及工作能力者，都不得担任航空器的机组成员。违反上述规定的，将根据《民用航空法》第二百零八条的规定给予处罚。

第四十一条 〔对拒绝酒精、药物检验或提供结果者的处罚〕

拒绝局方的要求，不接受测定酒精、药物检验或不提供检验结果的，视为已受到酒精或药物的影响、不符合规定标准，局方可以：

（一）对申请人从该拒绝行为发生之日起一年内，不接受其所提出的有关任何执照、合格证或等级的申请；

（二）对持照（证）人根据《民用航空法》第二百零八条的规定给予警告、吊扣或吊销其所持有的执照、合格证或等级的处罚。

第四十二条 〔笔试中作弊或其他不允许的行为〕

任何人有下列行为之一的，该次考试无效，并在该行为发生之日起一年期间内，不接受其任何执照、合格证或等级的申请；通过该次考核取得的执照、合格证或等级也相应无效，当事人应当交回其所持有的相应执照、合格证或等级；持有上述证照从事飞行的，根据《民用航空法》第二百零五条、第二百零八条给予处罚：

（一）复制或故意取走笔试试卷；

（二）将该试卷的任何部分或复制件交给别人或从别人处接受；

（三）在考场上帮助任何人，或接受任何人的帮助；

（四）代替别人参加该考试的任何部分；

（五）在考试进行期间利用任何材料或辅助物品；

（六）故意引起、助长或参与本款所禁止的任何行为。

第四十三条 〔伪造、复制或篡改申请书、执照、合格证、认可证书、飞行经历记录本、报告或记录〕

任何人有下列行为或导致下列行为之一，并利用其执照、合格证和等级从事飞行的，将被视为无证飞行，根据《民用航空法》第二百零五条、第二百零八条的规定给予处罚：

（一）在申请按本规则颁发的执照、合格证或等级或补发这些证件的申请书上作出任何带有欺骗性或故意作假的说明；

（二）在要求予以保存、填写或使用的飞行经历记录本，记录或报告中填写任何带有欺骗性或故意作假的内容，以证明其满足任何本规则执照、合格证或等级的条件；

（三）为达到欺骗目的，对按本规则颁发的执照、合格证或等级所进行的任何方式的复制；

(四) 对按本规则颁发的执照、合格证或等级作出任何篡改。

第四十四条 〔对其他违章行为的处罚〕

持照（证）人有下列行为之一的，根据有关规定，视其情节轻重给予警告、罚款、吊扣执照、合格证或等级 1～6 个月，直至吊销其所持执照、合格证或等级的处罚：

(一) 违反本规则第四条的规定，无必需的执照、合格证、等级和授权飞行。

(二) 违反本规则第十一条的规定，继续担任机组成员。

(三) 违反本规则第二十五、三十二、三十九条的规定，进行合格证权限外的教学或出具证明授予训练不合格的人员单飞。

(四) 违反本规则其他条款的任何行为。

第四十五条 〔受到刑事处罚后执照、合格证的处理〕

取得执照、合格证后，持照（证）人受到刑事处罚，不再符合本规则关于道德品质的要求的，不得再行使其执照、合格证的权利，并应交回所持执照、合格证。

第七章 附 则

第四十六条 〔施行日期〕

本规则自 1997 年 1 月 1 日起施行。

第四十七条 〔废止的执照和等级及其更换〕

(一) 根据 (85) 民航局字第 350 号《关于颁发民用航空器飞行人员执照暂行规定》颁发的下列执照和等级自 1997 年 12 月 31 日废止：

1. 飞行机械员执照及等级；
2. 飞行领航员执照及等级；
3. 飞行无线电通信员执照及等级。

(二) 本条（一）所列执照和等级的持有人，已通过了年度考核并符合本规则规定标准者，自 1997 年 1 月 1 日至 1997 年 12 月 31 日的期限内，可将原执照和等级更换成相应的执照和等级。

(三) 持有已废止执照带教员等级者，其教员等级必须重新申请，按本规则有关规定经考核合格后，方能颁发教员合格证。

第四十八条 〔废止的文件〕

(85) 民航局字第 350 号《关于颁发民用航空器飞行人员执照暂行规定》及其有关文件予以废止。

附件：1. 领航员训练课程和考试要求（略）
   2. 飞行机械员训练课程和考试要求（略）
   3. 飞行通信员训练课程和考试要求（略）

航空安全员合格审定规则

(中国民用航空总局令第184号 2007年4月1日)

第一章 总 则

第一条 为保证民用航空安全,规范民用航空安全员的合格审定工作,根据《中华人民共和国民用航空法》、《中华人民共和国行政许可法》、《中华人民共和国民用航空安全保卫条例》和《国务院对确需保留的行政审批项目设定行政许可的决定》(国务院令第412号),制定本规则。

第二条 本规则适用于在中华人民共和国登记的公共航空运输企业运营的航空器上航空安全员的资格审查及其执照的颁发、管理与监督。

航空安全员执照(以下简称执照)的申请和权利行使应当遵守本规则的规定。

第三条 中国民用航空总局(以下简称民航总局)统一负责航空安全员资格审查及其执照的颁发与管理工作。

民用航空地区管理局(以下简称民航地区管理局)根据民航总局的规定,具体负责其管辖范围内执照的监督管理工作。

第四条 本规则使用的部分术语定义如下:

(一)航空安全员,是指在民用航空器中执行空中安全保卫任务的空勤人员。

(二)航空安全员合格审定,是对执照申请人和持有人的资格进行审核,确保其具备应有的水平,胜任航空安全员工作。

(三)局方,是指民航总局和民航地区管理局。

(四)教员,是指民航总局授权的具有航空安全员教员资格的人员。教员按照民航总局授权执行理论或基本体、技能教学。

(五)考官,是指根据民航总局授权实施本规则要求的执照理论考试或者基本体、技能考试的人员。考官由局方的监察员,或者民航总局委任的航空保安考官担任。

(六)理论考试,是指航空保安专业理论方面的考试,该考试可以通过笔试或者计算机考试来实施。

(七)基本体、技能考试,是指在地面上或飞行模拟舱中进行的非理论方面的考试。

(八)实习飞行,是指在具有教员资格的航空安全员监督指导下实施的实际飞行。

第二章 一般规定

第五条 航空安全员实行执照管理制度。未持有按本规则颁发的有效执照的人员,不得在中华人民共和国登记的公共航空运输企业运营的航空器上担任航空安全员。

航空安全员在行使相应权利时必须随身携带执照。

第六条 除执照持有人未满足本规则和有关中国民用航空运行规章的相应训练要求

且未在规定时间内补正外，按本规则颁发的执照长期有效。

第七条 持有按本规则颁发的执照在航空器上担任航空安全员的人员，必须持有按《中国民用航空人员医学标准和体检合格证管理规则》（CCAR－67FS）颁发的有效的Ⅳb级体检合格证，并且在行使执照所赋予的权利时随身携带该合格证。

体检合格证的有效期按照《中国民用航空人员医学标准和体检合格证管理规则》执行。

第八条 执照持有人有下列情况之一的，不得在航空器上履行航空安全员职责：

（一）在饮用含酒精饮料之后的 8 小时之内，或处在酒精作用之下，血液中酒精含量等于或者大于 0.04%，或受到药物影响损及工作能力时；

（二）不符合《中国民用航空人员医学标准和体检合格证管理规则》规定的现行体检标准时；

（三）被暂停行使执照权利期间。

第九条 本规则规定的考试应当由民航总局指定人员主持，并在指定的时间和地点进行。

考试包括理论考试和基本体、技能考试。考试科目按照民航总局规定的训练大纲划分。考试的合格分数线由民航总局确定。

考试合格者由考官出具考试合格证明。考试不合格者可以补考一次。考试成绩有效期为 12 个日历月。

考生应遵守考试纪律，严禁作弊等违纪行为。

第十条 执照申请人或持有人不得有下列行为：

（一）在按本规则提交的申请材料中提供虚假信息；

（二）伪造或篡改按本规则颁发的执照。

第三章 执照的管理

第十一条 执照申请人应当具备下列条件：

（一）具有中华人民共和国国籍；

（二）年满 18 周岁；

（三）男性身高 1.70～1.85 米，女性身高 1.65～1.75 米；

（四）具有高中毕业以上文化程度；

（五）未受刑事处罚，通过局方规定的背景调查；

（六）持有现行有效的Ⅳb级体检合格证；

（七）在申请执照前 6 个日历月内必须完成由教员按照民航总局规定的训练大纲实施的初任训练，并通过相应的理论考试和基本体、技能考试；

（八）符合法律、法规及民航总局规定的其他条件。

执照被撤销的，自撤销之日起一年内不得申请本规则规定的执照。

第十二条 在申请执照时，申请人应当向民航总局提交书面申请，同时提交下列材料：

（一）身份证明；

（二）学历证明；

（三）有效的体检合格证明；

（四）初任训练理论考试合格证明；

（五）初任训练基本体、技能考试合格证明；

（六）由申请人所在单位出具的申请人背景调查证明。

第十三条　对于申请材料不齐全或者不符合格式要求的，民航总局应当在收到申请之后的 5 个工作日内，一次性书面通知申请人需要补正的全部内容。逾期不通知的，自收到申请书之日起即为受理。申请人按照民航总局的通知提交全部补正材料的，民航总局应当受理申请。如民航总局不予受理申请，应当书面通知申请人。

第十四条　民航总局应当在受理申请后 20 个工作日内完成对申请人的申请材料的审查。民航总局对申请材料的实质内容进行核实时，申请人应当及时主动配合。由于申请人原因所延误的时间不记入前述 20 个工作日的期限。

第十五条　民航总局认为申请人符合条件的，为其颁发有效期不超过 120 天的航空安全员临时执照。对于不符合条件的，应以不予批准通知书的形式通知申请人，并告知申请人享有申请行政复议或者提起行政诉讼的权利。

第十六条　申请人在获得临时执照后方可进行实习飞行。实习飞行按民航总局规定的训练大纲的要求进行，实习飞行不少于 100 小时；实习飞行结束后，申请人应当向民航总局提交实习飞行考核结果。

第十七条　民航总局在收到实习飞行考核结果后 20 个工作日内完成审查，做出行政许可决定。准予许可的，应当自做出决定之日起 10 个工作日内为申请人颁发执照；不予许可的，应以不予批准通知书的形式通知申请人，并告知申请人享有申请行政复议或者提起行政诉讼的权利。

第十八条　执照由民航总局局长或者其授权人员签署颁发。

第十九条　申请变更执照姓名或者工作单位信息的，申请人应当向民航总局提交书面变更申请，申请应当附有执照持有人有效执照、有效体检合格证和变更内容的证明文件。申请变更姓名的，还应当提交身份证复印件。

申请人的变更申请符合条件的，民航总局参照本规则第十三条至第十七条的有关规定办理执照变更手续。

第二十条　执照遗失后，执照持有人应当立即向民航总局报告，并由民航总局通报民航有关单位。

执照损坏的，应当立即向民航总局申请换发。

执照持有人申请补发或换发执照的，应当向民航总局提交书面申请。申请应当写明现行执照的所有信息，并附有效体检合格证明以及符合本规则规定的相应训练、理论考试合格证明和基本体、技能考试合格证明。换发执照的，还应交回原执照。

申请人补发或换发执照的申请符合条件的，民航总局参照本规则第十三条至第十七条的有关规定办理执照补发手续。

第二十一条　有下列情形之一的，民航总局应当办理执照注销手续：

（一）执照被依法撤销的；
（二）执照持有人，男性年龄超过 55 周岁、女性年龄超过 50 周岁的；
（三）执照持有人放弃执照所有权利的；
（四）法律、法规、规章规定的其他情形。

第二十二条　临时执照仅用于执行实习飞行任务。有下列情形之一的，临时执照失效：
（一）临时执照上签注的日期期满；
（二）临时执照持有人收到所申请的执照；
（三）临时执照持有人收到被拒发执照的通知。

第二十三条　局方认为必要时，可以对持有本规则所要求的执照、临时执照和体检合格证的人员进行检查，持有人应当接受局方的检查并出示相关证件。

第四章　执照持有人的训练要求

第二十四条　执照持有人的定期训练要求如下：
（一）执照持有人自取得执照之日起每 36 个日历月内必须完成由教员实施的定期训练，并通过定期训练考试，由考官在其执照培训记录栏中进行签注。
（二）定期训练按民航总局规定的训练大纲的要求进行，包括理论知识学习和基本体、技能训练。定期训练不少于 200 小时。
（三）未按本条（一）、（二）的规定进行定期训练或者定期训练考试不合格的航空安全员，不得继续行使其所持执照上载明的权利。
（四）持有执照的航空安全员在按本条（一）规定的到期日所在日历月之前或者之后一个日历月内完成定期训练，视为在到期的当月完成。

第二十五条　执照持有人的日常训练要求如下：
（一）执照持有人自取得执照之日起每 12 个日历月内必须完成由教员组织实施的日常训练，并通过日常训练考试，由考官在其执照培训记录栏中进行签注。
（二）日常训练按民航总局规定的训练大纲的要求进行，包括理论知识学习和基本体、技能训练。日常训练每年度不少于 140 小时，每季度不少于 35 小时。
（三）未按本条（一）、（二）的规定进行日常训练或者日常训练考试不合格的航空安全员，不得继续行使其所持执照上载明的权利。
（四）持有执照的航空安全员在按本条（一）规定的到期日所在日历月之前或者之后一个日历月内完成日常训练，视为在到期的当月完成。

第二十六条　执照持有人的客舱应急训练要求如下：
（一）执照持有人自取得执照之日起每 24 个日历月内必须完成由教员实施的客舱应急训练，并通过考试，由考官在其执照培训记录栏中进行签注。
（二）客舱应急训练按民航总局规定的训练大纲的要求进行。
（三）未按本条（一）、（二）的规定进行客舱应急训练或者客舱应急训练考试不合格的航空安全员，不得继续行使其所持执照上载明的权利。
（四）持有执照的航空安全员在按本条第（一）款规定的到期日所在日历月之前或

者之后一个日历月内完成客舱应急训练,视为在到期的当月完成。

第二十七条 执照持有人连续12个日历月以上未行使执照权利的,必须完成由教员实施的重新获得资格训练并通过考试,由考官在其执照培训记录栏中进行签注,否则不得行使执照所载明的权利。

重新获得资格训练至少480小时,包括理论知识教学和基本体、技能训练。重新获得资格训练按民航总局规定的训练大纲的要求进行。

第二十八条 未在规定时间内完成相应训练的执照持有人可以进行补正,但必须自规定时间到期之日起3个日历月内完成补正,在上述时间内未予补正的执照失效,民航总局有权撤销。

第五章 罚 则

第二十九条 违反本规则第五条规定,未持有效执照行使航空安全员权利的人员,局方对当事人可以处以警告或者人民币200元以上1 000元以下的罚款;对当事人单位可以处以警告或者人民币1万元以上3万元以下的罚款。

对未携带执照行使相应权利的执照持有人,局方对当事人可处以警告。

第三十条 对于违反本规则第八条规定的执照持有人,局方可以处以警告或者人民币200元以上1 000元以下罚款。

第三十一条 违反本规则第九条规定,在考试中作弊的执照申请人,自作弊行为发生之日起,民航总局不再受理其提出的执照申请;当事人已取得执照的,由民航总局撤销其执照。

第三十二条 违反本规则第十条规定,申请人在申请材料中提供虚假信息的,或者伪造、篡改执照的,自该行为发生之日起,民航总局不再受理其提出的执照申请;申请人已取得执照的,民航总局有权撤销。

第三十三条 违反本规则第二十四条至第二十七条,未在规定的时间内完成训练且未予补正而继续行使航空安全员权利的执照持有人,局方可以处以警告,情节严重的,可以处以人民币200元以上1 000元以下的罚款或者暂停执照持有人行使执照权利3至6个月。

第三十四条 执照持有人在航空器上执行勤务过程中,因渎职或失职造成严重后果、事故征候或者事故的,局方可以处以警告或者暂停其行使执照权利3至6个月。

第三十五条 执照持有人受到刑事处罚的,自刑事处罚之日起,民航总局撤销其执照。在其接受刑事调查期间,执照持有人暂停行使执照权利。

执照持有人有其他违法行为的,局方视其情节轻重可以处以警告或者暂停其行使执照权利3至6个月。

第六章 附 则

第三十六条 本规则自2007年6月1日起施行。自本规则生效之日起,民航总局1997年12月31日发布施行的《航空安全员管理规定》(民航总局令第72号)中关于航空安全员合格审定的内容按照本规则执行。

第三十七条 自2008年1月1日起按照本规则颁发执照,停止按《航空安全员管理规定》颁发执照。

依照《航空安全员管理规定》取得执照的持有人，在本规则施行后可以按本规则继续行使执照所赋予的权利，但应当在2007年12月31日前换发按本规则颁发的执照。在2007年12月31日以后，不得继续行使按照《航空安全员管理规定》颁发的执照所赋予的权利。

民用航空情报员执照管理规则

（交通运输部令2016年第13号　2016年3月17日）

第一章　总　则

第一条　为了规范民用航空情报员执照的管理，根据《中华人民共和国行政许可法》和《国务院对确需保留的行政审批项目设定行政许可的决定》，制定本规则。

第二条　本规则适用于民用航空情报员执照的申请、颁发、管理和监督。

第三条　民用航空情报员实行执照管理制度。执照经注册方为有效执照。持有有效民用航空情报员执照的，方可在民用航空情报服务机构独立从事民用航空情报服务工作。

第四条　民用航空情报员执照由中国民用航空局（以下简称民航局）统一颁发和管理。

民用航空地区管理局（以下简称地区管理局）负责本辖区民用航空情报员执照的具体管理工作。

依照本规则规定承担执照管理相关工作的其他单位和个人应当根据授权范围做好相关工作，并接受民航局和地区管理局监督。

第五条　本规则中所用部分术语的定义如下：

（一）民用航空情报员，是指从事收集、整理、编辑民用航空资料，设计、制作、发布航空情报产品，提供及时、准确、完整的民用航空活动所需的航空情报服务工作的人员。

（二）民用航空情报员执照，是指情报员执照持有人（以下简称持照人）具有符合要求的知识、技能和经历，有资格从事航空情报服务工作的证明文件。

（三）民用航空情报检查员（以下简称情报检查员），是指由民航局委任，依据规定代表民航局从事有关民用航空情报人员资质管理和航空情报服务机构技术检查等工作的专业技术人员。

（四）情报员执照培训合格证（以下简称培训合格证），是表明合格证持有人在专业培训机构为获取执照而完成专门训练的证明文件。

（五）情报员理论考试合格证（以下简称理论考试合格证），是表明合格证持有人具备从事航空情报服务工作所需专业知识的证明文件。

（六）情报员技能考核合格证（以下简称技能考核合格证），是表明合格证持有人具备从事航空情报服务工作所需专业技能的证明文件。

（七）作用于精神的物品，是指酒精、鸦片、大麻、可卡因及其他兴奋剂，安眠药及其他镇静剂，幻觉剂，但咖啡和烟草除外。

第二章　执照申请与颁发

第六条　情报员执照申请人（以下简称申请人）在提出申请前应当完成规定的专业培训，通过理论考试和技能考核，获得必要的申请经历，并取得相应的证明文件。

第七条　申请人应当在情报员专业培训机构完成规定的专业培训，通过培训机构的考核，并取得培训机构颁发的培训合格证。

第八条　情报员专业培训机构应当详细记录申请人培训情况，妥善保存人员培训的技术资料，保存期限不少于10年。

第九条　申请人应当在申请执照前完成本规则第二十八条所规定的岗位培训，并且获得在持照情报员监督下见习工作的经历。

第十条　根据规定取得培训合格证，并满足规定的申请经历要求后，申请人方可参加理论考试。

申请人的理论考试由工作单位所在地的地区管理局组织。

第十一条　情报员执照理论考试内容应当符合本规则对申请人应当具备知识的要求。

第十二条　情报员执照理论考试可以通过笔试或者计算机辅助考试实现。

理论考试为百分制，成绩在80分（含）以上的申请人方可获得理论考试合格证。

第十三条　理论考试合格者由工作单位所在地的地区管理局颁发合格证。理论考试合格证有效期3年。

第十四条　根据规定取得培训合格证，并满足规定的申请经历要求后，申请人方可参加技能考核。

申请人的技能考核由工作单位所在地的地区管理局组织，并安排情报检查员主持考核。

第十五条　情报员执照技能考核内容应当符合本规则对申请人应当具备技能的要求。

第十六条　情报员执照技能考核可以通过在实际运行环境中或者模拟环境中了解申请人技术能力的方式进行。

情报员执照技能考核按优、良、中、差评定。考核评定在良（含）以上者为考核合格。

主持技能考核的检查员应当详细记录考核情况，分析申请人技术水平，并评定技能考核结果。

第十七条　经主持技能考核的情报检查员评定，情报员执照技能考核合格者由地区管理局签发技能考核合格证。技能考核合格证有效期为1年。

第十八条　申请人应当具备下列条件：

（一）具有中华人民共和国国籍；

（二）热爱民航事业，具有良好的品行；
（三）具有大学专科（含）以上文化程度；
（四）口齿清楚，无色盲等缺陷；
（五）完成规定的专业培训，取得有效的执照培训合格证；
（六）通过理论考试，取得有效的理论考试合格证；
（七）通过技能考核，取得有效的技能考核合格证；
（八）符合本规则规定的申请人经历要求。

第十九条　符合本规则第十八条规定条件的申请人应当向工作单位所在地的地区管理局提交本规则附件规定的《民用航空情报员执照申请表》以及申请人身份证明、学历证明、培训合格证、理论考试合格证、技能考核合格证、岗位培训和工作经历证明及近期照片等申请材料。

第二十条　对于申请材料不齐全或者不符合格式要求的，地区管理局应当在收到申请之后的5个工作日内一次性通知申请人需要补正的全部内容。逾期不通知视为在收到申请材料之日起受理。

第二十一条　地区管理局应当对申请人是否具备条件进行初步审查，并将申请材料及初步审查意见于受理后20个工作日内报送民航局。

第二十二条　民航局自收到地区管理局报送的执照申请材料及初步审查意见后20个工作日内，对申请材料进行审核并做出决定。符合条件的，应当予以批准，并自批准之日起10个工作日内颁发情报员执照；不符合条件的，应当不予批准，并通知地区管理局和申请人，说明不予批准的原因。

第二十三条　情报员执照由民航局局长或者其授权人员签署颁发。

第二十四条　情报员执照基本信息变更（范围见附件第I项）时，持照人应当向所在地的地区管理局提出书面申请并提交相关证明材料。对于需要在执照上体现的信息，由地区管理局审核后报民航局换发执照。

第二十五条　情报员执照遗失或者损坏后，持照人应当向工作单位所在地的地区管理局以书面形式申请补发，由地区管理局审核后报民航局补发。

第三章　申请人应当具备的知识、技能和经历

第二十六条　申请人应当具备下列知识：

（一）与情报员管理、航空情报服务、航空数据管理、航图有关的法律、法规、规章和标准；国际民用航空公约及其附件、文件的相关内容。

（二）航空情报服务的组织与实施。

（三）航图的制作、识别和使用。

（四）航空情报服务工作中所用设备的原理、使用与限制。

（五）与航空情报服务工作有关的人的因素。

（六）飞行原理，航空器、动力装置与系统的操作原理与功能。

（七）航空气象学，气象文件与资料的使用与判读，影响飞行运行及安全的天气现象的起源与特征，测高法。

（八）空中导航的原理，导航系统与目视助航设备的原理、限制及精度，主要航空通信设备的工作原理及运用。

（九）领航学，推测和无线电领航方法、航图作业、航线飞行计划拟定、高度表拨正程序。

（十）目视与仪表飞行程序设计、机场最低运行标准制定的基本知识。

（十一）所在机场的航空资料、航图，机场净空及机场有关设施。

（十二）机场范围或者半径50公里范围内的各类通信、导航设施的类别、位置、有效距离、呼号、频率及使用程序。

（十三）机场范围内空中交通特点、航线结构及飞行程序。

（十四）有关航线的地形、走向、高度层配备及气象特点。

（十五）机场范围内的气象特征和危险天气的演变规律及对飞行的影响。

（十六）各种性质的飞行组织保障工作程序。

（十七）各种飞行勤务保障单位的联络程序、保障设施和能力。

（十八）与有关空中交通服务单位的工作关系、协调程序和手段。

（十九）航空专业英语。

（二十）质量管理系统相关知识。

（二十一）空中交通管理和航空信息管理概念、政策、技术。

（二十二）应当具备的其他相关知识。

第二十七条 申请人应当具备下列技能：

（一）熟练进行各类航行通告、飞行动态电报的编发和处理。

（二）熟练掌握民用航空固定通信电报拍发程序，正确使用通信设备收发电报。

（三）熟练编辑审核原始技术资料，处理静态航空数据。

（四）熟练使用各种航空情报资料和航图。

（五）能够正确使用航行通告代码和简缩字。

（六）能够独立主持提供飞行前和飞行后航空情报服务，向机组或者其他用户讲解飞行需要的航空情报，回答机组和其他用户在飞行准备中提出的问题。

（七）能够制定和受理飞行计划。

（八）能够利用航图进行地图作业，并进行一般领航计算。

（九）能看懂天气图并能进行天气形势的一般分析，择优选择航线和有利飞行高度层。

（十）能够对机型、机场、航线的性能进行分析。

（十一）能够正确实施紧急处置程序。

（十二）能够用英语就本专业范围内的工作进行会话、阅读、编写电报。

（十三）能够独立编写机场使用细则。

（十四）熟练操作航空情报自动化系统。

（十五）其他表现出与履行岗位职责相适应的能力和水平。

第二十八条 申请人应当符合下列申请经历要求：

（一）按照民用航空情报培训的相关规定，完成岗位培训并达到相关要求。

(二) 在持照人的监督下，完成至少3个月的岗位见习工作。

第四章 执照管理

第二十九条 持照人应当满足下列近期经历要求：

(一) 每6个月内在航空情报工作岗位的工作时间不少于60小时，或者少于60小时但是完成了至少1个月岗位熟练培训；

(二) 熟悉与履行执照工作职责相关、现行有效的规则、程序和资料；

(三) 按照规定完成有关岗位培训并达到相关要求。

第三十条 持照人有下列情形之一的，不得从事航空情报服务工作：

(一) 在饮用任何含酒精饮料之后的8小时之内或者处在酒精作用之下、血液中酒精含量等于或者大于0.04%，或者受到任何作用于精神的物品影响损及工作能力时；

(二) 持照人被依法暂停行使执照权利期间。

第三十一条 持照人所在单位应当建立民用航空情报员技术档案，如实记录持照人岗位培训、理论考试、技能考核、执照检查、岗位工作等技术经历。

第三十二条 持照人从事执照相应的岗位工作时，应当携带执照或者将执照保存在岗位所在单位，便于接受执照检查。

第三十三条 持照人应当在其工作单位所在地的地区管理局进行执照注册，注册的有效期为3年。颁发执照时，地区管理局应当进行首次注册。

持照人执照未经注册或者注册无效的，不得独立从事航空情报服务工作。

第三十四条 持照人工作单位跨地区管理局辖区变更时，应当到变更后工作单位所在地的地区管理局重新注册。地区管理局办理相关的执照管理档案转移，并报民航局备案。重新注册后，执照仍适用原注册有效期。

第三十五条 持照人所在单位每年应当对其知识和技能进行考试、考核，做出是否掌握工作岗位所需知识和技能的结论，并将考试、考核情况记入民用航空情报员技术档案。

第三十六条 持照人符合以下条件的，可以申请注册：

(一) 符合本规则第二十九条规定的近期经历要求；

(二) 通过所在单位组织的知识考试和技能考核，具备情报服务工作岗位应掌握的知识和技能。

第三十七条 持照人在执照注册有效期满前2个月向所在地的地区管理局提交执照注册申请，并将所在单位出具的岗位培训等近期经历证明、所在单位知识考试和技能考核情况等注册材料提交所在地的地区管理局。

第三十八条 地区管理局对持照人执照注册材料进行审核，对于符合执照注册条件的，地区管理局应在执照注册有效期满前予以注册。

必要时，地区管理局可以进行情报员执照注册检查，核实持照人岗位培训等近期经历情况，考核持照人的知识和技能。

第三十九条 逾期未注册的持照人申请重新注册时，由地区管理局对其进行情报员执照注册检查，对于符合条件的予以重新注册。

第四十条 情报员执照注册检查中技能考核由情报检查员具体实施。

第四十一条　经工作单位所在地的地区管理局批准,持照人注册条件要求可视情况降低,但应当对其提供航空情报服务的范围做出相应的限制。

第四十二条　地区管理局应当将执照注册的情况上报民航局备案。

第五章　法律责任

第四十三条　从事执照管理工作的单位及其工作人员有下列情形之一的,对直接负责的主管人员和其他直接责任人员依法给予行政处分:

（一）对不符合本规则规定条件的申请人准予颁发执照的;

（二）对符合本规则规定条件的申请人不予颁发执照或者不在规定期限内做出准予颁发执照决定的;

（三）在办理执照和实施监督检查过程中,索取他人财物或者谋取其他利益的;

（四）不依法履行监督职责,造成严重后果的。

第四十四条　从事航空情报员技能考核的检查员违反规定不正确履行职责,情节严重的,由民航局取消其检查员资格。

第四十五条　情报员专业培训机构违反规定颁发或者不颁发培训合格证的,由民航局或者地区管理局处以警告或者1万元以上3万元以下罚款。

第四十六条　申请人以欺骗、贿赂等不正当手段取得执照的,由民航局撤销其执照,3年内不得再次申请执照。同时,由地区管理局对当事人处以警告或者500元以上1 000元以下罚款。

第四十七条　违反本规则规定,未取得执照而独立从事民用航空情报服务工作的,由地区管理局对当事人处以500元以上1 000元以下罚款;情节严重的,2年内不得申请航空情报员执照。

第四十八条　违反本规则规定,持照人执照未经有效注册而独立从事民用航空情报服务工作的,由地区管理局责令限期改正,并对当事人处以警告,可同时处以200元以上1 000元以下罚款;情节严重的,暂停其执照权利3个月至6个月。

第四十九条　航空情报服务机构违反本规则规定,安排未取得执照的人员从事民用航空情报服务工作的,由地区管理局责令改正,并处以1万元以上3万元以下罚款。

第五十条　航空情报服务机构违反本规则规定,安排执照未经有效注册的航空情报员独立从事民用航空情报服务工作的,由地区管理局责令改正,并且对航空情报服务机构处以警告;情节严重的,处以5 000元以上1万元以下罚款。

第五十一条　航空情报服务机构未按本规则规定管理持照人技术档案的,由地区管理局责令限期改正,情节严重的,处以警告。

第五十二条　持照人违反本规则第三十条规定从事航空情报服务工作的,由地区管理局责令改正,对持照人给予警告或者200元以上1 000元以下罚款;情节严重的,暂停其执照权利3个月至6个月。

第五十三条　持照人违反民用航空法律、法规、规章,未按规定履行职责,对事故征候、严重事故征候或者事故负有直接责任的,地区管理局应当取消其现行有效的注册,在3个月至1年内不予注册,并对违法当事人处以1 000元以下罚款;造成严重后果的,应当取消现行有效的注册并不再予以注册。

第五十四条 持照人与事故征候、严重事故征候或者事故有直接关系的,调查期间地区管理局可以暂停其执照权利。

第六章 附 则

第五十五条 本规则所称航空情报服务机构不包括航空器运营人航行情报部门。

第五十六条 本规则至2016年4月17日起施行。1986年3月15日发布,2006年6月21日中国民航总局令第169号修订的《民用航空情报员执照管理规则》(CCAR-65TM-III-R3)同时废止。

第五十七条 在本规则施行前按照《民用航空情报员执照管理规则》(CCAR-65TM-III-R3)获得的执照继续有效,其注册、换证和其他管理事项自本规则施行之日起按照本规则执行。

附件:民用航空情报员执照申请表(略)

民用航空电信人员执照管理规则

(交通运输部令2016年第14号 2016年3月17日)

第一章 总 则

第一条 为了规范民用航空电信人员执照的管理,根据《中华人民共和国行政许可法》和《国务院对确需保留的行政审批项目设定行政许可的决定》,制定本规则。

第二条 本规则适用于民用航空电信人员执照(以下简称电信人员执照)的申请、颁发、管理和监督。

第三条 民用航空电信人员(以下简称电信人员)实行执照管理制度,执照经注册方为有效执照。持有有效电信人员执照的,方可独立从事其执照载明的通信导航监视服务保障工作。

第四条 电信人员执照由中国民用航空局(以下简称民航局)统一颁发和管理。

民用航空地区管理局(以下简称地区管理局)负责本辖区电信人员执照管理的具体工作。

依照本规则规定承担执照管理相关工作的其他单位和个人应当根据授权范围做好相关工作,并接受民航局和地区管理局监督。

第五条 电信人员执照分为通信专业、导航专业和监视专业等三类。各专业所对应的岗位参见附件1。

电信人员执照类别和岗位在执照中以签注标明。

电信人员所从事的岗位工作应当与其执照类别和岗位签注相一致。

第六条　本规则中所用部分术语的含义如下：

（一）民用航空电信人员，是指从事民用航空通信导航监视服务保障工作的技术人员。

（二）电信人员执照，是指执照持有人具有符合要求的知识、技能和经历，有资格从事通信导航监视服务保障工作的证明文件。

（三）航空电信检查员（以下简称检查员），是由民航局委任，依据规定代表民航局从事有关民用航空电信人员执照管理和通信导航监视服务保障单位技术检查等工作的专业技术人员。

（四）电信人员理论考试合格证（以下简称理论考试合格证），是表明合格证持有人具备从事通信导航监视服务保障工作所需专业知识的证明文件。

（五）电信人员技能考核合格证（以下简称技能考核合格证），是表明合格证持有人具备从事通信导航监视服务保障工作所需专业技能的证明文件。

（六）作用于精神的物品，是指酒精、鸦片、大麻、可卡因及其他兴奋剂，安眠药及其他镇静剂，幻觉剂，但咖啡和烟草除外。

第二章　执照申请与颁发程序

第七条　执照申请人在提出申请前应当完成规定的培训，获得必要的申请经历，通过理论考试和技能考核，并取得相应的证明文件。

第八条　执照申请人和执照签注申请人的理论考试由其工作单位所在地的地区管理局组织。

第九条　理论考试的内容应当符合本规则对申请人应当具备知识的要求。

第十条　理论考试可以通过笔试或者计算机考试来实现。

理论考试为百分制，成绩在 80 分（含）以上的执照申请人方可获得理论考试合格证。

第十一条　理论考试合格证由地区管理局颁发并注明考试的专业类别。理论考试合格证有效期为 3 年。

第十二条　执照申请人和执照签注申请人的技能考核由其工作单位所在地的地区管理局组织，并安排检查员进行考核。

第十三条　技能考核针对申请人申请的专业类别和岗位进行。技能考核的内容应当符合本规则对申请人应当具备技能的要求。

第十四条　技能考核应当通过在实际运行环境中或者模拟环境中演示操作的方式进行。

技能考核按优、良、中、差评定。考核结果在良（含）以上的执照申请人方可获得技能考核合格证。

主持技能考核的检查员应当详细记录考核情况，分析申请人技术水平，评定技能考核结果。

第十五条　技能考核合格证由地区管理局签发。技能考核合格证应注明考核的专业类别和岗位。技能考核合格证有效期为 2 年。

第十六条 电信人员执照申请人应当具备下列条件:

(一) 具有大学专科(含)以上文化程度;

(二) 通过理论考试,取得有效的理论考试合格证;

(三) 通过技能考核,取得有效的技能考核合格证;

(四) 符合本规则规定的申请人培训和经历要求;

(五) 符合通信导航监视服务保障工作岗位应当具备的身体条件。

第十七条 符合本规则第十六条规定条件的申请人应当按照所申请的执照类别及岗位,向地区管理局提交规定的下列申请材料:

(一) 本规则附件2规定的《民用航空电信人员执照/专业类别签注申请表》;

(二) 身份证明复印件;

(三) 学历证明复印件;

(四) 理论考试合格证复印件;

(五) 技能考核合格证复印件;

(六) 培训和经历证明;

(七) 一寸标准白底正面免冠彩色照片两张及其电子版;

(八) 其他规定的申请材料。

第十八条 对于申请材料不齐全或者不符合格式要求的,地区管理局应当在收到申请之后的5个工作日内一次性通知申请人需要补正的全部内容。逾期不通知视为在收到申请材料之日起受理。

第十九条 地区管理局应当对申请人是否具备条件进行初步审查,并将申请材料及初步审查意见于受理之日起20个工作日内报送民航局。

第二十条 民航局自收到地区管理局报送的执照申请材料及初步审查意见后20个工作日内,对申请材料进行审核并做出决定。符合条件的,应当予以批准,并自批准之日起10个工作日内颁发执照;不符合条件的,应当不予批准,并通知地区管理局和申请人,同时说明不予批准的原因。

第二十一条 电信人员执照由民航局局长或者其授权人员签署颁发。

第二十二条 持照人可以在现有执照的基础上申请增加或者变更专业类别签注和岗位签注。

第二十三条 持照人申请变更或增加执照专业类别签注的,申请条件、材料和程序按照本规则规定的执照申请条件、材料和程序办理。

第二十四条 持照人申请变更或增加执照岗位签注,不涉及执照专业类别发生变化的,应当向地区管理局提出申请,申请条件应当符合本规则第十六条(一)、(三)、(四)、(五)项要求,提交第十七条规定的除理论考试合格证之外的材料,并填写本规则附件3规定的《民用航空电信人员岗位签注申请表》。

地区管理局应当在受理后20个工作日内,对申请材料进行审核并做出决定。符合条件的,应当予以批准;不符合条件的,应当不予批准,并通知申请人,说明不予批准的原因。

第二十五条 电信人员执照基本信息（范围见附件2第Ⅰ项）的变更，由持照人向地区管理局提出申请并提交相关证明材料。对于需要在执照上体现的信息，由地区管理局审核后报民航局换发执照。

第二十六条 电信人员执照遗失或者损坏后，持照人应当向地区管理局以书面形式申请补发，由地区管理局审核后报民航局补发执照。

第三章 申请人应当具备的知识、技能和经历

第二十七条 申请人应当具备与民用航空通信导航监视服务保障工作相关的下列知识：

（一）国际民用航空公约及其附件、文件的相关内容；
（二）法律、法规、规章，行业标准或规范；
（三）民用航空通信导航监视服务工作程序；
（四）空中交通服务规则和工作程序；
（五）设备的详细工作原理、信号流程图；
（六）设备的电路原理、重要元器件的功能；
（七）设备的性能及技术指标；
（八）配套设备的工作原理、技术功能。

第二十八条 申请人应当具备与民用航空通信导航监视服务保障工作相关的下列技能：

（一）掌握一般单套设备的安装，具有调试能力。对大型系统，可协助配合安装调试。
（二）熟练掌握设备的操作，如更改频率、改变工作方式、校正工作参数、更改参数设置。
（三）能熟练地运用仪器仪表测量工作参数。
（四）能熟练地判断设备的工作状态。
（五）能熟练地判断设备常见故障并予排除。
（六）熟悉设备日常维护、月维护、季维护、年维护的内容和程序，并能正常实施。
（七）熟悉设备维修程序。
（八）熟悉应急处置程序。

第二十九条 申请人应当符合下列申请经历要求：

（一）申请人在持相应有效执照岗位签注的电信人员带领下，参加不少于4个月的专业实习；
（二）对于同时申请电信人员执照同一专业类别多个岗位的申请人，其专业实习时间可以合并，但其总实习时间不得少于5个月；
（三）对于同时申请电信人员执照不同专业类别多个岗位的申请人，其专业实习时间可以合并，但其总实习时间不得少于6个月。

第四章 执照管理

第三十条 已获得执照的电信人员应当满足下列近期经历要求：

（一）最近 6 个月内在执照签注岗位的工作时间不少于 1 个月，或者少于 1 个月但是完成了 1 个月以上岗位熟练培训；

（二）熟悉所有与履行执照签注岗位工作职责相关的、现行有效的维护维修规程和资料。

持照人持有两个以上岗位签注的，应当结合现行岗位工作满足其中至少一个岗位签注的近期经历要求。

第三十一条 持照人有下列情形之一的，不得从事通信导航监视服务保障岗位工作：

（一）在饮用任何含酒精饮料之后的 8 小时之内或处在酒精作用之下、血液中酒精含量等于或者大于 0.04%，或受到任何作用于精神的物品影响损及工作能力时；

（二）持照人被暂停行使执照权利期间。

第三十二条 持照人所在单位应当为航空电信人员建立规范统一的人员技术档案，完整、如实地记录持照人岗位培训、理论考试、技能考核、执照检查、岗位工作等技术经历。

第三十三条 持照人从事执照载明的岗位工作时，应当随身携带执照或将执照保存在所在岗位，便于接受执照检查。

第三十四条 电信人员工作单位跨地区变更时，应当到变更后工作单位所在地的地区管理局重新注册。地区管理局办理相关的执照管理档案转移，并报民航局备案。重新注册后，执照仍适用原注册有效期。

第三十五条 变更、增加专业类别签注或岗位签注的申请获得批准的，持照人应当在 20 个工作日内将执照送回地区管理局，由地区管理局在执照上变更或者增加相应签注。

第三十六条 持照人所在单位每年应当对其进行培训和考核，做出是否掌握工作岗位所需知识和技能的结论，并将培训、考核情况记入人员技术档案。

第三十七条 电信人员应当在其工作单位所在地地区管理局进行执照注册，注册的有效期为 3 年。颁发执照时，地区管理局应当进行首次注册。

持照人执照未经注册或者注册无效的，不得独立从事其执照载明的工作。

第三十八条 持照人符合以下条件的应当予以注册：

（一）完成规定的岗位培训；

（二）符合本规则规定的近期经历要求；

（三）通过所在单位组织的知识考试和技能考核，具备工作岗位应掌握的知识和技能。

第三十九条 持照人应在执照注册有效期满前 3 个月内向地区管理局提交执照注册申请，并将持照人所在单位出具的岗位培训和近期经历证明、所在单位的知识考试和技能考核情况等注册材料提交地区管理局。

第四十条 地区管理局对持照人执照注册材料进行审核，对于符合执照注册条件的，地区管理局应在执照注册有效期满前予以注册。

必要时，地区管理局可以进行电信人员执照注册检查，核实持照人岗位培训情况、近期经历，考核持照人的知识和技能，对检查合格者，予以注册。

第四十一条 逾期未注册的持照人申请重新注册时，由管理局对其进行电信人员执照注册检查，对于符合条件的，予以重新注册。

第四十二条 本规则第四十条和第四十一条中的电信人员执照注册检查中技能考核由检查员具体实施。

第四十三条 地区管理局应当将执照注册的情况上报民航局备案。

第四十四条 在执照注册有效期内，持照人连续6个月以上未在签注的岗位工作的，返回该岗位前应当完成1个月以上的由持照人单位组织的岗位熟练培训。

第五章 法 律 责 任

第四十五条 从事执照管理工作的单位及其工作人员有下列情形之一的，对直接负责的主管人员和其他直接责任人员依法给予行政处分：

（一）对不符合本规则规定条件的申请人准予颁发执照的；

（二）对符合本规则规定条件的申请人不予颁发执照或者不在规定期限内做出准予颁发执照决定的；

（三）在办理执照和实施监督检查过程中，索取他人财物或者谋取其他利益的；

（四）不依法履行监督职责，造成严重后果的。

第四十六条 从事电信人员技能考核的检查员违反本规则规定不正确履行职责，情节严重的，由民航局取消其检查员资格。

第四十七条 执照申请人以欺骗、贿赂等不正当手段取得执照的，由民航局撤销其执照，3年内不得再次申请。同时，由地区管理局对当事人处以警告或者500元以上1 000元以下罚款。

第四十八条 违反本规则规定，未取得电信人员执照而独立从事通信导航监视服务保障工作的，由地区管理局对当事人处以500元以上1 000元以下罚款；情节严重的，2年内不得提出电信人员执照申请。

第四十九条 违反本规则规定，持照人执照未经有效注册或者不具备相应签注而独立从事通信导航监视服务保障工作的，由地区管理局责令限期改正，并对当事人处以警告；情节严重的，处以200元以上1 000元以下罚款或者暂停其执照权利3个月至6个月。

第五十条 通信导航监视服务保障单位违反本规则规定，安排未取得电信人员执照的人员独立从事通信导航监视服务保障工作的，由地区管理局责令改正，并处以1万元以上3万元以下罚款。

第五十一条 通信导航监视服务保障单位违反本规则规定，安排执照未经有效注册或者不具备相应签注的持照人独立从事通信导航监视服务保障工作的，由地区管理局责令改正，并且对通信导航监视服务保障单位处以警告；情节严重的，处以5 000元以上1万元以下罚款。

第五十二条 通信导航监视服务保障单位未按本规则规定管理持照人技术档案的，由地区管理局责令限期改正，情节严重的，对通信导航监视服务保障单位处以警告。

第五十三条 持照人违反本规则第三十一条规定从事通信导航监视服务保障岗位工

作的,由地区管理局责令改正,对持照人给予警告或者 200 元以上 1 000 元以下罚款;情节严重的,暂停其执照权利 3 个月至 6 个月。

第五十四条 持照人违反民用航空法律、法规、规章,未按规定履行职责,对事故征候、严重事故征候或者事故负有直接责任的,地区管理局应当取消其现行有效的注册,在 3 个月至 1 年内不予注册,并对违法当事人处以 1 000 元以下罚款;造成严重后果的,应当取消现行有效的注册并不再予以注册。

第五十五条 持照人与发生的安全生产责任事故有直接关系的,在事故调查期间,地区管理局可以暂停其执照权利。

第六章 附 则

第五十六条 本规则自 2016 年 4 月 17 日起施行。2006 年 12 月 31 日发布,2007 年 5 月 1 日起施行的《民用航空电信人员执照管理规则》(中国民航总局令第 175 号,CCAR-65TM-I-R2)同时废止。

第五十七条 在本规则施行前按照《民用航空电信人员执照管理规则》(中国民航总局令第 175 号,CCAR-65TM-I-R2)获得的执照继续有效,其注册、换证和其他管理事项自本规则施行之日起按照本规则执行。

附件:1. 民用航空电信人员执照专业类别所对应的岗位
　　　2. 民用航空电信人员执照/专业类别签注申请表(略)
　　　3. 民用航空电信人员岗位签注申请表(略)

附件 1

民用航空电信人员执照专业类别所对应的岗位

一、通信专业

1. 甚高频地空通信系统、高频地空通信系统、数据链系统;
2. 语音通信交换系统、记录仪;
3. 自动转报系统、航空信息处理系统(AMHS);
4. 卫星通信;
5. 数据通信;
6. 集群通信;
7. 信息网络。

二、导航专业

1. 全向信标/测距设备;
2. 无方向性信标/指点信标;
3. 仪表着陆系统/测距设备;

4. 卫星导航地面设备。

三、监视专业

1. 一/二次监视雷达；
2. 场面监视设备；
3. 多点相关定位系统；
4. 自动相关监视系统；
5. 空中交通管制自动化系统。

民用航空气象人员执照管理规则

（交通运输部令2016年第16号　2016年3月17日）

第一章　总　则

第一条　为了规范民用航空气象人员执照的管理，根据《中华人民共和国行政许可法》和《国务院对确需保留的行政审批项目设定行政许可的决定》，制定本规则。

第二条　本规则适用于民用航空气象人员执照的申请、颁发、管理和监督。

第三条　民用航空气象人员（以下简称气象人员）实行执照管理制度，执照经注册方为有效执照。持有有效民用航空气象人员执照的，方可在航空气象服务机构独立从事其执照载明的航空气象服务工作。

第四条　民用航空气象人员执照由中国民用航空局（以下简称民航局）统一颁发和管理。

民用航空地区管理局（以下简称地区管理局）负责本辖区民用航空气象人员执照的具体管理工作。

依照本规则规定承担执照管理相关工作的单位和个人应当根据授权范围做好相关工作，并接受民航局和地区管理局监督。

第五条　民用航空气象人员执照类别分为气象观测、气象预报、自动气象观测设备保障、气象雷达设备保障、气象信息系统设备保障五类。

气象人员执照类别在执照中以签注标明。

气象人员从事岗位工作应当与其执照类别一致。

第六条　本规则中所用部分术语的含义如下：

（一）民用航空气象人员，是指从事民用航空气象观测、气象预报、气象设备保障的人员。

（二）气象观测员，是指从事民用航空气象观测工作的人员。

（三）气象预报员，是指从事民用航空气象预报工作的人员。

（四）气象设备保障人员，是指从事民用航空自动气象观测系统、气象雷达等探测设备和气象信息系统运行保障工作的人员。

（五）气象检查员（以下简称检查员），是由民航局委任，依据规定代表民航局从事有关气象人员资质管理和民用航空气象服务机构技术检查等工作的专业技术人员。

（六）气象人员执照理论考试合格证（以下简称理论考试合格证），是表明合格证持有人具备从事航空气象服务工作所需专业知识的证明文件。

（七）气象人员执照技能考核合格证（以下简称技能考核合格证），是表明合格证持有人具备从事航空气象服务工作所需专业技能的证明文件。

第二章　执照申请与颁发

第七条　气象人员执照申请人、签注申请人应当完成规定的专业培训，通过规定的理论考试、技能考核，获得必要的工作经历，并取得相应的证明文件。

第八条　气象人员执照理论考试由申请人工作单位所在地地区管理局组织。

第九条　气象人员执照理论考试内容应当符合本规则对申请人应当具备知识的要求。

第十条　气象人员执照理论考试可以通过笔试或者计算机考试的方式实现。

理论考试为百分制，成绩在80分（含）以上的执照申请人方可获得理论考试合格证。

第十一条　理论考试合格者由申请人工作单位所在地地区管理局颁发理论考试合格证。理论考试合格证有效期为3年。

第十二条　气象人员执照技能考核由申请人工作单位所在地地区管理局组织，并安排检查员主持考核。

第十三条　气象人员执照技能考核的内容应当符合本规则对申请人应当具备技能的要求。

第十四条　气象人员执照技能考核在实际运行环境中或者模拟环境中进行。

技能考核按优、良、中、差四个等级评定。考核评定在良（含）以上者为考核合格。

主持技能考核的检查员应当详细记录考核情况，分析申请人技术水平，并评定技能考核结果。

第十五条　气象人员执照技能考核合格者由地区管理局颁发技能考核合格证。技能考核合格证有效期为3年。

第十六条　气象人员执照申请人应当具备下列条件：

（一）通过理论考试，取得有效的理论考试合格证；

（二）通过技能考核，取得有效的技能考核合格证；

（三）完成规定的培训并符合实习经历的要求；

（四）气象观测执照申请人应当具有气象专业大专（含）以上文化程度，气象预报执照申请人应当具有气象专业本科（含）以上文化程度，气象设备保障执照申请人应当具有相关专业本科（含）以上文化程度。

第十七条　执照持有人符合第十六条规定条件的，可以申请在执照上增加类别签注。增加签注的程序参照执照申请程序办理。

第十八条 符合本规则第十六条规定条件的执照申请人应当按照所申请的执照类别，向工作单位所在地地区管理局提交本规则附件规定的《民用航空气象人员执照申请表》以及申请人身份证明、学历证明、理论考试合格证、技能考核合格证、培训证明、实习经历证明和近期照片等申请材料。

第十九条 对于申请材料不齐全或者不符合格式要求的，地区管理局应当在收到申请之后的5个工作日内一次性通知申请人需要补正的全部内容。逾期不通知视为在收到申请材料之日起受理。

第二十条 地区管理局应当对申请人是否具备条件进行初步审查，并将申请材料及初步审查意见于受理后20个工作日内报送民航局。

第二十一条 民航局自收到地区管理局报送的申请材料及初步审查意见后20个工作日内，对申请材料进行审核并做出决定。符合条件的，应当予以批准，并自批准之日起10个工作日内颁发气象人员执照；不符合条件的，应当不予批准，并通知地区管理局和申请人，同时说明不予批准的原因。

第二十二条 气象人员执照由民航局局长或者其授权人员签署颁发。

第二十三条 气象人员执照基本信息（范围见附件第1项）变更时，持照人应当向工作单位所在地地区管理局提出书面申请并提交相关证明材料。对于需要在执照上体现的信息，由地区管理局审核后报民航局换发执照。

第二十四条 气象人员执照遗失或者损坏后，持照人应当向工作单位所在地地区管理局以书面形式申请补发，由地区管理局审核后报民航局补发。

第三章 申请人应当具备的知识、技能和经历

第二十五条 气象观测执照申请人、签注申请人应当掌握下列理论知识：

（一）与气象观测有关的法律、法规、规章和标准，国际民用航空公约及其附件、文件的相关内容；

（二）气象学、天气学、气候学；

（三）航空气象、地面气象观测知识；

（四）航空气候特征、地方性天气特点；

（五）地理自然环境对航空气象要素的影响；

（六）观测设备的性能参数及气象条件对其性能的影响；

（七）气象服务相关的航空器运行与管理知识；

（八）应当具备的其他相关知识。

第二十六条 气象观测执照申请人、签注申请人应当具备下列技能：

（一）掌握航空气象观测工作程序；

（二）准确观测，正确记录各类航空气象要素；

（三）按规定的格式和时间制作例行、特殊天气报告；

（四）熟练利用计算机编发报告和查询数据，并能利用计算机制作气象观测月总簿和年总簿；

（五）能完成各类气压仪的安装调试；
（六）能正确、熟练使用观测仪器，简单维护常规仪器。

第二十七条 气象预报执照申请人、签注申请人应当掌握下列理论知识：
（一）气象预报有关的法律、法规、规章和标准，国际民用航空公约及其附件、文件的相关内容；
（二）气象学、天气学、动力气象学、航空气象学；
（三）航空气候特征、地方性天气特点；
（四）天气形势预报、要素预报；
（五）中尺度系统及短时天气预报技术、数值预报产品释用；
（六）气象卫星资料、气象雷达资料的识别和分析；
（七）主要气象设备的基本性能和工作原理；
（八）气象服务相关的航空器运行与管理知识；
（九）应当具备的其他相关知识。

第二十八条 气象预报执照申请人、签注申请人应当具备下列技能：
（一）掌握航空气象预报工作程序；
（二）能独立使用各类气象资料进行气象预报分析；
（三）能独立制作区域预报和机场预报；
（四）能独立制作重要气象情报、低空气象情报、机场警报、风切变警报；
（五）能利用民航气象业务系统进行资料的检索与使用；
（六）能独立制作飞行气象文件，为航空用户提供咨询、讲解等气象服务；
（七）了解空中交通服务规则和工作程序。

第二十九条 气象设备保障执照申请人、签注申请人应当掌握下列理论知识：
（一）航空气象服务有关的法律、法规、规章和标准，国际民用航空公约及其附件、文件的相关内容；
（二）航空气象学基础知识；
（三）电工技术、电子线路（模拟、数字）、微波技术；
（四）计算机、数字通信、网络的基础知识；
（五）相应的自动气象观测设备、气象雷达等探测设备和气象信息系统的性能和工作原理；
（六）气象服务相关的航空器运行与管理知识；
（七）应当具备的其他相关知识。

第三十条 气象设备保障执照申请人、签注申请人应当具备下列技能：
（一）了解气象服务工作的流程；
（二）熟练阅读一般的电路图；
（三）会使用所需要的测试仪表和工具；
（四）熟悉计算机操作，熟悉网络、各服务器的配置和管理；
（五）掌握一般单套设备的软硬件安装，对大型系统，可协助配合安装调试；

（六）能够借助不同的方式了解系统的工作状态，判断可能的故障部位（原因），并采取有效措施修复；

（七）熟悉设备日常维护、月维护、季维护、年维护的内容和程序，并能正常实施。

第三十一条　气象人员执照申请人和签注申请人应当符合下列实习经历要求：

（一）气象观测执照申请人和签注申请人在持照气象观测员带领下，参加不少于6个月的航空气象观测实习。

（二）气象预报执照申请人和签注申请人在持照气象观测员带领下，参加不少于2个月的航空气象观测实习；在持照气象预报员带领下，参加不少于6个月的航空气象预报实习。

（三）气象设备保障执照申请人和签注申请人在相应类别持照人员带领下，参加不少于6个月的设备保障实习。

第四章　执照管理

第三十二条　气象人员所在单位应当建立气象人员技术档案，如实记录持照人岗位培训、理论考试、技能考核、执照检查、岗位工作等技术经历。

第三十三条　持照人从事执照相应的岗位工作时，应当携带执照或将执照保存在岗位所在单位，便于接受执照检查。

第三十四条　持照人被暂停行使执照权利期间不得从事相应工作。

第三十五条　气象人员应当在其工作单位所在地地区管理局进行执照注册，注册的有效期为3年。颁发执照时，地区管理局应当进行首次注册。

气象人员执照逾期未注册或者注册无效的，持照人不得独立从事其执照载明的工作。

第三十六条　气象人员工作单位跨地区变更时，应当到变更后工作单位所在地地区管理局重新注册。地区管理局办理相关的执照管理档案转移手续，并报民航局备案。重新注册后，执照仍适用原注册有效期。

第三十七条　持照人符合以下条件的，可以申请注册：

（一）完成规定的岗位培训；

（二）持有有效的理论考试合格证和技能考核合格证；

（三）申请注册前连续半年以上在其执照所载明的民用航空气象工作岗位工作。

第三十八条　持照人在执照注册有效期满前2个月向工作单位所在地地区管理局提交执照注册申请，并将持照人培训和近期工作经历证明、理论考试合格证、技能考核合格证等材料提交地区管理局。

第三十九条　地区管理局对持照人执照注册材料进行审核，对于符合执照注册条件的，地区管理局应在执照注册有效期满前予以注册。

第四十条　地区管理局应当将执照注册的情况上报民航局备案。

第五章　法律责任

第四十一条　从事执照管理工作的单位及其工作人员有下列情形之一的，对直接负责的主管人员和其他直接责任人员依法给予行政处分：

（一）对不符合本规则规定条件的申请人准予颁发执照的；

（二）对符合本规则规定条件的申请人不予颁发执照或者不在规定期限内做出准予颁发执照决定的；

（三）在办理执照和实施监督检查过程中，索取他人财物或者谋取其他利益的；

（四）不依法履行监督职责，造成严重后果的。

第四十二条 从事气象人员技能考核的检查员违反本规则规定不正确履行职责、情节严重的，由民航局取消其检查员资格。

第四十三条 执照申请人以欺骗、贿赂等不正当手段取得执照的，由民航局撤销其执照，3年内不得再次申请执照。同时，由地区管理局对当事人处以警告或者500元以上1 000元以下罚款。

第四十四条 违反本规则规定，未取得执照而独立从事航空气象服务工作的，由地区管理局对当事人处以500元以上1 000元以下罚款，情节严重的，2年内不得申请气象人员执照。

第四十五条 违反本规则规定，持照人执照未经有效注册或者不具备相应签注而独立从事航空气象服务工作的，由地区管理局责令限期改正，并对当事人处以警告。情节严重的，处以200元以上1 000元以下罚款或者暂停其执照权利3个月至6个月。

第四十六条 航空气象服务机构违反本规则规定，安排未取得执照的人员独立从事民用航空气象服务工作的，由地区管理局责令改正，并处以1万元以上3万元以下罚款。

第四十七条 航空气象服务机构违反本规则规定，安排执照未经有效注册或者不具备相应签注的持照人独立从事民用航空气象服务工作的，由地区管理局责令改正，并且对航空气象服务机构处以警告；情节严重的，处以5 000元以上1万元以下罚款。

第四十八条 航空气象服务机构未按本规则规定管理持照人技术档案的，由地区管理局责令限期改正，情节严重的，处以警告。

第四十九条 持照人违反法律、法规、规章，未按规定履行职责，对事故征候、严重事故征候或者事故负有直接责任的，地区管理局应当取消其现行有效的注册，在3个月至1年内不予注册，并对违法当事人处以1 000元以下罚款；造成严重后果的，应当取消现行有效的注册并不再予以注册。

第五十条 持照人与事故征候、严重事故征候或者事故有直接关系的，调查期间地区管理局可以暂停其执照权利。

第六章 附 则

第五十一条 本规则自2016年4月17日起施行。2006年9月4日中国民用航空总局令第171号公布的《民用航空气象人员执照管理规则》（CCAR-65TM-Ⅱ-R2）同时废止。

第五十二条 在本规则施行前按照《民用航空气象人员执照管理规则》（CCAR-65TM-Ⅱ-R2）获得的执照继续有效，其注册、换证和其他管理事项自本规则施行之日起按照本规则执行。

附件：民用航空气象人员执照申请表（略）

锅炉水（介）质处理检测人员考核规则

(特种设备安全技术规范 TSG G8001—2011
国家质量监督检验检疫总局 2011 年 5 月 10 日发布)

第一章 总 则

第一条 为了规范锅炉水（介）质处理检测人员考核工作，提高锅炉水（介）质处理检验检测工作质量，根据《特种设备安全监察条例》（以下简称《条例》），制定本规则。

第二条 本规则适用于《条例》规定范围内锅炉的水（介）质处理检测人员的考核与管理。

第三条 从事锅炉水（介）质处理检验检测工作的人员应当通过本规则规定的水（介）质检测人员资格考核，取得国家质量监督检验检疫总局（以下简称国家质检总局）颁发的"特种设备检验检测人员证书"（见附件1），方可从事相应项目的锅炉水（介）质处理检验检测工作。

第四条 锅炉水（介）质处理检测人员的级别分为检测员、检测师和高级检测师，检验检测项目分为锅炉水处理检验检测和有机热载体检验检测，其许可的工作范围见附件2。

第五条 特种设备检验检测机构聘用持证的锅炉水（介）质处理检测人员后，应当及时向中国特种设备检验协会申请办理特种设备检验检测人员执业注册。

第六条 锅炉水（介）质处理检测人员的考核工作由国家质检总局指定的考试机构组织实施。

第二章 考 试 机 构

第七条 考试机构的主要职责如下：
（一）组织锅炉水（介）质处理检测人员的考试和换证审核工作；
（二）制订年度考试和换证计划并且向社会公布；
（三）审查申请和换证人员的条件。

第八条 考试机构应当符合以下要求：
（一）具有完善的管理制度和考试程序；
（二）聘用的考评人员具有相应项目的检测师及以上资格；
（三）具有能满足实际操作考试项目要求的考试基地；
（四）设有专职人员负责日常事务，具有保管考核档案的场所；
（五）不得从事锅炉水（介）质处理及其相关产品的生产、销售、检验等活动。

第九条 考试机构的工作人员应当坚持原则，不得泄露考题内容，维护考场纪律。

第十条 考试机构应当做好下列工作：

（一）审查考试和换证的申请；

（二）公示符合条件的申请人员名单，对相关举报进行核实；

（三）按照年度计划组织相应的考试，将考试结果通知单寄发申请人，并且将考试结果上报国家质检总局。

第十一条 考试机构应当对所承担的考试工作负责，按照公开、公正、公平和规范的原则组织考试，确保考试工作质量。

第三章 检测人员申请条件

第十二条 锅炉水（介）质处理检测人员的申请分为取证申请和换证申请。

第十三条 取证申请人员的专业技术条件和工作年限要求如下：

（一）检测员，具有大专及以上学历，并且参与锅炉水（介）质处理检验检测工作1年以上（含1年）；

（二）检测师，具有化学、化工专业或者锅炉水（介）质处理相关专业工程师及以上职称，具有锅炉水（介）质处理检测员资格1年以上（含1年），或者具有非化学、化工或者锅炉水（介）质处理相关专业工程师及以上职称，具有锅炉水（介）质处理检测员资格2年以上（含2年）；

（三）高级检测师，具有化学、化工专业或者锅炉水（介）质处理相关专业高级工程师及以上职称，同时具有锅炉水处理和有机热载体两项检测师资格，或者具有高压及以上电站锅炉水处理检测师资格5年以上（含5年）。

第十四条 检测员、检测师取证申请，应当有以下见证资料：

（一）参与相应检验检测项目的各类检验报告总数不少于5份；

（二）报考检测师者至少提供一篇有关锅炉水（介）质处理案例分析报告或者学术论文。

第十五条 高级检测师取证申请，应当有以下见证资料：

（一）以第一作者在国内外专业杂志（有正式出版刊号）发表专业论文1篇；

（二）作为主要参与者参加地市级以上本专业科研项目的科技奖励证书或者科技成果鉴定证书；

（三）参加起草并且已正式颁布的本行业有关安全技术规范、国家标准、行业标准、地方标准；

（四）解决锅炉水（介）质处理疑难问题及事故分析处理的见证资料。

第十六条 同时符合下列条件的，换证时可以申请免试：

（一）证书有效期内连续在检验机构从事该级别的检验检测工作，并且提供相应检验检测工作技术总结；

（二）履行本规则规定的工作职责，无检验检测责任事故或者违规行为；

（三）参加继续教育培训，在证书有效期内累计学习时间达到第十七条的规定。

第十七条 锅炉水（介）质处理检测人员在证书有效期内继续教育培训时间应当不少于40小时。以下学习的时间可以计算为继续教育培训学时：

（一）相关法规、标准宣贯；
（二）相关行业组织的技术交流、技术培训、科技讲座等；
（三）上级机构或者行业协会组织的检验检测新技术发展、检验检测案例分析、特种设备技术发展分析等；
（四）锅炉水（介）质处理及相关专业的学历教育。

第十八条 取证申请和换证申请人员（以下简称申请人）的身体条件应当符合以下要求：
（一）年龄在 18 周岁至 60 周岁，身体健康；
（二）双眼矫正视力正常，并且无色盲、色弱。

第四章 考核与发证

第十九条 锅炉水（介）质处理检测人员的考核工作应当符合国家质检总局有关行政许可规定。考核与发证程序包括报名、申请材料审查、考试、审核与发证。

第二十条 取证申请人向考试机构申请考试报名时，应当填写《锅炉水（介）质处理检测人员资格考核申请表》（见附件3）。申请高级检测师的申请人，需由聘用单位所在地的省级质量技术监督部门初审同意并且签署意见后，再向考试机构申请考试报名。

申请人在考试报名时，应当同时提交下列相关资料：
（一）学历（毕业）证书和职称（聘任）证书（复印件）；
（二）身份证（复印件）；
（三）符合第十四条、第十五条要求的见证资料；
（四）体检证明；
（五）一寸免冠照片（2 张）；
（六）原锅炉水（介）质处理检测人员证书（适用于提高级别取证或者增加检验检测项目的人员）。

第二十一条 考试机构应当认真审查申请人的条件，并且一次性告知申请人需要补充的相关资料。对符合条件的申请人，应当在报名截止日期后 10 个工作日内公示，公示期为 15 个工作日，并且及时安排考试。对不符合条件的不予考试，并且书面告知申请人。

已取得资格证书的检测人员需要新增检验检测项目时，应当按照本规则的要求进行新增检验检测项目的资格考试。

第二十二条 考试机构应当在考试结束后 20 个工作日内通知申请人考试成绩，并且及时填写"考核合格的特种设备检验检测人员汇总表"，上传到国家质检总局"中国特种设备公示信息查询网"（检验检测人员资格填报系统），代理考试合格的检测人员向特种设备行政许可系统填报资格申请。特种设备许可办公室受理审核后，报请国家质检总局批准颁发相应的检测人员资格证书。

第二十三条 申请人对考试结果有异议时，可以在被告知考试结果 30 日内，以书面形式向考试机构提出复查申请，考试机构应当在 15 个工作日内组织复查，并且将复查结果通知申请人。申请人对复查结果仍有异议时，应当在收到复查结果通知的 30 日内，以书面形式向国家质检总局提出申请，由国家质检总局按照有关规定进行处理。

第二十四条 锅炉水（介）质处理检测人员证书有效期为4年。在证书有效期满前6个月内申请人应当向考试机构提出换证申请。

第二十五条 申请换证时应当提交以下资料：

（一）锅炉水（介）质处理检测人员换证申请表（格式见附件4）；

（二）身份证（复印件）；

（三）学历和职称证书（复印件）；

（四）需要换证的证书（复印件，加盖聘用单位公章）；

（五）一寸免冠照片（2张）；

（六）持证期间各类相应检验报告（总数不少于5份）；

（七）继续教育培训证明；

（八）第十六条第（一）项要求的持证期间检验检测工作技术总结。

第二十六条 考试机构应当认真审查换证申请人的条件，不符合第十六条要求的检测人员应当参加换证考试。检测师和高级检测师如果不符合免试条件或者换证考试不合格，但是符合低一级资格要求的，可以向发证机关申请直接换发相应项目低一级别的资格证。

第二十七条 符合换证条件的检测人员，由考试机构代理向特种设备行政许可系统申报换证申请。特种设备许可办公室受理审核后，报请国家质检总局批准换发相应的检测人员资格证书。逾期未换证的人员，其证书在有效期满后自动失效。

第二十八条 检测人员因以下情况无法按时参加换证的，应当在证书有效期满前，向国家质检总局提交延期换证申请（申请表格式见附件5），经过书面批复同意后，办理证书有效期延期手续，延长时间最长为1年（该延长时间将在下个有效期内扣除）：

（一）突发疾病或者住院，提供医院证明；

（二）出国或者军事需要，提供出国或者有关单位证明；

（三）长期跨省野外施工，提供施工单位证明；

（四）婚丧生育假期，提供单位证明；

（五）紧急任务与复试时间冲突，提供单位证明；

（六）自然灾害等不可抗力影响。

第二十九条 检测人员证书遗失或者损毁，由本人提出补办证书申请（申请表格式见附件5），同时提交执业单位的证明材料，经国家质检总局批准后，补办证书。

第五章 考试内容与要求

第三十条 锅炉水（介）质处理检测员和检测师的取证考试，包括理论考试、实际操作考试和答辩考评，高级检测师的取证考试包括理论考试和答辩考评。合格标准均为70分（百分制）。具体考试科目和要求见附件6。

第三十一条 锅炉水（介）质处理检测人员理论考试中各部分知识所占比例如下：

（一）化学基础知识，10%；

（二）专业知识，40%；

（三）安全知识，10%；
（四）法规标准，40%。

第三十二条 锅炉水处理项目的实际操作考试和答辩考评中各部分知识所占比例如下：

（一）锅炉基本构造和工作原理，占5%；
（二）化学分析和水汽质量检验，占50%；
（三）水处理设备检验、故障分析和处理方法，占25%；
（四）锅炉化学清洗质量检验，占15%；
（五）锅炉内部化学检验，占5%。

第三十三条 有机热载体项目的实际操作考试和答辩考评中各部分知识所占比例如下：

（一）有机热载体锅炉及系统的基本结构和工作原理，占5%；
（二）有机热载体质量检验，占50%；
（三）有机热载体各种测定仪器校正、维护和故障分析与处理方法，占20%；
（四）有机热载体检验检测结果判定及处理方法，占15%；
（五）检验检测过程中的安全防护及紧急事故处理方法，占10%。

第三十四条 考试的方式如下：

（一）理论考试采用闭卷，考试时间一般2小时；
（二）实际操作考试和答辩考评随机抽题，至少由两名相应专业的考评人员在现场进行评分。

第三十五条 换证考试的内容与取证考试相同。检测员和检测师的换证考试包括开卷理论考试和实际操作考试；高级检测师的换证考试为开卷理论考试。

第三十六条 考试成绩不合格人员允许补考，单项考试合格的成绩2年有效，逾期考试仍未合格的，需全部重新考试。

第六章 监督管理

第三十七条 锅炉水（介）质处理检测人员应当按照《锅炉水（介）质处理监督管理规则》（TSG G5001）和《锅炉水（介）质处理检验规则》（TSG G5002）的规定，进行相应的锅炉水（介）质处理检验检测工作。

第三十八条 锅炉水（介）质处理检测人员从事的检验检测工作范围应当与其证书的级别、项目一致。

第三十九条 锅炉水（介）质处理检测人员应当履行以下职责：

（一）如实记录检验检测原始数据，对数据的真实性、准确性负责；
（二）客观、公正、及时地出具检验报告，对检验报告的准确性和检验结论的正确性负责；
（三）当检验检测工作中发现典型案例和事故隐患时，按规定及时出具案例报告并且上报；
（四）遵循诚信和方便企业的原则从事检验检测工作，保守被检单位商业秘密。

第四十条 检测人员在取证申请和换证申请时存在隐瞒有关情况、提供虚假材料或者在检验检测工作中出具虚假报告的,按有关法规的相关规定进行处理。

第七章 附 则

第四十一条 本规则由国家质检总局负责解释。

第四十二条 本规则自 2001 年 11 月 1 日起施行。

附件：1. 特种设备检验检测人员证书（略）
   2. 锅炉水（介）质处理检测人员许可的工作范围（略）
   3. 锅炉水（介）质处理检测人员资格考核申请表（略）
   4. 锅炉水（介）质处理检测人员换证申请表（略）
   5. 锅炉水（介）质处理检测人员延期换证及补办证书申请表（略）
   6. 锅炉水（介）质处理检测人员考核大纲（略）

特种设备无损检测人员考核规则

（特种设备安全技术规范 TSG Z8001—2013
国家质量监督检验检疫总局 2013 年 1 月 16 日发布）

第一章 总 则

第一条 为了规范特种设备无损检测人员考核工作，根据《特种设备安全监察条例》，制定本规则。

第二条 特种设备无损检测人员是指从事《特种设备安全监察条例》适用范围的特种设备无损检测工作的人员（以下简称检测人员）。

检测人员应当按照本规则的要求，经过考核取得相应的《特种设备检验检测人员证（无损检测人员）》（以下简称《检测人员证》），方可执业，从事相应的检测工作。

第三条 本规则规定考核范围的无损检测方法，包括射线检测（RT）、超声检测（UT）、磁粉检测（MT）、渗透检测（PT）、声发射检测（AE）、涡流检测（ECT）、漏磁检测（MLF）。无损检测人员级别，分为Ⅰ级（初级）、Ⅱ级（中级）和Ⅲ级（高级），其中无损检测方法中的自动检测（AUTO）项目分为Ⅰ级（初级）和Ⅱ级（中级）。

各种无损检测方法、项目和级别（以下统称项目）的划分见附件1。

第四条 检测人员的考核工作程序，包括考试和审批发证。

申请《检测人员证》的人员（以下简称申请人，包括考试申请人和证书申请人），应当先经考试（以下简称取证考试）合格，凭考试合格证明向国家质量监督检验检疫总局（以下简称国家质检总局）或者其授权的部门（以下统称发证机关）申请办理《检测人员证》。

《检测人员证》有效期为4年。有效期满需要继续从事无损检测工作的，应当按照本规则规定的时间及时办理延续手续（本规则称为换证）。

第五条 检测人员的考核工作由国家质检总局组织实施。承担检测人员考试的机构（以下简称考试机构），由国家质检总局确定，统一公布。考试机构根据公布的考试项目、级别，按照本规则的规定进行考试，未经公布的机构不得开展检测人员的考试工作。

第六条 考试机构可以按照统筹规划、满足取证考试需求和兼顾就近考试的原则，合理布局，设立区域性或者不同项目的考试中心（或者基地），依据本规则和相关安全技术规范的规定开展考试工作。

第七条 国家质检总局和省级质量技术监督部门负责对考试机构的工作进行监督。

第二章 检测人员的能力要求和报考条件

第八条 Ⅰ级检测人员应当具备以下能力：

（一）正确调整和使用检测仪器；

（二）按照无损检测作业指导书或者工艺卡进行检测操作；

（三）记录检测数据，整理检测资料；

（四）遵守有关安全防护规则。

第九条 Ⅱ级检测人员应当具备以下能力：

（一）实施或者监督Ⅰ级检测人员的工作；

（二）按照工艺文件要求调试和校准检测仪器，实施无损检测操作；

（三）根据无损检测工艺规程编制针对具体工件的无损检测作业指导书或者工艺卡；

（四）按照规范、标准规定，评定检测结果，编制或者审核无损检测报告；

（五）对Ⅰ级检测人员进行技能培训和工作指导。

第十条 Ⅲ级检测人员应当具备以下能力：

（一）实施或者监督Ⅰ级和Ⅱ级检测人员的工作；

（二）负责无损检测工程的技术管理、无损检测装备性能和人员技能评价；

（三）编制和审核无损检测工艺规程；

（四）确定用于特定对象的特殊无损检测方法、技术和工艺规程；

（五）对无损检测结果进行分析、评定或者解释；

（六）向Ⅰ级和Ⅱ级检测人员说明规范、标准、技术条件和工艺规程的相关规定；

（七）对Ⅰ级和Ⅱ级检测人员进行技能指导和培训。

未设Ⅲ级检测人员的无损检测项目，Ⅱ级检测人员可以承担Ⅲ级检测人员的工作。

第十一条 检测人员的报考条件如下：

（一）年龄在18周岁以上（含18周岁），60周岁以下（含60周岁），具有完全民事行为能力；

(二) 学历、检测经历、专业培训经历等资历满足申请项目的要求 (见附件2);

(三) 身体条件能够满足从事申请项目检测工作的要求,至少单眼或者双眼的裸眼或者矫正视力不低于《标准对数视力表》(GB 11533—2011) 的4.5级,颜色视觉能辨别和区分所涉及的无损检测方法规定的颜色之间的对比;

(四) 具备相应的特种设备无损检测知识和技能。

持有有关行业或者专业组织颁发的Ⅱ级、Ⅲ级无损检测资格证书,并且满足附件2所列学历要求的申请人,可直接报考同等级别持证项目。

第十二条 已持有Ⅱ级以上(含Ⅱ级)无损检测资格证书的人员,因各种原因,原《检测人员证》失效不超过4年的,根据原考核记录或者证书,可以直接申请原项目和级别的考核。

第三章 考试方式与内容

第十三条 无损检测人员的考试方式,包括理论笔试和实际操作技能考试。检测人员的考试方式见表1。

检测人员考试命题方式见表2。不能按照表2命题的考试机构,考试前应当向发证机关提出变更命题方式的申请。

表1 检测人员考试方式

考试方式		级别		
		Ⅰ级	Ⅱ级	Ⅲ级
笔试	闭卷	√	√	√
	开卷	—	√	√
实际操作技能考试		√	√	√

表2 检测人员考试命题方式

考试方式		级别		
		Ⅰ级	Ⅱ级	Ⅲ级
笔试	闭卷	全国统一的题库,计算机考试	全国统一的题库或者卷库,计算机或者纸质试卷	全国统一的卷库,纸质试卷
	开卷	—	全国统一的卷库,纸质试卷	全国统一的卷库,纸质试卷
实际操作技能考试		\multicolumn{3}{l}{Ⅰ级、Ⅱ级和Ⅲ级取证的实际操作技能考试采用全国统一的考试程序和评定标准。各考试机构的考试试件需要经过发证机关认定,其品种、数量、缺陷性质与分布,应当符合规定要求。考试试件和培训试件应当同类同型,分别保管;考试试件应当严格保密,不得用作培训}		

注1:(1) 考试评分采用百分制,合格标准均为70分,笔试和实际操作技能考试均达到合格标准的人员,方可申请《检测人员证》;

(2) 考试成绩未达到合格标准的允许补考,考试单科合格成绩有效期为2年,在有效期内所规定的笔试和实际操作技能考试均达到合格标准的人员,方可申请《检测人员证》。

第十四条　射线、超声、磁粉、渗透检测人员考试按照本规则附件3规定的考试大纲进行。其他项目检测人员的考试大纲由考试机构确定。

第四章　考　试　机　构

第十五条　考试机构应当符合以下要求：

（一）具备独立法人资质；

（二）不得从事特种设备生产、维护保养、经销和检验检测活动；

（三）具有满足与所承担的考试项目相适应的考试条件；

（四）具有健全的考试管理、保密管理、档案管理、财务管理、应急预案等各项规章制度，制定有效的考场纪律规定及考评人员守则，并且有效实施；

（五）能够按照国家质检总局"特种设备检验检测人员许可系统"的要求，进行相关数据填报、信息发布与数据上传、下载。

第十六条　考试机构应当于每年的1月份，在网上公布本年度考试计划，以及相关报名方式、报名截止日期、考试时间和考试项目等。

第十七条　考试机构应当按照公布的考试项目、考试地点、考试时间组织考试。考试工作应当严格执行保密、监考等各项规章制度，确保考试工作公开、公正、公平、规范。

第十八条　考试机构应当将《特种设备检验检测人员考试与证书申请表》（以下简称《申请表》，见附件4）、考试试卷或者答题卡和机考记录、成绩汇总表、考场记录等资料（电子或者纸质）存档，保存时间不少于5年。

第十九条　考试机构不得强制要求考试申请人参加其组织的考前辅导。

第五章　取　证　考　试

第二十条　取证考试程序，包括考试报名、报名条件审查、考试、考试成绩评定与通知。

第二十一条　取证考试的申请人，应当在考试机构规定的报名期限内，通过网上报名，并且向考试机构提交以下报考资料：

（一）《申请表》（1份，在网上填报后下载，贴上一寸、免冠、正面、白底彩色照片）；

（二）身份证明（复印件，1份）；

（三）学历证明（复印件，1份）；

（四）检测资历证明（复印件，1份）；

（五）视力证明（报考项目规定的视力证明，1份）；

（六）专业培训经历证明（原件，1份）。

前款第（四）项要求的资料，适用于已经取得相应《检测人员证》，需要提高级别或者增加项目时，按照附件2规定的持证经历提供。

申请人应当对所提交资料的真实性负责。

第二十二条　考试机构在收到报考资料后15个工作日内，应当完成对申请人报考资料的审查。

对资料审查不符合要求的，考试机构应当一次性全部告知申请人补正，说明不符合要求的项目和理由,以便申请人及时补正。

对符合要求允许参加考试的申请人,考试机构应当及时向其发出考试通知。

第二十三条 考试机构应当在考试结束后的 20 个工作日内,将考试成绩通知参加考试的人员,并公布考试合格人员的名单、合格项目等有关信息。

第六章 审批发证

第二十四条 审批发证程序,包括取证申请、受理、审批和发证。

第二十五条 考试合格人员应当在考试结束后的 30 个工作日内,自行或者委托考试机构,向发证机关申请办理《检测人员证》。

由考试合格人员申请自行办理《检测人员证》时,需要向发证机关提交以下资料:

(一)本规则第二十一条要求的相关资料(其中《申请表》必须经过考试机构签署意见);

(二)考试机构出具的考试成绩单。

由考试机构申请办理《检测人员证》时,考试机构应当按照"特种设备检验检测人员许可系统"规定的程序办理。

第二十六条 发证机关接到申请后,应当在 5 个工作日内对申请报送的资料进行审查,并且作出是否受理的决定;不予以受理的,应当告知申请人或者委托的考试机构在 20 日内补正申请资料。能够当场审查的,应当当场办理。

对同意受理的申请,发证机关应当在 20 个工作日内完成审核批准手续。准予发证的,在 10 个工作日内向申请人颁发《检测人员证》;不予发证的,应当书面说明理由。

第七章 换 证

第二十七条 持有《检测人员证》的人员(以下简称持证人员)在其证书有效期届满,需要继续从事持证项目的无损检测工作,并且未涉及本规则第二十八条和第三十九条所规定的情况,符合第二十九条规定的审核换证的持证人员,应当在有效期届满前 3 个月,按照要求向具有相应项目考试的考试机构提出换证申请。

对于需要考试换证的持证人员,应当根据情况提前参加考试,以便能够按照前款要求在有效期届满前 3 个月,提出换证申请。考试成绩 2 年内有效。

第二十八条 年龄 60 周岁以上(含 60 周岁)人员的申请,不再予以受理。

第二十九条 换证分为考试换证和审核换证两种方式。审核换证应当在取证后的首次换证时实施,以后采取考试换证与审核换证交替实施,不得连续实施审核换证。

各级别检测人员换证方式应当符合表 3 要求。

表 3 各级别无损检测人员换证方式

方式	级别	
	Ⅰ级	Ⅱ级、Ⅲ级
考试换证	—	不符合审核换证条件
审核换证	符合第三十一条(一)、(二)项要求	(1)首次换证; (2)符合第三十一条要求

第三十条 考试换证的考试方式和内容见表4。

表4 换证考试的考试方式和内容

考试方式	级别	
	Ⅱ级	Ⅲ级
开卷笔试	标准、法规、检测工艺卡、专业技术知识更新等	标准、法规、检测工艺、专业技术知识更新等
实际操作技能考试	操作能力保持的验证	技术能力保持的验证

第三十一条 审核换证应当满足以下要求：

（一）申请换证项目的证书在有效期内，并且未中断执业6个月以上（含6个月）；

（二）执业期间未发生过失或者责任事故；

（三）Ⅱ级、Ⅲ级持证人员，接受经发证机关授权公布的换证知识更新与技能培训（以下简称继续教育培训）指南所涉及内容的培训，其累积培训课时不少于40小时。

第三十二条 换证申请时，应当按照本规则第二十一条进行网上报名，并且向考试机构提交以下资料：

（一）《申请表》（申请类别为"考试换证"或者"审核换证"，1份）；

（二）换证项目的《检测人员证》（复印件，1份）；

（三）身份证明（复印件，1份）；

（四）换证项目规定的视力证明（1份）；

（五）持证期间执业所在单位出具的持证人在证书有效期内未中断无损检测工作6个月以上（含6个月），并且在执业期间未发生过失或者责任事故的书面证明，包括符合本规则第三十一条和三十三条要求的继续教育培训证明（注2）、执业注册记录、相应的执业工作见证。

注2：申请RT（DR，CR）或者AUTO项的人员无需提供。DR为平板探测器数字和射线检测，CR为计算机数字射线检测。

第三十三条 考试机构应当在每年2月底以前，公布本机构本年度各级各类人员继续教育培训的内容、要求与课时，以及与培训内容所对应的培训组织机构名录。

各培训组织机构按照培训内容的要求，制定相应的培训计划，向社会公布。对完成规定课时培训的人员，由培训组织机构发给注明所接受的培训内容与课时的继续教育培训证明。

第三十四条 因故未能通过审核换证，或者未能如期参加换证考试，以及换证考试未合格的人员，需要继续从事相应项目无损检测工作的，可以在1年内参加同项目与级别的考试换证补考一次，合格后重新申请原项目与级别的《检测人员证》，在换证期间原《检测人员证》到期时，不能继续从事相应无损检测工作。补考仍不合格的人员，可以申请同项目与级别的取证考试。

第三十五条 中断执业6个月以上（含6个月）的人员，以及在持证期间曾发生过失或者责任事故,并且已经超过被处罚期的人员,应当参加同级别与项目的取证考试,合格后重新申请原项目与级别的《检测人员证》。

第三十六条 考试机构应当在原《检测人员证》有效期届满前1个月向发证机关提交换证审批发证的申请。审批发证程序按照本规则第六章进行。

第八章 监督管理

第三十七条 各省级质量技术监督部门负责对本辖区内检测人员考试进行现场监督,发现问题应当及时报告发证机关。

第三十八条 考试机构因审查失误或者把关不严,造成取证(或者换证)申请被发证机关退回达到10%,或者考试成绩评定、审查意见以及公布、通知或者受委托办理申请不及时,导致申请人证书过期的,由发证机关暂停其考试或者换证工作,并且责令其整顿;对故意提交虚假资料或者因管理不善发生泄题、作弊等严重问题,应当根据情况停止其考试或者换证工作。

第三十九条 持证人员出具虚假检测结果、鉴定结论的,或者从事特种设备生产、销售,或者同时在两个以上机构中执业的,发证机关按照《特种设备安全监察条例》的规定予以处罚。

第四十条 对被吊销《检测人员证》的人员,3年内不受理其任何项目的考试申请。

第四十一条 《检测人员证》遗失,由持证人向发证机关提出补证书面申请,经发证机关核实后,在20个工作日内补发证件。

第九章 附 则

第四十二条 持证人员申请新的级别,增加新的类别及其项目,应当按照新的级别、新的类别及其项目进行取证考核。

第四十三条 考试申请人如果对考试结果有异议,可以在考试成绩公布3个月以内向考试机构提出复核要求,考试机构应当在20个工作日以内予以答复;对考试机构答复结果有异议的,可以书面向发证机关提出申诉。

第四十四条 《检测人员证》由国家质检总局统一印制(格式见附件5)。

第四十五条 本规则由国家质检总局负责解释。

第四十六条 本规则自2013年6月1日起施行,2003年8月8日国家质检总局颁布的《特种设备无损检测人员考试与监督管理规则》(国质检锅〔2003〕248号)同时废止,之前相关文件和规定与本规则不一致的,以本规则为准。

附件:1. 无损检测方法、项目和级别(略)
   2. 特种设备无损检测人员报考资历条件(略)
   3. 特种设备无损检测人员考试大纲(略)
   4. 特种设备检验检测人员考试与证书申请表(略)
   5. 特种设备检验检测人员证(样式)(略)

特种设备检验人员考核规则

(特种设备安全技术规范 TSG Z8002—2013
国家质量监督检验检疫总局 2013 年 1 月 16 日发布)

第一章 总 则

第一条 为了规范特种设备检验人员考核工作,根据《特种设备安全监察条例》,制定本规则。

第二条 特种设备检验人员是指从事《特种设备安全监察条例》适用范围的特种设备监督检验、定期检验,做出检验结论的人员(以下简称检验人员)。

检验人员应当按照本规则的要求,经过考核取得相应的《特种设备检验检测人员证(检验人员)》(以下简称《检验人员证》),方可执业,从事相应的检验工作。

第三条 本规则规定的检验人员,按照级别,分为检验员、检验师;按照检验类别,分为监督检验、定期检验;其证书项目,包括锅炉、压力容器、压力管道、气瓶、电梯、起重机械、大型游乐设施、客运索道和场(厂)内专用机动车辆。

各种检验人员级别、类别、项目(以下统称项目)及其代号与检验范围的划分见附件1。

第四条 检验人员的考核工作程序,包括考试和审批发证。

申请《检验人员证》的人员(以下简称申请人,包括考试申请人和证书申请人),应当先经考试(以下简称取证考试)合格,凭考试合格证明向国家质量监督检验检疫总局(以下简称国家质检总局)或者其授权的部门(以下简称发证机关)申请办理《检验人员证》。

《检验人员证》的有效期4年。有效期满需要继续从事检验工作的,应当按照本规则规定的时间及时办理延续手续(本规则称为换证)。

第五条 检验人员的考核工作由国家质检总局组织实施。承担检验人员考试的机构(以下简称考试机构)由国家质检总局确定;负责本行政辖区内换证审核的机构(以下简称换证审核机构),由省级质量技术监督部门(以下简称省级质监部门)确定。

考试机构和换证审核机构均由国家质检总局审核确认后,统一公布。考试机构根据公布的考试项目,按照本规则的规定进行考试,未经公布的机构不得开展检验人员的相应考试工作。

第六条 考试机构可以按照统筹规划、满足取证考试需求和兼顾就近考试的原则,合理布局,设立区域性或者不同项目的考试中心(或者基地),依据本规则和相关安全技术规范的规定开展考试工作。

第七条　国家质检总局和省级质监部门负责对考试机构、换证审核机构的工作进行监督。

第二章　检验人员的能力要求和报考条件

第八条　检验员应当具备以下能力：

（一）掌握基本的检验相关基础知识，具备被检对象的专业知识，熟练掌握检验技能，包括检验程序与方法、缺陷判别，正确使用检验工具、仪器设备，熟知检验工作中的安全与防护知识；

（二）根据检验遵循的相关法规标准，依照规定的检验方案、作业指导书、检验工艺，填写检验记录、检验报告，完成检验工作；

（三）掌握检验所涉及的基本计算与分析能力；

（四）了解被检对象主要的失效模式；

（五）了解被检对象的制造、安装、维修、改造和使用的基本知识；

（六）了解特种设备安全监察的知识；

（七）熟知特种设备相关的法规标准。

注1：本规则所表述的法规标准，包括法律、行政法规、部门规章和特种设备安全技术规范及其相应的标准（以下同）。

第九条　检验师除具备检验员的能力外，还应当具有以下能力：

（一）准确理解相关法规标准的要求，依照法规标准的要求制定、审核检验方案与检验报告；

（二）了解被检对象各种失效模式的失效原理，能够对常见设备的失效情况进行分析、处理；

（三）具有较广泛的相关专业理论知识，能运用专业知识分析解决一般的技术问题；

（四）了解相关检验方式、设备、工具等的特点与适用性，并且合理选用；

（五）具有对检验结果的综合判断、处置能力；

（六）具有对检验员进行技能培训、工作指导和考评能力；

（七）具有事故分析能力。

第十条　检验人员的报考条件如下：

（一）年龄在18周岁以上（含18周岁），60周岁以下（含60周岁），具有完全民事行为能力；

（二）学历、检验经历、技术职称、专业培训等资历满足申请项目的要求（见附件2）；

（三）身体条件能够满足从事申请项目检验工作的要求；

（四）具备相应的特种设备检验知识和技能。

第三章　考试方式与内容

第十一条　检验人员的考试方式，包括理论笔试和实际操作技能考试。各级别检验人员的取证考试的科目、方式见表1。

表 1　各级别检验人员考试科目、方式

级别	科目序号	科目	考试方式
检验员	科目 A	与报考项目相对应的设备类型、结构、工作原理、安全要求、失效模式，相关检测、诊断、试验技术或者方法的基本知识等	闭卷笔试
检验员	科目 B	法规标准	开卷笔试
检验员	科目 C	检验的基本方法和程序、缺陷判别、工具或者仪器的使用、安全与防护	实际操作
检验员	科目 D	质量保证体系要素、生产工艺过程与控制	开卷笔试
检验师	科目 E	与设备失效模式和检测诊断相关的失效原理与过程	闭卷笔试
检验师	科目 F	检验方案与工艺的设计，相关的分析计算方法、判断方法、综合评价与评估，检验案例的解析，质量保证体系基本要求等	开卷笔试
检验师	科目 G	质量保证体系要素、设计审查和工艺评定	开卷笔试

注 2：（1）气瓶定期检验员只考科目 B 和科目 C；

（2）申请监督检验类别的检验员，需要考核科目 D；

（3）各科目的评分采用百分制，合格标准均为 70 分，规定的考试科目均达到合格标准的人员，方可申请《检验人员证》；

（4）考试成绩未达到合格标准的科目允许补考，考试单科合格成绩有效期为 2 年，在有效期内所规定的全部考试科目均达到合格标准的人员，方可申请《检验人员证》。

第十二条　国家质检总局委托有关机构负责组织制定各项目的考试大纲、考试细则及笔试题库、实际操作考试内容和要求。

第四章　考试机构

第十三条　考试机构应当符合以下要求：

（一）具备独立法人资质；

（二）不得从事特种设备生产、维护保养、经销和检验检测活动；

（三）具有满足与所承担的考试项目相适应的考试条件；

（四）具有健全的考试管理、保密管理、档案管理、财务管理、应急预案等各项规章制度，制定有效的考场纪律规定及考评人员守则，并且有效实施；

（五）能够按照国家质检总局"特种设备检验检测人员许可系统"的要求，进行相关数据填报、信息发布与数据上传、下载。

第十四条　考试机构应当于每年的 1 月份，在网上公布本年度考试计划，以及相关报名方式、报名截止日期、考试时间和考试项目等。

第十五条　考试机构应当按照公布的考试项目、考试科目、考试地点、考试时间组织考试。考试工作应当严格执行保密、监考等各项规章制度，确保考试工作公开、公正、公平、规范。

第十六条　考试机构应当将《特种设备检验检测人员考试与证书申请表》（以下简称《申请表》，见附件 3）、考试试卷或者答题卡和机考记录、成绩汇总表、考场记录等资料（电子或者纸质）存档，保存时间不少于 5 年。

第十七条　考试机构不得强制要求考试申请人参加其组织的考前辅导。

第五章 取证考试

第十八条 取证考试程序,包括考试报名、报考条件审查、考试、考试成绩评定与通知。

第十九条 取证考试的申请人,应当在考试机构规定的报名期限内,通过网上报名,并且向考试机构提交如下报考资料:

(一)《申请表》(1份,在网上填报后下载,贴上一寸、免冠、正面、白底彩色照片);

(二)身份证明(复印件,1份);

(三)学历证明(毕业证或者其他有效证明复印件,1份);

(四)检验资历证明(已持有的《检验人员证》复印件,1份);

(五)技术职称证明(复印件,1份);

(六)专业培训经历证明(原件,1份)。

报名参加检验员取证考试的,应当提交前款(一)、(二)、(三)、(六)资料;报名参加检验师取证考试的,应当提交前款(一)、(四)、(五)、(六)资料。

申请人应当对所提交资料的真实性负责。

第二十条 考试机构在收到报考资料后15个工作日内,应当完成对申请人报考资料的审查。

对报考资料不符合要求的,考试机构应当一次性全部告知申请人,说明不符合要求的项目和理由,以便申请人及时补正。

对符合要求允许参加考试的申请人,考试机构应当及时向其发出考试通知。

第二十一条 考试机构应当在考试结束后的20个工作日内,将考试成绩通知参加考试的人员,并公布考试合格人员的名单、合格项目等有关信息。

第六章 审批发证

第二十二条 审批发证程序,包括取证申请、受理、审批和发证。

第二十三条 考试合格人员应当在考试结束后的30个工作日内,自行或者委托考试机构,向发证机关申请办理《检验人员证》。

由考试合格人员自行申请办理《检验人员证》时,需要向发证机关提交以下资料:

(一)本规则第十九条要求的相关资料(其中《申请表》必须经过考试机构签署意见);

(二)考试机构出具的考试成绩单。

由考试机构申请办理《检验人员证》时,考试机构应当按照"特种设备检验检测人员许可系统"规定的程序办理。

第二十四条 发证机构接到申请后,应当在5个工作日内对申请报送的资料进行审查,并且作出是否受理的决定;不予以受理的,应当告知申请人或者委托的考试机构在20日内补正申请资料。能够当场审查的,应当当场办理。

对同意受理的申请,发证机关应当在20个工作日内完成审核批准手续。准予发证的，在 10 个工作日内向申请人颁发《检验人员证》；不予发证的，应当书面说明理由。

第七章 换 证

第二十五条 持有《检验人员证》的人员（以下简称持证人员）在其证书有效期届满，需要继续从事相应检验工作，并且未涉及本规则第二十六条和第三十六条所规定的情况，符合第二十七条审核换证要求，应当在有效期届满前 3 个月，按照要求向相应的换证审核机构提出换证申请。

第二十六条 年龄 60 周岁以上（含 60 周岁）人员的申请，不再予以受理。

第二十七条 换证采取审核的方式，但是应当满足以下要求：

（一）申请换证项目的证书在有效期内，并且未中断执业 6 个月以上（含 6 个月）的；

（二）执业期间未发生过失或者责任事故的；

（三）接受经发证机关授权公布的换证知识更新与技能培训（以下简称继续教育培训）指南所涉及内容的培训，其累积培训课时不少于 40 小时的。

第二十八条 换证申请时，应当按照本规则第十九条进行网上报名，并且向换证审核机构提交以下资料：

（一）《申请表》（申请类别为"审核换证"，1 份）；

（二）换证项目的《检验人员证》（复印件，1 份）；

（三）身份证明（复印件，1 份）；

（四）持证人员执业所在单位出具的证书有效期内未中断检验工作 6 个月以上（含 6 个月），并且在执业期间未发生过失或者责任事故的书面证明，包括执业注册记录、相应的执业工作见证（间隔不超过 6 个月的在执业单位签署的检验记录或者检验报告复印件）；

（五）检验师换证还应按照规定每年在质检总局检验案例网上填报检验案例至少 5 例（应为主要编写人员）；

（六）符合本规则第二十七条和第二十九条要求的继续教育培训证明；或者提供参加地市级以上（含地市级）并且通过验收的科研项目的见证资料。

第二十九条 继续教育培训的内容，以相关项目的法规标准、检验案例、新技术和新知识为主。

换证审核机构应当在每年 2 月底以前，公布本机构本年度各级各类人员继续教育培训的内容、要求与课时，以及与培训内容所对应的培训组织机构名录。

各培训组织机构按照培训内容的要求，制定相应的培训计划，向社会公布。对完成规定课时的培训人员，由培训组织机构发给注明所接受的培训内容与课时的继续教育培训证明。

第三十条 不符合本规则第二十七条、第二十八条、第二十九条有关要求，未通过审核换证的人员，如果需要继续从事相应检验工作，可以在 1 年内参加同项目与级别的开卷笔试科目的取证考试，合格后重新申请原项目与级别的《检验人员证》；也可放弃原有级别的资格，直接申请领取同项目的低一级别的《检验人员证》。

未通过审核换证的人员，其原《检验人员证》到期后，不能继续从事相应检验工作。

第三十一条 中断执业6个月以上（含6个月）人员，以及在持证期间曾发生过失或者责任事故，并且已超过被处罚期的人员，应当参加同级别与项目的开卷笔试科目取证考试，合格后重新申请原项目与级别的《检验人员证》。

第三十二条 曾经持有《检验人员证》，在所持证书逾期8年内提出申请的人员，应当参加同级别与项目的开卷笔试科目取证考试，合格后重新申请《检验人员证》。

第三十三条 换证审核机构应当在原《检验人员证》有效期届满前1个月向发证机关提交换证审批发证的申请。审批发证程序按照本规则第六章进行。

第八章 监督管理

第三十四条 各省级质监部门负责对本辖区内检验人员考试进行现场监督，发现问题应当及时报告发证机关。

第三十五条 考试机构和换证审核机构因审查失误或者把关不严，造成取证（或者换证）申请被发证机关退回达到10%，或者考试成绩评定、审查意见以及公布、通知或者受委托办理申请不及时，导致申请人证书过期的，由国家质检总局或者省级质监部门暂停其考试或者换证审核工作，并责令其整顿；对故意提交虚假资料或者因管理不善发生泄题、作弊等严重问题，应当根据情况停止其考试或者换证工作。

第三十六条 持证人员出具虚假检测结果、鉴定结论的，或者从事特种设备生产、销售的，或者同时在两个以上机构中执业的，发证机关按照《特种设备安全监察条例》的规定予以处罚。

第三十七条 对被吊销《检验人员证》的人员，3年内不受理其任何项目的考试申请。

第三十八条 《检验人员证》遗失，由持证人向发证机关提出补证书面申请，经发证机关核实后，在20个工作日内补发证书。

第九章 附 则

第三十九条 持证人员申请新的级别，增加新的类别及其项目，应当按照新的级别、新的类别及其项目进行取证考核。

持有特种设备A类安全监察员证，以及具备特种设备安全监察经历的人员，取证考试可以减免相关科目。

第四十条 考试申请人如果对考试结果有异议，可以在成绩公布3个月以内向考试机构提出复核要求，考试机构应当在20个工作日以内予以答复；对考试机构答复结果有异议的，可以书面向发证机关提出申诉。

第四十一条 《检验人员证》由国家质检总局统一印制（格式见附件4）。

第四十二条 本规则由国家质检总局负责解释。

第四十三条 本规则自2013年6月1日起施行，1999年9月27日国家质量技术监督局发布的《锅炉压力容器压力管道及特种设备检验人员资格考试规则》(质技监局锅发〔1999〕222号)同时废止,之前相关文件和规定与本规则不一致的,以本规则为准。

附件:1. 特种设备检验人员级别、项目及其代号与检验范围(略)
2. 特种设备检验人员报考资历条件(略)
3. 特种设备检验检测人员考试与证书申请表(略)
4. 特种设备检验检测人员证(样式)(略)

人力资源社会保障部、国家发展和改革委员会关于印发《工程咨询(投资)专业技术人员职业资格制度暂行规定》和《咨询工程师(投资)职业资格考试实施办法》的通知

(人社部发〔2015〕64号 2015年6月30日)

各省、自治区、直辖市及新疆生产建设兵团人力资源社会保障厅(局)、发展改革委,国务院各部委、各直属机构人事部门,中央管理的企业:

为加强工程咨询(投资)专业技术人员队伍建设,适应工程咨询业发展需要,根据《国务院机构改革和职能转变方案》和《国务院第六批取消和调整行政审批项目的决定》(国发〔2012〕52号)有关取消"注册咨询工程师(投资)执业资格认定"行政审批项目的要求,在总结原注册咨询工程师(投资)执业资格制度实施情况的基础上,人力资源社会保障部、国家发展改革委制定了《工程咨询(投资)专业技术人员职业资格制度暂行规定》和《咨询工程师(投资)职业资格考试实施办法》,现印发给你们,请遵照执行。

自本通知发布之日起,原人事部、原国家发展计划委员会发布的《关于印发〈注册咨询工程师(投资)执业资格制度暂行规定〉和〈注册咨询工程师(投资)执业资格考试实施办法〉的通知》(人发〔2001〕127号)同时废止。

工程咨询(投资)专业技术人员职业资格制度暂行规定

第一章 总 则

第一条 为促进工程咨询业健康发展,加强工程咨询(投资)专业技术人员队伍建设,提高工程咨询(投资)专业技术人员素质,根据《国务院机构改革和职能转变方案》和国家职业资格证书制度有关规定,制定本规定。

第二条 本规定适用于在工程咨询机构从事工程咨询(投资)业务的专业技术

人员。

第三条 国家设立工程咨询（投资）专业技术人员水平评价类职业资格制度，面向全社会提供工程咨询（投资）专业技术人员能力水平评价的服务，纳入全国专业技术人员职业资格证书制度统一规划。评价结果与经济系列或者工程系列相应级别职称衔接，是用人单位使用本专业人才的依据。

第四条 工程咨询（投资）专业技术人员职业资格分为咨询工程师（投资）和高级咨询工程师（投资）2个级别。咨询工程师（投资）职业资格实行考试的评价方式。高级咨询工程师（投资）职业资格评价的具体办法另行规定。

咨询工程师（投资）英文译为：Consulting Engineer。

第五条 通过咨询工程师（投资）职业资格考试并取得职业资格证书的人员，表明其已具备从事工程咨询（投资）专业技术岗位工作的职业能力和水平。

第六条 人力资源社会保障部、国家发展改革委共同负责工程咨询（投资）专业技术人员职业资格制度的政策制定，并按职责分工对工程咨询（投资）专业技术人员职业资格制度的实施进行指导、监督和检查。中国工程咨询协会具体承担工程咨询（投资）专业技术人员职业资格评价工作。

第二章 考 试

第七条 咨询工程师（投资）职业资格实行全国统一大纲、统一命题、统一组织的考试制度。原则上每年举行1次考试。

第八条 中国工程咨询协会负责咨询工程师（投资）职业资格考试的组织和实施工作，组织成立考试专家委员会，研究拟定考试科目、考试大纲、考试试题和考试合格标准。

第九条 人力资源社会保障部、国家发展改革委对中国工程咨询协会实施的考试工作进行监督和检查，指导中国工程咨询协会确定咨询工程师（投资）职业资格考试科目、考试大纲、考试试题和考试合格标准。

第十条 遵守国家法律、法规，恪守职业道德，并符合下列条件之一的，均可申请参加咨询工程师（投资）职业资格考试：

（一）取得工学学科门类专业，或者经济学类、管理科学与工程类专业大学专科学历，累计从事工程咨询业务满8年；

（二）取得工学学科门类专业，或者经济学类、管理科学与工程类专业大学本科学历或者学位，累计从事工程咨询业务满6年；

（三）取得含工学学科门类专业，或者经济学类、管理科学与工程类专业在内的双学士学位，或者工学学科门类专业研究生班毕业，累计从事工程咨询业务满4年；

（四）取得工学学科门类专业，或者经济学类、管理科学与工程类专业硕士学位，累计从事工程咨询业务满3年；

（五）取得工学学科门类专业，或者经济学类、管理科学与工程类专业博士学位，累计从事工程咨询业务满2年；

（六）取得经济学、管理学学科门类其他专业，或者其他学科门类各专业的上述学历或者学位人员，累计从事工程咨询业务年限相应增加2年。

第十一条 咨询工程师（投资）职业资格考试合格，由中国工程咨询协会颁发人力资源社会保障部、国家发展改革委监制，中国工程咨询协会用印的《中华人民共和国咨询工程师（投资）职业资格证书》［以下简称咨询工程师（投资）资格证书］。该证书在全国范围有效。

第十二条 对以不正当手段取得咨询工程师（投资）资格证书的，按照国家专业技术人员资格考试违纪违规行为处理规定处理。

第三章 职业能力

第十三条 取得咨询工程师（投资）资格证书的人员，应当遵守国家法律和相关法规，维护国家和社会公共利益，恪守职业道德。

第十四条 取得咨询工程师（投资）资格证书的人员，应当具备的职业能力：

（一）经济社会发展规划、计划咨询；
（二）行业发展规划和产业政策咨询；
（三）经济建设专题咨询；
（四）投资机会研究；
（五）工程项目建议书的编制；
（六）工程项目可行性研究报告的编制；
（七）工程项目评估；
（八）工程项目融资咨询、绩效追踪评价、后评价及培训咨询服务；
（九）工程项目招投标技术咨询；
（十）国家发展改革委规定的其他工程咨询业务。

第十五条 取得咨询工程师（投资）资格证书的人员，应当按照国家专业技术人员继续教育有关规定，参加继续教育，不断更新专业知识，提高职业素质和业务能力。

第四章 登 记

第十六条 咨询工程师（投资）资格证书实行登记服务制度。登记服务的具体工作由中国工程咨询协会负责。

第十七条 中国工程咨询协会定期向社会公布咨询工程师（投资）资格证书的登记情况，建立持证人员的诚信档案，并为用人单位提供取得咨询工程师（投资）资格证书人员信息的查询服务。

第十八条 取得咨询工程师（投资）资格证书的人员，应自觉接受中国工程咨询协会的自律性管理，其在工作中违反相关法律、法规、规章或者职业道德，造成不良影响的，由中国工程咨询协会取消登记，并收回其职业资格证书。

第十九条 各级工程咨询管理机构在实施咨询工程师（投资）资格考试和登记服务工作中，应当严格遵守国家和本行业的各项管理规定以及协会章程。

第五章 附 则

第二十条 通过考试取得咨询工程师（投资）资格证书，且符合《经济专业人员职务试行条例》经济师职务任职条件，或者符合《工程技术人员职务试行条例》

工程师职务任职条件的人员，用人单位可根据工作需要择优聘任相应系列专业技术职务。

第二十一条 本规定施行前，已按照原人事部、原国家发展计划委员会印发的《关于印发〈注册咨询工程师（投资）执业资格制度暂行规定〉和〈注册咨询工程师（投资）执业资格考试实施办法〉的通知》（人发〔2001〕127号）规定，取得的注册咨询工程师（投资）执业资格证书，与按照本规定要求取得的咨询工程师（投资）资格证书的效用等同。

第二十二条 本规定自2015年7月1日起施行。

咨询工程师（投资）职业资格考试实施办法

第一条 人力资源社会保障部、国家发展改革委按照职责分工负责指导、监督和检查咨询工程师（投资）职业资格考试的实施工作。

第二条 中国工程咨询协会具体负责咨询工程师（投资）职业资格考试的实施工作。

第三条 咨询工程师（投资）职业资格考试设《宏观经济政策与发展规划》、《工程项目组织与管理》、《项目决策分析与评价》和《现代咨询方法与实务》4个科目。

第四条 咨询工程师（投资）职业资格考试分4个半天举行。《宏观经济政策与发展规划》、《工程项目组织与管理》和《项目决策分析与评价》3个科目的考试时间均为2.5小时，《现代咨询方法与实务》科目的考试时间为3小时。

考试成绩实行4年为一个周期的滚动管理办法，在连续的4个考试年度内参加全部（4个）科目的考试并合格，可取得咨询工程师（投资）职业资格证书。

第五条 符合《工程咨询（投资）专业技术人员职业资格制度暂行规定》（以下简称《暂行规定》）规定的考试报名条件者均可申请参加考试。

第六条 凡符合《暂行规定》规定的考试报名条件，并具备下列一项条件者，可免试《宏观经济政策与发展规划》、《工程项目组织与管理》科目，只参加《项目决策分析与评价》和《现代咨询方法与实务》2个科目的考试。参加2个科目考试的人员，须在连续的2个考试年度内通过应试科目的考试。

（一）获得全国优秀工程咨询成果奖项目或者全国优秀工程勘察设计奖项目的主要完成人；

（二）通过全国统一考试取得工程技术类职业资格证书，并从事工程咨询业务工作满8年。

第七条 参加考试由本人提出申请，按有关规定办理报名手续。考试实施机构按规定的程序和报名条件审核合格后，核发准考证。参加考试人员凭准考证和有效证件在指定的日期、时间和地点参加考试。

中央和国务院各部门所属单位、中央管理企业的人员按属地原则报名参加考试。

第八条 考点原则上设在地级以上城市的大、中专院校或者高考定点学校。如确需在其他城市设置考点,须经中国工程咨询协会批准。考试日期原则上为每年的第二季度。

第九条 坚持考试与培训分开的原则。凡参与考试工作(包括命题、审题与组织管理等)的人员,不得参加考试,也不得参加或者举办与考试内容相关的培训工作。应考人员参加培训坚持自愿原则。

第十条 考试实施机构及其工作人员,应当严格执行国家人事考试工作人员纪律规定和考试工作的各项规章制度,遵守考试工作纪律,切实做好从考试试题的命制到使用等各环节的安全保密工作,严防泄密。

第十一条 对违反考试工作纪律和有关规定的人员,按照国家专业技术人员资格考试违纪违规行为处理规定处理。

人事部、信息产业部关于印发《通信专业技术人员职业水平评价暂行规定》、《通信专业技术人员初级、中级职业水平考试实施办法》的通知

(国人部发〔2006〕10号 2006年1月27日)

各省、自治区、直辖市人事厅(局)、通信管理局,国务院各部委、各直属机构人事部门,中央管理的企业:

为加强通信专业技术人才队伍建设,提高通信专业技术人员素质,经研究决定,在通信运营领域建立通信专业技术人员职业水平评价制度。现将《通信专业技术人员职业水平评价暂行规定》和《通信专业技术人员初级、中级职业水平考试实施办法》印发给你们,请遵照执行。

通信专业技术人员职业水平评价暂行规定

第一章 总 则

第一条 为适应国家通信现代化建设需要,加强通信专业技术人才队伍建设,提高通信质量和服务水平,根据《中华人民共和国电信条例》和国家职业资格证书制度有关规定,制定本暂行规定。

第二条 本规定适用于从事通信工作的专业技术人员。

第三条 通信专业技术人员职业水平评价,纳入全国专业技术人员职业资格证书制度统一规划。

第四条 通信专业技术人员职业水平评价分初级、中级和高级三个级别层次。初

级、中级职业水平采用考试的方式评价。高级职业水平实行考试与评审相结合的方式评价，具体办法另行制定。

第五条 参加通信专业技术人员初级、中级职业水平考试，并取得相应级别职业水平证书的人员，表明其已具备相应专业技术岗位工作的水平和能力。

第六条 人事部、信息产业部按照职责分工负责对通信专业技术人员初级、中级职业水平考试工作进行指导、监督和检查。

第二章 考　试

第七条 通信专业技术人员初级、中级职业水平评价，采用全国统一大纲、统一命题、统一组织的考试方式，原则上每年举行一次。

第八条 信息产业部负责制定考试科目、考试大纲和组织命题，建立考试试题库，实施考试考务等有关工作。

通信专业技术人员初级职业水平考试不分专业；中级职业水平考试为：交换技术、传输与接入、终端与业务、互联网技术、设备环境5个专业。

第九条 人事部组织专家审定考试科目、考试大纲和试题，会同信息产业部确定合格标准，并对考试进行检查、监督和指导。

第十条 报名参加通信专业技术人员初级、中级职业水平考试的人员，必须遵守《中华人民共和国宪法》、《中华人民共和国电信条例》和国家有关电信工作规章制度，恪守职业道德。

第十一条 报名参加通信专业初级水平考试的人员，除具备第十条所列基本条件外，还应符合下列条件之一：

（一）取得中专及以上学历或学位的；

（二）高等院校通信工程专业应届毕业生。

第十二条 报名参加通信专业中级水平考试的人员，除具备第十条所列基本条件外，还应符合下列条件之一：

（一）取得通信工程大学专科学历，从事通信专业工作满5年；

（二）取得通信工程大学本科学历，从事通信专业工作满4年；

（三）取得通信工程双学士学位或研究生班毕业，从事通信专业工作满2年；

（四）取得通信工程硕士学位，从事通信专业工作满1年；

（五）取得通信工程博士学位；

（六）取得其他工程类专业上述学历或学位，其从事通信工程专业工作年限相应增加2年。

第十三条 通信专业初级、中级职业水平考试合格，由各省、自治区、直辖市人事部门颁发人事部统一印制，人事部、信息产业部共同用印的《中华人民共和国通信专业技术人员职业水平证书》。该证书在全国范围有效。

第十四条 凡以不正当手段取得通信专业相应级别职业水平证书的，由发证机关收回证书，2年内不得再次参加通信专业水平考试。

第三章 职 业 能 力

第十五条 取得通信专业初级职业水平证书的人员,应具备以下职业能力:

(一)了解国家电信管理的法律法规和通信行业管理各项规定;

(二)具有一定的通信专业知识和工作能力,掌握本专业一般性操作技术;

(三)能够解决通信专业工作中的一般性技术问题;

(四)掌握计算机应用技术,并熟练使用计算机。

第十六条 取得通信专业中级职业水平证书的人员,应具备的基本能力:

(一)熟悉国内外电信管理的法律法规以及通信行业管理的各项规定,有较丰富的通信专业工作经验;

(二)了解国内外通信市场本专业的发展趋势,有较强的开拓创新精神,能够独立解决本专业比较复杂或疑难的技术问题;

(三)具有较强的计算机应用和网络维护能力,能够解决计算机应用和计算机网络维护中的技术故障;

(四)能够指导本专业初级技术人员和协助高级技术人员工作,具有处理与本专业相关的一般性技术问题的能力;

(五)具有一定的外语水平。

第十七条 取得通信专业中级职业水平证书的人员,除具备本规定第十六条规定的基本条件外,还应分别具备本专业的职业能力:

(一)交换技术专业

1. 熟悉电话交换网、信令网、智能网、语音服务系统的原理和技术特点,掌握各系统的运行维护指标与验收标准,对网络进行管理;

2. 熟练使用各种命令修改相应用户数据,使用各种指令检查、修改局数据,能够迅速判断和处理交换系统各种紧急故障,提出改进维护的技术措施;

3. 能够对交换网的规划设计、扩容系统及集成、交换设备改造等,提出改进措施和解决方案,并能提供技术支持。

(二)传输与接入专业

1. 熟练掌握数字配线架(DDF)、光纤配线架(ODF)电缆与光纤的连接技术,能够指导系统设备的设备安装、调测工作,并对竣工工程进行验收;

2. 掌握电信接入网系统、监控系统、同步网系统的标准、设计标准、技术规范、维护规程;

3. 能够利用网管和本地终端进行电路链接和性能监测,依据其告警信息准确判断网络故障并进行处理,组织实施电路应急调度及时恢复业务。

(三)终端与业务专业

1. 熟悉6P'S营销组合因素及其在电信产品中的应用,能够灵活运用通信产品的差异化策略;

2. 掌握电信业务的不同市场信息和运用消费者电信消费行为分析方法,制定开拓电信业务的市场开发策略与方案；

3. 熟练运用网络终端系统及网络管理支撑系统，为通信业务的科研开发、业务设计提供技术支持，为客户提供终端与业务的服务。

（四）互联网技术专业

1. 熟悉互联网和数据网技术规范、标准、网络设计、网络优化、计费系统，掌握网络与信息安全技术；

2. 熟悉所维护的互联网和数据网设备的工作原理，掌握其使用、维护和检修技术，能处理各种网络的技术故障；

3. 能够维护区域内的网络拓扑结构及网络组织，跟踪各种网络发展新技术，及时提出更新措施与实施方案。

（五）设备环境专业

1. 熟悉通信设备环境专业的技术标准、规范和安全操作规程，掌握集中监控系统的网络技术、网络互联和系统组网技术；

2. 能根据现场采集数据，分析电源、空调设备运行状态，及时发现问题排除故障，能对监控系统进行遥信遥控检测，掌握系统冗余技术，能进行软件容错与诊断设计；

3. 解决发电机组及大容量不间断电源（UPS）的疑难技术故障，处理机房空调系统、供电系统、监控系统的复杂技术问题。

第十八条 取得通信专业各级别职业水平证书的人员，应当接受继续教育，更新知识，不断提高职业素质和本专业工作能力。

第四章 登 记

第十九条 通信专业各级别职业水平证书，实行登记服务制度。

第二十条 信息产业部委托相应机构定期向社会公布通信专业各级别职业水平证书登记情况，并为用人单位提供取得通信专业职业水平证书人员的信息服务。

第二十一条 在通信专业活动中，因违反法律、法规、各项规章制度或职业道德，对通信专业工作产生重大影响或造成经济损失的，由信息产业部委托的机构取消登记，并由发证机关收回职业水平证书。

第五章 附 则

第二十二条 用人单位可根据《工程技术人员职务试行条例》有关规定和相应专业岗位工作需要，从获得相应级别、类别职业水平证书的人员中择优聘任。

取得初级水平证书，可聘任技术员或助理工程师职务；取得中级水平证书，可聘任工程师职务。

第二十三条 通信专业技术人员初级、中级职业水平考试在全国实施后，各地区、各部门不再进行通信工程相应专业和级别任职资格的评审工作。

第二十四条 香港、澳门居民申请参加通信专业各级别职业水平考试，在报名时应提交本人身份证明、国务院教育行政部门认可的相应专业学历或学位证书、从事本专业工作实践证明。台湾地区的专业人员参加考试的办法另行规定。

外籍专业技术人员申请参加通信专业各级别职业水平考试的具体办法另行规定。

第二十五条 通信专业技术人员职业水平评价等机构，在开展通信专业人员职业水平评价过程中，因工作失误，使专业技术人员合法权益受到损害的，应依据国家有关规定给予相应赔偿，并可向有关责任人追偿。

第二十六条 通信专业人员职业水平评价等机构的工作人员，有不履行工作职责，监督不力，或者谋取其他利益等违纪违规行为，并造成不良影响或严重后果的，由其主管单位责令改正，对直接负责的主管人员和其他直接责任人员给予行政处分；构成犯罪的，依法追究刑事责任。

第二十七条 本规定自2006年3月1日起施行。

通信专业技术人员初级、中级职业水平考试实施办法

第一条 通信专业技术人员初级、中级职业水平考试在人事部、信息产业部的统一指导下进行。两部门共同成立通信专业水平考试办公室（办公室设在信息产业部），负责研究通信专业技术人员职业水平评价相关政策。

第二条 信息产业部组织成立通信专业水平评价专家委员会，该委员会负责编写考试大纲、命题，研究建立考试题库。

第三条 人事部、信息产业部委托信息产业部邮电人才交流中心，承担通信专业各级别职业水平考试的考务工作。

各省、自治区、直辖市的考试工作，由当地通信管理部门会同人事行政部门共同负责，具体职责分工由各地协商确定。

第四条 通信专业初级、中级职业水平考试均设《通信专业综合能力》和《通信专业实务》2个科目。中级考试《通信专业实务》科目分：交换技术、传输与接入技术、终端与业务、互联网技术和设备环境5个专业类别，考生在报名时可根据实际工作岗位需要选择其一。

第五条 通信专业初级、中级职业水平考试均分2个半天进行。《通信专业综合能力》科目的考试时间均为2小时；《通信专业实务》科目考试时间均为3小时。

在一个考试年度内，通过《通信专业综合能力》和《通信专业实务》2个科目的考试，方可取得通信专业相应级别、类别职业水平证书。

第六条 报名参加通信专业各级别职业水平考试的人员，应符合《通信专业技术人员职业水平评价暂行规定》规定的报名条件。由本人提出申请，按规定携带有关证明材料，到指定的考试管理机构报名。经考试管理机构审核合格后，向申请人核发准考证。申请人凭准考证及有关证明，在指定的时间、地点参加考试。

国务院各部门所属单位和中央管理企业的专业技术人员，按属地原则报名参加考试。

第七条 参加通信专业初级职业水平考试的高等院校应届毕业生，在报名时应提交能够证明其在考试年度可毕业的有效证件（如学生证等）和所在学校出具的应届毕业生

证明。

第八条 通信专业各级别职业水平考试日期定为每年9月。考点原则上设在直辖市和省会城市的大、中专院校或高考定点学校，如确需在其他城市设置考点，须经人事部、信息产业部批准。

第九条 通信专业各级别职业水平考试有关项目的收费标准，须经当地价格行政部门核准，并向社会公布，接受公众监督。

第十条 坚持考试与业务培训分开的原则。凡参与考试工作（包括命题与组织管理等）的人员，不得参加考试和举办与考试内容有关的培训工作。应考人员参加相关培训坚持自愿的原则。

第十一条 考试考务工作要严格执行考试工作的有关规章制度，切实做好试卷命制、印刷、发送过程中的保密工作，严格遵守保密制度，严防泄密。

第十二条 考试工作人员要严格遵守考试工作纪律，认真执行考试回避制度。对违反考试纪律和有关规定的，按照《专业技术人员资格考试违纪违规行为处理规定》（人事部第3号令）处理。

人事部、国务院电子信息系统推广应用办公室关于印发《中国计算机软件专业技术资格和水平考试暂行规定》的通知

（人职发〔1991〕6号 1991年4月1日）

各省、自治区、直辖市及计划单列市人事（劳动人事）厅（局）、职改工作部门，电子信息产业和应用主管部门，国务院各部委、各直属机构人事（干部）部门：

1990年计算机应用软件人员专业技术职务任职资格（水平）考试工作已顺利结束。在广泛听取意见，认真总结经验的基础上，对原《中国计算机应用软件人员专业技术职务任职资格（水平）考试暂行规定》进行了修改。现将修改后的《中国计算机软件专业技术资格和水平考试暂行规定》发给你们，请遵照执行。

中国计算机软件专业技术资格和水平考试暂行规定

第一条 为加速我国电子信息技术的广泛应用和软件事业的发展，科学考核和合理使用人才，促进计算机软件人才的国际交流与合作，进一步深化职称改革，特制定本规定。

第二条 获得计算机软件专业技术资格需要通过国家统一组织的考试。今后对中级专业技术职务（含中级）以下的计算机软件人员不再进行专业技术职务任职资格的评审

工作。

第三条 计算机软件专业技术资格使用工程技术职务的名称与档次。考试级别分为初级程序员（相当于技术员）、程序员（相当于助理工程师）、高级程序员（相当于工程师）。

第四条 在计算机软件专业技术资格考试的同时，进行水平考试。水平考试跟踪国际水平，其级别分为：程序员、高级程序员、系统分析员。程序员、高级程序员级水平考试合格者同时具有相应级别专业技术资格。系统分析员水平考试合格可以作为评聘高级工程师的条件之一。

第五条 企事业单位全日制大、中专计算机软件、计算机及应用专业毕业人员，按照有关规定，见习期满，经考核合格，可认定相应的专业技术资格。其中，中专毕业见习期满可认定其初级程序员资格；大学专科毕业见习期满后从事计算机软件工作两年，大学本科毕业见习期满可认定其程序员资格；获硕士学位从事计算机软件工作三年或获博士学位可认定其高级程序员资格。

第六条 按本规定通过全国统一考试或认定获得计算机软件专业技术资格的人员表明其已具有担任相应职务的专业技术水平。获得专业技术资格不与工资待遇挂钩。单位行政领导在岗位需要时，应按照德才兼备的原则，从获得专业技术资格的人员中择优聘任。

第七条 参加考试人员应具备以下条件：

1. 坚持四项基本原则，拥护党的改革开放政策，遵纪守法。
2. 工作努力，尽职尽责。
3. 参加资格考试还须符合下列规定的条件：
（1）有志从事计算机软件工作的人员，均可参加初级程序员考试。
（2）担任软件技术员职务二年以上或大学本科毕业，可参加程序员考试。
（3）担任软件助理工程师职务二年以上或研究生毕业，可参加高级程序员考试。
4. 参加各级水平考试，不受上述资格条件的限制。

第八条 考试每年举行一次，考试实行全国统一组织、统一大纲、统一试题、统一评分标准。

第九条 考试内容

初级程序员　简单程序编制能力，计算机软、硬件及应用初步知识。

程序员　程序编制能力，计算机软、硬件及应用基础知识。

高级程序员　软件设计能力，程序编制能力，计算机软、硬件知识，计算机综合基础知识。

系统分析员　计算机系统的分析和设计能力，计算机软、硬件知识，计算机综合知识。

第十条 资格考试由中国计算机软件专业技术资格（水平）考试委员会统一领导。考试委员会负责研究决定有关考试的方针、政策，审定命题委员会的人选，讨论通过考试大纲，报送人事部审定颁布，决定考试有关重要事项，并公布考试日期、种类和地区。考委会下设办公室（即软件考试中心）。软件考试中心负责考试的组织、协调及日常工作。命题委员会负责考试大纲的拟定和命题。各省、自治区、直辖市及计划单列市职改办和电子信息办共同组织考试实施机构，负责组织考务工作。人事厅（局）或职改部门负责对本地区考试工作指导、监督、协调。

第十一条　参加考试由本人提出申请，单位审查同意，按照报考的种类、级别，到当地考试实施机构报名，经资格审查后，领取准考证。考生凭准考证参加指定时间、考场的考试。

第十二条　考试成绩合格获得软件专业技术资格者，授予人事部统一印制的《专业技术资格证书》，全国有效。资格证书发放办法按人事部人办职〔1990〕3号文件执行。资格有一定的有效期。有效期满，持证者要主动到发证机构注册登记。水平考试合格者，授予中国计算机软件专业技术资格（水平）考试委员会统一印制的《计算机软件专业水平证书》。

第十三条　在首次专业技术职务聘任工作中受聘担任相应职务的计算机软件人员，经考核合格可续聘专业技术职务。在1990年以前实行联合考试中，通过程序员级和高级程序员级水平考试合格的人员，对其中已经符合《工程技术人员职务试行条例》所规定学历、工作资历的，可授予相应的《专业技术资格证书》。

第十四条　本规定适用于国家机关、企业、事业单位。

第十五条　本规定自发布之日起执行。过去有关规定如与本规定不符，以本规定为准。

第十六条　本规定由人事部负责解释。

人事部、信息产业部关于印发《计算机技术与软件专业技术资格（水平）考试暂行规定》和《计算机技术与软件专业技术资格（水平）考试实施办法》的通知

（国人部发〔2003〕39号　2003年10月18日）

各省、自治区、直辖市人事厅（局）、信息产业厅（局），国务院各部委、各直属机构人事部门，中央管理的企业：

　　为适应国家信息化建设的需要，规范计算机技术与软件专业人才评价工作，促进计算机技术与软件专业人才队伍建设，人事部、信息产业部在总结计算机软件专业资格和水平考试实施情况的基础上，重新修订了计算机软件专业资格和水平考试有关规定。现将《计算机技术与软件专业技术资格（水平）考试暂行规定》和《计算机技术与软件专业技术资格（水平）考试实施办法》印发给你们，请遵照执行。

自 2004 年 1 月 1 日起，人事部、原国务院电子信息系统推广应用办公室发布的《关于印发〈中国计算机软件专业技术资格和水平考试暂行规定〉的通知》（人职发〔1991〕6 号）和人事部《关于非在职人员计算机软件专业技术资格证书发放问题的通知》（人职发〔1994〕9 号）即行废止。

计算机技术与软件专业技术资格（水平）考试暂行规定

第一条 为适应国家信息化建设的需要，加强计算机技术与软件专业人才队伍建设，促进我国计算机应用技术和软件产业的发展，根据国务院《振兴软件产业行动纲要》以及国家职业资格证书制度的有关规定，制定本规定。

第二条 本规定适用于社会各界从事计算机应用技术、软件、网络、信息系统和信息服务等专业技术工作的人员。

第三条 计算机技术与软件专业技术资格（水平）考试（以下简称计算机专业技术资格（水平）考试），纳入全国专业技术人员职业资格证书制度统一规划。

第四条 计算机专业技术资格（水平）考试工作由人事部、信息产业部共同负责，实行全国统一大纲、统一试题、统一标准、统一证书的考试办法。

第五条 人事部、信息产业部根据国家信息化建设和信息产业市场需求，设置并确定计算机专业技术资格（水平）考试专业类别和资格名称。

计算机专业技术资格（水平）考试级别设置：初级资格、中级资格和高级资格 3 个层次。

第六条 信息产业部负责组织专家拟订考试科目、考试大纲和命题，研究建立考试试题库，组织实施考试工作和统筹规划培训等有关工作。

第七条 人事部负责组织专家审定考试科目、考试大纲和试题，会同信息产业部对考试进行指导、监督、检查，确定合格标准。

第八条 凡遵守中华人民共和国宪法和各项法律，恪守职业道德，具有一定计算机技术应用能力的人员，均可根据本人情况，报名参加相应专业类别、级别的考试。

第九条 计算机专业技术资格（水平）考试合格者，由各省、自治区、直辖市人事部门颁发人事部统一印制，人事部、信息产业部共同用印的《中华人民共和国计算机专业技术资格（水平）证书》。该证书在全国范围有效。

第十条 通过考试并获得相应级别计算机专业技术资格（水平）证书的人员，表明其已具备从事相应专业岗位工作的水平和能力，用人单位可根据《工程技术人员职务试行条例》有关规定和工作需要，从获得计算机专业技术资格（水平）证书的人员中择优聘任相应专业技术职务。

取得初级资格可聘任技术员或助理工程师职务；取得中级资格可聘任工程师职务；取得高级资格，可聘任高级工程师职务。

第十一条 计算机专业技术资格（水平）实施全国统一考试后，不再进行计算机技术与软件相应专业和级别的专业技术职务任职资格评审工作。

第十二条 计算机专业技术资格（水平）证书实行定期登记制度，每 3 年登记一次。有效期满前，持证者应按有关规定到信息产业部指定的机构办理登记手续。

第十三条 申请登记的人员应具备下列条件：

（一）取得计算机专业技术资格（水平）证书；

（二）职业行为良好，无犯罪记录；

（三）身体健康，能坚持本专业岗位工作；

（四）所在单位考核合格。

再次登记的人员，还应提供接受继续教育或参加业务技术培训的证明。

第十四条 对考试作弊或利用其他手段骗取《中华人民共和国计算机专业技术资格（水平）证书》的人员，一经发现，即行取消其资格，并由发证机关收回证书。

第十五条 获准在中华人民共和国境内就业的外籍人员及港、澳、台地区的专业技术人员，可按照国家有关政策规定和程序，申请参加考试和办理登记。

第十六条 在本规定施行日前，按照《中国计算机软件专业技术资格和水平考试暂行规定》（人职发〔1991〕6 号）参加考试并获得人事部印制、人事部和信息产业部共同用印的《中华人民共和国专业技术资格证书》（计算机软件初级程序员、程序员、高级程序员资格）和原中国计算机软件专业技术资格（水平）考试委员会统一印制的《计算机软件专业水平证书》的人员，其资格证书和水平证书继续有效。

第十七条 本规定自 2004 年 1 月 1 日起施行。

计算机技术与软件专业技术资格（水平）考试实施办法

第一条 计算机技术与软件专业技术资格（水平）考试（以下简称计算机专业技术资格（水平）考试）在人事部、信息产业部的领导下进行，两部门共同成立计算机专业技术资格（水平）考试办公室（设在信息产业部），负责计算机专业技术资格（水平）考试实施和日常管理工作。

第二条 信息产业部组织成立计算机专业技术资格（水平）考试专家委员会，负责考试大纲的编写、命题，建立考试试题库。

具体考务工作由信息产业部电子教育中心（原中国计算机软件考试中心）负责。各地考试工作由当地人事行政部门和信息产业行政部门共同组织实施，具体职责分工由各地协商确定。

第三条 计算机专业技术资格（水平）考试原则上每年组织两次，在每年第二季度和第四季度举行。

第四条 根据《计算机技术与软件专业技术资格（水平）考试暂行规定》（以下简称《暂行规定》）第五条规定，计算机专业技术资格（水平）考试划分为计算机软件、计算机网络、计算机应用技术、信息系统和信息服务 5 个专业类别，并在各专业类别中分设了高、中、初级专业资格考试，详见《计算机技术与软件专业技术资格（水平）考试专业类别、资格名称和级别层次对应表》（附后）。人事部、信息产业部将根据发展需要适时调整专业类别和资格名称。

考生可根据本人情况选择相应专业类别、级别的专业资格（水平）参加考试。

第五条 高级资格设：综合知识、案例分析和论文3个科目；中级、初级资格均设：基础知识和应用技术2个科目。

第六条 各级别考试均分2个半天进行。

高级资格综合知识科目考试时间为2.5小时，案例分析科目考试时间为1.5小时、论文科目考试时间为2小时。

初级和中级资格各科目考试时间均为2.5小时。

第七条 计算机专业技术资格（水平）考试根据各级别、各专业特点，采取纸笔、上机或网络等方式进行。

第八条 符合《暂行规定》第八条规定的人员，由本人提出申请，按规定携带身份证明到当地考试管理机构报名，领取准考证。凭准考证、身份证明在指定的时间、地点参加考试。

第九条 考点原则上设在地市级以上城市的大、中专院校或高考定点学校。

中央和国务院各部门所属单位的人员参加考试，实行属地化管理原则。

第十条 坚持考试与培训分开的原则，凡参与考试工作的人员，不得参加考试及与考试有关的培训。

应考人员参加培训坚持自愿的原则。

第十一条 计算机专业技术资格（水平）考试大纲由信息产业部编写和发行。任何单位和个人不得盗用信息产业部名义编写、出版各种考试用书和复习资料。

第十二条 为保证培训工作健康有序进行，由信息产业部统筹规划培训工作。承担计算机专业技术资格（水平）考试培训的机构，应具备师资、场地、设备等条件。

第十三条 计算机专业技术资格（水平）考试、登记、培训及有关项目的收费标准，须经当地价格行政部门核准，并向社会公布，接受群众监督。

第十四条 考务管理工作要严格执行考务工作的有关规章和制度，切实做好试卷的命制、印刷、发送和保管过程中的保密工作，遵守保密制度，严防泄密。

第十五条 加强对考试工作的组织管理，认真执行考试回避制度，严肃考试工作纪律和考场纪律。对弄虚作假等违反考试有关规定者，要依法处理，并追究当事人和有关领导的责任。

附件：计算机技术与软件专业技术资格（水平）考试专业类别、资格名称和级别对应表

附件

计算机技术与软件专业技术资格（水平）考试
专业类别、资格名称和级别对应表

资格名称级别层次 \ 专业类别	计算机软件	计算机网络	计算机应用技术	信息系统	信息服务
高级资格	信息系统项目管理师　系统分析师（原系统分析员）　系统架构设计师				
中级资格	软件测评师 软件设计师 （原高级程序员）	网络工程师	多媒体应用设计师 嵌入式系统设计师 计算机辅助设计师 电子商务设计师	信息系统监理师 数据库系统工程师 信息系统管理工程师	信息技术 支持工程师
初级资格	程序员 （原初级程序员、 程序员）	网络管理员	多媒体应用制作技术员 电子商务技术员	信息系统运行管理员	信息处理 技术员

人事部办公厅、信息产业部办公厅关于计算机技术与软件专业技术资格（水平）考试新增专业有关问题的通知

（国人厅发〔2007〕139号　2007年9月14日）

各省、自治区、直辖市人事厅（局）、信息产业主管部门，国务院各部委、各直属机构人事部门，中央管理的企业：

为适应信息产业发展需要，根据人事部、信息产业部《关于印发〈计算机技术与软件专业技术资格（水平）考试暂行规定〉和〈计算机技术与软件专业技术资格（水平）考试实施办法〉的通知》（国人部发〔2003〕39号）有关规定，现将计算机技术与软件专业技术资格（水平）考试新增专业有关问题通知如下：

一、在原《计算机技术与软件专业技术资格（水平）考试专业类别、资格名称和级别对应表》基础上，新增以下7个专业。

（一）2个高级资格的专业，名称为："网络规划设计师"、"系统规划与管理师"。

（二）4个中级资格的专业，其中信息系统专业类别2个，名称为："系统集成项目管理工程师"和"信息安全工程师"；信息服务专业类别1个，名称为："计算机硬件工程师"；计算机软件专业类别1个，名称为："软件过程能力评估师"。

（三）1个初级资格的专业，在信息服务专业类别中，名称为："网页制作员"。

二、自2008年起，将陆续启动新增专业的考试。新增专业的考试大纲和考试日期等具体安排，由信息产业部电子教育与考试中心（原信息产业部电子教育中心）另行公布。

请各地及时向社会公告计算机技术与软件专业技术资格（水平）考试新增专业情况，并做好相关准备工作。

附件：计算机技术与软件专业技术资格（水平）考试专业类别、资格名称和级别对应表

附件

计算机技术与软件专业技术资格（水平）考试
专业类别、资格名称和级别对应表

资格名称级别层次＼专业类别	计算机软件	计算机网络	计算机应用技术	信息系统	信息服务
高级资格	信息系统项目管理师 系统分析师 系统架构设计师 ＊网络规划设计师 ＊系统规划与管理师				
中级资格	软件评测师 软件设计师 ＊软件过程能力评估师	网络工程师	多媒体应用设计师 嵌入式系统设计师 计算机辅助设计师 电子商务设计师	＊系统集成项目管理工程师 信息系统监理师 ＊信息安全工程师 数据库系统工程师 信息系统管理工程师	＊计算机硬件工程师 信息技术支持工程师
初级资格	程序员	网络管理员	多媒体应用制作技术员 电子商务技术员	信息系统运行管理员	＊网页制作员 信息处理技术员

注：资格名称栏目中带"＊"的名称为增加的专业。

人事部、民政部关于印发《社会工作者职业水平评价暂行规定》和《助理社会工作师、社会工作师职业水平考试实施办法》的通知

（国人部发〔2006〕71号 2006年7月20日）

各省、自治区、直辖市人事厅（局）、民政厅（局），国务院各部委、各直属机构人事部门，中央管理的企业：

为加强社会工作专业技术人员队伍建设，规范社会工作专业技术人员职业行为，提高社会工作专业技术人员素质，现将《社会工作者职业水平评价暂行规定》和《助理社会工作师、社会工作师职业水平考试实施办法》印发给你们，请遵照执行。

社会工作者职业水平评价暂行规定

第一章 总 则

第一条 为规范社会工作者职业行为，提高社会工作者专业能力，加强社会工作者队伍建设，根据国家职业资格证书制度的有关规定，制定本规定。

第二条 本规定适用于在社会福利、社会救助、社会慈善、残障康复、优抚安置、卫生服务、青少年服务、司法矫治等社会服务机构中，从事专门性社会服务工作的专业技术人员。

第三条 国家建立社会工作者职业水平评价制度，纳入全国专业技术人员职业资格证书制度统一规划。

第四条 社会工作者职业水平评价分为助理社会工作师、社会工作师和高级社会工作师三个级别。高级社会工作师职业水平评价办法另行制定。

助理社会工作师、社会工作师英文分别译为：

Junior Social Worker

Social Worker

第五条 通过职业水平评价，取得社会工作者职业水平证书的人员，表明其已具备相应专业技术岗位工作的水平和能力。

第六条 人事部、民政部共同负责社会工作者职业水平评价制度的组织实施工作，并按职责分工对该制度的实施进行指导、监督和检查。

第二章 考 试

第七条 助理社会工作师、社会工作师职业水平评价实行全国统一大纲、统一命题、统一时间、统一组织的考试制度，原则上每年举行一次。

第八条 民政部负责组织专家拟定考试科目、考试大纲，组织命题，研究建立考试试题库，提出考试合格标准建议。

第九条 人事部负责组织专家审定考试科目、考试大纲和试题，会同民政部确定考试合格标准，并对考试实施等工作进行指导、监督和检查。

第十条 凡中华人民共和国公民，遵守国家法律、法规，恪守职业道德，并符合助理社会工作师或社会工作师报名条件的人员，均可申请参加相应级别的考试。

第十一条 助理社会工作师考试报名条件：

（一）取得高中或者中专学历，从事社会工作满4年；

（二）取得社会工作专业大专学历，从事社会工作满2年；

（三）社会工作专业本科应届毕业生；

（四）取得其他专业大专学历，从事社会工作满4年；

（五）取得其他专业本科及以上学历，从事社会工作满2年。

第十二条 社会工作师考试报名条件：

（一）取得高中或者中专学历，并取得助理社会工作师职业水平证书后，从事社会工作满6年；

（二）取得社会工作专业大专及以上学历或学位，从事社会工作满4年；

（三）取得社会工作专业大学本科学历，从事社会工作满3年；

（四）取得社会工作专业硕士学位，从事社会工作满1年；

（五）取得社会工作专业博士学位；

（六）取得其他专业大专及以上学历或学位，其从事社会工作年限相应增加2年。

第十三条 助理社会工作师、社会工作师职业水平考试合格，颁发人事部统一印制、人事部和民政部共同用印的《中华人民共和国社会工作者职业水平证书》。该证书在全国范围有效。

第十四条 凡以不正当手段取得社会工作者职业水平证书的，由发证机关收回证书，2年内不得再次参加社会工作者职业水平考试。

第三章 义务与职业能力

第十五条 社会工作者应严格遵守国家法律法规和社会工作职业守则。

第十六条 社会工作者在社会服务工作中，应当与服务对象建立良好平等的沟通关系，维护服务对象权益，倾听服务对象诉求，尊重服务对象选择，保守服务对象隐私。

第十七条 助理社会工作师应具备以下职业能力：

（一）熟悉与社会工作业务相关的法律、法规、政策和行业管理规定，掌握基本的社会工作专业知识；

（二）能够与各类服务对象建立专业服务关系，对服务对象的问题作出预估，制定服务计划和服务协议，独立接案、结案并提供跟进服务；

（三）能够根据服务计划，运用专业方法和技术协助服务对象解决问题。

第十八条 社会工作师应具备以下职业能力：

（一）能够熟练运用社会工作业务相关的法律、法规、政策和行业管理规定，具备较丰富的社会工作专业经验；

（二）能够综合运用各种社会工作方法，为服务对象提供专业服务，处理各类复杂问题，并对所提供的专业服务质量与效果进行评估；

（三）能够指导助理社会工作师开展专业工作，帮助其提高专业工作水平和能力；

（四）能够制定科学合理的工作方案和发展规划，整合、运用相关社会服务资源，拓展服务领域，保证服务质量。

第十九条 取得社会工作者职业水平证书的人员，应当接受继续教育，更新知识，不断提高职业素质和本专业工作能力。

第四章 登 记

第二十条 社会工作者职业水平证书实行登记服务制度。具体工作由民政部或其委托的机构负责。

第二十一条 民政部或其委托的机构定期向社会公布社会工作者职业水平证书登记情况，并为用人单位提供查询取得社会工作者职业水平证书人员的信息服务。

第二十二条 在社会工作职业活动中，违反有关法律、法规、规章制度或职业道德，造成不良影响的，由登记机关取消登记，并由发证机关收回职业水平证书。

第五章 附 则

第二十三条 通过考试取得社会工作者职业水平证书的人员，用人单位可根据工作需要聘任相应级别专业技术职务。具体办法另行规定。

第二十四条 香港、澳门居民申请参加社会工作者职业水平考试的，报名时应提交本人身份证明、国务院教育行政部门认可的学历或学位证书、从事本专业工作实践证明。台湾地区的专业技术人员参加考试的办法另行规定。

外籍人员申请参加社会工作者职业水平考试的具体办法另行规定。

第二十五条 社会工作者职业水平评价有关机构，在开展社会工作者职业水平评价等工作中，因工作失误，使专业技术人员合法权益受到损害的，应依据国家有关规定给予相应赔偿，并向有关责任人追偿。

第二十六条 社会工作者职业水平评价有关机构的工作人员，不履行工作职责、监督不力、借机为自己或他人谋取利益，以及有其他违法违规行为的，由其主管部门责令改正，造成不良影响或者严重后果的，对直接负责的主管人员和直接责任人员给予相应处分；构成犯罪的，依法追究刑事责任。

第二十七条 本规定自 2006 年 9 月 1 日起施行。

助理社会工作师、社会工作师职业水平考试实施办法

第一条 人事部、民政部共同成立"社会工作者职业水平评价办公室"，办公室设在民政部，负责研究社会工作者职业水平考试相关政策和考试日常管理工作。具体考试考务工作委托人事部人事考试中心组织实施。

各省、自治区、直辖市的考试工作，由当地人事部门会同民政部门共同负责，具体

职责分工由各地协商确定。

第二条 民政部组织成立社会工作者职业水平评价专家委员会，负责编写考试大纲、命题，研究建立考试试题库。

第三条 助理社会工作师考试科目为《社会工作综合能力（初级）》、《社会工作实务（初级）》。社会工作师职业水平考试科目为《社会工作综合能力（中级）》、《社会工作实务（中级）》和《社会工作法规与政策》。

第四条 参加助理社会工作师考试的人员，应在一个考试年度内通过全部科目的考试。

社会工作师考试成绩实行两年为一个周期的滚动管理办法，参加考试的人员应在连续两个考试年度内通过全部科目的考试。

第五条 报名参加助理社会工作师、社会工作师职业水平考试的人员，应符合《社会工作者职业水平评价暂行规定》中规定的相应报名条件。由本人提出申请，按规定携带有关证明材料，到指定的考试管理机构报名。经考试管理机构审查合格后，向申请人核发准考证。申请人凭准考证及有关身份证明，在指定时间、地点参加考试。

第六条 参加助理社会工作师考试的本科应届毕业生，在报名时应提交能够证明其在考试年度可毕业的有效证件（如学生证等）和所在学校出具的应届毕业生证明。

第七条 助理社会工作师、社会工作师职业水平考试原则上每年举行一次。考点设在省会城市和直辖市的大、中专院校或高考定点学校。如确需在其他城市设置考点，应经人事部、民政部批准。

第八条 坚持考试与培训分开原则。凡参与考试工作（包括命题和组织管理等）的人员，不得参加考试和参与或举办与考试内容有关的培训工作。应考人员参加相关培训实行自愿原则。

第九条 助理社会工作师、社会工作师考试有关项目的收费标准，应经当地价格主管部门核准，并向社会公布，接受公众监督。

第十条 考试考务工作要严格执行考试工作的有关规章制度，切实做好试卷命制、印刷、发送过程中的保密工作，遵守保密制度，严防泄密。

第十一条 考试工作人员要严格遵守考试工作纪律，认真执行考试回避制度。对违反考试纪律和有关规定的，按照《专业技术人员资格考试违纪违规行为处理规定》处理。

人力资源社会保障部、民政部
关于印发《高级社会工作师评价办法》的通知

（人社部规〔2018〕2号　2018年3月6日）

各省、自治区、直辖市及新疆生产建设兵团人力资源社会保障厅（局）、民政厅（局），国务院各部委、各直属机构人事部门：

为了加强社会工作专业人才队伍建设，完善社会工作专业人才职业水平评价制度，人力资源社会保障部、民政部制定了《高级社会工作师评价办法》。现印发给你们，请遵照执行。

高级社会工作师评价办法

第一章 总 则

第一条 为完善社会工作专业人才职业水平评价制度，科学、客观、公正地评价社会工作者的职业能力，加强社会工作者职业化管理与激励保障，根据《关于分类推进人才评价机制改革的指导意见》（中办发〔2018〕6号）和国家职业资格制度有关规定，制定本办法。

第二条 高级社会工作师是社会工作者职业水平评价的高级级别，英文译为Senior Social Worker。

第三条 高级社会工作师实行考试和评审相结合的评价制度。参加考试合格并通过评审，方可取得高级社会工作师资格。

第四条 高级社会工作师评价工作在人力资源社会保障部、民政部的统一领导下进行。人力资源社会保障部、民政部共同成立的"全国社会工作者职业水平评价办公室"（办公室设在民政部），负责研究高级社会工作师评价相关政策、评价标准，以及考试的日常管理和评审的组织实施，指导、监督和检查各地高级社会工作师的评价工作。

各省、自治区、直辖市的高级社会工作师评价工作，由当地人力资源社会保障部门和民政部门共同组织实施，具体职责分工由各地协商确定。

充分发挥社会组织的专业优势，逐步推动具备条件的行业协会、专业学会等社会组织和专业机构有序承接高级社会工作师评价工作。

第二章 职业素质与能力

第五条 高级社会工作师应坚定正确政治立场，拥护中国共产党领导，遵守宪法和各项法律法规，贯彻落实党和国家方针政策，践行社会主义核心价值观。

第六条 高级社会工作师应具有良好的社会责任感和职业使命感，秉承社会工作专业理念，遵守社会工作职业道德，积极维护职业形象。

第七条 高级社会工作师应具备的职业能力：

（一）能够熟练运用社会工作专业理论、方法、技巧和相关政策法规，提供高质量的专业服务，解决复杂疑难专业问题；

（二）能够发挥专业骨干作用，组织设计、实施和评估社会服务方案或项目，提升服务管理水平；

（三）能够对助理社会工作师、社会工作师等社会工作从业人员开展专业督导，帮助其解决专业难题，提高职业能力；

（四）能够开展社会工作政策、理论与实务研究，总结提炼社会工作实务经验，创新社会工作专业方法，针对具体社会问题的解决及有关政策的制定提出建设性意见建议。

第八条 取得高级社会工作师资格的人员，应当接受继续教育，定期更新知识，不断提高职业素质与能力。

第三章 考 试

第九条 高级社会工作师考试实行全国统一大纲、统一命题、统一组织，原则上每年举行一次。

第十条 民政部负责组织专家编写考试大纲，组织命题、审题、阅卷，提出考试合格标准建议。人力资源社会保障部负责组织专家审定考试大纲，会同民政部确定考试合格标准。高级社会工作师考试具体考务工作委托人力资源社会保障部人事考试中心组织实施。

第十一条 考试设《社会工作实务（高级）》科目。主要考察应试者运用社会工作专业理念、理论、方法、技巧及相关法规政策开展服务、管理、督导和研究的综合能力。

考试时间为180分钟，采取闭卷作答的方式进行。

第十二条 报名参加考试的人员，需同时具备以下条件：

（一）拥护中国共产党领导，遵守国家宪法、法律、法规，热爱社会工作事业，具有良好的职业道德；

（二）具有本科及以上学历（或学士及以上学位）；

（三）在通过全国社会工作者职业水平考试取得社会工作师（中级）资格后，从事社会工作满5年，截止日期为考试报名年度的当年年底。

第十三条 符合考试报名条件的人员，可按照有关规定完成报名。各地人力资源社会保障部门会同民政部门负责资格审核，审查合格后，由考试管理机构核发准考证。应试人员凭准考证及有关身份证明，在指定时间、地点参加考试。中央和国家机关各部门及其所属单位的人员参加考试，实行属地管理原则。

第十四条 高级社会工作师考试考点原则上设在省会城市和直辖市的大、中专院校或高考定点学校。

第十五条 对达到考试合格标准的人员，颁发高级社会工作师考试成绩合格证明。该证明自颁发之日起，在全国范围3年内有效。

第四章 评 审

第十六条 全国社会工作者职业水平评价办公室负责高级社会工作师评审的组织管理工作。各省、自治区、直辖市人力资源社会保障部门会同民政部门承担本地区高级社会工作师评审的具体组织管理工作。

第十七条 高级社会工作师评审工作由高级社会工作师评审委员会承担。全国社会工作者职业水平评价办公室组建全国高级社会工作师评审委员会。具备条件的省、自治区、直辖市由当地民政部门提出申请，经同级人力资源社会保障部门同意后也可组建高级社会工作师评审委员会。鼓励具备条件的行业协会、专业学会经授权后组建高级社会工作师评审委员会。

高级社会工作师评审委员会组建办法另行制定。

第十八条 各省、自治区、直辖市高级社会工作师评审委员会负责本地区人员的评审工作。中央和国家机关各部门及其所属的在京单位人员的评审工作，由全国高级社会工作师评审委员会负责，驻各地的中央和国家机关各部门及其所属单位人员的评审工作，原则上实行属地管理，亦可根据情况委托全国高级社会工作师评审委员会代为评审。

不具备组建高级社会工作师评审委员会条件的省、自治区、直辖市，可委托全国高级社会工作师评审委员会或其他省、自治区、直辖市高级社会工作师评审委员会代为评审。

第十九条　高级社会工作师评审委员会成员应坚定正确政治立场，拥护中国共产党领导，具有较高社会工作专业水平、作风正派、办事公道，且满足下列基本条件之一：

（一）具有高级社会工作师资格，且具有10年以上社会工作从业经历。

（二）具有正高级职称，且具有10年以上社会工作教学、科研或实务经历。

第二十条　高级社会工作师评审委员会应由25人以上组成，应统筹考虑评委的专业背景和工作领域。高级社会工作师评审委员会成员应适时调整，逐步实现以具有高级社会工作师资格的评委为主体。探索组建高级社会工作师评审委员会专家库。

第二十一条　评审工作原则上每年组织一次。

第二十二条　高级社会工作师评审工作按照个人申请、单位推荐、资格审核、专家评审的基本程序进行。

个人申请。申请参加高级社会工作师评审的人员，按照本办法第二十三条的规定准备申报材料，由本人向所在单位提出评审申请。

单位推荐。申报材料应当在申请人所在单位进行公示。经公示无异议后，由所在单位为申请人出具同意其参加高级社会工作师评审的推荐意见。

资格审核。全国社会工作者职业水平评价办公室负责审核中央和国家机关各部门及其所属的在京单位人员提交的申报材料。各省、自治区、直辖市民政部门负责审核本地区人员提交的申报材料。

专家评审。资格审核通过后，由全国高级社会工作师评审委员会和省、自治区、直辖市高级社会工作师评审委员会通过面试答辩等方式对申请人进行评审。

第二十三条　申请参加高级社会工作师评审的人员应同时符合以下基本条件：

（一）高级社会工作师考试合格证明在有效期内；

（二）所在单位出具了同意参加高级社会工作师评审的推荐意见；

（三）取得社会工作师资格后，近五年来社会工作从业经历符合以下条件之一：

1. 运用社会工作专业理念和方法，平均每年完成不少于20个直接服务案例，且平均每年从事社会工作专业督导时间不少于75小时。服务案例和专业督导情况应有完整记录。

2. 运用社会工作专业理念和方法，平均每年完成不少于10个直接服务案例，且平均每年从事社会工作专业督导时间不少于150小时。服务案例和专业督导情况应有完整记录。

（四）取得社会工作师资格后，其社会工作业绩和贡献符合以下条件之一：

1. 主持或作为主要参加者，完成3个社会工作服务项目，第三方绩效评价均为优秀。

2. 主持或作为主要参加者完成1项省级及以上或2项地市级社会工作研究课题。

3. 作为主要起草人参与1个省级及以上或2个地市级社会工作政策、标准、工作方案的制定工作，所提出的意见建议被主管部门采纳。

4. 在实践过程中探索形成的社会工作专业方法、模式或案例等，在行业内有较大影响，获得同行广泛认可，具有重要推广使用价值。

第二十四条 高级社会工作师评审结果应进行公示，公示期不少于 5 个工作日。全国高级社会工作师评审委员会的评审结果，由全国社会工作者职业水平评价办公室组织公示。省、自治区、直辖市高级社会工作师评审委员会的评审结果，由省、自治区、直辖市民政部门会同人力资源社会保障部门组织公示。

经公示无异议后，颁发由人力资源社会保障部统一印制、人力资源社会保障部和民政部共同用印的《中华人民共和国社会工作者职业水平证书（高级社会工作师）》。该证书在全国范围内有效。

第五章 评价工作纪律要求

第二十五条 各省、自治区、直辖市人力资源社会保障部门会同民政部门加强对高级社会工作师评审委员会评审工作的监督管理。各地区应不断完善高级社会工作师评价工作规章制度，确保评价结果的科学、客观、公正。

第二十六条 坚持考试、评审与培训分开的原则。凡参与考试、评审工作的机构和人员，在保密期内不得参加高级社会工作师评价，也不得举办或者参与和考试、评审相关的培训，不得强迫申请人参加与考试、评审相关的培训。

第二十七条 高级社会工作师评价有关机构及其工作人员，应当严格遵守考试、评审工作纪律。对违反考试、评审工作纪律的机构及相关工作人员，按照国家有关规定严肃处理并追究责任。

第二十八条 高级社会工作师评价，按发展改革委、财政部有关规定确定收费标准，并向社会公布，接受群众监督。

第二十九条 申请参加高级社会工作师评价人员，有违反评价纪律的，按照《专业技术人员资格考试违纪违规行为处理规定》（人力资源社会保障部第 31 号令）和其他有关规定处理，考试违纪违规的记入专业技术人员资格考试诚信档案库、纳入信用信息共享平台。

第六章 附 则

第三十条 按照本办法取得高级社会工作师资格的人员，用人单位可根据工作需要聘任相应级别专业技术职务。

第三十一条 本办法由人力资源社会保障部、民政部负责解释。

第三十二条 本办法自 2018 年 4 月 1 日开始施行。

财政部、人事部关于修订印发《会计专业技术资格考试暂行规定》及其实施办法的通知

（财会〔2000〕11 号　2000 年 9 月 8 日）

各省、自治区、直辖市财政厅（局）、人事（人事劳动）厅（局），新疆生产建设兵团，国务院各部委、直属机构：

为了完善会计专业技术资格考试制度，科学、客观、公正地评价会计专业人员的学识水平和业务能力，财政部、人事部对原《会计专业技术资格考试暂行规定》和《会计专业技术资格考试暂行规定实施办法》进行了修订。现将修订后的《会计专业技术资格考试暂行规定》及《会计专业技术资格考试实施办法》印发你们，请遵照执行。

各地区、各部门在组织实施中有何问题，请及时函告财政部、人事部。

附件：1. 会计专业技术资格考试暂行规定
　　　2. 会计专业技术资格考试实施办法

附件1

会计专业技术资格考试暂行规定

第一条 为加强会计专业队伍建设，提高会计人员素质，科学、客观、公正地评价会计专业人员的学识水平和业务能力，完善会计专业技术人才选拔机制，根据《中华人民共和国会计法》和《会计专业职务试行条例》的有关规定，制定本暂行规定。

第二条 通过全国统一考试，取得会计专业技术资格的会计人员，表明其已具备担任相应级别会计专业技术职务的任职资格。

用人单位可根据工作需要和德才兼备的原则，从获得会计专业技术资格的会计人员中择优聘任。

第三条 会计专业技术资格实行全国统一组织、统一考试时间、统一考试大纲、统一考试命题、统一合格标准的考试制度。

第四条 会计专业技术资格实行全国统一考试后，不再进行相应会计专业技术职务任职资格的评审工作。

第五条 会计专业技术资格分为：初级资格、中级资格和高级资格。

取得初级资格，单位可根据有关规定按照下列条件聘任相应的专业技术职务：

（一）助理会计师：大专毕业担任会计员职务满2年；中专毕业担任会计员职务满4年；不具备规定学历，担任会计员职务满5年。

（二）不符合上述条件的人员，只可聘任会计员职务。

取得中级资格并符合国家有关规定，可聘任会计师职务。

高级资格（高级会计师资格）实行考试与评审结合的评价制度，具体办法另行规定。

第六条 报名参加会计专业技术资格考试的人员，应具备下列基本条件：

（一）坚持原则，具备良好的职业道德品质；

（二）认真执行《中华人民共和国会计法》和国家统一的会计制度，以及有关财经法律、法规、规章制度，无严重违反财经纪律的行为；

（三）履行岗位职责，热爱本职工作；

（四）具备会计从业资格，持有会计从业资格证书。

第七条 报名参加会计专业技术初级资格考试的人员，除具备本规定第六条所列的基本条件外，还必须具备教育部门认可的高中毕业以上学历。

第八条 报名参加会计专业技术中级资格考试的人员，除具备本规定第六条所列的基本条件外，还必须具备下列条件之一：

（一）取得大学专科学历，从事会计工作满 5 年。

（二）取得大学本科学历，从事会计工作满 4 年。

（三）取得双学士学位或研究生班毕业，从事会计工作满 2 年。

（四）取得硕士学位，从事会计工作满 1 年。

（五）取得博士学位。

第九条 对通过全国统一的考试，取得经济、统计、审计专业技术中、初级资格的人员，并具备本规定第六条所列的基本条件，均可报名参加相应级别的会计专业技术资格考试。

第十条 会计专业技术资格考试工作，由财政部、人事部共同负责。

财政部负责拟定考试科目、考试大纲、考试命题、编写考试用书，组织实施考试工作，统一规划考前培训等有关工作。

人事部负责审定考试科目、考试大纲和试题，会同财政部对考试工作进行检查、监督、指导和确定合格标准。

各地的考试工作，由当地财政部门、人事部门共同负责。

第十一条 会计专业技术初级、中级资格考试合格者，即由各省、自治区、直辖市、新疆生产建设兵团人事（职改）部门颁发人事部统一印制，人事部、财政部用印的会计专业技术资格证书。该证书全国范围有效。各地在颁发证书时，不得附加任何条件。

第十二条 会计专业技术资格实行定期登记制度。资格证书每 3 年登记一次。持证者应按规定到当地人事、财政部门指定的办事机构办理登记手续。

第十三条 取得会计专业技术资格的人员，应按照财政部的有关规定，接受相应级别会计人员的继续教育。

第十四条 有下列情形之一的，由会计考试管理机构吊销其会计专业技术资格，由发证机关收回其会计专业技术资格证书，2 年内不得再参加会计专业技术资格考试：

（一）伪造学历、会计从业资格证书和资历证明。

（二）考试期间有违纪行为。

第十五条 本规定报名条件中所规定的从事会计工作年限，其截止日期为考试报名年度当年年底前。

第十六条 本规定适用于国家机关、社会团体、企业、事业单位和其他组织持有会计从业资格证书的人员。

境外人员申请参加会计专业技术资格考试的有关办法，经国务院有关部门批准后，另行规定。

第十七条 本规定由财政部、人事部按职责分工负责解释。

第十八条 本规定自印发之日起施行。

财政部、人事部于 1992 年 3 月 21 日联合颁布的《会计专业技术资格考试暂行规定》同时废止。财政部、人事部、全国会计专业技术资格考试领导小组及其办公室下发的有关会计专业技术资格考试的规定，与本规定不符的，以本规定为准。

附件 2

会计专业技术资格考试实施办法

根据《会计专业技术资格考试暂行规定》（以下简称《暂行规定》），制定本实施办法。

一、资格考试组织领导

财政部、人事部联合成立全国会计专业技术资格考试办公室，负责考试日常管理工作。办公室设在财政部会计司。

各省、自治区、直辖市财政厅（局）、人事（职改）部门和新疆生产建设兵团根据《暂行规定》第十条规定，组织实施本地区的考试工作。

二、考试科目的设置

（一）会计专业技术初级资格考试科目为：初级会计实务、经济法基础 2 个科目。

参加初级资格考试的人员必须在一个考试年度内通过全部科目的考试。

（二）会计专业技术中级资格考试科目为：中级会计实务（一）、中级会计实务（二）、财务管理、经济法 4 个科目。

会计专业技术中级资格考试以 2 年为一个周期，参加考试的人员必须在连续的 2 个考试年度内通过全部科目的考试。部分科目合格后，由当地考试管理机构核发成绩通知单。

三、考试日期和时间

（一）考试日期：会计专业技术资格考试，原则上每年举行一次。考试日期一般为每年 5 月最后一个星期六、星期日。如遇特殊情况需要调整考试时间，财政部、人事部将会及时通知各地。

（二）考试时间：初级资格考试分 2 个半天进行，初级会计实务科目为 3 小时，经济法基础科目为 2.5 小时；中级资格考试分 4 个半天进行，中级会计实务（一）、中级会计实务（二）、经济法、财务管理 4 个科目均为 2.5 小时。

四、考试报名

（一）报名时间：一般为每年的 9—10 月底。原则上在距考试日期 3 个月前准许补报，具体补报办法由各地根据实际情况研究确定。

（二）报名地点：由各地会计专业技术资格考试管理机构确定，在报名开始前 1 个月公布。

（三）报名条件：参加考试的人员必须符合《暂行规定》中与报考资格有关的各项条件。

（四）报名手续：凡符合报名条件并申请参加会计专业技术资格考试的人员，均由本人提出申请，单位核实，持学历证书、身份证、会计从业资格证书的原件和《报名登记表》于规定期限内到当地会计专业技术资格考试管理机构设置的报名地点报名。经审核合格后，发给准考证。考生凭准考证在规定的时间和地点参加考试。

中央和国务院各部门及其直属单位的人员参加考试，实行属地管理原则。

五、考场设置

考场原则上设在省辖市以上中心城市或行政专员公署所在地的大、中专院校或高考定点学校。考生比较集中，考场安排困难，确需在县设置初级资格考场的，须经省级会计专业技术资格考试管理机构批准，并报全国会计考试办公室备案。

六、考试培训

各地要认真做好培训工作，组织培训要有计划。培训单位必须具备场地、师资、教材等条件。各地会计专业技术资格考试管理机构应当加强对培训单位的管理，实行培训单位资格登记备案制度。

培训必须坚持与考试分开的原则，参与培训工作的人员不得参加考试命题及考试组织管理工作；应考人员参加培训坚持自愿原则。

七、考试用书

会计专业技术资格考试所用的考试大纲、指定用书和有关辅导材料，由财政部组织编写、出版和发行。任何单位和个人不得盗用财政部的名义编写、出版发行各种考试用书和复习资料。

八、考试纪律

要严格执行考试考务工作的有关规章和纪律，切实做好试卷的命题、印刷、发送和保管过程中的保密工作，必须严格遵守保密制度，严防泄密。要严肃考场纪律。考试工作人员要坚决执行回避制度。对于违反考试纪律和有关规定者，要严肃处理，并追究领导责任。

财政部将对考试考务工作制定一系列规章、制度，保证会计专业技术资格考试工作健康有序地进行。

九、本实施办法自印发之日起施行

财政部、人事部于1992年3月21日联合颁布的《暂行规定》实施办法同时废止。

财政部办公厅、人事部办公厅关于调整会计专业技术资格考试科目及有关问题的通知

（财办令〔2004〕25号　2004年8月2日）

各省、自治区、直辖市财政厅（局）、人事厅（局），新疆生产建设兵团财务局、人事局，国务院各部委、各直属机构：

为适应会计工作需要，在总结多年来会计专业技术资格考试工作的基础上，经财政部、人事部研究，现对会计专业技术资格考试科目调整及有关问题通知如下：

一、会计专业技术资格考试科目调整问题

将会计专业技术中级资格考试的中级会计实务（一）和中级会计实务（二）科目合并为中级会计实务，财务管理、经济法科目不变。调整后，会计专业技术中级资格考试为中级会计实务、财务管理、经济法3个科目。从2005年度起，会计专业技术中级资格考试将按照调整后的3个科目进行。

初级资格考试科目仍为初级会计实务、经济法基础。

二、考试科目衔接问题

为保证中级会计实务考试科目调整的平稳过渡，在2005年度，报名参加中级资格会计实务科目考试按下列要求进行：

（一）在2004年度考试中，已通过中级会计实务（一）科目考试的人员，在2005年度可报名参加中级会计实务（二）科目的考试；已通过中级会计实务（二）科目考试的人员，在2005年度可报名参加中级会计实务（一）科目的考试；虽已通过中级会计实务（一）或中级会计实务（二）科目考试的人员，在2005年度也可报名参加调整后的中级会计实务科目考试。

（二）2004年度未通过中级会计实务（一）和中级会计实务（二）科目考试的人员，在2005年度报名时须参加调整后的中级会计实务科目考试。

（三）参加2005年度中级会计实务（一）和中级会计实务（二）两个科目考试的合格成绩，仅在当年有效。自2006年度起，停止原中级会计实务（一）和中级会计实务（二）科目的考试。

（四）2005年度首次报名参加中级资格会计实务科目考试的人员，按照调整后的中级会计实务科目进行。

三、考试成绩管理问题

参加会计专业技术中级资格考试人员，在连续的两个考试年度内，全部科目考试均合格者，可获得会计专业技术中级资格证书。参加初级资格考试的人员，必须在一个考试年度内通过全部科目的考试，方可获得会计专业技术初级资格证书。

四、港澳居民参加考试问题

（一）根据国务院港澳事务办公室《关于允许港澳居民参加内地会计专业技术资格考试的复函》（〔2004〕港办交字第170号）精神，对符合财政部、人事部《关于修订印发〈会计专业技术资格考试暂行规定〉及其实施办法的通知》（财会〔2000〕11号）规定的报名条件的人员，均可报名参加相应级别会计专业技术资格考试。

（二）港澳居民在报名参加会计专业技术资格考试时，应根据相应级别报名条件规定，提交中华人民共和国教育行政主管部门认可的高中以上学历或学士以上学位证书；会计从业资格证书；从事会计工作年限证明和居民身份证明。

五、其他有关事项

（一）全国会计专业技术资格考试领导小组办公室将重新修订全国会计专业技术资格考试大纲，并用于2005年度的考试。

（二）2005年度需参加会计专业技术资格原中级会计实务（一）或中级会计实务（二）科目考试的人员，可继续按照2004年度中级会计实务（一）或中级会计实务（二）科目考试大纲的要求复习备考。

（三）请各地及时向社会公布本通知要求，并做好香港、澳门居民参加全国会计专业技术资格考试的有关准备工作。

本通知自2005年起施行。财政部、人事部《关于修订印发〈会计专业技术资格考试暂行规定〉及其实施办法的通知》（财会〔2000〕11号）中有关规定与本通知不符的，以本通知规定为准。

人力资源社会保障部、财政部关于修订印发《资产评估师职业资格制度暂行规定》和《资产评估师职业资格考试实施办法》的通知

（人社部规〔2017〕7号　2017年5月23日）

各省、自治区、直辖市及新疆生产建设兵团人力资源社会保障厅（局）、财政厅（局），国务院各部委、各直属机构人事部门，中央管理的企业：

根据《中华人民共和国资产评估法》要求，为加强资产评估专业人员队伍建设，适应资产评估行业发展，在总结资产评估师职业资格制度实施情况的基础上，人力资源社会保障部、财政部修订了《资产评估师职业资格制度暂行规定》和《资产评估师职业资格考试实施办法》，现印发给你们，请遵照执行。

自本通知施行之日起，《人力资源社会保障部、财政部关于印发资产评估师职业资格制度暂行规定和资产评估师职业资格考试实施办法的通知》（人社部发〔2015〕43号）同时废止。

资产评估师职业资格制度暂行规定

第一章　总　则

第一条　为加强资产评估专业人员队伍建设，提高资产评估专业人员素质，规范资产评估行业管理，根据《中华人民共和国资产评估法》和国家职业资格证书制度的有关规定，制定本规定。

第二条 本规定适用于从事资产评估业务的专业人员。

第三条 国家设立资产评估师水平评价类职业资格制度，面向全社会提供资产评估师能力水平评价服务，纳入全国专业技术人员职业资格证书制度统一规划。

第四条 资产评估师职业资格实行考试的评价方式。

资产评估师英文为：Public Valuer（简称PV）。

第五条 通过资产评估师职业资格考试并取得职业资格证书的人员，表明其已达到承办法定评估业务的要求和水平。

第六条 人力资源社会保障部、财政部共同负责资产评估师职业资格制度的政策制定，并按职责分工对资产评估师职业资格制度的实施进行指导、监督和检查。中国资产评估协会具体承担资产评估师职业资格的评价与管理工作。

第二章 考 试

第七条 资产评估师职业资格增设珠宝评估专业，其资格名称为资产评估师（珠宝）。资产评估师（含珠宝评估专业）职业资格（以下统称资产评估师职业资格）实行全国统一大纲、统一命题、统一组织的考试制度。

第八条 中国资产评估协会负责资产评估师职业资格考试的组织和实施工作。组织成立资产评估师职业资格考试专家委员会，研究制定资产评估师职业资格考试科目、考试大纲、考试试题和考试合格标准。

第九条 人力资源社会保障部、财政部对中国资产评估协会实施的考试工作进行监督和检查，指导中国资产评估协会确定资产评估师职业资格考试科目、考试大纲、考试试题和考试合格标准。

第十条 具有高等院校专科以上学历的公民，可以参加资产评估师职业资格考试。

第十一条 资产评估师职业资格考试合格，由中国资产评估协会颁发人力资源社会保障部、财政部监制，中国资产评估协会用印的《中华人民共和国资产评估师职业资格证书》（以下简称资产评估师职业资格证书）。该证书在全国范围有效。

中国资产评估协会应当在其网站上公布资产评估师名单，并实时更新。

第十二条 对以不正当手段取得资产评估师职业资格证书的，按照国家专业技术人员资格考试违纪违规行为处理规定处理。

第三章 职 业 能 力

第十三条 取得资产评估师职业资格证书的人员，应当遵守国家法律、法规及资产评估行业相关制度准则，恪守职业道德，秉承客观公正原则，维护国家和社会公共利益。

第十四条 取得资产评估师职业资格证书的人员，应当具备的职业能力：

（一）熟悉资产评估行业相关法律、法规和行业制度、准则；

（二）跟踪国内外评估技术方法和评估市场的发展趋势，具有较强的开拓创新能力；

（三）运用评估专业理论与方法，较好完成资产评估业务；

（四）独立解决资产评估业务中的疑难问题。

第十五条 取得资产评估师职业资格证书的人员，应当按照国家专业技术人员继续教育以及资产评估行业管理的有关规定，参加继续教育，不断更新专业知识，提高职业素质和业务能力。

第四章 附 则

第十六条 通过考试取得资产评估师职业资格证书的,用人单位可根据工作需要按照经济系列相应级别职称择优聘任。

第十七条 本规定施行前,按照国家有关规定取得的注册资产评估师执业资格证书和资产评估师职业资格证书继续有效。

第十八条 本规定自发布之日起施行。

资产评估师职业资格考试实施办法

第一条 人力资源社会保障部、财政部按照职责分工负责指导、监督和检查资产评估师职业资格考试的实施工作。

第二条 中国资产评估协会具体负责资产评估师职业资格考试的实施工作。

第三条 资产评估师职业资格考试设《资产评估基础》、《资产评估相关知识》、《资产评估实务(一)》和《资产评估实务(二)》4个科目。每个科目的考试时间为3小时。资产评估师职业资格考试原则上每年举行一次。

第四条 资产评估师(珠宝)职业资格考试设《资产评估基础》、《资产评估相关知识》、《珠宝鉴定与评估》、《珠宝评估实务》4个科目。其中《资产评估基础》和《资产评估相关知识》2个科目纳入资产评估师职业资格统一考试;《珠宝鉴定与评估》和《珠宝评估实务》科目考试原则上每两年举行一次。

《珠宝评估鉴定与评估》和《珠宝评估实务》每个科目的考试时间为3小时。

第五条 资产评估师(含珠宝评估专业)职业资格考试成绩实行4年为一个周期的滚动管理办法。在连续4年内,参加全部(4个)科目的考试并合格,可取得相应资产评估师职业资格证书。

第六条 符合《资产评估师职业资格制度暂行规定》(以下简称《暂行规定》)第十条考试报名条件的人员,可申请参加资产评估师(含珠宝评估专业)职业资格考试。

第七条 符合《暂行规定》第十条考试报名条件,并具备下列一项条件的人员,可免试相应科目。

(一)按照国家有关规定取得高级会计师、高级审计师、高级经济师职称,或者通过全国统一考试取得注册会计师证书,可免试资产评估师职业资格《资产评估相关知识》科目,只参加《资产评估基础》、《资产评估实务(一)》、《资产评估实务(二)》3个科目的考试。

(二)按照国家有关规定取得资产评估专业副教授及以上职称,可免试资产评估师职业资格《资产评估基础》科目,只参加《资产评估相关知识》、《资产评估实务(一)》、《资产评估实务(二)》3个科目的考试。

(三)通过全国统一考试取得资产评估师职业资格证书,可免试资产评估师(珠宝)职业资格《资产评估基础》、《资产评估相关知识》2个科目,只参加《珠宝鉴定与评估》和《珠宝评估实务》2个科目的考试。

免试部分科目的人员在报名时,应当提供相应证明。

第八条 免试部分科目人员的考试成绩,以应试科目数量确定其合格成绩管理滚动有效期限。参加3个科目考试其合格成绩以3年为一个滚动管理周期;参加2个科目考试其合格成绩以2年为一个滚动管理周期。免试部分科目的人员,必须在连续3年或者2年内取得应试科目的合格成绩,方可取得相应资产评估师职业资格证书。

第九条 为保证资产评估师考试科目名称调整的平稳过渡,在2017年度考试报名时,应按如下要求进行:

(一) 在2017年以前,已按照原《资产评估师职业资格考试实施办法》取得部分考试科目合格成绩的人员,可按照以下两种情况报考:

1. 2017年度继续按照原考试科目要求参加剩余科目的考试,考试结束后仍未取得资产评估师职业资格证书的人员,有效成绩按照以下对应关系转换至新的科目,并按照4年为一个滚动周期的办法管理;

2. 2017年度申请参加新科目考试,有效成绩按照以下对应关系转换至新的科目,并按照4年为一个滚动周期的办法管理。

原考试科目	现考试科目
《资产评估》	《资产评估基础》《资产评估实务(二)》
《资产评估》《机电设备评估》《建筑工程评估》	《资产评估基础》《资产评估实务(一)》《资产评估实务(二)》
《财务会计》《经济法》	《资产评估相关知识》

(二) 其他人员应当按照本办法规定的科目报名参加考试。

自2018年起,资产评估师职业资格考试报名均应按照本办法规定的科目和要求进行。

第十条 参加考试由本人提出申请,按考试管理机构有关考试报名的规定办理手续。考试管理机构按照规定的程序和报名条件审核合格后,核发准考证。参加考试人员凭准考证和有效证件在指定的日期、时间和地点参加考试。

中央和国务院各部门及所属单位、中央管理企业的人员按属地原则报名参加考试。

第十一条 资产评估师(含珠宝评估专业)职业资格考试的考点,原则上设在直辖市和省会城市的中、高等学校或者高考定点学校。如确需在其他城市设置考点,须经中国资产评估协会批准。考试日期原则上在每年的第三季度。

第十二条 坚持考试与培训分开的原则。凡参与考试工作(包括命题、审题与组织管理等)的人员,不得参加考试,也不得参加或者举办与考试内容相关的培训工作。应考人员参加培训坚持自愿原则。

第十三条 考试实施机构及其工作人员,应当严格执行《人事考试工作人员纪律规定》(人社部发〔2013〕36号)和考试工作的各项规章制度,遵守考试工作纪律,切实做好从考试试题的命制到使用等各环节的安全保密工作，严防泄密。

第十四条　对违反考试工作纪律和有关规定的人员，按照国家专业技术人员资格考试违纪违规行为处理规定处理。

人事部关于印发《经济专业技术资格考试暂行规定》及其《实施办法》的通知

(人职发〔1993〕1号　1993年1月6日)

各省、自治区、直辖市及计划单列市人事（劳动人事）厅（局）、职改工作部门，国务院各部委、各直属机构人事（干部）部门：

为适应我国加快改革开放和经济建设发展的需要，根据深化职称改革的精神和两年来经济员资格考试的试点经验，决定在经济专业人员中实行中、初级专业技术资格考试制度。现将《经济专业技术资格考试暂行规定》及《实施办法》印发你们，望结合各地区、各部门的实际贯彻执行。

经济专业技术资格考试暂行规定

第一条　为加强经济专业队伍建设，提高经济人员素质，客观公正地评价和选拔人才，充分发挥经济人员在社会主义现代化建设中的积极性和创造性，根据深化职称改革、使我国专业技术资格考试制度纳入对外开放总格局的精神，特制定本规定。

第二条　经济专业技术资格实行全国统一考试制度，由全国统一组织、统一大纲、统一试题、统一评分标准。资格考试设置两个级别：经济专业初级资格、经济专业中级资格。参加考试并成绩合格者，获得相应级别的专业技术资格。以后不再进行经济专业中、初级职务任职资格的评审工作，各地区、各部门为评定相应经济专业职务任职资格进行的考试也不再进行。

第三条　按本规定通过全国统一考试获得经济专业中、初级资格的人员，表明其已具备担任相应职务的专业技术水平和能力。资格不与工资待遇挂钩。单位根据实际需要自主决定获得资格人员的职务和工资待遇。

第四条　经济专业中级资格考试分甲、乙两种。甲种考试为该资格应具备的专业水平和业务能力的考试。乙种考试为经济基础理论和专业知识的考试，凡不具备规定学历的人员，必须取得乙种考试合格证书，方能参加甲种考试。

经济专业初级资格考试只设一种，为该资格应具备的专业水平和业务能力的考试。

第五条 经济专业初级资格考试科目为：1. 经济基础知识；2. 专业知识和实务（分为工业、农业、商业、物资、外经贸、财政、金融、保险、运输、劳动、邮电、房地产、旅游、价格管理十四个专业）。

经济专业中级资格甲种考试科目为：1. 经济基础理论及相关知识综合考试；2. 专业知识和实务（专业划分同上）。

经济专业中级资格乙种考试科目为：1. 经济学；2. 企业管理原理；3. 统计与会计知识；4. 市场营销；5. 经济法；6. 经济数学。

第六条 报名参加经济专业中、初级资格考试的人员应拥护中国共产党在社会主义初级阶段的基本路线，遵纪守法，遵守社会公德。

第七条 报名参加经济专业初级资格考试的人员，除具备第六条所列条件外，还必须具备高中毕业以上学历。

第八条 报名参加经济专业中级资格甲种考试的人员，除具备第六条所列条件外，还必须具备下列条件之一：

1. 中等专业学校毕业后从事专业工作满十年，取得经济专业初级资格（含1992年年底以前通过国家考试获得的经济员资格或本规定发布前按照国家统一规定评聘的初级经济专业职务），经济专业中级资格乙种考试合格。
2. 大学专科毕业后从事专业工作满六年；大学本科毕业后从事专业工作满四年。
3. 获第二学士学位后或研究生班结业后从事专业工作满二年。
4. 获硕士学位后从事专业工作满一年；获博士学位。

第九条 经济专业初级资格和中级资格的甲种考试每年举行一次，全部考试科目合格者，授予人事部统一印制的《专业技术资格证书》，全国范围内有效。

第十条 经济专业中级资格乙种考试各科的开考计划，以两年为一周期循环安排。考试成绩采用单科累积的方式，每门科目考试合格，由人事部颁发单科合格证明。规定的科目全部合格后，由人事部颁发经济专业中级资格乙种考试合格证书。

第十一条 经济专业的中、初级资格中文名称和英文译名根据国际通例和各经济专业部门的工作性质及特点，由主管部门确定，经人事部同意后正式使用。所定名称与原名称作用相同。

第十二条 经济专业中、初级资格实行注册登记制度。资格有效期一般为五年。有效期满，持证者要按规定主动到发证机构办理注册登记。

第十三条 对伪造学历、资历或考试作弊，骗取资格证书和乙种考试合格证书的人员，发证机关应取消其资格，收回证书。

第十四条 经济专业技术资格考试在国务院职称改革工作领导小组统一领导下进行，由人事部负责，委托全国职称考试指导中心具体组织实施，各省、自治区、直辖市资格考试的组织实施工作由当地职改领导小组决定。

第十五条 本规定适用于国家机关、企业、事业单位。本规定解释权属人事部。本规定自发布之日起执行，过去有关规定与本规定不符的，以本规定为准。

《经济专业技术资格考试暂行规定》实施办法

一、设立经济专业技术资格考试大纲编写暨命题委员会和考试办公室。考试大纲编写暨命题委员会由人事部与各有关专业专家共同组成,负责考试大纲、教材编写及命题工作。考试办公室设在人事部全国职称考试指导中心,负责组织考试大纲的审定,确认试卷水平并审定试题,制发考务工作的有关办法、规则,指导、协调各地考务工作,处理有关考试的日常工作。

二、经济专业初级资格考试和经济专业中级资格甲种考试从1993年开始实施。考试日期定为每年9月的第二个星期日。1993年考试具体时间另行确定。

经济专业中级资格乙种考试从1994年开始实施。第一年考试科目为:经济学、企业管理原理、统计与会计知识;第二年考试科目为:市场营销、经济法、经济数学。考试定于每年5月的第三个星期六下午开始。

如遇特殊情况,经资格考试办公室批准,可调整考试时间。

三、经济专业初级资格考试和经济专业中级资格甲种考试报名时间定为每年的3月1日至31日。中级资格乙种考试报名时间定为考试前一年度的10月1日至31日。报名地点由各地资格考试管理机构确定,在报名开始前一个月公布。

四、参加经济专业中、初级资格考试,均由本人提出申请,到当地考试管理机构报名。考试管理机构按规定程序和报名条件审查合格后,发给准考证。考生凭准考证在指定的时间、地点参加考试。

五、考场原则上在地(市)设置,必要时可在县设置。中央和国务院各部门及其直属单位的人员按属地原则参加考试。

六、有组织、有计划地做好资格考试的培训工作。各地举办的资格考试培训班须经当地人事厅(局)或职改部门批准,发挥有关专业主管部门的作用。培训班必须具备场地、师资、教材等必要的条件。坚持考试和培训分开,参加考试工作的人员不得参加培训工作。参加培训坚持自愿原则,费用由考生个人支付。

七、严格执行考务工作的有关规章制度,做好试卷在命题、印刷、发送和保管过程中的保密工作,严格考场纪律,严禁弄虚作假,对违反规章制度者,应按规定进行处理。考务工作的有关规章制度按经济员资格考试的考务规则执行。

人事部办公厅、建设部办公厅关于经济专业技术资格考试增设建筑经济专业的通知

(人办职发〔1995〕1号 1995年1月5日)

各省、自治区、直辖市人事(人事劳动)厅(局)、职改办,建委(建设厅),国务院各部委、各直属机构人事(干部)部门:

为适应我国社会主义市场经济发展的需要,加强建筑经济专业队伍的建设,根据深化职称改革的精神和各地建筑行业的实际情况,决定在经济专业技术资格考试中增设建筑经济中、初级专业技术资格考试。现将有关事项通知如下:

一、现经济专业技术资格考试科目中的经济基础知识部分不变,只在专业知识实务考试中增设建筑经济专业的内容。

二、考试工作从1995年起实施,考试日期定为1995年10月28日,报名时间为同年3月。请各地做好该专业考试的准备工作。

三、从1996年开始,该专业的资格考试工作纳入经济专业技术资格考试统一管理,并与其同步进行。

四、已报名参加其他经济专业考试的建筑经济专业人员,经所在单位人事部门出具证明,可以改考建筑经济专业。

人事部办公厅关于经济专业技术资格考试商业专业中增设商业营销子专业等有关问题的通知

(人办发〔1996〕22号 1996年3月8日)

各省、自治区、直辖市及部分副省级城市人事(人事劳动)厅(局),国务院各部委、各直属机构人事(干部)部门:

为适应我国社会主义市场经济发展的需要,加强商业经营队伍的建设,根据商业营销工作在经济活动中所起的重要作用和商业经营工作队伍的实际情况,决定将经济专业技术资格考试的商业专业按照工作性质划分为商业管理(即原商业专业)和商业营销两个子专业,即增设商业营销子专业中、初级的资格考试。现将有关事项通知如下:

一、商业管理子专业适用于从事商业管理工作的人员,其考试科目、内容和考试时间不变。

二、增设的商业营销子专业,适用于从事商业经营工作的人员,其考试科目的设置与经济专业技术资格考试的其他专业相同。基础知识科目内容不变,专业知识与实务科目为商业营销子专业的考试内容。

三、商业营销子专业的考试工作从1996年起,在内贸系统内试行,其他人员自愿参加。1996年的考试日期定为11月2日,报名时间定为3月。从事经营工作的人员,经所在单位人事部门出具证明,可以改考商业营销子专业。

四、商业营销子专业考试各环节的管理工作与要求,执行经济专业技术资格考试的有关规定。其考试工作计划和时间安排,可在《1996年经济专业技术资格考试工作计划》(人办职发〔1995〕60号)的基础上适当顺延,请各地做好该专业考试的各项准备工作。

五、商业营销子专业考试的报名表和报名软件与1996年经济专业技术资格考试的其他专业相同。在报名表专业代码的项目中，将原代码03的专业名称"商业"改为"商业管理"。其备用代码05的专业名称定为"商业营销"，其他不变。

六、从1997年开始，商业营销子专业的资格考试工作纳入经济专业技术资格考试的统一管理，同步进行。

各地在执行中有何问题，请及时与我部专业技术人员职称司联系。

人事部办公厅关于调整经济专业技术资格考试专业设置的通知

（人办发〔2002〕18号　2002年3月1日）

各省、自治区、直辖市人事厅（局），新疆生产建设兵团人事局，部分副省级市人事局，国务院有关部委、直属机构人事（干部）部门：

为适应我国社会主义市场经济的发展和加入世界贸易组织的需要，公平、公正、客观地评价经济专业人才，促进经济专业技术队伍建设，经与有关部门协商，对经济专业技术资格考试的专业设置进行调整。现将有关问题通知如下：

一、调整的专业

（一）将原工商行政管理、价格管理、工商管理3个专业合并为工商管理专业。

（二）将原商业专业的商业管理、商业营销2个子专业和物资专业合并为商业专业。

（三）将原财政专业的财政、税务2个子专业合并为财政税收专业。

（四）将原旅游专业的饭店管理、旅行社2个子专业合并为旅游专业。

二、保留的专业

在此次调整中未做变动的有：农业、金融、保险、运输（含水路、公路、铁路、民航4个子专业）、人力资源管理、邮电、房地产、建筑等8个专业。

三、调整后的专业设置

调整后，经济专业技术资格考试为12个专业，专业设置及专业科目名称见附件。

四、有关事项

（一）2002年度经济专业技术资格考试将按照新的专业设置实施。

（二）经济专业技术资格初、中级考试公共科目的名称均为"经济基础知识"。

（三）请各地人事部门和考试考务管理机构及时将本通知精神向社会公布，做好考试报名及考试有关的各项准备工作。

附件：经济专业技术资格考试专业设置及专业科目名称

附件

经济专业技术资格考试专业设置及专业科目名称

专业名称		专业代码	专业科目名称
工商管理		01	工商管理专业知识与实务
农业		02	农业经济专业知识与实务
商业		03	商业经济专业知识与实务
财政税收		07	财政税收专业知识与实务
金融		09	金融专业知识与实务
保险		10	保险专业知识与实务
运输	水路	11	运输经济（水路）专业知识与实务
	公路	12	运输经济（公路）专业知识与实务
	铁路	13	运输经济（铁路）专业知识与实务
	民航	14	运输经济（民航）专业知识与实务
人力资源管理		15	人力资源管理专业知识与实务
邮电		16	邮电经济专业知识与实务
房地产		17	房地产经济专业知识与实务
旅游		19	旅游经济专业知识与实务
建筑		21	建筑经济专业知识与实务

人力资源社会保障部、国土资源部
关于印发《土地登记代理专业人员职业资格制度暂行规定》和《土地登记代理人职业资格考试实施办法》的通知

（人社部发〔2015〕66号 2015年7月6日）

各省、自治区、直辖市及新疆生产建设兵团人力资源社会保障厅（局）、国土资源厅（局），国务院各部委、各直属机构人事部门，中央管理的企业：

根据《国务院机构改革和职能转变方案》和《国务院关于取消和调整一批行政审批项目等事项的决定》（国发〔2014〕27号）有关取消"土地登记代理人职业资格"的要求，为加强土地登记代理专业人员队伍建设，规范土地及地上房屋、林木等不动产登记代理行为，在总结原土地登记代理人职业资格制度实施情况的基础上，人力资源社会保障部、国土资源部制定了《土地登记代理专业人员职业资格制度暂行规定》和《土地登记代理人职业资格考试实施办法》，现印发给你们，请遵照执行。

自本通知发布之日起,原人事部、国土资源部发布的《关于印发〈土地登记代理人职业资格制度暂行规定〉和〈土地登记代理人职业资格考试实施办法〉的通知》(人发〔2002〕116号)同时废止。

土地登记代理专业人员职业资格制度暂行规定

第一章 总 则

第一条 为加强土地登记代理专业人员队伍建设,规范土地及地上房屋、林木等不动产登记代理行为,根据《中华人民共和国物权法》、《中华人民共和国土地管理法》、《不动产登记暂行条例》、《国务院机构改革和职能转变方案》和国家职业资格证书制度有关规定,制定本规定。

第二条 本规定适用于在土地及地上房屋、林木等不动产登记代理服务机构,从事土地及地上房屋、林木等不动产登记代理业务的专业人员。

第三条 国家设立土地登记代理专业人员水平评价类职业资格制度,面向全社会提供土地登记代理专业人员能力水平评价的服务,纳入全国专业技术人员职业资格证书制度统一规划。

第四条 土地登记代理专业人员职业资格分为土地登记代理人、高级土地登记代理人2个级别。土地登记代理人职业资格实行统一考试的评价方式。高级土地登记代理人职业资格评价的具体办法另行规定。

土地登记代理人英文译为:Land Registration Agent

第五条 通过土地登记代理人职业资格考试并取得职业资格证书的人员,表明其已具备从事土地及地上房屋、林木等不动产登记代理相应级别专业岗位工作的职业能力和水平。

第六条 人力资源社会保障部、国土资源部共同负责土地登记代理专业人员职业资格制度的政策制定,并按职责分工对土地登记代理专业人员职业资格制度的实施进行指导、监督和检查。中国土地估价师与土地登记代理人协会具体承担土地登记代理专业人员职业资格的评价与管理工作。

第二章 考 试

第七条 土地登记代理人职业资格实行全国统一大纲、统一命题、统一组织的考试制度。原则上每年举行1次考试。

第八条 中国土地估价师与土地登记代理人协会负责土地登记代理人职业资格考试的组织和实施工作,组织成立考试专家委员会,研究拟定考试科目、考试大纲、考试试题和考试合格标准。

第九条 人力资源社会保障部、国土资源部对中国土地估价师与土地登记代理人协会实施的考试工作进行监督和检查,指导中国土地估价师与土地登记代理人协会确定土地登记代理人职业资格考试科目、考试大纲、考试试题和考试合格标准。

第十条 遵守国家法律、法规,恪守职业道德,并具备下列条件之一的,可申请参

加土地登记代理人职业资格考试:

（一）取得经济学类、法学类、公共管理类、测绘类、管理科学与工程类、地理科学类专业大学专科学历，工作满6年，从事土地及地上房屋、林木等不动产登记代理工作满4年；

（二）取得经济学类、法学类、公共管理类、测绘类、管理科学与工程类、地理科学类专业大学本科学历（学位），工作满4年，从事土地及地上房屋、林木等不动产登记代理工作满2年；

（三）取得经济学类、法学类、公共管理类、测绘类、管理科学与工程类、地理科学类专业在内的双学士学位（或者研究生班毕业），工作满3年，从事土地及地上房屋、林木等不动产登记代理工作满1年；

（四）取得经济学类、法学类、公共管理类、测绘类、管理科学与工程类、地理科学类专业硕士学历（学位），工作满2年，从事土地及地上房屋、林木等不动产登记代理工作满1年；

（五）取得经济学类、法学类、公共管理类、测绘类、管理科学与工程类、地理科学类专业博士学历（学位）；

（六）取得经济学、法学、理学、工学、管理学科门类其他专业上述学历（学位）的人员，从事土地及地上房屋、林木等不动产登记代理工作年限相应增加1年；

（七）取得其他学科门类专业上述学历（学位）的人员，从事土地及地上房屋、林木等不动产登记代理工作年限相应增加2年。

第十一条 土地登记代理人职业资格考试合格，由中国土地估价师与土地登记代理人协会颁发人力资源社会保障部、国土资源部监制，中国土地估价师与土地登记代理人协会用印的《中华人民共和国土地登记代理人职业资格证书》（以下简称土地登记代理人资格证书）。该证书在全国范围有效。

第十二条 对以不正当手段取得土地登记代理人资格证书的，按照国家专业技术人员资格考试违纪违规行为处理规定处理。

第三章 职业能力

第十三条 取得土地登记代理人资格证书的人员，应当遵守国家法律、相关法规和行业管理规范，维护国家和社会公共利益及委托人的合法权益，恪守职业道德。

第十四条 取得土地登记代理人资格证书的人员，在土地及地上房屋、林木等不动产登记代理活动中，应当以委托人自愿委托为前提，独立、公正地代理登记业务。

第十五条 取得土地登记代理人资格证书的人员应当具备的职业能力：

（一）代理土地及地上房屋、林木等不动产登记申请、指界、地籍和房屋、林木等调查、领取不动产权证书等；

（二）收集、整理土地及地上房屋、林木等不动产权属来源证明及其他相关材料；

（三）协助土地及地上房屋、林木等不动产权利人办理权属纠纷相关手续；

（四）依法查询土地及地上房屋、林木等不动产登记资料；

（五）查证土地及地上房屋、林木等不动产产权；

（六）提供土地及地上房屋、林木等不动产登记及地籍管理相关法律咨询；

（七）与土地及地上房屋、林木等不动产代理业务相关的其他事项。

第十六条 取得土地登记代理人资格证书的人员，应当按照国家专业技术人员继续教育有关规定，参加继续教育，不断更新专业知识，提高职业素质和业务能力。

第四章 登 记

第十七条 土地登记代理人资格证书实行登记服务制度。登记服务的具体工作由中国土地估价师与土地登记代理人协会负责。

第十八条 中国土地估价师与土地登记代理人协会定期向社会公布土地登记代理人资格证书的登记情况，建立持证人员的诚信档案，为用人单位提供取得土地登记代理人资格证书人员信息的查询服务。

第十九条 取得土地登记代理人资格证书的人员，应自觉接受中国土地估价师与土地登记代理人协会的自律性管理，其在工作中违反相关法律、法规、规章或者职业道德，造成不良影响的，由中国土地估价师与土地登记代理人协会取消登记，并收回其职业资格证书。

第二十条 各级土地登记代理登记服务机构，在登记服务工作中，应当严格遵守国家和本行业的各项管理规定以及协会章程。

第五章 附 则

第二十一条 通过考试取得土地登记代理人资格证书，且符合《经济专业人员职务试行条例》中经济师任职条件的人员，用人单位可根据工作需要聘任其经济师专业职务。

第二十二条 本规定施行前，依据原人事部、国土资源部印发的《〈土地登记代理人职业资格制度暂行规定〉和〈土地登记代理人职业资格考试实施办法〉》（人发〔2002〕116号）要求，通过考试取得的土地登记代理人职业资格证书，与按照本规定要求取得的职业资格证书效用等同。

第二十三条 本规定自2015年8月1日起施行。

土地登记代理人职业资格考试实施办法

第一条 人力资源社会保障部、国土资源部按照职责分工负责指导、监督和检查土地登记代理人职业资格考试的实施工作。

第二条 中国土地估价师与土地登记代理人协会具体负责土地登记代理人职业资格考试的实施工作。

第三条 土地登记代理人职业资格考试设《土地登记相关法律》、《土地权利理论与方法》、《地籍调查》和《土地登记代理实务》4个科目。考试分4个半天进行，每个科目的考试时间为2.5小时。

第四条 考试成绩实行4年为一个周期的滚动管理办法。参加全部4个科目考试的人员必须在连续4个考试年度内通过应试科目，方可取得土地登记代理人职业资格证书。

第五条 符合《土地登记代理专业人员职业资格制度暂行规定》（以下简称暂行规定）第十条规定的报名条件者均可申请参加考试。

第六条 符合《暂行规定》的考试报名条件，并按照国家统一规定评聘高级专业技术职务的人员，可免试《土地权利理论与方法》和《地籍调查》2个科目，只参加《土地登记相关法律》和《土地登记代理实务》2个科目的考试。

参加2个科目考试的人员，须在连续的2个考试年度内通过应试科目，方可获得土地登记代理人职业资格证书。

第七条 参加考试由本人提出申请，按有关规定办理报名手续。考试实施机构按照规定的程序和报名条件审核合格后，核发准考证。参加考试人员凭准考证和有效证件在指定的日期、时间和地点参加考试。

中央和国务院各部门及所属单位、中央管理企业的人员按属地原则报名参加考试。

第八条 考点原则上设在直辖市和省会城市的大、中专院校或者高考定点学校。如确需在其他城市设置考点，须经中国土地估价师与土地登记代理人协会批准。考试日期原则上为每年的第二季度。

第九条 坚持考试与培训分开的原则。凡参与考试工作（包括命题、审题与组织管理等）的人员，不得参加考试，也不得参加或者举办与考试内容相关的培训工作。应考人员参加培训坚持自愿原则。

第十条 考试实施机构及其工作人员，应当严格执行国家人事考试工作人员纪律规定和考试工作的各项规章制度，遵守考试工作纪律，切实做好从考试试题的命制到使用等各环节的安全保密工作，严防泄密。

第十一条 对违反考试工作纪律和有关规定的人员，按照国家专业技术人员资格考试违纪违规行为处理规定处理。

人事部、国家环境保护总局关于印发《环境影响评价工程师职业资格制度暂行规定》、《环境影响评价工程师职业资格考试实施办法》和《环境影响评价工程师职业资格考核认定办法》的通知

（国人部发〔2004〕13号 2004年2月16日）

各省、自治区、直辖市人事厅（局）、环保局，国务院各部委、各直属机构人事部门，总政干部部、总后基建营房部，中央管理的有关企业：

为维护国家环境安全和公众利益，加强环境影响评价管理，提高环境影响评价专业

技术人员素质，确保环境影响评价质量，人事部、国家环境保护总局决定在环境影响评价行业建立环境影响评价工程师职业资格制度。现将《环境影响评价工程师职业资格制度暂行规定》、《环境影响评价工程师职业资格考试实施办法》和《环境影响评价工程师职业资格考核认定办法》印发给你们，请遵照执行。

  附件：1. 环境保护相关专业新旧专业对应表
     2. 环境影响评价工程师职业资格考核认定工作领导小组成员名单（略）
     3. 环境影响评价工程师职业资格考核认定申报表（略）

环境影响评价工程师职业资格制度暂行规定

第一章 总 则

第一条 为加强对环境影响评价专业技术人员的管理，规范环境影响评价行为，提高环境影响评价专业技术人员素质和业务水平，维护国家环境安全和公众利益，根据《中华人民共和国环境影响评价法》、《建设项目环境保护管理条例》及国家职业资格证书制度的有关规定，制定本规定。

第二条 本规定适用于从事规划和建设项目环境影响评价、技术评估和环境保护验收等工作的专业技术人员。

第三条 本规定所称环境影响评价工程师，是指取得《中华人民共和国环境影响评价工程师职业资格证书》，并经登记后，从事环境影响评价工作的专业技术人员。

英文名称：Environmental Impact Assessment Engineer。

第四条 国家对从事环境影响评价工作的专业技术人员实行职业资格制度，纳入全国专业技术人员职业资格证书制度统一管理。

第五条 凡从事环境影响评价、技术评估和环境保护验收的单位，应配备环境影响评价工程师。

第六条 人事部和国家环境保护总局（以下简称环保总局）共同负责环境影响评价工程师职业资格制度的实施工作。

第二章 考 试

第七条 环境影响评价工程师职业资格实行全国统一大纲、统一命题、统一组织的考试制度。原则上每年举行1次。

第八条 环保总局组织成立"环境影响评价工程师职业资格考试专家委员会"。环境影响评价工程师职业资格考试专家委员会负责拟定考试科目、编写考试大纲、组织命题、研究建立考试库等工作。环保总局组织专家对考试科目、考试大纲、考试试题进行初审，统筹规划培训工作。

培训工作按照培训与考试分开、自愿参加的原则进行。

第九条 人事部组织专家审定考试科目、考试大纲和试题，会同环保总局对考试进行监督、检查、指导和确定考试合格标准。

第十条 凡遵守国家法律、法规，恪守职业道德，并具备以下条件之一者，可申请参加环境影响评价工程师职业资格考试：

（一）取得环境保护相关专业（见附件1，下同）大专学历，从事环境影响评价工作满7年；或取得其他专业大专学历，从事环境影响评价工作满8年。

（二）取得环境保护相关专业学士学位，从事环境影响评价工作满5年；或取得其他专业学士学位，从事环境影响评价工作满6年。

（三）取得环境保护相关专业硕士学位，从事环境影响评价工作满2年；或取得其他专业硕士学位，从事环境影响评价工作满3年。

（四）取得环境保护相关专业博士学位，从事环境影响评价工作满1年；或取得其他专业博士学位，从事环境影响评价工作满2年。

第十一条 环境影响评价工程师职业资格考试合格，颁发人事部统一印制，人事部和环保总局用印的《中华人民共和国环境影响评价工程师职业资格证书》。

第三章 登 记

第十二条 环境影响评价工程师职业资格实行定期登记制度。登记有效期为3年，有效期满前，应按有关规定办理再次登记。

第十三条 环保总局或其委托机构为环境影响评价工程师职业资格登记管理机构。人事部对环境影响评价工程师职业资格的登记和从事环境影响评价业务情况进行检查、监督。

第十四条 办理登记的人员应具备下列条件：

（一）取得《中华人民共和国环境影响评价工程师职业资格证书》；

（二）职业行为良好，无犯罪记录；

（三）身体健康，能坚持在本专业岗位工作；

（四）所在单位考核合格。

再次登记者，还应提供相应专业类别的继续教育或参加业务培训的证明。

第十五条 环境影响评价工程师职业资格登记管理机构应定期向社会公布经登记人员的情况。

第四章 职 责

第十六条 环境影响评价工程师在进行环境影响评价业务活动时，必须遵守国家法律、法规和行业管理的各项规定，坚持科学、客观、公正的原则，恪守职业道德。

第十七条 环境影响评价工程师可主持进行下列工作：

（一）环境影响评价；

（二）环境影响后评价；

（三）环境影响技术评估；

（四）环境保护验收。

第十八条 环境影响评价工程师应在具有环境影响评价资质的单位中，以该单位的名义接受环境影响评价委托业务。

第十九条 环境影响评价工程师在接受环境影响评价委托业务时，应为委托人保守商务秘密。

第二十条 环境影响评价工程师对其主持完成的环境影响评价相关工作的技术文件承担相应责任。

第二十一条 环境影响评价工程师应当不断更新知识，并按规定参加继续教育。

第五章 附 则

第二十二条 通过全国统一考试，取得环境影响评价工程师职业资格证书的人员，用人单位可根据工作需要聘任工程师职务。

第二十三条 在全国实施环境影响评价工程师职业资格考试之前，对长期从事环境影响评价工作，具有较高理论水平和丰富实践经验，并受聘担任工程类高级专业技术职务的人员，可通过考核认定取得环境影响评价工程师职业资格证书。

第二十四条 环境影响评价的技术文件种类、登记管理办法及相关规定由环保总局另行制定。

第二十五条 获准在中华人民共和国境内就业的外籍人员及港、澳、台地区的专业人员，符合国家有关规定和本规定要求的，也可按照规定的程序申请参加考试、登记。

第二十六条 本规定自 2004 年 4 月 1 日起施行。

环境影响评价工程师职业资格考试实施办法

第一条 环境影响评价工程师职业资格考试在人事部、国家环境保护总局（以下简称环保总局）的领导下进行。两部门共同成立环境影响评价工程师职业资格考试办公室（以下简称考试办公室，设在环保总局），负责考试相关政策的研究及管理工作。

第二条 环境影响评价工程师职业资格考试时间定于每年的第 2 季度。

第三条 环境影响评价工程师考试设《环境影响评价相关法律法规》、《环境影响评价技术导则与标准》、《环境影响评价技术方法》和《环境影响评价案例分析》4 个科目。

考试分 4 个半天进行，各科目的考试时间均为 3 小时，采用闭卷笔答方式。

第四条 符合《暂行规定》的报名条件者，均可报名参加环境影响评价工程师职业资格考试。

第五条 截止到 2003 年 12 月 31 日前，长期在环境影响评价岗位上工作，并符合下列条件之一的，可免试《环境影响评价技术导则与标准》和《环境影响评价技术方法》2 个科目，只参加《环境影响评价相关法律法规》和《环境影响评价案例分析》2 个科目的考试。

（一）受聘担任工程类高级专业技术职务满 3 年，累计从事环境影响评价相关业务工作满 15 年。

（二）受聘担任工程类高级专业技术职务，并取得环保总局核发的"环境影响评价上岗培训合格证书"。

第六条　考试成绩实行两年为一个周期的滚动管理办法。参加全部 4 个科目考试的人员必须在连续的两个考试年度内通过全部科目；免试部分科目的人员必须在一个考试年度内通过应试科目考试。

第七条　参加考试须由本人提出申请，携带所在单位出具的有关证明材料到考试办公室确定的考试管理机构报名。考试管理机构按规定程序和报名条件审查合格后，向申请人核发准考证。应考人员凭准考证及有关证明在指定的时间、地点参加考试。

第八条　环境总局根据情况确定考点设置的区域和数量。考点原则上设在省会城市和直辖市的大、中专院校或高考定点学校。

考点设置所在地的省、自治区、直辖市人事部门负责对考试考务的实施工作进行指导、检查和监督。

第九条　环境影响评价工程师职业资格考试大纲由环保总局负责组织编写、出版和发行。任何单位和个人不得盗用环保总局的名义编写、出版各种考试用书和复习资料。

第十条　坚持考试与培训分开、应考人员自愿参加培训的原则，凡参与考试工作的人员，不得参加考试和与考试有关的培训工作。

第十一条　环保总局统筹规划培训工作。承担环境影响评价工程师职业资格考试培训工作的机构，应具备场地、师资等条件。

第十二条　环境影响评价工程师职业资格考试、培训及有关项目的收费标准，须经价格主管部门批准，并向社会公布，接受群众监督。

第十三条　考务管理工作要严格执行考试工作的有关规章和制度，遵守保密制度，严防泄密，切实做好试卷命制、印刷、发送和保管过程中的保密工作。

第十四条　加强对考试工作的组织管理，认真执行考试回避制度，严肃考试工作纪律和考场纪律。对弄虚作假等违反考试有关规定者，按规定严肃处理，并追究当事人和有关领导的责任。

环境影响评价工程师职业资格考核认定办法

一、考核认定申报条件

长期从事环境影响评价、技术评估和环境保护验收等相关业务工作，业绩突出，遵守中华人民共和国宪法和各项法律、法规，恪守职业道德，身体健康，评聘为工程类高级专业技术职务，并符合下列条件（一）或条件（二）的在职在编人员。

（一）中国科学院院士或中国工程院院士。

（二）年龄在 70 周岁（含）以下，并同时具备下列 1、2、3 项条件中的各一项条件：

1. 学历和业务工作年限：

（1）1989 年 12 月 31 日前，取得环境保护相关专业博士学位，累计从事环境影响评价相关业务工作满 9 年；

(2) 1986 年 12 月 31 日前，取得环境保护相关专业硕士学位，累计从事环境影响评价相关业务工作满 12 年；

(3) 1983 年 12 月 31 日前，取得环境保护相关专业大学本科学历或学位，累计从事环境影响评价相关业务工作满 15 年；

(4) 1981 年 12 月 31 日前，取得环境保护相关专业大学专科学历，累计从事环境影响评价相关业务工作满 20 年。

2. 技术业绩：

(1) 担任项目负责人，主持编制由国家环境保护总局（以下简称环保总局）审批通过的建设项目环境影响报告书和环境保护验收报告 15 项及以上。

(2) 担任项目负责人，主持编制由环保总局审批通过的建设项目环境影响报告书技术评估报告 15 项及以上。

(3) 获得环境影响评价相关专业省（部）级科技进步（科技成果）一等奖项的主要技术负责人（前 5 名）。

(4) 获得 2 项以上环境影响评价相关专业省（部）级科技进步（科技成果）二等奖项的主要技术负责人（前 3 名）。

(5) 获得 3 项以上环境影响评价相关专业省（部）级科技进步（科技成果）三等奖项的主要技术负责人（前 3 名）。

3. 学术水平：

(1) 在有国内统一刊号（CN）的期刊或在有国际统一书号（ISSN）的国外期刊上，作为第一作者发表过环境影响评价相关论文 3 篇及以上（每篇不少于 2 000 字）。

(2) 在正式出版社出版过有统一书号（ISBN）的环境影响评价相关专业著作，本人独立撰写的章节在 5 万字以上。

(3) 受聘担任环境影响评价工程师职业资格考试专家委员会成员并参加编写考试大纲或试题设计的专家。

二、考核认定组织

人事部、环保总局共同成立"环境影响评价工程师职业资格考核认定工作领导小组"（以下简称领导小组，名单见附件 2），负责全国环境影响评价工程师职业资格的考核认定工作。领导小组下设办公室（设在环保总局）。

三、考核认定程序

(一) 符合上述考核认定申报条件的环境影响评价专业技术人员，可向所在单位提出申请，经单位审核同意后，由所在单位向省、自治区、直辖市环保部门推荐。

国务院有关部门所属单位和中央管理企业的专业技术人员，由本部门、本企业统一向环保总局推荐。

(二) 各省、自治区、直辖市环保部门和国务院有关部门、中央管理企业的环境保护部门，负责对本辖区、本部门的申报人员资格进行审核，经同级人事主管部门复核后，提出推荐名单送领导小组办公室。

(三) 领导小组办公室组织有关专家对推荐人员的材料进行初审，提出拟认定人员的名单，报领导小组审核。

（四）领导小组召开会议，对经初审合格人员的材料进行审核。对审核合格的人员，经公示无异议后，报人事部、环保总局批准，并向社会公布。

四、申报材料

（一）填写完整的《环境影响评价工程师职业资格考核认定申报表》一式两份（见附件3）。

（二）中国科学院院士或中国工程院院士证书复印件。其他人员提供以下证明材料的复印件：学历或学位证书、高级专业技术职务聘书、获奖证书、环境影响评价相关报告书（报告）、环境影响评价相关论文或出版专著内容说明和首页。

（三）所在单位出具的职业道德证明和获奖单位出具的获奖项目主要技术负责人证明。

（四）各省、自治区、直辖市环保部门和国务院有关部门、中央管理企业的人事部门推荐意见函。

五、申报时间及要求

（一）各地、各有关部门和中央管理企业的环保业务部门、人事部门须对推荐人员材料进行认真审核、复核，并在《环境影响评价工程师职业资格考核认定申报表》相应栏目中加盖印章后，于2004年7月31日前，送领导小组办公室。

（二）凡因环境影响评价、技术评估或环境保护验收文件的质量问题，受到环保总局处罚的单位，其负有直接责任的专业技术人员不得申报。

（三）国家对考核认定人员数额实行总量控制。各地、各有关部门及中央管理企业应推荐具备申报条件且在第一线从事环境影响评价相关工作的专业技术人员。实施考试后不再进行认定工作。

（四）各地、各有关部门和中央管理企业在审核、复核申报人员材料的，须审核各类证书的原件和技术业绩材料；向领导小组报送的各类证书复印件应由所在的单位人事部门负责人签署意见并加盖单位印章。

（五）已通过特许或考核认定的方式取得其他专业职业（执业）资格证书和在公务员岗位工作的人员，一律不得申报。

（六）军队系统专业技术人员的申报、审核、推荐工作，由总政干部部和总后基建营房部按照有关规定、条件、程序和要求进行。

（七）各地、各有关部门、军队和中央管理企业要切实加强领导，坚持标准，严格要求，认真按程序做好申报、审核和复核等各环节工作。凡不认真把关或弄虚作假的，一经发现，停止该地区或部门的申报权、个人的申报资格及两年内的考试资格。

附件 1

环境保护相关专业新旧专业对应表

新专业名称	旧专业名称
环境工程	环境工程
	环境监测
环境科学	环境学
	环境规划与管理
生态学	生态学
化学	化学
应用化学	应用化学
生物科学	生物学
	生物化学
	生物科学与技术
资源环境与城乡规划管理	资源环境规划与管理
	经济地理学与城乡区域规划
大气科学	气象学
	大气物理学与大气环境
	大气科学
给水排水工程	给水排水工程
水文与水资源工程	水文与水资源利用
化学工程与工艺	化学工程
	化学工程与工艺
生物工程	生物化工
	生物化学工程
农业建筑环境与能源工程	农业建筑与环境工程
	农村能源开发与利用
森林资源保护与游憩	野生植物资源开发与利用
野生动物与自然保护管理	野生动物保护与利用
	自然保护区资源管理
水土保持与荒漠化防治	水土保持
农业资源与环境	农业环境保护
土地资源管理	土地规划与利用
其他国家环境保护总局认可的环境保护相关专业	

注：本表中"新专业名称"指中华人民共和国教育部高等教育司 1998 颁布的《普通高等学校本科专业目录》中规定的专业名称；"旧专业名称"指 1998 年《普通高等学校本科专业目录》颁布前各院校采用的专业名称。

人事部办公厅、国家环保总局办公厅关于调整环境影响评价工程师职业资格考试考务管理工作的通知

(国人厅发〔2006〕7号 2006年1月11日)

各省、自治区、直辖市人事厅(局)、环保局,新疆生产建设兵团人事局、环保局:

根据环境影响评价工程师职业资格考试工作需要,人事部、国家环保总局研究决定,对环境影响评价工程师职业资格考试考务管理工作进行调整。现将有关事项通知如下:

一、自2006年度起,全国环境影响评价工程师资格考试考务工作委托人事部人事考试中心承担。各省、自治区、直辖市的考试实施工作,由当地人事行政部门会同环保行政主管部门组织进行,具体职责分工自行协商确定。

二、环境影响评价工程师职业资格考试考点设在省、自治区、直辖市的大、中专院校或高考定点学校。国务院各部门所属单位和中央管理企业的专业技术人员按属地原则报名参加考试。

为保证全国环境影响评价工程师职业资格考试工作的顺利进行,请各省、自治区、直辖市人事行政部门和环保行政主管部门密切配合,通力协作,共同做好全国环境影响评价工程师职业资格考试工作。

本通知规定的内容与人事部、国家环保总局发布的《环境影响评价工程师职业资格制度暂行规定》和《环境影响评价工程师职业资格考试实施办法》(国人部发〔2004〕13号)中有关规定不一致之处,以本通知为准。

人力资源社会保障部、住房城乡建设部关于印发《房地产经纪专业人员职业资格制度暂行规定》和《房地产经纪专业人员职业资格考试实施办法》的通知

(人社部发〔2015〕47号 2015年6月25日)

各省、自治区、直辖市及新疆生产建设兵团人力资源社会保障厅(局)、住房城乡建设厅(局、房地局、建委),国务院各部委、各直属机构人事部门,中央管理的企业:

根据《国务院机构改革和职能转变方案》和《国务院关于取消和调整一批行政审批项目等事项的决定》（国发〔2014〕27号）有关取消"房地产经纪人职业资格许可"的要求，为加强房地产经纪专业人员队伍建设，适应房地产经纪行业发展，规范房地产经纪市场，在总结原房地产经纪人员职业资格制度实施情况的基础上，人力资源社会保障部、住房城乡建设部制定了《房地产经纪专业人员职业资格制度暂行规定》和《房地产经纪专业人员职业资格考试实施办法》，现印发给你们，请遵照执行。

自本通知发布之日起，原人事部、原建设部发布的《关于印发〈房地产经纪人员职业资格制度暂行规定〉和〈房地产经纪人执业资格考试实施办法〉的通知》（人发〔2001〕128号）同时废止。

房地产经纪专业人员职业资格制度暂行规定

第一章 总 则

第一条 为加强房地产经纪专业人员队伍建设，提高房地产经纪专业人员素质，规范房地产经纪活动秩序，根据《中华人民共和国城市房地产管理法》、《国务院机构改革和职能转变方案》和国家职业资格证书制度有关规定，制定本规定。

第二条 本规定适用于在房地产交易活动中，为促成房地产公平交易，从事存量房和新建商品房居间、代理等房地产经纪活动的专业人员。

第三条 国家设立房地产经纪专业人员水平评价类职业资格制度，面向全社会提供房地产经纪专业人员能力水平评价服务，纳入全国专业技术人员职业资格证书制度统一规划。

第四条 房地产经纪专业人员职业资格分为房地产经纪人协理、房地产经纪人和高级房地产经纪人3个级别。房地产经纪人协理和房地产经纪人职业资格实行统一考试的评价方式。高级房地产经纪人职业资格评价的具体办法另行规定。

房地产经纪专业人员英文为：Real Estate Agent Professionals

第五条 通过房地产经纪人协理、房地产经纪人职业资格考试，取得相应级别职业资格证书的人员，表明其已具备从事房地产经纪专业相应级别专业岗位工作的职业能力和水平。

第六条 人力资源社会保障部、住房城乡建设部共同负责房地产经纪专业人员职业资格制度的政策制定，并按职责分工对房地产经纪专业人员职业资格制度的实施进行指导、监督和检查。中国房地产估价师与房地产经纪人学会具体承担房地产经纪专业人员职业资格的评价与管理工作。

第二章 考 试

第七条 房地产经纪人协理、房地产经纪人职业资格实行全国统一大纲、统一命题、统一组织的考试制度。原则上每年举行1次考试。

第八条 中国房地产估价师与房地产经纪人学会负责房地产经纪专业人员职业资格

评价的管理和实施工作，组织成立考试专家委员会，研究拟定考试科目、考试大纲、考试试题和考试合格标准。

第九条　人力资源社会保障部、住房城乡建设部指导中国房地产估价师与房地产经纪人学会确定房地产经纪人协理、房地产经纪人职业资格考试科目、考试大纲、考试试题和考试合格标准，并对其实施房地产经纪人协理、房地产经纪人职业资格考试工作进行监督、检查。

第十条　申请参加房地产经纪专业人员职业资格考试应当具备的基本条件：

（一）遵守国家法律、法规和行业标准与规范；

（二）秉承诚信、公平、公正的基本原则；

（三）恪守职业道德。

第十一条　申请参加房地产经纪人协理职业资格考试的人员，除具备本规定第十条的基本条件外，还必须具备中专或者高中及以上学历。

第十二条　申请参加房地产经纪人职业资格考试的人员，除具备本规定第十条的基本条件外，还必须符合下列条件之一：

（一）通过考试取得房地产经纪人协理职业资格证书后，从事房地产经纪业务工作满 6 年；

（二）取得大专学历，工作满 6 年，其中从事房地产经纪业务工作满 3 年；

（三）取得大学本科学历，工作满 4 年，其中从事房地产经纪业务工作满 2 年；

（四）取得双学士学位或研究生班毕业，工作满 3 年，其中从事房地产经纪业务工作满 1 年；

（五）取得硕士学历（学位），工作满 2 年，其中从事房地产经纪业务工作满 1 年；

（六）取得博士学历（学位）。

第十三条　房地产经纪人协理、房地产经纪人职业资格考试合格，由中国房地产估价师与房地产经纪人学会颁发人力资源社会保障部、住房城乡建设部监制，中国房地产估价师与房地产经纪人学会用印的相应级别《中华人民共和国房地产经纪专业人员职业资格证书》（以下简称房地产经纪专业人员资格证书）。该证书在全国范围有效。

第十四条　对以不正当手段取得房地产经纪专业人员资格证书的，按照国家专业技术人员资格考试违纪违规行为处理规定处理。

第三章　职业能力

第十五条　取得相应级别房地产经纪专业人员资格证书的人员，应当遵守国家法律、法规及房地产经纪行业相关制度规则，坚持诚信、公平、公正的原则，保守商业秘密，保障委托人合法权益，恪守职业道德。

第十六条　取得房地产经纪人协理职业资格证书的人员应当具备的职业能力：

（一）了解房地产经纪行业的法律法规和管理规定；

（二）基本掌握房地产交易流程，具有一定的房地产交易运作能力；

（三）独立完成房地产经纪业务的一般性工作；

（四）在房地产经纪人的指导下，完成较复杂的房地产经纪业务。

第十七条 取得房地产经纪人职业资格证书的人员应当具备的职业能力：

（一）熟悉房地产经纪行业的法律法规和管理规定；

（二）熟悉房地产交易流程，能完成较为复杂的房地产经纪工作，处理解决房地产经纪业务的疑难问题；

（三）运用丰富的房地产经纪实践经验，分析判断房地产经纪市场的发展趋势，开拓创新房地产经纪业务；

（四）指导房地产经纪人协理和协助高级房地产经纪人工作。

第十八条 取得相应级别房地产经纪专业人员资格证书的人员，应当按照国家专业技术人员继续教育及房地产经纪行业管理的有关规定，参加继续教育，不断更新专业知识，提高职业素质和业务能力。

第四章 登 记

第十九条 房地产经纪专业人员资格证书实行登记服务制度。登记服务的具体工作由中国房地产估价师与房地产经纪人学会负责。

第二十条 中国房地产估价师与房地产经纪人学会定期向社会公布房地产经纪专业人员资格证书的登记情况，建立持证人员的诚信档案，并为用人单位提供取得房地产经纪专业人员资格证书的信息查询服务。

第二十一条 取得房地产经纪专业人员资格证书的人员，应当自觉接受中国房地产估价师与房地产经纪人学会的管理和社会公众的监督。其在工作中违反相关法律、法规、规章或者职业道德，造成不良影响的，由中国房地产估价师与房地产经纪人学会取消登记，并收回其职业资格证书。

第二十二条 房地产经纪专业人员登记服务机构在登记服务工作中，应当严格遵守国家和本行业的各项管理规定以及学会章程。

第五章 附 则

第二十三条 通过考试取得相应级别房地产经纪专业人员资格证书，且符合《经济专业人员职务试行条例》中助理经济师、经济师任职条件的人员，用人单位可根据工作需要聘任相应级别经济专业职务。

第二十四条 本规定施行前，依据原人事部、原建设部印发的《〈房地产经纪人员职业资格制度暂行规定〉和〈房地产经纪人执业资格考试实施办法〉》（人发〔2001〕128号）要求，通过考试取得的房地产经纪人执业资格证书，与按照本规定要求取得的房地产经纪人职业资格证书效用等同。通过考试取得房地产经纪人协理资格证书效用不变。

第二十五条 本规定自2015年7月1日起施行。

房地产经纪专业人员职业资格考试实施办法

第一条 人力资源社会保障部、住房城乡建设部按职责分工负责指导、监督和检查房地产经纪专业人员职业资格考试的实施工作。

第二条 中国房地产估价师与房地产经纪人学会具体负责房地产经纪专业人员职业资格考试的实施工作。

第三条 房地产经纪人协理职业资格考试设《房地产经纪综合能力》和《房地产经纪操作实务》2个科目。考试分2个半天进行,每个科目的考试时间均为2.5小时。

房地产经纪人职业资格考试设《房地产交易制度政策》、《房地产经纪职业导论》、《房地产经纪专业基础》和《房地产经纪业务操作》4个科目。考试分4个半天进行,每个科目的考试时间均为2.5小时。

第四条 房地产经纪专业人员职业资格各科目考试成绩实行滚动管理的办法。在规定的期限内参加应试科目考试并合格,方可获得相应级别房地产经纪专业人员职业资格证书。

参加房地产经纪人协理职业资格考试的人员,必须在连续的2个考试年度内通过全部(2个)科目的考试;参加房地产经纪人职业资格考试的人员,必须在连续的4个考试年度内通过全部(4个)科目的考试。

第五条 符合《房地产经纪专业人员职业资格制度暂行规定》(以下简称暂行规定)第十条的基本条件和相应级别报名条件之一的,均可申请参加相应级别考试。

第六条 符合《暂行规定》相应级别考试报名条件之一的,并具备下列一项条件的,可免予参加房地产经纪专业人员职业资格部分科目的考试:

(一)通过全国统一考试,取得经济专业技术资格"房地产经济"专业初级资格证书的人员,可免试房地产经纪人协理职业资格《房地产经纪综合能力》科目,只参加《房地产经纪操作实务》1个科目的考试;

(二)按照原《〈房地产经纪人员职业资格制度暂行规定〉和〈房地产经纪人执业资格考试实施办法〉》(人发〔2001〕128号)要求,通过考试取得房地产经纪人协理资格证书的人员,可免试房地产经纪人协理职业资格《房地产经纪操作实务》科目,只参加《房地产经纪综合能力》1个科目的考试;

(三)通过全国统一考试,取得房地产估价师资格证书的人员,通过全国统一考试,取得经济专业技术资格"房地产经济"专业中级资格证书的人员,或者按照国家统一规定评聘高级经济师职务的人员,可免试房地产经纪人职业资格《房地产交易制度政策》1个科目,只参加《房地产经纪职业导论》、《房地产经纪专业基础》和《房地产经纪业务操作》3个科目的考试。

参加1个或3个科目考试的人员,须在1个或连续的3个考试年度内通过应试科目的考试,方可获得房地产经纪专业人员职业资格证书。

免试部分科目的人员在报名时,应当提供相应证明文件。

第七条 参加考试由本人提出申请，按有关规定办理报名手续。考试实施机构按照规定的程序和报名条件审核合格后，核发准考证。参加考试人员凭准考证和有效证件在指定的日期、时间和地点参加考试。

中央和国务院各部门及所属单位、中央管理企业的人员按属地原则报名参加考试。

第八条 考点原则上设在直辖市和省会城市的大、中专院校或者高考定点学校。如确需在其他城市设置考点，须经中国房地产估价师与房地产经纪人学会批准。考试日期原则上为每年的第三季度。

第九条 坚持考试与培训分开的原则。凡参与考试工作（包括命题、审题与组织管理等）的人员，不得参加考试，也不得参加或者举办与考试内容相关的培训工作。应考人员参加培训坚持自愿原则。

第十条 考试实施机构及其工作人员，应当严格执行国家人事考试工作人员纪律规定和考试工作的各项规章制度，遵守考试工作纪律，切实做好从考试试题的命制到使用等各环节的安全保密工作，严防泄密。

第十一条 对违反考试工作纪律和有关规定的人员，按照国家专业技术人员资格考试违纪违规行为处理规定处理。

人事部、交通部关于印发《机动车检测维修专业技术人员职业水平评价暂行规定》和《机动车检测维修专业技术人员职业水平考试实施办法》的通知

（国人部发〔2006〕51号　2006年5月19日）

各省、自治区、直辖市人事厅（局）、交通厅（局、委），国务院各部委、各直属机构人事部门，中央管理的企业：

为加强机动车检测维修专业技术人才队伍建设，规范机动车检测维修专业技术人员职业行为，根据《中华人民共和国道路运输条例》有关规定，现将《机动车检测维修专业技术人员职业水平评价暂行规定》和《机动车检测维修专业技术人员职业水平考试实施办法》印发给你们，请遵照执行。

机动车检测维修专业技术人员职业水平评价暂行规定

第一章　总　则

第一条 为规范机动车检测维修行业管理，提高机动车检测维修专业技术人员素质，确保机动车检测维修质量和车辆安全运行，根据《中华人民共和国道路运输条例》

和国家职业资格证书制度有关规定，制定本规定。

第二条 本规定适用于从事机动车维修、检测、评估、运用等相关业务的专业技术人员。

第三条 国家对机动车检测维修专业技术人员实行职业水平评价制度，纳入全国专业技术人员职业资格证书制度统一规划。

第四条 各类机动车检测维修专业技术人员职业水平评价分为机动车检测维修士、机动车检测维修工程师和机动车检测维修高级工程师三个级别。机动车检测维修高级工程师职业水平评价办法另行制定。

机动车检测维修士、机动车检测维修工程师的英文分别译为：

Motor Vehicle Test and Maintenance Technician。

Motor Vehicle Test and Maintenance Engineer。

第五条 通过职业水平评价，取得机动车检测维修士或机动车检测维修工程师职业水平证书的人员，表明其已具备相应专业技术岗位工作水平和能力。

第六条 人事部、交通部共同负责机动车检测维修专业技术人员职业水平评价工作，并按职责分工对各省、自治区、直辖市实施机动车检测维修专业技术人员职业水平考试进行指导、监督和检查。

第二章 考 试

第七条 机动车检测维修专业技术人员职业水平评价实行全国统一大纲、统一命题的考试制度，原则上每年举行一次。

第八条 交通部负责拟定考试科目、考试大纲，组织命题，研究建立考试试题库，提出考试合格标准建议。机动车检测维修专业技术人员职业水平考试的组织实施，由交通部职业资格管理机构具体负责。

第九条 人事部组织专家审定考试科目、考试大纲和试题，会同交通部确定合格标准，并对考试考务工作进行监督、检查和指导。

第十条 报名参加机动车检测维修专业技术人员职业水平考试的人员，必须遵守《中华人民共和国宪法》、《中华人民共和国道路运输条例》和国家有关道路交通的规章制度，恪守职业道德。

第十一条 报名参加机动车检测维修士考试的人员，除符合第十条所列基本条件外，还应符合下列条件之一：

（一）取得中等教育及以上学历或学位；

（二）高等院校交通运输专业应届毕业生。

第十二条 报名参加机动车检测维修工程师考试的人员，除符合第十条所列基本条件外，还应符合下列条件之一：

（一）取得机动车检测维修士证书后，从事机动车检测维修工作满6年；

（二）取得交通运输专业大专学历，从事机动车检测维修工作满5年；

（三）取得交通运输专业大学本科学历，从事机动车检测维修工作满4年；

（四）取得交通运输专业双学士学位或研究生班毕业，从事机动车检测维修工作满

2年;

(五) 取得交通运输专业硕士学位,从事机动车检测维修工作满1年;

(六) 取得交通运输专业博士学位;

(七) 取得其他工学类专业上述学历或学位,其从事机动车检测维修工作年限相应增加2年。

第十三条 机动车检测维修专业技术人员职业水平考试合格,颁发人事部统一印制,人事部、交通部共同用印的《中华人民共和国机动车检测维修专业技术人员职业水平证书》。该证书在全国范围有效。

第十四条 凡以不正当手段取得机动车检测维修专业技术人员职业水平证书的,由发证机关收回证书,2年内不得再次参加机动车检测维修专业职业水平考试。

第三章 义务与职业能力

第十五条 取得机动车检测维修专业技术人员职业水平证书的人员,应当恪守职业道德,接受继续教育,更新知识,不断提高职业素质和本专业工作能力。

第十六条 在进行机动车检测维修工作时,应当严格执行相关法律、法规、规章和标准,保证检测维修工作质量,并承担相应责任。

第十七条 取得机动车检测维修士水平证书的人员,应当具备相应岗位的以下职业能力:

(一) 了解国家机动车检测维修管理方面的法律、法规和与机动车检测维修相关行业管理规定;

(二) 具有一定的交通运输专业知识和工作经验,掌握机动车检测维修一般操作技术,能够解决机动车检测维修工作中较常见的技术问题。

第十八条 取得机动车检测维修工程师水平证书的人员,应当具备相应岗位的以下职业能力:

(一) 熟悉国家交通运输方面的法律、法规和与机动车检测维修相关行业管理规定,有较丰富的机动车检测维修专业工作经验;

(二) 具有较强的机动车检测维修专业能力,熟练掌握机动车检测维修操作技术,能够准确判断机动车故障并提出解决方案;

(三) 能够独立处理机动车检测维修过程中较复杂的技术问题,指导机动车检测维修人员工作,具有处理与本专业相关技术问题的能力;

(四) 了解国内外机动车检测维修专业的发展趋势,有较强的技术创新精神;

(五) 具有一定的外语水平。

第四章 登 记

第十九条 机动车检测维修各级别职业水平证书,实行登记服务制度,具体工作由交通部职业资格管理机构负责。

第二十条 交通部职业资格管理机构定期向社会公布机动车检测维修专业技术人员职业水平证书登记情况,并为用人单位提供查询取得机动车检测维修专业职业水平证书人员的信息服务。

第二十一条 在机动车检测维修活动中,因违反有关法律、法规、规章制度或职业道德,对机动车检测维修工作产生重大影响或者造成一定损失的,由交通部职业资格管理机构取消登记,并由发证机关收回相应级别职业水平证书。

第五章 附 则

第二十二条 取得机动车检测维修专业技术人员职业水平证书,并符合《工程技术人员职务试行条例》中工程师、助理工程师、工程技术员专业职务任职条件的人员,用人单位可根据工作需要择优聘任相应专业技术职务。

取得机动车检测维修士职业水平证书,可聘任技术员或者助理工程师职务;取得机动车检测维修工程师职业水平证书,可聘任工程师职务。

第二十三条 机动车检测维修专业技术人员职业水平考试统一在全国范围实施后,各地区、各部门不再进行工程系列机动车检测维修专业相应级别职务任职资格的评审工作。

第二十四条 香港、澳门地区居民申请参加机动车检测维修专业人员职业水平考试的,在报名时应提交本人身份证明、国务院教育行政部门认可的专业学历或学位证书、从事本专业工作实践证明。台湾地区的专业技术人员参加考试的办法另行规定。

外籍专业技术人员申请参加机动车检测维修职业水平考试的具体办法另行规定。

第二十五条 机动车检测维修专业人员职业水平评价等机构,在开展机动车检测维修专业人员职业水平评价等工作中,因工作失误,使专业技术人员合法权益受到损害的,应依据国家有关规定给予相应赔偿,并可向有关责任人追偿。

第二十六条 机动车检测维修专业技术人员职业水平评价等机构的工作人员,不履行工作职责,监督不力,借机为自己或他人谋取利益,以及有其他违规违纪行为的,由其主管部门责令改正;造成不良影响或者严重后果,或者拒不改正的,对直接负责的主管人员和直接责任人员给予相应处分;构成犯罪的,依法追究刑事责任。

第二十七条 本规定自 2006 年 6 月 1 日起施行。

机动车检测维修专业技术人员职业水平考试实施办法

第一条 机动车检测维修专业技术人员职业水平考试在人事部、交通部的统一指导下进行。两部门共同成立机动车检测维修职业水平考试办公室(设在交通部),负责研究机动车检测维修专业技术人员职业水平评价相关政策。

第二条 交通部组织成立机动车检测维修专业技术人员职业水平考试专家委员会,负责编写考试大纲、命题,研究建立考试题库。

第三条 人事部、交通部委托交通部交通专业人员资格评价中心,承担机动车检测维修专业技术人员职业水平考试的考务工作。

各省、自治区、直辖市的考试工作,由当地交通行政部门会同人事行政部门共同负责,具体职责分工由各地协商确定。

第四条 机动车检测维修士考试设：《机动车检测维修法规与技术》和《机动车检测维修实务》2个科目。其中，《机动车检测维修法规与技术》科目考试时间为3小时，采用纸笔作答方式进行；《机动车检测维修实务》科目考试时间为2小时，采用现场实际操作的方式进行。

参加机动车检测维修士考试的人员，须在一个考试年度内，通过上述2个科目的考试，方可获得机动车检测维修士职业水平证书。

第五条 机动车检测维修工程师考试设：《机动车检测维修法规与技术》、《机动车检测维修实务》和《机动车检测维修案例分析》3个科目。其中，《机动车检测维修法规与技术》和《机动车检测维修案例分析》科目考试时间均为3小时，均采用纸笔作答方式进行；《机动车检测维修实务》科目考试时间为2小时，采用现场实际操作的方式进行。

机动车检测维修工程师考试成绩实行2年为一个周期的管理办法，参加上述3个科目考试的人员，必须在连续2个考试年度内通过全部科目考试，方可获得机动车检测维修工程师职业水平证书。

第六条 2005年12月31日前，按照国家有关规定评聘为机动车检测维修专业助理工程师或工程师职务的人员，可免试本级别《机动车检测维修实务》科目。

评聘为助理工程师职务的人员，只需参加机动车检测维修士《机动车检测维修法规与技术》1个科目的考试；评聘为工程师职务的人员，只需参加机动车检测维修工程师《机动车检测维修法规与技术》和《机动车检测维修案例分析》2个科目的考试。

免试部分科目的人员必须在一个考试年度内通过应试科目，方可取得相应级别职业水平证书。

第七条 报名参加各级别职业水平考试的人员，应当符合《机动车检测维修专业技术人员职业水平评价暂行规定》规定的报名条件。由本人提出申请，按规定携带有关证明材料，到指定的考试管理机构报名。经考试管理机构审核合格后，向申请人核发准考证，申请人凭准考证及有关证明，在指定的时间、地点参加考试。

国务院各部门所属单位和中央管理企业的专业技术人员，按属地原则报名参加考试。

第八条 参加机动车检测维修士考试的高等院校应届毕业生，在报名时应提交能够证明其在考试年度可毕业的有效证件（如学生证等）和所在学校出具的应届毕业生证明。

第九条 机动车检测维修专业技术人员职业水平考试日期定为每年10月。考点原则上设在直辖市和省会城市的大、中专院校或高考定点学校。如确需在其他城市设置考点，须经人事部、交通部批准。

机动车检测维修实际操作考试的考点，必须符合考试所需的场地、仪器、设备等相关条件，实际操作考试考点确定的具体办法，由交通部交通专业人员资格评价中心另行规定。

第十条 机动车检测维修专业技术人员职业水平考试有关项目的收费标准,须经当地价格行政部门核准,并向社会公布,接受公众监督。

第十一条 坚持考试与业务培训分开的原则。凡参与考试工作(包括命题与组织管理等)的人员,不得参加考试和举办与考试内容有关的培训工作。应考人员参加相关培训坚持自愿的原则。

第十二条 考试考务工作要严格执行考试工作的有关规章制度,切实做好试卷命制、印刷、发送和保管过程中的保密工作,严格遵守国家保密法及相关规章制度,严防泄密。

第十三条 考试工作人员要严格遵守考试工作纪律,认真执行考试回避制度。对违反考试纪律和有关规定的,按照《专业技术人员资格考试违纪违规行为处理规定》(人事部 2004 年第 3 号令)处理。

人事部办公厅、交通部办公厅关于机动车检测维修专业技术人员职业水平考试专业设置有关问题补充规定的通知

(国人厅发〔2008〕10 号 2008 年 1 月 18 日)

各省、自治区、直辖市人事厅(局)、交通厅(委),国务院各部委、各直属机构人事部门,中央管理的企业:

2006 年 5 月,人事部、交通部联合印发了《关于印发〈机动车检测维修专业技术人员职业水平评价暂行规定〉和〈机动车检测维修专业技术人员职业水平考试实施办法〉的通知》(国人部发〔2006〕51 号)。根据机动车检测维修专业技术岗位需要,现对机动车检测维修专业技术人员职业水平考试专业设置有关问题补充规定如下:

一、机动车检测维修专业技术人员职业水平考试分为机动车机电维修技术、机动车整形技术和机动车检测评估与运用技术 3 个专业。

二、从事机动车检测维修及相关业务工作的专业技术人员,报名参加考试时,应根据本人所从事的专业技术岗位选择其中一个专业,并在填写相应表格时注明其专业名称。

人力资源社会保障部、交通运输部
关于印发《公路水运工程试验检测专业技术人员职业资格制度规定》和《公路水运工程试验检测专业技术人员职业资格考试实施办法》的通知

（人社部发〔2015〕59号 2015年6月23日）

各省、自治区、直辖市及新疆生产建设兵团人力资源社会保障厅（局）、交通运输厅（局、委），国务院各部委、各直属机构人事部门，中央管理的企业：

根据《国务院机构改革和职能转变方案》和《国务院关于取消和调整一批行政审批项目等事项的决定》（国发〔2014〕50号）有关取消"公路水运试验检测人员资格许可和认定"的要求，为加强公路水运工程试验检测专业技术人员队伍建设，提高试验检测专业技术人员素质，人力资源社会保障部、交通运输部制定了《公路水运工程试验检测专业技术人员职业资格制度规定》和《公路水运工程试验检测专业技术人员职业资格考试实施办法》，现印发给你们，请遵照执行。

公路水运工程试验检测专业技术人员职业资格制度规定

第一章 总 则

第一条 为加强公路水运工程试验检测专业技术人员队伍建设，提高试验检测专业技术人员素质，根据《中华人民共和国公路法》、《中华人民共和国港口法》、《中华人民共和国航道法》和国家职业资格证书制度的有关规定，制定本规定。

第二条 本规定所称试验检测专业技术人员是指在公路水运工程领域从事试验检测专业活动的技术人员。

第三条 国家设立公路水运工程试验检测专业技术人员水平评价类职业资格制度，纳入全国专业技术人员职业资格证书制度统一规划，面向全社会提供公路水运工程试验检测专业技术人员能力水平评价服务。评价结果与工程系列相应级别职称有效衔接，为用人单位科学使用公路水运工程试验检测专业技术人才提供依据。

第四条 公路水运工程试验检测专业技术人员职业资格（以下简称公路水运工程试验检测职业资格）包括道路工程、桥梁隧道工程、交通工程、水运结构与地基、水运材料5个专业，分为助理试验检测师和试验检测师2个级别。助理试验检测师和试验检测师职业资格实行考试的评价方式。

公路水运工程试验检测专业技术人员英文译为：Highway and Waterway Testing & Inspection Professionals

第五条 通过公路水运工程助理试验检测师和试验检测师职业资格考试，并取得相应级别职业资格证书的人员，表明其已具备从事公路水运工程试验检测专业相应级别专业技术岗位工作的能力。

第六条 人力资源社会保障部、交通运输部共同负责公路水运工程试验检测职业资格制度的政策制定，并按职责分工对职业资格制度的实施进行指导、监督和检查。

交通运输部职业资格中心具体承担公路水运工程试验检测职业资格评价工作。

第二章 考　试

第七条 公路水运工程助理试验检测师和试验检测师职业资格考试，统一大纲、统一命题、统一组织。原则上每年举行一次考试。

第八条 交通运输部职业资格中心负责公路水运工程助理试验检测师和试验检测师职业资格考试的组织和实施工作，组织成立考试专家委员会，研究拟定考试科目、考试大纲、考试试题和考试合格标准。

第九条 人力资源社会保障部、交通运输部对交通运输部职业资格中心实施的考试工作进行监督和检查，指导交通运输部职业资格中心确定公路水运工程助理试验检测师和试验检测师职业资格考试科目、考试大纲、考试试题和考试合格标准。

第十条 遵守国家法律、法规，恪守职业道德，并符合公路水运工程助理试验检测师和试验检测师职业资格考试报名条件的人员，均可申请参加相应级别职业资格考试。

第十一条 符合下列条件之一者，可报考公路水运工程助理试验检测师职业资格考试：

（一）取得中专或高中学历，累计从事公路水运工程试验检测专业工作满 4 年；

（二）取得工学、理学、管理学学科门类专业大专学历，累计从事公路水运工程试验检测专业工作满 2 年，或者取得其他学科门类专业大专学历，累计从事公路水运工程试验检测专业工作满 3 年；

（三）取得工学、理学、管理学学科门类专业大学本科及以上学历或学位，或者取得其他学科门类专业大学本科学历，从事公路水运工程试验检测专业工作满 1 年。

第十二条 符合下列条件之一者，可报考公路水运工程试验检测师职业资格考试：

（一）取得中专或高中学历，并取得公路水运工程助理试验检测师证书后，从事公路水运工程试验检测专业工作满 6 年；

（二）取得工学、理学、管理学学科门类专业大专学历，累计从事公路水运工程试验检测专业工作满 6 年；

（三）取得工学、理学、管理学学科门类专业大学本科学历或者学位，累计从事公路水运工程试验检测专业工作满4年；

（四）取得含工学、理学、管理学学科门类专业在内的双学士学位或者工学、理学、管理学学科门类专业研究生班毕业，累计从事公路水运工程试验检测专业工作满2年；

（五）取得工学、理学、管理学学科门类专业硕士学位，累计从事公路水运工程试验检测专业工作满1年；

（六）取得工学、理学、管理学学科门类专业博士学位；

（七）取得其他学科门类专业的上述学历或者学位人员，累计从事公路水运工程试验检测专业工作年限相应增加1年。

第十三条　公路水运工程试验检测职业资格考试合格，由交通运输部职业资格中心颁发人力资源社会保障部、交通运输部监制，交通运输部职业资格中心用印的相应级别《中华人民共和国公路水运工程试验检测专业技术人员职业资格证书》（以下简称公路水运工程试验检测职业资格证书）。该证书在全国范围有效。

第十四条　对以不正当手段取得公路水运工程试验检测职业资格证书的，按照国家专业技术人员资格考试违纪违规行为处理规定处理。

第三章　职业能力

第十五条　取得公路水运工程试验检测职业资格证书的人员，应当遵守国家法律和相关法规，维护国家和社会公共利益，恪守职业道德。

第十六条　取得公路水运工程助理试验检测师职业资格证书的人员，应当具备的职业能力：

（一）了解公路水运工程行业管理的法律法规和规章制度，熟悉公路水运工程试验检测管理的规定和实验室管理体系知识；

（二）熟悉主要的工程技术标准、规范、规程，掌握所从事试验检测专业方向的试验检测方法和结果判定标准，较好识别和解决试验检测专业工作中的常见问题；

（三）独立完成常规性公路水运工程试验检测工作；

（四）编制试验检测报告。

第十七条　取得公路水运工程试验检测师职业资格证书的人员，应当具备的职业能力：

（一）熟悉公路水运工程行业管理的法律法规、规章制度，工程技术标准、规范和规程，掌握试验检测原理，掌握实验室管理体系知识和所从事试验检测专业方向的试验检测方法和结果判定标准；

（二）了解国内外工程试验检测行业的发展趋势，有较强的试验检测专业能力，独立完成较为复杂的试验检测工作和解决突发问题；

（三）熟练编制试验检测方案、组织实施试验检测活动、进行试验检测数据分析、编制和审核试验检测报告；

（四）指导本专业助理试验检测师工作。

第十八条　取得公路水运工程试验检测职业资格证书的人员，应当按照国家专业技术人员继续教育有关规定自觉接受继续教育，更新专业知识，不断提高职业素质和试验检测专业工作能力。

第四章 登 记

第十九条 公路水运工程试验检测职业资格证书实行登记制度。登记具体工作由交通运输部职业资格中心负责。登记情况应向社会公布。

第二十条 登记机构应建立持证人员的从业信息和诚信档案,并为用人单位提供查询服务。

第二十一条 取得公路水运工程试验检测职业资格证书的人员,在工作中违反相关法律、法规、规章或者职业道德,造成不良影响的,取消登记并由交通运输部职业资格中心收回其职业资格证书。

第二十二条 公路水运工程试验检测职业资格考试机构和登记机构在工作中,应当严格遵守国家和本行业的有关各项管理规定。

第五章 附 则

第二十三条 通过考试取得公路水运工程试验检测职业资格证书,且符合《工程技术人员职务试行条例》中助理工程师或者工程师任职条件的人员,用人单位可根据工作需要聘任其相应级别工程专业技术职务。

第二十四条 本规定施行前,依据《公路水运工程试验检测管理办法》(交通部令2005年第12号)及相应试验检测人员考试办法要求,取得的试验检测员、试验检测工程师证书效用不变。

第二十五条 本规定自2015年9月1日起施行。

公路水运工程试验检测专业技术人员职业资格考试实施办法

第一条 人力资源社会保障部、交通运输部按照职责分工负责指导、监督和检查公路水运工程助理试验检测师、试验检测师职业资格考试的实施工作。

第二条 交通运输部职业资格中心具体负责公路水运工程助理试验检测师、试验检测师职业资格考试的实施工作。

第三条 公路水运工程助理试验检测师、试验检测师均设公共基础科目和专业科目,专业科目为《道路工程》、《桥梁隧道工程》、《交通工程》、《水运结构与地基》和《水运材料》。公共基础科目考试时间为120分钟,专业科目考试时间为150分钟。

第四条 公路水运工程助理试验检测师、试验检测师考试成绩均实行2年为一个周期的滚动管理。在连续2个考试年度内,参加公共基础科目和任一专业科目的考试并合格,可取得相应专业和级别的公路水运工程试验检测专业技术人员职业资格证书。

第五条 符合《公路水运工程试验检测专业技术人员职业资格制度规定》规定的助理试验检测师、试验检测师职业资格考试报名条件者均可申请参加相应级别和专业类别的考试。

第六条 参加考试由本人提出申请，按有关规定办理报名手续。考试实施机构按规定的程序和报名条件审核合格后，核发准考证。参加考试人员凭准考证和有效证件在指定的日期、时间和地点参加考试。

中央和国务院各部门所属单位、中央管理企业的人员按属地原则报名参加考试。

第七条 公路水运工程助理试验检测师、试验检测师职业资格考试的考点原则上设在直辖市和省会城市的大、中专院校或者高考定点学校。如确需在其他城市设置考点，须经交通运输部职业资格中心批准。考试日期原则上为每年的第三季度。

第八条 坚持考试与培训分开的原则。凡参与考试工作（包括命题、审题与组织管理等）的人员，不得参加考试，也不得参加或者举办与考试内容相关的培训工作。应考人员参加培训坚持自愿原则。

第九条 考试实施机构及工作人员应当严格执行考试工作的各项规章制度，遵守考试工作纪律，切实做好从考试试题的命制到使用等各环节的安全保密工作，严防泄密。

第十条 对违反考试工作纪律和有关规定的人员，按照国家专业技术人员资格考试违纪违规行为处理规定处理。

水利工程质量检测管理规定

（水利部令第 36 号　2008 年 11 月 3 日）

第一条 为加强水利工程质量检测管理，规范水利工程质量检测行为，根据《建设工程质量管理条例》、《国务院对确需保留的行政审批项目设定行政许可的决定》，制定本规定。

第二条 从事水利工程质量检测活动以及对水利工程质量检测实施监督管理，适用本规定。

本规定所称水利工程质量检测（以下简称质量检测），是指水利工程质量检测单位（以下简称检测单位）依据国家有关法律、法规和标准，对水利工程实体以及用于水利工程的原材料、中间产品、金属结构和机电设备等进行的检查、测量、试验或者度量，并将结果与有关标准、要求进行比较以确定工程质量是否合格所进行的活动。

第三条 检测单位应当按照本规定取得资质，并在资质等级许可的范围内承担质量检测业务。

检测单位资质分为岩土工程、混凝土工程、金属结构、机械电气和量测共 5 个类别，每个类别分为甲级、乙级 2 个等级。检测单位资质等级标准见附件。

取得甲级资质的检测单位可以承担各等级水利工程的质量检测业务。大型水利工程（含一级堤防）主要建筑物以及水利工程质量与安全事故鉴定的质量检测业务，必须由具有甲级资质的检测单位承担。取得乙级资质的检测单位可以承担除大型水利工程（含一级堤防）主要建筑物以外的其他各等级水利工程的质量检测业务。

前款所称主要建筑物是指失事以后将造成下游灾害或者严重影响工程功能和效益的建筑物，如堤坝、泄洪建筑物、输水建筑物、电站厂房和泵站等。

第四条 从事水利工程质量检测的专业技术人员（以下简称检测人员），应当具备相应的质量检测知识和能力，并按照国家职业资格管理或者行业自律管理的规定取得从业资格。

第五条 水利部负责审批检测单位甲级资质；省、自治区、直辖市人民政府水行政主管部门负责审批检测单位乙级资质。

检测单位资质原则上每年集中审批一次，受理时间由审批机关提前三个月向社会公告。

第六条 检测单位应当向审批机关提交下列申请材料：

（一）《水利工程质量检测单位资质等级申请表》一式三份；

（二）事业单位法人证书或者工商营业执照原件及复印件；

（三）计量认证资质证书和证书附表原件及复印件；

（四）主要试验检测仪器、设备清单；

（五）主要负责人、技术负责人的职称证书原件及复印件，检测人员的从业资格证明材料原件及复印件；

（六）管理制度及质量控制措施。

申请甲级资质的，还需提交近三年承担质量检测业务的委托合同及相关证明材料。

检测单位可以同时申请不同类别、等级的资质。

第七条 审批机关收到检测单位的申请材料后，应当依法作出是否受理的决定，并向检测单位出具书面凭证；申请材料不齐全或者不符合法定形式的，应当在5日内一次告知检测单位需要补正的全部内容。

审批机关应当自受理申请之日起20日内作出批准或者不予批准的决定。决定予以批准的，颁发《水利工程质量检测单位资质等级证书》（以下简称《资质等级证书》）；不予批准的，应当书面通知检测单位并说明理由。

第八条 审批机关在作出决定前，应当组织对申请材料进行评审，必要时可以组织专家进行现场评审，并将评审结果公示，公示时间不少于7日。

第九条 《资质等级证书》有效期为3年。有效期届满，需要延续的，检测单位应当在有效期届满30日前，向原审批机关提出申请。原审批机关应当在有效期届满前作出是否延续的决定。

原审批机关应当重点核查检测单位仪器设备、检测人员、场所的变动情况，检测工作的开展情况以及质量保证体系的执行情况，必要时，可以组织专家进行现场核查。

第十条 检测单位变更名称、地址、法定代表人、技术负责人的，应当自发生变更之日起60日内到原审批机关办理资质等级证书变更手续。

第十一条 检测单位发生分立的，应当按照本规定重新申请资质等级。

第十二条 任何单位和个人不得涂改、倒卖、出租、出借或者以其他形式非法转让

《资质等级证书》。

第十三条 检测单位应当建立健全质量保证体系，采用先进、实用的检测设备和工艺，完善检测手段，提高检测人员的技术水平，确保质量检测工作的科学、准确和公正。

第十四条 检测单位不得转包质量检测业务；未经委托方同意，不得分包质量检测业务。

第十五条 检测单位应当按照国家和行业标准开展质量检测活动；没有国家和行业标准的，由检测单位提出方案，经委托方确认后实施。

检测单位违反法律、法规和强制性标准，给他人造成损失的，应当依法承担赔偿责任。

第十六条 质量检测试样的取样应当严格执行国家和行业标准以及有关规定。

提供质量检测试样的单位和个人，应当对试样的真实性负责。

第十七条 检测单位应当按照合同和有关标准及时、准确地向委托方提交质量检测报告并对质量检测报告负责。

任何单位和个人不得明示或者暗示检测单位出具虚假质量检测报告，不得篡改或者伪造质量检测报告。

第十八条 检测单位应当将存在工程安全问题、可能形成质量隐患或者影响工程正常运行的检测结果以及检测过程中发现的项目法人（建设单位）、勘测设计单位、施工单位、监理单位违反法律、法规和强制性标准的情况，及时报告委托方和具有管辖权的水行政主管部门或者流域管理机构。

第十九条 检测单位应当建立档案管理制度。检测合同、委托单、原始记录、质量检测报告应当按年度统一编号，编号应当连续，不得随意抽撤、涂改。

检测单位应当单独建立检测结果不合格项目台账。

第二十条 检测人员应当按照法律、法规和标准开展质量检测工作，并对质量检测结果负责。

第二十一条 县级以上人民政府水行政主管部门应当加强对检测单位及其质量检测活动的监督检查，主要检查下列内容：

（一）是否符合资质等级标准；

（二）是否有涂改、倒卖、出租、出借或者以其他形式非法转让《资质等级证书》的行为；

（三）是否存在转包、违规分包；

（四）是否按照有关标准和规定进行检测；

（五）是否按照规定在质量检测报告上签字盖章，质量检测报告是否真实；

（六）仪器设备的运行、检定和校准情况；

（七）法律、法规规定的其他事项。

流域管理机构应当加强对所管辖的水利工程的质量检测活动的监督检查。

第二十二条 县级以上人民政府水行政主管部门和流域管理机构实施监督检查时，

有权采取下列措施：

（一）要求检测单位或者委托方提供相关的文件和资料；

（二）进入检测单位的工作场地（包括施工现场）进行抽查；

（三）组织进行比对试验以验证检测单位的检测能力；

（四）发现有不符合国家有关法律、法规和标准的检测行为时，责令改正。

第二十三条 县级以上人民政府水行政主管部门和流域管理机构在监督检查中，可以根据需要对有关试样和检测资料采取抽样取证的方法；在证据可能灭失或者以后难以取得的情况下，经负责人批准，可以先行登记保存，并在5日内作出处理，在此期间，当事人和其他有关人员不得销毁或者转移试样和检测资料。

第二十四条 违反本规定，未取得相应的资质，擅自承担检测业务的，其检测报告无效，由县级以上人民政府水行政主管部门责令改正，可并处1万元以上3万元以下的罚款。

第二十五条 隐瞒有关情况或者提供虚假材料申请资质的，审批机关不予受理或者不予批准，并给予警告，一年之内不得再次申请资质。

第二十六条 以欺骗、贿赂等不正当手段取得《资质等级证书》的，由审批机关予以撤销，3年内不得再次申请，可并处1万元以上3万元以下的罚款；构成犯罪的，依法追究刑事责任。

第二十七条 检测单位违反本规定，有下列行为之一的，由县级以上人民政府水行政主管部门责令改正，有违法所得的，没收违法所得，可并处1万元以上3万元以下的罚款；构成犯罪的，依法追究刑事责任：

（一）超出资质等级范围从事检测活动的；

（二）涂改、倒卖、出租、出借或者以其他形式非法转让《资质等级证书》的；

（三）使用不符合条件的检测人员的；

（四）未按规定上报发现的违法违规行为和检测不合格事项的；

（五）未按规定在质量检测报告上签字盖章的；

（六）未按照国家和行业标准进行检测的；

（七）档案资料管理混乱，造成检测数据无法追溯的；

（八）转包、违规分包检测业务的。

第二十八条 检测单位伪造检测数据，出具虚假质量检测报告的，由县级以上人民政府水行政主管部门给予警告，并处3万元罚款；给他人造成损失的，依法承担赔偿责任；构成犯罪的，依法追究刑事责任。

第二十九条 违反本规定，委托方有下列行为之一的，由县级以上人民政府水行政主管部门责令改正，可并处1万元以上3万元以下的罚款：

（一）委托未取得相应资质的检测单位进行检测的；

（二）明示或暗示检测单位出具虚假检测报告，篡改或伪造检测报告的；

（三）送检试样弄虚作假的。

第三十条 检测人员从事质量检测活动中，有下列行为之一的，由县级以上人民政府水行政主管部门责令改正，给予警告，可并处1千元以下罚款：

（一）不如实记录，随意取舍检测数据的；
（二）弄虚作假、伪造数据的；
（三）未执行法律、法规和强制性标准的。

第三十一条 县级以上人民政府水行政主管部门、流域管理机构及其工作人员，有下列行为之一的，由其上级行政机关或者监察机关责令改正；情节严重的，对直接负责的主管人员和其他直接责任人员依法给予行政处分；构成犯罪的，依法追究刑事责任：

（一）对符合法定条件的申请不予受理或者不在法定期限内批准的；
（二）对不符合法定条件的申请人签发《资质等级证书》的；
（三）利用职务上的便利，收受他人财物或者其他好处的；
（四）不依法履行监督管理职责，或者发现违法行为不予查处的。

第三十二条 本规定自2009年1月1日起施行。2000年1月4日水利部发布的《水利工程质量检测管理规定》（水建管〔2000〕2号）同时废止。

附件：水利工程质量检测单位资质等级标准

附件

水利工程质量检测单位资质等级标准

水利工程质量检测单位资质分为岩土工程、混凝土工程、金属结构、机械电气和量测5个类别，每个类别分为甲级、乙级2个等级。

所有类别的人员配备、业绩、管理体系和质量保证体系要求见表1。各个类别的检测能力要求见表2。

表1　　　　　　人员配备、业绩、管理体系和质量保证体系要求

等级		甲级	乙级
人员配备	经考试合格的检测人员	≥15人（其中具备中级及以上技术职称人员不少于7人）	≥10人（其中具备中级及以上技术职称人员不少于5人）
	主要负责人	具有10年以上从事水利水电工程建设相关工作经历并具有高级以上职称	具有8年以上从事水利水电工程建设相关工作经历并具有高级以上职称
	技术负责人	具有10年以上从事水利水电工程建设相关工作经历，并具有水利水电专业高级以上技术职称	具有8年以上从事水利水电工程建设相关工作经历，并具有水利水电专业高级以上技术职称
业绩		近3年内至少承担过3个大型水利水电工程（含一级堤防）或6个中型水利水电工程（含二级堤防）的主要检测任务	
管理体系和质量保证体系		有健全的技术管理和质量保证体系，有计量认证资质证书	

表 2		检测能力要求
类别		主要检测项目及参数
岩土工程类	甲级	（一）土工指标检测 11 项 含水率、比重、密度、颗粒级配、相对密度、击实、三轴压缩强度、渗透系数、固结、休止角、有机质 （二）岩石（体）指标检测 8 项 密度、含水率、饱和与天然抗压强度、抗剪强度、弹性模量、岩石（体）声波速度、变形模量、抗拉强度 （三）基础处理工程检测 7 项 原位密度、标准贯入、地基承载力、桩承载力、桩（墙）身结构完整性、锚索（杆）拉拔试验、压（注）水试验 （四）土工合成材料检测 11 项 单位面积质量、厚度、拉伸强度、撕裂强度、顶破强度、落锥贯入度、伸长率、等效孔径、渗透系数、抗渗性、老化特性
	乙级	（一）土工指标检测 7 项 含水率、比重、密度、颗粒级配、相对密度、击实、渗透系数 （二）岩石（体）指标检测 4 项 密度、含水率、饱和与天然抗压强度、弹性模量 （三）基础处理工程检测 4 项 原位密度、标准贯入、地基承载力、桩承载力 （四）土工合成材料检测 6 项 单位面积质量、厚度、拉伸强度、撕裂强度、顶破强度、伸长率
混凝土工程类	甲级	（一）水泥 8 项 细度、标准稠度用水量、凝结时间、安定性、胶砂流动度、胶砂强度、比表面积、烧失量 （二）粉煤灰 7 项 强度比、需水量比、细度、安定性、烧失量、三氧化硫含量、均匀性 （三）混凝土骨料 13 项 颗粒级配、含水率、含泥量、堆积密度、表观密度、针片状颗粒含量、软弱颗粒含量、压碎指标、碱活性、硫化物含量、软化物含量、云母含量、超逊径 （四）混凝土 17 项 拌和物坍落度、拌和物泌水率、拌和物均匀性、拌和物含气量、温度、拌和物凝结时间、拌和物水胶比、抗压强度、抗拉强度、抗折强度、弹性模量、抗渗、钢筋间距、钢筋保护层厚度、碳化深度、回弹值、超声波测缺 （五）钢筋 7 项 抗拉强度、屈服强度、伸长率、冷弯性能、焊接性能、硬度、弯曲 （六）砂浆 6 项 稠度、泌水率、密度、含气量、抗压强度、抗渗 （七）外加剂 11 项 减水率、含固量、含水率、含气量、pH 值、细度、氯离子含量、硫酸钠含量、流动度、收缩率比、限制膨胀率 （八）沥青 6 项 密度、相对密度、针入度、延度、软化点、脆点

续表

类别		主要检测项目及参数
混凝土工程类	乙级	（一）水泥 6 项 细度、标准稠度用水量、凝结时间、安定性、胶砂流动度、胶砂强度 （二）混凝土骨料 8 项 颗粒级配、含水率、含泥量、堆积密度、表观密度、针片状颗粒含量、压碎指标、软弱颗粒含量 （三）混凝土 9 项 拌和物坍落度、拌和物泌水率、拌和物均匀性、拌和物含气量、温度、拌和物凝结时间、拌和物水胶比、抗压强度、抗拉强度 （四）钢筋 6 项 抗拉强度、屈服强度、伸长率、冷弯性能、焊接性能、弯曲 （五）砂浆 5 项 稠度、泌水率、密度、含气量、抗压强度 （六）外加剂 6 项 减水率、含固量、含气量、pH 值、细度、流动度
金属结构类	甲级	（一）铸锻、焊接、材料质量与防腐涂层质量检测 10 项 铸锻件外部质量、铸锻件内部质量、焊缝外观质量、焊缝内部质量、金属材料力学性能试验、表面清洁度、涂料涂层质量、金属涂层质量、腐蚀测试、涂料质量测试 （二）制造安装质量检测 11 项 常规尺寸及位置检测、表面缺陷深度、温度、湿度、变形、磨损、振动频率、振幅、角度、橡胶硬度、水压试验 （三）各式启闭机与清污机检测 17 项 电气检测、启门力、闭门力、持住力、钢丝绳检测、里氏硬度、上拱度、上翘度、挠度、油液运动粘度、行程、压力、时间、表面粗糙度、整机运行性试验、负荷试验、型式试验
	乙级	（一）铸锻、焊接、材料质量与防腐涂层质量检测 5 项 铸锻件外部质量、焊缝外观质量、二类焊缝内部质量、表面清洁度、涂料涂层质量 （二）制造安装质量检测 6 项 常规尺寸及位置检测、表面缺陷深度、温度、湿度、角度、水压试验 （三）各式启闭机与清污机检测 8 项 钢丝绳检测、里氏硬度、主梁上拱度、上翘度、挠度、行程、压力、时间
机械电气类	甲级	（一）水力机械 27 项 流量、流速、水头、液位、漏水量、压力、压差、真空度、压力脉动、汽蚀及磨损、温度、位移与气隙、含沙量、轴功率、功率、效率、耗水率、转速、振动位移、振动速度、振动加速度、噪声、形位公差测量、粗糙度、硬度及机械测量、频谱分析、材料力学试验 （二）电气设备 25 项 频率、电流、电压、电阻、绝缘测量、交流工频耐压、直流耐压、励磁特性、匝间绝缘试验、温升试验、变比及组别测量、相位检查、同期检查及试验、局部放电试验、密封性试验、绝缘油性能试验、变压器额定电压冲击合闸试验、导线焊接质量检验、热延伸、介质损耗测量、电气间隙和爬电距离、热稳定与动稳定试验、开关操作机构和机械性检查、电工仪表校验、避雷器电导电流及非线性系数测量

续表

类别		主要检测项目及参数
机械电气类	乙级	（一）水力机械水力机械14项 流量、流速、水头、液位、漏水量、压力、汽蚀及磨损、含沙量、功率、效率、转速、噪声、粗糙度、材料力学试验 （二）电气设备12项 频率、电流、电压、电阻、绝缘测量、励磁特性、温升试验、变比及组别测量、相位检查、同期检查及试验、变压器额定电压冲击合闸试验、开关操作机构和机械性检查
量测类	甲级	量测类30项 高程、平面位置、建筑物纵横轴线、建筑物断面几何尺寸、隐伏建筑物几何形态、结构构件几何尺寸、弧度、长度、宽度、厚度、深度、高度、坡度、平整度、水平位移、竖向位移、振动频率、加速度、速度、接缝和裂缝开度、倾斜、渗流量、扬压力、渗透压力、孔隙水压力、温度、应力、应变、地下水位、土压力
	乙级	量测类22项 高程、平面位置、建筑物纵横轴线、建筑物断面几何尺寸、结构构件几何尺寸、长度、宽度、厚度、深度、高度、坡度、平整度、水平位移、竖向位移、接缝和裂缝开度、渗流量、扬压力、渗透压力、孔隙水压力、应力、应变、地下水位

卫生部、人事部
关于印发《临床医学专业技术资格考试暂行规定》通知

（卫人发〔2000〕462号 2000年12月26日）

各省、自治区、直辖市卫生厅（局）、人事厅（局），新疆生产建设兵团，国务院各部委、各直属机构人事（干部）部门：

  为贯彻落实人事部、卫生部《关于加强卫生专业技术职务评聘工作的通知》和《临床医学专业中、高级技术资格评审条件（试行）》的精神，科学、客观、公正地评价临床医学专业人员的技术水平和能力，完善评价机制，提高临床医学专业人员的业务素质，现将卫生部、人事部共同制定的《临床医学专业技术资格考试暂行规定》印发给你们，请遵照执行。

  附件：临床医学专业技术资格考试暂行规定

附件

临床医学专业技术资格考试暂行规定

第一条 为贯彻落实人事部、卫生部《关于加强卫生专业技术职务评聘工作的通知》和《临床医学专业中、高级技术资格评审条件（试行）》的精神，科学、客观、公正地评价临床医学专业人员的技术水平和能力，完善评价机制，提高临床医学专业人员的业务素质，制订本规定。

第二条 本规定适用于经国家有关部门批准的医疗机构内从事临床医疗工作的专业技术人员。

第三条 临床医学专业技术资格包括初级资格（医士、医师），中级资格（主治医师），高级资格（副主任医师、主任医师）。

第四条 临床医学专业初、中级资格实行全国统一考试制度。全国实行统一考试后，各地、各部门不再进行相应临床医学专业技术资格的评审。高级资格的取得实行考评结合的方式，具体办法另行制定。

第五条 临床医学专业技术资格证书在全国范围内有效，它表明持有人具有相应的学术技术水平，是受聘担任相应专业技术职务的必备条件。

第六条 临床医学专业初级资格的考试按照《中华人民共和国执业医师法》的有关规定执行。参加国家医师资格考试，取得执业助理医师资格，可聘任医士职务；取得执业医师资格，可聘任医师职务。

第七条 临床医学专业中级资格考试实行全国统一组织、统一考试时间、统一考试大纲、统一考试命题、统一合格标准的考试制度，原则上每年进行一次。

第八条 临床医学专业中级资格考试由卫生部、人事部共同负责。卫生部负责拟定考试大纲和命题，组建国家级题库，组织实施考试工作，管理考试用书，规划考前培训，研究考试办法，拟定合格标准等工作。人事部负责审定考试大纲和试题，会同卫生部对考试工作进行检查、监督，指导确定合格标准。卫生部、人事部成立临床医学专业技术资格考试专家委员会，下设办公室，办公室设在卫生部人事司，负责资格考试日常管理工作。

第九条 通过临床医学专业中级资格考试者，由各省、自治区、直辖市人事（职改）部门颁发人事部统一印制，人事部、卫生部用印的临床医学专业技术资格证书。各地在颁发证书时，不得附加任何条件。

第十条 参加临床医学专业中级资格考试的人员，应具备下列基本条件：

（一）遵守中华人民共和国的宪法和法律；

（二）遵守《中华人民共和国执业医师法》，并取得执业医师资格；

（三）具备良好的医德医风和敬业精神；

（四）已实施住院医师规范化培训的医疗机构的医师须取得该培训合格证书。

第十一条 参加临床医学专业中级资格考试的人员，除具备第十条所规定的条件外，还必须具备下列条件之一：

（一）取得医学中专学历，受聘担任医师职务满7年。
（二）取得医学大专学历，从事医师工作满6年。
（三）取得医学本科学历，从事医师工作满4年。
（四）取得临床医学硕士专业学位，从事医师工作满2年。
（五）取得临床医学博士专业学位。

第十二条 有下列情形之一的，不得申请参加临床医学专业技术资格的考试：

（一）医疗事故责任者未满3年。
（二）医疗差错责任者未满1年。
（三）受到行政处分者在处分时期内。
（四）伪造学历或考试期间有违纪行为未满2年。
（五）省级卫生行政部门规定的其他情形。

第十三条 取得临床医学专业技术资格的人员，应按照国家有关规定，参加继续医学教育。

第十四条 临床医学专业技术资格考试实施办法由卫生部、人事部另行制定。

第十五条 本规定由卫生部、人事部按职责分工负责解释。

卫生部、人事部关于印发
《预防医学、全科医学、药学、护理、其他卫生技术等专业技术资格考试暂行规定》及《临床医学、预防医学、全科医学、药学、护理、其他卫生技术等专业技术资格考试实施办法》的通知

（卫人发〔2001〕164号 2001年6月13日）

各省、自治区、直辖市卫生厅局、人事厅局，新疆生产建设兵团，国务院各部委、各直属机构人事（干部）部门：

为贯彻落实人事部、卫生部《关于加强卫生专业技术职务评聘工作的通知》（人发〔2000〕114号）的精神，科学、客观、公正地评价卫生专业人员的技术水平和能力，完善评价机制，提高卫生专业人员的业务素质，现将卫生部、人事部共同制定的《预防医学、全科医学、药学、护理、其他卫生技术等专业技术资格考试暂行规定》及《临床医学、预防医学、全科医学、药学、护理、其他卫生技术等专业技术资格考试实施办法》印发给你们，请遵照执行。

附件：1. 预防医学、全科医学、药学、护理、其他卫生技术等专业技术资格考试暂行规定
　　　2. 临床医学、预防医学、全科医学、药学、护理、其他卫生技术等专业技术资格考试实施办法

附件1

预防医学、全科医学、药学、护理、其他卫生技术等专业技术资格考试暂行规定

第一条 为贯彻落实人事部、卫生部《关于加强卫生专业技术职务评聘工作的通知》（人发〔2000〕114号）精神，制定本暂行规定。

第二条 本规定适用于经国家有关部门批准的医疗卫生机构内从事医疗、预防、保健、药学、护理、其他卫生技术（以下简称技术）专业工作的人员。

第三条 预防医学、全科医学、药学、护理、技术专业实行全国统一组织、统一考试时间、统一考试大纲、统一考试命题、统一合格标准的考试制度，原则上每年进行一次。

第四条 本规定下发之日前，已按国家规定取得卫生系列初、中级专业技术职务任职资格的人员，其资格继续有效。本规定下发后，各地、各部门不再进行相应专业技术职务任职资格的考试和评审。通过考试取得专业技术资格，表明其已具备担任卫生系列相应级别专业技术职务的水平和能力，用人单位根据工作需要，从获得资格证书的人员中择优聘任。

第五条 预防医学、药学、护理、技术专业分为初级资格、中级资格、高级资格。全科医学专业分为中级资格、高级资格。

（一）取得初级资格，根据有关规定，并按照下列条件聘任相应的专业技术职务：

1. 药、护、技师：取得中专学历，担任药、护、技士职务满5年；取得大专学历，从事本专业工作满3年；取得本科学历，从事本专业工作满1年。

2. 不符合上述条件的人员只可聘任药、护、技士职务。

（二）取得中级资格，并符合有关规定，可聘任主治（管）医师，主管药、护、技师职务。

（三）高级资格的取得均实行考评结合方式，具体办法另行制定。

第六条 按照《中华人民共和国执业医师法》的有关规定，参加国家医师资格考试，取得执业助理医师资格，可聘任医士职务；取得执业医师资格，可聘任医师职务。

第七条 人事部和卫生部共同负责国家预防医学、全科医学、药学、护理、技术专业技术资格考试的政策制定、组织协调等工作。

卫生部负责拟定考试大纲和命题，组建国家级题库，组织实施考试工作，管理考试用书，规划考前培训，研究考试办法，拟定合格标准等工作。

人事部负责审定考试大纲和试题，会同卫生部对考试工作进行指导、监督、检查和确定合格标准。

第八条 通过预防医学、全科医学、药学、护理、技术专业技术资格考试并合格者，由各省、自治区、直辖市人事（职改）部门颁发人事部统一印制，人事部、卫生部用印的专业技术资格证书。该证书在全国范围内有效。各地在颁发证书时，不得附加任何条件。聘任专业技术职务所需的其他条件按照国家有关规定办理。

第九条 参加预防医学、全科医学、药学、护理、技术专业技术资格考试的人员，应具备下列基本条件：

（一）遵守中华人民共和国的宪法和法律。

（二）具备良好的医德医风和敬业精神。

第十条 参加药学、护理、技术专业初级资格考试的人员，除具备第九条所规定的基本条件外，还必须具备相应专业中专以上学历。

第十一条 参加预防医学、全科医学、药学、护理、技术专业中级资格考试的人员，除具备第九条所规定的条件外，还必须具备下列条件之一：

（一）取得相应专业中专学历，受聘担任医（药、护、技）师职务满7年。

（二）取得相应专业大专学历，从事医（药、护、技）师工作满6年。

（三）取得相应专业本科学历，从事医（药、护、技）师工作满4年。

（四）取得相应专业硕士学位，从事医（药、护、技）师工作满2年。

（五）取得相应专业博士学位。

第十二条 有下列情形之一的，不得申请参加预防医学、全科医学、药学、护理、技术专业技术资格的考试：

（一）医疗事故责任者未满3年。

（二）医疗差错责任者未满1年。

（三）受到行政处分者在处分时期内。

（四）伪造学历或考试期间有违纪行为未满2年。

（五）省级卫生行政部门规定的其他情形。

第十三条 取得预防医学、全科医学、药学、护理、技术专业技术资格的人员，应按照国家有关规定，参加继续医学教育。

第十四条 有下列情形之一的，由卫生行政管理部门吊销其相应专业技术资格，由发证机关收回其专业技术资格证书，2年内不得参加卫生系列专业技术资格考试：

（一）伪造学历和专业技术工作资历证明；

（二）考试期间有违纪行为；

（三）国务院卫生、人事行政主管部门规定的其他情形。

第十五条 本暂行规定由卫生部、人事部按职责分工负责解释。

第十六条 军队系统卫生系列初、中级专业技术资格考试的组织实施由总政治部负责。

第十七条 卫生部、人事部《临床医学专业技术资格考试暂行规定》（卫人发〔2000〕462号）未明确事项，均按本规定执行。

附件2

临床医学、预防医学、全科医学、药学、护理、其他卫生技术等专业技术资格考试实施办法

第一条 根据卫生部、人事部《临床医学专业技术资格考试暂行规定》和《预防医学、全科医学、药学、护理、其他卫生技术等专业技术资格考试暂行规定》（以下均简称暂行规定），制定本办法。

第二条 临床医学、预防医学、全科医学、药学、护理、其他卫生技术（以下简称技术）专业技术资格考试在卫生部、人事部的统一领导下进行。根据《暂行规定》的要求，两部门成立"卫生专业技术资格考试专家委员会"（委员会分设临床医学、预防医学、全科医学、药学、护理和技术等专业组）和"卫生专业技术资格考试办公室"，办公室设在卫生部人事司。具体考务工作委托卫生部人才交流服务中心实施。

各地考试工作由省级人事和卫生行政部门按照职能分工组织实施。

第三条 临床医学、预防医学、全科医学专业中级资格和药学、护理、技术专业初、中级资格考试原则上每年举行1次，考试日期定于每年10月。首次考试拟定于2001年10月20-21日。

第四条 临床医学、预防医学、全科医学专业中级资格和药学、护理、技术专业初、中级资格考试均分4个半天进行，各级别考试均设置了"基础知识"、"相关专业知识"、"专业知识"、"专业实践能力"等4个考试科目。考试原则上采用人机对话的方式。参加相应专业考试的人员，必须在一个考试年度内通过全部科目的考试，方可获得专业技术资格证书。

第五条 参加考试的人员，必须符合《暂行规定》中与报名有关的各项条件。由本人提出申请，经所在单位审核同意，按规定携带有关证明材料到当地考试机构报名，经考试管理机构审核合格后，领取准考证，凭准考证在指定的时间、地点参加考试。

中央和国务院各部门及其直属单位的人员参加考试，实行属地化管理原则。

第六条 报名条件中有关学历的要求，是指经国家教育、卫生行政主管部门认可的正规全日制院校毕业的学历；有关工作年限的要求，是指取得正规学历前后从事本专业工作时间的总和。工作年限计算的截止日期为考试报名年度当年年底。

第七条 考场原则上设在省辖市以上的中心城市或行政专员公署所在地，具有计算机教学设备的高考定点学校或高等院校。

第八条 卫生部负责组织或授权组织编写培训教材和有关参考资料。严禁任何单位和个人盗用卫生部名义，编写、发行考试用书和举办各种与考试有关的考前培训，使考生利益受到损害。

第九条 为保证培训工作的顺利进行，卫生部制定资格考试培训管理办法，各地要按规定认真做好培训工作。培训单位必须具备场地、师资、教材等条件，由当地卫生部门会同人事（职改）部门审核批准，报卫生部、人事部备案。

第十条 培训必须坚持与考试分开的原则，参与培训的工作人员，不得参加考试命题及考试组织管理工作。应考人员参加培训坚持自愿原则。

第十一条 考试和培训等项目的收费标准，须经当地价格主管部门核准。

第十二条 考试考务管理工作要严格执行有关规章和纪律，切实做好试卷的命制、印刷、发送和保管过程中的保密工作。严格遵守保密制度，严防泄密。

第十三条 考试工作人员要认真执行考试回避制度，严肃考场纪律，对违反考试纪律和有关规定者，要严肃处理，并追究领导责任。

第十四条 为促进卫生专业技术资格考试工作顺利实施，保证各地卫生专业技术职务聘任工作的平稳有序进行，在2005年年底前，各省、自治区、直辖市人事厅（局）按国家公布的考试合格标准为考试合格人员颁发全国统一的专业技术资格证书的同时，还可根据当地实际情况，会同卫生厅（局）确定本地区考试合格标准，作为本地区范围内聘任卫生系列相应专业技术职务的条件。各地确定的地区考试合格标准，报人事部、卫生部备案。

人事部、审计署关于印发《高级审计师资格评价办法（试行）》的通知

（人发〔2002〕58号 2002年6月6日）

各省、自治区、直辖市及新疆生产建设兵团人事厅（局）、审计厅（局），国务院各部委、各直属机构人事（干部）部门：

现将《高级审计师资格评价办法（试行）》印发给你们，请在高级审计师资格评价工作中试行。试行中遇到的问题请及时反映给我们，以便修订完善。

高级审计师资格评价办法（试行）

第一章 总 则

第一条 为加强审计专业队伍建设，提高审计人员的整体素质，科学、客观、公正地评价审计专业人员的学识水平和业务能力，健全和完善审计专业技术人才选拔机制，

根据《中华人民共和国审计法》、《中华人民共和国审计法实施条例》和国家关于专业技术职务聘任制的有关规定，制定本办法。

第二条 本办法适用于从事审计专业技术工作的人员。

第三条 高级审计师资格实行考试与评审相结合的评价办法。考试和评审是评价工作的两个环节，凡要求参加高级审计师资格评价的人员，须参加全国统一组织的考试并在同一次考试中取得双科合格成绩后，方可申请参加评审。

第四条 按照本办法取得高级审计师资格的人员，表明其已具备担任高级审计师专业技术职务的水平和能力。

第五条 高级审计师资格评价工作在人事部、审计署的统一领导下进行。审计署、人事部审计专业技术资格考试办公室（以下简称全国审计考办）负责高级审计师资格评价工作的组织实施和日常管理。

各省、自治区、直辖市高级审计师资格考试的考务管理和评审工作由各地人事、审计部门共同负责实施。具体职责分工，由各地协商确定。

第二章 考 试

第六条 考试采取闭卷笔答方式。考试科目为《经济理论与宏观经济政策》和《审计理论与审计案例分析》。

第七条 考试原则上每年举行一次，分两个半天进行。各科目的考试时间均为3个小时。

第八条 凡遵守《中华人民共和国宪法》和各项法律，具有良好职业道德和敬业精神，并符合下列条件之一者，均可报名参加考试：

（一）获得博士学位，取得审计师或相关专业中级专业技术资格后，从事审计工作满2年；

（二）获得硕士学位，取得审计师或相关专业中级专业技术资格后，从事审计工作满4年；

（三）大学本科毕业，取得审计师或相关专业中级专业技术资格后，从事审计工作满5年；

（四）大学专科毕业，取得审计师或相关专业中级专业技术资格后，从事审计工作满6年；

（五）对虽不具备上述条件规定的学历、任职资格或从事审计工作年限，但审计工作业绩突出的人员，其破格报名条件由各省、自治区、直辖市审计、人事部门根据本地实际情况制定，并报审计署、人事部备案。

第九条 凡符合考试报名条件的人员，由本人提出申请，单位审核同意后，携带有关证件到当地考试管理机构报名。经考试管理机构审核合格后，发给准考证。考生凭准考证和身份证在规定的日期时间和地点参加考试。

中央和国务院各部门及其所属单位的人员参加考试，实行属地管理原则。

第十条 考场原则上设置在省会城市。确需在其他城市设置考场的，须经省、自治区、直辖市人事部门批准，并报全国审计考办备案。

第十一条　全国审计考办确定国家统一的合格标准。各省、自治区、直辖市人事、审计部门可根据本地区人才需求情况，确定当地当年的使用标准，并报全国审计考办备案。

第十二条　对达到国家合格标准的人员，由全国审计考办颁发高级审计师资格考试成绩合格证书，该证书在全国范围内 3 年有效；对符合当地当年使用标准的人员，由各省、自治区、直辖市审计专业技术资格考试管理机构颁发考试成绩有效证明，该证明在本地区范围本年度的评聘工作中有效。

第三章　评　审

第十三条　高级审计师资格评审工作以省、自治区、直辖市为单位进行。各省、自治区、直辖市审计厅（局）应经人事厅（局）的批准后组织成立高级审计师评审委员会。

中央和国务院各部门及其所属的在京单位的评审工作，原则上由审计署高级审计师评审委员会统一负责。驻各地的国务院各部门所属单位和中央管理的企业的评审工作，原则上实行属地管理，亦可根据情况委托审计署高级审计师评审委员会代为进行。

第十四条　评审工作每年进行一次。各省、自治区、直辖市的评审工作原则上应在考试成绩公布后的 3 个月内完成。

第十五条　申请参加评审的人员须同时具备以下条件：

（一）具有在有效期之内的高级审计师资格考试成绩合格证书或有效证明；

（二）具有评聘专业技术职务所需的职称外语和计算机运用能力的有效证明；

（三）取得中级资格以后各年度或任职期满综合考核"称职"以上的证明。

第十六条　评审工作包括以下三个方面：

（一）取得审计师或相关专业中级专业技术资格后，其审计工作经历符合下列条件之一：

1. 担任大中型审计项目的主审 5 次以上。

2. 主持实施全国性行业审计或审计调查 2 项以上，或省级行业审计或审计调查 3 项以上，或地市级行业审计或审计调查 4 项以上。

3. 担任审计署或省级以上党委、人民政府交办的专案审计项目的主审 2 次以上，或担任县级以上党委、政府及上级审计机关交办的专案审计项目的主审 3 次以上。

4. 主持或承担由审计署、国务院其他有关部门或省级人民政府下达的审计科研课题、政策研究课题、调查研究课题 1 项以上（如果仅参与课题研究，其排名须在前三位），或由审计署、国务院其他有关部门所属科研机构、各省、自治区、直辖市审计部门或省级人民政府其他有关部门、地市级人民政府下达的前述课题 2 项以上。

（二）取得审计师或相关专业中级专业技术资格后，其审计业务成果符合下列条件之一：

1. 在担任主审的大中型审计项目中，有 1 项以上在省部级审计项目评选中被评为优秀审计项目,或有 3 项以上在地市级审计项目评选中被评为优秀审计项目。

2. 在承担的审计或审计调查工作中,所反映的问题具有典型性或预见性,所提出的建议、意见对工作有指导意义,其中有 1 项以上被国务院采用,或有 2 项以上被审计署或国务院其他有关部门、省级人民政府采用,或有 3 项以上被省级审计部门或省级人民政府其他有关部门、地市级人民政府采用,或有 4 项以上得到被审计单位或委托单位采用,并取得显著成效。

3. 承担有关部门交办的专案审计工作,其审计结果成为司法机关、纪检部门案件审理的重要依据。

4. 在主持一个行业或一个大中型企业的审计工作期间,有过审计方法创新或先进经验总结,被省部以上业务主管部门认可,且相应的审计机关已决定予以推广或有材料表明已被其他单位正式采用。

5. 作为主要执笔人制定过地市以上行业或一个大中型企业的审计操作规程、审计工作制度或审计发展规划,并经主管部门批准实施。

6. 主持或承担的审计科研课题、政策研究课题、调查研究课题(如果仅参与课题研究,其排名须在前三位),有独到见解或理论创新,对审计或相关工作具有指导意义,其成果经同行专家鉴定,被认为具有国内较高水平。

(三)取得审计师或相关专业中级专业技术资格后,其审计及相关理论研究成果经两位具有副高以上专业技术资格的专家鉴定为有较高学术价值,并符合下列条件之一:

1. 在正式出版社出版过有统一书号(ISBN)的审计或相关专业著作,本人独立撰写 5 万字以上;或编写一部已正式出版的审计或相关专业教材,本人独立撰写 8 万字以上。对未注明作者所撰写章节的著作或教材,须由主编或出版社出具作者写作分工的证明。

2. 在有国内统一刊号(CN)的核心类报纸、期刊上或在有国际统一刊号(ISSN)的国外报纸、期刊上发表 2 篇以上(每篇不少于 2 000 字,下同)独立完成的论文、调查报告。

3. 在有国内统一刊号(CN)的非核心类报纸、期刊上发表 3 篇以上或在省级新闻出版部门认定的有内部刊号的报纸、期刊上发表 4 篇以上独立完成的论文、调查报告。

第十七条 审计署或各省、自治区、直辖市高级审计师评审委员会的评审结果,需经同级的人事部门审核批准,并颁发审计署或各省、自治区、直辖市人事部门用印的高级审计师资格证书。

国务院所属单位和中央管理的企业,应根据受委托的高级审计师评审委员会评审结果的通知,由本单位人事(干部)部门审核批准,并颁发高级审计师资格证书。

第四章 评价工作组织纪律

第十八条 各级考试管理机构应严格执行考试工作的组织纪律,切实做好考试命题、试卷管理、考场组织以及其他各个环节的保密工作,对泄密、舞弊行为,要严肃处理并追究有关领导的责任。

第十九条 评审委员会应坚持客观公正的原则，认真执行保密和回避制度，确保评审结果公平、公正，对违反规定的，要严肃处理并追究有关领导的责任。

第二十条 参加高级审计师资格考试、评审的人员，有下列情形之一的，取消其考试、评审资格或由发证机关收回其高级审计师资格证书，三年内不得再参加高级审计师资格评价：

（一）伪造、涂改证件、证明。

（二）提交虚假申报材料。

（三）其他严重违反考试和评审规定的行为。

第五章 附　则

第二十一条 本办法中的"相关专业中级专业技术资格"是指会计师、经济师、统计师、工程师等。

第二十二条 本办法申报条件中所规定的从事审计工作年限，其截止日期为考试报名年度当年年底。

第二十三条 本办法中的大中型审计项目是指：县级以上政府财政收支审计、县级以上党政领导干部任期经济责任审计；大中型国有企业及国有控股企业领导人员任期经济责任审计；地市以上金融机构资产负债损益审计；大中型企业审计；省级以上重点建设项目审计；省（部）级以上政府部门及所属事业单位以及相应的其他经济单位审计。

第二十四条 本办法中的大中型企业是指：国家经贸委和国家统计局确定的标准中地、市级以上重点企业。

第二十五条 本办法所称"以上"均含本级。

第二十六条 军队系统的高级审计师资格评价工作由解放军总政治部统一组织进行。

第二十七条 本办法由人事部、审计署按职责分工负责解释。

第二十八条 本办法自发布30日后施行。以前相关规定与本办法不一致的，均以本办法的规定为准。1995年8月8日由人事部、审计署联合颁发的《高级审计师资格评审条件（试行）》（人职发〔1995〕84号）自本办法施行之日起废止。

审计署、人事部关于修订印发《审计专业技术初、中级资格考试规定》及其实施办法的通知

（审人发〔2003〕4号　2003年1月13日）

各省、自治区、直辖市和计划单列市、新疆生产建设兵团审计厅（局）、人事厅（局），

国务院各部委、各直属机构：

为了完善审计专业技术人才评价制度，科学、客观、公正地评价审计专业人员的学识水平和业务能力，我们对审计专业技术初、中级资格考试有关政策进行了调整，现将修订后的《审计专业技术初、中级资格考试规定》及其实施办法印发给你们，请认真贯彻执行。

各地区、各部门在组织实施中有何问题，请及时函告审计署、人事部。

附件：1. 审计专业技术初、中级资格考试规定
　　　2. 审计专业技术初、中级资格考试实施办法

附件1

审计专业技术初、中级资格考试规定

第一条 为了加强审计专业队伍建设，提高审计人员素质，科学、客观、公正地评价和选拔人才，进一步调动审计专业人员工作积极性，更好地履行宪法赋予的审计监督职责，根据《中华人民共和国审计法》、《中华人民共和国审计法实施条例》和国家关于专业技术职务聘任制的有关规定，制定本规定。

第二条 审计专业技术初级资格和中级（审计师）资格实行全国统一考试制度。

第三条 按本规定通过全国统一考试获得资格的人员，表明其已具备担任相应审计专业技术职务的水平和能力，用人单位可根据工作需要，按照德才兼备的原则择优聘任。

第四条 参加审计专业技术资格考试人员应具备下列基本条件：

（一）遵守国家法律，具有良好职业道德；

（二）认真执行《中华人民共和国审计法》以及有关财经法规和制度，无违反财经纪律的行为；

（三）认真履行岗位职责，热爱本职工作；

（四）从事审计、财经工作。

第五条 参加初级资格考试人员，除具备本规定第四条所列的基本条件外，还必须具备教育部门认可的中专以上学历。

第六条 参加中级资格考试人员，除具备本规定第四条所列的基本条件外，还必须具备下列条件之一：

（一）取得大学专科学历，从事审计、财经工作满5年；

（二）取得大学本科学历，从事审计、财经工作满4年；

（三）取得双学士学位或研究生班毕生，从事审计、财经工作满2年；

（四）取得硕士学位，从事审计、财经工作满1年；

（五）取得博士学位。

第七条 审计专业技术资格考试由审计署和人事部共同负责。

审计署负责拟定考试科目，编写考试大纲，组织考试命题，实施考试工作，统一规划并组织或授权组织培训等工作。

人事部负责审定考试科目、考试大纲和试题，会同审计署对考试工作进行检查、监督、指导和确定考试合格标准。

各地的考试工作由当地审计部门和人事部门共同负责，具体职责分工，由各地协商确定。

第八条 审计专业技术资格考试原则上每年举行一次。初、中级资格考试合格者，由各省、自治区、直辖市人事部门颁发相应的《审计专业技术资格证书》。审计专业技术资格证书由人事部统一印制，人事部、审计署联合用印，在全国范围内有效。审计专业中级资格的外语要求另行规定。

第九条 取得审计专业技术资格的人员，应按照审计署的有关规定，接受相应级别的继续教育。

第十条 有下列情形之一的，由发证机关取消其资格，收回证书，3年内不得再参加审计专业技术资格考试。

（一）伪造、涂改学历、资历证明；

（二）考试期间有违纪行为。

第十一条 本规定第六条所称的从事审计、财经工作年限，其截止时间为考试年度当年12月31日。

第十二条 本规定适用于所有从事审计、财经工作的人员。

第十三条 本规定由审计署、人事部按职责分工负责解释。

第十四条 本规定自发布之日起施行。1995年2月25日由审计署、人事部联合发布的《审计专业技术资格考试暂行规定》同时废止。以前有关规定与本规定不一致的，均以本规定为准。

附件2

审计专业技术初、中级资格考试实施办法

根据《审计专业技术初、中级资格考试规定》，制定本实施办法。

一、资格考试的组织管理

审计署、人事部成立全国审计专业技术资格考试办公室（以下简称全国审计考办），在审计署、人事部领导下，负责审计专业技术资格考试的日常管理工作，全国审计考办设在审计署人事教育司。审计专业技术资格考试的具体组织实施和考务工作由审计署考试中心负责。为了做好考试工作，审计署设立审计专业技术资格考试指导委员会。指导委员会由相关学科的专家、学者组成，负责考试内容的研究、考试大纲的编写、考试政

策咨询以及命题指导工作。

二、考试科目与内容

初、中级资格考试科目与内容均为：

（一）《审计专业相关知识》：宏观经济学基础、企业财务管理、企业财务会计、法律；

（二）《审计理论与实务》：审计理论与方法、企业财务审计。

初、中级资格考试采用同一套考试大纲。根据对初、中级审计人员知识水平和业务能力的不同要求，两个考试科目各部分内容分为初、中级资格共同考试内容和中级资格单独考试内容。

三、考试日期和时间

（一）考试日期：审计专业技术资格考试日期原则上为每年10月的第二个星期日。

（二）考试时间：审计专业技术资格考试分两个半天进行，上午为《审计专业相关知识》，下午为《审计理论与实务》。两个科目的考试时间均为2.5小时。

四、考试报名

参加审计专业技术资格考试由本人提出申请，单位审核批准后，携带有关证件到当地考试管理机构报名。经资格审查合格后，发给准考证。考生凭准考证和身份证在规定的时间和地点参加考试。

中央、国务院各部门及其所属单位人员参加考试，实行属地管理原则。

五、考场设置

考场原则上设在地（市）级以上城市的大、中专院校或高考定点学校。考生比较集中，考场安排困难，确需在县设置的，须经省级审计专业技术资格考试管理机构批准，并报全国审计考办备案。

六、考试培训

各地要认真做好培训工作，组织培训要有计划。培训单位必须具备场地、师资、教材等条件。各地审计专业技术资格考试管理机构要加强对培训单位的管理，实行培训单位资格登记备案制度。

审计专业技术资格考试的考前辅导或培训工作要坚持考试与培训分开的原则，参与培训工作的人员不得参加考试命题及考试组织管理工作。应考人员参加培训要坚持自愿的原则，任何单位和个人不得强制应考人员参加各类辅导或培训班。

七、考试用书

审计专业技术资格考试所用的考试大纲由审计署组织编写、出版和发行。任何单位和个人不得盗用审计署的名义编写、出版和发行各种考试用书和复习资料。

八、考试工作纪律

要严格执行考试考务工作的有关规章和纪律，切实做好试卷的命题、印制、发送和保管过程中的保密工作,必须严格遵守保密制度,严防泄密。要严肃考场纪律。考试工作人员要坚决执行回避制度。对于违反考试纪律和有关规定者,要严肃处理,并追究领导责任。

九、本办法自发布之日起施行

1995年2月25日由审计署和人事部联合发布的《〈审计专业技术资格考试暂行规定〉实施办法》同时废止。

人力资源社会保障部、国家税务总局关于印发《税务师职业资格制度暂行规定》和《税务师职业资格考试实施办法》的通知

(人社部发〔2015〕90号　2015年11月2日)

各省、自治区、直辖市及新疆生产建设兵团人力资源社会保障厅(局)、国家税务局、地方税务局,国务院各部委、各直属机构人事部门,中央管理的企业:

根据《国务院机构改革和职能转变方案》和《国务院关于取消和调整一批行政审批项目等事项的决定》(国发〔2014〕27号)有关取消"注册税务师职业资格许可和认定"的要求,为加强税务专业人员队伍建设,提高税务专业人员素质,在总结原注册税务师职业资格制度实施情况的基础上,人力资源社会保障部、国家税务总局制定了《税务师职业资格制度暂行规定》和《税务师职业资格考试实施办法》,现印发给你们,请遵照执行。

自本通知发布之日起,原人事部、国家税务总局《关于印发〈注册税务师资格制度暂行规定〉的通知》(人发〔1996〕116号)、《关于实施注册税务师资格认定考试工作的通知》(人发〔1998〕18号)、《关于印发〈注册税务师执业资格考试实施办法〉的通知》(人发〔1999〕4号)和原人事部办公厅、国家税务总局办公厅《关于注册税务师执业资格考试报名条件补充规定的通知》(人办发〔1999〕104号)同时废止。

税务师职业资格制度暂行规定

第一章　总　则

第一条　为规范税务专业人员队伍建设,提高税务专业人员素质,根据《国务院机构改革和职能转变方案》和国家职业资格证书制度的有关规定,制定本规定。

第二条　本规定适用于从事涉税服务的专业人员。

第三条　国家设立税务师水平评价类职业资格制度，面向社会提供税务专业人员能力水平评价服务，纳入全国专业技术人员职业资格证书制度统一规划。

第四条　税务师职业资格实行统一考试的评价方式。

税务师英文为：Tax Advisor（简称 TA）

第五条　通过税务师职业资格考试并取得职业资格证书的人员，表明其已具备从事涉税专业服务的职业能力和水平。

第六条　人力资源社会保障部、国家税务总局共同负责税务师职业资格制度的政策制定，并按职责分工对税务师职业资格制度的实施进行指导、监督和检查。全国税务师行业协会具体承担税务师职业资格考试的评价与管理工作。

第二章　考　试

第七条　税务师职业资格实行全国统一大纲、统一命题、统一组织的考试制度。原则上每年举行1次考试。

第八条　全国税务师行业协会负责税务师职业资格考试的组织和实施工作。组织成立税务师职业资格考试专家委员会，研究拟定税务师职业资格考试科目、考试大纲、考试试题和考试合格标准。

第九条　人力资源社会保障部、国家税务总局对全国税务师行业协会实施的税务师职业资格考试工作进行监督和检查，指导全国税务师行业协会确定税务师职业资格考试科目、考试大纲、考试试题和考试合格标准。

第十条　中华人民共和国公民，遵守国家法律、法规，恪守职业道德，具有完全民事行为能力，并符合下列相应条件之一的，可报名参加税务师职业资格考试。

（一）取得经济学、法学、管理学学科门类大学专科学历，从事经济、法律相关工作满2年；或者取得其他学科门类大学专科学历，从事经济、法律相关工作满3年。

（二）取得经济学、法学、管理学学科门类大学本科及以上学历（学位）；或者取得其他学科门类大学本科学历，从事经济、法律相关工作满1年。

第十一条　税务师职业资格考试合格，由全国税务师行业协会颁发人力资源社会保障部、国家税务总局监制，全国税务师行业协会用印的《中华人民共和国税务师职业资格证书》（以下简称税务师职业资格证书）。该证书在全国范围有效。

第十二条　对以不正当手段取得税务师职业资格证书的，按照国家专业技术人员资格考试违纪违规行为处理规定处理。

第三章　职　业　能　力

第十三条　取得税务师职业资格证书的人员，应当遵守国家法律、法规、规章及税务师行业相关制度、准则，恪守职业道德，秉承独立、客观、公正原则，维护国家利益和委托人的合法权益。

第十四条　取得税务师职业资格证书的人员，应当具备下列职业能力：

（一）熟悉并掌握涉税服务相关的法律、法规和行业制度、准则；

（二）有丰富的税务专业知识，独立开展包括涉税鉴证、申报代理、税收筹划、接受委托审查纳税情况在内的各项涉税专业服务工作；

（三）运用财会、税收专业理论与方法，较好完成涉税服务业务；

（四）独立解决涉税服务业务中的疑难问题。

第十五条　取得税务师职业资格证书的人员，应当按照国家专业技术人员继续教育以及税务师行业管理的有关规定，参加继续教育，不断更新专业知识、提高职业素质和业务能力。

第四章　登　记

第十六条　税务师职业资格证书实行登记服务制度。税务师职业资格证书登记服务的具体工作由全国税务师行业协会负责。

第十七条　各级税务师行业协会定期向社会公布税务师职业资格证书的登记情况，建立持证人员的诚信档案，并向社会提供相关信息查询服务。

第十八条　取得税务师职业资格证书的人员，应当自觉接受各级税务师行业协会的管理，在工作中违反法律法规及相关规定或者职业道德，造成不良影响的，由全国税务师行业协会取消登记，收回其职业资格证书并向社会公告。

第十九条　各级税务师行业协会在税务师职业资格登记服务工作中，应当严格遵守国家和本行业的各项管理规定以及协会章程。

第五章　附　则

第二十条　本规定施行前，按照原人事部、国家税务总局印发的《关于印发〈注册税务师资格制度暂行规定〉的通知》（人发〔1996〕116号）规定，取得的注册税务师职业资格证书效用不变。

第二十一条　本规定自发布之日起施行。

税务师职业资格考试实施办法

第一条　人力资源社会保障部、国家税务总局按照职责分工负责指导、监督和检查税务师职业资格考试（以下简称税务师资格考试）的实施工作。

第二条　全国税务师行业协会具体负责税务师资格考试的实施工作。

第三条　税务师资格考试设置《税法（一）》、《税法（二）》、《涉税服务实务》、《涉税服务相关法律》和《财务与会计》5个科目。每个科目考试时间为两个半小时，成绩满分为140分。

第四条　考试成绩实行5年为一个周期的滚动管理办法，在连续的5个考试年度内参加全部（5个）科目的考试并合格，可取得税务师职业资格证书。

截至2015年，在原制度文件规定的有效期内的各科目合格成绩有效期顺延。

第五条　符合《税务师职业资格制度暂行规定》（以下简称《暂行规定》）报考条件的人员，均可申请参加税务师资格考试。

第六条　符合《暂行规定》报考条件，并具备下列条件之一者，可免试相应科目：

（一）已评聘经济、审计等高级专业技术职务，从事涉税工作满两年的，可免试《财务与会计》科目。

（二）已评聘法律高级专业技术职务，从事涉税工作满两年的，可免试《涉税服务相关法律》科目。

免试相应科目人员在报名时，应当提供相应证明文件。

免试部分科目的人员，须在连续的 4 个考试年度内通过应试科目的考试。

第七条 参加考试由本人提出申请，按有关规定办理报名手续。考试实施机构按规定的程序和报名条件审核合格后，核发准考证。参加考试人员凭准考证和有效证件在指定的日期、时间和地点参加考试。

中央和国务院各部门及所属单位、中央管理企业的人员按属地原则报名参加考试。

第八条 考点原则上设在地级以上城市的大、中专院校或者高考定点学校。如确需在其他城市设置考点，须经全国税务师行业协会批准。考试日期原则上为每年的 11 月份。

第九条 坚持考试与培训分开的原则。凡参与考试工作（包括命题、审题与组织管理等）的人员，不得参加考试，也不得参加或者举办与考试内容相关的培训工作。应考人员参加培训坚持自愿原则。

第十条 考试实施机构应当严格执行考试工作的各项规章制度，遵守考试工作纪律，切实做好从考试试题的命制到使用等各环节的安全保密工作，严防泄密。

第十一条 对违反考试工作纪律和有关规定的人员，按照国家专业技术人员资格考试违纪违规行为处理规定处理。

中华人民共和国认证认可条例

（2003 年 9 月 3 日国务院令第 390 号公布施行。根据 2016 年 2 月 6 日国务院令第 666 号《国务院关于修改部分行政法规的决定》修正）

第一章 总 则

第一条 为了规范认证认可活动，提高产品、服务的质量和管理水平，促进经济和社会的发展，制定本条例。

第二条 本条例所称认证，是指由认证机构证明产品、服务、管理体系符合相关技术规范、相关技术规范的强制性要求或者标准的合格评定活动。

本条例所称认可，是指由认可机构对认证机构、检查机构、实验室以及从事评审、审核等认证活动人员的能力和执业资格，予以承认的合格评定活动。

第三条 在中华人民共和国境内从事认证认可活动，应当遵守本条例。

第四条 国家实行统一的认证认可监督管理制度。

国家对认证认可工作实行在国务院认证认可监督管理部门统一管理、监督和综合协调下，各有关方面共同实施的工作机制。

第五条 国务院认证认可监督管理部门应当依法对认证培训机构、认证咨询机构的活动加强监督管理。

第六条 认证认可活动应当遵循客观独立、公开公正、诚实信用的原则。

第七条 国家鼓励平等互利地开展认证认可国际互认活动。认证认可国际互认活动不得损害国家安全和社会公共利益。

第八条 从事认证认可活动的机构及其人员，对其所知悉的国家秘密和商业秘密负有保密义务。

第二章 认证机构

第九条 取得认证机构资质，应当经国务院认证认可监督管理部门批准，并在批准范围内从事认证活动。

未经批准，任何单位和个人不得从事认证活动。

第十条 取得认证机构资质，应当符合下列条件：

（一）取得法人资格；
（二）有固定的场所和必要的设施；
（三）有符合认证认可要求的管理制度；
（四）注册资本不得少于人民币300万元；
（五）有10名以上相应领域的专职认证人员。

从事产品认证活动的认证机构，还应当具备与从事相关产品认证活动相适应的检测、检查等技术能力。

第十一条 外商投资企业取得认证机构资质，除应当符合本条例第十条规定的条件外，还应当符合下列条件：

（一）外方投资者取得其所在国家或者地区认可机构的认可；
（二）外方投资者具有3年以上从事认证活动的业务经历。

外商投资企业取得认证机构资质的申请、批准和登记，还应当符合有关外商投资法律、行政法规和国家有关规定。

第十二条 认证机构资质的申请和批准程序：

（一）认证机构资质的申请人，应当向国务院认证认可监督管理部门提出书面申请，并提交符合本条例第十条规定条件的证明文件；

（二）国务院认证认可监督管理部门自受理认证机构资质申请之日起45日内，应当作出是否批准的决定。涉及国务院有关部门职责的，应当征求国务院有关部门的意见。决定批准的，向申请人出具批准文件，决定不予批准的，应当书面通知申请人，并说明理由。

国务院认证认可监督管理部门应当公布依法取得认证机构资质的企业名录。

第十三条 境外认证机构在中华人民共和国境内设立代表机构，须向工商行政管理部门依法办理登记手续后，方可从事与所从属机构的业务范围相关的推广活动，但不得从事认证活动。

境外认证机构在中华人民共和国境内设立代表机构的登记，按照有关外商投资法律、行政法规和国家有关规定办理。

第十四条 认证机构不得与行政机关存在利益关系。

认证机构不得接受任何可能对认证活动的客观公正产生影响的资助；不得从事任何可能对认证活动的客观公正产生影响的产品开发、营销等活动。

认证机构不得与认证委托人存在资产、管理方面的利益关系。

第十五条 认证人员从事认证活动，应当在一个认证机构执业，不得同时在两个以上认证机构执业。

第十六条 向社会出具具有证明作用的数据和结果的检查机构、实验室，应当具备有关法律、行政法规规定的基本条件和能力，并依法经认定后，方可从事相应活动，认定结果由国务院认证认可监督管理部门公布。

第三章 认 证

第十七条 国家根据经济和社会发展的需要，推行产品、服务、管理体系认证。

第十八条 认证机构应当按照认证基本规范、认证规则从事认证活动。认证基本规范、认证规则由国务院认证认可监督管理部门制定；涉及国务院有关部门职责的，国务院认证认可监督管理部门应当会同国务院有关部门制定。

属于认证新领域，前款规定的部门尚未制定认证规则的，认证机构可以自行制定认证规则，并报国务院认证认可监督管理部门备案。

第十九条 任何法人、组织和个人可以自愿委托依法设立的认证机构进行产品、服务、管理体系认证。

第二十条 认证机构不得以委托人未参加认证咨询或者认证培训等为理由，拒绝提供本认证机构业务范围内的认证服务，也不得向委托人提出与认证活动无关的要求或者限制条件。

第二十一条 认证机构应当公开认证基本规范、认证规则、收费标准等信息。

第二十二条 认证机构以及与认证有关的检查机构、实验室从事认证以及与认证有关的检查、检测活动，应当完成认证基本规范、认证规则规定的程序，确保认证、检查、检测的完整、客观、真实，不得增加、减少、遗漏程序。

认证机构以及与认证有关的检查机构、实验室应当对认证、检查、检测过程作出完整记录，归档留存。

第二十三条 认证机构及其认证人员应当及时作出认证结论，并保证认证结论的客观、真实。认证结论经认证人员签字后，由认证机构负责人签署。

认证机构及其认证人员对认证结果负责。

第二十四条 认证结论为产品、服务、管理体系符合认证要求的，认证机构应当及时向委托人出具认证证书。

第二十五条 获得认证证书的，应当在认证范围内使用认证证书和认证标志，不得利用产品、服务认证证书、认证标志和相关文字、符号，误导公众认为其管理体系已通过认证，也不得利用管理体系认证证书、认证标志和相关文字、符号，误导公众认为其产品、服务已通过认证。

第二十六条　认证机构可以自行制定认证标志。认证机构自行制定的认证标志的式样、文字和名称，不得违反法律、行政法规的规定，不得与国家推行的认证标志相同或者近似，不得妨碍社会管理，不得有损社会道德风尚。

第二十七条　认证机构应当对其认证的产品、服务、管理体系实施有效的跟踪调查，认证的产品、服务、管理体系不能持续符合认证要求的，认证机构应当暂停其使用直至撤销认证证书，并予公布。

第二十八条　为了保护国家安全、防止欺诈行为、保护人体健康或者安全、保护动植物生命或者健康、保护环境，国家规定相关产品必须经过认证的，应当经过认证并标注认证标志后，方可出厂、销售、进口或者在其他经营活动中使用。

第二十九条　国家对必须经过认证的产品，统一产品目录，统一技术规范的强制性要求、标准和合格评定程序，统一标志，统一收费标准。

统一的产品目录（以下简称目录）由国务院认证认可监督管理部门会同国务院有关部门制定、调整，由国务院认证认可监督管理部门发布，并会同有关方面共同实施。

第三十条　列入目录的产品，必须经国务院认证认可监督管理部门指定的认证机构进行认证。

列入目录产品的认证标志，由国务院认证认可监督管理部门统一规定。

第三十一条　列入目录的产品，涉及进出口商品检验目录的，应当在进出口商品检验时简化检验手续。

第三十二条　国务院认证认可监督管理部门指定的从事列入目录产品认证活动的认证机构以及与认证有关的检查机构、实验室（以下简称指定的认证机构、检查机构、实验室），应当是长期从事相关业务、无不良记录，且已经依照本条例的规定取得认可、具备从事相关认证活动能力的机构。国务院认证认可监督管理部门指定从事列入目录产品认证活动的认证机构，应当确保在每一列入目录产品领域至少指定两家符合本条例规定条件的机构。

国务院认证认可监督管理部门指定前款规定的认证机构、检查机构、实验室，应当事先公布有关信息，并组织在相关领域公认的专家组成专家评审委员会，对符合前款规定要求的认证机构、检查机构、实验室进行评审；经评审并征求国务院有关部门意见后，按照资源合理利用、公平竞争和便利、有效的原则，在公布的时间内作出决定。

第三十三条　国务院认证认可监督管理部门应当公布指定的认证机构、检查机构、实验室名录及指定的业务范围。

未经指定，任何机构不得从事列入目录产品的认证以及与认证有关的检查、检测活动。

第三十四条　列入目录产品的生产者或者销售者、进口商，均可自行委托指定的认证机构进行认证。

第三十五条 指定的认证机构、检查机构、实验室应当在指定业务范围内，为委托人提供方便、及时的认证、检查、检测服务，不得拖延，不得歧视、刁难委托人，不得牟取不当利益。

指定的认证机构不得向其他机构转让指定的认证业务。

第三十六条 指定的认证机构、检查机构、实验室开展国际互认活动，应当在国务院认证认可监督管理部门或者经授权的国务院有关部门对外签署的国际互认协议框架内进行。

第四章 认 可

第三十七条 国务院认证认可监督管理部门确定的认可机构（以下简称认可机构），独立开展认可活动。

除国务院认证认可监督管理部门确定的认可机构外，其他任何单位不得直接或者变相从事认可活动。其他单位直接或者变相从事认可活动的，其认可结果无效。

第三十八条 认证机构、检查机构、实验室可以通过认可机构的认可，以保证其认证、检查、检测能力持续、稳定地符合认可条件。

第三十九条 从事评审、审核等认证活动的人员，应当经认可机构注册后，方可从事相应的认证活动。

第四十条 认可机构应当具有与其认可范围相适应的质量体系，并建立内部审核制度，保证质量体系的有效实施。

第四十一条 认可机构根据认可的需要，可以选聘从事认可评审活动的人员。从事认可评审活动的人员应当是相关领域公认的专家，熟悉有关法律、行政法规以及认可规则和程序，具有评审所需要的良好品德、专业知识和业务能力。

第四十二条 认可机构委托他人完成与认可有关的具体评审业务的，由认可机构对评审结论负责。

第四十三条 认可机构应当公开认可条件、认可程序、收费标准等信息。

认可机构受理认可申请，不得向申请人提出与认可活动无关的要求或者限制条件。

第四十四条 认可机构应当在公布的时间内，按照国家标准和国务院认证认可监督管理部门的规定，完成对认证机构、检查机构、实验室的评审，作出是否给予认可的决定，并对认可过程作出完整记录，归档留存。认可机构应当确保认可的客观公正和完整有效，并对认可结论负责。

认可机构应当向取得认可的认证机构、检查机构、实验室颁发认可证书，并公布取得认可的认证机构、检查机构、实验室名录。

第四十五条 认可机构应当按照国家标准和国务院认证认可监督管理部门的规定，对从事评审、审核等认证活动的人员进行考核，考核合格的，予以注册。

第四十六条 认可证书应当包括认可范围、认可标准、认可领域和有效期限。

第四十七条 取得认可的机构应当在取得认可的范围内使用认可证书和认可标志。

取得认可的机构不当使用认可证书和认可标志的，认可机构应当暂停其使用直至撤销认可证书，并予公布。

第四十八条 认可机构应当对取得认可的机构和人员实施有效的跟踪监督，定期对取得认可的机构进行复评审，以验证其是否持续符合认可条件。取得认可的机构和人员不再符合认可条件的，认可机构应当撤销认可证书，并予公布。

取得认可的机构的从业人员和主要负责人、设施、自行制定的认证规则等与认可条件相关的情况发生变化的，应当及时告知认可机构。

第四十九条 认可机构不得接受任何可能对认可活动的客观公正产生影响的资助。

第五十条 境内的认证机构、检查机构、实验室取得境外认可机构认可的，应当向国务院认证认可监督管理部门备案。

第五章 监督管理

第五十一条 国务院认证认可监督管理部门可以采取组织同行评议，向被认证企业征求意见，对认证活动和认证结果进行抽查，要求认证机构以及与认证有关的检查机构、实验室报告业务活动情况的方式，对其遵守本条例的情况进行监督。发现有违反本条例行为的，应当及时查处，涉及国务院有关部门职责的，应当及时通报有关部门。

第五十二条 国务院认证认可监督管理部门应当重点对指定的认证机构、检查机构、实验室进行监督，对其认证、检查、检测活动进行定期或者不定期的检查。指定的认证机构、检查机构、实验室，应当定期向国务院认证认可监督管理部门提交报告，并对报告的真实性负责；报告应当对从事列入目录产品认证、检查、检测活动的情况作出说明。

第五十三条 认可机构应当定期向国务院认证认可监督管理部门提交报告，并对报告的真实性负责；报告应当对认可机构执行认可制度的情况、从事认可活动的情况、从业人员的工作情况作出说明。

国务院认证认可监督管理部门应当对认可机构的报告作出评价，并采取查阅认可活动档案资料、向有关人员了解情况等方式，对认可机构实施监督。

第五十四条 国务院认证认可监督管理部门可以根据认证认可监督管理的需要，就有关事项询问认可机构、认证机构、检查机构、实验室的主要负责人，调查了解情况，给予告诫，有关人员应当积极配合。

第五十五条 县级以上地方人民政府质量技术监督部门和国务院质量监督检验检疫部门设在地方的出入境检验检疫机构，在国务院认证认可监督管理部门的授权范围内，依照本条例的规定对认证活动实施监督管理。

国务院认证认可监督管理部门授权的县级以上地方人民政府质量技术监督部门和国务院质量监督检验检疫部门设在地方的出入境检验检疫机构，统称地方认证监督管理部门。

第五十六条 任何单位和个人对认证认可违法行为，有权向国务院认证认可监督管理部门和地方认证监督管理部门举报。国务院认证认可监督管理部门和地方认证监督管理部门应当及时调查处理，并为举报人保密。

第六章 法 律 责 任

第五十七条 未经批准擅自从事认证活动的，予以取缔，处 10 万元以上 50 万元以下的罚款，有违法所得的，没收违法所得。

第五十八条 境外认证机构未经登记在中华人民共和国境内设立代表机构的，予以取缔，处 5 万元以上 20 万元以下的罚款。

经登记设立的境外认证机构代表机构在中华人民共和国境内从事认证活动的，责令改正，处 10 万元以上 50 万元以下的罚款，有违法所得的，没收违法所得；情节严重的，撤销批准文件，并予公布。

第五十九条 认证机构接受可能对认证活动的客观公正产生影响的资助，或者从事可能对认证活动的客观公正产生影响的产品开发、营销等活动，或者与认证委托人存在资产、管理方面的利益关系的，责令停业整顿；情节严重的，撤销批准文件，并予公布；有违法所得的，没收违法所得；构成犯罪的，依法追究刑事责任。

第六十条 认证机构有下列情形之一的，责令改正，处 5 万元以上 20 万元以下的罚款，有违法所得的，没收违法所得；情节严重的，责令停业整顿，直至撤销批准文件，并予公布：

（一）超出批准范围从事认证活动的；

（二）增加、减少、遗漏认证基本规范、认证规则规定的程序的；

（三）未对其认证的产品、服务、管理体系实施有效的跟踪调查，或者发现其认证的产品、服务、管理体系不能持续符合认证要求，不及时暂停其使用或者撤销认证证书并予公布的；

（四）聘用未经认可机构注册的人员从事认证活动的。

与认证有关的检查机构、实验室增加、减少、遗漏认证基本规范、认证规则规定的程序的，依照前款规定处罚。

第六十一条 认证机构有下列情形之一的，责令限期改正；逾期未改正的，处 2 万元以上 10 万元以下的罚款：

（一）以委托人未参加认证咨询或者认证培训等为理由，拒绝提供本认证机构业务范围内的认证服务，或者向委托人提出与认证活动无关的要求或者限制条件的；

（二）自行制定的认证标志的式样、文字和名称，与国家推行的认证标志相同或者近似，或者妨碍社会管理，或者有损社会道德风尚的；

（三）未公开认证基本规范、认证规则、收费标准等信息的；

（四）未对认证过程作出完整记录，归档留存的；

（五）未及时向其认证的委托人出具认证证书的。

与认证有关的检查机构、实验室未对与认证有关的检查、检测过程作出完整记录，归档留存的，依照前款规定处罚。

第六十二条 认证机构出具虚假的认证结论，或者出具的认证结论严重失实的，撤销批准文件，并予公布；对直接负责的主管人员和负有直接责任的认证人员，撤销其执业资格；构成犯罪的，依法追究刑事责任；造成损害的，认证机构应当承担相应的赔偿责任。

指定的认证机构有前款规定的违法行为的，同时撤销指定。

第六十三条 认证人员从事认证活动，不在认证机构执业或者同时在两个以上认证机构执业的，责令改正，给予停止执业6个月以上2年以下的处罚，仍不改正的，撤销其执业资格。

第六十四条 认证机构以及与认证有关的检查机构、实验室未经指定擅自从事列入目录产品的认证以及与认证有关的检查、检测活动的，责令改正，处10万元以上50万元以下的罚款，有违法所得的，没收违法所得。

认证机构未经指定擅自从事列入目录产品的认证活动的，撤销批准文件，并予公布。

第六十五条 指定的认证机构、检查机构、实验室超出指定的业务范围从事列入目录产品的认证以及与认证有关的检查、检测活动的，责令改正，处10万元以上50万元以下的罚款，有违法所得的，没收违法所得；情节严重的，撤销指定直至撤销批准文件，并予公布。

指定的认证机构转让指定的认证业务的，依照前款规定处罚。

第六十六条 认证机构、检查机构、实验室取得境外认可机构认可，未向国务院认证认可监督管理部门备案的，给予警告，并予公布。

第六十七条 列入目录的产品未经认证，擅自出厂、销售、进口或者在其他经营活动中使用的，责令改正，处5万元以上20万元以下的罚款，有违法所得的，没收违法所得。

第六十八条 认可机构有下列情形之一的，责令改正；情节严重的，对主要负责人和负有责任的人员撤职或者解聘：

（一）对不符合认可条件的机构和人员予以认可的；

（二）发现取得认可的机构和人员不符合认可条件，不及时撤销认可证书，并予公布的；

（三）接受可能对认可活动的客观公正产生影响的资助的。

被撤职或者解聘的认可机构主要负责人和负有责任的人员，自被撤职或者解聘之日起5年内不得从事认可活动。

第六十九条 认可机构有下列情形之一的，责令改正；对主要负责人和负有责任的人员给予警告：

（一）受理认可申请，向申请人提出与认可活动无关的要求或者限制条件的；

（二）未在公布的时间内完成认可活动，或者未公开认可条件、认可程序、收费标准等信息的；

（三）发现取得认可的机构不当使用认可证书和认可标志，不及时暂停其使用或者撤销认可证书并予公布的；

（四）未对认可过程作出完整记录，归档留存的。

第七十条 国务院认证认可监督管理部门和地方认证监督管理部门及其工作人员，滥用职权、徇私舞弊、玩忽职守，有下列行为之一的，对直接负责的主管人员和其他直接责任人员，依法给予降级或者撤职的行政处分；构成犯罪的，依法追究刑事责任：

（一）不按照本条例规定的条件和程序，实施批准和指定的；

（二）发现认证机构不再符合本条例规定的批准或者指定条件，不撤销批准文件或者指定的；

（三）发现指定的检查机构、实验室不再符合本条例规定的指定条件，不撤销指定的；

（四）发现认证机构以及与认证有关的检查机构、实验室出具虚假的认证以及与认证有关的检查、检测结论或者出具的认证以及与认证有关的检查、检测结论严重失实，不予查处的；

（五）发现本条例规定的其他认证认可违法行为，不予查处的。

第七十一条 伪造、冒用、买卖认证标志或者认证证书的，依照《中华人民共和国产品质量法》等法律的规定查处。

第七十二条 本条例规定的行政处罚，由国务院认证认可监督管理部门或者其授权的地方认证监督管理部门按照各自职责实施。法律、其他行政法规另有规定的，依照法律、其他行政法规的规定执行。

第七十三条 认证人员自被撤销执业资格之日起5年内，认可机构不再受理其注册申请。

第七十四条 认证机构未对其认证的产品实施有效的跟踪调查，或者发现其认证的产品不能持续符合认证要求，不及时暂停或者撤销认证证书和要求其停止使用认证标志给消费者造成损失的，与生产者、销售者承担连带责任。

第七章 附 则

第七十五条 药品生产、经营企业质量管理规范认证，实验动物质量合格认证，军工产品的认证，以及从事军工产品校准、检测的实验室及其人员的认可，不适用本条例。

依照本条例经批准的认证机构从事矿山、危险化学品、烟花爆竹生产经营单位管理体系认证，由国务院安全生产监督管理部门结合安全生产的特殊要求组织；从事矿山、危险化学品、烟花爆竹生产经营单位安全生产综合评价的认证机构，经国务院安全生产监督管理部门推荐，方可取得认可机构的认可。

第七十六条 认证认可收费，应当符合国家有关价格法律、行政法规的规定。

第七十七条 认证培训机构、认证咨询机构的管理办法由国务院认证认可监督管理部门制定。

第七十八条 本条例自2003年11月1日起施行。1991年5月7日国务院发布的《中华人民共和国产品质量认证管理条例》同时废止。

人事部、新闻出版总署关于印发《出版专业技术人员职业资格考试暂行规定》和《出版专业技术人员职业资格考试实施办法》的通知

(人发〔2001〕86号 2001年8月7日)

各省、自治区、直辖市人事厅（局）、新闻出版局，新疆生产建设兵团人事局、新闻出版局：

为贯彻落实《中共中央关于加强社会主义精神文明建设若干重要问题的决定》，适应我国加入世贸组织和社会主义市场经济发展的需要，科学、客观、公正地评价和选拔出版专业技术人才，经人事部、新闻出版总署研究决定，在出版专业实行全国统一的职业资格考试制度。现将《出版专业技术人员职业资格考试暂行规定》和《出版专业技术人员职业资格考试实施办法》印发给你们，请遵照执行。

出版专业技术人员职业资格考试暂行规定

第一条 为加强出版专业技术队伍建设，提高出版专业技术队伍的整体素质，规范出版物市场的管理，保证出版物的质量，根据国务院《出版管理条例》和《音像管理条例》的有关精神及职业资格证书制度的有关规定，制定本暂行规定。

第二条 本规定适用于在图书、期刊、音像、电子等出版单位（包括出版社、期刊社）中从事编辑、出版、校对、发行等专业技术工作的人员。

第三条 国家对出版专业技术人员实行职业资格制度，纳入全国专业技术人员职业资格制度的统一规划。

第四条 出版专业技术人员职业资格（以下简称出版专业资格）实行全国统一考试制度，由国家统一组织、统一时间、统一大纲、统一试题、统一标准、统一证书。

出版专业实行职业资格考试制度后，不再进行该专业相应级别专业技术职务任职资格的评审工作。

第五条 出版专业资格实行一考多用原则。通过出版专业资格考试并获得该专业相应级别职业资格证书的专业技术人员，表明其已具备出版专业相应岗位职业资格和担任相应级别出版专业职务的水平和能力。用人单位可根据工作需要，从获得出版专业资格证书的人员中择优聘任。

第六条 出版专业资格分为：初级资格、中级资格和高级资格。

（一）取得初级资格，作为从事出版专业岗位工作的上岗证，可以根据《出版专

业人员职务试行条例》有关规定，聘任助理编辑（助理技术编辑或二级校对）职务。

（二）取得中级资格，作为出版专业某些关键岗位工作的必备条件，可以根据《出版专业人员职务试行条例》有关规定聘任编辑（技术编辑和一级校对）职务。

（三）高级资格（编审、副编审）实行考试与评审相结合的评价制度，具体办法另行规定。

第七条 报名参加出版专业资格考试的人员，必须遵守中华人民共和国宪法和各项法律，认真贯彻执行党和国家有关宣传出版工作的方针、政策，热爱出版工作，恪守职业道德。

第八条 报名参加出版专业初级资格考试的人员，除具备本规定第七条所列基本条件外，还必须具备下列条件之一：

（一）取得大学专科以上学历。

（二）本规定发布之日前，已受聘担任技术设计员或三级校对专业技术职务。

第九条 报名参加出版专业中级资格考试的人员，除具备本规定第七条所列的基本条件外，还必须具备下列条件之一：

（一）取得大学专科学历，从事出版专业工作满 5 年。

（二）取得大学本科学历，从事出版专业工作满 4 年。

（三）取得双学士学位或研究生班毕业，从事出版专业工作满 2 年。

（四）取得硕士学位，从事出版专业工作满 1 年。

（五）取得博士学位。

（六）本规定发布之日前，按国家统一规定已受聘担任助理编辑、助理技术编辑、二级校对专业技术职务满 4 年。

（七）本规定发布之日前，受聘担任非出版专业中级专业技术职务，从事出版专业技术岗位工作满 1 年。

第十条 出版专业资格考试工作由人事部和新闻出版总署共同负责。

新闻出版总署负责拟定考试科目、考试大纲、考试题目、编写考试用书、研究并建立考试题库，组织或授权组织考前培训等有关工作。

人事部负责审定考试科目、考试大纲和试题，会同新闻出版总署对考试进行检查、监督和指导，确定合格标准。

第十一条 出版专业资格考试合格者，由各省、自治区、直辖市人事（职改）部门颁发人事部统一印制，人事部、新闻出版总署共同用印的《中华人民共和国出版专业技术人员职业资格证书》。该证书在全国范围有效。

第十二条 出版专业职业资格证书实行定期登记制度。资格证书每 3 年登记 1 次。持证者应按国家规定到新闻出版总署指定的机构办理登记手续。

第十三条 有下列情形之一者，不得申请参加出版专业资格考试：

（一）不具有完全民事行为能力。

（二）违犯出版法规受到严厉惩处。

（三）有刑事犯罪记录。

第十四条　有下列情形之一者，由新闻出版行政主管部门吊销其专业技术资格，由发证机关收回其职业资格证书，2年内不得再参加出版专业资格考试：

（一）伪造学历和出版专业工作资历证明。

（二）考试期间有违纪行为。

（三）国务院新闻出版和人事行政主管部门规定的其他情形。

第十五条　新闻出版总署将对通过考试取得出版专业职业资格证书人员的职责、权利、义务及管理作出明确规定。

第十六条　国家将对出版专业某些重要的专业技术岗位实行执业准入制度，具体办法另行规定。

第十七条　本规定由人事部、新闻出版总署按职责分工负责解释。

第十八条　本规定自发布之日起施行。

出版专业技术人员职业资格考试实施办法

第一条　根据《出版专业技术人员职业资格考试暂行规定》（以下简称《暂行规定》），制定本实施办法。

第二条　出版专业技术人员职业资格（以下简称出版专业资格）考试在人事部、新闻出版总署的统一领导下进行。两部门共同成立"出版专业资格考试大纲编写暨命题专家委员会"和出版专业资格考试办公室。办公室设在新闻出版总署人事教育司，负责资格考试的日常管理工作。具体考务工作委托人事部人事考试中心组织实施。

各地考试工作由各省、自治区、直辖市新闻出版主管部门和人事（职改）部门共同负责。具体职责分工，由各地协商确定。

第三条　出版专业资格考试，原则上每年举行1次，考试日期定于每年6月。首次考试拟定于2002年9月进行。

第四条　出版专业初级、中级资格考试均设出版专业基础知识和出版专业理论与实务2个科目。

各级别考试均分2个半天进行，每个科目的考试时间均为3个小时。

第五条　参加考试的人员必须符合《暂行规定》中与报考资格有关的各项条件。

在《暂行规定》发布之日前，按国家统一规定已受聘担任出版专业初级或中级专业技术职务的人员，只参加相应级别"出版专业理论与实务"一个科目的考试，考试合格者即可取得出版专业相应级别的职业资格证书。

第六条　报名条件中有关学历的要求，是指经国家教育行政主管部门认可的正规院校毕业的学历。有关工作年限的要求，是指取得正规学历前后从事本专业工作时间的总和。工作年限计算时间的截止日期为考试报名年度当年年底。

第七条　参加考试的人员，必须符合《暂行规定》中与报名有关的各项条件。由本人提出申请，经所在单位审核同意，按规定携带有关证件到当地考试管理机构报名。经考试管理机构审核合格后，领取准考证。应考人员凭准考证、身份证在指定的时间、地点参加考试。

中央和国务院各部门直属出版单位的人员参加考试，实行属地化管理原则。

第八条　考场原则上设在省会城市的大、中专院校或高考定点学校。

第九条　为保证培训工作健康有序地进行，新闻出版总署负责组织出版专业的师资培训。

各地要认真做好培训工作，组织培训要有计划。培训单位必须具备场地、师资、教材等条件，由当地出版行业主管部门会同人事（职改）部门审核推荐，新闻出版总署审批。

第十条　必须坚持培训与考试分开的原则，参与培训工作的人员，不得参与所有考试工作（包括命题及考试组织管理）。应考人员参加培训坚持自愿的原则。

第十一条　新闻出版总署负责组织或授权组织编写培训教材和有关参考资料。严禁任何单位和个人盗用新闻出版总署名义，编写、发行考试用书和举办各种与出版专业资格有关的考前培训，损害考生利益。

第十二条　出版专业资格考试和培训等项目的收费标准，须经当地价格主管部门核准。

第十三条　考试考务管理工作要严格执行考务工作的有关规章和纪律，切实做好试卷的命制、印刷、发送和保管过程中的保密工作。严格遵守保密制度，严防泄密。

第十四条　考试工作人员要认真执行考试回避制度，严肃考场纪律，严禁弄虚作假。对违反考试纪律和有关规定者，要严肃处理，并追究领导责任。

国家统计局、人事部关于印发《统计专业技术资格考试暂行规定》及其实施办法的通知

（国统字〔1995〕46号　1995年1月24日）

各省、自治区、直辖市统计局、人事（人事劳动）厅（局），计划单列市、新疆生产建设兵团统计局、人事局：

现将《统计专业技术资格考试暂行规定》及其实施办法印发给你们，请认真贯彻执行。

统计专业技术资格考试暂行规定

第一条　为加强统计专业队伍建设，提高统计人员素质，客观公正地评价和选拔人

才，充分发挥统计人员在社会主义现代化建设中的积极性和创造性，根据国家深化职称改革、建立和推行专业技术资格考试制度的精神，特制定本规定。

第二条 统计专业技术资格实行全国统一考试制度。资格考试坚持客观、公正、规范的原则，实行全国统一组织、统一大纲、统一考试用书、统一试题、统一评分标准。资格考试暂设置两个级别：统计专业初级资格、统计专业中级资格。本规定执行后不再进行统计专业初、中级职务任职资格的评审工作，各地区、各部门为评定相应统计专业职务任职资格而组织的考试也不再进行。

第三条 按本规定通过全国统一考试获得统计专业初、中级资格的人员，表明其已具备担任相应职务的专业技术水平和能力。获得统计专业资格不与工资待遇挂钩。单位根据工作需要和本人条件决定获得统计专业资格人员的职务和工资待遇。

第四条 统计专业中级资格考试分甲、乙两种。甲种考试为统计师资格应具备的专业水平和业务能力的考试，考试合格者，获得统计师资格。乙种考试为统计基础理论和专业知识的考试。不具备甲种考试规定学历的人员，必须取得乙种考试合格证书后，再参加甲种考试科目中《统计工作实务》的考试，成绩合格者，获得统计师资格。

统计专业初级资格考试只设一种，为该资格应具备的专业水平和业务能力的考试。

第五条 统计专业初级资格考试科目为：1. 统计学和统计法基础知识；2. 专业知识和实务（新的国家统计报表制度）。

统计专业中级资格甲种考试科目为：1. 统计基础理论及相关知识；2. 统计工作实务。

统计专业中级资格乙种考试科目为：1. 统计学原理；2. 经济学；3. 会计基础知识；4. 国民经济核算基础知识；5. 统计分析；6. 计算机基础知识与应用。

第六条 报名参加统计专业初、中级资格考试的人员应具备下列基本条件：

1. 拥护中国共产党在社会主义初级阶段的基本路线，遵纪守法；
2. 热爱统计工作，能够履行岗位职责，完成本职工作任务，遵守职业道德。

第七条 报名参加统计专业初级资格考试的人员，除具备第六条所列基本条件外，还必须具备高中毕业以上学历。

第八条 报名参加统计专业中级资格甲种考试的人员，除具备第六条所列基本条件外，还必须具备下列条件之一：

1. 中等专业学校毕业后从事专业工作满十年，取得统计专业初级资格（含本规定实施前通过国家考试获得的统计员、助理统计师资格或按照国家统一规定评聘的初级统计专业职务），并参加统计专业中级资格乙种考试合格。
2. 大学专科毕业后从事专业工作满六年；大学本科毕业后从事专业工作满四年。
3. 获第二学士学位后或研究生班结业后从事专业工作满二年。
4. 获硕士学位后从事专业工作满一年；获博士学位。

第九条 统计专业初级资格和中级资格的甲种考试每年举行一次，全部考试科目合格者，授予由人事部统一印制，人事部和国家统计局用印的《统计专业技术资格证书》，全国范围内有效。

第十条 统计专业中级资格乙种考试的开考计划，以两年为一周期循环安排。考试成绩采用单科累积的方式，每门科目考试合格，由省（区、市）统计专业资格考试办公室颁发单科合格证明。规定的科目全部合格后，由国家统计局颁发统计专业中级资格乙种考试合格证书。乙种考试各单科合格证只在四年内申办合格证书有效，逾期该科目必须重考。

第十一条 对伪造学历、资历或考试作弊，骗取资格证书和乙种考试合格证书的人员，发证机关应取消其资格，收回证书。

第十二条 统计专业资格考试由人事部和国家统计局共同负责。人事部负责审定考试科目、考试大纲、试题和确定合格标准，会同国家统计局对考试进行指导、监督、协调。国家统计局负责考试大纲和考试用书的编写、出版、发行，组织命题、建立题库和实施考试工作。

各省、区、市的考务工作由人事厅（局）和统计局共同负责，具体分工按"三定"方案规定的职责确定。副省级市是否单独组织考试由所在省人事厅会同省统计局确定。

第十三条 统计专业资格考试工作遵守并执行《中华人民共和国保守国家秘密法》和人事部、国家保密局关于《人事工作中国家秘密及秘级具体范围的补充规定》。

第十四条 统计专业中级资格其外语要求另行规定。

第十五条 本规定适用于国家机关、企业、事业、团体单位在统计岗位工作的人员。本规定按第十二条的分工，分别由人事部和国家统计局负责解释。本规定自发布之日起执行，过去有关规定与本规定不符的，以本规定为准。

《统计专业技术资格考试暂行规定》实施办法

一、国家统计局和人事部成立全国统计专业技术资格考试办公室，在两部（局）领导下，负责统计专业技术资格考试的组织实施和考务工作，考试办公室设在国家统计局人事司。国家统计局设立统计专业技术资格考试大纲、考试用书编写暨命题委员会。该委员会负责统计专业初级资格考试，中级资格甲、乙种考试的考试大纲、考试用书的编写和命题工作。委员会的日常工作由国家统计局人事司负责。

二、统计专业初级资格考试和统计专业中级资格甲种考试从1995年开始实施，1995、1996年考试具体时间另行确定。从1997年起，每年的考试日期定为5月的第二个星期日。

统计专业中级资格乙种考试从1997年开始实施。第一年考试科目为：统计学原理、经济学、会计基础知识；第二年考试科目为：计算机基础知识与应用、统计分析、国民经济核算基础知识。考试定于每年五月的第二个星期日。

三、已评聘非统计系列初级专业技术职务的在岗从事统计工作的人员，可视同获得初级统计专业职务人员，按照《统计专业技术资格考试暂行规定》（以下简称《暂行规定》）中第八条和本《实施办法》第四款的规定，报名参加统计专业中级资格甲种考试；实行资格考试制度前，已担任统计师专业职务的人员，如本人自愿，也可参加统计专业中级资格甲种考试。

四、在1995—1997年度组织的统计专业初级资格考试和中级资格甲种考试中，国家机关和企业、事业单位在岗从事统计工作的人员，初中毕业参加工作满十年、符合《暂行规定》第六条规定的条件，可报名参加统计专业初级资格考试；初中毕业参加工作满二十年且从事统计工作满十五年并担任统计专业初级职务满四年，或高中、中等专业学校毕业从事统计工作满十五年并担任统计初级职务满四年，符合《暂行规定》第六条规定的条件，可报名参加统计专业中级资格甲种考试（现在国家机关工作和从国家机关调入企事业单位工作未参加专业技术职务评聘的，对是否担任统计专业初级职务不作要求）。

五、统计专业资格考试都必须在当年开考时间前四个月完成报名工作，并按统一表式将报名人员基本情况和考场设置情况报全国统计专业资格考试办公室。报名地点和报名起止时间由各地统计专业资格考试办公室确定，并在报名开始前一个月公布。

六、参加统计专业资格考试，由本人提出申请，本单位人事部门审查盖章后到当地统计专业资格考试办公室报名。考试办公室按规定程序和报名条件审查合格后，发给准考证。考生凭准考证在指定的时间、地点参加考试。

七、统计专业资格考试考场一般在地（市）设置，特殊情况或个别边远地区需在县设考场的，须经省一级考试办公室批准。

八、有组织、有计划地做好统计专业资格考试培训工作。各地举办的资格考试培训班须经当地统计专业资格考试办公室批准。必须坚持考试和培训分开的原则，参加培训工作的人员不得参加考试组织工作。参加培训坚持自愿原则。考试和培训的报名、收费须分开进行。

九、严格执行考务工作的有关规章制度，做好试卷在命题、印刷、发送和保管过程中的保密工作，严格考场纪律，严禁弄虚作假。对违反规章制度者，按有关规定进行处罚。

人力资源社会保障部、国家统计局关于印发《高级统计师资格评价办法（试行）》的通知

（人社部发〔2011〕90号　2011年8月22日）

各省、自治区、直辖市人力资源社会保障厅（局）、统计局，福建省公务员局，国务院各部委、各直属机构人事部门，中央管理企业人事部门：

为规范高级统计师资格评价标准和评价程序，现将《高级统计师资格评价办法（试

行）》印发给你们，请在高级统计师资格评价工作中试行。试行中遇到的问题请及时反映给我们，以便修订完善。

高级统计师资格评价办法（试行）

第一章 总 则

第一条 为加强统计专业技术人才队伍建设，提高统计人员的整体素质，科学、客观、公正地评价统计人员的学识水平和业务能力，健全和完善统计专业技术人才选拔机制，根据《中华人民共和国统计法》及其实施条例、《统计专业职务试行条例》和国家关于专业技术职务聘任制度有关规定，制定本办法。

第二条 本办法适用于从事统计专业工作的人员。

第三条 高级统计师资格实行考试与评审相结合的评价办法。参加考试合格并通过评审，方可取得高级统计师资格。

第四条 各省、自治区、直辖市（以下简称地区）和中央、国务院各部门及其直属机构、中央管理的企业（以下简称中央单位）应当按照本办法要求，试行高级统计师资格考试与评审相结合的评价办法。

第五条 高级统计师资格评价工作在人力资源社会保障部、国家统计局的统一领导下进行。人力资源社会保障部、国家统计局联合组成的统计专业技术资格考试办公室（以下简称全国统计考试办），负责研究高级统计师资格评价相关政策和评价标准，指导、监督和检查高级统计师资格评价的实施工作。

各地区高级统计师资格评价工作，由本地区人力资源社会保障部门（福建省为公务员局，下同）、统计局共同组织实施。

第二章 考 试

第六条 高级统计师资格的考试实行全国统一大纲、统一命题，原则上每年举行一次。

第七条 考试设《高级统计实务与案例分析》科目。主要考查应试者运用统计方法和数据信息，分析、判断、处理统计业务和解决统计工作实际问题的综合能力。

考试时间为180分钟，采取开卷笔答的方式进行。

第八条 凡遵守国家法律法规，严格执行统计工作各项规章制度，热爱统计业务工作，具有良好的职业道德和统计行业操守，并符合下列一项条件的人员，均可申请参加考试：

（一）获得统计学或者相近专业（数学与应用数学、信息与计算科学，下同）博士学位后，担任统计师专业职务满2年；

（二）获得统计学或者相近专业硕士学位，担任统计师专业职务后，或者通过全国统一考试取得统计师、会计师、审计师或者经济师资格（以下简称中级资格）后，从事统计专业工作满3年；

（三）获得统计学或者相近专业本科学历或者学士学位，取得中级资格后，从事统计专业工作满4年；

(四）获得非统计学或者相近专业上述学历、学位，取得中级资格后，其从事统计专业工作的年限相应增加1年。

第九条　申请参加考试的人员，携带相关证件和证明材料到当地统计专业技术资格考试管理机构报名，或者通过网络报名。经考试管理机构审核合格后，核发准考证。应试人员凭准考证和身份证明在规定的日期、地点和时间参加考试。

中央单位的统计人员，按照属地原则报名参加考试。

第十条　考点原则上设在省会城市和直辖市的大中专院校，或者高考定点学校，确需在其他城市设置考点的，须报全国统计考试办批准。

第十一条　全国统计考试办确定每年度高级统计师资格考试国家统一的合格标准。

各地区人力资源社会保障、统计部门可根据本地区统计人才需求状况，确定本地区本年度参加评审的使用标准，并报全国统计考试办备案。

第十二条　对达到国家确定的合格标准人员，由全国统计考试办核发高级统计师资格考试成绩合格证，该合格证自考试通过之日起，在全国范围3年内有效。

各地区高级统计师资格评价机构，负责核发符合本地区参加评审的使用标准的考试成绩证明。该证明只在辖区范围内本年度的评审工作中使用。

第三章　评　审

第十三条　高级统计师资格的评审工作，由经人力资源社会保障部备案、具备组建高级统计师资格评审委员会（以下简称高评委）条件的地区或者中央单位组织进行。

第十四条　不具备组建统计专业高评委条件的中央单位的评审工作，应当委托具有高评委的其他中央单位或者所在地省级高评委代为进行。

第十五条　评审工作原则上每年组织一次。各地区和中央单位，应在考试成绩公布6个月内完成评审工作。

评审程序一般应当包括考核、答辩、评议等环节。

第十六条　高级统计师应具备的职业能力：

（一）较强的统计分析和数据诠释能力；

（二）主持或者作为主要参加者，拟定较大型统计调查的方案，进行较高级别科研课题的研究；

（三）组织实施较大规模的统计项目，编辑统计资料；

（四）解决本专业领域重要技术问题，或者独立解决本专业领域复杂疑难问题；

（五）组织、指导下级统计专业人员完成各项统计任务。

第十七条　申请参加评审的人员须同时具备下列基本条件：

（一）具备"高级统计师资格评审条件"（见附件）规定的统计专业工作项目、业绩成果与研究成果；

（二）具有在有效期限内的高级统计师资格考试成绩合格证，或者本地区一次性有效的成绩证明；

（三）年度考核或者任职期满的综合考核均为"合格"以上等次；

（四）符合高级统计师所需的职称外语和计算机应用能力要求。

第十八条　各地区高级统计师资格的评审结果，应经同级人力资源社会保障部门审核确认；各中央单位高级统计师资格的评审结果，应经同级人事部门审核确认。其评审结果应当在本地区或者本单位一定范围内进行公示。公示期应不少于7个工作日。

经公示无异议后，将评审结果报全国统计考试办备案，并颁发由本地区人力资源社会保障部门用印，或者中央单位人事部门用印的高级统计师资格证书。该证书原则上在本地区或者本单位管辖的范围内有效。

第四章　评价工作要求

第十九条　各地区、各单位应当不断完善高级统计师资格评价工作规章制度，确保评价结果的客观、公平、公正。

第二十条　考务实施机构和评审机构及其工作人员，应当严格执行考试、评审工作纪律和回避制度。

第二十一条　坚持考试与培训分开的原则。凡参与考试工作的机构和人员，不得举办或者参与举办与考试相关的培训，不得强迫应试人员参加与考试相关的培训。

第二十二条　高级统计师资格评价的收费标准，应当经当地价格主管部门核准，并向社会公布，接受群众监督。

第二十三条　对违反考试工作纪律和有关规定的人员，按照《专业技术人员资格考试违纪违规行为处理规定》（人力资源社会保障部令第12号）处理。

第五章　附　则

第二十四条　在内地工作的香港、澳门地区居民，申请参加高级统计师资格评价，应当符合本办法规定的各项条件，并提供相关证明材料，由所在工作单位按规定向当地高级统计师资格评价管理部门提出申请。

第二十五条　本办法第八条有关"从事统计专业工作"年限的截止日期为考试日前。

第二十六条　按照本办法取得高级统计师资格的人员，表明其已具备承担高级统计师岗位工作的水平能力，用人单位应在具备高级统计师资格的人员中择优聘任高级统计师专业职务。

第二十七条　本办法自2011年12月1日起试行。

附件：高级统计师资格评审条件

附件

高级统计师资格评审条件

申请参加高级统计师资格评审的人员，在担任统计师专业职务或者通过全国统一考试取得统计师、会计师、审计师或者经济师资格（以下简称中级资格）后，应当具备本条件一、二、三项中的各1项条件。

一、主持或者作为主要参加者，完成统计业务工作项目

（一）设计1项国家级、省部级或者2项地市级综合性、常规性的统计调查方案。

（二）组织实施1项国家级、2项省部级或者3项地市级较大规模的统计调查项目；或者在县级机构、企事业单位，组织实施5项国家、上级下达或者自行设计的统计调查项目。

（三）组织编辑3本（年）全国、全行业（部门）、省级统计资料，或者4本（年）地市级统计资料；或者5本（年）县级、企事业单位统计资料。

（四）完成1项国家级、省部级或者2项地市级科研课题研究项目。

二、主持或者作为主要参加者，取得统计工作业绩成果

（一）在本单位、本专业工作期间，2次获得国家级、省部级三等以上奖项，或者3次获得地市级二等以上奖项，或者4次获得行业主管部门的专项奖励。

（二）设计的1项统计调查方案被国家级或者省部级主管部门采纳；或者设计的2项统计调查方案被地市级主管部门采纳。

（三）编辑的统计资料2次获得省部级二等以上奖项；或者3次获得省部级三等以上奖项。

（四）完成的科研课题研究成果或者撰写的统计分析报告，1次获得国家级、省部级二等以上奖项，或者2次获得国家级或者省部级三等以上奖项；或者研究成果、政策建议3次被主管部门采纳，取得较好的社会效益和经济效益。

三、经两位以上高级统计师鉴定，具有国内先进水平及应用价值的统计或者相近专业研究成果

（一）在正式出版社出版了有统一书号（ISBN）的统计或者相近专业著作（译著），本人独立撰写不少于5万字；或者参加编写已投入使用的统计或者相关专业书籍，本人独立撰写不少于8万字（对未注明作者撰写章节的书籍、著作，不能作为研究成果）。

（二）在有国内统一刊号（CN）的核心类报纸、期刊上，或者在有国际统一刊号（ISSN）的国外报纸、期刊上发表独立完成的统计或者相关专业论文、统计分析报告不少于2篇（每篇不少于2 000字，下同）。

（三）在有国内统一刊号（CN）的非核心类报纸、期刊上发表独立完成的统计或者相近专业论文、统计分析报告不少于3篇。

（四）在省部级内部刊物上发表的独立完成的统计分析报告、课题研究报告不少于5篇；或者在地市级综合刊物上发表独立完成的统计分析报告、课题研究不少于7篇。

注：本条件中有关国家级、省部级、地市级奖项的要求，是指颁布奖项或者作出奖励决定单位的级别。

人力资源社会保障部、中国银行业监督管理委员会关于印发银行业专业人员职业资格制度暂行规定和银行业专业人员初级职业资格考试实施办法的通知

（人社部发〔2013〕101号　2013年12月23日）

各省、自治区、直辖市人力资源社会保障厅（局）、银监局，国务院各部委、各直属机构人事部门，各金融机构，中央管理的企业：

为加强银行业专业人员队伍建设，提高银行业专业人员的职业素质，规范银行业专业人员职业行为，人力资源社会保障部、中国银行业监督管理委员会决定，对银行业专业人员实行职业资格制度。现将《银行业专业人员职业资格制度暂行规定》和《银行业专业人员初级职业资格考试实施办法》印发给你们，请遵照执行。

银行业专业人员职业资格制度暂行规定

第一章　总　则

第一条　为加强我国银行业专业人员队伍建设，提高银行业专业人员素质，根据国家职业资格证书制度的有关规定，制定本规定。

第二条　银行业专业人员是指在银行业金融机构从事前、中、后台业务及管理工作的专业技术人员。

第三条　国家设立银行业专业人员水平评价类职业资格制度，纳入全国专业技术人员职业资格证书制度统一规划。

第四条　银行业专业人员的职业水平评价分为初级、中级和高级3个资格级别。银行业专业人员初级职业资格采用考试的评价方式；中级和高级职业资格的评价办法另行规定。

银行业专业人员职业资格英文译为：
Qualification Certificate of Banking Professional

第五条　通过银行业专业人员职业资格考试，取得相应级别和类别职业资格证书的人员，表明其已具备从事银行业金融机构相应级别专业技术岗位工作的职业水平和能力。

第六条　人力资源社会保障部、中国银行业监督管理委员会共同负责银行业专业人员职业资格制度的政策制定，并按职责分工对银行业专业人员职业资格制度的实施进行指导、监督和检查。中国银行业协会具体承担银行业专业人员职业资格考试工作。

第二章　考　试

第七条　银行业专业人员初级职业资格的评价实行全国统一大纲、统一命题、统一

组织的考试制度。原则上每年举行两次考试。

第八条　中国银行业协会负责银行业专业人员初级职业资格考试（以下简称银行业初级资格考试）的组织实施工作。成立考试专家委员会，研究拟定银行业初级资格考试的科目、考试大纲、考试试题和考试合格标准。

第九条　人力资源社会保障部、中国银行业监督管理委员会（以下简称银监会）对中国银行业协会实施的考试工作进行监督和检查，指导中国银行业协会确定银行业初级资格考试科目、考试大纲、考试试题和考试合格标准。

第十条　中华人民共和国公民同时具备下列条件，可报名参加银行业初级资格考试：

（一）遵守国家法律、法规和行业规章；

（二）具有完全民事行为能力；

（三）取得国务院教育行政部门认可的大学专科以上学历或者学位。

第十一条　银行业初级资格考试合格，由中国银行业协会颁发人力资源社会保障部、银监会监制，中国银行业协会用印的初级相应类别《中华人民共和国银行业专业人员职业资格证书》（以下简称银行业职业资格证书）。该证书在全国范围有效。

第十二条　对以不正当手段取得银行业职业资格证书的，按照《专业技术人员资格考试违纪违规行为处理规定》（人力资源社会保障部第12号令）处理。

第三章　职　业　能　力

第十三条　取得银行业职业资格证书的人员，应当遵守国家法律和相关法规，维护国家和社会公共利益，恪守职业道德。

第十四条　取得银行业职业资格证书的人员，应当具备的职业素质：

（一）了解银行业及相关的法律法规和行业规定；

（二）能够运用本专业岗位的业务知识，处理一般性银行业务；

（三）有与本专业岗位相适应的分析判断能力和良好的职业操守；

（四）具备处理与本专业岗位相关的，银行其他业务的基本能力。

第十五条　取得银行业职业资格证书的人员，应当自觉接受继续教育，更新专业知识，不断提高职业素质和本专业工作能力。

第四章　登　记

第十六条　银行业职业资格证书实行登记服务制度。登记服务的具体工作由中国银行业协会负责。

第十七条　中国银行业协会定期向社会公布银行业职业资格证书的登记情况，建立持证人员的诚信档案，并为用人单位提供取得银行业职业资格证书人员信息查询的服务。

第十八条　取得银行业职业资格证书的人员，在工作中违反相关法律、法规、规章或者职业道德，造成不良影响的，由中国银行业协会取消登记，并收回其职业资格证书。

第十九条　各地银行业考试管理机构和登记服务机构，在实施银行业初级资格考试和登记服务工作中，应当严格遵守本行业的各项管理规定和协会章程。

第五章 附 则

第二十条 通过考试取得银行业初级职业资格证书，且符合《经济专业人员职务试行条例》中经济员或者助理经济师任职条件的人员，用人单位可根据工作需要择优聘任相应级别经济专业职务。

第二十一条 在本规定施行之日前，按照中国银行业协会《中国银行业从业人员资格认证制度暂行规定》的要求，通过考试取得中国银行业协会颁发的《中国银行业从业人员资格认证证书》，可在原文件规定的范围内继续使用。

第二十二条 本规定自2014年3月1日起施行。自本规定施行之日起，原中国银行业协会颁发的《中国银行业从业人员资格认证制度暂行规定》和《中国银行业从业人员资格认证考试实施办法》同时废止。

银行业专业人员初级职业资格考试实施办法

第一条 人力资源社会保障部、中国银行业监督管理委员会共同指导、监督和检查银行业专业人员初级职业资格考试（以下简称银行业初级资格考试）的实施工作。

第二条 中国银行业协会负责银行业初级资格考试考务的实施工作。

第三条 银行业初级资格考试设《银行业法律法规与综合能力》和《银行业专业实务》2个科目。在《银行业专业实务》科目中又分设"个人理财"、"风险管理"、"公司信贷"和"个人贷款"4个专业类别，考生在报名时应根据实际工作需要选择相应的专业类别。

第四条 银行业初级资格考试，采用计算机闭卷答题的方式进行。考试日期原则上为每年的第二季度和第四季度。

第五条 《银行业法律法规与综合能力》科目和《银行业专业实务》科目4个专业类别的考试时间均为2个小时。

第六条 考试成绩实行2次为一个周期的滚动管理办法，在连续的2次考试中，参加《银行业法律法规与综合能力》科目和《银行业专业实务》科目1个专业类别的考试并合格，即可取得银行业专业人员该专业类别的初级职业资格证书。对参加《银行业专业实务》科目其他专业类别考试并合格，其专业类别可在职业资格证书中签注。

第七条 符合《银行业专业人员职业资格制度暂行规定》有关银行业初级资格考试报名条件的人员，并具备下列一项条件的，可免试《银行业法律法规与综合能力》科目，只参加《银行业专业实务》科目中1个专业类别的考试并合格，即可取得银行业专业人员该专业类别的初级资格证书。

（一）2013年12月31日前，已评聘助理经济师（金融专业）职务的；

（二）通过全国统一考试取得经济专业技术资格考试初级资格（金融专业）证书的；

（三）考试合格并取得中国银行业协会颁发的《中国银行业从业人员资格认证证书》的。

第八条 参加考试由本人提出申请，按规定向银行业初级职业资格考试管理机构提交相关证明材料，由中国银行业协会对报名资格进行审查，并核发准考证。参加考试人员凭准考证和有效证件在指定的日期、时间和地点参加考试。

中央和国务院各部门及所属单位、中央管理企业的人员按属地原则报名参加考试。

第九条 考点原则上设在地级以上城市的大、中专院校或者高考定点学校。如确需在其他城市设置考点，须中国银行业协会批准。

第十条 坚持考试与培训分开的原则。凡参与考试工作（包括命题、审题与组织管理等）的人员，不得参加考试，也不得参加或者举办与考试内容相关的培训工作。应考人员参加培训坚持自愿原则。

第十一条 考试实施机构应当严格执行考试工作的各项规章制度，遵守考试工作纪律，切实做好从考试试题的命制到使用等各环节的安全保密工作，严防泄密。

第十二条 对违反考试工作纪律和有关规定的人员，按照《专业技术人员资格考试违纪违规行为处理规定》（人力资源社会保障部令第12号）处理。

证券业从业人员资格管理办法

（中国证券监督管理委员会令第14号　2002年12月26日）

第一章　总　则

第一条 为了加强证券业从业人员资格管理，促进证券市场规范发展，保护投资者合法权益，根据《中华人民共和国证券法》，制定本办法。

第二条 在依法从事证券业务的机构（以下简称机构）中从事证券业务的专业人员，应当按照本办法规定，取得从业资格和执业证书。

第三条 本办法所称机构是指：

（一）证券公司；

（二）基金管理公司、基金托管机构、基金销售机构；

（三）证券投资咨询机构；

（四）证券资信评估机构；

（五）中国证券监督管理委员会（以下简称中国证监会）规定的其他从事证券业务的机构。

第四条 本办法所称从事证券业务的专业人员是指：

（一）证券公司中从事自营、经纪、承销、投资咨询、受托投资管理等业务的专业人员，包括相关业务部门的管理人员。

（二）基金管理公司、基金托管机构中从事基金销售、研究分析、投资管理、交易、监察稽核等业务的专业人员，包括相关业务部门的管理人员；基金销售机构中从事基金宣传、推销、咨询等业务的专业人员，包括相关业务部门的管理人员。

（三）证券投资咨询机构中从事证券投资咨询业务的专业人员及其管理人员。
（四）证券资信评估机构中从事证券资信评估业务的专业人员及其管理人员。
（五）中国证监会规定需要取得从业资格和执业证书的其他人员。

第五条 中国证券业协会（以下简称协会）依据本办法负责从业人员从业资格考试、执业证书发放以及执业注册登记等工作。

第六条 中国证监会对协会有关证券业从业人员资格管理的工作进行指导和监督。

第二章 从业资格取得和执业证书

第七条 参加资格考试的人员，应当年满18周岁，具有高中以上文化程度和完全民事行为能力。

第八条 资格考试由协会统一组织。参加考试的人员考试合格的，取得从业资格。

第九条 从业资格不实行专业分类考试。资格考试内容包括一门基础性科目和一门专业性科目。

根据证券市场发展的需要，协会可在资格考试之外另行组织各项专业的水平考试，但不作为法定考试内容，由从业人员自行选择，供机构用人时参考。

第十条 取得从业资格的人员，符合下列条件的，可以通过机构申请执业证书：
（一）已被机构聘用；
（二）最近三年未受过刑事处罚；
（三）不存在《中华人民共和国证券法》第一百二十六条规定的情形；
（四）未被中国证监会认定为证券市场禁入者，或者已过禁入期的；
（五）品行端正，具有良好的职业道德；
（六）法律、行政法规和中国证监会规定的其他条件。

申请执业证券投资咨询以及证券资信评估业务的，申请人应当同时符合《中华人民共和国证券法》第一百五十八条，以及其他相关规定。

第十一条 申请人符合本办法规定条件的，协会应当自收到申请之日起三十日内，向中国证监会备案，颁发执业证书；不符合本办法规定条件的，不予颁发执业证书，并应当自收到申请之日起三十日内书面通知申请人或者机构，并书面说明理由。

第十二条 执业证书不实行分类。取得执业证书的人员，经机构委派，可以代表聘用机构对外开展本机构经营的证券业务。

第三章 监督管理

第十三条 取得执业证书的人员，连续三年不在机构从业的，由协会注销其执业证书；重新执业的，应当参加协会组织的执业培训，并重新申请执业证书。

第十四条 从业人员取得执业证书后，辞职或者不为原聘用机构所聘用的，或者其他原因与原聘用机构解除劳动合同的，原聘用机构应当在上述情形发生后十日内向协会报告，由协会变更该人员执业注册登记。

取得执业证书的从业人员变更聘用机构的，新聘用机构应当在上述情形发生后十日内向协会报告，由协会变更该人员执业注册登记。

第十五条 机构不得聘用未取得执业证书的人员对外开展证券业务。

第十六条 从业人员在执业过程中违反有关证券法律、行政法规以及中国证监会有关规定，受到聘用机构处分的，该机构应当在处分后十日内向协会报告。

第十七条 协会、机构应当定期组织取得执业证书的人员进行后续职业培训，提高从业人员的职业道德和专业素质。

第十八条 协会依据本办法及中国证监会有关规定制定的从业资格考试办法、考试大纲、执业证书管理办法以及执业行为准则等，应当报中国证监会核准。

第十九条 协会应当建立从业人员资格管理数据库，进行资格公示和执业注册登记管理。

第四章 罚 则

第二十条 参加资格考试的人员，违反考场规则，扰乱考场秩序的，在两年内不得参加资格考试。

第二十一条 取得从业资格的人员提供虚假材料，申请执业证书的，不予颁发执业证书；已颁发执业证书的，由协会注销其执业证书。

第二十二条 机构办理执业证书申请过程中，弄虚作假、徇私舞弊、故意刁难有关当事人的，或者不按规定履行报告义务的，由协会责令改正；拒不改正的，由协会对机构及其直接责任人员给予纪律处分；情节严重的，由中国证监会单处或者并处警告、3万元以下罚款。

第二十三条 机构聘用未取得执业证书的人员对外开展证券业务的，由协会责令改正；拒不改正的，给予纪律处分；情节严重的，由中国证监会单处或者并处警告、3万元以下罚款。

第二十四条 从业人员拒绝协会调查或者检查的，或者所聘用机构拒绝配合调查的，由协会责令改正；拒不改正的，给予纪律处分；情节严重的，由中国证监会给予从业人员暂停执业3个月至12个月，或者吊销其执业证书的处罚；对机构单处或者并处警告、3万元以下罚款。

第二十五条 被中国证监会依法吊销执业证书或者因违反本办法被协会注销执业证书的人员，协会可在3年内不受理其执业证书申请。

第二十六条 协会工作人员不按本办法规定履行职责，徇私舞弊、玩忽职守或者故意刁难有关当事人的，协会应当给予纪律处分。

第五章 附 则

第二十七条 本办法实施前，持有协会颁发的证券经纪资格证书、证券代理发行资格证书、证券投资咨询资格证书和基金从业人员资格证书的，可以直接申请取得执业证书。

持有上述两个或者两个以上证书的，可以根据协会规定，取得专业水平级别认证。

第二十八条 机构高级管理人员的资格管理由中国证监会另行规定。

第二十九条 本办法自2003年2月1日起施行。1995年发布的《证券业从业人员资格管理暂行规定》同时废止。

证券业从业人员资格管理实施细则（试行）

（2003年1月26日中国证券业协会第三届常务理事会第二次会议审议通过）

第一章　总　则

第一条　根据《证券业从业人员资格管理办法》（以下简称《办法》）的规定，制定本细则。

第二条　本细则所称机构是指《办法》第三条规定的从事证券业务的机构；专业人员和证券业务是指《办法》第四条规定的人员和业务。

第三条　中国证券业协会（以下简称协会）依据本细则规定，负责证券业从业资格取得及执业证书管理工作。

第二章　从业资格和执业证书

第四条　机构中从事证券业务的专业人员应当依据本细则规定，取得从业资格和执业证书。

第五条　符合《办法》第七条规定的人员，通过协会统一组织的基础科目和一门专业科目资格考试的，取得从业资格。

中国证监会另有规定的人员，按照中国证监会的有关规定取得从业资格。

第六条　取得从业资格的人员符合《办法》第十条规定条件的，可通过所在机构向协会申请执业证书。

申请从事证券投资咨询业务的，应当同时符合《证券法》第一百五十八条及《证券、期货投资咨询管理暂行办法》第十三条规定的条件。

申请从事证券资信评估业务的，应当同时符合《证券法》第一百五十八条及中国证监会有关规定的条件。

第七条　执业证书的申请通过协会执业证书管理系统进行。

第八条　申请人应当向所在机构提交下列申请材料：

（一）执业证书申请表；

（二）身份证复印件；

（三）学历证明复印件；

（四）协会规定的其他材料。

第九条　执业证书的申请程序是：

（一）申请人登录协会执业证书管理系统，填写执业证书申请表，连同打印的书面申请表及第八条规定的其他申请材料提交所在机构；

（二）机构资格管理员对执业证书申请表进行初审并确认，书面申请表由机构保管备查，电子申请表提交协会；

（三）协会对机构提交的执业证书申请表进行审核，必要时可要求机构提交书面申请表及有关证明材料，协会在收到完整申请材料后三十日内审核完毕。

第十条 对于符合条件的申请人，协会通过执业证书管理系统向中国证监会有关部门备案后，颁发执业证书，并在协会的互联网站公告。执业证书由所在机构向协会统一领取。

对不予颁发执业证书的人员，协会以书面方式通知所在机构并说明原因。

第三章 执业证书管理

第十一条 机构应当指定资格管理员负责本机构从业人员资格管理工作。资格管理员须向协会备案，代表所在机构行使下述职责：

（一）使用协会执业证书管理系统并对所在机构的系统用户进行管理；

（二）组织实施所在机构执业证书申请工作；

（三）负责所在机构执业证书申请人的申请材料的初审；

（四）按照协会的部署组织实施所在机构执业年检工作；

（五）协助协会的检查和调查；

（六）负责所在机构执业人员的备案事项；

（七）为所在机构人员提供相关咨询；

（八）保持与协会的日常联系。

机构更换资格管理员应当向协会备案。资格管理员不得擅自委托他人代其行使职责。

第十二条 执业人员受到所在机构、自律组织、监管部门奖励、处分、处罚的，以及离开所在机构的，所在机构应当于每月5日前向协会备案上月发生的上述情形。

第十三条 执业人员从其他证券业务岗位变换从事证券投资咨询和证券资信评估业务岗位的，应当按照本细则规定，另行申请执业证书。

第十四条 执业人员连续三年不在机构从事证券业务的，受到刑事处罚的，被市场禁入的，因违法或违纪行为被机构开除的，以及违反职业道德的，由协会注销其执业证书。

第十五条 机构应妥善保管申请人的书面申请表及有关材料。

第十六条 执业人员应当定期参加协会或其认可单位组织的后续职业培训。

第十七条 受到行政处罚的执业人员，应当参加强制培训。

第十八条 协会建立从业人员资格管理数据库，并通过其互联网站公告取得从业资格的人员。

第十九条 协会建立执业人员诚信信息库，对信息进行分级管理，供机构查询或应证券监管部门的要求提供有关信息。

第二十条 协会每月10日前，通过其互联网站公告上月取得执业证书的人员，执业证书年检情况，执业证书被注销、吊销及被暂停执业的人员。

第四章 年 检

第二十一条 协会对执业人员自取得执业证书之日起每两年检查一次。

第二十二条 年检的程序是：

（一）申请人登录协会执业证书管理系统，填写年检申请表，连同打印的书面申请表及执业证书原件提交所在机构。

（二）机构资格管理员对所在机构年检申请表进行初审并确认，书面申请表由机构保管备查，电子申请表提交协会。

（三）协会对机构提交的年检申请表进行审核，必要时可要求所在机构提交书面申请表及有关证明材料，协会在收到完整申请材料后十五日内做出是否通过年检的审核意见。

（四）协会通过执业证书管理系统，将年检结果通知所在机构，并在协会的互联网站公告。

（五）机构资格管理员办理执业证书年检记录。

第二十三条 有下列情形之一的，不予通过年检：

（一）执业证书申请材料或年检材料弄虚作假的；

（二）未按规定完成后续职业培训的；

（三）不再符合执业证书取得条件的；

（四）未按规定参加年检的；

（五）协会规定的其他情形。

第二十四条 因第二十三条第（一）、（三）款未通过年检的人员，由协会注销其执业证书。

第二十五条 因第二十三条第（二）、（四）、（五）款未通过年检的人员，由协会移交中国证监会暂停其执业。

第五章 检查和调查

第二十六条 协会对机构执行《办法》及本细则的情况进行检查，也可以根据投诉、举报等对机构、执业人员违反《办法》及本细则的行为进行调查。

第二十七条 协会可以委托相关单位对所在地机构、执业人员进行检查和调查。

第二十八条 协会对机构检查的内容包括：

（一）是否存在聘用未取得执业证书或执业证书被注销、吊销或被暂停执业的人员从事证券业务的情况；

（二）是否及时履行了规定的备案义务；

（三）执业证书申请过程中是否存在徇私舞弊、弄虚作假的情况；

（四）是否妥善保管了所属执业人员的书面申请材料。

第二十九条 对机构检查和调查的方式：

（一）与有关负责人谈话；

（二）查阅执业证书申请表及有关材料、年检申请表及有关材料；

（三）查阅人员聘用合同；

（四）调阅执业人员档案；

（五）约请执业人员谈话；

（六）其他合法而有效的方式。

第三十条　对执业人员的调查方式：

（一）与所在机构有关负责人面谈，了解有关情况；

（二）查阅被调查人的执业证书申请表及有关材料、年检申请表及有关材料；

（三）查阅被调查人聘用合同；

（四）调阅被调查人档案；

（五）与被调查人谈话；

（六）其他合法而有效的方式。

第三十一条　检查和调查人员在进行现场检查和调查时，应出示有效证明文件。

第三十二条　机构及执业人员对协会或协会委托单位进行的检查和调查应当予以配合。

第六章　罚　则

第三十三条　执业证书申请人提供虚假材料的，不予颁发执业证书并在三年内不受理其执业证书申请；已取得执业证书的，注销执业证书并在三年内不受理其执业证书申请。

第三十四条　执业人员不配合协会或其委托单位检查和调查的，由协会责令改正；拒不改正的，协会视情节轻重，给予相应处分。情节严重的，移交中国证监会处罚。

第三十五条　机构弄虚作假的，聘用未取得执业证书或执业证书被注销、吊销或被暂停执业的人员从事证券业务的，未履行规定的备案义务的，不配合协会或其委托单位组织的检查和调查的，由协会责令改正；拒不改正的，协会视情节轻重，给予机构下列处分：（一）批评；（二）通报批评；（三）暂停部分会员权利；（四）暂停会员资格；（五）取消会员资格；同时给予直接责任人下列处分：（一）批评；（二）通报批评。情节严重的，移交中国证监会处罚。

第七章　附　则

第三十六条　协会对取得从业资格的人员进行专业水平级别认证，通过基础科目和两门（含两门）以上专业科目考试的，取得一级专业水平认证证书；通过基础科目和四门（含四门）以上专业科目考试的，取得二级专业水平认证证书。

第三十七条　执业证书申请及年检等相关费用由机构向协会统一支付。

第三十八条　协会对从业资格和执业证书实行编码管理。

第三十九条　资格考试办法、培训办法及水平考试办法由协会另行制定。

第四十条　本细则已经中国证监会核准，自2003年7月1日起试行。

证券业从业人员资格考试办法（试行）

（中国证监会 2003 年 7 月 24 日核准发布）

第一章　总　则

第一条　根据《证券业从业人员资格管理办法》及国家关于统一考试的有关规定，制定本办法。

第二条　参加证券业从业人员资格考试（以下简称资格考试）的人员，考试合格的，取得证券从业资格。

第三条　中国证券业协会（以下简称协会）是资格考试的组织机构，负责资格考试工作。

第四条　协会的资格考试工作接受中国证券监督管理委员会（以下简称中国证监会）的指导和监督。

第二章　组织机构职责

第五条　协会统一组织资格考试工作，履行以下职责：

（一）制定考试规则；

（二）制定考试大纲；

（三）组织编写、出版、发行资格考试统编教材；

（四）编制考试预决算；

（五）发布公告；

（六）组织命题；

（七）组织考试；

（八）公布考试成绩；

（九）发放成绩合格证书；

（十）建立资格考试信息库；

（十一）受理咨询。

第六条　协会制定的考试大纲、编制的考试预决算经中国证监会核准后执行。

第三章　资　格　考　试

第七条　报名参加资格考试的人员，应当符合下列条件：

（一）报名截止日年满 18 周岁；

（二）具有高中或国家承认相当于高中以上文化程度；

（三）具有完全民事行为能力。

第八条　资格考试科目由基础科目和专业科目组成。基础科目为必考科目，专业科目由应考人员自选。

第九条 基础科目为证券基础知识，内容包括：证券基本知识，国家有关证券的法律、法规，证券从业人员职业操守、执业规范等。

专业科目包括：

（一）证券交易；

（二）证券发行与承销；

（三）证券投资分析；

（四）证券投资基金；

（五）根据需要设置的其他科目。

第十条 通过基础科目及任意一门专业科目考试的，即为资格考试合格人员，同时取得证券从业资格。

协会建立资格考试信息库，记录应考人员成绩和取得证券从业资格人员的有关信息。

第十一条 取得证券从业资格的人员，可以按照《证券业从业人员资格管理办法》及其实施细则等有关规定向协会申请执业证书。

第十二条 参加资格考试的人员，可以选报一门以上专业科目考试，基础科目及两门以上（含两门）专业科目考试合格的，可获得一级专业水平级别认证；基础科目及四门以上（含四门）专业科目考试合格的，可获得二级专业水平级别认证。由协会颁发专业水平级别认证证书。

第四章 命 题

第十三条 资格考试命题应遵循标准化、规范化、专业化的原则，严格遵守国家有关保密规定。

第十四条 协会聘任命题专家组织命题，命题专家由证券监督管理机构、证券自律机构、证券经营机构、从事证券业务的中介机构、大专院校以及社会研究机构的有关专家组成。

第十五条 命题专家按照资格考试大纲的要求依据考试统编教材编写试题。

第十六条 命题专家按照协会设定的程序、标准和要求，对试题进行编辑，建立资格考试标准化题库。

第十七条 考试试卷根据考试大纲、难度系数、知识点的分布等要素，从题库随机抽取试题。

第十八条 考试试卷组成的同时生成试卷答案、评分标准，试卷答案、评分标准应具有唯一性。

第十九条 考试试卷在国家统一考试试卷定点印制单位印制，并按照国家有关保密规定运送、保管。

第二十条 试卷、试题、答案及评分标准在启用前均属于国家秘密，任何人不得以任何方式泄露。

第二十一条 命题专家在参加命题工作前应与协会签署保密承诺书。

参加命题的专家在本次考试前不得直接或间接参与与资格考试有关的培训工作，参加命题当年不得参与编写、出版相关考试辅导用书和资料等可能妨碍其履行保密义务的活动。

第五章 考 务

第二十二条 协会按照方便应考的原则,建立严格、高效的考务工作机制,保证资格考试的安全、顺利进行。

第二十三条 协会组织实施考务工作,考务工作主要包括受理考试报名、设置考区和考点、安排考场、监考、阅卷、管理考试成绩等。

第二十四条 报名参加资格考试的人员,应当提交能够证明其符合第七条规定条件的身份证、毕业证书等相关证件,填写报名表、交费,领取考试通知单和准考证。报名人应当对其提供的有关证件和资料的真实性、准确性、合法性负责。

境外人员报名参加考试,应当提交能够证明其符合第七条规定条件的身份、学历等相关材料。

第二十五条 考试的报名时间、报名方式、报名地点由协会提前公告。

第二十六条 协会应对报名材料进行审查,对符合规定条件的报考者发放考试通知和准考证。

第二十七条 资格考试按照方便、安全的原则设置考区、考点、考场,并安排监考人员,负责管理考场,维持考场秩序。

第二十八条 资格考试考场规则按照国家统一考试的有关规定执行。应考人员在规定的考试时间,到指定考场参加考试。

第二十九条 资格考试可采取笔试或以电子信息为载体的方式进行。

第三十条 考试结束后,阅卷采取计算机自动阅读答题卡的方式进行。考试成绩以只读光盘的形式保存。

第三十一条 考试成绩由协会在考试结束之日起二十个工作日内公布,应考人员可以通过协会网站或指定的其他方式查询考试成绩。

第三十二条 应考人员对考试成绩有异议的,应当在成绩公布之日起十五日内向协会提出异议。协会自受理之日起十五个工作日内予以处理。

第三十三条 资格考试的时间和年度举办次数由协会确定并公告。

第三十四条 协会根据需要可聘请社会专业考试机构或其他有关机构协助承担部分或全部考务工作,并与其签署协议,规定所承担考务工作的标准和要求,明确双方的权利和义务。

第六章 纪 律

第三十五条 报名参加资格考试的人员,有违反本办法第二十四条规定情形并弄虚作假的,一年内不受理其资格考试报名申请;已经参加考试的,取消考试成绩。

第三十六条 应考人员不按规定填报姓名、身份证号、准考证号或不按规定要求答卷的,该科考试成绩按零分处理。

第三十七条 应考人员违反考场规则的,该科考试成绩按零分处理,一年内不得报名参加考试。扰乱考场秩序的,该科考试成绩按零分处理,两年内不得报名参加考试。

第三十八条 应考人员有第三十七条规定情形的,由监考人员当场记录其姓名、准考证号、情节,及时上报所在考点负责人并给予处理。

第三十九条 协会应告知应考人员其所受的处分、情节和依据。应考人员对其所受的处分有异议的，可以自受到处分之日起十五日内向协会提出异议。协会在受理之日起十五个工作日内予以处理。

第四十条 命题专家有违反第二十一条规定情形的，协会予以解聘，情节严重的，移交有关部门追究其相应责任。

第四十一条 协会工作人员及其他考务人员在考试工作中玩忽职守、徇私舞弊的，视情节轻重按照有关规定进行处理。

第四十二条 考试工作中发生泄密事件的，由协会组织查处，对涉嫌违反国家保密规定的，由协会会同国家保密工作部门组织查处。

第七章 附 则

第四十三条 资格考试依据国家管理部门批准的标准收取考试报名费，并按其规定的用途使用，资格考试财务接受国家管理部门的审计监督。

第四十四条 协会不举办、也不指定其他机构举办资格考试应试培训，任何机构不得以中国证券业协会名义举办应试培训。

第四十五条 本办法实施前已持有两种或两种以上资格证书的，可申请一级专业水平级别认证；本办法实施前已持有四种资格证书的，可申请二级专业水平级别认证。由协会颁发专业水平级别认证证书。

第四十六条 本办法由协会负责解释。

第四十七条 本办法报中国证监会核准，自公布之日起实施。

期货从业人员管理办法

(中国证券监督管理委员会令第48号 2007年7月4日)

第一章 总 则

第一条 为了加强期货从业人员的资格管理，规范期货从业人员的执业行为，根据《期货交易管理条例》，制定本办法。

第二条 申请期货从业人员资格（以下简称从业资格），从事期货经营业务的机构（以下简称机构）任用期货从业人员，以及期货从业人员从事期货业务的，应当遵守本办法。

第三条 本办法所称机构是指：

（一）期货公司；

（二）期货交易所的非期货公司结算会员；

（三）期货投资咨询机构；

（四）为期货公司提供中间介绍业务的机构；

（五）中国证券监督管理委员会（以下简称中国证监会）规定的其他机构。

第四条 本办法所称期货从业人员是指：

（一）期货公司的管理人员和专业人员；

（二）期货交易所的非期货公司结算会员中从事期货结算业务的管理人员和专业人员；

（三）期货投资咨询机构中从事期货投资咨询业务的管理人员和专业人员；

（四）为期货公司提供中间介绍业务的机构中从事期货经营业务的管理人员和专业人员；

（五）中国证监会规定的其他人员。

第五条 中国证监会及其派出机构依法对期货从业人员进行监督管理。

中国期货业协会（以下简称协会）依法对期货从业人员实行自律管理，负责从业资格的认定、管理及撤销。

第二章 从业资格的取得和注销

第六条 协会负责组织从业资格考试。

第七条 参加从业资格考试的，应当符合下列条件：

（一）年满 18 周岁；

（二）具有完全民事行为能力；

（三）具有高中以上文化程度；

（四）中国证监会规定的其他条件。

第八条 通过从业资格考试的，取得协会颁发的从业资格考试合格证明。

第九条 取得从业资格考试合格证明的人员从事期货业务的，应当事先通过其所在机构向协会申请从业资格。

未取得从业资格的人员，不得在机构中开展期货业务活动。

第十条 机构任用具有从业资格考试合格证明且符合下列条件的人员从事期货业务的，应当为其办理从业资格申请：

（一）品行端正，具有良好的职业道德；

（二）已被本机构聘用；

（三）最近 3 年内未受过刑事处罚或者中国证监会等金融监管机构的行政处罚；

（四）未被中国证监会等金融监管机构采取市场禁入措施，或者禁入期已经届满；

（五）最近 3 年内未因违法违规行为被撤销证券、期货从业资格；

（六）中国证监会规定的其他条件。

机构不得任用无从业资格的人员从事期货业务，不得在办理从业资格申请过程中弄虚作假。

第十一条 期货从业人员辞职、被解聘或者死亡的，机构应当自上述情形发生之日起 10 个工作日内向协会报告，由协会注销其从业资格。

机构的相关期货业务许可被注销的，由协会注销该机构中从事相应期货业务的期货从业人员的从业资格。

第十二条 取得从业资格考试合格证明或者被注销从业资格的人员连续 2 年未在机构中执业的,在申请从业资格前应当参加协会组织的后续职业培训。

第三章 执 业 规 则

第十三条 期货从业人员必须遵守有关法律、行政法规和中国证监会的规定,遵守协会和期货交易所的自律规则,不得从事或者协同他人从事欺诈、内幕交易、操纵期货交易价格、编造并传播有关期货交易的虚假信息等违法违规行为。

第十四条 期货从业人员应当遵守下列执业行为规范:

(一) 诚实守信,恪尽职守,促进机构规范运作,维护期货行业声誉;

(二) 以专业的技能,谨慎、勤勉尽责地为客户提供服务,保守客户的商业秘密,维护客户的合法权益;

(三) 向客户提供专业服务时,充分揭示期货交易风险,不得作出不当承诺或者保证;

(四) 当自身利益或者相关方利益与客户的利益发生冲突或者存在潜在利益冲突时,及时向客户进行披露,并且坚持客户合法利益优先的原则;

(五) 具有良好的职业道德与守法意识,抵制商业贿赂,不得从事不正当竞争行为和不正当交易行为;

(六) 不得为迎合客户的不合理要求而损害社会公共利益、所在机构或者他人的合法权益;

(七) 不得以本人或者他人名义从事期货交易;

(八) 协会规定的其他执业行为规范。

第十五条 期货公司的期货从业人员不得有下列行为:

(一) 进行虚假宣传,诱骗客户参与期货交易;

(二) 挪用客户的期货保证金或者其他资产;

(三) 中国证监会禁止的其他行为。

第十六条 期货交易所的非期货公司结算会员的期货从业人员不得有下列行为:

(一) 利用结算业务关系及由此获得的结算信息损害非结算会员及其客户的合法权益;

(二) 代理客户从事期货交易;

(三) 中国证监会禁止的其他行为。

第十七条 期货投资咨询机构的期货从业人员不得有下列行为:

(一) 利用传播媒介或者通过其他方式提供、传播虚假或者误导客户的信息;

(二) 代理客户从事期货交易;

(三) 中国证监会禁止的其他行为。

第十八条 为期货公司提供中间介绍业务的机构的期货从业人员不得有下列行为:

(一) 收付、存取或者划转期货保证金;

(二) 代理客户从事期货交易;

(三) 中国证监会禁止的其他行为。

第十九条 机构或者其管理人员对期货从业人员发出违法违规指令的，期货从业人员应当予以抵制，并及时按照所在机构内部程序向高级管理人员或者董事会报告。机构应当及时采取措施妥善处理。

机构未妥善处理的，期货从业人员应当及时向中国证监会或者协会报告。中国证监会和协会应当对期货从业人员的报告行为保密。

机构的管理人员及其他相关人员不得对期货从业人员的上述报告行为打击报复。

第四章 监督管理

第二十条 中国证监会指导和监督协会对期货从业人员的自律管理活动。

第二十一条 协会应当建立期货从业人员信息数据库，公示并且及时更新从业资格注册、诚信记录等信息。

中国证监会及其派出机构履行监管职责，需要协会提供期货从业人员信息和资料的，协会应当按照要求及时提供。

第二十二条 协会应当组织期货从业人员后续职业培训，提高期货从业人员的职业道德和专业素质。

期货从业人员应当按照有关规定参加后续职业培训，其所在机构应予以支持并提供必要保障。

第二十三条 协会应当对期货从业人员的执业行为进行定期或者不定期检查，期货从业人员及其所在机构应当予以配合。

第二十四条 期货从业人员违反本办法以及协会自律规则的，协会应当进行调查、给予纪律惩戒。

期货从业人员涉嫌违法违规需要中国证监会给予行政处罚的，协会应当及时移送中国证监会处理。

第二十五条 协会应当设立专门的纪律惩戒及申诉机构，制订相关制度和工作规程，按照规定程序对期货从业人员进行纪律惩戒，并保障当事人享有申诉等权利。

第二十六条 协会应当自对期货从业人员作出纪律惩戒决定之日起10个工作日内，向中国证监会及其有关派出机构报告，并及时在协会网站公示。

第二十七条 期货从业人员受到机构处分，或者从事的期货业务行为涉嫌违法违规被调查处理的，机构应当在作出处分决定、知悉或者应当知悉该期货从业人员违法违规被调查处理事项之日起10个工作日内向协会报告。

第二十八条 协会应当定期向中国证监会报告期货从业人员管理的有关情况。

第二十九条 期货从业人员违反本办法规定的，中国证监会及其派出机构可以采取责令改正、监管谈话、出具警示函等监管措施。

第三十条 期货从业人员自律管理的具体办法，包括从业资格考试、从业资格注册和公示、执业行为准则、后续职业培训、执业检查、纪律惩戒和申诉等，由协会制订，报中国证监会核准。

第五章 罚则

第三十一条 未取得从业资格，擅自从事期货业务的，中国证监会责令改正，给予警告，单处或者并处 3 万元以下罚款。

第三十二条 有下列行为之一的，中国证监会根据《期货交易管理条例》第七十条处罚：

（一）任用无从业资格的人员从事期货业务；

（二）在办理从业资格申请过程中弄虚作假；

（三）不履行本办法第二十三条规定的配合义务；

（四）不按照本办法第二十七条的规定履行报告义务或者报告材料存在虚假内容。

第三十三条 违反本办法第十九条的规定，对期货从业人员进行打击报复的，中国证监会根据《期货交易管理条例》第七十条、第八十一条处罚。

第三十四条 期货从业人员违法违规的，中国证监会依法给予行政处罚。但因被迫执行违法违规指令而按照本办法第十九条第二款的规定履行了报告义务的，可以从轻、减轻或者免予行政处罚。

第三十五条 协会工作人员不按本办法规定履行职责，徇私舞弊、玩忽职守或者故意刁难有关当事人的，协会应当给予纪律处分。

第六章 附 则

第三十六条 本办法自公布之日起施行。2002 年 1 月 23 日发布的《期货从业人员资格管理办法（修订）》（证监发〔2002〕6 号）同时废止。

期货从业人员资格管理规则（试行）

（中国证监会 2008 年 4 月 30 日核准发布）

第一章 总 则

第一条 根据《期货交易管理条例》、《期货从业人员管理办法》（以下简称《办法》）以及中国证监会其他有关规范性文件的规定，制定本规则。

第二条 本规则所称机构是指《办法》第三条规定的从事期货经营业务的机构；从业人员是指《办法》第四条规定的期货从业人员。

《办法》第四条所称"专业人员"包括：

（一）期货公司中从事客户开发、客户服务、执行委托、财务结算、合规审查、风险控制、研究分析、投资咨询及电脑维护等业务的人员；

（二）非期货公司结算会员中从事期货结算业务、期货投资咨询机构中从事期货投资咨询业务、为期货公司提供中间介绍业务的机构中从事期货经营业务的有关人员。

第三条 中国期货业协会（以下简称协会）依据《办法》和本规则，对从业人员实行自律管理，负责从业人员资格（以下简称从业资格）的认定、管理及撤销。

第二章 从业资格的取得

第四条 协会对从业人员实行从业资格管理制度。机构应聘用具有从业资格考试合格证明且符合《办法》第十条、第十二条规定的人员从事期货业务，并为其办理从业申请，取得从业资格。

未取得从业资格的人员，不得在机构中开展期货业务活动。

在期货监管机构、自律机构以及其他承担期货监管职能的专业监管岗位任职8年以上的人员，申请期货公司高级管理人员任职资格的，可以免试取得期货从业人员资格。

第五条 申请从业资格，应向所在机构提交下列申请材料：

（一）从业资格申请表；
（二）申请人身份证复印件；
（三）申请人学历证书复印件或相关证明文件；
（四）申请人最近3年内未受过刑事处罚的证明；
（五）协会规定的其他材料。

第六条 从业资格的申请程序是：

（一）申请人登录协会网站，下载从业资格申请表，打印填写后连同第五条规定的其他申请材料提交所在机构；

（二）机构对从业资格申请表和其他申请材料进行审查后，录入从业资格数据库，并在网上提交申请，生成申请总表提交协会。机构将申请表及其他申请材料保管备查；

（三）协会对机构提交的从业资格申请信息进行审核，必要时可要求机构提交有关证明材料，协会在收到完整申请材料后20个工作日内审核完毕；

（四）协会在审核中发现申请人不符合《办法》第七条、第十条、第十二条规定的条件的，不予办理从业注册，同时通知所在机构并说明理由；

（五）对于通过审核的申请人，协会为其办理从业注册，并通过网站或指定媒体进行公示。

第三章 从业资格日常管理

第七条 协会建立从业资格数据库，进行从业资格公示。任何人发现从业人员不符合相关条件或者有虚假信息的，可向协会举报。

第八条 机构应指定从业资格管理员负责本机构从业人员从业资格管理工作。机构指定或更换从业资格管理员应向协会备案。

从业资格管理员代表机构行使下述职责：

（一）使用协会从业资格数据库并对本机构账号及密码进行管理；
（二）负责所在机构从业人员从业资格申请工作；
（三）协助协会的检查和调查；
（四）按照协会的部署组织实施所在机构从业人员的定期检查工作；
（五）负责所在机构从业人员从业资格信息的备案事项；
（六）负责所在机构从业人员从业资格有关资料的保管工作；
（七）为所在机构人员提供从业资格相关咨询；

（八）保持与协会的日常联系。

从业资格管理员不得擅自委托他人代行其职责。

第九条 机构应在营业场所公示从业人员从业资格，并告知客户可以登录协会网站查询从业人员公示信息。

第十条 机构不能为非本单位员工申请从业资格；不得任用无从业资格的人员从事期货业务活动。

第十一条 从业人员的从业情况及基本信息发生变动的，所在机构应在变动发生10个工作日内修改协会从业资格数据库中相应信息，并向协会备案，由协会变更该人员从业注册信息。

第十二条 从业人员发生辞职、退休、被解聘、丧失民事行为能力或者死亡情形的，所在机构应当在该情形发生10个工作日内向协会报告，由协会注销其从业资格。

机构的相关期货业务许可被注销的，由协会注销该机构中从事相应期货业务的期货从业人员的从业资格。

协会在检查中发现从业人员不再符合从业资格取得条件的，注销其从业资格。

第十三条 从业人员重新申请从业的，拟聘用机构应当按照本规则第六条的规定为其办理从业资格申请手续。

第十四条 取得从业资格考试合格证明或者被注销从业资格的人员连续两年未在机构从业的，在申请从业资格前两年内应当参加协会规定的后续职业培训。

第十五条 从业人员受到机构处分，或者从事的期货业务行为涉嫌违法违规被调查处理的，机构应当在做出处分决定、知悉或者应当知悉该从业人员违法违规被调查处理事项之日起10个工作日内向协会报告。

第四章 从业资格的检查和调查

第十六条 协会对机构、从业人员执行《办法》、本规则及其他相关规则的情况进行监督检查。

第十七条 协会对机构检查的内容包括：

（一）是否存在聘用未取得从业资格或从业资格被撤销、从业资格被暂停的人员从事期货业务的情况；

（二）是否指定了从业资格管理员，是否履行了备案、报告、数据库维护的义务；

（三）是否在营业场所公示从业人员从业资格，并告知客户可以登录协会网站查询从业人员公示信息；

（四）是否存在为非本单位员工申请从业资格的情况；

（五）从业资格申请过程中是否存在徇私舞弊、弄虚作假的情况；

（六）是否按照本规则第五条、第六条审查并妥善保管从业人员的书面申请材料；

（七）协会认为需要检查的与从业资格相关的其他内容。

第十八条 协会对从业人员的检查内容包括：

（一）从业人员是否符合从业资格取得条件；

（二）从业人员是否在申请机构从事期货业务；

（三）从业人员有无受过刑事处罚、行政处罚，有无受过协会纪律惩戒；

（四）从业人员接受后续职业培训的情况；

（五）协会认为需要检查的与从业资格相关的其他内容。

第十九条　协会对从业人员实行定期检查制度，每两年一次。定期检查的程序是：

（一）协会于定期检查前15个工作日发出检查通知；

（二）从业人员登录协会网站填写检查表，打印后一并提交所在机构；

（三）机构对检查表进行审核并签署意见后，由资格管理员录入从业人员检查信息；

（四）机构将书面检查表保管备查，并将检查情况汇总表提交协会；

（五）协会对机构提交的检查情况汇总表进行审核，必要时可要求所在机构提交书面检查表及有关证明材料；

（六）协会在从业资格数据库中记录定期检查情况，并在协会网站或指定媒体上向社会公布有关信息。

第二十条　协会认为必要时，可对机构或从业人员进行不定期检查或者专项检查。

第二十一条　对机构检查的方式包括：

（一）与有关负责人谈话；

（二）查阅从业资格申请表及有关材料；

（三）查阅人员聘用合同；

（四）查阅员工花名册；

（五）约请从业人员谈话；

（六）其他合法有效的方式。

第二十二条　对从业人员检查的方式包括：

（一）与所在机构有关负责人面谈，了解有关情况；

（二）查阅被检查人的从业资格申请表及有关材料；

（三）查阅被检查人聘用合同；

（四）调阅被检查人档案；

（五）与被检查人谈话；

（六）其他合法有效的方式。

第二十三条　检查人员在进行现场检查时，应当不少于两人，并出示有效身份证明文件。检查人员应对检查过程中涉及的商业秘密和个人隐私履行保密义务。

第二十四条　协会可以根据投诉、举报等对机构、从业人员涉嫌违反《办法》、本规则及其他相关规则的行为进行调查。

第二十五条　机构及从业人员对协会进行的检查和调查应当予以配合。

第五章　纪　律　惩　戒

第二十六条　从业人员有下列情形之一的，协会暂停其从业资格6个月到12个月；情节严重的，撤销其从业资格并在3年内拒绝受理其从业资格申请。

（一）在办理从业资格申请过程中弄虚作假；

（二）不配合协会检查和调查的；

（三）不按协会有关规定参加后续职业培训的；
（四）不履行《办法》第二十七条规定的报告义务的；
（五）有《办法》第十九条规定的情形，对从业人员进行打击报复的。

第二十七条 协会会员机构违反本规则规定的，协会要求其按期改正；逾期不改正的，协会视情节轻重采取下列纪律惩戒措施，同时记入该机构诚信档案：

（一）训诫；
（二）公开谴责；
（三）暂停会员资格；
（四）撤销会员资格。

第二十八条 非协会会员机构违反本规则规定的，协会要求其按期改正；逾期不改正的，协会视情节轻重采取下列措施，同时记入该机构诚信档案：

（一）训诫；
（二）公开谴责；
（三）暂停受理其从业人员资格申请。

第二十九条 机构有下列情形之一的，除采取本规则第二十七条、第二十八条措施外，协会移交中国证监会处理。

（一）任用无从业资格的人员从事期货业务；
（二）在办理从业资格申请过程中弄虚作假；
（三）不配合协会检查和调查的；
（四）不履行《办法》第二十七条规定的报告义务的；
（五）有《办法》第十九条规定的情形，对从业人员进行打击报复的。

第三十条 对协会不予办理从业注册的决定不服的，相关机构或人员可向协会的申诉委员会申诉。申诉按照《中国期货业协会纪律惩戒程序》规定办理。

第六章 附 则

第三十一条 本规则第六条、第十九条要求机构保管的有关书面和电子材料，保存期限至少为20年。

第三十二条 本规则经中国证监会核准，自颁布之日起实施。

基金从业资格考试管理办法（试行）

（2015年7月24日中国证券投资基金业协会第一届理事会审议通过）

第一章 总 则

第一条 为规范基金从业人员资格考试（以下简称从业资格考试）管理，根据《中华人民共和国证券投资基金法》（以下简称《基金法》）等相关规定，制定本办法。

第二条 中国证券投资基金业协会（以下简称协会）是从业资格考试的组织机构，负责组织从业资格考试工作。

第三条 协会的从业资格考试工作接受中国证券监督管理委员会（以下简称中国证监会）的指导和监督。

第二章 组织机构职责

第四条 协会统一组织从业资格考试工作，履行以下职责：

（一）制定考试规则；

（二）确定考试科目，制定考试大纲；

（三）组织编写、出版、发行考试统编教材；

（四）编制考试预决算；

（五）确定考试方式、考试时间和考试频次，发布考试计划和公告；

（六）组织命题工作；

（七）组织考务工作；

（八）公布考试成绩；

（九）对考试违纪情况进行处理；

（十）建立考试信息系统；

（十一）受理从业资格考试咨询；

（十二）与考试有关的其他职责。

第五条 协会制定的考试大纲、编制的考试预决算经中国证监会批准之后执行。

第三章 从业资格考试

第六条 报名参加从业资格考试的人员（以下简称报考人员），应当符合下列条件：

（一）具有完全民事行为能力；

（二）考试报名截止之日，年满18周岁；

（三）具有高中以上文化程度；

（四）中国证监会及协会规定的其他条件。

第七条 有下列情形之一的人员，不能报名参加从业资格考试；已经办理报名手续参加考试的，报名及考试成绩无效：

（一）不符合第六条规定的；

（二）以前年度参加从业资格考试时作弊或扰乱考场秩序受到禁考处分，禁考期限未满的。

第八条 基金从业资格考试科目由科目一、科目二和科目三组成。

科目一：基金法律法规、职业道德与业务规范；

科目二：证券投资基金基础知识；

科目三：私募股权投资基金（含创业投资基金）基础知识。

协会可根据行业与市场发展的需要，酌情增加或者调整相关的考试科目。

第九条 考试实行百分制，60分为成绩合格分数线。每科考试成绩合格的，报考人员取得该科成绩合格证明。

科目一和科目二考试成绩合格或科目一和科目三考试成绩合格后，可以通过所在机构向基金业协会申请注册基金从业资格；超过四年未申请注册基金从业资格的，需要重新参加从业资格考试或在申请注册前补齐最近两年的规定后续培训学时。具体要求见协会相关规定。

第十条 协会应建立从业资格考试信息系统，记录参加考试人员个人基本信息，包括考试科目、考试时间、考试过程、考试成绩、考试现场采集照片、违纪违规信息等。

考务信息由协会统一向社会公布，任何单位或个人不得擅自向社会发布或泄露考务信息。

第四章 命题管理

第十一条 考试命题应按照考试大纲的要求，遵循标准化、规范化、专业化的原则，树立从业资格考试的公信力。

第十二条 考试命题工作采用专家命题与社会征题相结合的方式。

协会聘任专家组成命题委员会组织专家命题。协会也可采取社会征题的方式向全行业公开征集题目。

第十三条 命题委员会由监管部门、行业公司、中介机构、大专院校、行业协会以及社会研究机构等有关专家组成。命题委员会负责确定试题题库的架构设计，命题工作规范与工作流程。

第十四条 命题委员会专家对入库前收集的考试题目采用集中审题方式，进行三轮审核，组建考试题库。题库管理人员要不断对题库进行动态维护和更新，持续完善题库建设，优化题库试题结构与内容，确保考试试题的安全性和时效性，以适应行业最新发展需求。

第十五条 命题委员会综合考虑考试大纲、难度系数、知识点分布等要素，从题库随机抽取试题，组成考试试卷，同时生成试卷答案和评分标准。在组成试卷后，命题委员会审题专家依据设定的组卷模板对试卷进行整体审核。

考试试卷以电子数据的形式保存，考试试卷的保存和传输应当遵守国家和协会有关保密规定。

第十六条 命题人员应与协会签署保密承诺书，严格遵守国家及协会有关保密规定。命题人员在命题工作期间及辞任命题工作之日起2年内，不得直接或间接参与和从业资格考试有关的培训工作，以及参与编写从业资格考试辅导资料等可能妨碍其履行保密义务的活动。

第十七条 命题人员有违反协会从业资格考试保密相关规定的，协会予以解聘；情节严重的，协会可依照有关规定做出处分或者移交相关部门追究其责任。

第五章 考试实施

第十八条 协会组织实施考务工作。本办法所称考务工作是指基金从业资格考试的考试报名、考区考点设置、考场安排、考场监督、试卷评阅、考试成绩和考务信息管理等。

第十九条 协会根据需要可委托社会专业考试服务机构和地方行业协会协助承担部

分或全部考务工作，并与其签署协议，规定所承担考务工作的标准和要求，明确双方的权利和义务。

协会应加强对委托的考试服务机构的管理，制定考试实施方案，明确考试组织任务、要求和责任，保障考试组织工作的顺利开展。考试服务机构应当严格按照实施方案组织考试。

第二十条 协会按照国家有关规定制定考场规则。考试考场的设置应符合计算机考试方式的标准与要求。

第二十一条 主考、监考、巡考等人员要认真履行职责，监督报考者遵守考场规则。

第二十二条 报考人员应当符合本办法第六条规定的条件，按要求填写报名表，交纳报名费。报考人员应当保证其提供的信息真实、准确和完整。

第二十三条 报考人员在规定的考试时间，携带有效身份证件、准考证等有效证件到指定考场参加考试。

有效身份证件包括居民身份证、护照、港澳居民来往内地通行证、台湾居民来往大陆通行证和其他有效旅行证件等由主管的公安、外交部门签发的合法有效身份证明文件。

第二十四条 遇有严重影响考试秩序的事件，考试服务机构应立即采取有效措施控制局面，并迅速报告协会。

因系统有误或自然灾害等原因致使考试时间拖延或者需要重新考试的，考试服务机构报协会批准后，可进行顺延或者组织重新考试。

第二十五条 考试成绩由协会在考试结束之日起7个工作日内公布，参加考试人员可以通过协会网站或协会指定的其他方式查询考试成绩。

第二十六条 参加考试人员对考试成绩有异议的，应当在成绩公布之日起10个工作日内向协会提出书面异议。协会自受理之日起10个工作日内予以处理。

第六章 考试纪律

第二十七条 参加考试人员不符合报名条件，弄虚作假参加考试的，协会一年内不受理其从业资格考试报名申请；已经参加考试的，取消其考试成绩。

第二十八条 参加考试人员有以下情形之一，经监考人员提醒后不改正的，该科考试成绩按无效处理，并在一年内不得报名参加考试：

（一）携带规定以外的物品进入考场或者未放在指定位置的；

（二）在考场或者其他禁止的范围内，喧哗、吸烟或者实施其他影响考场秩序行为的；

（三）在考试期间旁窥、交头接耳或者互打手势的；

（四）未经考场工作人员同意在考试过程中擅自离开考场的；

（五）将草稿纸等考试用纸带离考场的；

（六）其他一般违纪违规行为。

第二十九条 参加考试人员有以下情形之一的，该科考试成绩按无效处理，并在两年内不得报名参加考试：

（一）使用或提供伪造、涂改身份证件的；

（二）帮助他人作答，纵容他人抄袭的；

（三）抄袭或协助他人抄袭与考试内容相关材料的；

（四）使用或试图使用通信、存储、摄录等电子设备的；

（五）恶意操作导致考试无法正常运行的；

（六）其他严重违纪违规行为。

第三十条 参加考试人员有下列情形之一的，该科考试成绩按无效处理，协会酌情给予其三至五年不得报名参加考试的处罚：

（一）教唆或组织团伙作弊的；

（二）由他人冒名代替参加考试或者冒名代替他人参加考试的；

（三）蓄意报复考试工作人员；

（四）其他情节特别严重、影响特别恶劣的违纪违规行为。

其行为如果违反《中华人民共和国治安管理处罚法》的，由公安机关进行处理；构成犯罪的，由司法机关依法处理追究刑事责任。

第三十一条 协会对参加考试人员做出处分决定的，应告知其所受的处分结果、所依据的事实和相关规定。参加考试人员对其所受的处分有异议的，可以自受到处分之日起15个工作日内向协会提出异议，协会在受理之日起15个工作日内予以处理。

第三十二条 基金从业人员存在第三十条情形的，协会可依据《基金法》等相关的规定，暂停或取消其从业资格。

第三十三条 协会工作人员及其他考务人员在考试工作中玩忽职守、徇私舞弊的，视情节轻重按照有关规定进行处理。

第三十四条 试题、答案及评分标准在启用前均属于国家秘密，任何人不得以任何方式泄露或者盗取。考试工作中发生泄密事件的，由协会组织查处，对涉嫌违反国家保密规定的，由协会会同国家保密工作部门组织查处。

第七章 附 则

第三十五条 从业资格考试依据国家有关部门批准的标准收取考试报名费，并按规定的用途使用，从业资格考试财务接受国家有关部门的审计监督。

第三十六条 中国证监会或协会对从业资格考试有特别规定的，从其规定。

第三十七条 港、澳、台地区居民以及外国籍公民符合条件参加从业资格考试的，具体参照本办法执行。

第三十八条 本办法由协会负责解释，自颁布之日起实施。

期货从业人员资格考试管理规则

(2017年12月4日中国期货业协会第四届理事会第12次会议审议通过)

第一章 总 则

第一条 依据《期货交易管理条例》、《期货从业人员管理办法》及国家关于统一考试的有关规定，制定本规则。

第二条 期货从业人员资格考试（以下简称资格考试）是国家统一组织的从事期货业务的资格考试，由中国期货业协会（以下简称协会）负责组织实施。

第三条 协会的资格考试管理工作接受中国证券监督管理委员会的指导和监督。

第二章 考试组织

第四条 协会统一组织资格考试，履行以下职责：

（一）制定考试规则；

（二）确定考试科目，制定考试大纲；

（三）组织编写、出版、发行考试统编教材；

（四）确定考试方式、考试时间和年度举办次数，发布考试公告；

（五）组织命题工作；

（六）组织考务工作；

（七）处理考试违纪行为；

（八）受理考试咨询；

（九）编制考试预决算；

（十）与考试有关的其他职责。

第五条 协会负责组织实施考务工作，考务工作主要包括受理考试报名、设置考区和考点、安排考场、监考、阅卷、管理考试成绩等。

协会根据需要可以聘请社会专业考试机构或其他有关机构协助承担部分或全部考务工作，并与其签署协议，约定所承担考务工作的标准和要求，明确双方的权利和义务。

第六条 报名参加资格考试的人员，应当符合下列条件：

（一）报名截止日年满十八周岁；

（二）具有完全民事行为能力；

（三）具有高中或以上文化程度；

（四）中国证监会规定的其他条件。

第七条 资格考试包括期货基础知识、期货法律法规和期货投资分析三个科目。考试采取百分制，一般六十分为成绩合格线，协会另有规定的除外。

第八条 对于期货基础知识和期货法律法规，单科考试成绩在当年及以后两个年度内有效。在有效期内，以上两个科目考试成绩全部合格的，获得期货从业人员资格考试成绩合格证。

取得期货从业人员资格考试成绩合格证的，可以参加期货投资分析科目考试；成绩合格的，获得期货投资分析考试合格证。

期货从业人员资格考试成绩合格证和期货投资分析考试合格证长期有效。

第九条 考试成绩由协会在考试结束之日起十个工作日内公布，应考人员可以通过协会网站或协会指定的其他方式查询考试成绩。

第十条 应考人员对考试成绩有异议的，应当在成绩公布之日起十五个工作日内向协会提出书面异议。协会自受理之日起十五个工作日内予以处理。

第十一条 试题、答案及评分标准在启用前均属于国家秘密，任何人不得以任何方式泄露或者盗取。考试工作中发生泄密事件的，由协会组织查处；涉嫌违反国家保密规定的，由协会配合相关保密工作部门组织查处。

第三章 考 试 纪 律

第十二条 资格考试考场规则按照国家统一考试的有关规定执行。应考人员应当在规定考试时间内到达指定考场参加考试。

第十三条 应考人员应当凭有效身份证件和准考证，经考试工作人员验核无误，并通过现场采像后方可进入考场。应考人员所在的考点、考场和座位号，以及考试的具体起止时间等考试信息，以准考证所列内容为准。

有效身份证件包括居民身份证、外籍人员护照、港澳居民来往内地通行证、台湾居民来往大陆通行证等合法有效身份证明文件。

第十四条 应考人员在入场时除演算用笔外，不得将其他物品带至座位。其他物品包括但不限于：包、书籍、资料、笔记本、自备草稿纸、手机、计算器及其他电子工具等。

第十五条 考试开始二十分钟后，应考人员不得进入考场。开考三十分钟后，应考人员方可交卷离场。应考人员提交试卷后应当立即离场，不得在考场附近逗留、交谈，离场后不得再返回考场。

第十六条 应考人员登录考试系统后，应当仔细核对姓名、性别、准考证号、身份证件号、考试科目及本人照片，并仔细阅读应考人员须知。

考试结束后，草稿纸应当统一上交，不得带出考场。

第四章 违 纪 处 理

第十七条 应考人员不符合本规则第六条所列报名条件的，不得参加考试，已经参加考试的，取消当次全部科目考试成绩。

第十八条 应考人员不遵守考试纪律，不服从考试工作人员的安排与要求，有下列行为之一的，由考试工作人员提出批评警告。同场考试两次受到批评警告的，应当认定为考试违纪，给予其当次该科目考试成绩无效的处理：

（一）携带通信工具、规定以外的电子用品或者与考试内容相关的资料进入座位的；

（二）未按规定填写本人身份和考试信息的；

（三）未在规定座位参加考试，或者未经考试工作人员允许擅自离开座位或者考场的；

（四）在考试过程中旁窥、交头接耳、互打暗号或者手势的；

（五）故意损坏考试设施的；

（六）未按规定使用考试系统的；

（七）将草稿纸等考试用纸带出考场的；

（八）其他违反考试纪律但尚未构成作弊的行为。

第十九条 应考人员违背考试公平、公正原则，在考试过程中有下列行为之一的，应当认定为考试作弊，给予其当次全部科目考试成绩无效的处理，同时自认定为考试作弊之日起两年内不受理其考试报名申请：

（一）抄袭、协助他人抄袭试题答案或者与考试内容相关资料的；

（二）传、接物品或者交换草稿纸的；

（三）持伪造证件参加考试的；

（四）本人离开考场后，在考试结束前，传播考试试题及答案的；

（五）使用禁止带入考场的通信工具、规定以外的电子用品的；

（六）其他以不正当手段获得或者试图获得试题答案、考试成绩的行为。

第二十条 应考人员的作弊行为有下列情形之一的，给予其当次全部科目考试成绩无效的处理，同时自认定为考试作弊之日起三年内不受理其考试报名申请：

（一）串通作弊或者参与有组织作弊的；

（二）代替他人或者让他人代替自己参加考试的；

（三）其他情节特别严重、影响恶劣的考试作弊行为。

第二十一条 协会、考试工作人员在考试结束后发现下列情形之一的，应当认定相关应考人员实施了考试违纪行为，按照本规则第十八条规定处理；有其他相关证据证明该应考人员实施了考试作弊行为的，按照本规则第十九条、第二十条规定处理：

（一）提供虚假证明材料或者以其他不正当手段获得考试资格和考试成绩的；

（二）评卷过程中被认定为答案雷同的；

（三）经照片比对发现现场采集的照片非本人的；

（四）在考试工作人员协助下获得考试成绩的；

（五）其他考试结束后发现的以不正当手段获得或者试图获得试题答案、考试成绩的行为。

第二十二条 应考人员及其他人员应当自觉维护考试秩序，服从考试工作人员的管理，有下列扰乱考试秩序行为的，终止其继续参加考试，并责令离开考场；情节严重的，按照本规则第十九条、第二十条的规定处理；违反《中华人民共和国治安管理处罚法》等法律法规的，交由公安机关依法处理；构成犯罪的，依法追究刑事责任：

（一）故意扰乱考点、考场等考试工作场所秩序的；

（二）拒绝、妨碍考试工作人员履行管理职责的；

（三）威胁、侮辱、诽谤、诬陷工作人员或者其他应试人员的；

（四）其他扰乱考试管理秩序的行为。

第二十三条 被取消期货基础知识或期货法律法规科目考试成绩的应考人员，已获得期货从业人员资格考试成绩合格证的，由协会注销其合格证，已获得期货从业资格的，同时由协会注销其资格。如该应考人员已获得期货投资分析考试合格证，由协会注销其合格证，已获得期货投资咨询资格的，同时由协会注销其资格。被取消期货投资分析科目考试成绩的应考人员，已获得期货投资分析考试合格证的，由协会注销其合格证，已获得期货投资咨询资格的，同时由协会注销其资格。

第二十四条 其他人员在资格考试中存在下列情形之一的，自行为发生之日起三年内不受理其考试报名申请；已获得期货从业人员资格考试成绩合格证或期货投资分析考试合格证的，由协会注销其合格证，已获得期货从业资格或期货投资咨询资格的，同时由协会注销其资格：

（一）代替应考人员参加考试的；
（二）组织团伙作弊的；
（三）为作弊组织者提供试题信息、答案及相应设备等参与团伙作弊行为的。

第二十五条 应考人员或其他人员在协会发现其存在违反本规则规定的行为之前，主动向协会承认的，协会可酌情减轻处罚。

第二十六条 考试工作人员现场发现应考人员或其他人员违纪违规行为的，应当如实记录、收集、保存相应证据材料，当场告知其记录内容，并要求本人签字。拒绝签字的，由两名考试工作人员如实签字确认，在考试结束后及时将违纪违规情况报送协会。

第二十七条 协会通过其他方式发现应考人员或其他人员违纪违规行为的，应当由两名及以上工作人员进行事实调查，收集、保存相应证据材料，并在调查事实和证据的基础上对所涉及应考人员或其他人员违规行为进行认定，并根据不同情形给予处分。

第二十八条 协会应当告知当事人所受处分、情节和依据。当事人对所受处分有异议的，可自受到处分之日起十五个工作日内向协会提出。协会自受理之日起十五个工作日内予以处理。

第二十九条 考试工作人员在考试工作中存在以下违纪违规行为的，视情节轻重按照有关规定进行处理：

（一）协助应考人员或其他人员进行作弊的；
（二）对已发现的考试违纪行为不作处理的；
（三）对应考人员的身份信息不进行核实或验证的；
（四）对考生应注意事项不提前说明、强调的；
（五）监考期间进行和监考无关的活动的；
（六）未按要求遵守相关回避制度的；
（七）其他玩忽职守、徇私舞弊的情况。

第五章 附 则

第三十条 资格考试依据国家有关部门批准的标准收取考试报名费,并按其规定的用途使用,考试财务收支情况接受国家有关部门的审计监督。

第三十一条 本规则中应考人员是指已在资格考试报名网站报名当次考试,并应当以自己的真实身份参加考试的人员;其他人员指除应考人员之外的人员。

第三十二条 协会将应考人员和其他人员的违纪违规行为及相应处理措施记入考试信息管理系统,并将以上信息与中国证券业协会、中国证券投资基金业协会共享。

被禁止参加证券从业资格考试、基金从业资格考试的人员,协会在相应禁考期限内不受理其期货从业人员资格考试报名申请。

第三十三条 协会可以根据期货市场发展的需要调整考试科目。

第三十四条 本规则由协会负责解释,自发布之日起实施。

国家文物局关于印发《文物保护工程勘察设计资质管理办法(试行)》、《文物保护工程施工资质管理办法(试行)》、《文物保护工程监理资质管理办法(试行)》的通知

(文物保发〔2014〕13号 2014年4月8日)

各省、自治区、直辖市文物局(文化厅):

为进一步加强和规范文物保护工程资质管理,根据《中华人民共和国文物保护法》、《中华人民共和国文物保护法实施条例》、《文物保护工程管理办法》等有关法律法规,我局对文物保护工程勘察设计、施工、监理等三个资质管理办法进行了修订,现予印发试行,原办法同时废止。请遵照执行,并按规定做好相关文物保护工程资质管理工作。

特此通知。

文物保护工程勘察设计资质管理办法(试行)

一、总则

第一条 为加强文物保护工程勘察设计资质管理,根据《中华人民共和国文物保护法》、《中华人民共和国文物保护法实施条例》、《文物保护工程管理办法》的有关规定,制定本办法。

第二条 从事古文化遗址、古墓葬、古建筑、石窟寺和石刻、近现代重要史迹及代

表性建筑、壁画等不可移动文物的保护工程勘察设计资质管理，适用本办法。

第三条 文物保护工程勘察设计是指为文物保护工程而进行的调查、研究、勘察测绘、制定保护方案、工程设计及工程必要性可行性分析、技术经济分析，编制保护规划，并提供勘察成果资料、设计文件及规划文件的活动。

第四条 文物保护工程勘察设计单位应当按照本办法的规定申请资质及业务范围，取得相应等级的资质证书后，在许可的业务范围内从事文物保护工程勘察设计活动。

第五条 文物保护工程勘察设计资质等级分为甲、乙、丙级。

第六条 国家文物局负责审定文物保护工程勘察设计甲级资质，颁发甲级资质证书。

省级文物主管部门负责审定本辖区注册企、事业单位的文物保护工程勘察设计乙、丙级资质，颁发相应的资质证书。

省级文物主管部门负责文物保护工程勘察设计资质的年检和日常管理工作。

第七条 文物保护工程勘察设计资质的业务范围分为古文化遗址古墓葬、古建筑、石窟寺和石刻、近现代重要史迹及代表性建筑、壁画、保护规划等六类。

二、专业人员

第八条 文物保护工程责任设计师是指经过文物保护工程勘察设计的相关培训，并通过考核，取得相应从业范围证书的文物保护工程勘察设计专业人员。

第九条 文物保护工程责任设计师不得同时受聘于两家或两家以上文物保护工程资质单位。

第十条 文物保护工程勘察设计实行责任设计师负责制。责任设计师在主持文物保护工程勘察设计中，应当全面负责所承担项目的组织管理和质量控制，在勘察设计文件上签字并对文件质量负直接责任。

第十一条 文物保护工程责任设计师应当具备以下条件：

（一）熟悉文物保护法律法规，具有较强的文物保护意识，遵循文物保护的基本原则、科学理念、行业准则和职业操守。

（二）从事文物保护工程勘察设计相关技术工作八年以上。

（三）主持完成至少二项工程等级为一级，或至少四项工程等级为二级，且通过相应文物主管部门审批的文物保护工程勘察设计项目；或者作为主要技术人员参与完成至少四项工程等级为一级，或至少八项工程等级为二级，且通过相应文物主管部门审批的文物保护工程勘察设计项目。

（四）近五年内主持完成的文物保护工程勘察设计，没有发生因勘察设计质量问题对文物造成损坏或人员伤亡等重大责任事故。

近五年内，主持完成的文物保护工程勘察设计或相关科研项目因工程质量、管理创新、科技创新，获得国家级、省部级奖项的专业人员，申请担任文物保护工程责任设计师的，可适当放宽前款（二）、（三）项标准。

第十二条 文物保护工程责任设计师的从业范围分为古文化遗址古墓葬、古建筑、石窟寺和石刻、近现代重要史迹及代表性建筑、壁画、保护规划等六类。

第十三条 省级文物主管部门负责组织开展文物保护工程责任设计师的培训和继续教育工作。

文物保护工程责任设计师的培训内容应当包括文物保护的法律法规、保护原则、标准规范等相关专业知识，培训时间不得少于40课时。

第十四条 文物保护工程责任设计师由全国性文物保护行业协会组织考核。经考核合格的人员，由全国性文物保护行业协会颁发文物保护工程责任设计师证书，并将名单向社会公布，同时报国家文物局备案。

前款所指的全国性文物保护行业协会由国家文物局向社会公布。

三、资质标准

第十五条 甲级资质标准：

（一）法定代表人与文物保护工程责任设计师均熟悉文物保护法律法规，具有较强的文物保护意识，遵循文物保护的基本原则、科学理念、行业准则和职业操守。

（二）经主管机关核准登记的法人单位，独立承担完成不少于十项、工程等级为二级的文物保护工程勘察设计，并已通过相应文物主管部门审批。

（三）近三年内完成的文物保护工程勘察设计中，没有发生因勘察设计质量问题造成文物损坏或人员伤亡等重大责任事故。

（四）文物保护工程责任设计师不少于5人（其中应聘并固定在该单位的离退休人员不超过20%）；其中，每一项业务范围都应有2名以上具有相应从业范围的文物保护工程责任设计师；有协助责任设计师从事文物保护工程勘察设计工作的必要的专职技术人员。

第十六条 乙级资质标准：

（一）法定代表人与文物保护工程责任设计师均熟悉文物保护法律法规，具有较强的文物保护意识，遵循文物保护的基本原则、科学理念、行业准则和职业操守。

（二）经主管机关核准登记的法人单位，独立承担完成不少于十项、工程等级为三级的文物保护工程勘察设计，并已通过相应文物主管部门审批。

（三）近三年内完成的文物保护工程勘察设计中，没有发生因勘察设计质量问题造成文物损坏或人员伤亡的重大责任事故。

（四）文物保护工程责任设计师不少于3人（其中应聘并固定在该单位的离退休人员不超过20%）；其中，每一项业务范围都应有1名以上具有相应从业范围的文物保护工程责任设计师；有协助责任设计师从事文物保护工程勘察设计工作的必要的专职技术人员。

第十七条 丙级资质标准由省级文物主管部门参照本办法，并根据本地区的实际情况制定公布。

第十八条 文物保护工程勘察设计单位应当根据自身资质等级和业务范围承担相应的勘察设计项目（文物保护工程勘察设计分级见附件）：

甲级资质的勘察设计单位可以承担其业务范围内所有级别文物保护工程的勘察设计

项目；

乙级资质的勘察设计单位可以承担其业务范围内工程等级为二级及以下的勘察设计项目；

丙级资质的勘察设计单位可以承担其业务范围内工程等级为三级的勘察设计项目。

四、资质申请与审批

第十九条 申请文物保护工程勘察设计甲级资质或申请增加甲级资质业务范围的单位，应当报请所在地省级文物主管部门初审合格后报国家文物局审批。

申请乙级及以下文物保护工程勘察设计资质或申请增加乙级及以下资质业务范围的单位，应当报请所在地市、县级文物主管部门初审合格后报省级文物主管部门审批。

第二十条 近五年内，因工程质量、管理创新、科技创新获得与文物保护工程勘察设计相关的国家级、省部级奖项的文物保护工程勘察设计单位，经所在地省级文物主管部门推荐，申请文物保护工程勘察设计甲级资质的，可适当放宽第十五条（二）、（四）项标准。

第二十一条 申请文物保护工程勘察设计资质或申请增加业务范围的，应当提交以下材料：

（一）文物保护工程勘察设计资质申请表；

（二）企业单位法人营业执照副本，事业单位主管机关颁发的单位法人证书或文件；

（三）法定代表人任职文件、身份证复印件；

（四）文物保护工程责任设计师的劳动合同（事业单位为聘任合同）、任职文件、文物保护工程责任设计师证书、社会保险证明、身份证复印件；

（五）完成的具有代表性的文物保护工程勘察设计合同及审批文件。

第二十二条 国家文物局和省级文物主管部门每年第一季度组织审定文物保护工程勘察设计资质，并颁发相应的资质证书和勘察设计图纸报审章。

五、监督管理

第二十三条 文物保护工程勘察设计资质证书是从事文物保护工程勘察设计的凭证，只限本单位使用，不得涂改、伪造、转让、出借。

文物保护工程勘察设计单位出具的设计文件均应加盖勘察设计图纸报审章。

第二十四条 文物保护工程勘察设计资质证书由国家文物局监制，分为正本和副本，正本1本，副本6本，正、副本具有同等法律效力，有效期为12年。

第二十五条 在资质证书有效期内，文物保护工程勘察设计单位名称、地址、法定代表人、经济性质等发生变更的，应当在工商部门办理变更手续后三十日内，到文物保护工程资质证书发证机关办理资质证书变更手续。原证书应交回发证机关注销。

第二十六条 办理名称、地址、法定代表人、经济性质等变更手续的，应当提交以下材料：

（一）资质证书变更申请；

（二）资质证书原件；

（三）变更后的企业法人营业执照或事业单位法人证书及文件；

（四）甲级勘察设计资质单位办理变更的，应提交所在地省级文物主管部门初审文件。

第二十七条 文物保护工程勘察设计资质单位改制、合并、分立的，应当按照本办法规定重新申报材料，申请取得文物保护工程勘察设计资质。

第二十八条 省级文物主管部门每两年进行一次文物保护工程勘察设计资质年检，一般在当年第四季度进行。

第二十九条 文物保护工程勘察设计资质单位参加年检，应当提交以下材料：

（一）《文物保护工程勘察设计资质年检申报表》；

（二）文物保护工程资质证书副本原件和复印件；

（三）企业单位法人营业执照副本，事业单位主管机关颁发的单位法人证书或文件复印件；

（四）法人代表、文物保护工程责任设计师身份证复印件，文物保护工程责任设计师社会保险证明及劳动合同（事业单位为聘任合同）复印件；

（五）两年内具有代表性的文物保护工程勘察设计合同首页、签字页、批复文件的复印件。

第三十条 省级文物主管部门对符合相应资质等级标准的文物保护工程勘察设计资质单位，应当认定年检合格，并在其资质证书副本上加盖年检合格章。

省级文物主管部门应当将甲级资质单位的年检结论，报国家文物局备案。

年检合格的文物保护工程勘察设计资质单位由文物保护工程资质证书发证机关颁发勘察设计图纸报审章。

第三十一条 省级文物主管部门对有下列情形之一的文物保护工程勘察设计资质单位，应当认定年检不合格：

（一）企业营业执照、事业单位主管机关颁发的单位法人证书或文件等证照不全，或不在有效期内的，证照信息与文物保护工程资质证书不符的；

（二）文物保护工程责任设计师发生变动，未达到相应资质等级标准的；

（三）有超越资质等级、业务范围或以其他单位的名义承揽业务的行为，由省级文物主管部门责令整改并记录在案的；

（四）有不按照经文物主管部门批复的立项报告勘察设计的行为，由省级文物主管部门责令整改并记录在案两次的；

（五）有违反文物保护工程基本原则、规范和标准进行勘察设计的行为，由省级文物主管部门责令整改并记录在案两次的；

（六）其他违法违规行为。

第三十二条 省级文物主管部门认定文物保护工程勘察设计甲级资质单位年检不合格的，应当责令其整改，整改期不得超过六个月。整改后仍不符合文物保护工程勘察设计甲级资质标准的，应当报请国家文物局依法组织听证，吊销其文物保护工程勘察设计甲级资质。

省级文物主管部门认定文物保护工程勘察设计乙、丙级资质单位年检不合格的，应当责令其整改。整改期不得超过六个月。整改后仍不符合文物保护工程勘察设计相应资质标准的，应当降低其资质等级，或依法组织听证，吊销其文物保护工程勘察设计资质。

第三十三条 文物保护工程勘察设计资质证书遗失的，应当于三十日内在媒体上声明作废，并向文物保护工程资质证书发证机关申请补发证书。

第三十四条 文物保护工程勘察设计资质单位撤销、破产倒闭的，应在三十日内将原资质证书交回原发证机关，办理注销手续。

第三十五条 在规定时间内没有参加资质年检或逾期不办理资质证书变更手续的，其资质证书自行失效。

第三十六条 对有以下行为的文物保护工程勘察设计资质单位，由省级文物主管部门责令改正，并记录在案：

（一）超越资质等级、业务范围或以其他单位的名义承揽业务的；

（二）不按照经文物主管部门批复的立项报告勘察设计的；

（三）违反文物保护工程基本原则、规范和标准进行勘察设计的。

第三十七条 对有以下行为的文物保护工程勘察设计资质单位，由文物保护工程资质证书发证机关降低其资质等级，或经依法组织听证，吊销其文物保护工程勘察设计资质：

（一）在文物保护工程勘察设计中，发生因勘察设计质量问题造成文物损坏或人员伤亡等重大责任事故的；

（二）涂改、伪造、转让、出借或采取其他不正当手段取得文物保护工程勘察设计资质证书的。

第三十八条 对弄虚作假或者以不正当手段取得文物保护工程责任设计师证书的，由发证机构注销其文物保护工程责任设计师证书。

第三十九条 对涂改、伪造、转让、出借文物保护工程责任设计师证书的，由发证机构注销其文物保护工程责任设计师证书。

第四十条 文物保护工程责任设计师在文物保护工程勘察设计中，违反有关文物保护的法律法规、基本原则、科学理念、行业准则和职业操守，造成恶劣社会影响，或因勘察设计质量问题造成文物损坏、人员伤亡等重大责任事故的，由发证机构注销其文物保护工程责任设计师证书并向社会公告。

第四十一条 由发证机构注销文物保护工程责任设计师证书的，五年内不得参加文物保护工程责任设计师考核。

六、附则

第四十二条 本办法自发布之日起施行。

附件

文物保护工程（勘察设计）等级分级表

工程级别	工程主要内容
一级	全国重点文物保护单位和国家文物局指定的重要文物的修缮工程、迁移工程、重建工程的方案及施工图设计，保护规划编制
二级	1. 全国重点文物保护单位的保养维护工程、抢险加固工程的方案及施工图设计 2. 省级文物保护单位的修缮工程、迁移工程、重建工程的方案及施工图设计、保护规划编制 3. 市、县级文物保护单位和尚未核定公布为文物保护单位的不可移动文物的迁移工程、重建工程
三级	1. 省级文物保护单位的保养维护工程、抢险加固工程的方案及施工图设计 2. 市、县级文物保护单位和尚未核定公布为文物保护单位的不可移动文物的保养维护工程、抢险加固工程、修缮工程的方案及施工图设计、保护规划编制

注：壁画保护涵盖壁画、彩塑保护。

文物保护工程施工资质管理办法（试行）

一、总则

第一条 为加强文物保护工程施工资质管理，根据《中华人民共和国文物保护法》、《中华人民共和国文物保护法实施条例》、《文物保护工程管理办法》的有关规定，制定本办法。

第二条 从事古文化遗址、古墓葬、古建筑、石窟寺和石刻、近现代重要史迹及代表性建筑、壁画等不可移动文物的保护工程施工资质管理，适用本办法。

第三条 文物保护工程施工单位应当按照本办法的规定申请资质及业务范围，取得相应等级的资质证书后，在许可的业务范围内从事文物保护工程施工活动。

第四条 文物保护工程施工资质等级分为一、二、三级。

第五条 国家文物局负责审定文物保护工程施工一级资质，颁发一级资质证书。

省级文物主管部门负责审定本辖区注册企、事业单位的文物保护工程施工二、三级资质，颁发相应的资质证书。

省级文物主管部门负责文物保护工程施工资质的年检和日常管理工作。

第六条 文物保护工程施工资质的业务范围分为古文化遗址古墓葬、古建筑、石窟寺和石刻、近现代重要史迹及代表性建筑、壁画等五类。

二、专业人员

第七条 文物保护工程施工专业人员是指经过文物保护工程施工的相关培训，并通过考核，取得相应类别和从业范围证书的专业人员。

第八条 文物保护工程施工专业人员分为文物保护工程施工技术人员和责任工程师。

文物保护工程施工专业人员不得同时受聘于两家或两家以上文物保护工程资质

单位。

第九条　文物保护工程施工技术人员包括各专业工种技术人员、资料员、安全员等。

第十条　文物保护工程施工技术人员应当参与文物保护工程施工相关专业技术工作三年以上，或者具有文物保护工程施工相关专业的初级技术职务。

第十一条　文物保护工程施工实行责任工程师负责制。责任工程师应当全面负责所承担的文物保护工程项目施工的现场组织管理和质量控制，并对文物安全和工程质量负直接责任。

责任工程师不得同时承担两个或两个以上文物保护工程项目施工的管理工作。

第十二条　文物保护工程责任工程师应当具备以下条件：

（一）熟悉文物保护法律法规，具有较强的文物保护意识，遵循文物保护的基本原则、科学理念、行业准则和职业操守。

（二）从事文物保护工程施工管理八年以上。

（三）主持完成至少二项工程等级为一级，或至少四项工程等级为二级，且工程验收合格的文物保护工程施工项目；或者作为主要技术人员参与管理至少四项工程等级为一级，或至少八项工程等级为二级，且工程验收合格的文物保护工程施工项目。

（四）近五年内主持完成的文物保护工程施工中，没有发生文物损坏或者人员伤亡等重大责任事故。

近五年内，主持完成的文物保护工程施工或相关科研项目因工程质量、管理创新、科技创新，获得国家级、省部级奖项的专业人员，申请担任文物保护工程责任工程师的，可适当放宽前款（二）、（三）项标准。

第十三条　文物保护工程责任工程师的从业范围分为古文化遗址古墓葬、古建筑、石窟寺和石刻、近现代重要史迹及代表性建筑、壁画等五类。

第十四条　省级文物主管部门负责组织开展文物保护工程施工专业人员的培训和继续教育工作。

文物保护工程施工专业人员的培训内容应当包括文物保护的法律法规、保护原则、标准规范等相关专业知识，培训时间不得少于40课时。

第十五条　文物保护工程责任工程师由全国性文物保护行业协会组织考核。经考核合格的人员，由全国性文物保护行业协会颁发文物保护工程责任工程师证书，并将名单向社会公布，同时报国家文物局备案。

前款所指的全国性文物保护行业协会由国家文物局向社会公布。

省级文物主管部门或受其委托的专业机构负责组织文物保护工程施工技术人员考核，考核合格的人员由国家文物局公布的全国性文物保护行业协会颁发文物保护工程施工技术人员证书。

第十六条　省级文物主管部门对本地区长期从事文物保护工程施工，熟练掌握传统工艺技术，经文物保护工程施工专业人员培训、年龄在50周岁以上的老工匠，可决定免予考核，由国家文物局公布的全国性文物保护行业协会颁发文物保护工程施工技术人员证书。

三、资质标准

第十七条 一级资质标准：

（一）法定代表人与专业人员均熟悉文物保护法律法规，具有较强的文物保护意识，遵循文物保护的基本原则、科学理念、行业准则和职业操守；

（二）经主管机关核准登记的法人单位，独立承担完成不少于十项、工程等级为二级的文物保护工程，工程质量合格，通过验收；

（三）近三年内完成的文物保护工程施工中，没有发生文物损坏或人员伤亡等重大责任事故；

（四）文物保护工程责任工程师不少于5人，其中，每一项业务范围都应有2名以上具有相应从业范围的文物保护工程责任工程师；

（五）具有15名以上文物保护工程施工技术人员，各专业工种技术人员、资料员、安全员等配置齐全；

（六）具有文物保护工程所需的专业技术装备。

第十八条 二级资质标准：

（一）法定代表人与专业人员均熟悉文物保护法律法规，具有较强的文物保护意识，遵循文物保护的基本原则、科学理念、行业准则和职业操守；

（二）经主管机关核准登记的法人单位，独立承担完成不少于十项、工程等级为三级的文物保护工程，工程质量合格，通过验收；

（三）近三年内完成的文物保护工程施工中，没有发生文物损坏或人员伤亡的重大责任事故；

（四）文物保护工程责任工程师不少于3人，其中，每一项业务范围都应有1名以上具有相应从业范围的文物保护工程责任工程师；

（五）具有10名以上文物保护工程施工技术人员；

（六）具有文物保护工程所需的专业技术装备。

第十九条 三级资质标准由省级文物主管部门参照本办法，并根据本地区的实际情况制定公布。

第二十条 文物保护工程施工单位应当根据自身资质等级和业务范围承担相应的施工项目（文物保护工程施工分级见附件）：

一级资质的施工单位可以承担其业务范围内所有级别文物保护工程的施工项目；

二级资质的施工单位可以承担其业务范围内工程等级为二级及以下的施工项目；

三级资质的施工单位可以承担其业务范围内工程等级为三级的施工项目。

四、资质申请与审批

第二十一条 申请文物保护工程施工一级资质或申请增加一级资质业务范围的单位，应当报请所在地省级文物主管部门初审合格后报国家文物局审批。

申请二级及以下文物保护工程施工资质或申请增加二级及以下资质业务范围的单位，应当报请所在地市、县级文物主管部门初审合格后报省级文物主管部门审批。

第二十二条 长期在特定区域从事特定类型文物保护工程施工，熟练掌握传统特色工艺技术，业绩突出的文物保护工程施工单位，经所在地省级文物主管部门推荐，可以向国家文物局申请取得特定范围文物保护工程施工一级资质。申请上述特定范围一级资质的单位，可适当放宽第十七条（二）、（四）、（五）条标准。

省级文物主管部门可以参照前款规定，对申请特定范围文物保护工程施工二级资质的单位，适当放宽相关标准。

第二十三条 近五年内，因工程质量、管理创新、科技创新获得与文物保护工程施工相关的国家级、省部级奖项的文物保护工程施工单位，经所在地省级文物主管部门推荐，申请文物保护工程施工一级资质的，可适当放宽第十七条（二）、（四）、（五）条标准。

第二十四条 申请文物保护工程施工资质或申请增加业务范围的，应当提交以下材料：

（一）文物保护工程施工资质申请表；

（二）企业单位法人营业执照副本，事业单位主管机关颁发的单位法人证书或文件；

（三）法定代表人任职文件、身份证复印件；

（四）文物保护工程责任工程师劳动合同（事业单位为聘任合同）、任职文件、文物保护工程责任工程师证书、社会保险证明、身份证复印件；

（五）文物保护工程施工技术人员劳动合同、文物保护工程施工技术人员证书、身份证复印件；

（六）完成的具有代表性的文物保护工程施工合同及验收文件。

第二十五条 国家文物局和省级文物主管部门每年第一季度组织审定文物保护工程施工资质，并颁发相应的资质证书。

五、监督管理

第二十六条 文物保护工程施工资质证书是从事文物保护工程施工的凭证，只限本单位使用，不得涂改、伪造、转让、出借。

第二十七条 文物保护工程施工资质证书由国家文物局监制，分为正本和副本，正本1本，副本6本，正、副本具有同等法律效力，有效期为12年。

第二十八条 在资质证书有效期内，文物保护工程施工单位名称、地址、法定代表人、经济性质等发生变更的，应当在工商部门办理变更手续后三十日内，到文物保护工程资质证书发证机关办理资质证书变更手续。原证书应交回发证机关注销。

第二十九条 办理名称、地址、法定代表人、经济性质等变更手续的，应当提交以下材料：

（一）资质证书变更申请；

（二）资质证书原件；

（三）变更后的企业法人营业执照或事业单位法人证书及文件；

（四）一级施工资质单位办理变更的，应提交所在地省级文物主管部门初审文件。

第三十条 文物保护工程施工资质单位改制、合并、分立的，应当按照本办法规定重新申报材料，申请取得文物保护工程施工资质。

第三十一条 省级文物主管部门每两年进行一次文物保护工程施工资质年检，一般在当年第四季度进行。

第三十二条　文物保护工程施工资质单位参加年检，应当提交以下材料：

（一）《文物保护工程施工资质年检申报表》；

（二）文物保护工程资质证书副本原件和复印件；

（三）企业单位法人营业执照副本，事业单位主管机关颁发的单位法人证书或文件复印件；

（四）法人代表身份证复印件，文物保护工程责任工程师、技术人员的身份证、劳动合同复印件，文物保护工程责任工程师的社会保险证明复印件；

（五）两年内具有代表性的文物保护工程施工合同首页、签字页、竣工验收证明的复印件。

第三十三条　省级文物主管部门对符合相应资质等级标准的文物保护工程施工资质单位，应当认定年检合格，并在其资质证书副本上加盖年检合格章。

省级文物主管部门应当将一级资质单位的年检结论，报国家文物局备案。

第三十四条　省级文物主管部门对有下列情形之一的文物保护工程施工资质单位，应当认定年检不合格：

（一）企业营业执照、事业单位主管机关颁发的单位法人证书或文件等证照不全，或不在有效期内的，证照信息与文物保护工程资质证书不符的；

（二）文物保护工程施工专业人员发生变动，未达到相应资质等级标准的；

（三）有超越资质等级、业务范围或以其他单位的名义承揽工程的行为，由省级文物主管部门责令整改并记录在案的；

（四）有未经相应文物主管部门许可，擅自施工，或不按照经文物主管部门批复的工程设计图纸、施工技术标准施工的行为，由省级文物主管部门责令整改并记录在案两次的；

（五）有违反文物保护工程基本原则、规范和标准施工，或使用不合格材料，或未对相关材料等进行检验、检测的行为，由省级文物主管部门责令整改并记录在案两次的；

（六）其他违法违规行为。

第三十五条　省级文物主管部门认定文物保护工程施工一级资质单位年检不合格的，应当责令其整改，整改期不得超过六个月。整改后仍不符合文物保护工程施工一级资质标准的，应当报请国家文物局依法组织听证，吊销其文物保护工程施工一级资质。

省级文物主管部门认定文物保护工程施工二、三级资质单位年检不合格的，应当责令其整改，整改期不得超过六个月。整改后仍不符合文物保护工程施工相应资质标准的，应当降低其资质等级，或依法组织听证，吊销其文物保护工程施工资质。

第三十六条　文物保护工程施工资质证书遗失的，应当于三十日内在媒体上声明作废，并向文物保护工程资质证书发证机关申请补发证书。

第三十七条　文物保护工程施工资质单位撤销、破产倒闭的，应在三十日内将原资质证书交回原发证机关，办理注销手续。

第三十八条　在规定时间内没有参加资质年检或逾期不办理资质证书变更手续的，其资质证书自行失效。

第三十九条　对有以下行为的文物保护工程施工资质单位，由省级文物主管部门责令改正，并记录在案：

（一）超越资质等级、业务范围或以其他单位的名义承揽工程的。

（二）未经相应文物主管部门许可，擅自施工的；不按照经文物主管部门批复的工程设计图纸、施工技术标准施工的。

（三）违反文物保护工程基本原则、规范和标准进行施工的；使用不合格材料或未对相关材料等进行检验、检测的。

（四）承担的文物保护工程施工项目管理混乱的；或工程质量差，造成文物安全隐患的。

第四十条 对有以下行为的文物保护工程施工资质单位，由文物保护工程资质证书发证机关降低其资质等级，或经依法组织听证，吊销其文物保护工程施工资质：

（一）在文物保护工程施工中，发生文物损坏或人员伤亡等重大责任事故的；

（二）涂改、伪造、转让、出借或采取其他不正当手段取得文物保护工程施工资质证书的。

第四十一条 对弄虚作假或者以不正当手段取得文物保护工程施工专业人员证书的，由发证机构注销其文物保护工程施工专业人员证书。

第四十二条 对涂改、伪造、转让、出借文物保护工程施工专业人员证书的，由发证机构注销其文物保护工程施工专业人员证书。

第四十三条 文物保护工程施工专业人员在文物保护工程施工中，违反有关文物保护的法律法规、基本原则、科学理念、行业准则和职业操守，造成恶劣的社会影响，或发生文物损坏、人员伤亡等重大责任事故的，由发证机构注销其文物保护工程施工专业人员证书并向社会公告。

第四十四条 由发证机构注销文物保护工程施工专业人员证书的，五年内不得参加文物保护工程施工专业人员考核。

六、附则

第四十五条 本办法自发布之日起施行。

附件

文物保护工程（施工）等级分级表

工程级别	工程主要内容
一级	全国重点文物保护单位和国家文物局指定的重要文物的修缮工程、迁移工程、重建工程
二级	1. 全国重点文物保护单位的保养维护工程、抢险加固工程 2. 省级文物保护单位的修缮工程、迁移工程、重建工程 3. 市、县级文物保护单位和尚未核定公布为文物保护单位的不可移动文物的迁移工程、重建工程
三级	1. 省级文物保护单位的保养维护工程、抢险加固工程 2. 市、县级文物保护单位和尚未核定公布为文物保护单位的不可移动文物的保养维护工程、抢险加固工程、修缮工程

注：壁画保护涵盖壁画、彩塑保护。

文物保护工程监理资质管理办法（试行）

一、总则

第一条 为加强文物保护工程监理资质管理，根据《中华人民共和国文物保护法》、《中华人民共和国文物保护法实施条例》、《文物保护工程管理办法》的有关规定，制定本办法。

第二条 从事古文化遗址、古墓葬、古建筑、石窟寺和石刻、近现代重要史迹及代表性建筑、壁画等不可移动文物的保护工程监理资质管理，适用本办法。

第三条 文物保护工程监理单位应当按照本办法的规定申请资质及业务范围，取得相应等级的资质证书后，在许可的业务范围内从事文物保护工程监理活动。

第四条 文物保护工程监理资质等级分为甲、乙、丙级。

第五条 国家文物局负责审定文物保护工程监理甲级资质，颁发甲级资质证书。

省级文物主管部门负责审定本辖区注册企、事业单位的文物保护工程监理乙、丙级资质，颁发相应的资质证书。

省级文物主管部门负责文物保护工程监理资质的年检和日常管理工作。

第六条 文物保护工程监理资质的业务范围分为古文化遗址古墓葬、古建筑、石窟寺和石刻、近现代重要史迹及代表性建筑、壁画等五类。

二、专业人员

第七条 文物保护工程监理专业人员是指经过文物保护工程监理的相关培训，并通过考核，取得相应类别和从业范围证书的专业人员。

第八条 文物保护工程监理专业人员分为文物保护工程监理员和责任监理师。

文物保护工程监理专业人员不得同时受聘于两家或两家以上文物保护工程资质单位。

第九条 文物保护工程监理员包括各专业工种监理人员、资料员、检测员等。

第十条 文物保护工程监理员应当参与文物保护工程监理相关专业技术工作三年以上，或者具有文物保护工程监理相关专业的初级技术职务。

第十一条 文物保护工程监理实行责任监理师负责制。责任监理师对所负责监理的文物保护工程负有全面的监理责任，对文物安全和工程质量负监管责任。

第十二条 文物保护工程责任监理师应当具备以下条件：

（一）熟悉文物保护法律法规，具有较强的文物保护意识，遵循文物保护的基本原则、科学理念、行业准则和职业操守。

（二）从事文物保护工程监理管理八年以上。

（三）主持监理至少二项工程等级为一级，或至少四项工程等级为二级，且工程验收合格的文物保护工程项目；或者作为主要人员参与监理至少四项工程等级为一级，或至少八项工程等级为二级，且工程验收合格的文物保护工程项目。

（四）近五年内主持完成监理的文物保护工程中，没有发生文物损坏或者人员伤亡等重大责任事故。

第十三条　文物保护工程责任监理师的从业范围分为古文化遗址古墓葬、古建筑、石窟寺和石刻、近现代重要史迹及代表性建筑、壁画等五类。

第十四条　省级文物主管部门负责组织开展文物保护工程监理专业人员的培训和继续教育工作。

文物保护工程监理专业人员的培训内容应当包括文物保护的法律法规、保护原则、标准规范等相关专业知识，培训时间不得少于40课时。

第十五条　文物保护工程责任监理师由全国性文物保护行业协会组织考核。经考核合格的人员，由全国性文物保护行业协会颁发文物保护工程责任监理师证书，并将名单向社会公布，同时报国家文物局备案。

前款所指的全国性文物保护行业协会由国家文物局向社会公布。

省级文物主管部门或受其委托的专业机构负责组织文物保护工程监理员考核，考核合格的人员由国家文物局公布的全国性文物保护行业协会颁发文物保护工程监理员证书。

三、资质标准

第十六条　甲级资质标准：

（一）法定代表人与专业人员均熟悉文物保护法律法规，具有较强的文物保护意识，遵循文物保护的基本原则、科学理念、行业准则和职业操守。

（二）经主管机关核准登记的法人单位，独立承担完成不少于十项、工程等级为二级的文物保护工程监理，工程质量合格，通过验收。

（三）近三年内监理的文物保护工程中，没有发生文物损坏或人员伤亡等重大责任事故。

（四）文物保护工程责任监理师不少于5人；其中，每一项业务范围都应有2名以上具有相应从业范围的文物保护工程责任监理师。

（五）具有10名以上文物保护工程监理员，各专业工种监理人员、资料员、检测员等配置齐全。

第十七条　乙级资质标准：

（一）法定代表人与专业人员均熟悉文物保护法律法规，具有较强的文物保护意识，遵循文物保护的基本原则、科学理念、行业准则和职业操守。

（二）经主管机关核准登记的法人单位，独立承担完成不少于十项、工程等级为三级的文物保护工程的监理，工程质量合格，通过验收。

（三）近三年内监理的文物保护工程中，没有发生文物损坏或人员伤亡等重大责任事故。

（四）文物保护工程责任监理师不少于3人；其中，每一项业务范围都应有1名以上具有相应从业范围的文物保护工程责任监理师。

（五）具有8名以上文物保护工程监理员。

第十八条　丙级资质标准由省级文物主管部门参照本办法，并根据本地区的实际情况制定公布。

第十九条　文物保护工程监理单位应当根据自身资质等级和业务范围承担相应的监理项目（文物保护工程监理分级见附件）：

甲级资质的监理单位可以承担其业务范围内所有级别文物保护工程的监理项目；

乙级资质的监理单位可以承担其业务范围内工程等级为二级及以下的监理项目；

丙级资质的监理单位可以承担其业务范围内工程等级为三级的监理项目。

四、资质申请与审批

第二十条 申请文物保护工程监理甲级资质或申请增加甲级资质业务范围的单位，应当报请所在地省级文物主管部门初审合格后报国家文物局审批。

申请乙级及以下文物保护工程监理资质或申请增加乙级及以下资质业务范围的单位，应当报请所在地市、县级文物主管部门初审合格后报省级文物主管部门审批。

第二十一条 申请文物保护工程监理资质或申请增加业务范围的，应当提交以下材料：

（一）文物保护工程监理资质申请表。

（二）企业单位法人营业执照副本；事业单位主管机关颁发的单位法人证书或文件。

（三）法定代表人任职文件、身份证复印件。

（四）文物保护工程责任监理师劳动合同（事业单位为聘任合同）、任职文件、文物保护工程责任监理师证书、社会保险证明、身份证复印件。

（五）文物保护工程监理员劳动合同、文物保护工程监理员证书、身份证复印件。

（六）完成的具有代表性的文物保护工程监理合同及验收文件。

第二十二条 国家文物局和省级文物主管部门每年第一季度组织审定文物保护工程监理资质，并颁发相应的资质证书。

五、监督管理

第二十三条 文物保护工程监理资质证书是从事文物保护工程监理的凭证，只限本单位使用，不得涂改、伪造、转让、出借。

第二十四条 文物保护工程监理资质证书由国家文物局监制，分为正本和副本，正本1本，副本6本，正、副本具有同等法律效力，有效期为12年。

第二十五条 在资质证书有效期内，文物保护工程监理单位名称、地址、法定代表人、经济性质等发生变更的，应当在工商部门办理变更手续后三十日内，到文物保护工程资质证书发证机关办理资质证书变更手续。原证书应交回发证机关注销。

第二十六条 办理名称、地址、法定代表人、经济性质等变更手续的，应当提交以下材料：

（一）资质证书变更申请；

（二）资质证书原件；

（三）变更后的企业法人营业执照或事业单位法人证书及文件；

（四）甲级监理资质单位办理变更的，应提交所在地省级文物主管部门初审文件。

第二十七条 文物保护工程监理资质单位改制、合并、分立的，应当按照本办法规定重新申报材料，申请取得文物保护工程监理资质。

第二十八条 文物保护工程监理单位与施工单位有隶属关系或其他有碍监理公正利害关系者，不得承担该项保护工程的监理业务。

第二十九条 省级文物主管部门每两年进行一次文物保护工程监理资质年检，一般在当年第四季度进行。

第三十条 文物保护工程监理资质单位参加年检，应当提交以下材料：

（一）《文物保护工程监理资质年检申报表》。

（二）文物保护工程资质证书副本原件和复印件。

（三）企业单位法人营业执照副本，事业单位主管机关颁发的单位法人证书或文件复印件。

（四）法人代表身份证复印件；文物保护工程责任监理师、监理员的身份证、劳动合同复印件；文物保护工程责任监理师的社会保险证明复印件。

（五）两年内具有代表性的文物保护工程监理合同首页、签字页、竣工验收证明复印件。

第三十一条 省级文物主管部门对符合相应资质等级标准的文物保护工程监理资质单位，应当认定年检合格，并在其资质证书副本上加盖年检合格章。

省级文物主管部门应当将甲级资质单位的年检结论，报国家文物局备案。

第三十二条 省级文物主管部门对有下列情形之一的文物保护工程监理资质单位，应当认定年检不合格：

（一）企业营业执照、事业单位主管机关颁发的单位法人证书或文件等证照不全，或不在有效期内的；证照信息与文物保护工程资质证书不符的。

（二）文物保护工程监理专业人员发生变动，未达到相应资质等级标准的。

（三）有超越资质等级、业务范围或以其他单位的名义承揽监理工程的行为，由省级文物主管部门责令整改并记录在案的。

（四）有不按照文物行政部门审批的工程设计图纸或者监理技术标准监理的行为，由省级文物主管部门责令整改并记录在案两次的。

（五）有违反文物保护工程基本原则、规范和标准进行监理活动；或未对相关材料等进行检验、检测的行为，由省级文物主管部门责令整改并记录在案两次的。

（六）其他违法违规行为。

第三十三条 省级文物主管部门认定文物保护工程监理甲级资质单位年检不合格的，应当责令其整改，整改期不得超过六个月。整改后仍不符合文物保护工程监理甲级资质标准的，应当报请国家文物局依法组织听证，吊销其文物保护工程监理甲级资质。

省级文物主管部门认定文物保护工程监理乙级、丙级资质单位年检不合格的，应当责令其整改，整改期不得超过六个月。整改后仍不符合文物保护工程监理相应资质标准的，应当降低其资质等级，或依法组织听证，吊销其文物保护工程监理资质。

第三十四条 文物保护工程监理资质证书遗失的，应当于三十日内在媒体上声明作废，并向文物保护工程资质证书发证机关申请补发证书。

第三十五条 文物保护工程监理资质单位撤销、破产、倒闭的，应在三十日内将原资质证书交回原发证机关，办理注销手续。

第三十六条 在规定时间内没有参加资质年检或逾期不办理资质证书变更手续的，其资质证书自行失效。

第三十七条 对有以下行为的文物保护工程监理资质单位，由省级文物主管部门责令改正，并记录在案：

（一）超越资质等级、业务范围或以其他单位的名义承揽业务的。

（二）不按照文物主管部门审批的工程设计图纸或者监理技术标准监理的。

（三）违反文物保护工程基本原则、规范和标准进行监理活动的；未对相关材料等进行检验、检测的。

第三十八条 对有以下行为的文物保护工程监理资质单位，由文物保护工程资质证书发证机关降低其资质等级，或经依法组织听证，吊销其文物保护工程监理资质：

（一）在监理的文物保护工程中，发生文物损坏或人员伤亡等重大责任事故的；

（二）涂改、伪造、转让、出借或采取其他不正当手段取得文物保护工程监理资质证书的。

第三十九条 对弄虚作假或者以不正当手段取得文物保护工程监理专业人员证书的，由发证机构注销其文物保护工程监理专业人员证书。

第四十条 对涂改、伪造、转让、出借文物保护工程监理专业人员资格证书的，由发证机构注销其文物保护工程监理专业人员证书。

第四十一条 文物保护工程监理专业人员在文物保护工程监理中，违反有关文物保护的法律法规、基本原则、科学理念、行业准则和职业操守，造成恶劣的社会影响；或发生文物损坏、人员伤亡等重大责任事故的，由发证机构注销其文物保护工程监理专业人员证书并向社会公告。

第四十二条 由发证机构注销文物保护工程监理专业人员证书的，五年内不得参加文物保护工程监理专业人员考核。

六、附则

第四十三条 本办法自发布之日起施行。

附件

文物保护工程（监理）等级分级表

工程级别	监理工程主要内容
一级	全国重点文物保护单位和国家文物局指定的重要文物的修缮工程、迁移工程、重建工程
二级	1. 全国重点文物保护单位的保养维护工程、抢险加固工程 2. 省级文物保护单位的修缮工程、迁移工程、重建工程 3. 市、县级文物保护单位和尚未核定公布为文物保护单位的不可移动文物的迁移工程、重建工程
三级	1. 省级文物保护单位的保养维护工程、抢险加固工程 2. 市、县级文物保护单位和尚未核定公布为文物保护单位的不可移动文物的保养维护工程、抢险加固工程、修缮工程

注：壁画保护涵盖壁画、彩塑保护。

人事部关于印发《翻译专业资格（水平）考试暂行规定》的通知

（人发〔2003〕21号 2003年3月21日）

各省、自治区、直辖市人事厅（局），新疆生产建设兵团人事局，国务院各部委、各直属机构人事（干部）部门，中国外文出版发行事业局：

为适应社会主义市场经济和我国加入世界贸易组织的需要，科学、客观、公正地评价翻译专业人才水平和能力，促进高素质的外语翻译专业人员队伍建设，经研究决定，在翻译专业实行资格（水平）考试制度，现将《翻译专业资格（水平）考试暂行规定》印发给你们，请遵照执行。

翻译专业资格（水平）考试暂行规定

第一条 为适应社会主义市场经济发展的需要，建设高素质的外语翻译专业人员队伍，培养高水平的翻译专业人才，更好地为我国对外开放和国际交流与合作服务，根据国家关于职业资格证书制度的有关精神，制定本规定。

第二条 翻译专业资格（水平）考试纳入国家职业资格证书制度，统一规划。

第三条 翻译专业资格（水平）考试等级划分与专业能力：

（一）资深翻译：长期从事翻译工作，具有广博科学文化知识和国内领先水平的双语互译能力，能够解决翻译工作中的重大疑难问题，在理论和实践上对翻译事业的发展和人才培养作出重大贡献。

（二）一级口译、笔译翻译：具有较为丰富的科学文化知识和较高的双语互译能力，能胜任范围较广、难度较大的翻译工作，能够解决翻译工作中的疑难问题，能够担任重要国际会议的口译或译文定稿工作。

（三）二级口译、笔译翻译：具有一定的科学文化知识和良好的双语互译能力，能胜任一定范围、一定难度的翻译工作。

（四）三级口译、笔译翻译：具有基本的科学文化知识和一般的双语互译能力，能完成一般的翻译工作。

第四条 资深翻译实行考核评审方式取得，申报资深翻译的人员须具有一级口译或笔译翻译资格（水平）证书；一级口译、笔译翻译实行考试与评审相结合的方式取得。资深翻译和一级口译、笔译翻译评价的具体办法另行规定。

二级口译、笔译翻译和三级口译、笔译翻译实行统一大纲、统一命题、统一标准的考试办法。申请人可根据本人所从事的专业工作，报名参加相应级别口译或笔译翻译的考试。

第五条　凡遵守中华人民共和国宪法和法律，恪守职业道德，具有一定外语水平的人员，均可报名参加相应语种、级别的考试。

第六条　中国外文出版发行事业局（以下简称中国外文局）组建翻译资格（水平）考试专家委员会。该委员会负责拟定考试语种、考试科目、考试大纲和考试命题，研究建立考试题库等有关工作。

人事部组织专家审定考试语种、考试科目、考试大纲，对考试工作进行检查、监督和指导。

第七条　翻译专业资格（水平）考试合格，颁发人事部统一印制并用印的《中华人民共和国翻译专业资格（水平）证书》。该证书在全国范围内有效。

第八条　翻译专业资格（水平）证书实行定期登记制度，每3年登记一次。有效期满前，持证者应按规定到指定的机构办理再次登记手续。再次登记，还需要提供接受继续教育或业务培训的证明。

第九条　取得二级口译、笔译翻译或三级口译、笔译翻译资格（水平）证书，并符合《翻译专业职务试行条例》翻译或助理翻译专业职务任职条件的人员，用人单位可根据需要聘任相应职务。

第十条　二级口译、笔译翻译和三级口译、笔译翻译的相应语种实施全国统一考试后，各地、各部门不再进行相应语种的翻译及助理翻译专业职务任职资格的评审工作。

第十一条　经国家有关部门同意，获准在中华人民共和国境内就业的外籍人员及港、澳、台地区的专业人员，符合本规定要求的，也可报名参加翻译专业资格（水平）考试并申请登记。

第十二条　本规定自2003年4月21日起施行。

人事部办公厅关于印发《二级、三级翻译专业资格（水平）考试实施办法》的通知

（国人厅发〔2003〕17号　2003年8月25日）

各省、自治区、直辖市人事厅（局），国务院各部委、各直属机构人事部门，中国外文出版发行事业局：

现将《二级、三级翻译专业资格（水平）考试实施办法》印发给你们，请遵照执行。

二级、三级翻译专业资格（水平）考试实施办法

第一条　根据《翻译专业资格（水平）考试暂行规定》（人发〔2003〕21号，以下

简称《暂行规定》），为做好二级、三级翻译专业资格（水平）考试工作，制定本办法。

第二条　各级别翻译专业资格（水平）考试均设英、日、俄、德、法、西班牙、阿拉伯等语种。各语种、各级别均设口译和笔译考试。

第三条　各级别口译考试均设《口译综合能力》和《口译实务》2个科目，其中二级口译考试《口译实务》科目分设"交替传译"和"同声传译"2个专业类别。报名参加二级口译考试的人员，可根据本人情况，选择《口译实务》科目相应类别的考试。

各级别笔译考试均设《笔译综合能力》和《笔译实务》2个科目。

第四条　各级别《口译综合能力》科目考试采用听译笔答方式进行；二级《口译实务》科目"交替传译"和"同声传译"以及三级《口译实务》科目的考试均采用现场录音方式进行。

各级别《笔译综合能力》和《笔译实务》科目考试均采用纸笔作答方式进行。

第五条　各级别口译、笔译考试均分2个半天进行。

各级别《口译综合能力》科目、二级《口译实务》科目"交替传译"和"同声传译"考试时间均为60分钟。

三级《口译实务》科目考试时间为30分钟。

各级别《笔译综合能力》科目考试时间均为120分钟，《笔译实务》科目考试时间均为180分钟。

第六条　中国外文出版发行事业局（以下简称中国外文局）负责各级别翻译专业资格（水平）考试的实施与管理工作。人事部人事考试中心负责考务工作，国家外国专家局培训中心承担口译考试考务工作。

第七条　中国外文局根据需要确定各年度各级别翻译专业资格（水平）考试的次数，并在考试后提出合格标准的建议，送人事部核准。

第八条　参加考试人员，须在一次考试内通过相应级别口译或笔译2个科目考试，方可取得《中华人民共和国翻译专业资格（水平）证书》。

第九条　凡符合《暂行规定》第五条的人员，均可由本人提出申请，按规定携带身份证明到当地考试管理机构报名，领取准考证，凭准考证、身份证明按指定的时间、地点参加考试。

第十条　口译考试的考点原则上设在地级以上城市具有语音考试专用设备的单位；笔译考试的考点原则上设在地级以上城市大中专院校或高考定点学校。

中央和国务院所属单位的人员，按属地原则报名参加考试。

第十一条　坚持考试与培训分开的原则，凡参与考试工作的人员，不得参加考试及与考试有关的培训工作。

应考人员参加培训坚持自愿的原则。

第十二条　各级别翻译专业资格（水平）考试大纲由中国外文局编写和发行。未经中国外文局同意，不得复制、出版翻译专业资格（水平）考试大纲和已启用的考试试题。

第十三条 各级别翻译专业资格（水平）考试和培训等项目的收费标准，须经当地价格主管部门核准，并公布于众，接受社会监督。

第十四条 考务管理工作要严格执行考务工作的有关规章和制度，严格遵守保密制度，严防泄密，切实做好试卷的命制、印刷和录音制品的录制以及发送、保管过程中的保密工作。

第十五条 加强对考试工作的组织管理，认真执行回避制度，严肃考试工作纪律和考场纪律。对弄虚作假等违反考试有关规定者，要依法处理，并追究当事人和有关领导的责任。

人力资源社会保障部
关于印发《资深翻译和一级翻译专业资格（水平）评价办法（试行）》的通知

（人社部发〔2011〕51号　2011年4月25日）

各省、自治区、直辖市人力资源社会保障厅（局），福建省公务员局，国务院各部委、各直属机构人事部门，中国外文出版发行事业局：

为健全翻译专业资格（水平）评价体系，规范资深翻译和一级翻译专业资格（水平）评价标准和程序，现将《资深翻译和一级翻译专业资格（水平）评价办法（试行）》印发给你们，请在资深翻译和一级翻译专业资格（水平）评价工作中试行。试行过程中遇到的问题请及时反馈我们，以便修订完善。

资深翻译和一级翻译专业资格（水平）评价办法
（试行）

第一章 总 则

第一条 为加强翻译专业人员队伍建设，提高翻译专业人员的整体素质，健全和完善翻译专业人才选拔机制，客观、公正地评价资深翻译和一级翻译专业人员能力水平，促进我国翻译事业的发展，根据《翻译专业职务试行条例》、《翻译专业资格（水平）考试暂行规定》（人发〔2003〕21号）及有关规定，制定本办法。

第二条 资深翻译和一级翻译专业资格（水平）评价办法是翻译专业资格（水平）评价制度的重要组成部分，是分类推进职称制度改革的探索。本办法试行范围包括英、法、日、俄、德、西班牙、阿拉伯7个语种长期从事翻译专业工作的人员。其他语种相应级别翻译专业人员的评价，暂按照《翻译专业职务试行条例》有关规定和现行办法组织进行。

第三条 本办法试行后，各省、自治区、直辖市（以下简称地区）和国务院有关部门、中央管理的企业（以下简称中央单位）不再进行翻译系列相应语种译审和副译审任职资格的评审。

第四条 资深翻译和一级翻译是翻译系列正高级职称和副高级职称。资深翻译采取评审的方式取得；一级翻译采取考试与评审相结合的方式取得。

第五条 人力资源社会保障部委托中国外文出版发行事业局（以下简称中国外文局）开展全国范围的资深翻译评审和一级翻译的考试与评审工作。

其他具备组建资深翻译、一级翻译评审委员会条件的地区和中央单位，经人力资源社会保障部审核备案后，可在本地区或者本单位内开展资深翻译和一级翻译的评审工作。不具备组建评审委员会条件的地区或者中央单位，应当委托中国外文局统一承担资深翻译、一级翻译的评审工作。

第二章 资深翻译

第六条 资深翻译的评审工作原则上每年组织一次。

第七条 资深翻译应具备的基本素质与职业能力：

（一）丰富的翻译专业工作经验和良好的职业道德；

（二）知识广博，熟悉中国和相关语言国家的文化背景，中外文语言功底深厚；

（三）胜任高难度的翻译专业工作，能够解决翻译专业工作中的重大疑难问题，具有较强的审定重要事项翻译稿件的能力，或者承担重要谈判、国际会议的口译工作能力；

（四）译风严谨，译文能表达原作的风格；

（五）对翻译专业理论有深入研究，组织、指导翻译专业人员出色完成各项翻译任务，在翻译专业人才培养方面卓有成效；

（六）翻译成果显著，翻译业务考评和年度综合考核均为合格以上等次。

第八条 申请参加资深翻译的评审应具备的基本条件：

（一）遵守国家法律、法规和翻译行业相关规定，严格执行国家标准与技术规范，恪守职业道德；

（二）按照国家统一规定评聘副译审专业职务后或者取得一级翻译证书后，从事翻译专业工作满5年；

（三）任现职以来有翻译专业论文，近5年年度考核均为合格以上等次。

第九条 申请参加资深翻译的评审，需提交评聘副译审专业职务后或者取得一级翻译证书后，具备的下列一项业绩成果的材料：

（一）审定稿量在30万字以上的正式出版物或者单位证明；

（二）在正式出版社出版的、有统一书号（ISBN）的、各不少于10万字的译著或者翻译理论研究著作2部（对书中未注明参评人撰写章节的译著，须由该出版社出具有关证明，注明参评人所译章节）；

（三）在国内统一刊号的报纸、期刊上或者在国际统一刊号的国外报纸、期刊上发表的独立完成的译文，累计不少于20万字；

（四）承担重要谈判或者国际会议等口译任务 30 场以上的场次目录和服务方证明，及不少于 2 场的现场录音材料。

第三章 一 级 翻 译

第十条 一级翻译的考试设笔译和口译（交替传译）两个专业类别，实行全国统一大纲、统一命题，原则上每年举行一次。

第十一条 一级翻译的考试考务实施工作，由人力资源社会保障部人事考试中心（以下简称人事考试中心）、中国外文局翻译专业资格考评中心（以下简称中国外文局考评中心）和国家外国专家局培训中心，按照职责分工负责。

中国外文局考评中心负责命题与题库建设；人事考试中心承担笔译考试的考务实施和笔译、口译考试的数据统计等工作；国家外国专家局培训中心承担口译考试的考务实施工作。

第十二条 各语种一级翻译的笔译专业考试设"笔译实务"科目，考试采用纸笔作答方式进行，考试时间为 180 分钟。口译（交替传译）专业考试设"口译（交替传译）实务"科目，考试采用现场录音方式进行，考试时间为 60 分钟，中译外和外译中各 30 分钟。

第十三条 一级翻译应具备的基本素质与职业能力：

（一）较丰富的翻译专业工作经验和良好的职业道德；

（二）知识面宽广，熟悉中国和相关语言国家的文化背景，中外文语言功底扎实；

（三）对原文有较强的理解能力和表达能力，有正式出版的译著或者公开发表的译文，对翻译实践或者理论有所研究，有翻译专业论文；

（四）胜任范围较广、难度较大的相应类别翻译专业工作，能够解决翻译专业工作中的疑难问题，能够承担重要场合、具有实质性内容的口译工作或者译文定稿能力；

（五）组织、指导翻译专业人员完成各项翻译任务；

（六）翻译工作成绩较大，翻译业务考评和年度综合考核均为合格以上等次。

第十四条 遵守国家法律、法规和翻译行业相关规定，恪守职业道德，并具备下列条件之一的人员，均可报名参加一级翻译考试。

（一）通过全国统一考试取得相应语种、类别二级翻译证书；

（二）按照国家统一规定评聘翻译专业职务。

第十五条 一级翻译考试考点原则上设在省会城市，设置的地区和数量，由国家根据实际情况确定。笔译考试考点应设在大、中专院校或高考定点学校；口译考试考点应设在具有语音考试专用设备的学校。

中央单位的人员参加考试，按照属地管理原则。

第十六条 参加一级翻译考试的人员，由人事考试中心统一核发相应语种、相应类别一级翻译考试成绩通知书。达到国家统一确定的考试合格标准的考试成绩长期有效。

各地区人力资源社会保障部门和中央单位人事部门研究确定本年度一级翻译评审的

考试成绩使用标准。

第十七条　申请参加一级翻译评审的人员，必须取得与申请评审的语种和类别相一致的一级翻译考试成绩通知书。申请评审的语种和类别与考试成绩通知书不一致的，负责评审的机构可不予受理。

第十八条　提交一级翻译评审的申请时，必须出具不少于 20 万字的笔译工作量的证明，或者由服务方证明的、在正式场合不少于 100 场次的英语口译工作量，其他语种的口译工作量应不少于 50 场次，并具备下列条件之一：

（一）具有翻译专业博士学位证书，按照国家统一规定聘任翻译专业职务或者取得二级翻译证书后，从事翻译专业工作满 2 年；

（二）具有翻译专业硕士学位证书，按照国家统一规定聘任翻译专业职务或者取得二级翻译证书后，从事翻译专业工作满 3 年；

（三）具有包括翻译专业在内的双学士学位证书或者翻译专业研究生班毕业证书，按照国家统一规定聘任翻译专业职务或者取得二级翻译证书后，从事翻译专业工作满 4 年；

（四）具有翻译专业大学本科学历或者学位证书，按照国家统一规定聘任翻译专业职务或者取得二级翻译证书后，从事翻译专业工作满 5 年；

（五）具有非翻译专业上述学历或者学位证书，按照国家统一规定聘任翻译专业职务或者取得二级翻译证书后，其从事翻译专业工作的年限应相应增加 2 年。

第四章　评价工作要求

第十九条　开展资深翻译和一级翻译专业资格（水平）评价工作的地区和中央单位，应不断完善评价工作规章制度，确保评价结果的客观、公平、公正。

第二十条　考务机构和评审机构及其工作人员，应当严格执行考试、评审工作的各项规章制度，严格遵守考试、评审工作纪律。

第二十一条　坚持考试与培训分开的原则。凡参与考试工作的人员，不得参加考试，也不得参加或者举办与考试内容相关的培训工作。不得强迫应试人员参加与考试内容相关的培训。

第二十二条　资深翻译的评审和一级翻译的考试与评审的收费标准，应经当地价格主管部门核准，并向社会公布，接受群众监督。

第二十三条　对违反考试工作纪律和有关规定的人员，按照《专业技术人员资格考试违纪违规行为处理规定》（人力资源社会保障部第 12 号令）处理。

第五章　附　则

第二十四条　对翻译专业工作业绩突出、成果显著，但不具备本办法规定的学历、工作经历等基本条件的人员，其申请参加资深翻译和一级翻译评审的破格条件，由经人力资源社会保障部备案具有评审委员会的地区和中央单位研究制定，并报人力资源社会保障部备案。

第二十五条　通过资深翻译或者一级翻译评审的人员，经公示无异议后，属中国外文局组织评审的，颁发由人力资源社会保障部用印的资深翻译或者一级翻译证书；属其他地区或者中央单位组织评审的，由该地区或者单位颁发人力资源社会保障部门或者单位人事部门用印的资深翻译或者一级翻译证书。

第二十六条　人力资源社会保障部用印的资深翻译和一级翻译证书在全国范围有效。各地区和中央单位用印的资深翻译和一级翻译证书在所辖区域内有效。

第二十七条　本办法第二十五条要求的公示期为7个工作日，中国外文局应当在中国网或者相关网站进行，其他地区或者中央单位应当在本地区或者本系统的相应网站进行。

第二十八条　按照本办法取得资深翻译证书或者一级翻译证书的人员，用人单位可根据需要择优聘任相应级别专业职务。

第二十九条　在本办法试行前，已按照国家统一规定取得的译审和副译审专业职务任职资格的效用不变。已获得翻译系列译审或副译审专业职务任职资格的人员申请取得资深翻译证书或者一级翻译证书，仍须按照本办法规定的条件和程序申报。

第三十条　本办法自2011年6月1日起试行。

编委会名单

主　　编：汤　涛
副 主 编：俞家栋
编　　委：李金生　王明政　胡文忠　张全智
　　　　　黄登才　唐燕红　刘　煜　付永生
　　　　　陈勇嘉　薛万里　高　擎
编写人员（按姓氏笔画为序）：
　　　　　王　芳　仲笑林　刘醒梅　刘　馨
　　　　　朱婉琪　张建新　张明强　张思佳
　　　　　李苑琛　李瑞月　李　靖　杨洁雄
　　　　　林　辉　胡　月　高　磊　葛连高